Rituale

Evan Imber-Black/Janine Roberts
Richard A. Whiting

Rituale in Familien und Familientherapie

Vierte Auflage, 2001

Carl-Auer-Systeme Verlag im Internet: **www.carl-auer.de**
Bitte fordern Sie unseren Gesamtprospekt an!

Aus dem englischen übersetzt von Sally und Bernd Hofmeister
Titel der amerikanischen Originalausgabe
Rituals In Families And Family Therapy

Satz und Diagramme: Melonie Drißner, Dipl. Grafik-Designerin
Umschlaggestaltung: WSP Design, Heidelberg
Photo: G+J Fotoservice / Photonica
Printed in the Netherlands
Druck und Bindung: Koninklijke Wöhrmann, B. V. Zuthphen

Reihe Systemische und hypnotherapeutische Praxis
Herausgeber: Gunthard Weber

Vierte Auflage, 2001
ISBN 3-89670-201-7

Die Deutsche Bibliothek - CIP-Einheitsaufnahme

Ein Titeldatensatz für diese Publikation ist bei
Der Deutschen Bibliothek erhältlich.

Inhalt

Mitarbeiter

In diesem Band sind Beiträge enthalten von:

„Alexandra" und „Julius"
Massachusetts

Linda A. Bennett, Ph. D.
Center for Family Research
George Washington University
Medical Center
Washinton, D. C.

Judith Davis, Ed. D.
University of Massachusetts
Amherst, Massachusetts

Aaron Noah Hoorwitz, Ph. D.
Unified Services for Children
and Adolescents
Troy, New York

Evan Imber-Black, PH. D.
Albert Einstein College of Medicine
Bronx, New York

Jane S. Jacobs, Ed. D.
Center for Family Research
George Washington University
Medical Center
Washington, D. C.

Cecilia Kohen
Buenos Aires, Argentina

Joan Laird, M. S. W.
Smith College for Social Work
Northampton, Massachusetts

John J. O'Connor, Ph. D.
Unified Services for Children
and Adolescents
Troy, New York

Janine Roberts, Ed. D
University of Massachusetts
Amherst, Massachusetts

Mary F. Whiteside, Ph. D.
Ann Arbor Center for the Family
Ann Arbor, Michigan

Richard A. Whiting, Ed. D.
Springfield College
Springfield, Massachusetts

Steven J. Wolin, M. D.
Center for Family Research
George Washington University
Medical Center
Washinton, D. C.

Vorwort zur deutschen Ausgabe

Endlich ein umfassendes und dazu noch sehr lebendiges Buch über therapeutische Rituale in deutscher Sprache! Die Zeit scheint reif dafür zu sein.

Viele therapeutisch Tätige begannen sich für Rituale zu interessieren, nachdem sie die packenden Fallschilderungen des Mailänder Teams in den 70er Jahren gelesen hatten – zum Beispiel den Artikel über „gerade und ungerade Tage". Immer mehr von ihnen experimentierten mit dieser Art von Interventionen. In diesem Buch werden viele der Ideen und der Vorgehensweisen mitgeteilt, die seitdem in den USA entwickelt wurden. Fast gleichzeitig erscheint in deutscher Sprache das Buch von Luigi Boscolo und Paolo Bertrando „Die Zeiten der Zeit", in dem die beiden Mailänder den Ritualen ein ausgezeichnetes und ausführliches Kapitel widmen. So schließt sich ein Kreis.

Sehr praxisnah wird den Lesern in diesem Buch dargestellt und erläutert, wie man therapeutische Rituale entwirft und wie Therapeuten wann welche spezifischen Elemente, Techniken und Vorgehensweisen in welcher Kombination in den verschiedenen Phasen des Familien-Lebenszyklus (z. B. bei Kindern, in der Paartherapie oder nach einer Wiederverheiratung) anwenden können.

Das Buch ist aber weit mehr als nur ein Buch, das sich mit einer therapeutischen Interventionsform befaßt. Es zieht den Leser auf unterschiedliche Weise in seinen Bann und wirkt in ihm nach:

Er bekommt nicht nur eine umfassende Übersicht über die Definitionen, Funktionen, Typologien und Themen von Ritualen in Familien. Unwillkürlich wendet man das Gelesene jeweils auf die eigene Familie an und beginnt Ideen zu entwickeln, wie man die vorhandenen Rituale verändern und neu erfinden könnte.

Die bewegenden und ermutigenden Falldarstellungen lassen die Leser Anteil nehmen an grundsätzlichen, unabdingbaren und alle

Menschen betreffenden Vollzügen im Vorwärtschreiten des Familienlebenszyklus. Es geht auch in den Ritualen um die immer wiederkehrenden Themen Sicherheit und Wandel, Zugehörigkeit und Trennung, Abgrenzung und Öffnung, Gewinn und Verlust, Heilung und Tod und das Aushalten und Versöhnen widerstrebender Tendenzen in einem selbst und in der Gemeinschaft. Die Betrachtung von Familien aus der Ritual-Perspektive läßt uns als Therapeuten das pathologieorientierte Bewerten vergessen und uns achtungsvoller auf Vorgänge in den Familien schauen, wie immer diese sind.

Es lehrt uns die natürlichen Kräfte, die schon vorhandenen Ritualen innewohnen, zu nutzen und den Einfallsreichtum von Familien zu schätzen. Es bezieht auch die ein, die vom Gewohnten abweichen, wie homosexuelle und lesbische Paare, denkt über gute Rituale dort nach, wo bisher noch keine entwickelt wurden (z. B. bei Scheidungen und Wiederverheiratung), und diskutiert, wie die vorhandenen Familienrituale auch hemmend wirken können, zum Beispiel wie sie Frauen in ihren traditionellen Rollen festhalten.

Rituale, die seit den Anfängen der Menschheit das Zusammenleben prägen, überbrücken so die Kluft und fördern den Austausch zwischen

- verschiedenen Wissenschaftsbereichen (z. B. Anthropologie, Ethnologie, Soziologie und Familientherapie),
- den verschiedenen Familientherapieschulen,
- der Künstlichkeit des Therapiesettings und den alltäglichen Lebensvollzügen der Familien.

Peggy Papp schreibt in ihrem Vorwort zur amerikanischen Ausgabe: „... Dieses Buch eröffnet einen weiten Horizont, indem es Rituale nicht nur im Kontext interpersonaler Beziehungen untersucht, sondern sie als Reflektionen unserer Geschichte und Kultur, unserer ethnischen Zugehörigkeit und sozialen Normen betrachtet. Unser Bewußtsein erweitert sich, wenn wir uns die vielfachen Bedeutungen von Hochzeiten, Beerdigungen, Examensfeiern, Geburtstagen, *Bar Mitzwas* und ihre Verknüpfungen mit größeren sozialen Systemen vergegenwärtigen. Es sind die weite Vision und der Respekt gegenüber dem menschlichen Erfindungsgeist, die diesen Sammelband zu einem sowohl inspirierenden als auch sehr praxisnahen Buch machen."

Gunthard Weber, Heidelberg

Vorwort

Die Ursprünge und Einflüsse dieses Buches

Unsere jahrzehntelange Zusammenarbeit als Therapeuten, Autoren und Familientherapie Lehrende wurde durch unser starkes wechselseitiges Interesse an Ritualen geprägt und bestimmt. Es begann in den frühen 70er Jahren, als Janine Roberts, Richard Whiting und ich in West-Massachusetts gemeinsam mit Familien arbeiteten, und setzte sich in gemeinsamen Lehrveranstaltungen und Workshops über große geographische Entfernungen fort. Während der Treffen, in denen wir unsere Ideen weiterentwickelten, und der nächtlichen Telefonkonferenzen, in denen wir unsere Arbeit diskutierten, waren Rituale immer das einigende Band.

So wie Rituale Gegensätze ausdrücken und Widersprüche auflösen, gestaltete sich auch unser Sich-Vertiefen in die Welt der Rituale. Es wirkte als Keim unserer Zusammenarbeit und sorgte gleichzeitig für Erweiterungen, es war Begrenzung und Neuland zugleich. Unser Interesse wurde durch klinische Fälle geweckt, die das Mailänder Team beschrieb.

Wir begannen, wie viele andere mit solchen Interventionen zu experimentieren. Damals wußten wir noch nicht von den Überraschungen und den Geschenken, die seitens der Kollegen, der Fortbildungsteilnehmer und der Familien auf uns warteten.

Drei wichtige Einflüsse trugen dazu bei, daß wir uns entschieden, das vorliegende Buch aus der Taufe zu heben.

Der erste war, daß wir anderen Klinikern und Forschern mit ähnlichen Interessen begegneten, als wir unsere Arbeit auf Tagungen und durch Veröffentlichungen mitteilten. Dieser kollegiale Austausch führte zu der überraschenden Entdeckung, daß therapeutische Rituale sowohl bei einer großen Bandbreite von Problemen, über den Familienlebenszyklus hinweg, anwendbar sind, als auch bei

Schwierigkeiten, mit denen sich Familien im größeren sozialen Feld konfrontiert sehen. Wir trafen dann Kollegen und Kolleginnen, deren klinische Arbeit auf Modellen basierte, die sich von unseren ziemlich unterschieden und die dennoch ebenfalls therapeutische Rituale für sehr wirkungsvoll hielten. Das führte zu der Überlegung, ob therapeutische Rituale Vollzüge sein könnten, die unterschiedliche Praxismodelle übergreifen. Der vorliegende Band, der Theoretiker, Praktiker und Forscher vieler unterschiedlicher therapeutischer Denkschulen zusammenführt, veranschaulicht unsere Überzeugung, daß Rituale nicht an irgendein Modell gebunden sind und daß sie aus verschiedenen Blickwinkeln erklärt werden können.

Der zweite Einfluß kam von den Teilnehmern unserer Kurse und Workshops, die uns verpflichteten und herausforderten, das Entwerfen und die Anwendung therapeutischer Rituale zu entmystifizieren. Wir gingen nie davon aus, daß Rituale den „Geistesblitzen eines therapeutischen Genies" entsprangen, und bemühten uns darum, die Elemente zu verstehen, die beim Kreieren wirksamer Rituale beteiligt waren, um solche Elemente sowohl für Therapeuten als auch für Familien lehr- und lernbar zu machen.

Der dritte Einfluß kam von den Familien, die uns Zugang zu ihren sich natürlich ereignenden Rituale ermöglichten, und denen, die sich auf die vielen Rituale einließen, die in unseren Beiträgen beschrieben sind. Durch ihr Feedback brachten sie uns bei, daß Familien beim Entwickeln therapeutischer Rituale kreative Partner sind. Dieses Buch versucht, die Ansprechbarkeit und Empfänglichkeit von Familien für eine Ritual-Perspektive zu erfassen, und es versucht, den Reichtum zu vermitteln, der entsteht, wenn Familien unsere Mitarbeiter werden.

Evan Imber-Black, New York

Danksagung

An erster Stelle möchten wir all den Familien unseren tiefen Dank aussprechen, die an unserer Untersuchung von Ritualen teilgenommen haben. Familien haben uns über ihre normativen Rituale informiert, sie haben sich an therapeutischen Ritualen beteiligt, mit uns gemeinsam Rituale geschaffen und uns das Privileg gewährt, uns den Bedeutungen von Ritualen in ihrem Leben zu nähern.

Wir möchten uns bei allen Autoren dieses Bandes bedanken. Ihre Ideen und ihre breite Anwendung einer rituellen Perspektive haben unsere Arbeit bereichert. Ihre Kollegialität bei diesem Unternehmen machte die Erstellung dieses Bandes zu einem Vergnügen.

Wir möchten die Arbeit von Mara Selvini Palazzoli, Luigi Boscolo, Gianfranco Cecchin und Guiliana Prata mit therapeutischen Ritualen und die Konzeptualisierungen von Onno van der Hart dankbar anerkennen. Sie dienten als wichtige Katalysatoren für unsere nachfolgenden Arbeiten.

Wir möchten uns bei Pam Colorado sowohl für ihre Unterstützung unserer Arbeit als auch für ihre Arbeit bei der Wiederbelebung der Rituale eingeborener Indianer bedanken, die unser Denken über die Wichtigkeit normativer Rituale in Familien geformt hat.

Wir danken Helm Stierlin für seine nachdenklichen Kommentare bezüglich therapeutischer Rituale.

Wir bedanken uns auch bei Gerry Weinstein und Michelle Patten, die uns geholfen haben, die Schaubilder und Genogramme herzustellen, und bei Marie Mele, Betti Swazey, Nancy Baer und Louise Whiting, die das Manuskript mit der Maschine geschrieben haben.

Schließlich haben wir alle die persönliche Unterstützung erfahren, die für die Vollendung dieses Projektes notwendig war. Wir bedanken uns sehr dafür bei Lascelles Black, Gerry Weinstein und Louise Whiting.

Evan Imber-Black, Janine Roberts und Richard A. Whiting

I. Rituale definieren und planen

1. Den Rahmen abstecken: Definition, Funktion und Typologie von Ritualen

Janine Roberts

Das Definitionsproblem

Der Begriff *Ritual* wurde sowohl von der breiten Öffentlichkeit als auch von den akademischen Disziplinen so allgemein verwendet, daß das Problem der Definition angesprochen werden muß. Um in der Familientherapie klinisch verwertbar zu sein, müssen Rituale so eng definiert werden, daß sie von anderen Interventionsarten zu unterscheiden sind, aber auch so breit, daß sie das Spektrum ritueller Interventionen umfassen, die von Familien und Therapeuten kreiert werden können. Zuerst werde ich untersuchen, wie der Begriff im Feld der Familientherapie bisher schon verwendet wurde, mich dann den anthropologischen Wurzeln des Rituals zuwenden, und schließlich komme ich zur Definition von Ritualen, die diesem Buch zugrundeliegt.

In der systemischen Familientherapie angewandte Rituale

Formell wurden Rituale 1974 von Mara Selvini Palazzoli in ihrem Buch *Magersucht: Von der Behandlung einzelner zur Familientherapie* [dt. 1982] in die systemische Familientherapie eingeführt. Dieses Buch (wovon ein Großteil ursprünglich 1963 auf italienisch veröffentlicht wurde) hat am Ende mehrere, in den frühen 70er Jahren entstandene Kapitel, in denen Palazzoli die Anfänge der Mailänder Gruppe beschreibt (damals gehörten G. Cecchin, G. Prata, L. Boscolo und sie selbst dazu). Alle waren sie Psychiater, die seit 1969 versucht hatten, von einem psychoanalytischen zu einem systemischen Therapieansatz überzuwechseln. In *Magersucht* wurde ein therapeutisches Ritual definiert als „eine Aktion oder eine Reihe von Aktionen, die mit verbalen Äußerungen einhergehen und die ganze Familie einbeziehen. Wie jedes Ritual muß es aus einer regulären Abfolge von Schritten bestehen, die zur rechten Zeit und am rechten Ort unternommen werden." (1982: 274).

Magersucht enthielt zwei sehr kurze diesbezügliche Fallbeispiele. Im ersten ging es um ein Ritual mit einer Familie mit einem aggressiven sechseinhalbjährigen Jungen, der in sehr hohen Dosen mit Sedativa behandelt worden war. Das Behandlungsteam war verwundert, daß es dem Jungen wegen seiner „Krankheit" gestattet war, sich zu Hause bösartig zu benehmen, was anderen Kindern nicht erlaubt worden wäre. Zur Umdeutung des Verhaltens verschrieb der Therapeut folgendes Ritual: Die Familienmitglieder sollten eine Prozession zum Badezimmer veranstalten und die Medikamente feierlich nacheinander die Toilette hinunterspülen. Der Vater wurde gebeten, feierlich die folgenden Worte an seinen Sohn zu richten: „Die Ärzte haben uns heute gesagt, daß wir diese ganzen Medikamente wegwerfen müssen, weil du vollkommen gesund bist. Du bist nur ein ungezogenes Kind, und wir werden uns diesen Unsinn jetzt einfach nicht länger gefallen lassen." Daraufhin leerte der Vater die Medikamente in die Toilette und wiederholte ständig: „Du bist vollkommen gesund." (Selvini Palazzoli 1982: 272). Das Ritual eröffnete einen Rahmen, in dem vom Sohn erwartet wurde, sich in seinem Verhalten nach den Familiennormen zu richten.

Das zweite Ritual wurde einer Familie mit einer anorektischen Tochter verschrieben (später in einer umfangreicheren Fallbeschreibung als „Nora" identifiziert; Selvini Palazzoli et al. 1977). In dieser Familie konnte keiner über den mächtigen Clan etwas Schlechtes sagen. Folglich wurden die Mitglieder der Kernfamilie gebeten, die Tür abzuschließen und sich eine Stunde lang zusammenzusetzen, und alle sollten gleich lange ihre Meinung über die Herkunftsfamilien äußern. Das Ritual sollte implizit die Familienregel bezüglich der Äußerung negativer Ansichten über die erweiterte Familie ändern.

Im gleichen Jahr berichtete die Mailänder Gruppe (Selvini Palazzoli et al. 1982) von zwei weiteren Ritualen. Das erste war das Beerdigungsritual für eine Familie mit einer kleinen Tochter. Sie hatte aufgehört zu essen, nachdem ihr Bruder vier Tage nach seiner Geburt gestorben war. Niemand hatte direkt über seinen Tod gesprochen. Die Familie wurde gebeten, den Tod des Säuglings in einer Weise anzuerkennen, die das Mädchen auch verstehen konnte. Sie begruben einige der Kleider ihres Bruders und sprachen darüber, was mit ihm geschehen war. Das zweite war der ritualisierte Vertrag mit einem kleinen Jungen, nicht mehr in die Hosen zu machen, wenn seine Eltern damit aufhören, seine Zähne zu richten und ihm eine spezielle Brille verschreiben zu lassen (die Mediziner hatten ohnehin ihre Zweifel, ob ihm das überhaupt etwas helfen würde). Das Mailänder Team behandelte in diesem Artikel nicht die Frage der Definition, sondern betonte statt dessen die Effizienz von Ritualen: „Familienrituale dieser Art gehören zu den wichtigsten und wirkungsvollsten therapeutischen Techniken, die wir im Laufe unserer Untersuchungen bei dysfunktionalen Familien zu schnellen und entscheidenden Interventionen entwickelten." (a.a.O.: 438)

Im Jahre 1977 beschäftigten sich Palazzoli und ihre Kollegen erneut mit dem Problem der Definition, als sie detailliert das Ritual beschrieben, das sie der Familie der anorektischen Frau namens Nora verschrieben hatten. Sie konzentrierten sich darauf, in welcher Weise das Ritual verwendet wurde, um den Familienmythos der eng verflochtenen Großfamilie, „einer für alle, alle für einen", zu beeinflussen. Zu diesem Zeitpunkt definierten sie Rituale als Handlungen, die der Familie detailliert verschrieben werden (Zeit, Ort, Reihenfolge etc.) und die *manchmal* in Verbindung mit verbalen Botschaften durchgeführt werden (Hervorhebung durch Verfasserin). Sie betonten, daß die Kraft des Rituals darin bestehe, daß es dem analogen, nichtverbalen Kode näherstehe als dem digitalen Kode. Sie unterstrichen auch die Schwierigkeiten, neue Rituale für Familien zu planen.

Beschreibungen, die einen weiteren Wandel der Mailänder Gruppe in der Definition des Rituals signalisierten, wurden 1978 veröffentlicht. Palazzoli et al. präsentierten die rituelle Verschreibung der geraden und ungeraden Tage, bei der nur die formalen Aspekte des Rituals verschrieben wurden (daß sich z. B. der Vater an „geraden Tagen" um die Erziehung kümmern sollte, die Mutter an „ungeraden Tagen"), die tatsächlichen Interaktionen dagegen nicht. Demnach war diese Intervention bei einer Reihe unterschiedlicher Familien möglich, bei denen sie der Ansicht waren, daß sich die Eltern wegen des Verhaltens eines Kindes in symmetrischen Disqualifikationen verwickelt hatten. In *Paradoxon und Gegenparadoxon* (1978) führten die Mailänder verschiedene Beispiele mit „schizophrenen Familien" an, wobei sie ständig die Wichtigkeit betonten, das Ritual im größeren Rahmen der positiven Konnotation des Familiendilemmas zu präsentieren.

Im Laufe der Zeit kann man bei der Mailänder Gruppe eine Lockerung in der Definition des Rituals konstatieren. Es ist nicht mehr nötig, ständig verbale Elemente zu verwenden. Die Gruppe hält einen bestimmten Ort oder Zeitpunkt, um ein Ritual durchzuführen, nicht mehr für so sehr wichtig und gewinnt Einsicht in die Wichtigkeit offener anstatt ganz exakt verschriebener Teile des Rituals (z. B. beim Ritual der geraden und ungeraden Tage, bei dem die Familie die Inhalte auswählt).

Im selben Jahr, in dem *Paradoxon und Gegenparadoxon* auf englisch veröffentlicht wurde (1978), erschien van der Harts Buch über Psychotherapie und Rituale auf Holländisch. Van der Hart, der sich durch die Arbeit der Mailänder Gruppe für die Beziehung zwischen Ritual und Therapie zu interessieren begann, stellte diese Arbeit durch die Erforschung von Ritualen in der Anthropologie auf eine breitere konzeptionelle Grundlage. Dieses Buch war jedoch in Nordamerika erst dann zugänglich, als es ins Englische übersetzt und 1983 als *Rituals in Psychotherapy: Transition and Continuity* erschien. Hier definiert van der Hart Ritual als:

> „... vorgeschriebene rituelle Handlungen, die auf eine bestimmte Art und Weise und in einer bestimmten Reihenfolge ausgeführt werden müssen und zu denen möglicherweise bestimmte Formeln gesprochen werden.
>
> Neben den formalen Aspekten lassen sich Erfahrungsaspekte der Rituale unterscheiden. Rituale werden mit viel Engagement ausgeführt. Ist das nicht der Fall, sprechen wir von leeren Ritualen.
>
> Bestimmte Rituale werden im Leben der Betroffenen ständig wiederholt, andere dagegen werden nur einmal durchgeführt (sie können allerdings von anderen Menschen wiederholt werden)." (1983: 5 f.)

Van der Hart diskutiert auch die Wichtigkeit offener und geschlossener Teile in Ritualen. Offene Teile müssen so fließend sein, daß die Teilnehmer diese Erfahrung mit ihren eigenen sich entwickelnden und eigenständigen Bedeutungen bereichern können. Geschlossene Teile müssen ausreichend strukturiert sein, um starken emotionalen Komponenten Sicherheit zu geben, um wichtige neue kulturelle Informationen weiterzugeben und den Handlungen Gestalt zu verleihen.

Van der Hart erweitert die Definition der Mailänder Gruppe, indem er den Begriff „leere" oder „hohle" Rituale einführt. Das bedeutet, daß ein in der Therapie verschriebenes Ritual nicht nur aus der Perspektive des Therapeuten betrachtet werden kann, sondern auch aus der Erfahrung der Teilnehmer verstanden werden muß. Wie wichtig die Teilnahme am Ritual ist, wird auch durch die Notwendigkeit unterstrichen, sowohl offene als auch geschlossene

Teile einzubeziehen. Schließlich stellt van der Hart fest, daß ein Ritual nur einmal vorkommen kann, daß es nicht wiederholt zu werden braucht, um als Ritual definiert zu werden.[1]

Rituale in der Anthropologie

Wenden wir uns der Anthropologie zu, so finden wir dort, auch wenn die Anthropologen nicht mit den operationalen Grenzen des Begriffs Ritual übereinstimmen, eine allgemeine Akzeptanz von Viktor Turners Definition des Rituals als „ein vorgeschriebenes formales Verhalten für Ereignisse, die noch nicht einer technologischen Routine überlassen wurden und sich auf den Glauben an mystische Wesen oder Kräfte beziehen. Das Symbol ist die kleinste Einheit eines Rituals.“ (1967: 19). Allerdings ging Turner in seiner späteren Arbeit über diese Definition hinaus, um sogenannte säkulare Rituale zu untersuchen, bei denen einst für die rituelle Handlung wichtige Symbole in andere Bereiche, wie zum Beispiel Politik, Werbung und Recht, übernommen wurden. 1974 organisierte er sogar (zusammen mit Max Gluckman und Sally F. Moore) eine Konferenz auf Burg Wartenstein, Österreich, mit dem Titel „Secular Rituals Considered“ („Eine Betrachtung säkularer Rituale“).

In dem Buch, das aus Beiträgen dieser Konferenz entstand, weisen Moore und Myerhoff (1977) darauf hin, daß sich anthropologische Untersuchungen von Ritualen häufig auf religiöse und magische Aspekte einer Kultur beschränkten, teilweise deshalb, weil Anthropologen so häufig in Gesellschaften arbeiteten, „in denen alles eine religiöse Bedeutung hat ...“ (a.a.O.: 3). In dem Maße, so Moore und Myerhoffs Einsicht, wie Gesellschaften immer säkularer werden, bewahren sie fraglos Grundsätze, die in der Gesellschaft dieselbe Rolle spielen wie die Religion. Ferner unterstreichen sie, daß es wichtig ist, die „Heiligkeit“ dieser Grundsätze und der um sie herum durchgeführten Rituale zu erkennen. Ihre Definition von „heilig“ geht über die traditionelle religiöse Definition hinaus und konzentriert sich auf die Besonderheit – etwas, das über das Gewöhnliche hinaus mit Bedeutung durchdrungen ist. Dies stimmt mit Durkheims (1915) Vorstellung überein, daß das Ritual als Rahmen fungiert, der

1 Wie Moore und Myerhoff (1977) ausführten: „Selbst wenn es (das Ritual) nur ein einziges Mal durchgeführt wird, wird es durch seine stilistische Rigidität und seine internen Wiederholungen von Form und Inhalt zu etwas Traditionsähnlichem.“ (a.a.O.: 8)

das Heilige als etwas Abgehobenes unterstreicht. Goody (1977), obgleich nicht gerade begeistert von dem Begriff *Ritual*, bemerkt, daß Turners Definition für säkulare Rituale benutzt werden kann, wenn der Teilsatz „und sich auf den Glauben an mystische Wesen oder Kräfte beziehen" weggelassen wird.

Auch Turners (1967) Definition hebt *Symbole* als Bausteine von Ritualen hervor. Er erklärt die Bedeutung von Symbolen in drei Bereichen: (1) die Fähigkeit, vielfache Bedeutungen zu haben und dadurch zu den offenen Teilen von Ritualen beizutragen; (2) die Art und Weise, wie Symbole unterschiedliche, disparate Phänomene verknüpfen können, die durch Worte nicht so komplex verbunden werden könnten; und (3) die Fähigkeit von Symbolen, gleichzeitig mit den sensorischen und kognitiven Polen einer Bedeutung zu wirken.

Rappaport, der über Kybernetik und Rituale gearbeitet hat, meint auch, daß der Begriff *Ritual* sich nicht auf religiöse Praktiken beschränken müsse. Er erläutert (1971) sechs wesentliche Aspekte des Rituals, vor allem kollektiver Zeremonien, von denen Familienrituale ein Teil sind:

1. die Wiederholung – nicht unbedingt ausschließlich bezüglich der Handlung, sondern auch hinsichtlich des Inhalts und der Form;
2. das Tun – nicht nur etwas sagen oder denken, sondern auch etwas tun;
3. das besondere Verhalten und die Stilisierung – wobei Verhalten und Symbole von ihrer gewöhnlichen Verwendung abgehoben werden;
4. die Ordnung: ein Anfang und ein Ende und ein Rahmen für Spontaneität;
5. der sinnträchtige Präsentationsstil, wobei durch Inszenierung und Fokussierung ein „aufmerksamer Bewußtseinszustand" geschaffen wird;
6. die kollektive Dimension, die soziale Bedeutungen erzeugt.

In ihrer späteren Arbeit akzeptiert und stützt sich Myerhoff (1977) auf diese wesentlichen Aspekte des Rituals. Sie unterstreicht allerdings auch die physiologischen Aspekte des Rituals mit seinen „Kostümen, Masken, Farben, Geweben, Gerüchen, Gerichten, Getränken, Liedern, Tänzen, Requisiten, szenischen Hintergründen usw." (a.a.O.: 199).

Ferner diskutiert sie den einem Ritual inhärenten Widerspruch, nämlich die Realität zu definieren und dennoch in einer „heiligen" Zeit und einem „heiligen" Raum außerhalb der gewöhnlichen „Realität" abzulaufen. Therapie arbeitet mit genau diesem Widerspruch: Sie wird als ein Prozeß betrachtet, der alltägliche Interaktionen nachvollzieht, und findet dennoch zu einer bestimmten Zeit und in einem bestimmten Raum außerhalb der gewöhnlichen Grenzen der täglichen Interaktion statt.

> „Kritisches, analytisches Denken, eine Haltung, die die Illusion der Realität durchschauen würde, ist für ein Ritual ein Fluch. Die dem Ritual zugrundeliegende Fiktion ist zweifach: zum einen, daß Rituale keine künstlichen Produkte sind, und zum anderen, daß die in ihren Symbolen enthaltenen Widersprüche aufgehoben sind ... Rituale unterscheiden sich von Bräuchen und bloßen Gewohnheiten durch ihre Verwendung von Symbolen. Sie haben eine weit über das Mitgeteilte hinausgehende Bedeutung. Sie können Aufgaben erfüllen, mit Routinen und instrumentellen Vorgehensweisen einhergehen, sie gehen jedoch immer über sie hinaus, indem sie Handlungen, an denen sie beteiligt sind, eine größere Bedeutung verleihen." (Myerhoff 1977: 199-200).

Die Anthropologie lehrt uns mit ihrer Definition des Rituals, wie wichtig die Kraft der Symbole ist und die Notwendigkeit des Tuns, wie wichtig auch die physiologischen Aspekte und die Koordination von Ordnung und Spontaneität sind. Zusammengenommen schaffen sie einen Rahmen der „Besonderheit", jenseits des Alltäglichen. Die dreiteiligen Stufen des Rituals, über die Van Gennep zuerst im Jahre 1909 schrieb, sind inzwischen ebenfalls allgemein akzeptiert. In der ersten Stufe, der *Trennungsphase*, werden besondere Vorbereitungen getroffen und neue Kenntnisse weitergegeben, während der Rahmen zur Markierung eines bestimmtes Ereignisses geschaffen wird. Diese Vorbereitungszeit für das Ritual ist so wichtig wie das eigentliche Ritual. Die zweite Stufe ist die *Schwellen-* oder *Übergangsphase*, in der die Menschen tatsächlich am Ritual teilhaben, sich selbst neu erfahren und neue Rollen, neue Identitäten übernehmen. Die dritte Stufe ist die *Wiedereingliederung* oder *Reintegration*, in der die Menschen mit ihrem neuen Status wieder in ihre Gemeinschaft aufgenommen werden.

Bevor wir uns mit der in diesem Buch verwendeten Definition des Rituals beschäftigen, die ihre Wurzeln sowohl in der Anthropologie als auch in der Familientherapie hat, muß zwischen der Anwendung eines Rituals in kulturellen Kontexten (die anthropologische Sicht) und in therapeutischen Kontexten eine wichtige Unterscheidung getroffen werden. Das Ritual besteht nicht nur aus der Zeremonie oder der tatsächlichen Durchführung, sondern aus dem gesamten Prozeß der Vorbereitung, der Erfahrung des Rituals und der Reintegration in das tägliche Leben. Bei der Arbeit mit Ritualen während der Therapie muß dies besonders betont werden, da in einem gewissen Sinn alle drei Phasen entwickelt werden müssen. Bei kulturellen Ritualen wurden die Stufen schon klar definiert und in den Prozeß eingebaut (so wird beispielsweise Weihnachten der Baum gefällt, das Weihnachtsgebäck gebacken, heimlich werden Geschenke gekauft; dann kommt die eigentliche Feier an Heiligabend und Weihnachten; und dann wird der Baum abgeräumt und Dankschreiben werden verschickt, etc.). Ein solcher Verlauf muß sich in therapeutischen Ritualen entwickeln. Man kann sich dabei nicht unbedingt auf jahrelange Traditionen stützen. Auch werden in therapeutischen Ritualen bewußt neue Traditionen geschaffen, anstatt es „auf die alte Art und Weise" zu tun.

Arbeitsdefinition von Ritual

Rituale sind gemeinsam entwickelte symbolische Handlungen, die nicht nur die zeremoniellen Aspekte der eigentlichen Präsentation des Rituals beinhalten, sondern auch dessen Vorbereitungsprozeß. Ein Ritual kann Worte enthalten oder auch nicht, hat aber sowohl offene als auch geschlossene Anteile, die „zusammengehalten" werden durch eine führende Metapher. Wiederholung kann entweder durch den Inhalt, die Form oder den Anlaß Bestandteil von Ritualen sein. Therapeutische Rituale sollten den verschiedenen Familienmitgliedern und Therapeuten ausreichend Freiraum lassen, vielfältige Bedeutungen mit einzubeziehen, und es sollte auch eine Vielzahl von Partizipationsebenen geben.

Eine Methode, diese Definition zu operationalisieren, besteht darin, Rituale mit den in der Familientherapie üblicheren Aufgaben zu vergleichen (siehe Tab. 1).

TABELLE 1

Der Unterschied zwischen Ritual und Aufgabe

Ritual	Aufgabe
1. Arbeitet mit vielfältigen Bedeutungen auf Verhaltens-, kognitiven und affektiven Ebenen.	1. Fokussiert mehr auf die Verhaltensebene der Aufgabe, auf die Handlungen.
2. Die Intervention beinhaltet sowohl offene als auch geschlossene Teile, wobei der Familie die Gelegenheit gegeben wird, in den offeneren Teilen zu improvisieren. Der Therapeut weiß nicht, wie die Familie mit dem Ritual umgehen wird. Der Therapeut ist auch nicht besonders daran interessiert vorauszusagen, wie die Familie nach dem Ritual „aussehen" wird.	2. Hier wird Wert gelegt auf die genaue Ausführung der Verschreibung. (Oft hat der Therapeut eine klare Vorstellung von der damit angestrebten Veränderung des Familiensystems).
3. Stützt sich auf Symbole und symbolische Handlungen.	3. Stützt sich mehr auf das Konkrete und betont nicht die Vieldeutigkeit der Symbole.
4. Die Vorbereitung, die gemeinsame Entwicklung der Zeremonie, ist ein wesentlicher Bestandteil des Rituals.	4. Fokussiert auf das eigentliche Tun, nicht notwendigerweise auf die Vorbereitung.

Fallbeispiel: Das Mischen, Anpassen und die Maskerade mit Hüten

Um diese Unterschiede zu erläutern, beschreiben wir den Fall eines Teams an der Universität von Massachusetts, das mit Ericksonscher Hypnotherapie und dem Mailänder Ansatz arbeitete, wobei für dasselbe präsentierte Problem sowohl eine Aufgabe als auch ein Ritual gegeben wurden.

Eine Mutter kam mit ihrer Tochter, einem Teenager, und ihrem zehnjährigen Sohn zur Behandlung. Der Sohn war von der Familie als die problematische Person identifiziert worden. Er hatte zu Hause häufige Zornausbrüche, und sowohl die Mutter als auch die Tochter beklagten sich, daß er die Familienregeln nicht befolgte. Der frühere Ehemann war nach sechsjähriger Abwesenheit gerade wieder in die Gegend gezogen. Am Rande gab es auch noch einen Freund, der mit ihnen lebte, aber nicht bereit war, zu den Therapiesitzungen zu kommen, und sich auch nicht an der Erziehung der Kinder beteiligen wollte. Er wollte für sie nur ein Freund sein.

Während des Gesprächs sagte die Mutter, daß sie und ihr früherer Ehemann sich vor ihrer Scheidung einer Ehetherapie unterzogen hätten. Damals wäre ihr Ehemann in der Therapie als „der Mann mit dem schwarzen Hut" und sie als „die Frau mit dem weißen Hut" bezeichnet worden.[2] Dies waren Rollen, die sie aus ihren jeweiligen Herkunftsfamilien mitgebracht hatten (das gute und das böse Kind). Die Mutter gab an, daß die Verdeutlichung dieser Rollen in der früheren Therapie hilfreich gewesen sei.

Bei der Arbeit mit der Familie bemerkten wir, daß in der nächsten Generation frappierenderweise dieselbe Unterscheidung wieder auftauchte. Die Tochter war der „gute Hut" und der Sohn der „böse Hut". Die Tochter war Mutters Vertraute und ein parentifiziertes Kind, das das „böse" Kind zu disziplinieren versuchte. Der Sohn stellte die Familienregeln häufiger in Frage, hatte eine sehr direkte Art und redete eher über Dinge, die ihm nicht paßten.

In der vierten Sitzung stellten wir eine Menge Fragen, wer zu Hause und außerhalb des Hauses und zu welchen Zeiten „weiße" und „schwarze Hüte" trug. Wir fanden heraus, daß der Sohn einige „gute" Hüte besaß - er spielte Trompete, hatte sehr viel musikalisches Talent und war in der Schule recht gut. Es stellte sich heraus, daß die Tochter manchmal den „schwarzen Hut" aufhatte, wenn sie Babysitting-Aufgaben und andere Verantwortlichkeiten außerhalb des Hauses übernahm und sie nicht zu Ende führte. Um ihn einzubeziehen, fragten wir auch, welche Hüte der Freund trug. Faszinierenderweise fanden wir während der Diskussion heraus, daß die Familie eine weiße und eine schwarze Katze hatte, und sie die weiße Katze als die „gute" und die schwarze als die „böse" ansahen.

Hätten wir der Familie am Ende der Sitzung eine Aufgabe gegeben, dann vielleicht diese: „Sie (zur Mutter) achten nächste Woche darauf, wann Ihr Sohn positive Verhaltensweisen zeigt und bedanken sich bei ihm zweimal dafür. Notieren Sie diese Zeiten und bringen Sie das mit zur Sitzung. Dann diskutieren Sie mit Ihrem

2 Wir sind uns der in dieser Intervention inhärenten Konnotation bewußt, daß *schwarz* „böse" und *weiß* „gut" ist. In diesem besonderen Fall haben wir uns dafür entschieden, die von der Familie verwendeten weißen und schwarzen Hüte aufzugreifen, würden dies aber nicht zur Nachahmung mit anderen Familien empfehlen, da es indirekt rassistische Stereotypen fortbestehen läßt.

Freund mindestens zweimal in der Woche, wie Ihre Tochter das Weiße-Hut-Verhalten Ihres Bruders kommentierte."

Statt dessen verschrieben wir ihnen ein *Identitäts*ritual, das darauf abzielte, die alten Rollen zu verändern und durch die Förderung von Rollentausch neue Rollen zu etablieren (siehe Kap. 2 über rituelle Themen). Wir baten die Familie und den Freund, zwei weiße und zwei schwarze Hüte zu kaufen, womöglich unterschiedliche Größen und Formen (diese Intervention wurde in der Halloween-Woche gegeben). Wenn sie wollten, könnten sie verschiedene Hüte aufprobieren, um zu sehen, welche ihnen an den anderen gefielen – sie sollten Spaß haben beim Aufprobieren. Vielleicht würden sie auch für die Katzen ein paar Hüte finden. Dann baten wir sie, die Hüte an einem Ort zu Hause aufzubewahren, an dem ihr Zusammengehörigkeitsgefühl am stärksten sei. Sie meinten, das sei ein Holzofen, um den sie sich oft versammelten. Wir baten sie, die Hüte immer dann zu verwenden, wenn sie darauf aufmerksam machen wollten, daß sie eine neue Rolle spielten. Angenommen, der Sohn wollte darauf aufmerksam machen, daß er ein „guter Hut" sei, dann könnte er einen weißen Hut aufsetzen. Oder jemand anderes in der Familie könnte die Böse-Hut-Rolle übernehmen – oder zwei Hüte gleichzeitig tragen oder einem anderen Familienmitglied einen Hut aufsetzen. Wir baten sie, das Ganze gut durcheinanderzumischen, um zu sehen, wer wann und wo welche tragen könnte.

Dies unterscheidet sich in vieler Hinsicht von der oben beschriebenen Aufgabe. Erstens sind die Symbole der Hüte und die symbolischen Handlungen an den bewußt zu treffenden Entscheidungen beteiligt: setzt man sie jetzt auf oder ab (so kann man z. B. sein Verhalten bewußt kontrollieren) oder setzt man sie jemand anderem auf („Ich sehe und interpretiere dein Verhalten auf eine bestimmte Art und Weise"). Dies bot die Möglichkeit, die Rollen neu zu definieren und die impliziten Generationsregeln sowie die geschlechtsbezogenen Regeln in Frage zu stellen. Außerdem gibt es zahlreiche offene Teile, da die Hüte auszuwählen sind, die Frage zu klären ist, ob man den Katzen welche besorgt, wo man die Hütte im Haus plaziert und wann man sie trägt. Dies alles trug zur Flexibilität der Familie bei und führte humorvolle und spielerische Elemente ein. Das Ritual war handlungsorientiert, sowohl was das gemeinsame Einkaufen der Hüte betraf als auch das Wandern der Hüte von Person zu Person. Auch markiert der Vorbereitungsprozeß für das Ritual – das gemeinsame Einkaufen der Hüte und die Entscheidung darüber, wo sie aufbewahrt werden sollen – den Familienzusammenhalt. Die Vorbereitung auf das Ritual ist so wichtig wie das Ritual selbst. Schließlich funktionierte es auf vielfältigen Bedeutungsebenen, indem es vergangene und gegenwärtige Beziehungen einbezog und auch zukünftige Rollen abdeckte.

Äußerst wichtige Unterscheidungen zwischen Ritual und Aufgabe sind die vielfältigen Bedeutungen, die im Ritual und seinen Symbolen verkörpert sind; die Betonung auf der Koevolution des Ritualprozesses mit der Familie, die Einbeziehung offener Teile und die Fokussierung auf die Vorbereitung als ein ebenso wichtiger Teil des Rituals wie die eigentliche Durchführung (siehe Tab. 2).

Tabelle 2

Ritual	Aufgabe
1. Vielfältige Bedeutungen „guter" und „böser" Hüte, wer sie tragen, sie auf- und absetzen kann.	1. Fokussiert auf spezifisches Verhalten. Die Mutter soll zweimal das positive Verhalten des Sohnes kommentieren und mit ihrem Freund darüber reden, wie die Tochter das „gute" Verhalten des Sohnes kommentiert.
2. Eine Reihe offener Teile, unter anderem, ob für die Katzen Hüte gekauft werden sollen, wo die Hüte aufzubewahren sind, wann die Hüte gewechselt werden.	2. Die Familienmitglieder werden angewiesen, bestimmte Handlungen mit wenigen offenen Teilen auszuführen.
3. Die Hüte und die Möglichkeiten, unterschiedliche bzw. gleichfarbige Hüte zu tragen, waren Schlüsselsymbole und symbolische Handlungen.	3. Beinhaltet keine Symbole oder symbolische Handlungen.
4. Vorbereitung des gemeinsamen Einkaufs der Hüte (einschließlich des Freundes, der sich ambivalent zur Teilnahme an den Sitzungen verhielt) und die Wahl eines Aufbewahrungsortes werden als wesentliche Teile des Rituals angesehen.	4. Es werden Personen ausgesucht, die die Aufgaben ausführen. Die Vorbereitung wird nicht betont.

Die Funktion von Ritualen

Ein Ritual ist eine metaphorische Aussage über die Widersprüche der menschlichen Existenz.

C. Crocker (Zit. n. Shaughnessy 1973: 47)

Rituale stellen einen „Erwartungsrahmen" (Douglas 1966) zur Verfügung, in dem durch den Gebrauch von Wiederholung, Vertrautheit und der Umwandlung des schon Bekannten neue Verhaltensweisen, Handlungen und Bedeutungen entstehen können. Die Zeit ist in Ritualen aufgehoben. Gegenwärtige Veränderungen basieren auf vergangenen Traditionen, während zukünftige Beziehungen definiert werden. Die Handlungskomponenten von Ritualen sind ganz besonders wichtig, da sie nicht *über* Rollen, Regeln, Beziehungen und Weltbilder sprechen, sondern *in* Rollen, Beziehungen, Regeln und Weltbildern, während sich diese Elemente im Ritual wandeln (Davis 1984). Jenseits des Handelns besitzen Rituale die Dichte und Vieldeutigkeit der Symbole. Symbole als kleinste Einheiten eines Rituals (Turner 1967) können vielfältige, disparate Bedeutungen haben, und sie können das beschreiben, was nicht in wenigen Worten ausgedrückt werden kann. So kann beispielsweise ein Netz sowohl als Symbol des Gefangenseins als auch der Sicherheit angesehen werden. Dadurch, daß Rituale die Zeit verknüpfen, Widersprüche aushalten und mit dem Wandel von Beziehungen im Handlungsverlauf arbeiten können, bieten sie uns besondere Instrumente, mit denen wir arbeiten und der Diskrepanz zwischen Ideal und Wirklichkeit standhalten können.

Bei einer Verabschiedung, die ich beobachtete, wurden neue Rollen und Beziehungen inszeniert, wobei das Ritual einen sicheren Rahmen bot, sowohl die Komplexität der Karriere der in Ruhestand gehenden Person, als auch den tatsächlichen Prozeß ihres Ausscheidens aus dem Arbeitsleben zu untersuchen. Es war eine besonders ergreifende Zeremonie, da die in Pension gehende Geschäftsführerin, die Direktorin einer Schwesternschule, die letzten paar Monate krank gewesen war und trotz aller Gerüchte, daß es sich um etwas Lebensbedrohendes handle, niemand genau wußte, welche Krankheit sie hatte. Ferner war nicht klar, ob es ihre eigene Wahl war, aus dem aktiven Dienst auszuscheiden. Auch gab es unterschiedliche Einschätzungen, wie erfolgreich ihre Geschäftsführung eigentlich gewesen sei. Eine Reihe von Leuten, die mit der Direktorin zusammengearbeitet hatten, zogen es vor, nicht teilzunehmen. Diejenigen, die teilnahmen, hatten nicht nur seit geraumer Zeit in Unklarheit gelebt, ob sie denn nun auf eigenen Wunsch ausschied, sondern auch in dem Zwiespalt der lebensbedrohenden Aspekte ihrer Krankheit und der Unkenntnis darüber, wer schließlich ihre Abteilung leiten würde. Man versammelte sich zum Abendessen, es wurden Reden gehalten und Geschenke überreicht.

Von den zehn Mitarbeitern, die während des Essens eine Rede hielten, begannen die meisten mit einer kurzen persönlichen Darstellung ihrer Beziehung zu der scheidenden Leiterin. Diese waren durch ihre gemeinsamen Rollen als Schwestern, Lehrer, Sachbearbeiter für Stipendien und Verwalter in Krankenhäusern geprägt. Gerade die Abwesenheit derjenigen, denen es nicht gelungen war, eine Beziehung mit ihr aufzubauen, warf ein bezeichnendes Licht auf die sehr wichtigen Beziehungen, die manche Mitarbeiter zur Direktorin und ihrer Arbeit aufbauen konnten. Nach den kurzen Darstellungen sprachen alle Redner über die Wichtigkeit ihrer Arbeit. Während sie ihre Arbeit auf nationaler Ebene als Autorin, auf der Ebene des Bundesstaates quasi als Lobbyistin für Rechtsangelegenheiten und auf Universitätsebene als vielfach Verantwortliche beschrieben, begann sich nach und nach ihr Arbeitsumfang abzuzeichnen. Letztlich wurde von der Arbeit der Ausscheidenden ein viel umfassenderes Bild entworfen, als dies von einer Person allein hätte dargestellt werden können. Schließlich sprachen die Mitarbeiter darüber, wie sie sich eine zukünftige Beziehung und Zusammenarbeit mit ihr vorstellten. Zur Sprache kamen zum Beispiel Projekte, bei denen sie sie um Konsultation bitten wollten, Unterricht, den sie womöglich halten könnte, wie auch Orte, die man mit ihr zusammen besuchen wollte. Der Übergang von den alten Beziehungen und Rollen zu etwas Neuem hatte schon begonnen, als die Mitarbeiter anfingen, die neuen Möglichkeiten zu definieren.

Außerdem hatte einer der Sprecher gerade eine schwere Krankheit überstanden. Seine Kommentare über den Einfluß der Krankheit auf sein Leben und darüber, daß er glücklich sei, die Kraft zu haben, an diesem Abend dabei zu sein, schufen eine ergreifende Atmosphäre, die es den Anwesenden ermöglichte, indirekt einige ihrer eigenen Ängste über die Erkrankung der zukünftigen Pensionärin, die sie nicht offen ansprechen konnten, zu erleben.

Zum Abschluß der Reden und der offenen Kommentare aus dem Saal überreichte die Gruppe zwei Symbole als Geschenke. Das erste war die abstrakte Skulptur eines Tänzers, die sowohl bewegliche, in den Raum gerichtete Kraft und Energie als auch eine von einem fehlenden Bein herrührende Unbeweglichkeit verkörperte. Diese Figur fing die Dualität der von der scheidenden Direktorin geleiteten Verwaltung ein, die nach Ansicht vieler im Hintergrund sehr aktiv, in den wichtigen Tagesentscheidungen aber doch sehr unbeweglich gewesen war. Das andere Geschenk war ein Porträt der Ausscheidenden, das jetzt im Konferenzzimmer der Verwaltung aufgehängt werden sollte. Als das Gemälde enthüllt wurde, gab es zahlreiche Kommentare, wie zum Beispiel: „Wenn wir uns im Konferenzzimmer treffen, können wir zu Ihnen aufschauen und Sie um Rat fragen", und: „Wir wissen, daß Sie über uns wachen". Nunmehr wäre sie nur noch symbolisch im Gebäude präsent.

Dadurch, daß ein neuer Status markiert und der Umfang des alten bestätigt wurde, bot die Zeremonie einen sicheren Rahmen, um die Diskrepanz zwischen Realität und dem Ideal der ehemaligen Geschäftsführung für kurze Zeit aufzuheben. Während die Zusammenkunft an einem Ort einerseits deutlich machte, wer nicht gekommen war, um ihr die Ehre zu geben, stellte sie für andere auch ein öffentliches Forum dar, ihre enge und fortwährende Beziehung mit ihr zu bestätigen. Wenngleich auch ihre Krankheit nicht offen diskutiert werden konnte, ermöglichten es das gutgelaunte Erscheinen der zu Verabschiedenden und die Beschreibung der Krankheit ihres Kollegen, sie indirekt anzuerkennen. Die Klarstellung dessen, was sie in ihrer Arbeit geleistet hatte, wurde kombiniert mit einer klaren Definition der Schritte, die sie ihres alten Status enthoben.

Rituale haben vielfältige Funktionen, die von zahlreichen Gelehrten hervorgehoben worden sind.[3] Primär von der Anthropologie ausgehend, möchte ich in diesem Abschnitt die Funktion von Ritualen untersuchen, da diese Aufschluß darüber geben kann, was geschieht, wenn Familien an alltäglichen, familiären, kulturellen und religiösen Ritualen teilhaben.

3 Zusammenfassende Darstellungen zum Feld der Rituale gibt Ronald Grimes (1982): Beginnings in Ritual Studies. Lanham, MD (University Press of America) (vor allem die Teile I und III) und William G. Doty (1986): Mythography: The Study of Myths and Rituals. University, AL: (University of Alabama Press) (vor allem die Kapitel 2 und 3).

Struktur, Handlung und Bedeutung: Ritual als Kommunikationsmittel

Wenn man sie symbolisch „von innen nach außen" betrachtet (anstatt funktionalistisch „von außen nach innen"), können Rituale als symbolische Kommunikationsmittel zwischen der Ebene des kulturellen Denkens und komplexen kulturellen Bedeutungen und zum anderen zwischen der sozialen Handlung und dem unmittelbaren Ereignis angesehen werden.
(Munn zit. in Doty 1986: 72)

Frühe Sozialanthropologen heben hervor, wie Rituale eine soziale Ordnung reflektieren und stützen und spezifische Verknüpfungen des sozialen Umfeldes markieren (Hallowell 1941; Radcliffe-Brown 1952). Das Ritual wurde innerhalb von Gruppen als stabilitätsfördernd angesehen, als ein kontrollierter und sicherer Ort, an dem man persönliche und soziale Probleme lösen und zeitübergreifende soziale Strukturen bestätigen kann (Comstock 1972). Turner (1974) schlägt vor, über diese Analyse hinauszugehen, um die spannungsgeladene Beziehung von Ritualen gegenüber Stabilität und Wandel zu untersuchen: So wie ein Ritual die gesellschaftliche Ordnung markiert, kann es gleichzeitig die soziale Struktur transformieren und zerstören sowie neue Normen und Traditionen etablieren. Das bedeutet, daß ein Ritual nicht nur einen Übergang *markieren*, sondern zugleich auch einen Übergang bewirken kann.

Bei Hochzeiten zum Beispiel scheinen bestimmte Teile der Zeremonie insbesondere darauf ausgerichtet zu sein, die gesellschaftliche Stellung dieses neuen Paares zum Ausdruck zu bringen, das so wie Millionen von Paaren vor ihm zusammenkommt (sie wechseln die Ringe, schwören sich Treue „bis daß der Tod uns scheidet", erklären sich als „Mann" und „Frau"). In den westlichen Kulturen ist das so üblich, um den Übergang zu einer neuen Kernfamilie anzuzeigen. Dieser Übergang wird nicht nur markiert, sondern gleichzeitig auch vollzogen. Die Eltern „übergeben" die Braut und den Bräutigam, was das Loslassen seitens der Herkunftsfamilie symbolisiert.[4] Während der Hochzeit ändert sich die Position der Eltern gegenüber ihren

4 Leider wird üblicherweise nur die Frau in der Zeremonie offiziell „zum Altar geführt", was die patriarchalischen Überbleibsel bei der Hochzeit widerspiegelt, bei der der Vater seinen „Besitz" an einen anderen Mann weitergibt. Siehe Tad Tuleja in *Curious Customs* (1987) für faszinierende Leckerbissen über andere

heiratenden Kindern. Am Ende der Hochzeit geht das Paar gemeinsam hinaus, und später reisen sie zusammen in die Flitterwochen. Neben den neuen Rollen, die die engere Familie übernimmt, können auch die an der Feier teilnehmenden Zeugen darum gebeten werden, neue Rollen zu übernehmen. Ein von mir kürzlich auf Hochzeiten beobachtetes, neu entwickeltes Ritual besteht darin, die Gäste zu bitten, aufzustehen, eine Hand nach dem Paar auszustrecken und zu versprechen, daß sie das Paar in guten und schlechten Zeiten gemeinsam unterstützen werden.

Während der Übergang vollzogen und zugleich markiert wird, gibt es auf der Feier Gelegenheit, neue Traditionen zu etablieren. Vielleicht wählt das Paar einen Ort für seine Flitterwochen, zu dem sie später einmal am Hochzeitstag zurückkehren werden. Das Anstimmen des „Hochzeitswalzers" beim Empfang mag vielleicht nicht nur die Hochzeitstage der Gäste markieren, sondern eröffnet auch die Tradition, den Hochzeitstag des Hochzeitspaares zu feiern. Turner (1975) kritisiert das traditionelle soziofunktionalistische Paradigma so:

> „... es reicht nicht aus, lediglich die symbolischen Moleküle des Rituals als Informationsträger zu betrachten. Sie sind dies, und sie sind viel mehr, und mit diesem „mehr" bewegen wir uns in das Feld der sozialen Dynamik, in dem das Ritual sowohl die traditionellen Formen der Kultur bewahrt als auch gelegentlich in Zeiten großer Krisen zu einem Instrument wird, neuen Normen und Werten eine dauerhafte starke symbolische Form zu geben und alte vom ideologischen Mast äußerst wichtiger Symbole einzuholen. "(a.a.O.: 80)

In dem von Evan Imber-Black in Kapitel 2 beschriebenen Fall eines Paares mit zwei Kindern, die sich dafür entschieden, „wieder zu

Weisen, wie sich dies in Hochzeitsfeierlichkeiten zeigt, etwa das Anbinden alter Schuhe am Auto des Paares. Er ist der Meinung, daß dies vom Symbolcharakter der Schuhe in den Verträgen im Altertum des Nahen Ostens herrührt, wo das Weitergeben einer Sandale oder eines Schuhs den Abschluß einer Transaktion bedeutete. Bei den Angelsachsen gab der Vater der Braut dem Bräutigam einen ihrer Schuhe, um zu zeigen, daß seine Autorität auf den neuen Gemahl übergegangen ist. „Bemerkenswerterweise wurde diese Zeremonie abgeschlossen, indem der Ehemann den Schuh als Zepter benutzte und der Ehefrau damit leicht auf den Kopf schlug." (Tuleja 1987: 67).

heiraten", kauften beispielsweise die Eltern vier spezielle Gläser, in die die Namen der Familienmitglieder eingraviert waren. Diese Gläser benutzten sie in der „Hochzeitszeremonie", um sich gegenseitig zuzuprosten und einen Toast auszusprechen. Die Familienmitglieder sprachen dann darüber, die Gläser auch zu anderen besonderen Gelegenheiten im Kreise der Familie zu gebrauchen. Ihre „Hochzeitszeremonie" hielten sie in einem Hotel ab, und sie meinten: „Nächstes Jahr kommen wir wieder hierher."

Während die Sozialanthropologen die Struktur und das Ritual betonen, konzentrieren sich die Kulturanthropologen auf die *Bedeutung* im Ritual und wie die Menschen Landkarten ihrer Wirklichkeit konstruieren, wie sie jene Teile des Kosmos erklären, denen gegenüber keiner von uns gleichgültig sein kann: Geburt und Tod, Tag und Nacht, der Wechsel der Jahreszeiten, Krieg und Frieden, Nähe und Distanz (Culler 1987). Rituale beinhalten kulturelle Bedeutungen, die durch unterschiedliche Erfahrungen der Generationen weitergegeben werden, und sie bieten die Gelegenheit, neue Paradigmen und neue Metaphern zu schaffen.

Das Osterfest hat vielfältige Bedeutungen, die symbolisch mit dem Hasen und den Eiern als Zeichen der Fruchtbarkeit, des Lebens in einer Jahreszeit, da die Erde wieder zu blühen beginnt, und der Schöpferkraft weitergegeben wurden. Das Wort *Ostern* rührt vom Namen der Göttin Eostre her und bedeutet „erwachen". Innerhalb der Gesellschaft kann dieses Fest nach einer eher untätigen Jahreszeit eine Wiedergeburt bedeuten. In diesem Kontext schaffen Familien neue individuelle Metaphern, die einige dieser Bedeutungen operationalisieren, und auch andere, die für ihre eigene Familienentwicklung wichtig sind. Die Eier werden vielleicht im Stile der Großmutter verziert, oder ganz besonders bemalte Eier werden von einer Generation zur nächsten weitergereicht.

In Massachusetts trifft sich seit einigen Jahren eine Gruppe von zehn bis zwölf Familien an Ostern in der Nähe eines Flusses südlich des Amherst College, an einem Ort, von dem aus man die rollenden Hügel und das Gebiet von Holyoke nach Süden hin überblicken kann. Alle bringen etwas zu essen mit, das sie sich bei einem grandiosen Picknick teilen. Als ich einmal teilnahm, vergnügten sich die Kinder mit Spielen, während die Erwachsenen die Eier und Überraschungen versteckten, die sie mit ihren Kindern für die Suche vorbereitet hatten. Hinter einem Hügel tauchte dann der Osterhase auf und sprach mit den Kindern darüber, was es heißt, sich an der Suche zu beteiligen und nach dem zu suchen, was sowohl ihrem Körper als auch ihrer visionären Kraft Nahrung geben könnte, und daß die älteren Kinder am Ende das, was sie finden, mit den Jüngeren teilen sollten. Die Kinder machten sich dem Fluß entlang auf den Weg in die Wälder, halfen einander, die Eier zu finden, tauschten Süßigkeiten untereinander aus, und die Großen ließen den kleineren Kindern den Vortritt. Durch das Suchen, die Zusammenarbeit und die Hilfe schufen sich diese Familien für ihre Festlichkeiten im Frühling ihre eigenen Bedeutungen.

In ihrem Kapitel über *Bar Mizwa* (s. Anmerkung 17), das vier Familien gemeinsam feiern, unterstreicht Judy Davis, wie es jeder der vier völlig unterschiedlichen Familien (Stieffamilie, Kernfamilie, russische Emigranten und Chassidim) gelang, dasselbe Ritual so zu verändern, daß es für ihre jeweiligen Entwicklungsbedürfnisse etwas bedeutete.

Verbindet man die kulturelle und die soziale Perspektive der Anthropologie, *funktioniert ein Ritual für Individuen, Familien und das soziale Gemeinwesen sowohl als Bewahrer und Schöpfer einer sozialen Struktur als auch als Bewahrer und Schöpfer von Weltbildern.* Es kann zwischen den beiden Bereichen Struktur und Bedeutung so vermitteln, daß jeder Bereich den anderen definiert, widerspiegelt und erläutert. Doty erklärt in seiner ausgezeichneten Kritik der Untersuchung von Mythos und Ritual (1986):

> „Ich habe nicht die Absicht, nur eine soziofunktionalistische Position zu entwickeln, in der Mythos und Ritual fast ausschließlich wegen ihrer konstruktiven Rollen bei der Bereitstellung des gesellschaftlichen Bindemittels, das die Gesellschaft zusammenhält und es ihr ermöglicht, sich an die Polaritäten der persönlichen Existenz anzupassen, geschätzt werden ... Ich möchte eine solche Position überwinden, indem ich betone, daß Mythen und Rituale dieses tun *und vieles mehr*. Insbesondere bieten sie nicht nur funktionale Lösungen für solche Probleme, sondern sind vielmehr insofern kreativ, als sie ein Kommunikationsmittel darstellen, mit denen es Menschen gelingt, ein bedeutungshaltiges Symbolsystem zur Identifizierung ihrer Erfahrungen zu schaffen. Mythen und Rituale sind die Träger der traditionellen gesellschaftlichen Werte, die dieser und jener Erfahrung zugeordnet werden; und sie sind dann ein wichtiges Mittel, um Lebens-

erfahrungen durchstehen zu können, wenn sie dazu genutzt werden können, die von dem einzelnen als aktiv erfahrenen Kräfte der Umgebung zu identifizieren, zu etikettieren und sich auf sie zu beziehen." (a.a.O.: 127).

Die Fähigkeit des Rituals, Kommunikationsmittel zu sein zwischen Struktur und Bedeutung, gibt ihm die große Möglichkeit, Veränderungen zu bewirken.

Andere Funktionen des Rituals

Ein Ritual kann gleichzeitig beide Seiten eines Widerspruchs enthalten. Wir alle leben mit den grundlegenden Paradoxa von Leben / Tod, Nähe / Distanz, Ideal / Wirklichkeit, gut / böse. Ein Ritual kann *beide Seiten von Widersprüchen miteinschließen*, so daß sie gleichzeitig bewältigt werden können. So umfaßt beispielsweise eine Hochzeitszeremonie sowohl Verlust und Trauer als auch Freude und Feierlichkeit. Die Leute sagen: „Sie verlieren keine Tochter, sie gewinnen einen Schwiegersohn." Eltern führen ihr Kind zum Altar, während sie gleichzeitig in ihrer erweiterten Familie ein neues Mitglied willkommen heißen.

In Kumasi, Ghana, tanzte ich einmal bei einem Ashanti-Tanzbegräbnis, bei dem wir alle in einem großen Kreis in dieselbe Richtung blickten und uns im Uhrzeigersinn zum Rhythmus eines Trommelorchesters bewegten. Alle gingen in die Knie und kauerten sich zusammen, als ob sie den Schmerz über den Verlust des Verstorbenen fühlen wollten. Diese Bewegung wurde aber im Kontext der gesamten Gruppe ausgeführt, jeder fühlte den Schmerz und kam dann wieder hoch in den Kreis, wo er die anderen sah und sich mit ihrer Energie bewegte, um den eigenen Körper und das Leben zu feiern. Die Bewegung selbst verkörperte die beiden Seiten von Leben und Tod.

Ein Ritual kann für manche Menschen ein Mittel sein, um *starke Emotionen auszuhalten* (Scheff 1979). Beispielsweise gibt es für die Totenwache oder beim Schiwa-Totenkult bestimmte vorgeschriebene Trauerzeiten. Menschen kommen in Gruppen zusammen, um sich in ihrem Leid beizustehen, das Essen wird geteilt, bestimmte Kleidung getragen und besondere Worte werden gesprochen. Das Wissen, daß man zwar die Tiefe der Gefühle erfahren kann, aber in gewissen vorgeschriebenen Grenzen und mit Unterstützung aus der Gruppe, verleiht Sicherheit. Ganz ähnlich können die ritualisierten

Aspekte von Beerdigungen dazu dienen, tiefe Gefühle im Zaume zu halten.

Ich habe in meiner Herkunftsfamilie einen jüngeren Bruder namens Mark, der seit fünf Jahren vermißt wird. Er ist Alkoholiker und verschwand eines Tages aus einer Suchtklinik, in die er sich freiwillig begeben hatte. Wir leben in der großen Unsicherheit, daß wir nicht wissen, ob er tot ist oder noch lebt. Da wir nicht wissen, ob er noch lebt, steht uns auch kein Ritual (wie z. B. eine Beerdigung) zur Verfügung, um den Verlust zum Ausdruck zu bringen. Unmittelbar nachdem Mark verschwunden war, schafften es die Familienmitglieder, miteinander über ihn zu sprechen, indem sie sich über mögliche Suchaktionen austauschten. Als sich jedoch im Laufe der Zeit keine Anzeichen über seinen Aufenthaltsort fanden, war es für die Beteiligten schwierig, sich weiterhin über ihn zu unterhalten. Wir fühlten uns hilflos, da wir nicht wußten, was wir tun sollten. Zudem spielten Schuldfragen (jeder von uns hätte vielleicht mehr für ihn tun können) und ein Anflug von Aberglauben eine Rolle, daß ein Gespräch, in dem in einer Weise über ihn geredet wird, als ob er tot wäre, ihn gewissermaßen umbringen würde. Diese Fragen wurden durch die Tatsache kompliziert, daß meine Eltern geschieden waren, die Familie über größere Entfernungen verstreut lebte und wir uns selten alle trafen.

Meine Mutter ging dann zu einem Einzeltherapeuten, um über ihre Verlustgefühle, über die wir untereinander nur unter großen Schwierigkeiten reden konnten, zu sprechen. Der Therapeut schlug vor, meine Mutter möge für ihren verlorenen Sohn eine Art Denkmal schaffen, das sowohl ihm zu Ehren als auch für ihren Schmerz stehen sollte. In einem Ruderboot bei den San-Juan-Inseln erzählte sie mir von der Idee ihres Therapeuten, und wir kamen überein, gemeinsam als Familie etwas zu tun. Im Laufe des Jahres wählte meine Mutter eine Ecke ihres Gartens aus, von der sie einen guten Ausblick auf das Denkmal haben würde. Wir begannen diesen Teil des Gartens zu jäten und zu roden. Während wir gemeinsam die Erde umgruben, unterhielten wir uns über Mark. Als sich im August die Familienmitglieder aus den unterschiedlichen Teilen des Landes trafen, beschlossen wir, an einem Wanderweg in den Bergen der North Cascades, auf dem er gerne unterwegs gewesen war, einen Stein auszusuchen. Dieser Felsbrocken wurde dann auf dem Rücken zum Auto geschleppt und nach Seattle gebracht. Am Tag der Feier spielte mein älterer Bruder indianische Flöte, während wir uns in einem feierlichen Umzug aus dem Haus begaben und uns um den Stein versammelten. Wir trugen ihn gemeinsam zu seinem vorbereiteten Standort zwischen einigen Büschen Immergrün. Dann sprachen wir über unsere Erinnerungen an Mark und was wir ihm für die Zukunft wünschten. Es gab viele Tränen, aber auch das eine oder andere Lachen, während wir miteinander redeten und uns näherkamen. Meine Mutter zeigte uns ein Album mit Bildern von Mark und schriftlichen Erinnerungen und bat uns, etwas hineinzuschreiben. Dieses Album, das meine Mutter zu Hause aufbewahrt, gibt uns ständig die Gelegenheit, über unsere tiefen Gefühle für Mark zu sprechen und unsere Erinnerungen auszutauschen. Es enthält auch die von meinem Schwager aufgenommenen Photos von der Feierstunde. Meine vierjährige Tochter, die an dem Ritual teilnahm, gab einer Puppe aus China, die sie einen Tag zuvor geschenkt bekommen hatte, den Namen „Zeremonie“ und fragt häufig nach „dem vermißten Mark“.

Das soziale Zusammenleben von Individuen, Familien und Gemeinden, in der Vergangenheit, Gegenwart und Zukunft kann durch ein Ritual gefördert werden. Davis (1987) untersuchte, wie der Verlauf von Bar-Mizwa-Feiern dem Jungen, der nunmehr zunehmend erwachsen wird und innerhalb seiner Familie, unter Gleichaltrigen und in der Gemeinde einen anderen Status einnimmt, einen Platz zuweist. Er muß seine Befähigung in einer heiligen Sprache, dem Hebräischen, nachweisen. Er zeigt, daß er die Versammlung der Gemeinde eine kurze Zeit lang leiten kann. Der „Bar-Mizwa-Junge“ wird zu einem Erwachsenen der jüdischen Gemeinde, auf den man bei der Bildung eines Minyans zählen kann. Gleichzeitig wird der neue Status der Familie bestätigt. Die erweiterte Familie und Freunde versammeln sich auf Geheiß der Familie, um diese Veränderungen zu feiern. Sie überreichen dem jungen Mann Geschenke, um seinen neuen Status anzuerkennen.

Auch die gesamte Gemeinde wird in die größeren religiösen und kulturellen Traditionen des Judentums einbezogen. Es werden spezielle Texte aus der Thora vorgelesen, und bestimmte strukturelle Elemente des Rituals, die über die Jahrhunderte weitergegeben wurden, werden ausgeführt. Die Zeremonie läuft gleichzeitig auf verschiedenen Ebenen ab: individuelle, familiäre und Gruppenübergänge werden durchgeführt und markiert. Auch werden Vergangenheit, Gegenwart und Zukunft durch den historischen Kontext der jüdischen Tradition, das Anerkennen der gegenwärtigen Leistungen des Kindes und der Familie und des neuen Status des Kindes/ Mannes miteinander verknüpft.

Dieselben Themen des in der Zeit geborgenen sozialen Zusammenlebens können auch im nationalen Ritual des *Thanksgiving* untersucht werden. Durch besondere Vorbereitungen werden individuelle Rollen markiert. Ein Geistlicher beschreibt beispielsweise, wie sein Großvater den Truthahn auf der Farm in Kentucky aufzog, schlachtete und ausnahm und wie seine Großmutter ihn zubereitete. Diese Aufgaben skizzieren die Verteilung der Geschlechterrollen in seiner Familie: Sein Großvater arbeitete vor allem außerhalb und die Großmutter innerhalb des Hauses. Sein Großvater hat den Truthahn immer zerlegt, und der Geistliche erinnerte sich noch gut daran, wie diese Aufgabe auf seinen Vater überging (dazu gehörte, daß ihm der Großvater das Tranchiermesser überreichte), was die Aufnahme seines Vaters in die ältere Generation markierte.[5] Außerdem wurden bestimmte Gerichte immer nach überlieferten Rezepten zubereitet. Das verband die Familie mit ihren Herkunftsfamilien. Goodman (1987) beschreibt das Thanksgiving ihrer Familie so: „Unveränderliche, von einer Generation auf die andere überlieferte Gerichte werden serviert, und sie tragen die Namen dieser Vorfahren. Jedes Jahr kopiert Tante Nummer Eins die Füllung nach dem Rezept ihrer Mutter bis ins letzte exquisite Detail. Sie produziert sie in einer tränenreichen Zeremonie, an der Zwiebeln und Erinnerungen gleich großen Anteil haben."

Anderen Familien helfen Rituale, wie etwa das Erzählen von Familiengeschichten, gemeinsames Kochen, ein Fußballspiel anschauen und das Sich-Versammeln an einem bestimmten Ort an Thanksgiving, ihre Rollen (einschließlich der Geschlechterrollen) und Regeln zu definieren und somit einen Gruppenzusammenhalt zu schaffen. Ferner geschieht dies innerhalb eines größeren nationalen Kontextes, in dem die Nation sich durch die Ehrung der ersten europäischen Einwanderungswelle bedankt und gleichzeitig ignoriert, was den Ureinwohnern dieses Landes angetan wurde.

Rich Cowles (1985) vergleicht die Traditionen seiner beiden erweiterten Familien (seiner Herkunftsfamilie und die seiner Frau)

5 Tad Tuleja führt aus, daß das Tranchieren in den Familien immer noch vom ältesten Mann durchgeführt wird, gleichgültig, wieviel Zeit die Frauen mit der Zubereitung verbracht haben. Er meint, daß das Tranchierritual „die Rolle des Mannes als ‚Jäger' feiert und gleichzeitig den ebenso wichtigen Beitrag der Frau als ‚Sammlerin' verbirgt" (1987: 98).

an Thanksgiving mit zwei handgeschnitzten Spieldosen, die von Generation zu Generation weitergereicht werden. Auf einem Regal sehen die Dosen sich ähnlich, öffnet man sie jedoch, spielt jede ihre eigene Melodie.

> „An diesem Thanksgiving bin ich dankbar für die Spieldosen. Trotz Tod, Scheidung und Distanz, trotz eines hektischen Lebens und verwirrender Änderungen im Lebensstil kommen wir immer noch zusammen, um unsere altererbten Besitzstücke zu öffnen und zusammen zu singen. Ich bin dankbar für die neuen Gesichter – nichtsahnende Seelen, die in unserer Sippe einheiraten und unseren Liedern Frische geben. Und ich bin dankbar für die Kinder, die zukünftigen Verwalter unserer Traditionen. Mögen sie bisher noch unbekannte Melodien spielen, und mögen sie die Spieluhren noch lange spielen lassen, wenn wir nicht mehr sind." (a.a.O.: E5).

Vergangenheit, Gegenwart und Zukunft, repräsentiert durch die verschiedenen Generationen und die entstehenden Traditionen, werden miteinander verknüpft.

Rituale helfen nicht nur, Widersprüche zu lösen, mit Ängsten und starken Emotionen fertig zu werden und das soziale Zusammenleben zu fördern, sondern *unterstützen auch Übergänge* (van der Hart 1983; Van Gennep 1960). Anthropologen haben in Übergangs- und Heilriten drei Phasen identifiziert, die für Rituale im Therapieverlauf interessant sind. In der ersten, der *Trennungsphase,* wird das Individuum oder die Gruppe von seinem oder ihrem Status getrennt und häufig von den üblichen Routinen oder Kontakten isoliert. So kommt es bei vielen Pubertätsritualen vor, daß die Jugendlichen von den Wohnvierteln der größeren Gruppe getrennt und an einem besonderen Ort untergebracht werden.[6] In unserer Kultur wird bei der Hochzeitsfeier immer noch die Tradition befolgt, daß sich Braut und Bräutigam vor Beginn der eigentlichen Zeremonie nicht sehen lassen. Sie befinden sich an einem von der Hochzeitsgesellschaft getrennten Ort.

6 Dies trifft besonders für Jungen zu, da sich ihr Eintritt in die Pubertät leichter als Gruppenereignis markieren läßt. Bei Mädchen wird häufig das eigentliche Einsetzen der Menstruation, das sehr variieren kann, als ein definitives Kennzeichen für den Eintritt in die Pubertät angesehen. Das bedeutet, daß es für Mädchen weniger Gruppenfeiern gibt.

In der *Marginal-* oder *Schwellenphase* ist die dem Ritual unterworfene Person oder Gruppe weder in dem alten noch in dem neuen Status. So ist beispielsweise die Novizin in einem Pubertätsritus weder Mädchen noch Frau. Man kann sie als nicht klassifizierbar klassifizieren. In dieser zweiten Stufe werden häufig bestimmte Erkenntnisse, heilige Informationen, weitergegeben. Die Novizen versuchen sich in neuen Rollen, neuen Identitäten. In der *Reintegration* oder dritten Phase wird die Person oder Gruppe wieder ins tägliche Leben entlassen. Sein oder ihr neuer Status wird häufig durch einen neuen Namen, neue Kleidung, Festlichkeiten und Feiern der Gemeinde bestätigt.

Das Ritual ist imstande, mehrere unterschiedliche Sichtweisen zu integrieren, tiefe Gefühle zu unterstützen und im Zaume zu halten, während es zugleich das soziale Zusammenleben der Individuen, Familienmitglieder und des Gemeinwesens, das Sich-im-Übergang- Befinden, zu fördern vermag. Dies wird in dem Film „Some Babies Die" (1986) dramatisch illustriert. Tess, deren Baby Cosmo die Geburt nur einige Stunden überlebt hatte, wird mit ihrer Familie ermutigt, sich Erinnerungen an Cosmo zu schaffen, indem sie das Baby halten und anschauen und es auf das Begräbnis vorbereiten. Dagegen wird Donnas Schmerz über die Totgeburt ihres ersten Kindes versteckt. Das Baby wird weggebracht, ohne daß Donna es gesehen hat, und in einem Massengrab begraben. Es gibt kein öffentliches Forum, an dem sie und ihre Leute teilnehmen und ihren Schmerz teilen können, das zum anderen aber auch markiert, daß das Leben weitergeht.

Wie Rituale für Individuen funktionieren

D'Aquili, Laughlin und McManus (1979), die verstärkt darauf fokussierten, wie Rituale vom einzelnen erlebt werden, untersuchten die neurobiologischen Auswirkungen einer Teilnahme an Ritualen. Abgeleitet aus Untersuchungen zu ritualisiertem Tierverhalten, sowie zur Neurobiologie des Gehirns, stellten sie die Hypothese auf, daß die aktiven Teile bestimmter Rituale (Wiederholungen, vielfältige Symbole, Musik, Tanz etc.) positive Entladungen im limbischen System hervorrufen, die zu einem verstärkten Kontakt und einem sozialen Zusammenhalt zwischen Menschen führen. Darüber hinaus werden weitere unterschiedliche Bereiche des Gehirns angeregt. Tatsächlich vermuten d'Aquili et al., daß *die beiden Haupthemisphären des Gehirns ineinander überfließen*. Dies könnte als ein „den Rücken hinablaufendes Schauern" erfahren werden. Ich selbst habe es beim Musizieren auf zahlreichen Hochzeiten in den letzten zehn Jahren häufig erlebt, daß ich Tränen in den Augen hatte und mir ein Schauer den Rücken hinunterlief,[7] selbst wenn ich fast nichts über das Hochzeitspaar wußte.

Wie Rituale beim einzelnen Menschen funktionieren, läßt sich auch anders beschreiben. In Ritualen sind *sowohl digitale als auch analoge Informationen miteinander kombiniert,* wodurch der eher verbale und analytische Bereich der linken Gehirnhälfte verbunden wird mit der eher nichtverbalen, intuitiven rechten Gehirnhälfte. Ornstein und Thompson (1984) berichten von einer Untersuchung, bei der die Gehirnaktivitäten von Menschen verglichen wurden, während sie entweder technische Texte oder Märchentexte lasen:

> „Das Aktivitätsniveau in der linken Hemisphäre veränderte sich nicht. Doch die rechte Hemisphäre wurde stärker aktiviert, wenn die Versuchsperson die Sagen las. Technische Beschreibungen wenden sich fast ausschließlich an das logische Denken. Geschichten dagegen zeichnen sich durch Gleichzeitigkeit aus: Viele Dinge geschehen zur gleichen Zeit. Die Bedeutung der Geschichte erschließt sich aus einer Kombination von Stil, Handlung sowie den beim Leser hervorgerufenen Vorstellungen und Gefühlen. Sprache in Form von Geschichten scheint also rechtshemisphärische Aktivität auszulösen." (a.a.O.: 169 f.)

Auch Rituale haben simultanen Charakter und bewirken womöglich eine größere Aktivität in der rechten Hemisphäre.

Das Gehirn von Individuen läßt sich womöglich auch durch die Verwendung von Symbolen stimulieren. *Symbole besitzen eine Bedeutungsdichte,* die Wörter allein nicht haben können. Diese Bedeutungsdichte kann jedoch von der rechten Gehirnhälfte aufgenommen werden. So mußten beispielweise die Bewohner von Dixie Valley in Nevada wegen der Enteignung ihres Landes zu militärischen Übungszwecken zwangsweise Haus und Hof verlassen. Sie veranstalteten ein symbolisches Begräbnis „der Dinge, die für ihr Leben in Dixie Valley wichtig waren und die durch das, was gesche-

7 In einer großen Umfrage sagte die Hälfte der befragten Amerikaner, daß sie diesen Schauer in ihrem Leben schon einmal erlebt hätten, während sie Musik hörten (Ornstein u. Thompson 1984).

hen war, verloren sind" (Valley Advocate 14.9.1987: 12). Unter den Dingen, die sie begruben, waren „zwei Artikel der Verfassung, Wasser aus den artesischen Brunnen, die das Tal grün hielten, und eine Feldflasche, die den letzten Schluck symbolisierte, die jemals ein Mensch (sic!) in Dixie Valley trinken würde". Diese Gegenstände enthalten kurz und prägnant eine Vielzahl verschiedener Interpretationsmöglichkeiten, die auch durch viele Worte nur schwer beschrieben werden könnten.

Funktionen des Rituals und Familientherapie

Die Funktionen von Ritualen haben deshalb wichtige Auswirkungen auf ihre Anwendung in der Familientherapie, weil sie auf viele Arten doppeldeutig sein können. Erstens können beim Ritual als Bindeglied zwischen Struktur und Bedeutung beide Aspekte des Familienlebens ins Spiel gebracht werden. Wenn ein siebenjähriges Kind in der Schule und zu Hause Magen- und Kopfschmerzen hat, ist es wichtig, nicht nur mit den Interaktionssequenzen, die dieses Verhalten umgeben, zu arbeiten, sondern auch mit der Bedeutung, die ihm vom Kind, den Eltern, der Schule, dem Arzt und anderen wichtigen Mitgliedern aus dem Umfeld des Kindes gegeben werden. Manche Familientherapiemodelle (z. B. Haleys strategisches und Minuchins strukturelles Modell, beschrieben von Sluzki 1983) fokussieren auf die Struktur der Interaktionsmuster und darauf, wie die Menschen mit dem jeweiligen Problem umgehen. Bei der Behandlung des oben beschriebenen Problems würde man fragen, wer was tut, wenn das Kind die Schmerzen hat, wie oft es sie hat und inwiefern die Beteiligten ihr Verhalten geändert haben, um das Problem zu lösen. Andere Modelle (z. B. das von Sluzki 1983 beschriebene Mailänder Modell) betonen die Bedeutung des Problems durch Fragen, wie zum Beispiel wer am meisten betroffen und wer am wenigsten betroffen sei, wie sich die Beteiligten erklären, daß jemand das Problem hat, wer dem zustimmt und wer nicht, et cetera.

Bei der Arbeit mit Minuchins oder Haleys Modell würde der Therapeut eingreifen, indem er die Struktur aus dem Gleichgewicht bringt und dadurch verändert, daß er weniger Betroffene einbezieht, und indem er problematische Verhaltenssequenzen unterbricht. Das könnte direkt im Therapiezimmer geschehen oder auch durch sitzungsexterne Direktiven. Dagegen würde man dem Mailänder Modell zufolge eher wissen wollen, welche Bedeutung dem Verhalten des Kindes zugewiesen wird (wird es für unreif, böse, krank, verrückt gehalten?) und inwiefern sich diese Bedeutung auf die Ansichten der Familie über sich selbst als Einheit auswirkt, und darauf, was die Familie und die Schule jeweils voneinander halten. Der sitzungsinterne Fokus ist darauf gerichtet, durch den Prozeß zirkulären Fragens neue Bedeutungen zu schaffen. Allerdings müssen die beiden Ebenen von Struktur und Bedeutung in der Behandlung koordiniert werden. Das Ritual bietet dafür einen eleganten Weg. Es gelingt ihm, eine Schnittstelle zu schaffen zwischen unterschiedlichen Familientherapiemodellen und somit Struktur und Bedeutung zu verknüpfen.

Zweitens ist das Aushalten von Widersprüchen, wie das in Ritualen geschieht, das Wesen der Therapiearbeit. Ein Mensch mit symptomatischen Verhaltensweisen hat einen großen Einfluß auf die ihn umgebende Interaktionsdynamik und ist zugleich außer Kontrolle.

Eine weitere Dualität in der Therapie ist das Dilemma der Veränderung oder Nichtveränderung. Menschen kommen zur Behandlung und wollen etwas ändern, allerdings ist eine Veränderung reich an Risiken und Unbekanntem. Es ist in der Behandlung auch hilfreich, den Widerspruch zu berücksichtigen, daß ein symptomatisches Verhalten für den Menschen sowohl hilfreich als auch hinderlich ist: Symptome sind gleichzeitig Lösungen und Probleme.

Das Ritual ist ein sicherer Rahmen, der es erlaubt, starke Emotionen zu erleben und gleichzeitig interpersonelle Bindungen herzustellen. Familien in Behandlung haben um schwierige Lebensereignisse häufig eine starre Barriere errichtet. Es fehlt ihnen an Mitteln und Wegen, Ereignisse in ihrem sozialen Umfeld zu markieren und mit anderen zu teilen. Vielleicht erleidet eine Familie Verluste, zum Beispiel durch eine Abtreibung, die Geburt eines behinderten Kindes, eine Totgeburt, eine Trennung der Familie durch Krieg, den Verlust eines Pflegekindes oder Scheidung, für die es keine gesellschaftlichen Rituale gibt (Imber-Black 1988a). Diese Ereignisse werden von der Familie womöglich wegen der von der Gesellschaft vermittelten Stigmatisierung nicht markiert. Die Verwendung von Ritualen in der Behandlung schafft einen sicheren Rahmen, intensive Emotionen zu erforschen, während gleichzeitig die Bindungen der Betroffenen zueinander unterstützt werden. Ein Zusammenhang zwischen sozialer Isolation und psychischen Problemen ist immer wieder festgestellt worden.

Auch die Verknüpfung von Vergangenheit, Gegenwart und Zukunft durch das Ritual hat große Auswirkungen auf die Familientherapie. Viele Familien scheinen mit sehr starren Zeitrahmen zur Behandlung zu kommen. Sie sind zum Beispiel so sehr in den Schwierigkeiten der Vergangenheit verstrickt, daß sie für ihre Familie in der Zukunft keine Hoffnung sehen. Oder sie sind so sehr von den Notwendigkeiten des täglichen Lebens in Anspruch genommen, daß es ihnen nicht möglich ist, die Geschichte und das Erbe ihrer Familie ausreichend wertzuschätzen.

Schließlich bietet ein Ritual durch die Verknüpfung sowohl analoger als auch digitaler Aspekte der Kommunikation Ausdrucks- und Erfahrungsmöglichkeiten, die nicht in Worte gefaßt werden können. Worte können nicht das Gewicht all dessen tragen, was in einer Behandlung bearbeitet werden muß.

Fallbeispiel: Sittiche, Schaufeln und Gehrituale

In der Familie Jensen hatten die Eltern und andere Familienmitglieder ihr Leben so eingerichtet, daß sie der vierzehnjährigen Sara, die sich seit zwei Jahren weigerte zu gehen oder zu sprechen, jede nur erdenkliche Hilfe zukommen lassen konnten. Ein Großteil des Familienlebens konzentrierte sich darauf, sie zu bewegen, anzuziehen und zu ernähren. Sara war auch nicht in der Lage, ihre Körperfunktionen zu kontrollieren.

Als jüngstes Kind einer sehr innig verbundenen Familie mit fünf Kindern hörte Sara auf zu gehen und zu sprechen, als sie in die Pubertät kam. In unserer Gesellschaft ist ja die Pubertät für Kinder, die erwachsen werden und sich zunehmend von der Familie ablösen, ein wichtiger Meilenstein. Ihr symptomatisches Verhalten hielt die Familie nach innen gerichtet und eng zusammen. Die Familienmitglieder mußten sich nicht damit auseinandersetzen, daß auch dieses letzte Kind das Haus verlassen würde, da sie im wahrsten Sinne des Wortes nirgendwo hinging. Gleichzeitig schufen Saras Schwierigkeiten andere Probleme, zum Beispiel, daß sie nicht in die Schule gehen und etwas lernen konnte.

Es gab in der Familie Jensen einen verschwiegenen Verlust, der wichtige Auswirkungen auf Saras Bestrebungen hatte, zu Hause auszuziehen. Vor zehn Jahren war Saras älteste Schwester Diane als schizophren diagnostiziert worden, kurz nachdem sie zu Hause ausgezogen war, geheiratet und ein Kind bekommen hatte (und damit als von ihrer Familie getrennt definiert wurde).

Nach einem einjährigen Heimaufenthalt, bei dem Familientherapie die bevorzugte Behandlungsart war, konnte Sara wieder reden, gehen, tanzen, reiten und war um 50 Pfund leichter. Sie war bereit, nach Hause zurückzukehren und wieder eine normale höhere Schule zu besuchen. (Siehe Roberts 1984 für eine vollständige Beschreibung des Falles.) Die Art und Weise, wie sie das Heim verließ, wurde als wesentlicher Teil der Behandlung angesehen, denn Sara war von einem früheren Krankenhausaufenthalt, bei dem sie schon nach wenigen Wochen wieder gehen und sprechen konnte, nach Hause zurückgekehrt und hatte nach einigen Monaten das Gehen und Sprechen erneut eingestellt. Während dieses Krankenhausaufenthaltes war die Familie nicht sehr in die Behandlung einbezogen gewesen. Tatsächlich war es ihr gelegentlich verwehrt worden, Sara zu sehen. Auch hatte Sara zuerst mit dem Krankenhauspersonal zu sprechen begonnen, nachdem sie sich über ein Jahr lang geweigert hatte, mit ihrer Familie zu sprechen. Zudem war die Möglichkeit des Sowohl-Als-auch, was Saras Entscheidung anbetraf, vielleicht tatsächlich nicht mehr gehen und sprechen zu wollen, vom Krankenhaus nicht akzeptiert worden und demnach auch kein wesentlicher Bestandteil der Arbeit gewesen.

Das Übergangsritual, das Saras Verlassen des Heims und ihre Rückkehr nach Hause markiert, verdeutlicht viele der schon diskutierten Funktionen eines Rituals. Saras Eltern wurden beide gebeten, einen schriftlichen Bericht über die Gehversuche mitzubringen, die jeder von ihnen mit Sara unternommen hatte, als sie anfangs zur Behandlung kam. (Es war zwischen den Eltern über die Frage der besten Methode, für sie zu sorgen, zu einer symmetrischen Eskalation gekommen.) Der Therapeut brachte eine kleine Blechdose mit, die mit Vögeln verziert war (Sara hatte einem Sittich das Sprechen beigebracht, bevor sie wieder mit Menschen sprach, um das Dilemma, mit wem sie zuerst wieder reden sollte, zu umgehen), eine Videoaufzeichnung über Saras Zustand bei ihrer Heimaufnahme und eine Schaufel. In der Sitzung wurde zuerst sichergestellt, daß die Beschreibungen ihrer Eltern über die Gehversuche mit Sara detailliert genug waren, so daß sie diese Beschreibungen für den Fall zur Verfügung hatten, daß Sara wieder einmal das Gehen beenden würde. Der Stil der Mutter, sie zum Gehen zu bewegen, bestand darin, ihre linke Schulter zu halten und ihr mit der rechten Hand in die Kniekehle zu schlagen. Die Methode ihres Vaters war, sie mit beiden Händen an der Taille zu fassen und mit seinem Spann ihre

Füße nach vorne zu kicken. Nachdem die Anweisungen verstanden waren, wurden die Kinder gebeten, mit den Eltern auf die jeweilige Art gehen zu üben und die Vor- und Nachteile zu beschreiben. Alle Kinder machten dies, außer Sara, die es vorzog, zuzuschauen. Die Eltern wurden ebenfalls ermutigt, sich auf beide Arten zum Gehen zu bewegen.

Alle schauten dann ein zehnminütiges Video an, auf dem uns Sara und ihre Eltern zeigten, wie man, als sie gerade im Heim aufgenommen worden war, sich um sie kümmern müßte. Man unterhielt sich über die Fortschritte, die sie gemacht hatte, und wie anders sie jetzt war. Dieser Abschnitt des Videos wurde dann abgeschnitten und als Erinnerung an die Vergangenheit und als Anerkennung von Saras großen Fortschritten in die mit Vögeln verzierte Dose gepackt. Dann gingen wir alle nach draußen und Sara wurde gebeten, auf dem Heimgelände einen Platz auszusuchen, der ihr vertraut war. Dort würden wir die Dose begraben. Sie wählte einen Platz an der Seite des Hügels gegenüber dem Erker. Alle wechselten sich beim Graben ab. Es wurde kaum etwas gesprochen. Ich legte die Dose in die Grube und sagte: „Sara, wenn du dich jemals wieder entschließen solltest, nicht mehr zu gehen und zu reden, dann weißt du, wo du die notwendige Information finden kannst, wie man sich um dich zu kümmern hat.“ Spontan wechselte man sich beim Zuschaufeln der Grube ab, und es wurden Dinge gesagt wie zum Beispiel: „Wir werden es niemals ausgraben müssen“ und: „Mit dieser Dose sind wir jetzt fertig“.

Dieses Ritual funktionierte auf verschiedene Weise. Erstens markierte es einen Wandel zu einer offenen Diskussion über die Unterschiede hinsichtlich Saras Pflege. Es gab keine zwei Pfleger mehr, die sich einen verdeckten Konkurrenzkampf lieferten, wer denn der bessere Pfleger sei. Zweitens vermischte es die Zuständigkeiten, wer sich wie um wen kümmern könnte. Kinder halfen Eltern beim Gehen, Eltern halfen einander, niemand half Sara. Drittens integrierte es in vielfältiger Weise Saras Widerspruch als Gehende und Nichtgehende. Saras Vergangenheit als Nichtgehende und Nichtsprechende wurde mit der Gegenwart, in der sie sich für beides entschieden hatte, kombiniert, mit der Zukunft als Ort, an dem ihr beide Optionen offen stehen würden. Ferner würde ihr die symbolische Repräsentation der Vergangenheit in Zukunft zur Verfügung stehen, wenn sie sie benötigte. Sie war zwar nicht an einem leicht erreichbaren Ort, aber sie war zugänglich.[8] Schließlich boten die Symbole des Vogels auf der Dose, der Kinder, die den Eltern beim Gehen helfen, und des Begräbnisses eine Reihe von Möglichkeiten, wie die analoge Bedeutung in diesen schwer belasteten Übergang eingearbeitet werden könnte.

Ein Ritual kann gleichzeitig die Dualität von Stabilität und Veränderung beinhalten, während es Zeitrahmen miteinander verknüpft, das soziale Zusammenleben gestaltet und Bedeutungen erfaßt, die jenseits von Worten liegen. Ein Ritual verbindet das Tun mit dem Glauben. Man tritt in Ereignisse nicht nur dadurch ein, daß man über sie spricht, sondern auch durch die Art und Weise, wie man sie erlebt – eine Welt, bei der Tun und Glauben miteinander verknüpft sind.

Unterschiede in der Funktion therapeutischer und kultureller Rituale

Therapeutische Rituale unterscheiden sich deutlich von Ritualen, die man im täglichen Leben der Menschen findet, da sie weniger in der zeitübergreifenden Familiengeschichte eingebettet sind. Folglich ist es bei therapeutischen Ritualen vermutlich schwieriger, einen Zugang zum größeren Netzwerk der Familie zu finden (z. B. zu Treffen der Verwandtschaft oder zu Nachbarschaftsfeiern) oder zu den Traditionen, die in den verschiedenen Vorbereitungsprozeduren enthalten sind (z. B. handgefertigte vererbte Dekorationen). Dies bringt für die Konstruktion therapeutischer Rituale sowohl Vor- als auch Nachteile. Womöglich hat man in einem therapeutischen Ritual mehr Möglichkeiten, Bedeutungen zu schaffen, weil man nicht unbedingt mit der jahrelangen Last leerer Rituale konkurrieren muß. Zudem kann man die Energie gezielt auf eine oder mehrere Problembereiche richten, was bei Ritualen, die schon eine Reihe bestimmter Handlungen einschließen, nicht immer der Fall sein wird. Freilich ist der den kulturellen Ritualen innewohnende

8 Drei Jahre später lud mich Sara zu ihrer Abschlußfeier an der Highschool ein. Voller Stolz schaute ich zu, wie sie hereinmarschierte, sich in die erste Reihe stellte und dem aus einigen Tausend Menschen bestehenden Publikum durch ihr Singen im Chor die Ehre gab. Als ich ihr auf der Party bei ihr zu Hause ein Geschenk überreichte, schaute sie mich an und fragte: „Ist das die Dose?" – „Nein", sagte ich, „es ist allein deine Sache, sie auszugraben, wenn du sie einmal nötig haben solltest." Unterdessen zwitscherte der Sittich im Zimmer und sagte: „Hallo, hallo."

historische Widerhall, der die Menschen mit der Vergangenheit verbindet und die Zukunft festigt, in therapeutischen Ritualen möglicherweise nicht vorhanden. Bei der Konstruktion von Ritualen muß man besonders darauf achten, Mittel und Wege zu finden, Familien mit der Kraft von Symbolen in Verbindung zu bringen, deren Bedeutung über ihren unmittelbaren Kreis hinausreicht, um ihnen zu helfen, Traditionen für die Vorbereitung der Ritualausführung zu schaffen, und um das größere soziale Umfeld einzubeziehen.

Man sollte auf die Anwesenheit von Zeugen Wert legen. Dies kann ein Therapeut oder Zuschauer sein; es kann auch in Form einer Videoaufnahme, die man sich anschaut, einer Einladung bestimmter Personen zu den Sitzungen oder einer anderen Dokumentation des Rituals geschehen. Darüber hinaus müssen Therapeuten Mittel und Wege finden, um die Heiligkeit des Ritualraumes zu schützen – ein Schutz, der bei kulturellen Ritualen meist schon dadurch gegeben ist, daß ein Tag zum Feiertag erklärt wurde und der in den Grenzen der Kirche oder Synagoge liegen kann. Diese Fragen werden in Kapitel 3 behandelt.

Rituale, Familien und der Therapieprozeß

Die Beschäftigung mit Ritualen in der Familientherapie kann in vier Bereichen nützlich sein: (1) Beurteilung ritualisierten Verhaltens der Familie außerhalb der Therapie; (2) symptomatisches Verhalten als Ritual; (3) Ritualisierung des Therapieprozesses; und schließlich (4) therapeutische Rituale.

Einschätzung des ritualisierten Verhaltens der Familien

Bevor man in der Familientherapie Rituale entwickelt, ist es wichtig, sich über die gegenwärtige Beziehung einer Familie zu Ritualen im täglichen Leben Klarheit zu verschaffen. In Erweiterung der Arbeiten von Wolin und Bennett (1984), präsentieren wir eine Typologie des Ritualgebrauchs in Familien: (1) unterritualisiert, (2) starr ritualisiert, (3) einseitige Ritualisierung, (4) leeres Ritual als Ereignis, nicht als Prozeß, (5) Ritualprozeß unterbrochen oder nicht offen erfahrbar und (6) Flexibilität bei der Anpassung von Ritualen. Diese Typologie läßt sich nutzen, um die während der Informationssammlung gewonnenen komplexen Daten zu ordnen. Musterfragen werden vorgestellt, um jede der sechs Kategorien zu bewerten.

Wir wollen in diesem Buch nicht behaupten, daß Familien durch eine ganz bestimmte Ritualerfahrung geheilt werden oder daß alle Familien Rituale haben sollten. Jede Familie hat wohl ihre eigene einzigartige „gesunde" Beziehung zu Ritualen. Diese sechsteilige Typologie verstehen wir als eine andere Perspektive, von der aus Familien bewertet werden können. Wird eine Familie als unterritualisiert eingeschätzt, heißt das nicht automatisch, daß man mit diesen Familienmitgliedern mehr Rituale durchführen sollte. Vielmehr ist, wie bei jeder Behandlung einer Familie, ihre besondere Beziehung zu ritualisiertem Verhalten zu respektieren und eine Reihe anderer Fragen (die Entwicklung des Lebenszyklus, die Organisation hinsichtlich des symptomatischen Verhaltens, bisher versuchte Lösungen, etc.) genau zu untersuchen.

In der Behandlung einer Familie werden manche rituellen Interventionstypen womöglich nur ein oder zwei Mal benutzt. Wir meinen damit keineswegs, daß mehr Rituale automatisch mehr Gesundheit bedeuten.

Typologie von Familienritualen

(1) Unterritualisiert

Unterritualisierte Familien feiern oder markieren meist weder Veränderungen der Familie selbst, noch beteiligen sie sich an größeren gesellschaftlichen Ritualen. Dies gibt der Familie wenig Zugang zu den oben erwähnten Vorteilen eines Rituals, wie etwa dem Gruppenzusammenhalt, der Unterstützung bei Rollenwechsel und der Fähigkeit, Widersprüche nebeneinander stehenzulassen. So kam beispielsweise ein Paar mit zwei erwachsenen Söhnen zur Behandlung und klagte über Eheschwierigkeiten, wobei die Frau ihre Ehe in Frage stellte. In der Woche vor der ersten Sitzung war ihr 24. Hochzeitstag. Sie hatten ihn nicht gefeiert, weil ihr Sohn Vorbereitungen getroffen hatte, zur Schule abzureisen, und sie ihm beim Packen helfen wollten. Sie feierten in der Regel keine Geburtstage und markierten auch keine anderen wichtigen Familienereignisse. Der Ehemann hörte während der Therapie auf zu trinken, ohne daß dies auf irgendeine Art und Weise von der Familie anerkannt oder gefeiert worden wäre. Während wir Fragen stellten über die Beendigung des Trinkens, fanden wir heraus, daß er vor vier Jahren (der Mann konnte sich noch genau an den Tag erinnern) für immer das Rauchen aufgegeben hatte. Auch dieser Erfolg war nicht anerkannt worden.

Fragen zur Informationssammlung

Alle Fragen sind Interventionsfragen (Tomm 1987). Indem sie zirkuläre Fragen stellen wie die unten beschriebenen, können Therapeuten das Ritualisierungsniveau einer Familie diagnostizieren und der Familie ihren eigenen Umgang mit Ritualen klarmachen. Zuerst werden *orientierende* Beispielsfragen gestellt (Tomm 1987 nennt sie orientierend, weil sie den Therapeuten mit den Lebenserfahrungen des Klienten vertraut machen und die Klienten sich an Mustern orientieren können). *Reflexive* Fragen, die als zweites gestellt werden, sind so formuliert, daß sie größeren Einfluß auf einen möglichen Wandel haben. Mit diesen Fragen ermutigt der Therapeut die Familienmitglieder, Beobachter ihres eigenen rituellen Verhaltens zu sein. Außerdem gewinnt der Therapeut mehr Klarheit darüber, wo die Familie vielleicht etwas ändern möchte.

Orientierende Beispielsfragen:

1. Welches Familienereignis haben Sie zuletzt gefeiert?
2. Wie feiern Sie den Jahrestag der Unabhängigkeitserklärung, Thanksgiving (einige der eher kulturellen Traditionen)?
3. Wie oft trifft sich die Familie im Jahr, um etwas zu begehen?
4. Meinen Sie, daß Sie sich häufiger oder seltener treffen, als andere Familien, die Sie kennen?
5. Wem gefällt es am besten/wenigsten, wie Sie momentan Ereignisse feiern und zum Ausdruck bringen? Stellen Sie eine Reihenfolge auf!

Reflexive Beispielsfragen:

6. Wenn Sie sich öfter treffen würden, um Ereignisse gemeinsam zu feiern, wer würde sich am meisten darüber freuen?
7. Wer würde am ehesten die Initiative ergreifen, um Ereignisse öfter zum Ausdruck zu bringen?

Durch die Antworten auf die orientierenden und beeinflussenden Fragen können Therapeut und Familie einen Eindruck gewinnen, ob sich die Familie oder einige ihrer Mitglieder als unterritualisiert ansehen, ob der Familie ein Ritual vertraut ist oder nicht, welchen Zugang die Familie zu größeren gesellschaftlichen Ritualen hat, um Unterstützung zu erhalten, so bekommen sie vielleicht eine Idee, wo eine Veränderung angesetzt werden kann.

(2) Starr ritualisiert

In starr ritualisierten Familien gibt es vorgeschriebene Verhaltensweisen, und es wird die Ansicht vertreten, daß „wir diese Dinge dann und dort immer auf eine bestimmte Art und Weise zusammen machen müssen". Es gibt in den Ritualen nur wenige offene Teile, und diese Rituale bleiben über die Zeit unverändert, statt sich weiterzuentwickeln. In der oben beschriebenen Familie Jensen hatte Sara seit zwei Jahren weder gesprochen, noch war sie gelaufen. Sie war monatelang im Krankenhaus, aber es gab keinen physiologischen Befund, der ihren Zustand erklärte. Die Familienmitglieder waren sehr organisiert, bestimmte Dinge zusammen zu machen. Dies waren zum Beispiel bestimmte Fernsehsendungen, die sie sich zusammen anschauten, Lokale, in die sie essen gingen, bestimmte Kinos, die sie besuchten, et cetera. Wenn ein Mitglied diese Gruppennormen durchbrach, gab es große Anstrengungen, es wieder in die Norm zu zwängen.

Wir baten die Eltern nach der dritten Familiensitzung, als Belohnung für die Pflege, die sie ihrer Tochter zwei Jahre lang, und auch der bettlägerigen Großmutter väterlicherseits, gegeben hatten, allein auszugehen. Das Familientherapieteam sagte zu den Eltern: „Weshalb gönnen Sie sich nicht einmal etwas und gehen allein und nur für sich aus, als Anerkennung für das, was Sie beide für alle in der Familie geleistet haben?" In der nächsten Sitzung berichtete die Familie, daß *alle zusammen* zur Stammpizzeria und ins Kino gegangen seien. Sie sagten: „Sie verstehen unsere Familie nicht. Wir machen Dinge gerne zusammen. Und so haben wir es gemacht, und es hat uns sehr gefallen." Hier darf man wohl vermuten, daß Familienrituale starr definiert sind, da es keinen Platz für Improvisationen gibt. Solche starren Rituale dienten als Metapher für die engen Beziehungsoptionen der Familie. Nach unserem Verständnis bestand ein Teil der Therapiearbeit darin, die Rollenflexibilität der Eltern zu erweitern und sie in die Lage zu versetzen, die Tochter als Teenager zu behandeln (anstatt als Kleinkind, um das man sich kümmern muß) und ihr gegenüber ein paar „sture" Entscheidungen zu fällen sowie die Bindung der Geschwister untereinander zu stärken.

Folgende Orientierungsfragen können von Therapeuten gestellt werden, um die in starren Ritualen involvierten Muster zu verstehen:

1. Hat die Familie tagtägliche Routinen?
2. Feiern Sie die Geburtstage der verschiedenen Familienmitglieder unterschiedlich? Wenn ja, wie?

3. Welche Traditionen wiederholen Sie Jahr für Jahr an Thanksgiving?
4. Wem gefällt es am besten, die Dinge auf die altbekannte Art und Weise zu tun?

Reflexive Beispielfragen, die die Möglichkeit offenerer Rituale ansprechen, lauten so:

5. Was würden Sie tun, wenn Sie ihre tagtägliche Routine ein wenig ändern sollten?
6. Wenn jemand etwas zu ändern versuchte, wer wäre das am ehesten?
7. Wer würde am ehesten dieser Veränderung zustimmen?

Solche Fragen bieten Mittel und Wege, herauszufinden, wie starr ritualisiert Familien sind, und helfen der Familie und dem Therapeuten, mögliche Veränderungsschritte aufzuzeigen.

(3) Einseitige Rituale

Wenn es bei Familien einseitige Rituale gibt, ist eine bestimmte ethnische oder religiöse Tradition oder auch nur eine Seite der Familie auf Kosten anderer Aspekte der Familie betont worden. Beispielsweise fährt die Familie immer mit der mütterlichen Seite der Familie in die Sommerferien oder feiert mit ihr *Chanukka* oder die Geburtstage. Zur väterlichen Seite der Familie gibt es wenig Kontakt, was feierliche Anlässe betrifft.

Ich selbst wurde in meiner Familie als Unitarier erzogen, während mein Partner Jude ist. Als wir uns kennenlernten, wollte er mit Weihnachten oder Ostern oder anderen christlichen Feiertagen nichts zu tun haben. Wir begingen jahrelang vor allem jüdische Feiertage. Mit der Zeit wurde das zu einem Problem, weil ich der Meinung war, daß wir wichtige Traditionen von meiner Seite der Familie nicht miteinander teilen konnten. Ich fühlte mich an Feiertagen, die in meiner Herkunftsfamilie jahrelang gefeiert worden waren, sehr einsam. Wir mußten Mittel und Wege finden, um an den Tagen, auf die wir wegen religiöser Fragen und unseren unterschiedlichen Bedürfnissen empfindlich reagierten, unsere eigene Art des Feierns zu entwickeln.

Paare gemischter ethnischer oder religiöser Herkunft sehen sich hinsichtlich der Rituale einer einmaligen Entwicklungsaufgabe gegenüber. Den Feierlichkeiten können unterschiedliche Werte immanent sein. So berichteten nach einer Untersuchung von McGoldrick und Rohrbaugh (1987) die Befragten aus irischen Familien, daß ihre Familien auf „Selbstkontrolle, Leiden, Trinken, Stärke bei Frauen und Respekt vor den Regeln der Kirche" Wert legen und daß Kinder gesehen, aber nicht gehört werden sollten. Dagegen „berichteten jüdische Befragte häufiger davon, daß ihre Familien auf gute Ausbildung, Erfolg, Förderung der Kinder, sprachliches Ausdrucksvermögen, gemeinsames Leid, gemeinsame Schuld und gemeinsames Essen achten" (a.a.O.: 96). Kommen die Partner aus diesen beiden Traditionen und geben zum Beispiel an ihrem Hochzeitstag ein Fest, wird es über die Rollen der Kinder, über Essen und Trinken und über die Frage, welche Sprache angemessen ist, viele unterschiedliche Meinungen geben. Solche Paare müssen Mittel und Wege finden, um beide Traditionen zu integrieren und in Ehren zu halten. Bei der Planung von Ritualen kommt es womöglich zu Konflikten, ohne daß dem Paar bewußt wäre, daß diese auf unterschiedlich betonten Werten der jeweiligen Traditionen beruhen.

Wo Familien einseitige Rituale hatten, möchte der Therapeut vielleicht die Frage des Gleichgewichts zwischen ethnischen und religiösen Traditionen und der erweiterten Familie untersuchen. Mögliche Orientierungsfragen zur Exploration dieses Bereichs wären folgende:

1. Wenn Sie in den Ferien Verwandte besuchen, wo gehen Sie in der Regel hin?
2. Welche Traditionen wurden Ihnen von Ihren Herkunftsfamilien überliefert und für welche Ereignisse?
3. Welche ethnischen Traditionen werden in Ihrer Familie am meisten geschätzt, und woher stammen sie?
4. Welche religiösen Feiertage werden in Ihrer Familie festlich begangen? Inwiefern reflektiert dies die Herkunft der Familie?

Reflexive Beispielfragen könnten so lauten:

5. Wie könnten Sie in Ihren Ritualen Aspekte der anderen Herkunftsfamilie (oder ethnischen oder religiösen Traditionen) aufnehmen? Wer würde das unterstützen? Wer wäre verstimmt?
6. Inwiefern könnten sich Ihre Rituale verändern, wenn Sie das tun?

Antworten auf diese Fragen vermitteln eine Vorstellung von der Verankerung der Familie in einem breiteren kulturellen, ethnischen und religiösen Kontext. Es läßt sich herausfinden, wie jede Familie das unterschiedliche Erbe auf ihre ganz eigene Art und Weise miteinander verflochten hat.

(4) Leeres Ritual als Ereignis, nicht als Prozeß

Wenn Menschen ein Ereignis aus einem Gefühl der Verpflichtung heraus feiern, ohne dem Ereignis eine Bedeutung geben zu können, bezeichnet man diese Rituale als „leer" (van der Hart 1983). Vielleicht liegt das an der zu großen Geschlossenheit der Rituale, vielleicht wurden sie entwürdigend oder sind für die Familienmitglieder mit sehr viel Streß verbunden. Beispielsweise werden in unserer Gesellschaft die Familienfeiern traditionsgemäß von Frauen vorbereitet. Sie kaufen ein und bereiten das Essen zu, schmücken die Wohnung, kümmern sich um spezielle Kleidung, schreiben Einladungskarten, etc. Im Laufe der Zeit wird ihnen ihre Rolle vielleicht zu einer Last, so daß sie das Ritual nur noch aus einem Gefühl der Verpflichtung heraus vollziehen. Wenn die Vorbereitung eines Rituals sich auf eine Person beschränkt, gibt es für andere Familienmitglieder wenig Gelegenheit, eigene Beiträge zu leisten.

Für manche Familien besteht der Sinn der Markierung eines Ereignisses vor allem darin, dem Protokoll zu folgen, und nicht, Bedeutungen zu erzeugen und damit zu arbeiten. Folgende Orientierungsfragen kann man stellen, um herauszufinden, ob Menschen „leere" Rituale begehen:

1. Wer plant in Ihrer Familie gewöhnlich Parties, Feierlichkeiten und Feiertage?
2. Wer ist am stärksten / wenigsten damit befaßt?
3. Was macht mehr Spaß: das Planen oder das Ereignis?
4. Wenn es diese Ereignisse nicht gäbe, wer würde sie am meisten vermissen?
5. Wer möchte am wenigsten daran teilnehmen?
6. Was denken und fühlen die Beteiligten, wenn das Ereignis vorbei ist?

Reflexive Fragen könnten zum Beispiel so lauten:

7. Was müßte bei der Planung des Ereignisses geändert werden, damit es bedeutungsvoller wird?
8. Wann könnten diese Veränderungen vollzogen werden?

Die Antworten auf diese Fragen liefern Information über die Energie, die in der Familie für verschiedene Rituale vorhanden ist und darüber, wer am Konstruktionsprozeß beteiligt ist und ob sie für die verschiedenen Familienmitglieder etwas bedeuten. Auch können Kenntnisse über Geschlechterunterschiede bei der Ausführung von Familienritualen artikuliert werden.

(5) Ritualprozeß unterbrochen oder nicht offen erfahrbar
Zu bestimmten Zeiten ist es Familien aufgrund plötzlicher Veränderungen (Tod, Umzug, Krankheit) oder traumatischer Ereignisse in der Familie oder im sozialen Umfeld (Krieg, Unterdrückung, Migration) nicht möglich, den gesamten Ritualprozeß vollständig zu erfahren. Davis (1987) beschreibt eine russisch-jüdische Emigrantenfamilie, die vor acht Jahren in die Vereinigten Staaten gekommen war. Die Beschneidung ihres Sohnes wurde heimlich in Rußland durchgeführt. Die Familie konnte nicht mit der größeren jüdischen Gemeinde zusammen feiern und nahm dadurch dem Ritual eine seiner vielen Bedeutungsebenen – die Verbindung dieser einen jüdischen Familie mit der Gemeinde aller jüdischen Familien und deren Geschichte. Folglich hatte dies nicht geringe Auswirkungen auf die Bedeutung, Wichtigkeit und Fröhlichkeit, mit der dieses Kind die *Bar-Mizwa*-Feier in Freiheit in diesem Land in Verbindung brachte.

Ein Paar, mit dem ich arbeitete, beschrieb die Hochzeit der Eltern des Mannes im Wien der späten 30er Jahre. Da es zu gefährlich war, öffentlich eine jüdische Hochzeit zu feiern, gab es eine kleine, heimliche Feier. Der Sohn beschrieb das Hochzeitsbild als Symbol für ein Leichentuch, das über den 45 Ehejahren seiner Eltern hing. Das Bild zeigt in der Mitte das glückliche Hochzeitspaar, umringt von sehr angespannt und ängstlich aussehenden Verwandten. Der Sohn ist mit den Geschichten aufgewachsen, was mit jedem der Verwandten auf dem Bild geschehen ist. Für den einen hieß das Flucht nach Palästina, um 25 Jahre lang nicht mehr gesehen zu werden, für andere Tod im Konzentrationslager oder Entkommen aus einem Lager und jahrelange Flucht, bevor sie sich in Sicherheit bringen konnten. Der Hochzeitstag, gewöhnlich ein Meilenstein für einen positiven Übergang in die Familie, war für seine Eltern mit einer völlig anderen, übermächtigen Aura – der Zerstörung von Familien, Städten und der jüdischen Kultur – umgeben.

Darüber hinaus kann es bei Auswandererfamilien durchaus so sein, daß sie in dem neuen Land keinen Zugang finden zu den

Speisen, den Symbolen, der Sprache und speziellen Orten der alten Kultur, die als wichtige Marker eines Rituals fungieren.[9] So beschreibt beispielsweise ein puertoricanischer Student die Schwierigkeiten, die er hatte, den Tag der Heiligen Drei Könige in Massachusetts zu feiern, als seine Familie vor 15 Jahren dorthin auswanderte. Die besonderen Kerzen waren nicht aufzutreiben, wichtige Speisen mußten von Puerto Rico geschickt werden, und es gab für diesen Feiertag keine Arbeitsbefreiung.

Stigmatisierung durch die Gesellschaft versperrt manchen Menschen den Zugang zu traditionellen kulturellen Ritualen, die Übergänge unterstützen (Imber-Black 1988a). Schwule, Lesben und Paare, die eine Konsensehe führen, vollziehen meist keine Hochzeitszeremonie. Für Familien mit einem adoptierten oder Pflegekind gibt es keine Feiern, mit denen die Aufnahme eines neuen Kindes in die Familie begangen werden könnte. Auf einer anderen Ebene ähnlich spielte sich die Heimkehr der Vietnamveteranen in Schande und ohne Siegesparaden ab.

Durch Orientierungsfragen begreift man, inwiefern der Ritualprozeß vielleicht durch eine einschneidende Änderung im Leben der Familie oder durch Unterdrückung in der Gesellschaft unterbrochen wurde:

1. Was meinen Sie, wodurch die Ritualprozesse unterbrochen wurden (durch Krieg, Tod, Selbstmord, Migration etc.)?
2. Wen hat diese Unterbrechung am meisten berührt?
3. Woher wissen Sie das?

Einige reflexive Fragen:

4. Wenn Mitglieder Ihrer Familie in der Lage gewesen wären, das Ritual öffentlich zu feiern, oder mit etwas mehr Unterstützung durch die Gesellschaft, wie hätten sie es dann vielleicht verändert?
5. Was würden Sie tun, wenn Sie jetzt das Ritual auf irgendeine Art vervollständigen sollten?
6. Wen müßten Sie unbedingt einbeziehen?
7. Bei wem könnten Sie sonst noch Unterstützung finden, um für das Ritual ein tragfähiges und sicheres Umfeld zu schaffen?

9 Mein Dank gilt Edison Santana, der mir geholfen hat zu verstehen, wie Migration sich auf die Entwicklung von Ritualen auswirkt.

Die Antworten auf diese Fragen können veranschaulichen, wie die Änderungen im Ritualprozeß sich auf das Leben der Menschen auswirkten, und gleichzeitig die Vorstellung vermitteln, daß Teile der Rituale aus der Vergangenheit wiederbelebt werden können. Ferner wird verdeutlicht, daß es notwendig ist, Räume zu schaffen, um wichtige Übergänge anzuerkennen, selbst wenn sie von der Gesellschaft nicht zur Verfügung gestellt werden.

(6) Flexibilität bei der Anpassung von Ritualen

Der letzte Bereich in der Familiendiagnostik befaßt sich damit, wie flexibel sich Familien an Rituale anpassen können. Rituale zur Schlafenszeit sind zum Beispiel bei Familien mit Kindern äußerst wichtig. (Siehe dazu Albert, Amgott, Krakow u. Marcus 1979): eine faszinierende Studie über Rituale zur Schlafenszeit in zwölf unterschiedlichen Familien.) Freilich sollte ein Ritual zur Schlafenszeit für einen Zweijährigen anders aussehen als das für einen Fünfzehnjährigen. Die Reise in die Nacht ist die erste wichtige Trennung des Kindes von der Familie, und sie wird ständig wiederholt. Wie geht die Familie über die Jahre mit diesem kleinen Abschied und der Rückkehr um?

Beispielsweise arbeitete ich mit einer Familie mit zwei Söhnen im Alter von sechs und zehn Jahren. Es wurde zwischen den beiden kein großer Unterschied gemacht. Sie wurden in einen Topf geworfen als „die Kinder", ohne Rücksicht auf ihre individuellen Stärken. Als ich mich nach ihrer Schlafenszeit erkundigte, stellte ich fest, daß der Zehnjährige zur selben Zeit und mit derselben Routine ins Bett ging wie der Sechsjährige. Das Gutenachtritual war nicht an die größere Selbständigkeit des älteren Sohnes angepaßt worden.

Als Erklärung, weshalb sie nicht ihren Geburtstag zu Hause mit ihren Eltern feiern wollte, schilderte eine Ausbildungskandidatin, daß diese Feier jahrelang unverändert geblieben sei. Ihre Mutter buk immer noch den gleichen Kuchen mit Nummernkerzen darauf (eine Dreier- und eine Zweierkerze für 32), es kamen nur Familienmitglieder, und es war kaum zu erkennen, daß ihr Status sich zu dem einer eigenständigen Person außerhalb der Familie verändert hatte.

Im Gegensatz dazu beschreibt Jim Shaw, Professor an der University of Massachusetts, wie ein Weihnachtsritual in seiner Familie ständig verändert wurde. Als die Kinder klein waren, hatte man immer eine Fahrt gemacht, um den Weihnachtsmann zu sehen. Natürlich verpaßten sie ihn immer ganz knapp, und wenn sie nach

Hause kamen, waren alle Geschenke unter dem Baum ausgebreitet (von den Großeltern). Als die Kinder älter wurden und nicht mehr an den Weihnachtsmann glaubten, bestanden sie dennoch darauf, im Auto herumzufahren, und sie erzählten sich Geschichten von damals, als „Papa an Heiligabend ein anderes Auto ärgerlich angehupt", und Janice die gelben Benzinzapfsäulen mit den Weihnachtssängern verwechselt hatte. Die jetzt alle über 20 Jahre alten Kinder fahren immer noch alljährlich im Auto durch die Gegend, tauschen Erinnerungen aus und erzählen sich Geschichten über Weihnachtsfahrten der Vergangenheit.

Einige Orientierungsfragen lauten:

1. Wie hat sich das Zubettgehen der Kinder im Laufe der Jahre verändert?
2. Haben sich Geburtstagsfeiern verändert?
3. Sind an den Einschlafritualen immer dieselben Menschen beteiligt? Inwieweit haben sich ihre Rollen verändert?
4. Wenn jemand zur Familie dazugekommen (durch Geburt, Heirat, Wiederverheiratung) oder von ihr gegangen ist (durch Auszug, Tod, Scheidung), wie wurde das markiert?

Einige reflexive Fragen:

5. Wie wird Ihrer Meinung nach Marias Geburtstag in fünf Jahren gefeiert, wenn sie ausgezogen ist?
6. Wie würden Sie einen möglichen Verlust in Ihrer Familie zum Ausdruck bringen?
7. Welche neuen Rituale hat die Familie ins Leben gerufen?

Rituale bleiben kraftvoll, wenn Familien fähig sind, sie im Laufe ihres Lebens zu verändern. Familien erhalten dadurch Zugang zu besonderen Zeiten, um Rollen, Regeln und Beziehungen zu markieren und umzugestalten. Dadurch gelingt es ihnen, den Zusammenhalt der Gruppe zu stärken. Während alle älter werden, neue Mitglieder hinzukommen und andere gehen, unterliegen Familien einem ständigen Wandel. Flexible Anpassung an neue Rituale heißt, mit solchen Veränderungen auf bedeutungsvolle Art und Weise umzugehen.

Familienfeiern, Familientraditionen Lebenszyklusrituale und das tägliche Leben

Welche Bereiche des täglichen Lebens einer Familie können Therapeuten nun ins Auge fassen, auf die sich diese sechsteilige Typologie anwenden läßt? Vier Bereiche des Familienlebens lassen sich untersuchen: *Familienfeiern, Familientraditionen, Lebenszyklusrituale* und *das tägliche Leben,* das ritualisiert worden ist (bearbeitet nach Wolin u. Bennett 1984). Familienfeiern werden definiert als weit verbreitete Rituale, die anläßlich größerer gesellschaftlicher Ereignisse gefeiert werden, wie etwa der Jahrestag der Unabhängigkeitserklärung, Thanksgiving, das Passahfest, Weihnachten et cetera. Weil sich in unserer Kultur eine Erwartungshaltung gebildet hat, organisiert die Gesellschaft bis zu einem gewissen Grad Zeit, Raum und die Symbole dieser Rituale. Familientraditionen sind in der Gesellschaft weniger verankert und sind eher für eine Familie charakteristisch. Sie basieren wohl mehr auf einem „inneren" als auf einem „äußeren" Kalender. Jahrestage, Geburtstage, Ferien, usw. fallen unter diese Kategorie. Der dritte Bereich sind die Rituale des Lebenszyklus einer Familie, wie zum Beispiel Hochzeiten, Parties zur Überreichung der Brautgeschenke, Taufen, Examensfeiern, Verabschiedungen, etc. Das sind Ereignisse, die den Werdegang der Familie charakterisieren. Schließlich kann es hilfreich sein, Rituale des täglichen Familienlebens zu untersuchen, wie zum Beispiel Essenszeiten, Schlafenszeiten und die Freizeit – Ereignisse, die mit Bedeutung versehen werden, wenn die Familie ihre Rollen, Regeln und Normen entwickelt.

Die gesammelten Informationen über diese vier Bereiche des Familienlebens – Familienfeiern, Familientraditionen, Lebenszyklusrituale und das tägliche Leben – vermitteln dem Therapeuten und der Familie ein Verständnis für Problembereiche. Womöglich ist die Familie starr ritualisiert, unterritualisiert, hat einseitige Rituale, oder sie erlebt Rituale als leer, unterbrochen oder im Laufe der Zeit als unverändert. Dieses Verständnis bildet die Grundlage dafür, daß die Arbeit des Therapeuten mit den Klienten und die rituellen Interventionen im Therapieprozeß zusammenpassen. Sind die Familienmitglieder unterritualisiert, werden ihnen ausgetüftelte Rituale fremd sein. Es wäre dann vielleicht angebracht, mit der Markierung kleiner Veränderungen im Verlauf von sitzungsinternen Ritualen zu beginnen. Ist die Familie starr ritualisiert, wäre es vielleicht angebracht, daß der Therapeut kleine, offene Teile in schon etablierte Zeremonien einfügt und dadurch kleine Unterschiede schafft. Bei einseitigen Ritualen hilft der Therapeut den Familienmitgliedern, nach und nach Symbole, Inhalte und Werte aus anderen Teilen ihres Erbes einzuführen. Bei leeren Ritualen muß ein kleiner Bereich gefunden werden, dem durch eine Änderung des Vorbereitungsprozesses auf das Ritual eine Bedeutung gegeben werden kann. Über unterbrochene oder heimlich gefeierte Rituale kann man sich offener unterhalten, vielleicht lassen sich Teile davon sogar neu inszenieren. Wenn man Rituale des Lebenszyklus flexibel bearbeitet, können Familienmitglieder womöglich erkennen, wo sie im Laufe der Zeit Rituale erfolgreich angepaßt haben und welche vielleicht einer Änderung bedürfen.

Beispielsweise arbeiteten Dick Whiting und ich mit einem Mann und einer Frau, die in ihrem dreijährigen Zusammenleben eine Reihe von Ritualen entwickelt hatten. Einen Abend in der Woche hatten sie reserviert, um zusammen auszugehen, am Wochenende versuchten sie einen Tag nur für sich allein zu haben, und sie feierten eine Reihe familiärer und kultureller Ereignisse regelmäßig mit ihren Herkunftsfamilien (Weihnachten, Muttertag, Geburtstage etc.). Allerdings war ein Ereignis im Leben der Frau, Marisas, auffallend rituallos. Vor zirka zwanzig Jahren hatte ihr Bruder Selbstmord verübt. Über seinen Tod konnte in ihrer Familie noch immer nicht offen gesprochen werden, er wurde auch nicht durch den Besuch seines Grabes oder durch ein Treffen an seinem Todes- oder Geburtstag markiert. Im nächsten Monat war sein Todestag. Marisa fürchtete, daß sie um diese Zeit deprimiert sein würde. Sie machte sich auch Sorgen, daß sie, weil sie sich einen Partner mit demselben Vornamen wie ihr Bruder gesucht hatte, womöglich seinen Tod noch nicht verarbeitet hätte.

In den Sitzungen vor dem Todestag unterhielten wir uns über Möglichkeiten des Paares, den Jahrestag offener zu gestalten, um Marisa und auch ihrer Familie etwas mehr persönliche Unterstützung zukommen zu lassen (indem sie ihre Familie dazu einlud, mit ihr das Grab zu besuchen, Familienbilder zu betrachten und zu Hause das Andenken des Bruders auf besondere Art zu ehren). Wir fragten auch, inwiefern sich Rand, Marisas Partner, von ihrem Bruder unterschied, und betonten ihre Unterschiedlichkeit als Individuen. Wir überließen es dann Marisa und Rand, ein für sie geeignetes Ritual zu entwickeln. Da sie im Umgang mit Ritualen schon recht versiert waren, wagten wir es, das Ende völlig offen zu lassen. Einige Wochen später erzählten sie, wie sie an den Abenden vor und am Abend des Tages, an dem ihr Bruder sich umgebracht hatte, eine Kerze anzündeten und sich darüber unterhielten, was er der Welt gegeben hatte, als er noch lebte. Marisa hatte einige Familienbilder und auch Bilder von ihrem Bruder hervorgekramt (typischerweise hatte sie von ihm keine Bilder aufgehängt). Diese Bilder stellte sie später in der Küche auf. Rand war jetzt eher in der Lage, Marisa in einer, wie er wußte, für sie schweren Zeit beizustehen, da es jetzt eine Struktur gab, durch die er die Tatsache des Todes des anderen Rand offen anerkennen konnte. Marisa berichtete, daß sie in dieser Zeit das Auf und Ab ihrer Gefühle besser kontrollieren könne. In dieser Woche schaffte sie es nach vielen Diskussionen, ihre Mutter anzurufen und ihr zu erzählen, wie sie den Tod ihres Bruders markierte. Ihre Mutter bewahrte Haltung und war in der Lage, mit Marisa ein wenig über die Zeremonie, die Marisa und Rand entwickelt hatten, zu reden. Es war eine Unterhaltung, wie sie Marisa nie für möglich gehalten hätte. Wir hatten im Therapieprozeß eine Methode gefunden, durch die unser Zugang zum Ritual mit dem des Paares zusammenpaßte.

Ganz anders arbeiteten Richard Whiting und ich mit einem anderen Paar, das ich weiter oben als unterritualisiert beschrieben habe (sie feierten weder Jahres- noch Geburtstage, noch markierten sie besondere Familienereignisse). Sie stellten ihre Ehe in Frage. Die ersten Therapiesitzungen drehten sich vor allem um vergangene Verletzungen und Enttäuschungen ihrer 24jährigen Ehe. Während die Eheleute ihre verschiedenen Standpunkte über die Verletzungen verdeutlichten, Mißverständnisse klärten und direkter darüber kommunizierten, baten wir sie, ihre Verletzungen zu differenzieren in solche, die sie vergessen konnten, solche, die sie noch bearbeiten müßten, und solche, die Teil ihrer gemeinsamen Geschichte bleiben müßten. Sie brachten diese Listen mit in die Sitzung. Wir baten sie, die Verletzungen, von denen sie meinten, sie könnten sie vergessen, aus der Welt zu schaffen, indem sie zu Hause etwas damit machten. Sie sprachen davon, sie in ihrem Grill im Freien zu verbrennen (es war mitten im Winter in West-Massachusetts). Sie führten das Verbrennungsritual nie aus und kamen nach zwei Wochen, um zu sagen, daß es nicht notwendig sei. Im Rückblick meine ich, daß wir uns ihrem Stil, mit Ritualen umzugehen, nicht genügend angepaßt hatten. Da sie im Umgang mit Ritualen keine Erfahrung hatten, wäre es wohl besser gewesen, das Verwandlungsritual während der Sitzung durchzuführen. Letztendlich blieben ihre Verletzungen als eine sehr starke Metapher bestehen, und nach einigen Monaten brachen sie die Behandlung ab. Einige Monate danach verließ die Frau ihren Mann.

Symptomatisches Verhalten als Ritual

Ein zweiter Bereich, der sich für die Untersuchung des Rituals im Therapieprozeß anbietet, sind die starr ritualisierten Aspekte symptomatischen Verhaltens. So hatten sich zum Beispiel bei der Familie Jensen, deren jüngste Tochter sich zwei Jahre lang weigerte, zu sprechen und zu gehen, eine Reihe ritualisierter Verhaltensweisen herausgebildet. Ihr Vater hatte zum Beispiel die besondere Methode, ihr beim Gehen zu helfen, indem er ihre Füße von hinten nach vorne kickte und sie so vorwärts trieb. Er führte auch immer eine Tüte Bonbons mit sich, mit der er sie belohnte, nachdem er sie von einem Ort zum andern bewegt hatte. Die Mutter hatte eine völlig andere Methode. Sie hielt sie mit einer Hand an der Schulter und bückte sich dann, um ihr Bein mit einem Schlag in die Kniekehle nach vorne zu bewegen. Die Tochter konnte beim Gehen nur Hausschuhe tragen, weil Schuhe zu schwer waren, und nur ihre Mutter oder ihr Vater konnten ihr beim Gehen helfen. Die Eltern stritten sich darüber, wessen Gehmethode die bessere sei. Der Vater meinte, seine Methode sei deshalb besser, weil sich der Helfende nicht bücken müsse. Die Mutter hielt ihre Methode für die beste, weil die Tochter ihre Beinmuskulatur mehr streckte, wenn sie die Knie beugen mußte. Demnach wurden die starr ritualisierten Symptome von starr ritualisierten Interaktionen unterstützt, die wiederum eine Metapher für die Familienbeziehungen waren.

Das Plazieren von Haushaltsgegenständen an bestimmten Orten, bevor man das Haus verläßt, Essen und Trinken, Händewaschen, der Konsum von Alkohol, Drogenmißbrauch und viele andere Arten symptomatischer Verhaltensweisen können mit ausgeklügelten Ritualen einhergehen. Nach unseren Erfahrungen tauchen solche starr ritualisierten Symptome häufig in Familien auf, denen bedeutungsvollere Rituale fehlen. Wie Schwartzman (1982) ausführt, „erleichtern Übergangsriten eine Veränderung der sozialen Beziehungen der Individuen in einer gesellschaftlich angemessenen Form, während symptomatisches Verhalten dazu dient, das Scheitern der gesellschaftlich angemessenen Veränderungen des Lebenszyklus zu legitimieren" (a.a.O.: 3). Schwartzman führt weiter aus, daß sowohl Rituale als auch symptomatische Verhaltensweisen dazu beitragen, ihre jeweiligen sozialen Systeme aufrechtzuerhalten, Rituale jedoch mit vielfältigen Bedeutungs- und Organisationsebenen und offenen Teilen arbeiten, die dann einen Wandel ermöglichen. Aus seiner Sicht arbeiten Rituale (insbesondere Übergangsriten) mit gleichzeitigen paradoxen Mitteilungen und bewirken dadurch einen Wandel.

Der Bedeutungsgehalt von symptomatischen Ritualen und ihr Symbolismus können zur Eröffnung weiterer Optionen genutzt werden. Beispielsweise entwickelten wir bei dem Fall des Mädchens, das weder gehen noch sprechen konnte, eine neue Methode, ihr beim Gehen zu helfen, die beide Methoden, insbesondere beim Treppensteigen die der Mutter, integrierte. Es wurde ein Video mit der Mutter und dem Vater als Experten angefertigt, das allen Heimbediensteten ihre besonderen Gehmethoden vorführte. Gestützt auf die Methode des Vaters für das Umdrehen und die der Mutter beim Treppensteigen, entwickelte das Team des Heims dann ein eigenes Verfahren, dem Mädchen beim Gehen zu helfen. Dies machte sie mit der Vorstellung vertraut, daß sie sich an verschiedene „Gehmethoden" anpassen könnte. Alle paar Wochen wurde eine andere Methode eingesetzt. Nach und nach nahm man erst einen Arm von ihrer Schulter, dann berührte man ihre Kniekehle und ihre Füße nicht mehr, und so weiter. Schließlich half man ihr in den Wochen kurz bevor sie wieder „alleine" laufen konnte, indem man ihr die Handfläche leicht auf den Rücken legte.

Therapie als Ritual

Therapie selbst kann als Ritual angesehen werden. Kobak und Waters (1984) nahmen die von Van Gennep vorgeschlagenen drei Stufen, die man gewöhnlich in Übergangsriten findet, und untersuchten, wie sie auf den Therapieprozeß anzuwenden sind. Die erste Stufe ist die *Trennung*. In vielen Teilen Afrikas werden die Heranwachsenden in Pubertätsriten durch spezielle Behausungen für junge Frauen, die zum ersten Mal menstruieren, oder durch ein separates Lager für junge Männer, die an der Initiation teilnehmen, von der restlichen Gruppe getrennt. Die physische Trennung kennzeichnet ihre Entfernung aus ihrem alten Status, ohne daß sie schon in ihrem neuen Status in der Gruppe integriert wären. Außerdem akzeptieren die Heranwachsenden bestimmte Mitglieder ihrer Gruppe als Führer, die ihnen neue Informationen weitergeben. Es kommt auch zu einer Gruppenverbindung, wenn sie sich als gemeinsame Reisende zusammenschließen, die gemeinsam Veränderungen durchmachen.

Auch die Behandlung findet an einem speziellen, abgetrennten Ort statt, und in der Familientherapie gibt es häufig noch das Drum und Dran mit Einwegspiegel, Telefonanlage und Videoausrüstung. Es kommt zu einer Bindung, einer Akzeptanz des Therapeuten als Führer, mit dem man spezielle Gespräche führt, bei denen ein Spezialwissen weitergegeben wird. Wie Tomm (1989) ausführt: „Ein Therapeut [kann sich] völlig legitim nach den persönlichen und privaten Erlebnissen des Klienten erkundigen." (a.a.O.: 22). Gewöhnlich würde man eine solche Initiative außerhalb des Kontextes einer intimen Beziehung als unangemessen und befremdlich ansehen. Dadurch läßt sich verdeutlichen, daß man in der Therapie *über* das tägliche Leben *spricht*, sich aber nicht *im* täglichen Leben befindet.

Zudem arbeitet man am Beginn der Therapie darauf hin, daß alle Familienmitglieder die Reise gemeinsam unternehmen, statt eine Person herauszugreifen, die wieder „in Ordnung gebracht" werden muß. Manchmal werden alle Familienmitglieder als gemeinsam Reisende eingeladen, „die in ihrem Bedürfnis und ihrer Hoffnung auf Veränderung einander gleich sind" (Kobak u. Waters 1984: 91). Manchmal beteiligen sich Familien nicht an der Behandlung, weil der Gedanke des gemeinsamen Reisens nicht erfolgreich vermittelt werden konnte. Beispielsweise hatte in einem von Dick Whiting und mir bearbeiteten Fall ein 42jähriger Mann (der Älteste von drei Geschwistern) im Keller seiner Eltern gelebt und sich acht Jahre lang geweigert herauszukommen. Die Familie präsentierte Hermann als den einzigen mit Problemen. Wir baten die Eltern und die beiden Geschwister zu einigen Sitzungen, um uns zu helfen, Hermanns Schwierigkeiten zu verstehen. In diesen Sitzungen versuchten wir, die Probleme von einem interaktionellen Gesichtspunkt aus zu betrachten, weil wir herausgefunden hatten, daß (1) die Eltern sehr impulsive Auseinandersetzungen hatten, die Hermann zu schlichten versuchte; (2) die Eltern sich vor zehn Jahren im Zorn für getrennte Schlafzimmer entschieden hatten; und (3) die Eltern sehr unterschiedliche Ansichten hatten, wie man mit Hermanns Problemen umgehen sollte. (Der Vater meinte, daß man ihn zwingen solle, aus dem Keller hervorzukommen, und hatte schon einmal die Polizei gerufen, um ihn herauszuholen. Die Mutter meinte, man solle ihn in Ruhe lassen, und mit ihm reden, und daß er seine Schwierigkeiten im Laufe der Zeit überwinden würde.) Wir waren nicht in der Lage, der Familie die Ansicht zu vermitteln, daß sie alle als gemeinsam Reisende an den Familienproblemen beteiligt sind. Vielmehr verstärkten sie den Druck auf uns, Hermann allein zu behandeln. Nach der dritten Sitzung weigerte sich die Familie, zu weiteren Sitzungen zu kommen. Einige Monate später schrieb mir die Familie in einer Weihnachtskarte, daß sich die Dinge mit der Krankenhauseinweisung ihres Sohnes stabilisiert hätten. Mit seinem Eintritt in eine Einrichtung war er in seine Rolle als „Kranker" zurückversetzt worden.

Im weiter oben beschriebenen Fall des Paares, das sein eigenes Ritual entwickelte, um den Selbstmord des Bruders anzuerkennen, kam es zu einem ersten Treffen in meinem ständigen Büro an der Universität, anstatt in der Therapiepraxis (mit dem gesamten Drum und Dran der Familientherapie), die ich mit Dick Whiting teile. Sie waren sehr daran interessiert, mit der Behandlung zu beginnen, und wegen eines Schneesturms wollte keiner von uns in die 30 Meilen entfernte Praxis fahren. Mein Büro in der Universität ist kein sehr privater Ort (man kann die Leute im Flur reden hören), und bei der Ankunft traf das Paar einen meiner Studenten, den sie, wie sich herausstellte, kannten. Später, während beide Klienten telephonierten, um Verpflichtungen abzusagen, die sie wegen des Schneesturms nicht einhalten konnten, entstand einige Verwirrung über das Ende der Therapiesitzung, als ich Marisa fragte, ob es beim Treffen ihrer Familie während der Feiertage überhaupt zu einer Erwähnung ihres Bruders kommen würde. Zu Beginn der zweiten Sitzung sagten mir Marisa und Rand, sie hätten sich darüber aufgeregt, daß ich das Thema anschnitt, da unklar war, ob wir uns noch in der Sitzung befanden oder nicht. Sie hatten allerdings auch Verständnis dafür, da es den Umständen halber kein getrenntes Wartezimmer gab. In der zweiten Sitzung trafen wir uns in der regulären Praxis mit Einwegspiegel, usw. Sie meinten, sie fühlten sich hier viel wohler. Ich habe mich gefragt, ob es nicht ein Fehler war, außerhalb der Praxis überhaupt mit der Therapie zu beginnen.

In verschiedenen Therapieansätzen wurden für die erste, die Trennungsphase, eigene Rituale entwickelt. So spricht Haleys strategischer Ansatz (1976) beispielsweise über die Wichtigkeit der *sozialen Phase* (die eine wichtige Brücke schlägt zwischen dem Alltagsleben der Familie und der Besonderheit der Therapie), dann der *Problemphase* (die als eine Zeit herausgestellt wird, in der ein besonderer Fokus gebildet wird) und schließlich der *Interventionsphase* (mit dem Therapeuten als Führer, der bei Schwierigkeiten helfen kann. Beim Mailänder Modell gibt es die fünfteilige Sitzung: (1) das vorbereitende Treffen des Therapieteams, das die Familie und die Arbeitshypothese diskutiert; (2) die Sitzung, bei der der Therapeut mit dem Team telefoniert; (3) die Beratung zwischen Therapeut und Team hinter dem Spiegel während der Sitzung über die in der Sitzung gewonnenen Informationen und über die Intervention oder den Kommentar, die der Familie gegeben werden sollen; (4) die Präsentation der Intervention 2; und (5) die Diskussion nach der Sitzung, um die Reaktion der Familie auf den Kommentar oder die Intervention zu analysieren (Selvini Palazzoli et al. 1981). Dieser spezifische fünfstufige Prozeß scheint dem Therapieteam und der Familie bestimmte Rollen zuzuweisen, mit besonderem Schwerpunkt auf der Zeit, in der das Team neue Informationen einbringt.

Therapeuten haben vielleicht selbst bestimmte Rituale, wie zum Beispiel immer im selben Sessel zu sitzen oder eine Reihe von Fragen zu stellen, weshalb ausgerechnet jetzt eine Therapie durchgeführt werden soll, oder daß sie in der Regel in der ersten oder zweiten Sitzung mit einem Genogramm beginnen. Oder der Therapeut verwendet allgemeine Rituale, um die Familie in der Therapie zu engagieren und sie von ihrem Alltagsleben zu lösen. Beispielsweise hat Imber-Black (1985) in Fällen, in denen es unterschiedliche Ansichten darüber gibt, ob die Familie überhaupt eine Therapie braucht, Variationen des Rituals der geraden und ungeraden Tage der Mailänder Gruppe benutzt. An geraden Tagen sprechen und verhalten sich die Familienmitglieder so, als ob sie keine Therapie nötig hätten; an ungeraden Tagen sprechen und verhalten sie sich so, als ob die Behandlung nötig wäre. Die Mitglieder werden gebeten, genau darauf zu achten, wie sich bestimmte problematische Verhaltensweisen an ungeraden oder geraden Tagen verändern. Die nächste Therapiesitzung fokussiert dann darauf, wie den Familienmitgliedern geholfen werden kann, eine Entscheidung über eine Behandlungsaufnahme zu fällen.

In der ersten Therapiephase geht es darum, Vertrauen, Sicherheit und eine Akzeptanz zu schaffen, während die gewohnten

Rollen und der gewohnte Status in der Luft hängen. Wenn neue Regeln und Rollen erarbeitet werden, brauchen die Familienmitglieder eine Stütze in den persönlichen Beziehungen, um die Veränderungen in der zweiten Stufe, der *Schwellenstufe*, durchführen zu können.
Die *Schwellen-* oder *Übergangsstufe* des Ritualprozesses besteht im Experimentieren, im Erproben neuer Identitäten und in der Verarbeitung neuer Informationen. Bei sozialen Ritualen haben die Initiierten den „Status, keinen Status zu haben" – sie sind weder Mädchen noch Frau, weder Junge noch Mann.

Diese Phase der Therapie ist äußerst wichtig, um bei der Familie Veränderungen auszulösen. Hat der Therapeut in der *Trennungsphase* eine gute Beziehung herstellen können, hat er für einen begrenzten Zeitraum einen Zugang zu der Familie, um mit ihr zusammen neue Muster zu schaffen. Dauert diese Phase zu lang, können die Familien, anstatt sich auf ihre eigenen Fähigkeiten zu verlassen, in eine zu starke Abhängigkeit vom Therapieprozeß geraten. Je länger diese Phase dauert, um so wahrscheinlicher ist es, daß sich Therapeut und Familie in ihren Interaktionen zu sehr ineinander verstricken und in sich verfestigen, sich in den Mustern verfangen, wodurch es immens schwierig wird, neue Informationen einzubringen. Der Behandlungsprozeß selbst kann starr ritualisiert werden, insbesondere was Zeit, Ort und Inhalt angeht. Unterschiedlich lange Zeitspannen zwischen den Sitzungen, unterschiedlich lange Sitzungen, unterschiedliche Sitzungsorte und unterschiedliche Themen können dazu beitragen, daß die Therapie nicht zu einem rigiden Ritual erstarrt.

In der dritten Phase, der *Reintegration*, werden die Menschen in ihrem neuen Status wieder in ihrer Gemeinde integriert. In der Therapie bewegt man sich weg von dem besonderen Ort und der besonderen Zeit und bezieht die eigenen Ressourcen der Familie und ihr Alltagsleben verstärkt mit ein.

Aus verschiedenen Gründen scheint die Familientherapie ihre größten Schwächen in der Exploration der dritten Phase des therapeutischen Prozesses zu haben. Zum einen gibt es viele Veröffentlichungen über die Anfangsphase der Therapie, über die Beendigung jedoch kaum etwas. Auch ist es leichter, über das Geschehen in der Therapiepraxis zu schreiben, als über neue Beziehungen außerhalb der Therapie. Schließlich ist der Beendigungsprozeß in der Therapie zwangsläufig sehr kurz. Dies hat wohl damit zu tun, daß sich systemische Modelle von anderen therapeutischen Modellen unterscheiden wollen, bei denen die Arbeit mit Fragen der Beendigung und Übertragung und Gegenübertragung zu einer langen Endphase geführt hat (Imber-Black, persönliche Mitteilung 1987).

Eine bewährte Beendigung des Therapierituals, das sich in meiner Praxis herausgebildet hat, besteht darin, den Familien Fragen zu stellen, die sie in die Rolle eines Metabeobachters des therapeutischen Prozesses versetzen. Beispielsweise frage ich Klienten, was ihnen in der Therapie am meisten oder am wenigsten geholfen hat und was sie für andere Familien mit ähnlichen Problemen vorschlagen würden. Durch ein solches Vorgehen verläßt der Therapeut seine Rolle als Metabeobachter und Kommentator. Gleichzeitig werden die Familienmitglieder aufgefordert, sich als Kollegen an der Therapie zu beteiligen. Ich verwende auch das Hervorkommen hinter dem Spiegel, um das Behandlungsende zu markieren. Das kann mit einem formalen Ritual durchgeführt werden (z. B. indem alle Teammitglieder hinter dem Spiegel hervorkommen, durch ein gemeinsames Essen oder den Austausch von Symbolen oder Geschenken), oder recht informell, indem die Familie die Teamdiskussion beobachtet und kommentiert, wie zum Beispiel bei dem Ansatz des *reflecting teams* (Andersen 1987). Hinter dem Spiegel hervorzukommen schafft eine Veränderung darin, wer wen beobachtet, wer wem hilft, wer wem dankt. Es ist ein Schritt ins Alltagsleben und kann eine wichtige Methode darstellen, die eigenen Stärken der Familie hervorzuheben.

Neben der Bitte an die Familie, den Therapieverlauf zu kommentieren, und dem Hervorkommen hinter dem Spiegel rege ich häufig den Austausch von Symbolen oder Geschenken an, die einen Teil der Therapie verdeutlichen. Dies läßt sich auf verschiedene Weisen erreichen: Der Therapeut macht der Familie ein Geschenk, das die Familienstärken anerkennt; in der Sitzung werden Symbole oder Geschenke ausgetauscht; oder ein rituelles Beschenken außerhalb der Sitzung verbindet die Klienten enger mit ihrem sozialen Umfeld. (Weitere Beispiele siehe Kapitel 3).

Beispielsweise rief die Therapeutin[10] in der letzten Sitzung mit der Familie Lawson die Mutter, den Vater und die Zwillinge noch

10 Mein Dank geht an die Therapeutin dieses Falles, Doris Cohen, von der University of Massachusetts, für ihre ausgezeichnete Arbeit.

einmal zurück. (Sie hatte mit den Eltern allein wegen einiger Beziehungsprobleme eine Paartherapie durchgeführt). Als sie die Familie fragte, was in der Therapie am meisten geholfen habe, antwortete Dannielle, die Zwillingsschwester, die eine Schulphobie und Lernprobleme hatte (und der die Mutter ständig geholfen hatte):
Dannielle: Mir hat am meisten geholfen, daß meine Mutter meine Schwester (Davina) gefragt hat, ob sie Hilfe brauche.
Therapeut: Inwiefern hat dir das geholfen?
Dannielle: Es hat mich darauf gebracht, daß meine Mutter nicht nur mich liebt, sondern uns beide. (Davina und die Mutter wechseln einen wissenden Blick. Der Therapeut bittet sie um eine Erklärung für alle.)
Davina: Ich denke, es ist für Dannielle wichtig zu wissen, daß Mutter auch mich liebt, damit sie sich nicht immer an ihren Rockzipfel hängen muß. Daß Papa nicht andauernd wegen seiner Extrajobs weg war, hat auch geholfen. Daß er mehr zu Hause war, hat sehr geholfen. Ich kann mich ihm anvertrauen.
Therapeut: Danke, Davina. Was hat Ihnen am meisten geholfen, Karen (die Mutter)?
Karen: Daß ich darauf achtete, für beide Mädchen Zeit zu haben, insbesondere für Davina.
Therapeut: Sie war immer in Ihrem Herzen.
Karen: Das war ein ziemlicher Brocken – als Davina sagte, ich hätte nie Zeit für sie. Ich glaube, das hat das Eis gebrochen.
Therapeut: Was ist mit Ihnen, Mark, was war für Sie am hilfreichsten?
Mark: Einfach die Tatsache, daß Sie und Ihr Team Außenstehende sind und für keinen Partei ergriffen haben. Das war die größte Hilfe, weil Sie die Dinge neutral betrachten konnten. Gute und schlechte Züge von jedem von uns. Das war der große Anstoß, den Karen und ich brauchten – jemand, der sich mit keinem von uns verbündete.
Therapeut: Ich freue mich, daß Sie das so sehen. (zu Karen) Sehen Sie das auch so? Wenn Sie das nicht so sehen, klappt es natürlich nicht.
Karen (nickend): Ja.

Die Therapeutin fragte sie dann, was am wenigsten geholfen habe und was sie anderen Familien empfehlen würden. Sie holte ein in Geschenkpapier eingewickeltes Päckchen hervor und sagte: „Mit Ihnen zu arbeiten hat mir viel gegeben, und ich möchte Ihnen ein wenig davon wieder zurückgeben. Ich habe darüber nachgedacht, was Ihre Familie für mich repräsentiert, und mir drängt sich immer der Gedanke des Gleichgewichts auf. Ich kann mich erinnern, daß Sie, Mark, gesagt haben, eine Ehe sei 50 : 50. Und mir ist aufgefallen, wie besorgt Sie wegen der Zwillinge waren – sie wollten das Gleichgewicht bewahrt sehen, damit jeder bekommt, was er braucht. Und das brachte mich auf ein Mobile. Seine Teile sind ausbalanciert, in sich selbst hat es jedoch viel Bewegungsfreiheit. Alle Teile tragen zum Gleichgewicht bei. Nimmt man ein Teil weg, funktioniert es nicht. Und als ich über ein Mobile nachdachte, fiel mir eine Geschichte von zwei Schwänen ein, die ich meinen Kindern erzählt habe." Die Therapeutin erzählte eine Parabel über eine Schwanenfamilie, die genau die Arbeit geleistet hatten, die auch die Familie in der Therapie geleistet hatte. Die Kinder packten dann das Geschenk aus – ein Schwanenmobile, das die Therapeutin für sie gebastelt hatte – und das Team telefonierte mit der Mutter und dem Vater, um sich für ihre Geschenke zu bedanken.

Die Behandlung wurde mit der Markierung einer mehr auf Zusammenarbeit aufgebauten Beziehung beendet. Die Stärken der Familie wurden zusammengefaßt und betont, die Familie wurde zum Verlauf der Therapie um Feedback gebeten, und die Therapeutin gab ihnen ein Geschenk, um sich für ihre „Geschenke" zu bedanken. Das Schwanenmobile verkörperte nicht nur wichtige Familienthemen, sondern diente auch als Erinnerung an die Schwanenparabel, die vorgetragen wurde, um die beachtlichen Fähigkeiten anzuerkennen, die die Familie bei ihren Veränderungen im Erziehungs- und Paarbereich an den Tag gelegt hatten.

Während einer ein Jahr später durchgeführten Nachuntersuchung meinte der Vater stolz zur Therapeutin, daß beide Mädchen in diesem Jahr in der Schule ausgezeichnet worden seien und daß sie immer noch sehr viel Spaß am Schwanenmobile hätten, das in ihrem Wohnzimmer hing.

Die Ritualtypologie und der Therapieprozeß

Die drei Phasen des Rituals im Therapieprozeß lassen sich aus der Perspektive der zuvor diskutierten sechsteiligen Typologie analysieren.

(1) Ist Ihr Therapieprozeß *unterritualisiert*? Wie wird das Ritual in den Trennungs-, Übergangs- und Reintegrationsphasen verwendet? Wird in der Behandlung zwischen den drei Phasen unterschieden?

Wodurch wird der Behandlungsbeginn markiert? Beachten Sie besonders die letzte Phase – die Reintegration. Wie bringen Sie die Familie wieder mit ihrem Beziehungsnetz und ihren Ressourcen in Verbindung?

(2) Ist Ihr Therapieprozeß *starr ritualisiert*? Haben Ihre Sitzungen immer dieselbe Konfiguration (z. B. eine Person im Zimmer, eine hinter dem Spiegel, wobei diejenige hinter dem Spiegel in der Regel kurz vor Ende der Sitzung hineintelefoniert) oder die gleiche Modalität (es wird vor allem gesprochen, Skulpturen oder Genogramme eingesetzt)? Gibt es Dinge, die nach Ihrer Ansicht in den ersten beiden Sitzungen getan werden müssen? Neigen Sie gewöhnlich zu bestimmten Interventionen (z. B. die „überengagierte" Mutter loszulösen und den sich „am Rande befindenden" Vater einzubeziehen)?

(3) *Einseitige Rituale*: Arbeiten Sie vor allem mit einem bestimmten Modell, oder mit Ideen, die von einem bestimmten Teammitglied stammen? Gibt es eine Geschichte vergangener Rituale, die Sie mit manchen Familien in der Therapie benutzt haben, die immer wiederkehren und andere Ideen ausschließen?

(4) *Leeres Ritual als Ereignis – nicht Prozeß*: Gibt es bestimmte Arten von Ereignissen, die sich in der Behandlung immer wiederholen, wodurch sie die Qualität einer Voraussage annehmen? Wird beispielsweise in einem Schulsetting automatisch ein interdisziplinäres Teammeeting anberaumt, wenn ein Kind Schwierigkeiten hat (der Fokus auf der „Zeremonie"), statt denjenigen, die mit dem Kind arbeiten, die Chance zu geben, sich über Wann und Wo eines Teammeetings zu verständigen (der Fokus auf den Prozeß)? Der Prozeß des Organisierens des Meetings ist ebenso wichtig wie das Meeting selbst.

Wiederholt man Interventionen im Laufe der Zeit, werden sie von den Familien womöglich als Ereignisse und nicht als Prozeß erfahren. Wenn der Familie zum Beispiel im Verlauf von fünf Sitzungen die Mitteilung am Ende der Sitzung immer als Intervention eines uneinigen Teams gegeben wird, erzeugt man dann womöglich den Rahmen für Erwartungshaltungen oder vorhersagbare Reaktionen?

(5) Ist Ihr *Ritualprozeß unterbrochen*? Während Sie zum Beispiel mit der Familie etwas planen, sich dabei aber eine andere Familienkrise zuspitzt, finden Sie es dann schwierig, zu Ihrer ursprünglichen Planung zurückzufinden?

(6) Wie *flexibel* sind Sie in der Anpassung von Ritualen im Verlauf der Zeit? Ändert sich etwas in der Art, wie Sie das Telefon benutzen? Hält sich das Team ausschließlich hinter dem Spiegel auf oder auch in anderen Bereichen? Wann wird die Familie hinter den Spiegel geführt? Wie entwickeln sich Ihre Therapierituale?

Mit Hilfe der Typologie von Ritualen lassen sich nicht nur das rituelle Verhalten der Familie, sondern auch die verschiedenen Stufen des Therapieprozesses untersuchen.

Das Entwerfen therapeutischer Rituale

Die Arbeit in diesen drei Bereichen – die Einschätzung der gängigen Ritualgebräuche einer Familie, die ritualisierten Aspekte des symptomatischen Verhaltens und die Rituale des Therapieprozesses – versetzt den Therapeuten in die Lage, die für eine Familie in der Behandlung geeigneten Ritualthemen und auch wichtige Konstruktionselemente zu bestimmen. Um Therapeuten auf Familienprobleme aufmerksam zu machen, die in therapeutischen Ritualen gut angesprochen werden können, präsentieren wir in Kapitel 2 fünf Ritualthemen. Anleitungen zur Konstruktion gemeinsamer Rituale, die den Gebrauch von Zeit, Raum, Symbolen und symbolischen Handlungen untersuchen, werden in Kapitel 3 diskutiert.

2. Ritualthemen in Familien und Familientherapie

Evan Imber-Black

Herr Körner rief an, mit dem Wunsch nach einer Therapie für sich selbst. Er gab an, er hätte sich von seiner Frau und seinen Kindern getrennt und gerade seine Arbeit verloren. Er sagte, er fühle sich sehr deprimiert und sei sich nicht sicher, ob ihm das Leben noch etwas bedeute. Ich fragte ihn, ob er die Trennung für endgültig halte, und da er sich nicht sicher war, bat ich ihn, seine Frau zur ersten Sitzung mitzubringen. In der ersten Sitzung sagte Frau Körner, sie habe jahrelang vergeblich versucht, ihren Mann dazu zu bringen, die Probleme der Familie zu bearbeiten. Dazu gehörten Konflikte zwischen ihnen als Paar und zwischen Herrn Körner und ihrem zwölfjährigen Sohn Billy. Seit eineinhalb Jahren lebten sie jetzt getrennt. In dieser Zeit war Frau Körner mit Billy und ihrer zehnjährigen Tochter Sally in ein neues Haus gezogen. Frau Körner hat ihre Ausbildung wieder aufgenommen und hatte gerade eine recht gute Anstellung angenommen. In dieser Zeit hatte Herr Körner seine Arbeit verloren und weiterhin eine sehr problematische Beziehung zu seinem Sohn. Frau Körner sagte, sie hätte ihn schon früher, als ihre Ehe zu zerbrechen drohte, zu einer Therapie zu überreden versucht, er hätte sich jedoch geweigert, und sie sei alleine gegangen. Im Moment wolle sie nicht mit ihrem Mann an einer Therapie teilnehmen, sie wäre aber eventuell bereit, „von Zeit zu Zeit" zu kommen.

Wir fingen mit der Arbeit an, wobei der Fokus ganz allgemein auf die problematischen Beziehungen gerichtet wurde, die Herr Körner zu seiner Frau, seinem Sohn und seinen Arbeitskollegen hatte. Er gab zu, sehr kritisch zu sein. Er sehe sich selbst als einen Menschen, mit dem sehr schwer zu leben sei, da er seine Frau häufig vor anderen Leuten bloßstelle. Seine Frau habe sich in den letzten Jahren dann geweigert, Besuch zu haben; selbst gemeinsame Mahlzeiten in der Familie seien seltener geworden. Er beschrieb sich selbst als phantasielosen und wenig kreativen Menschen. Die Exploration seiner Herkunftsfamilie ergab, daß seine beiden Eltern exzessiv tranken und ihm gegenüber äußerst kritisch waren und ihn in Gegenwart anderer häufig bloßstellten. Während der Therapie, in deren Fokus die generationsübergreifenden Muster und Herrn Körners Stellung als Kind und als Erwachsener in diesen Mustern stand, begann Herr

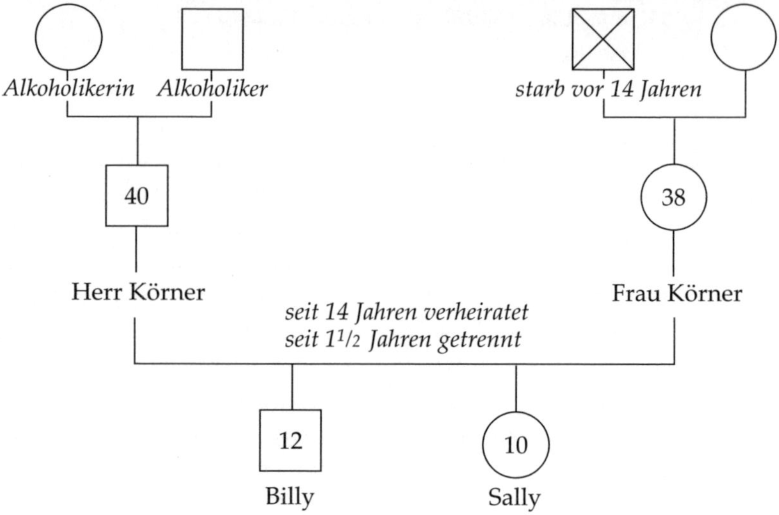

Abb. 1 *Die Familie Körner: Die Wiedergeburt einer Familie*

Körner sein Verhalten, vor allem gegenüber seiner Frau, zu ändern. Er schaffte es, eine neue Arbeit zu finden. Er und seine Frau gingen miteinander aus, und sie nahm jetzt auch an der Therapie teil, da sie sich versöhnen wollten. An diesem Punkt begannen sie in der Therapie, an einem „neuen Treuegelöbnis" zu arbeiten, einem ritualisierten Prozeß, der es dem Paar erlaubte, Differenzen der Vergangenheit anzusprechen und für ihre zukünftige Beziehung eine gemeinsame Sprache zu finden. Die erste Hochzeit des Paares war durch den Tod des – von ihr sehr bewunderten – Vaters der Frau zwei Tage nach der Trauung getrübt worden. Herr Körner sagte, er habe nie dem Vergleich mit dem Vater seiner Frau standhalten können. Ihren gegenwärtigen Versuch deuteten sie als einen „Neubeginn, einen neuen Anfang".

Während dieser Phase erschienen sie einmal sehr bestürzt zur Therapiesitzung. Sie schilderten, wie unglücklich sich die Kinder, insbesondere Billy, angesichts der Aussichten fühlten, daß ihr Vater zurückkehren wollte. Herr Körner erzählte, daß Billy ihm bei einem Besuch gesagt habe: „Wer will denn dich hier haben? Hau ab!" Kürzlich hatten sich beide Kinder geweigert, an einem von den Eltern geplanten Familienausflug teilzunehmen. Herr und Frau Körner, die einen Termin vereinbart hatten, zu dem der Mann in drei Wochen wieder einziehen sollte, waren sich jetzt unsicher. Ich bat sie, die Kinder am nächsten Abend zu einer Sitzung mitzubringen.

Billy und Sally konnten sich gut artikulieren und meinten in unserem Gespräch, daß sie ihren Vater zwar liebten und diesen „neuen“ Mann, der sie ständig besuchte, wirklich gern mochten, daß sie allerdings auch befürchteten, die Änderung sei nicht von Dauer. Billy sagte: „Wir haben uns daran gewöhnt, nur mit unserer Mutter zu leben. Das hat lange gedauert. Was ist, wenn wir das alles noch einmal durchmachen müssen?“ In diesem Moment wirkten die beiden Kinder eher ängstlich als ärgerlich. Billy berichtete über Streitigkeiten zwischen ihm und seinem Vater, die gewöhnlich zu Konflikten zwischen den Eltern führten, und war besorgt, daß sich so etwas wiederholen könnte. Er schilderte auch, daß sich Sally in diesen Auseinandersetzungen auf die Seite des Vaters stellte und daß er und Sally erst seit kurzem gut miteinander auskämen. Während der Sitzung entschuldigte sich Herr Körner bei Billy wegen der alten Verletzungen, die er ihm zugefügt hatte, und beide Eltern versprachen den Kindern, daß es nicht wieder wie früher werden würde. Sie erklärten den Kindern ihr neues Treuegelöbnis. Sie sprachen darüber, welche Art Eltern sie für die Kinder sein wollten, was die Kinder sichtlich erleichterte.

Am Ende der Sitzung forderte ich Billy und Sally auf, sich ohne ihre Eltern zusammenzusetzen und für sie am Tag der Rückkehr des Vaters in die Familie eine Überraschung vorzubereiten. Ebenso bat ich die beiden Erwachsenen, zur Rückkehr Herrn Körners in die Familie eine Überraschung für die Kinder vorzubereiten. Alle waren mit meiner Bitte einverstanden.

Als ich die Familie einen Monat später sah, war Herr Körner tatsächlich nach Hause zurückgekehrt. Ich erkundigte mich nach den Überraschungen und erfuhr folgendes:

Billy: Wir haben einen Hochzeitskuchen gemacht! Zuerst haben wir vier Biskuitböden gebacken und sie dann aufeinandergeschichtet. Wir haben den ganzen Tag dafür gebraucht!
Therapeut: Waren Eure Eltern überrascht?
Sally: Und wie! Wir waren überall mit Zuckerguß bekleckert!
Herr Körner (lachend): Und die Küche auch!

Frau Körner meinte, sie könne sich überhaupt nicht vorstellen, wie sie das zustande gebracht hätten, da sie zwischen den einzelnen Backgängen die Backformen nicht eingefettet hätten. Weiter sagte sie, sie hätten für den Jahrestag im nächsten Jahr ein Stück eingefroren, da der Tag, an dem ihr Vater wieder zur Familie zurückgekehrt ist, ihr „neuer Hochzeitstag" sei. Billy, der früher als „phantasielos wie sein Vater" etikettiert worden war, erzählte mir stolz, daß der Kuchen seine Idee gewesen sei.

Ich fragte dann die Eltern, was für eine Überraschung sie den Kindern bereitet hätten. Sie hatten zwei nebeneinanderliegende Hotelzimmer gemietet und unternahmen mit den Kindern zusammen an diesem Abend etwas ganz Besonderes. Die Kinder fanden in ihrem Zimmer goldfarbene Gläser mit ihren Namen und dem Datum darauf. Die Eltern teilten sich eine große und die Kinder eine winzige Flasche Champagner. Die Eltern hatten sich die Überraschungen zusammen ausgedacht, wobei die Gläser Herrn Körners Idee waren. Er hatte auch alle Vorbereitungen getroffen, etwas, was er früher nie getan hätte. Die Eltern hatten sich abgesprochen, vor dem Essen neue Trauringe zu tauschen. Im letzten Augenblick entschlossen sie sich, die Kinder in diese Zeremonie einzubeziehen. In dieser Zeremonie, die die neuen Beziehungsmöglichkeiten der Familie metaphorisch ausdrückte, gab Herr Körner Sally den Ring, um ihn ihrer Mutter zu überreichen, und Frau Körner gab Billy den Ring für seinen Vater.

Nach sechs Monaten sah ich die Familie wieder. Es ging ihnen gut, und sie vermochten viele Unterschiede zu ihren früheren Interaktionsmustern zu artikulieren. Herr und Frau Körner waren fähig, ihre Probleme miteinander zu besprechen. Herr Körner kritisierte seine Frau und seinen Sohn nicht mehr. Vater und Sohn gingen zusammen aus und unternahmen Dinge miteinander, die sie früher nicht getan hatten. Sie erzählten mir, daß sie die kleinen goldenen Gläser zu besonderen Familienanlässen benutzten. Ich fragte sie, ob ihre Familie schon immer gerne Feierlichkeiten geplant hätte und wo sie das gelernt hätten. Frau Körner gab an, sie komme aus einer Familie mit herrlichen Familienfeiern. Herr Körner meinte, seine Eltern hätten an Feiertagen sehr dem Alkohol zugesprochen, sich dann gestritten und ihn fürchterlich beschimpft. Um dieses Problem zu umgehen, hätte er beschlossen, daß es in seiner Familie einmal keine Familienfeiern geben sollte. 14 Jahre lang hatte die Familie Herrn Körners Plan befolgt, war unterritualisiert und ohne Markierungen für Familienereignisse oder neue Entwicklungsstufen geblieben. Erst als die Familie unter anderen Voraussetzungen einen Neuanfang wagte, gelang es ihr, sich selbst mit einem Ritual zu feiern.

Die auf meine Instruktion, „eine Überraschung zu bereiten", von der Familie konstruierten Rituale bewirkten, daß der Ehemann und Vater wieder als *Mitglied* der Familie aufgenommen wurde, sie verdeutlichten den *Heilungs*prozeß zwischen Mann und Frau und zwischen Vater und Sohn, unterstrichen die neue *Identität* eines fürsorglichen und nicht mehr nörgelnden Vaters, gaben ihnen eine neue *Identität* als eine Familie, die Familienfeiern zusammen begehen konnte, betonten den in dem neuen Ehegelöbnis vorgesehenen *Meinungsaustausch* und dienten dem *Zelebrieren* der vielen persönlichen und interpersonellen Veränderungen. Mit dem Hochzeitskuchen und den Eheringen wählten sie Symbole, die auch in anderen Familien üblich sind. In Form der besonderen, mit ihren Namen und dem Datum ihres neuen Hochzeitstages versehenen Gläsern wählten sie Symbole, die sie als einzigartig definierten. Die Symbole und symbolischen Handlungen betonten jedes individuelle Mitglied (z.B. vier Kuchen, vier Gläser), die dyadischen Beziehungen (die große Champagnerflasche für die Eltern und die kleine für die Kinder), den Wandel in den verfügbaren Bündnissen (die Zeremonie mit den Ringen) und die Familie als Ganzes. Schließlich wurde, Vergangenheit, Gegenwart und Zukunft der Familie durch ein Ritual miteinander verknüpft, das die Verletzungen der Vergangenheit nicht verheimlichte, die neuen Beziehungen der Gegenwart markierte und Symbole einbezog, die von der Familie in Zukunft genutzt werden sollten.

Fünf Themen für Rituale

Beim Entwerfen und Durchführen therapeutischer Rituale mit Individuen, Paaren, Familien oder Familien und größeren Systemen helfen dem Therapeuten fünf Themen zur Entscheidungsfindung: (1) Mitgliedschaft, (2) Heilung, (3) Identität, (4) Meinungsaustausch und (5) Zelebration. Diese fünf Themen finden sich wohl auch in den normativen Ritualen aller Familien, ob es dabei um tägliche Rituale, um Familientraditionen, Familien- und kulturelle Feiern oder Übergangsrituale des Lebenszyklus geht. Jedes Ritual kann eines oder mehrere dieser Themen umfassen.

Mitgliedschaft

Alle menschlichen Systeme müssen sich mit der Frage der Mitgliedschaft auseinandersetzen, mit der Frage, wer drinnen und wer draußen ist, wer zum System gehört, wer die Mitgliedschaft definiert und wie man Mitglied wird oder auch die Mitgliedschaft verliert. Fragen der Mitgliedschaft sind für Familien häufig schwierig, da sie das komplexe Aufarbeiten von Familienmustern, -regeln, verfügbaren Beziehungsmöglichkeiten und früher getroffenen Abmachungen erfordern.

Mitgliederrituale kommen in Familien tagtäglich während gemeinsamer Mahlzeiten vor. Die Sitzordnung, zulässige Themen und zulässige Gefühlsäußerungen definieren das Selbstbild der Familie ständig neu. Eine Diskussion über den Ablauf der Mahlzeiten in der Familie liefert dem Therapeuten Informationen über Fragen der Mitgliedschaft. So beklagten sich in einer geschiedenen Familie die drei Söhne, daß die Familie noch zu keiner Mahlzeit zusammengekommen sei, „seit Vater gegangen ist". Stattdessen kochte die Mutter und aß allein in ihrem Zimmer, während der älteste und der jüngste Sohn zu unterschiedlichen Zeiten vor dem Fernseher aßen und sich der mittlere Sohn während der Essenszeiten auf der Straße aufhielt. Dieses tägliche Ritual ersetzte das Ritual der Familienmahlzeit und diente als schmerzliche Metapher für die derzeitige Fragmentierung der Familie. Tägliche Rituale des Gehens und Wiederkommens sind ebenfalls Mitgliedschaftsrituale, die Fragen der Nähe und Distanz abklären.

Das Thema der Mitgliedschaft berührt viele Übergänge im Lebenszyklus einer Familie, die durch normative Rituale markiert werden, wie zum Beispiel bei Hochzeiten, bei denen die Mitgliedschaft in zwei Herkunftsfamilien und in einer neuen Paareinheit neu definiert wird, bei Namensgebungszeremonien, die ein neues Kind in der Familie und der Verwandtschaft und oft auch in einer bestimmten ethnischen Umgebung willkommen heißen, bei der Bar-Mizwa-Feier, die sowohl die Mitgliedschaft in der Familie, als auch in der Jüdischen Gemeinde neu definiert, oder bei Examensfeiern, die die Beziehung eines jungen Erwachsenen zu seiner Familie, die Beziehung der Eltern zu dem jungen Erwachsenen und untereinander, sowie die Beziehung der Familie zum Schulsystem neu definiert. Solche normativen Rituale können Veränderungen markieren, die schon eingesetzt haben, notwendige Veränderungen in Beziehungen erleichtern oder auf kommende Veränderungen hinweisen.

Familien mit idiosynkratischen Lebenszyklusübergängen haben oft keine Rituale, Veränderungen ihrer Mitgliedschaft zu markieren oder zu erleichtern (Imber-Black 1988). Beispielsweise gibt es keine anerkannten Rituale, die für Adoptionsfamilien charakteristisch sind, oder für Familien, deren Mitgliedschaft sich durch eine Scheidung verändert. Es gibt keine Hochzeitsrituale, die die Einheit homosexueller Paare zum Ausdruck bringen oder sie mit der erweiterten Familie verknüpfen. Es gibt keine Abschiedsrituale für Familien mit behinderten Mitgliedern, die das Haus verlassen, um in einer betreuten Wohngemeinschaft zu leben. Es gibt auch keine Rituale, um die komplexen Veränderungen zu erleichtern, die bei der Bildung von Stieffamilien erforderlich sind. Vielmehr beginnen solche Familien häufig mit einem Hochzeitsritual, das irrigerweise suggeriert, sie seien mit einer neuen Kernfamilie identisch. Ein extremes Beispiel ist eine Stieffamilie, die wegen eines Konflikts zwischen Stiefkind und Stiefelternteil, der sich rapide auf den Ausschluß des Kindes zubewegte, in die Therapie kam. Die Hochzeit dieses Paares war mit der Verwandtschaft und Freunden gefeiert worden, ihre fünf sechs bis zwölf Jahre alten Kinder aus ihren früheren Ehen waren jedoch von der Teilnahme ausgeschlossen. Das Hochzeitsritual hatte das neue Paar öffentlich bestätigt, nicht jedoch die neue Stieffamilie.

Mitgliedschaftsrituale und therapeutischer Prozeß

Therapeutische Mitgliedschaftsrituale werden konstruiert, um die Verringerung oder Erweiterung der Mitgliedschaft zu erleichtern, um ihre Bedeutung neu zu definieren, um das Eintreten und das Verlassen zu erleichtern und um innerhalb der Familie und zwischen der Familie und der Außenwelt Grenzen zu ziehen. Die in der Familie Körner beschriebenen Rituale erlaubten dem Ehemann und Vater eine Rückkehr und definierten die Bündnisse neu. Mitgliedschaftsrituale sollen so konstruiert sein, daß sie definitive Änderungen in der Mitgliedschaft charakterisieren, wie zum Beispiel den Eintritt eines Stiefvaters in eine schon existierende, aus einer Mutter und Kindern bestehende Familieneinheit, daß sie ferner die Bedeutung der Mitgliedschaft verändern, wie zum Beispiel beim Auszug eines jungen Erwachsenen, oder daß sie vorübergehende Veränderungen zum Ausdruck bringen, wie zum Beispiel den Eintritt des Therapeuten in das Familiensystem.

Das Thema Mitgliedschaft zeigt sich besonders deutlich bei solchen Problemen, die von Stieffamilien, geschiedenen Familien,

Adoptionsfamilien, Familien, bei denen die Mitgliedschaft umstritten ist, und von Familien, die in vielen externen Helfersystemen involviert sind, in der Therapie präsentiert werden. Gespräche zwischen Therapeut und Familie können hilfreich sein, wenn sich der Fokus auf Mitgliedschaftsrituale richtet, sowohl als Information für den Therapeuten als auch als Katalysator, um alte Mitgliedschaftsrituale neu zu beleben oder neue zu erfinden.

Kurzbeispiel – Die Therapeutin kommt zum Essen

Eine Familie wurde wegen der „Eßstörung" der ältesten Tochter zur Therapie überwiesen. Die Familie bestand aus dem 33jährigen Vater, Bob Wharton, der 30jährigen Mutter, Sue Wharton, und zwei Töchtern, der zwölfjährigen Sandra und der achtjährigen Ellen. In der ersten Sitzung, die sich darauf konzentrierte, das Problem im Kontext der Familie, der Verwandtschaft und der Beziehungen zu den psychosozialen Diensten zu verstehen, waren die Familienmitglieder äußerst angespannt. Sie beantworteten die Fragen ganz knapp und mit viel nervösem Lachen. Als Therapeutin fühlte ich mich von der Familie extrem ausgegrenzt.

Während wir Sandras Problem diskutierten, das in ihrer ungewöhnlichen Vorliebe für Pommes Frites, Brot und Milch bestand – sie aß nichts anderes –, fiel mir auf, daß dieses Verhalten nur während des täglichen Abendessens der Familie zu einem Konflikt führte. Beim gemeinsamen Frühstück und Mittagessen mit ihrer Schwester – die Mutter hielt sich währenddessen in der Nähe auf – aß Sandra Brot und Milch, und es gab keine Auseinandersetzungen. Beim Abendessen jedoch, wenn beide Eltern anwesend waren, stritten sich Sandra und ihre Mutter wegen Sandras Eßverhalten. Der Vater hörte sich das Ganze eine Weile still an, aß seine Mahlzeit und verließ dann den Tisch, wo sich Sandra und ihre Mutter noch stundenlang weiterstritten, gefangen in einem Konflikt, in dem Sandra ihr Verhalten durchsetzte.

Demnach war das tägliche Abendessen der Familie zu einem Ritual geworden, dessen zentrale Beziehungsmetapher triadisch war. Während die Familie mit mir diskutierte, wurde klar, daß Essen für die Mitglieder eine verdeckte Macht und Kontrolle symbolisierte, anstatt eines der vielen anderen Dinge, die Essen für eine Familie symbolisieren kann, wie zum Beispiel Ernährung, Geben und Nehmen, Ausdruck der ethnischen Zugehörigkeit, et cetera. Darüber hinaus schienen in der Familie mit Ausnahme von Sandras Essensvorlieben nur wenige Möglichkeiten zur Verfügung zu stehen, sich individuell auszudrücken.

Ich beendete die erste Sitzung, indem ich die Familie aufforderte, zum nächsten Termin etwas zum Essen mitzubringen. Die pathologisierende Etikettierung „Eßstörung" ersetzte ich durch das Etikett „Vorliebe für bestimmte Speisen". Ich bat Sandra und ihren Vater, für das Essen einzukaufen und einige ihrer „Lieblingsspeisen" für die Familie und mich auszuwählen.

Zur nächsten Sitzung kam die Familie mit dem Essen. Die Mutter bat Ellen, den Tisch „so zu decken wie zu Hause". Sandras Platz war zwischen ihren Eltern. Während Ellen den Tisch deckte, erinnerte sie ihre Mutter daran, daß „wir einen Gast zum Essen haben" und fragte: „Wo sitzt unser Besuch gewöhnlich?" Demnach hatte das in der Klinik und nicht im Haus der Familie abgehaltene Essensritual gleich zu Beginn der zweiten Sitzung begonnen, meine Beziehung zu der Familie zu verändern. Ich war ihr „Gast". Ich war „Besuch". Kurz, man hatte mir durch das tägliche Ritual des gemeinsamen Essens Zugang zu der Familie gewährt. Die Atmosphäre war viel entspann-

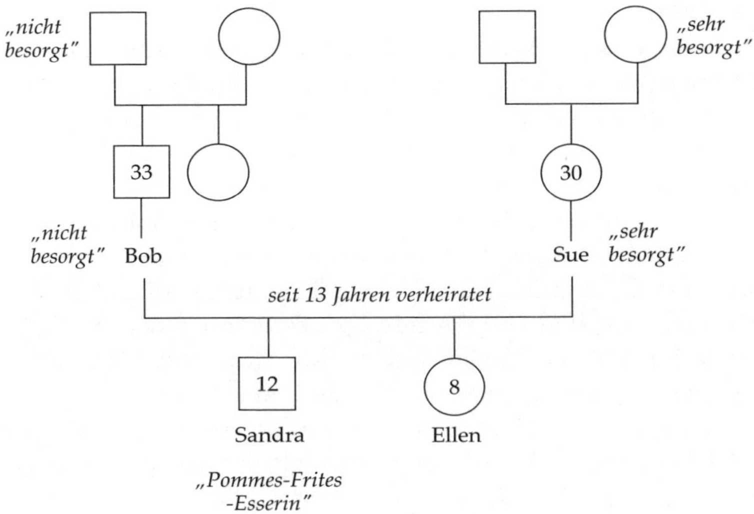

Abb. 2 *Die Familie Wharton: DieTherapeutin kommt zum Essen*

ter als während der ersten Sitzung, und die Familie begann, die Umdeutung „Vorlieben", die, wie meine Fragen suggerierten, ja alle Mitglieder, nicht nur Sandra, hatten, zu akzeptieren und sich von ihrer früheren Sicht von „drei normalen Essern und einer mit einer Eßstörung" (Imber-Black 1990) zu distanzieren.

In diesem Fall und in ähnlichen Fällen, bei denen die Familie aufgefordert wird, Essen in die Klinik mitzubringen, wird das tägliche Mitgliedschaftsritual der gemeinsamen Familienmahlzeit genutzt, um den Zugang des Therapeuten zum Familiensystem und dadurch die Formierung eines vorübergehenden Familie-Therapeuten-Systems zu erleichtern. Die übliche Komplementarität zwischen Klient und Therapeut wird vorübergehend sowohl durch die ungewöhnliche Komplementarität einer Familie, die dem Therapeuten das Essen bereitet und mitbringt, als auch durch den symmetrischen Akt des gemeinsamen Essens durcheinandergebracht. Dadurch ergeben sich für die Familie und den Therapeuten eine Vielzahl temporärer Möglichkeiten von Mitgliedschaft.

Andere Mitgliedschaftsrituale werden weiter unten in den Kapiteln über Paarfragen (Kap. 8) und wiederverheiratete Familien (Kap. 11) illustriert.

Heilung

Im Leben eines jeden Menschen gibt es Zeiten, in denen eine Heilung der Person oder der Beziehung vonnöten ist. Rituale, die Heilungen bewirken, finden sich in den Bestattungsriten einer jeden Kultur, die zugleich den Verlust eines Mitglieds markieren, den Ausdruck von Trauer erleichtern und darauf verweisen, daß das Leben weitergeht. Zu solchen Ritualen gehören häufig gemeinsame Mahlzeiten oder Besuche bei den Trauernden während eines bestimmten Zeitraums, um während des größten Schmerzes über den Verlust eine dysfunktionale Isolation zu vermeiden. Außerdem können damit bestimmte Schritte zur Wiedereingliederung der Hinterbliebenen in das soziale Umfeld verbunden sein (Van Gennep 1960).

Viele religiöse und kulturelle Gruppen haben spezifische Rituale, um das Andenken eines verstorbenen Mitglieds zu bewahren und es zu ehren. Im Katholizismus können die Hinterbliebenen etwa darum bitten, daß am Todestag eine Messe für ihren geliebten Angehörigen gefeiert wird. Im Judentum wird eine spezielle Zeremonie abgehalten, um ein Jahr nach dem Tod den Grabstein aufzustellen, und

Familienmitglieder rezitieren den *Kaddisch,* das Heiligungs- und Segensgebet, sowohl an Todestagen als auch an bestimmten Feiertagen. Solche Rituale sind zeit- und raumgebunden und gestatten den Ausdruck von Schmerz über den Verlust in einer Weise, die zugleich das Weiterleben erleichtert.

Manche Nationen oder größere Gemeinschaften schaffen sich Heilungsrituale, um sich mit den durch einen Krieg zugefügten Verlusten auseinanderzusetzen. Ein Beispiel aus der Gegenwart ist das Vietnam-Kriegerdenkmal in Washington, D.C., das Familienmitgliedern und Freunden, die Angehörige im Krieg verloren haben, ein ständiges Heilungsritual bietet. Sie finden den Namen auf der Wand, nehmen sich Pauszeichnungen davon mit nach Hause und bestätigen damit ihren eigenen persönlichen Verlust, während sie sich zugleich als Teil einer größeren Gemeinschaft fühlen können. Ausflüge zu dieser Wand werden häufig als „Pilgerreisen" bezeichnet.

In den USA arbeiten zur Zeit Homosexuelle als Heilungsritual für die Aidsopfer gemeinsam an einer Flickendecke, um damit das Andenken der Toten zu ehren. Jeder Flicken wird von einer Person genäht, die jemanden verloren hat, er enthält persönliche Erinnerungen, die einen wesentlichen Aspekt des Verstorbenen zum Ausdruck bringen. Hier symbolisiert die Wahl einer Decke an Stelle zum Beispiel eines Gemäldes vielleicht ein Gefühl der Wärme, das die Überlebenden miteinander verbindet, womit selbst im Angesicht eines schrecklichen Todes ein lebensbejahendes Signal gegeben wird. Dieses schmerzlich unfertige Ritual spielt sich auf verschiedenen Ebenen ab. Es ist ein Gedenken an jeden Verstorbenen, es verbindet eine trauernde Gemeinde und es dient dem weiteren sozialen Umfeld als starke und sichtbare Erinnerung an die Schwere des Verlustes.

Heilungsrituale und therapeutischer Prozeß

Wenngleich es auch verschriebene Heilungsrituale gibt, die sich mit dem Verlust eines Angehörigen durch Tod auseinandersetzen, so ist es dennoch möglich, daß dieses Ritual den Bedürfnissen einer bestimmten Person oder Familie nicht entspricht. So mag beispielsweise in der heutigen Gesellschaft die Grabrede von einem Geistlichen gehalten werden, der den Verstorbenen kaum gekannt hat, und das Begräbnisritual ist womöglich per se ein leeres Ritual. Da heute die meisten Leute im Krankenhaus sterben und nicht mehr zu Hause, ist die frühere Vertrautheit mit Tod und Verlust als Teil des Lebenszyklus der Menschen fast ganz verschwunden, wodurch eine Heilung noch mehr erschwert wird. Folglich stellt ein Therapeut vielleicht fest, daß der wegen des Todes eines Mitglieds erforderliche Heilungsprozeß blockiert und durch Symptome ersetzt wurde, die die Aufmerksamkeit von dem Bedürfnis nach Heilung ablenken. Hier können Symptome auch mit nicht eingestandenen und ungeheilten Verlusten aus früheren Generationen zusammenhängen (Walsh 1983). Therapeutische Heilungsrituale werden konstruiert, um sich mit solchen Verlusten auseinanderzusetzen, insbesondere wenn normative Heilungsrituale entweder nicht durchgeführt wurden oder nicht ausreichend waren, um mit den komplexen persönlichen und interpersonellen Prozessen fertigzuwerden, die mit dem Tod zusammenhängen. Verluste in einer Familie, insbesondere bei einer Fehlgeburt, durch Selbstmord, durch einen plötzlichen, unerwarteten Tod, machen therapeutische Heilungsrituale erforderlich. Solche Rituale müssen die Schwere des Verlustes respektieren und sollten bei ihrer Konstruktion die Klienten mit viel Fingerspitzengefühl einbeziehen.

Kurzbeispiel – Rückkehr zum Elternhaus

Eine 28jährige Frau namens Carolyn Bell kam in die Therapie und klagte darüber, daß sie „nicht fähig ist, etwas zu Ende zu bringen". Sie hatte ihr Studium nach zwei Jahren abgebrochen und seitdem eine Reihe von Arbeiten angenommen, bei denen sie sich recht erfolglos fühlte. Nachdem sie seit dem Studium zwei Beziehungen abgebrochen hatte, lebte sie alleine. In der ersten Sitzung sagte sie: „Wo immer ich in meinem Leben hinschaue, alles ist unvollendet." Als wir zusammen ihr Genogramm anlegten, fand ich heraus, daß ihre Mutter unerwartet starb, als Carolyn 14 war und gerade ihren Mittelschulabschluß machte.

Sie sagte mir, sie sei so aufgewühlt gewesen, daß der Hausarzt dazu riet, sie nicht am Begräbnis ihrer Mutter teilnehmen zu lassen, weil es sie „zu sehr aufregen" würde. Ihr Vater habe den Rat befolgt. Kurz nach dem Tod ihrer Mutter verkaufte ihr Vater das Haus an einen Nachbarn, und die Familie zog in die Nähe seiner Mutter, damit sie ihn beim Aufziehen der Kinder unterstützen könnte. Carolyn hatte an der Schulabschlußfeier nicht teilgenommen, und das Ereignis war vollkommen untergegangen, weil die Familie so sehr mit ihrem Schmerz und den Umzugsvorbereitungen beschäftigt war.

Carolyn wurde einfach in ihrer neuen höheren Schule angemeldet, und man erwartete von ihr, daß sie zurechtkommen würde. Sehr bald beklagten sich die Lehrer, daß sie ihre Hausaufgaben nicht mache, doch wurde ihr wegen des Todes ihrer Mutter viel Verständnis entgegengebracht. In dieser Zeit begann sie, sich als einen Menschen zu sehen, „der nichts zu Ende bringt". Während sie zur Schule ging, bat sie ihren Vater zweimal um Erlaubnis, ihr Elternhaus zu besuchen. Er weigerte sich jedes Mal mit der Begründung, es würde sie „zu sehr aufregen". Danach fragte sie nicht mehr. Die Vergangenheit sollte offensichtlich abgeschottet werden. Während unserer Unterhaltung sagte Carolyn, sie glaube, daß ihre Unfähigkeit, etwas zu beenden, mit dem Tod ihrer Mutter zusammenhänge und auch mit dem, was ihr später passiert sei. Sie wisse allerdings nicht, was sie dagegen tun solle, da dies alles in der Vergangenheit liege. Ich bat sie, sich zu überlegen, was sie aus dieser Zeit ihres Lebens für am „unfertigsten" hielt, und sagte, daß wir das in der nächsten Sitzung diskutieren würden. Ich sagte ihr, sie könne dies so tun, wie sie es für richtig halte, daß ich ihr jedoch empfehlen würde, jeden Aspekt dieser Zeit genau zu prüfen, zum Beispiel den Tod ihrer Mutter, das verpaßte Begräbnis, die verpaßte Abschlußfeier, das Verlassen ihres Elternhauses, den Umzug in eine neue Gegend und das Verbot, in das Elternhaus zurückzukehren. Sie lächelte und meinte, sie sei sich nicht sicher, ob sie die Aufgabe bewältigen könne, sie wolle es jedenfalls versuchen.

In der nächsten Sitzung sagte mir Carolyn, daß sie sich entschlossen hätte, jeden Aspekt dieser Zeit an einem anderen Tag genau zu studieren, wobei sie meinte, an jedem Tag zumindest einen Teil davon schaffen zu können. Sie sagte, die Aufgabe sei sehr schmerzlich gewesen, und sie sei häufig versucht gewesen, aufzugeben. Es sei ihre Überzeugung, daß sie mit der Sache mit dem Haus, in dem sie gewohnt habe und das sie als Teenager nicht besuchen durfte, am wenigsten fertig geworden sei. Diese Trennung von ihrem Heim schien eine sehr lebhafte Metapher für Trennungen in anderen Bereichen ihres Lebens darzustellen. In einer sehr bewegten Unterhaltung sagte sie, sie kenne viele, die Friedhöfe besuchten, für sie jedoch sei mehr von ihrer Mutter und ihrer Beziehung zu ihrer Mutter in diesem Haus gegenwärtig. Wir unterhielten uns darüber, was es für sie bedeute, auf einen Besuch in ihr Elternhaus zurückzukehren.

Zwischen der zweiten und der dritten Sitzung leistete Carolyn eine Menge Arbeit. Sie unterhielt sich mit einem Freund über das

Haus und fand heraus, daß es an Leute weiterverkauft worden war, die sie nicht kannte. Sie fand ihren Namen und ihre Telefonnummer heraus, hatte jedoch noch nicht angerufen. Sie fragte sich, ob ihr Vater böse auf sie wäre, wenn sie zurückkehrte, um das Haus zu sehen. Während unserer Unterhaltung gewann ich den Eindruck, als sei Carolyns Beziehung zu ihrem Vater immer noch die eines Teenagers und als habe sich nach dem Tod der Mutter keine reife Beziehung zwischen ihr und ihrem Vater entwickelt. Die Beziehung schien in der Vergangenheit eingefroren zu sein. Carolyn faßte den Entschluß, ihren Vater über den geplanten Besuch zu informieren und ihn dazu einzuladen.

Zwischen der dritten und der vierten Sitzung nahm Carolyn mit den derzeitigen Bewohnern des Hauses Kontakt auf. Sie erklärte ihnen, weshalb sie das Haus besuchen wollte und erhielt ihre Zustimmung. Sie fürchtete sich immer noch vor der Reaktion ihres Vaters. Ich riet ihr, ihrem Vater dankbar zu sein, daß er sie in ihren jungen Jahren beschützt hatte, statt Verärgerung über ihn zu zeigen, wozu ein früherer Therapeut sie ermutigt hatte. Carolyn meinte, daß sie vielleicht den Vater auch zu beschützen versuchte, indem sie ihre Hausaufgaben und andere Arbeiten nicht erledigte und ihn dadurch vom Schmerz seines Verlustes ablenkte. Ich schlug vor, daß sie wohl beide diesen Schutz jetzt, nachdem sie erwachsen sei und 14 Jahre vergangen seien, nicht mehr brauchten.

Bis zur fünften Sitzung hatte Carolyn mit ihrem Vater gesprochen und ihn eingeladen, mit ihr zusammen ihr Elternhaus zu besuchen. Er lehnte ab, meinte allerdings, er könne ihren Wunsch verstehen. Er gab ihr auch verschiedene Photos, die in dem Haus aufgenommen worden waren und die sie seit dem Tod ihrer Mutter nicht mehr angeschaut hatten. Sie brachte die Photos in die Sitzung mit, und wir schauten sie zusammen an. Einige zeigten ihre Mutter, die sich in dem Haus offensichtlich sehr wohl fühlte. Carolyn weinte und meinte, sie habe die ganzen Jahre über keine Photos ihrer Mutter angeschaut. Gegen Ende der Sitzung meinte sie, sie wäre jetzt so weit, daß sie das Haus allein besuchen könne. Ich riet ihr, ein paar neue Photos vom Haus zu machen.

Ein Monat später erzählte Carolyn, daß sie durch alle Zimmer gegangen sei. Sie skizzierte für mich den Grundriß des Hauses und wir unterhielten uns über die Dinge, an die sie sich erinnerte. Es waren sowohl glückliche als auch schmerzliche Erinnerungen. Dadurch konnte sie das Gefühl überwinden, die Vergangenheit bestehe nur aus schmerzlichen Erinnerungen. Sie hatte das Haus auch von außen aufgenommen. Es hatte sich seitdem stark verändert, da die Besitzer es umgebaut hatten. Sie meinte, das habe sie anfangs gestört, aber dann hätte sie sich gesagt, daß sich die Dinge natürlich verändern müssen. Sie war sehr stolz auf sich, daß sie hingegangen war und sich hinterher mit ihrem Vater darüber unterhalten hatte. Sie wollte sich jetzt Zeit nehmen, um über alles nachzudenken, und würde mich dann anrufen. Ich fragte mich, ob die Therapie nicht auch „unvollendet" sei, beschloß dann aber abzuwarten.

Carolyn rief mich nach vier Monaten an. In dieser Zeit hatte sie das Haus noch einmal zusammen mit ihrem Vater besucht. Zum ersten Mal weinten sie zusammen. Sie hatte den Entschluß gefaßt, ihr Studium wieder aufzunehmen, hatte sich um eine Stelle beworben und war auch angenommen worden. Es sei ihr bisher noch nie möglich gewesen, sich darauf zu konzentrieren, was sie mit ihrem Leben anfangen wolle. Nachdem ich sie das letzte Mal gesehen hatte, habe sie sich für Anthropologie entschieden. Ihre Meinung über sich selbst als ein Mensch, der „nichts zu Ende bringt" sei „wie weggeblasen".

In diesem Fall entwarfen Carolyn und ich gemeinsam das Heilungsritual ihrer Rückkehr in das Haus ihrer Kindheit. Anstatt davon auszugehen, daß in erster Linie ein Friedhofsbesuch angebracht sei, folgte ich der von ihr eingeschlagenen Richtung und diente ihr vor allem als Beraterin und als Person, der sie von ihren Entwicklungsschritten berichten konnte. So wie Schmerz und Verlust etwas überaus Persönliches und Individuelles sind, so auch die Heilung von Schmerz und Verlust. Demnach müssen, wenngleich es bestimmte symbolische Handlungen gibt, die in vielen Heilungsritualen vorkommen, wie zum Beispiel Grabbesuche, Beerdigungen, Verbrennungen, etc., die Einzelheiten in hohem Maße individualisiert sein, um den Voraussetzungen der Person oder der Familie zu entsprechen. In dieser Therapie habe ich Carolyns Sicht von sich selbst als „Mensch, der nichts zu Ende bringt", bewußt heruntergespielt und mich darauf konzentriert, eine Gelegenheit zu finden, mit einer äußerst wichtigen Zeit ihres Lebens fertig zu werden. Dadurch konnte sie mit dem Gefühl weiterleben, daß sie die Vergangenheit nicht mehr abzuschotten braucht, sondern mit ihren Aspekten umzugehen lernt. Da nicht verarbeitete Verluste häufig dazu führen, daß Menschen in der Vergangenheit gefangen bleiben, selbst wenn sie sich sehr bemühen, sie zu leugnen, und damit eine Entwicklung in Gegenwart und Zukunft verhindert wird, werden Heilungsrituale häufig entworfen, um ein vorübergehendes Band zwischen Vergangenheit, Gegenwart und Zukunft zu knüpfen.

Therapeutische Heilungsrituale für andere Verluste

Eine Heilung kann auch für Verluste nötig sein, die durch endgültigen Abbruch einer Beziehung verursacht sind, wie zum Beispiel eine Trennung oder Scheidung oder die Beendigung der Beziehung eines unverheirateten Paares. In der westlichen Kultur gibt es keine anerkannten Rituale, die das Ende einer Ehe markieren und die Heilung erleichtern könnten, die nötig ist, um wieder zurechtzukommen oder zwischen den Eheleuten nach dem Ende der Ehe eine neue Beziehung aufzubauen, die insbesondere dann wichtig ist, wenn es gemeinsame Kinder gibt. Eine Klientin bemerkte zynisch, daß ihr Gerichtstermin ihr Scheidungsritual gewesen sei und sie von dieser Erfahrung bei Gericht ein bitteres und leeres Gefühl zurückbehalten habe. Es gibt auch keine Rituale, um das Weiterführen verwandtschaftlicher Beziehungen nach einer Scheidung zu erleichtern.

In bestimmten Glaubensgemeinschaften gibt es religiöse Scheidungsrituale, wie zum Beispiel den Jüdischen *Get* (A.d.Ü.: der Scheidebrief). Er wird aufgrund der Autorität des Rabbis gewährt und bringt das Ende einer in einem größeren Kontext eingebetteten Ehe zum Ausdruck. Der *Get* verlangt, daß der eigentliche Ehevertrag oder *Ketuba*, gewöhnlich ein sehr schönes, mit Handzeichnungen versehenes Dokument, zerrissen wird.

Therapeutische Rituale sind besonders wichtig für das Ende von Beziehungen, die vom sozialen Umfeld nicht bestätigt werden. Das Ende der Beziehung eines unverheirateten Paares hat nicht nur kein Heilungsritual, sondern wird häufig auch von Familie und Freunden nicht als Verlust anerkannt oder wird als „weniger ernst" angesehen als eine Scheidung. Genau dieses Fehlen der Bestätigung eines Verlustes erschwert eine Heilung, da es keinen Kontext gibt, um Schmerz oder Trauer auszudrücken.

Sowohl für Scheidungen als auch für die Beendigung von Beziehungen unverheirateter Paare beginnen therapeutische Heilungsrituale häufig mit der Bestätigung des Verlustes und leiten dann über zu einem graduellen Prozeß des Gehenlassens, der das Tempo des

Klienten respektiert. Häufig werden Perioden des Festhaltens alternierend mit Perioden des Loslassens verschrieben, was dem Klienten ermöglicht, beide Aspekte zu untersuchen und sein eigenes Tempo zu bestimmen. Symbolische Handlungen, wie zum Beispiel Begräbnis- oder Verbrennungsmetaphern für die alte Beziehung, können benutzt werden, um die Endgültigkeit zu symbolisieren, vorausgesetzt, der Klient gibt zu erkennen, daß er dazu bereit ist.

Therapeutische Rituale können auch beim Verlust von Körperteilen und -funktionen infolge von Krankheit und dem damit verbundenen Verlust von Rollen, Lebenserwartungen und Träumen wirksam sein. Man vermutet, daß das Fehlen solcher Rituale, die die Verluste anerkennen und Alternativen erleichtern, ein wichtiger Faktor bei der rapiden Verschlechterung des Zustandes alter Leute ist, die vielfältige, unbeweinte Verluste erleiden. Hier sollten Heilungsrituale Aspekte beinhalten, die den Verlust betrauern und gleichzeitig darauf verweisen, was in der Zukunft möglich ist.

Auch für tiefgreifende kulturelle Verluste können therapeutische Heilungsrituale entworfen werden, wie zum Beispiel für Verluste aufgrund von Migration. Zum einen können die Heilungsrituale konstruiert werden, um unwiederbringliche Aspekte des Lebens aufzunehmen, wie zum Beispiel wenn ein Einzelner oder eine Familie nicht in ihr Heimatland zurückkehren können, zum anderen auch, um durch das Bestätigen von Erinnerungen, Traditionen und Geschichten ein kulturübergreifendes Band zu knüpfen.

Kurzbeispiel – El Salvador und die Bronx

Eine Familie, die aus einer alleinerziehenden Mutter, Frau Torres, einem 15jährigen Jungen namens Manuel und einem 13jährigen Mädchen namens Maria bestand, wurde wegen der Schulprobleme des Sohnes in die Therapie überwiesen. Er hatte in jüngster Zeit begonnen, die Schule zu schwänzen und sich auf der Straße herumzutreiben. Die Familie stammte aus El Salvador. Sie waren vor vier Jahren geflüchtet, nachdem der Vater wegen politischer Aktivitäten verhaftet worden und gestorben war. Die Kinder sprachen Englisch, die Mutter jedoch vor allem Spanisch. Sie lebten in der Bronx.

In der ersten Sitzung sagte die Mutter, daß sie sich in El Salvador und die ersten zwei Jahre in der Bronx sehr nahe gestanden hätten, jetzt hätten sie sich jedoch sehr voneinander entfernt. Sie könne ihre Kinder nicht mehr verstehen und fürchte, insbesondere ihren Sohn zu verlieren. Die Kinder bestätigten, daß sie ihre Mutter nicht mehr verstehen könnten. Sie wollten Amerikaner sein, ihre Mutter jedoch wolle, daß sie Salvadorianer sind. Sie ärgerten sich, daß sie nicht mehr Englisch gelernt hatte, und der Sohn meinte: „Meine Mutter lebt in der Vergangenheit!" Die Mutter weinte, während die Kinder redeten. Als sie geendet hatten, sagte sie, sie hätten sich geweigert, ihr zuzuhören, als sie über ihre Heimat reden wollte. Der Sohn warf sofort ein: „Meine Heimat ist jetzt die Bronx!"

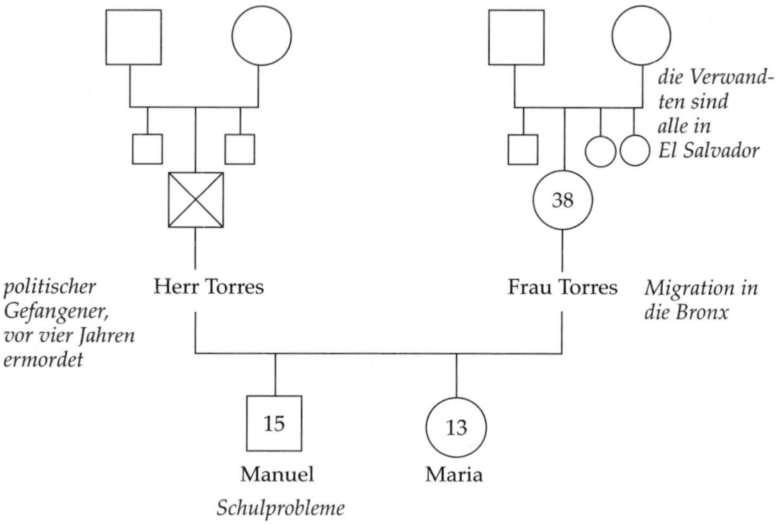

Abb. 3 *Die Familie Torres: El Salvador und die Bronx*

Sie beschrieben ein tägliches Muster, bei dem die Kinder sie stehenließen, wenn die Mutter versuchte, über El Salvador zu reden. Wenn die Kinder über das reden wollten, was ihnen jeden Tag passierte, regte sich die Mutter auf. Die Mutter und die Kinder lebten sich immer mehr auseinander. Gleichzeitig wurde jedoch auch die Sorge der Kinder um die Mutter deutlich, als das Gespräch auf ihren toten Vater kam. Beide Kinder nahmen die Mutter in Schutz, indem sie das Thema wechselten und von Problemen redeten, mit denen sie besser umgehen konnte. Demnach drückte die scheinbare Weigerung der Kinder, ihre Verbundenheit mit El Salvador zu bestätigen, nicht nur die typische pubertäre Rebellion in einem Migrationsfall aus, sondern hatte auch die schützende, wenn auch mißgeleitete Funktion, ihre Mutter ärgerlich statt traurig zu machen.

Am Ende der Sitzung bat ich sie, zur nächsten Sitzung Gegenstände mitzubringen, die El Salvador und die Bronx repräsentierten, um einen Prozeß in Gang zu setzen, der die Verbundenheit von allen Dreien mit beiden Orten zum Ausdruck bringen würde. In der zweiten Sitzung wurden die Gegenstände aller Mitglieder gemeinsam betrachtet. Die Mutter war überrascht, daß beide Kinder Dinge aus El Salvador mitgebracht hatten, die zärtliche Erinnerungen weckten. Darunter waren Photographien und Spielzeuge. Sie meinte, sie hätte keine Ahnung gehabt, daß sie etwas aufgehoben hätten. Die von den Kindern mitgebrachten Gegenstände aus der Bronx waren ein Felsbrocken, Klebeband und ein Poster von einem Konzert. Der Sohn zeigte sich überrascht, daß sich seine Mutter nicht darüber aufregte, denn zu Hause stritten sie sich andauernd über die Musik, die die Kinder hören wollten. Die Mutter hatte selbstzubereitetes salvadorianisches Essen mitgebracht. Sie brachte auch eine kleine Pizza mit, die sie gekauft hatte, um die Bronx zu repräsentieren, und meinte, daß die Kinder in jüngster Zeit ständig Pizza essen würden, anstatt das von ihr zubereitete Essen. Gemeinsam aßen wir das salvadorianische Essen und die Pizza.

Am Ende der Sitzung, in der beide Kulturen von den Familienmitgliedern bestätigt worden waren, bat ich sie, einmal pro Woche einen Termin festzulegen, um „Geschichten zu erzählen". Die Kinder sollten den Geschichten der Mutter über El Salvador zuhören und die Mutter denen der Kinder über die Bronx. Das Ritual des Geschichtenerzählens sollte die früheren Muster der Distanz und des Streites unterbrechen, beide Kulturen bestätigen, somit die Mutter und die heranwachsenden Kinder einander wieder näher bringen und die Kontinuität der Vergangenheit und Gegenwart berücksichtigen. Die Familie behielt das Ritual des Geschichtenerzählens nach den drei Wochen bei, und es wurde zu einem Teil ihres Familienlebens. Im Laufe der Zeit konnten die Mitglieder durch die Geschichten ihre mit der erzwungenen Migration zusammenhängenden Verluste, Ängste und ihre Traurigkeit ausdrücken. Gleichzeitig wurden sie durch die Geschichten in einem neuen Leben verankert, in das sie viele Elemente ihres Erbes mit einbringen konnten. Durch die Geschichten, die die Kinder über die Bronx erzählten, gelang es dem Sohn, seine Schulprobleme anzusprechen, was er sich vorher nicht getraut hatte.

Dieses zweiteilige Ritual begann damit, daß die Familienmitglieder Gegenstände mit in die Sitzung brachten, die El Salvador und die Bronx repräsentierten. Dadurch konnte die Mutter feststellen, daß ihre Kinder immer noch mit El Salvador verbunden waren, und die Kinder fanden heraus, daß ihre Mutter sich nicht völlig gegenüber ihren neuen Erfahrungen in der Bronx sperrte. Eine kleine Dosis Symmetrie ermöglichte es, das eskalierende komplementäre Muster zu unterbrechen. Das Ritual des Geschichtenerzählens zu Hause veränderte das Muster weiter und ermöglichte den notwendigen Heilungsprozeß für eine Familie, die gezwungen worden war, aus ihrer Heimat zu fliehen.

Therapeutische Heilungsrituale für Familien, die politischem Terror ausgesetzt waren, werden in Kapitel 11 diskutiert.

Therapeutische Heilungsrituale zur Schlichtung von Streitigkeiten in Beziehungen

Im Laufe der Zeit können Fragen der Vergebung und Versöhnung in Beziehungen erwachsener Paare, in Eltern-Kind-Beziehungen und engen Freundschaften eine große Bedeutung gewinnen. Bei außerehelichen Beziehungen, Ehe- und Eltern-Kind-Beziehungen, in denen sich über die Jahre viel Unmut angestaut hat, und beim Auftauchen lange bestehender Geheimnisse können Heilungsrituale sich als hilfreich erweisen. Solche Rituale können einen Prozeß der Vergebung und Versöhnung einleiten oder die tatsächliche Versöhnung zum Ausdruck bringen, wie im Falle der Familie Körner, bei der die Rituale die Versöhnung zwischen Mann und Frau und Vater und Sohn ausdrückten.

Kurzbeispiel – Versöhnung zwischen Eltern und Kindern

Die Familie Simpson, bestehend aus dem 74jährigen George und der 73jährigen Carrie und zwei von den Eltern getrennt lebenden, erwachsenen Töchtern, der 48jährigen Catherine und der 47jährigen Ellen, kam wegen des zwanghaften Händewaschens der Mutter zur Therapie. Die Beziehung zwischen Eltern und Töchtern wirkte steif und eingefroren. Das Händewaschen der Mutter war das einzige Thema, über das sich die Familienmitglieder unterhielten. Die Mitglieder waren untereinander sehr distanziert. Im Verlauf der Therapie mit dem älteren Paar kam ein 40 Jahre altes Geheimnis ans Licht.

Die Frau war vor ihrer Hochzeit schwanger geworden, und ihre Herkunftsfamilien hatten das Paar weggeschickt. Nach der Geburt der ersten Tochter heirateten sie. Ihre Familien kamen nicht zur Hochzeit, und sie hatten das Gefühl, in Schande geheiratet zu haben. Die Hochzeit wurde nicht gefeiert, und es gab auch keine Feier bei der Geburt ihrer Tochter. Sie beschlossen, den Ursprung ihrer Ehe vor den Kindern geheim zu halten. Sie vermieden alles, was das Geheimnis berührte. Folglich feierten sie niemals ihren Hochzeitstag. Mehr und mehr Themen wurden verboten, bis nur noch das Händewaschen der Mutter als sicheres Gesprächsthema blieb. Das Paar wurde vom erweiterten Verwandtschaftsnetz und der Außenwelt immer mehr abgeschnitten. Bis zur Diskussion des Geheimnisses in der Therapie hatten sie es niemandem erzählt, obwohl sie glaubten, daß ihre Töchter Bescheid wüßten und nur so taten, als ob sie nichts wüßten, um sie zu schonen.

Zusammen mit dem Paar konstruierte ich ein sitzungsinternes Heilungsritual der Versöhnung. Sie luden ihre Töchter zu einer Sitzung ein und brachten Symbole ihrer Hochzeit mit, unter anderem auch den amtlichen Trauschein, den sie fast ein halbes Jahrhundert lang in einer alten Truhe versteckt hatten. In der Sitzung erzählten beide Eltern den Töchtern ihre Geschichte. Dabei weinten die Töchter und sagten, sie hätten das Geheimnis seit Jahren gekannt und hätten sich schrecklich gefühlt, weil sie mit ihren Eltern nicht darüber reden konnten. Sie hatten aber gefunden, es sei nicht angebracht, wenn sie es anschnitten. Nachdem die Eltern ihre Geschichte erzählt und sich die Antworten ihrer Töchter angehört hatten, kamen nie zuvor besprochene Fragen an die Oberfläche. Als Symbol der Versöhnung feierte die Familie nach 50 Jahren zum ersten Mal den Hochzeitstag der Eltern. (Siehe Imber-Black 1986b, wo der Fall ausführlich beschrieben wird.)

In diesem Fall begann die Versöhnung zwischen Eltern und Kindern in der Sitzung mit einem Ritual des Geschichtenerzählens, in dem Symbole einer verbotenen Vergangenheit ans Licht gebracht wurden. Danach konnten noch weitere unausgesprochene Themen auftauchen, und das Muster der Distanz wurde durch ein Muster der Verbundenheit abgelöst. Die Rückgewinnung ihres eigenen Hochzeitstagsrituals kann als Ausgangspunkt des Versöhnungsprozesses gelten.

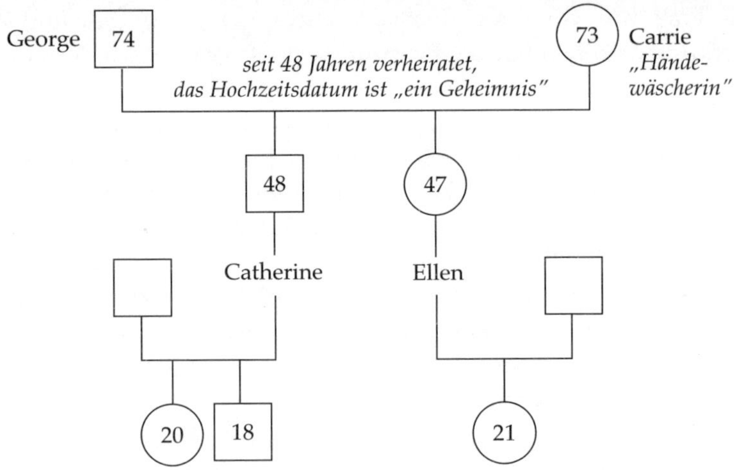

Abb. 4 *Die Familie Simpson: Versöhnung zwischen Eltern und Kindern*

Definition und Neudefinition der Identität

Individuen, Familien und größere Systeme kennen sich selbst und werden von anderen aufgrund bestimmter Identitäten erkannt. Solche Identitäten können positiv, breit und flexibel, aber auch negativ, eng und einschränkend ausfallen. Normative Rituale in Familien erleichtern dem einzelnen wie auch den Familien als Ganzes, ihre Identität zu verändern. Demnach legt eine Hochzeit nicht nur die Mitgliedschaft neu fest, vielmehr bestimmt sie auch die Identitäten neu, da zwei Individuen zu Mann und Frau und verschiedene Familienmitglieder zu angeheirateten Verwandten werden. Übergangsriten wie eine *Bar* oder *Bas Mizwa* sollen die Identität eines Menschen von der eines Kindes zu der eines jungen Erwachsenen mit neuen Verantwortlichkeiten innerhalb der Jüdischen Gemeinde verändern. Eine Kollegin erzählte mir, daß sie diese Identitätsveränderung dadurch markierte, indem sie ihre Kinder aus Anlaß ihrer *Bar Mizwa* neue Schlafzimmermöbel aussuchen ließ, um metaphorisch die Veränderung von einem Kind zu einem Erwachsenen auszudrücken. Den Kindern wurde gesagt, sie könnten sich Möbel aussuchen, die sie bei einem Auszug von zu Hause gerne mitnehmen würden. Dadurch wurde der gegenwärtige Lebenszyklus und der Wandel der Identität mit dem zukünftigen Lebenszyklus verbunden, in dem sich ihre Identität wiederum ändern würde, diesmal zu der eines unabhängigen Erwachsenen. Als die Kinder auszogen und die Möbel mitnahmen, wurden die Eltern ganz sichtbar mit ihrer eigenen Identitätsveränderung konfrontiert: Aus Eltern mit Kindern zu Hause war ein Paar geworden, dessen erwachsene Kinder nicht mehr zu Hause lebten.

Viele Familientraditionen und -feiern berühren Fragen der Identität. Geburtstagsfeiern haben mit dem Thema der Identität zu tun, da sie Aspekte beinhalten, die symbolisch auf die Änderung des Alters und die Entwicklung einer Person hindeuten. In meiner eigenen Familie feiern wir die Adoption meiner Tochter jedes Jahr mit einem Adoptionstag, dessen spezifischer Inhalt sich von Jahr zu Jahr ändert. Damit machen wir die Bestätigung ihres Wachsens und ihrer Entwicklung zum Bestandteil des Rituals. Als sie noch sehr klein war, wurde ihr Adoptionstag zum Beispiel durch eine Familienfeier zu Hause begangen. Nachdem nun eine junge Frau aus ihr geworden ist, gestaltet sie diese Feier auf ganz spezifische Weise, zum Beispiel geht sie mit Familienmitgliedern zusammen zum Essen aus und besucht eine Show. Anders als bei einer Geburtstagsfeier, nehmen an diesem Ritual nur Familienmitglieder teil. Mit diesem Ritual, das auch das Thema Mitgliedschaft einbezieht, wird ihre Identität als Adoptierte, Tochter und Schwester in unserer Familie gefeiert.

Religiöse und ethnische Familienfeiern können zum Thema Identität beitragen. Hier können Essen, Kleidung und Zeremonien als Symbol für Identität dienen. Solche Feiern definieren die Identität eines Individuums als Teil einer größeren kulturellen Gruppe. In der multiethnischen Gesellschaft der Vereinigten Staaten ermöglicht die Teilnahme an Ritualen wie dem Neuen Jahr der Chinesen oder dem orthodoxen Ostern der Griechen, daß selbst völlig assimilierte Menschen mit ihrer ethnischen und religiösen Identität in Verbindung bleiben.

In ähnlicher Weise beziehen kulturelle Rituale wie der „Veterans Day", Muttertag oder ähnliches das Thema Identität mit ein, denn sie markieren und feiern bestimmte Aspekte menschlicher Identität. Die Treffen der Anonymen Alkoholiker enthalten einen ritualisierten Prozeß, der einen Beitrag zur Identität eines Menschen als eines „genesenden Alkoholikers" leisten kann. Solche Aktivitäten wie die Suche von Adoptierten nach ihren leiblichen Eltern oder die Ahnenforschung, um die eigene Herkunft zu entdecken oder Reisen, in das Land der Vorfahren, nehmen oftmals eine rituelle Qualität im Sinne von Identitätsdefinition und Neudefinition an, da man vorgeschriebenen Schritten folgt; hierbei werden etwa die eigenen „Wurzeln" zurückgefordert, oder es kommt zu Wiedervereinigungen.

Identitätsrituale und therapeutischer Prozeß

Familien können die Identität ihrer Mitglieder verdinglichen. Demnach kann ein bestimmtes Familienmitglied als „der Sture", „das kranke Kind", „der Launische" oder als „genau wie Vater" gelten. Kinder können mit komplementären Rollen etikettiert werden wie etwa die des „bösen" oder des „guten" Kindes. Manchmal versuchen Mitglieder, sich eine bestimmte Identität zuzulegen und werden unglücklich, wenn sie dieses Ziel nicht erreichen.

Kurzbeispiel – Wie man zu „unvollkommenen" Eltern wird

Eine aus den Eltern, Herrn und Frau Ellis, und zwei adoptierten Kindern, dem elfjährigen Andy und der achtjährigen Cathy, bestehende Familie kam in die Familientherapie wegen der Probleme mit Andy. Die Eltern berichteten über Schwierigkeiten, mit dem Sohn zurechtzukommen, er sei zu Hause und in der Schule ungezogen. Häufig würde er die Regeln nicht beachten und habe oft Streit mit anderen Kindern, auch mit Cathy. Die Eltern meinten, daß Andy bei diesen Streitigkeiten der „Anstifter" sei, und erzählten, wie Cathy zu ihnen käme und sich beklagte, daß Andy sie nicht in Ruhe lasse. Sie führten die Probleme nicht auf Andys Adoption zurück, da Cathy auch adoptiert und dennoch ein „sehr gutes Mädchen" war. Während der Diskussion bemerkte das Team, daß Cathy lächelte, während sie Andy unter dem Tisch heimlich trat.

Die Eltern waren religiös und fühlten sich ihren adoptierten Kindern gegenüber verpflichtet, „perfekte Eltern" zu sein. Dieser Druck, „perfekte Eltern" sein zu wollen, trug offenbar wesentlich zu ihrer momentanen Fassungslosigkeit bei, denn sie empfanden Andys Verhalten als deutlichen Hinweis darauf, daß sie alles andere als „perfekte Eltern" waren. Daher fühlten sie sich schlecht. Jedesmal, wenn Andy sich schlecht benahm, schien ihr Selbstvertrauen zu schwinden, und sie waren immer weniger fähig, mit ihm umzugehen.

Während der zweiten Sitzung deutete das Team an, daß Andy seinen Eltern durch sein ungebührliches Verhalten vielleicht klarmachen wolle, daß sie keine „perfekten Eltern" sein müßten. Andy lächelte während der Diskussion. Wir baten die Eltern, mit den Kindern einen Scheinstreit zu inszenieren, indem sie Andy auffordern sollten, den Streit anzufangen, und Cathy, zu ihnen zu kommen und zu sagen, er lasse sie nicht in Ruhe. An diesem Punkt sollten die Eltern beiden Kindern sagen: „Vielen Dank, daß ihr uns beibringt, daß wir keine perfekten Eltern sein müssen!"

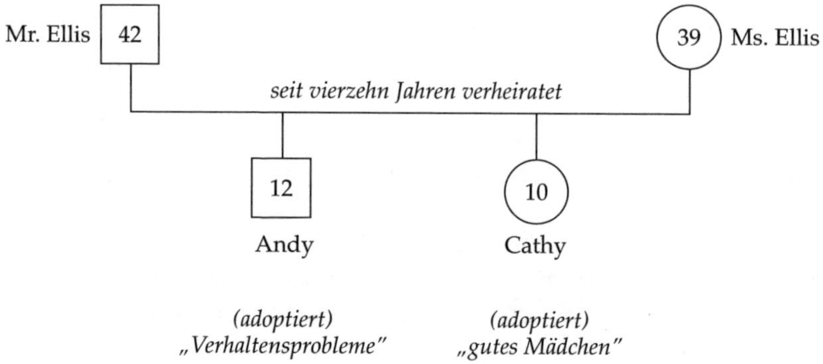

Abb. 5 *Die Familie Ellis: Wie man zu „unvollkommenen" Eltern wird*

Einen Monat später berichteten sie, daß Andys Leistungen in der Schule sich deutlich gebessert hätten, daß er Freunde gewonnen hätte und sich die Kinder weniger stritten. Die Mutter erzählte, sie hätten sich gegen den Scheinstreit entschieden, daß sie aber jedesmal, wenn Andy etwas tut, was sie aus der Fassung bringt, einfach zu sich selbst sagt: „Vielen Dank, daß du mir beibringst, daß ich keine perfekte Mutter sein muß!" Der Vater beschrieb dann ein ungewöhnliches Ritual, das die Kinder unter Andys Leitung geplant und durchgeführt hatten. Die Eltern waren vor zwei Wochen von der Kirche zurückgekommen und hatten ihr Haus voll mit Nachbarn vorgefunden. Die Kinder hatten Snacks zubereitet. Über der Eingangstür hing ein Plakat mit der Aufschrift: „Unseren unvollkommenen Eltern alles Gute zum Elterntag!" Dem Vater kamen die Tränen, und er sagte: „Ich hatte keine Ahnung, daß er so kreativ ist", und beide Eltern schilderten Eigenschaften von Andy, die sie zuvor noch nicht wahrgenommen hatten.

Dieses therapeutische Identitätsritual war ursprünglich entworfen worden, um den Eltern eine neue Identität zu geben, damit die eskalierenden Muster zwischen Eltern und Sohn und zwischen Bruder, Schwester und Eltern unterbrochen werden. Denn sie kulminierten häufig darin, daß Andy sich schlecht benahm, die Eltern sich als schlechte Eltern fühlten und Cathy die Rolle des „guten Kindes" spielte. Andys eigene Kreativität und sein spielerischer Sinn für Humor, nach der Veränderung der Muster nunmehr verfügbar, gaben dem Ritual eine Tiefe und eine Fülle, die zur Weiterentwicklung der Identität der Mitglieder beitrug.

Man kann damit rechnen, daß Kinder, die in der Zeit nach einem schweren Verlust in einer Familie geboren wurden, Identität und Qualitäten des verstorbenen Verwandten übernehmen. Ein Verhalten, das nicht zur Rolle paßt, bleibt häufig unbeachtet oder unbemerkt. Auch in diesem Fall lassen sich therapeutische Identitätsrituale entwickeln, die zwischen dem Individuum und dem toten Verwandten differenzieren helfen. Solche Rituale, die häufig die Bestätigung bestimmter, *nicht* mit dem toten Verwandten assoziierten Qualitäten betreffen, haben Auswirkungen auf die Funktion des Individuums und die der Familie. Ein ähnliches Problem entsteht häufig in Scheidungsfamilien, wenn ein Elternteil darauf besteht, ein bestimmtes Kind sei „genau so, wie der andere Elternteil", und zwar fast immer in negativer Hinsicht. Unerledigte Aspekte des alten Ehekonflikts tauchen zwischen Eltern und Kind auf und behindern die Individuen wie das System in ihrer Entwicklung. Eigenschaften des Kindes, die von dieser Definition abweichen, bleiben unbemerkt. Ein therapeutisches Identitätsritual könnte hier sowohl die Einzigartigkeit des Kindes betonen und zugleich solche Züge hervorheben, die es mit seinen Eltern gemeinsam hat.

Größere Systeme tragen mitunter zu engen und eingeschränkten Identitäten bei, etwa wenn ein Kind in der Schule als „genau wie sein Bruder," oder als „Kind einer kaputten Familie" beschrieben wird. Überweisungen in die Therapie kennzeichnen eine Familie womöglich als „hoffnungslosen Fall". Die Identität einer Person oder einer Familie wird durch einen Satz subsumiert und reduziert, der die weitreichenden Implikationen für nachfolgende Interaktionen und Erwartungen in sich trägt.

Viele Individuen und Familien werden durch starre Rollen oder stigmatisierende Etiketten in ihrer Identität eingeschränkt. Körperliche und Geisteskrankheiten sowie Behinderungen sind mit Etiketten belegt, die sich auf die Identität des Betroffenen in einer Weise auswirken, daß seine Möglichkeiten als Individuum und seine Beziehungsmöglichkeiten eher eingeschränkt als erweitert werden. Wenn auch diagnostische Kategorien bei der Planung und Durchführung einer Behandlung hilfreich sein mögen und im etablierten Gesundheitswesen unserer Gesellschaft gefordert werden, müssen Therapeuten dennoch immer daran denken, daß sich Etiketten in Gift verwandeln, wenn man meint, sie könnten das Wesen eines Menschen oder einer Familie erfassen.

Therapeutische Identitätsrituale tragen dazu bei, stigmatisierende Etiketten abzulösen und neue Identitäten zu fördern. Das vom Mailänder Team entworfene Ritual, das eine Familie auffordert, die Medikamente ihres Sohnes wegzuwerfen und ihm zugleich zu sagen, daß er ein normaler Junge sei, ist ein Beispiel für ein Ritual, in dem die Identität neu definiert wird (Selvini Palazzoli et al. 1977). Solche Rituale operieren auf der Ebene des Individuums, der Familie und des erweiterten Familiensystems.

Kurzbeispiel – Von hyperaktiv zu normal, aber frech

Die Familie Wells kam in die Therapie und präsentierte ihre elfjährige Tochter als „hyperaktiv". Dieses Etikett trug das Mädchen seit acht Jahren. Die dreiköpfige Familie war vom Kinderarzt überwiesen worden. Er hatte das Mädchen mit Ritalin behandelt, war allerdings der Meinung, daß es an der Zeit sei, andere Möglichkeiten in Erwägung zu ziehen. In der ersten Sitzung wurde deutlich, daß alle Interaktionen mit dem Mädchen durch das Etikett „hyperaktiv" bestimmt waren. Aufgrund ihrer „Hyperaktivität" wurde sie weder zu Hause noch in der Schule für ihr schlechtes Betragen diszipliniert. Die Mutter verbrachte viel Zeit damit, ihre Tochter zu unterschiedlichen Terminen zu begleiten, während der Vater gegenüber Mutter und Kind distanziert blieb.

Das Team war der Meinung, daß einige Möglichkeiten noch nicht versucht worden waren, und so schlug es ein Experiment vor: Die Eltern sollten das Etikett „hyperaktiv" drei Wochen lang aufgeben und ihre Tochter wie ein normales Kind behandeln. An diesem Punkt begann sich der Vater mehr für die Sache zu interessieren. Der Kinderarzt erklärte sich mit einem Versuch ohne Ritalin einverstanden. Die Eltern gingen zusammen in die Schule, um das Experiment zu erklären und um die Lehrer zur Mitarbeit zu gewinnen. Dieser sehr direkte Ansatz, mit welchem den Eltern die mögliche Wirkung von Etiketten erklärt wurde, hatte für kurze Zeit Erfolg, dann folgte ein Rückfall. Die Mutter rief sehr aufgeregt an und meinte, das Experiment würde nicht funktionieren, das Mädchen betrage sich schlecht, und der Vater wolle aufgeben.

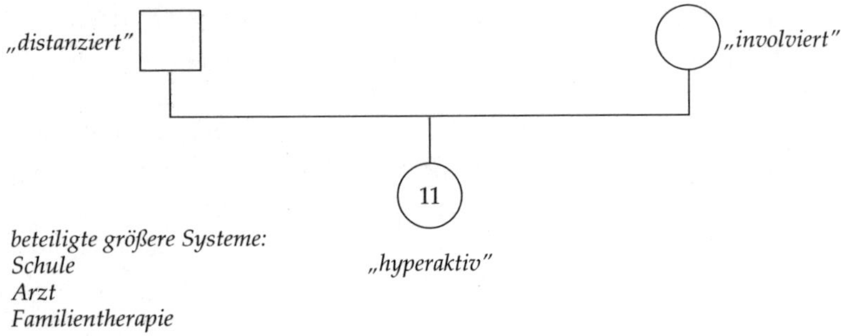

Abb. 6 *Die Familie Wells: Von hyperaktiv zu normal, aber frech*

Das Therapieteam beschloß, daß ein mehr symbolischer und dramatischer Ansatz vonnöten sei. Die Familie wurde gebeten, zu einer Sitzung die restlichen Medikamente mitzubringen. Zu Beginn der Sitzung verteilte die Therapeutin Karteikarten mit dem Titel „Alte Rollen". Dazu gehörten „das hyperaktive Mädchen", „die vielbeschäftigte Mutter eines hyperaktiven Mädchens" und „der distanzierte Vater eines hyperaktiven Mädchens". Die Familienmitglieder stimmten zu, daß dies tatsächlich ihre Rollen waren. Die Therapeutin fragte, ob sie bereit seien, diese Rollen aufzugeben, obwohl noch nicht klar sei, was an ihre Stelle treten könnte. Die Familienmitglieder erklärten, sie seien mehr als bereit, etwas Neues zu versuchen. Die Therapeutin forderte dann das Mädchen auf, die Karteikarten zu verbrennen. Sie machte das sehr vorsichtig und löschte dann das Feuer. Die Asche wurde vermischt mit dem Rest des Ritalins in einen großen Umschlag gegeben und von der Familie vergraben, während die Therapeutin bei der Zeremonie zuschaute.

Sechs Wochen später mußte sich das Mädchen einer kleineren Operation unterziehen. Die Mutter berichtete, sie sei sowohl im Krankenhaus als auch zu Hause eine gute und kooperative Patientin. Die Schule behandelte sie als normales Kind und disziplinierte sie, wenn das notwendig war, wie die anderen Kinder auch. Die Mutter war auf Arbeitssuche, und der Vater kümmerte sich mehr um Frau und Tochter. Die Eltern kamen überein, daß ihre Tochter einfach ein normales, manchmal etwas freches Kind sei (Imber Coppersmith 1982). (Siehe Kap. 12, wo Janine Roberts ein umfangreicheres Ritual beschreibt, in dem die Neudefinition der Identität psychiatrische Etikettierung einbezieht.)

Therapeutische Rituale, mit denen die Identität definiert und neu definiert wird, sind bei Familien und Individuen mit schweren oder chronischen Krankheiten oder anderen Behinderungen besonders nützlich. In solchen Fällen wird womöglich die gesamte Identität des Kranken mit der Krankheit oder der Behinderung durchdrungen, wie zum Beispiel „der Krebspatient", „das AIDS-Opfer", etc. Andere Aspekte der Person können dadurch völlig übersehen werden. In dem Fernsehfilm „Kids Like These", über das Down-Syndrom, sagt der elfjährige Junge, der häufig erscheint, während seine Mutter andere Eltern unterrichtet, schließlich zu ihr: „Ich habe dieses Down-Syndrom-Zeugs satt!" Er drückt damit seine eigene Überzeugung aus, daß er mehr ist als nur sein Etikett.

Die L'Arche Community, eine zweckbestimmte Gesellschaft mit Ortsgruppen in vielen Ländern, in der Behinderte und Menschen ohne offensichtliche Behinderung zusammenleben, verwendet verschiedene Rituale, deren Hauptziel es ist, allen Teilnehmern die Identität eines menschlichen Wesens statt einschränkender Etiketten zu geben (Imber Coppersmith 1984).

Nachdem ein Familienmitglied von einer schweren Krankheit genesen ist, muß womöglich die Identität des Mitglieds und die der ganzen Familie neu definiert werden. Eventuell ist es auch erforderlich, die Beziehung der Familie zu größeren Systemen neu zu definieren.

Kurzbeispiel – Die Therapeutin kommt zum Essen (Fortsetzung)
In dem weiter oben zitierten Beispiel von der Familie, deren kleine Tochter gerne Pommes Frites mit Brot und Milch verzehrte, ergab sich ein wichtiger Aspekt aus der Position, welche Sandra als Kind mit angeborenen Herzfehler in der Familie eingenommen hatte, der über mehrere Jahre hinweg eine Zusammenarbeit mit zahlreichen Spezialisten aus externen Systemen erforderte. Ihre Herzkrankheit, die eineinhalb Jahre vor Therapiebeginn geheilt worden war, trug zu ihrer Position als „besonderes Kind" der Familie bei. Selbst nach erfolgreicher Operation blieb ihre Identität wegen ihrer Eßprobleme die eines „kranken" Mitglieds, und sie wurde von ihrer Mutter, der Großmutter mütterlicherseits und der Ernährungsberaterin als „ano-

rektisch" etikettiert. In der ersten Sitzung sagten beide Eltern voraus, sie werde das Essen völlig einstellen und in einigen Jahren sterben. Hier läßt sich die Hypothese aufstellen, daß die Identität des Mädchens als die eines „kranken" Kindes mit einem angeborenen Herzfehler, der ihr Leben zu verkürzen drohte, nach der Operation nicht neu definiert worden war. Zudem blieben die Beziehungen der Familie zu den externen Helfern einfach weiter bestehen, wobei die neuen Helfer nunmehr das Eßproblem angingen und nicht mehr den Herzfehler. Folglich blieb die Selbstdefinition der Familie als eine Familie, die externe Hilfe nötig hat, weiter unangetastet.

Anfangs wurden zwei Rituale verwendet, um die „anorektische" Identität des Mädchens in Frage zu stellen, indem sie durch die Identität einer gewöhnlichen Familie ersetzt wurde, deren Mitglieder bestimmte „Vorlieben" haben. Diese Rituale schlossen ein Essen in der Klinik mit ein, während dessen die „Vorlieben" und Abneigungen aller Familienmitglieder ausführlich diskutiert wurden. Ein Eßritual zu Hause fokussierte zum einen darauf, welche Gerichte die einzelnen Mitglieder nicht gerne mochten, um dies als Metapher für die Erlaubnis zu nehmen, auch andere Unterschiede zu diskutieren. Weiter fokussierte das Ritual darauf, diese ungeliebten Speisen durch die gemeinsame Anstrengung der Familienmitglieder in etwas Schmackhafteres zu verwandeln. Die Abhängigkeit der Familie von externen Helfern wurde durch einen rituellen Prozeß abgeschwächt, der den Eltern die Rolle der „Therapeuten" des Mädchens übertrug: Sie entwickelten einen Plan zur „Erweiterung ihres Essensrepertoires" für die Tochter und führten ihn auch durch. Nachdem sich die Eltern eine neue Identität als „Experten für ihre Tochter" geschaffen hatten, trennten sie sich von der Ernährungsberaterin, als diese ihren Plan kritisierte und für Sandra eine andere Diät vorschreiben wollte. Es war das erste Mal, daß sich die Eltern als Menschen sahen, die eine externe Autorität in Frage stellen konnten. In der letzten Sitzung wurde ein weiteres Therapeuten- und Familienessen abgehalten. Während dieses Eßrituals führte die Diskussion der Zukunft dazu, daß die Familie Sandra neu definierte als ein Mädchen, das zu einer Frau heranwachsen und wohl einmal den Beruf einer Rechtsanwältin ergreifen würde, und nicht mehr als ein Mädchen, das bald sterben würde (Imber-Black 1986a).

Das Thema der Definition und Neudefinition wird in den Kapiteln über Familien und größere Systeme (Kap. 12) und Familien und politische Unterdrückung (Kap. 14) weiter exemplifiziert.

Meinungsäußerung und die Diskussion konträrer Meinungen Normative Rituale funktionieren häufig so, daß sie Meinungen ausdrücken sowie neue Meinungen formen und aushandeln. Insbesondere religiöse und kulturelle Rituale erlauben die Äußerung von Gruppenmeinungen. Rituale, die lebendig und bedeutungsvoll geblieben sind, geben Raum für Variationen, die den Wandel von Normen und Werten ausdrücken und das Band zur Vergangenheit bestätigen (siehe Davis, Kap. 7). Als Beispiel eines solchen Rituals kann der *Seder* am Passahfest gelten. Variationen des Seders, sowohl in den drei Richtungen des Judentums als auch in bestimmten Familien, erlauben den Ausdruck sowohl eines allgemeinen als auch eines besonderen Glaubens. So wurde beispielsweise in der *Haggada* – dem Buch, das die Regeln des Seders am Passahfest enthält – des reformierten Judentums, den traditionellen vier Kelchen mit Wein ein fünfter hinzugefügt. Dieser Kelch, genannt „der Kelch der Errettung", wird für die Zukunft aufbewahrt. Er verbindet jene, die das Passahfest feiern, mit jenen, die noch nicht befreit sind, und drückt damit den Glauben aus, daß der Seder per se nicht nur ein Gedenken an ein vergangenes Ereignis darstellt, sondern auch eine lebendige Feier der Gegenwart und Zukunft (Bronstein 1974). In vielen Familien, einschließlich meiner eigenen, wird nach dem Teil des Seder, in dem die zehn Plagen rezitiert werden, den Teilnehmern die Gelegenheit gegeben, ihre Meinung über „Plagen" unserer Zeit, wie zum Beispiel Rassismus, Sexismus, Armut und Krieg, auszudrücken.

Wenn Werte erweitert, verändert oder in Frage gestellt werden, können neue Rituale entstehen, oder wichtige Aspekte bestehender Rituale ändern sich. Als anschauliches Beispiel läßt sich wohl die dem Zweiten Vatikanischen Konzil folgende Messe anführen. Während die Messe an sich unverändert blieb, exemplifizierte der Wechsel vom Lateinischen zur Landessprache und die Veränderung in der Position des Priesters, bei der er der Gemeinde nicht mehr den Rücken zukehrt, sondern sich ihr zuwendet, einen Wertewandel hinsichtlich der aktiven statt passiven Beteiligung der Laien.

Bestimmte Kulturen verfügen über Rituale, die konstruiert wurden, um kontroverse Meinungen zweier Parteien zu diskutieren. Mein Kollege John Rolland berichtete mir von einem solchen Ritual, das ihm von Klienten erzählt worden war. In einem afrikanischen Stamm benutzt man die Deckel von Kochtöpfen, um kontroverse Meinungen zwischen Mann und Frau zu diskutieren. Wenn eine Frau mit ihrem Mann Differenzen hat und sich über ihn geärgert hat, ersetzt sie den gewöhnlichen Deckel des Kochtopfes durch einen solchen, auf dem Bilder eingraviert sind, die Sinnsprüche symbolisieren, die auf ihren Konflikt zutreffen. Die Frau erhält von ihrer Mutter eine ganze Anzahl solcher Deckel zur Hochzeit. Sieht der Mann den neuen Deckel, versteht er die Bedeutung des betreffenden Sinnspruches und des von seiner Frau angesprochenen Problems. An diesem Punkt hat der Mann zwei Möglichkeiten. Er kann die Position seiner Frau bestätigen und sich entschuldigen, oder er kann ihre Position ablehnen, indem er ihren Deckel mit einem aus seiner eigenen Sammlung ersetzt, die ihm von seinem Vater zur Hochzeit geschenkt wurde. Reichen die zur Verfügung stehenden Deckel nicht aus, um die Differenzen beizulegen, oder sind sie der Situation nicht ganz angemessen, geht das Paar zu einem Künstler, der solche Deckel herstellt, und läßt einen nach Bestellung anfertigen, um die Differenzen anzusprechen! In unserer eigenen Kultur wenden sich viele Paare an Therapeuten, wenn ihnen keine „passenden Topfdeckel" mehr zur Verfügung stehen, um mit ihren konträren Meinungen umzugehen.

Rituale zur Meinungsäußerung und zur Diskussion konträrer Meinungen und therapeutischer Prozeß

Therapeutische Rituale zur Meinungsäußerung und zur Verhandlung von Meinungsverschiedenheiten sind vor allem hilfreich, wenn Klienten Konflikte zu bestimmten Fragen präsentieren. Solche konträren Meinungen zeigen sich mitunter am Verhalten, wenn zum Beispiel ein Elternteil ein Kind diszipliniert, und der andere Elternteil es schützt, oder aber der Konflikt tritt hauptsächlich in verbaler Form auf, etwa wenn der eine Partner eines Paares den Wunsch äußert, sich trennen zu wollen, und der andere gerne zusammenbleiben möchte. Familienmitglieder belegen bestimmte Meinungen mit Bosheit oder Vorwürfen und andere Meinungen, meist die eigenen, mit Rechtschaffenheit oder Korrektheit. Therapeutische Rituale zur Meinungsäußerung und zur Diskussion konträrer Meinungen geben Familienmitgliedern die Gelegenheit, die unterschiedlichen Positionen ohne Vorwürfe anzuhören und zu diskutieren, wodurch sie einen neuen Beziehungskontext schaffen.

Ein Beispiel zum Thema der Meinungsäußerung und der Diskussion konträrer Meinungen läßt sich am Ritual der „geraden und ungeraden Tage" des Mailänder Teams illustrieren (Selvini Palazzoli et. al. 1979). In Familien, in denen Eltern ihre Autorität gegenseitig unterminieren, weil sie dem Kind konträre Botschaften geben, benutzte das Mailänder Team die Zeit, um einen Unterschied zu machen zwischen der Auffassung des einen Elternteils zum Verhalten eines Kindes und der des anderen Elternteils. In solchen symmetrischen Konflikten sorgt das Ritual dafür, daß beiden Eltern – wie auch immer jeder einzelne mit dem Kind umgehen mag – eine implizite Anerkennung gegeben wird, indem es jedem Elternteil die gleiche Anzahl von Tagen einräumt, an denen er/sie „bestimmen" kann, während der andere Elternteil nur beobachten soll.

Kurzbeispiel – Die Therapeutin kommt zum Essen (Fortsetzung)
Im Fall der Familie Wharton und ihrer Tochter Sandra, die fast nur Pommes Frites, Brot und Milch zu sich nahm, glaubte die Mutter, Sandra habe ein „großes" Problem, während der Vater meinte, sie habe ein „kleines" Problem. Diese Überzeugungen drückten sich auf der Handlungsebene so aus, daß nämlich die Mutter jeden Abend am Eßtisch blieb und Sandra zum Essen anhielt, während der Vater sich zum Fernsehen zurückzog. Eine zu Beginn der Therapie eingesetzte Intervention war das Ritual der „ungeraden und geraden Tage". Als die Familie wiederkam, berichtete sie, daß „Sandra an den Abenden, an denen der Vater die Verantwortung übernommen hatte, besser aß". Die Mutter erklärte sich dies durch den Unterschied, den es ausmachte, daß er sich einbringt und daß sie darüber froh sei. Letztendlich führte das Ritual zu Diskussionen zwischen den Eltern über die Erziehungsfrage und resultierte in der Überzeugung, daß es der Zusammenarbeit zweier Eltern bedürfe, um das Problem zu lösen.

Um in allen möglichen Situationen Überzeugungen zu äußern und kontrovers zu diskutieren, läßt sich dieses Ritual auf vielerlei Weisen variieren.[11] Indem man Zeit und Handlung als Schlüsselvariablen benutzt, kann man Familienmitglieder bitten, eine Zeitlang eine bestimmte Meinung zu vertreten und sich entsprechend zu verhalten und eine andere Meinung zu einer anderen Zeit. Dieser Prozeß unterbricht endlose symmetrische Auseinandersetzungen, erlaubt den Mitgliedern gegenseitiges Zuhören, fördert das Einfühlungsvermögen und vermittelt die Überzeugung des Therapeuten, daß beide Positionen ihre Vorzüge haben.

11 Ich möchte mich bei Karl Tomm bedanken, mit dem ich bei Variationen des Rituals der „ungeraden und geraden Tage" zusammengearbeitet habe.

Kurzbeispiel – Wie man neu ins Gespräch kommen kann
Ein Paar, Herr und Frau Colling, kamen wegen eines einzigen Problems in die Therapie. Seit vier Jahren waren sie sich uneins, ob sie noch ein drittes Kind bekommen sollten. Das Paar, beide waren Ende Dreißig, hatte zwei Kinder im Alter von sieben und neun Jahren. Frau Colling wollte ein weiteres Kind, Herr Colling nicht. Die Eheleute fühlten sich sehr miteinander verbunden und meinten, daß die meisten Bereiche ihrer Ehe in Ordnung seien.

Sie beschrieben folgendes Muster: Alle paar Monate spricht Frau Colling die Frage eines weiteren Kindes an. Sie nennt alle möglichen Gründe dafür, weshalb dies eine gute Idee sei und was es ihr bedeute. Herr Colling entgegnet dem mit allen Gründen, die gegen ein weiteres Kind sprechen. Darauf widerlegt Frau Colling alle seine Gründe, beide beharren im Verlauf des Gesprächs unerschütterlich auf ihrem Standpunkt und ziehen sich immer mehr zurück. Schließlich verläßt Herr Colling das Zimmer, und noch Wochen später fühlen sie sich distanziert und verärgert. Jeder hat das Gefühl, daß ihm der andere in dieser äußerst wichtigen Frage nicht zuhört.

Am Ende der ersten Sitzung bat ich sie, zu Hause zwei Gespräche zu führen. In dem einen Gespräch sollten sie alle Gründe erörtern, die dafür sprachen, noch ein weiteres Kind zu haben. Herr Colling wurde gebeten, seine übliche Position aufzugeben und sich voll hinter die Argumente seiner Frau zu stellen. Im zweiten Gespräch sollten sie alle Gründe erörtern, die gegen ein weiteres Kind sprachen. Frau Colling wurde gebeten, ihre gewohnte Position aufzugeben und sich voll hinter die Argumente ihres Mannes zu stellen. Sie wurden gebeten, die Gespräche zu einem besonderen Zeitpunkt und an einem besonderen Ort zu führen, um sie als etwas Besonderes und Einzigartiges zu betonen. Die Verwendung der Zeit als Element in Ritualen zur Meinungsäußerung und zur Diskussion konträrer Meinungen bietet den Beteiligten Sicherheit, neues Terrain zu erforschen, da sie wissen, daß dies zeitlich begrenzt sein wird.

Als sie wiederkamen, fühlte sich jeder vom anderen verstanden wie nie zuvor. Frau Collings meinte, es habe sie sehr bewegt, was ihr Mann zu einem weiteren Kind geäußert habe und was seine Kinder und seine Familie für ihn bedeuten. Sie habe sich ihm schon lange nicht mehr so nahe gefühlt. Herr Colling zeigte sich überrascht, wie gut seine Frau seine gegenwärtigen beruflichen Probleme verstand, die sie seiner Meinung nach in ihren früheren Gesprächen immer

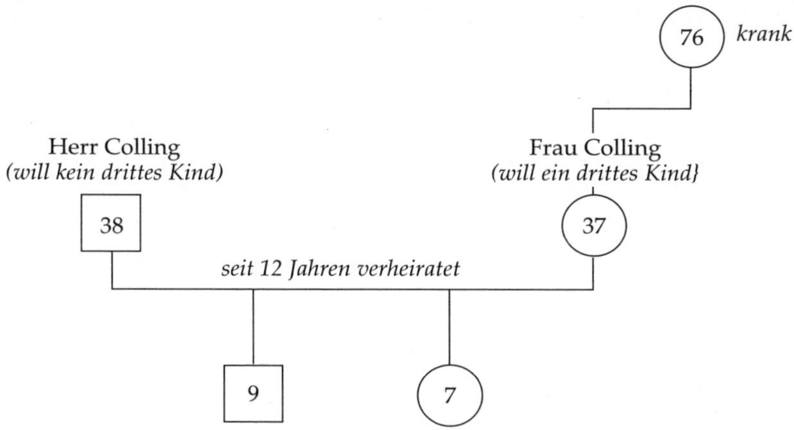

Abb. 7 *Die Familie Colling: Wie man ein neues Gespräch ermöglicht*

weggewischt habe. Frau Colling war nun auch in der Lage, darüber zu sprechen, daß sie sich um ihre alte kranke Mutter Sorgen machte, ein Thema, das sie früher aus Angst, es könnte von ihrem Mann als Argument gegen ein weiteres Kind verwendet werden, nicht angesprochen hatte. Obgleich sie in der Frage eines weiteren Kindes keine Übereinkunft erzielen konnten, hatten sowohl die Frau als auch der Mann beim Partner neue Qualitäten entdeckt, insbesondere ein Einfühlungsvermögen und eine Sensibilität, die durch das frühere Muster verdeckt worden waren. Distanz und Ärger, gewöhnlich das Ergebnis ihrer Diskussionen über diese Frage, wurden ersetzt durch ein Gefühl der Verbundenheit. Dieses Gesprächsritual gestattete beiden, ihre Ansichten vorzutragen, ohne sich in die Defensive zu begeben, die Ansichten des anderen anzuhören, ohne auf Distanz zu gehen, und sich verstanden zu fühlen.

Variationen solcher Gesprächsrituale lassen sich für Situationen entwickeln, in denen konkurrierende Meinungen an einem toten Punkt angelangt sind, gleichgültig, ob es sich dabei um Partner, andere Familienmitglieder, eine Familie und externe Helfer oder um ein Individuum handelt. Besondere Handlungen können ein Teil des Rituals sein. Beispielsweise berichtete eine alleinerziehende Mutter von ihrem Gefühl des Gefangenseins zwischen einem Schulsystem, das sie drängte, ihren heranwachsenden Sohn wegen seiner Schulverweigerung in eine Klinik einzuweisen, und einem Familientherapieprojekt, das ihr riet, „nichts zu überstürzen". Die Schule hielt den Sohn für einen psychiatrischen Patienten, der Familientherapeut dagegen meinte, sein Verhalten hinge mit Familienfragen zusammen. Da sie nicht in der Lage war, sich zwischen den konkurrierenden Meinungen zu entscheiden, fühlte sie sich wie gelähmt und kam nicht mehr zurecht. Sie wurde darum gebeten, die Woche aufzuteilen. Montags, mittwochs und freitags sollte sie sich so verhalten, als ob sie meine, daß eine Klinikeinweisung die beste Lösung sei. Dazu gehörte, daß sie Anrufe tätigte, sich über das Krankenhaus erkundigte und ihren Sohn als Patienten behandelte. Dienstags, donnerstags und samstags sollte sie die Position beziehen, daß eine weitere Behandlung nicht mehr nötig sei. An diesen Tagen sollte sie die zahlreichen Mißerfolge der Behandlung Revue passieren lassen, keine Gespräche mehr führen mit denjenigen, die eine Krankenhauseinweisung empfahlen, und ihren Sohn als einen normalen Jungen behandeln, der etwas Zeit zum Nachdenken braucht. Sie führte das Ritual wie besprochen aus und beschloß, ihren Sohn nicht ins Krankenhaus einweisen zu lassen. (Für eine vollständige Beschreibung des Falles, siehe Imber-Black 1985). Wahrscheinlich noch wichtiger als der Inhalt der Entscheidung der Mutter war es, daß sie die Fähigkeit wiedererlangte, in einer Konfiguration Familie – größeres System aktiv zu sein, in dem sie sich vorher gelähmt und unfähig fühlte, ihre Meinung zu äußern.

Wenn Menschen sich ganz starr auf ihre eigene Meinung fixieren und andere Meinungen als falsch oder verwerflich ansehen, verschwindet gewöhnlich jeglicher Humor. Rituale der Meinungsäußerung und der Diskussion konträrer Meinungen arbeiten häufig mit Humor, um starre Haltungen zu durchkreuzen und Problemlösungen zu erleichtern.

Kurzbeispiel – „Großmäulig" und „böse"

Ein junges Paar namens Mavis und Ken Sutter kam zur Paartherapie. Sie waren seit vier Jahren verheiratet und fühlten sich unfähig, Meinungsverschiedenheiten zu besprechen, ohne in erregte, langwierige und endlose Streitereien zu geraten. Um welches Thema es auch ging, es endete damit, daß sie sich beschimpften. Mavis bezeichnete Ken in der Regel als „böse", während Ken Mavis als „großmäulig" beschimpfte. Standen diese Begriffe erst einmal im Raum, verschlimmerte sich der Streit. Sie stellten fest, daß sie sich ungefähr zehn Prozent der Zeit stritten, ihre Ehe ansonsten in vieler Hinsicht befriedigend sei und sie sich beide Sorgen machten, daß die Streitereien ihre positive Beziehung zerstören könnten.

Ich forderte sie auf, zusammen in einem nahegelegenen Einkaufszentrum einkaufen zu gehen. Sie sollten dort zu dem Laden gehen, der T-Shirts mit aufgedruckten Bildern verkaufte.[12] Sie sollten gemeinsam ein T-Shirt aussuchen, das „großmäulig" und eines, das „böse" symbolisierte. Sie fingen beide an zu lachen. Ich fragte sie, ob sie übereinkommen könnten, beim nächsten Streit die T-Shirts anzuziehen, statt sich gegenseitig zu beschimpfen, und sich dann weiterzustreiten. Sie stimmten zu.

Zur nächsten Sitzung brachten Mavis und Ken ihre T-Shirts mit, die sie mir zeigen wollten. Sie hatten für Ken gemeinsam ein T-Shirt mit einer riesigen Schlange darauf ausgesucht, die „das Böse" symbolisierte, und für Mavis ein T-Shirt mit unheimlich großen roten Lippen, die „Großmäuligkeit" symbolisierten. Bisher hatten sie die T-Shirts bei zwei Streitigkeiten verwendet. Im ersten Streit hatten sie sich, als sie knapp davor waren, sich wie gewöhnlich zu beschimpfen, die T-Shirts gereicht. Im zweiten waren sie beide gegangen, um ihre T-Shirts anziehen! Sie berichteten, wie sie dann gelacht hatten und sich anschließend auf neue Art und Weise einigten. Die Beschimpfungen waren beendet, und sie konnten sich wieder besser leiden.

Rituale der Meinungsäußerung und der Diskussion konträrer Meinungen sind wohl für Familien besonders nützlich, die mit mehreren Helfern aus verschiedenen größeren Systemen zu tun haben, von denen jeder über die Art des Problems und die geeignete Behandlung seine eigene Meinung hat. In solchen Fällen ist es nicht ungewöhnlich, daß die Problemlösungsfähigkeiten eines einzelnen oder einer Familie schwinden und sie sich völlig gelähmt und verwirrt fühlen hinsichtlich des einzuschlagenden Wegs. Zugleich kann es vorkommen, daß die Helfer über die „korrekte" Meinung in den Clinch gehen. Hier lassen sich Rituale entwickeln, um die Meinungen zu klären und zwischen den Meinungen der verschiedenen Helfer Unterscheidungen zu treffen, während der Klient gleichzeitig darin bestärkt wird, Entscheidungen zu treffen und zu handeln. Die Rituale stellen starre Meinungen über eine Familie in Frage, wie zum Beispiel wenn Alleinerziehende und die Helfer glauben, daß „Familien mit alleinerziehenden Eltern nicht gut funktionieren". Solche Rituale

12 Ich möchte mich bei Richard Whiting bedanken für seine humorvollen Innovationen mit „T-Shirt-Ritualen".

können nach Konsultationen zwischen einer Familie und größeren Systemen eingesetzt werden oder dann, wenn ein Therapeut herausfindet, daß eine Familie mit mehreren Helfern zu tun oder viele Helfer nacheinander konsultiert hat.

Kurzbeispiel – Eine dritte Meinung

Eine alleinerziehende Mutter, Frau Montero und ihre beiden Kinder, die elfjährige Ida und der achtjährige Joseph, hatte wegen Josephs Wutanfällen und seiner Weigerung, auf Erwachsene zu hören, mit mehreren Helfern zu tun. Dazu gehörten unter anderem ein Familientherapeut, ein Kinderarzt, ein Psychologe, der Joseph einem Test unterzog, und ein „großer Bruder" für Joseph (A.d.Ü.: Das ist ein Laienmitarbeiter des Jugendamtes, meist ein älterer Jugendlicher oder junger Erwachsener, der einem schwierigen Kind oder Jugendlichen ähnlich wie ein großer Bruder zur Seite stehen soll. Entsprechend gibt es auch „große Schwestern".).

Der auf einem psychologischen Test beruhende Bericht war äußerst pessimistisch gewesen. Es wurde die Vermutung geäußert, daß Joseph aller Wahrscheinlichkeit nach in einer geschlossenen Anstalt behandelt werden müßte. Unterschiedliche Meinungen der Helfer gegenüber Frau Montero kamen in der Weitergabe des Berichtes zum Ausdruck, denn der Psychologe weigerte sich, ihr die Resultate direkt zu zeigen, mit dem Argument, daß „sie den Bericht nicht verkraftet", während ihr der Kinderarzt den Bericht zeigte.

An diesem Punkt ergaben sich sowohl unter den Helfern als auch in Frau Monteros erweiterter Familie, von der zahlreiche Mitglieder darauf bestanden, eine „zweite Meinung" einzuholen, konträre Meinungen wegen Josephs Zukunft.

In einer Konsultation brachte Frau Montero ihre große Verwirrung über die Ratschläge zur Sprache, die sie von den verschiedenen Helfern erhielt. Sie sagte, daß sie sich verpflichtet fühle, dem Vorschlag ihrer Familie, eine „zweite Meinung" einzuholen, zu folgen, obwohl sie Joseph eigentlich nicht noch einem weiteren Test aussetzen wolle. Sie informierte auch den Berater, daß sich Joseph tatsächlich gebessert habe, sowohl zu Hause als auch in der Schule, daß sie allerdings kaum Gelegenheit gehabt habe, dies mit einem der Helfer zu diskutieren.

Der Berater bat Frau Montero, über ihre Kinder und sich selbst, die Übergänge und Veränderungen, die sie durchgemacht hatten,

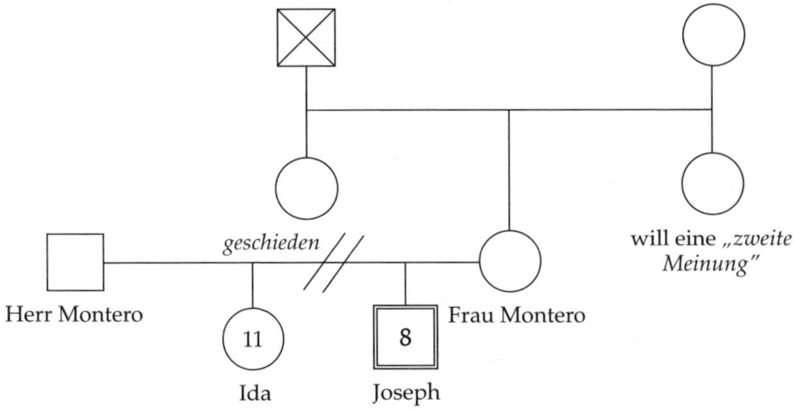

Abb. 8 *Die Familie Montero: Eine dritte Meinung*

Informationen zu sammeln und eine schriftliche „dritte Meinung" zu erstellen, die verwendet werden sollte, um eine Leitlinie für ihre Arbeit mit Helfern und ihre Interaktionen mit ihrer Herkunftsfamilie zu haben. Dieses Ritual des Dokumentierens wurde entworfen, um die Position Frau Monteros als Expertin hinsichtlich ihrer Familie zu stärken, um alle Helfer über die Veränderungen, die an Joseph festgestellt worden waren, zu informieren und das Verhalten Josephs in den Kontext seiner Familie zu stellen (Imber-Black 1988).

Andere Rituale der Meinungsäußerung und der Diskussion konträrer Meinungen werden in den Kapiteln über Paarprobleme (Kap. 4), Bar Mizwa (Kap. 6), wiederverheiratete Familien (Kap. 8) und Frauenfragen (Kap. 10) diskutiert.

Feiern

Das Thema des Feierns ist Bestandteil vieler normativer Rituale. Während der Begriff „Feier" gewöhnlich an Festlichkeiten denken läßt, kann er sich auch auf ernstere und heiligere Rituale beziehen. Demnach ist die Feier ein Thema aller Rituale, die Übergänge im Lebenszyklus begleiten, wie zum Beispiel Hochzeiten, Geburt der Kinder, Übergangsriten für Heranwachsende und Begräbnisse. Das Thema *Feiern* begleitet auch religiöse und kulturelle Feiertage und viele Familientraditionen wie Geburtstage und Jahrestage. Dieses Thema umfaßt jene Aspekte von Ritualen, bei denen es darum geht, bestimmte Zeiträume zu markieren und zu bestätigen, zu würdigen, ihrer zu gedenken, sie als „besondere Zeiten" gegenüber den „gewöhnlichen" Zeiten abzugrenzen. Zu Ritualen des Feierns gehören häufig ethnische Bräuche, Speisen und Getränke, die besonderen Ereignissen vorbehalten sind, eine eigene Musik, Geschenke und eine besondere Kleidung. Der Aspekt des Feierns ist beim Ritual häufig der sichtbarste und dramatischste Marker einer individuellen, Familien- oder Gemeinschaftsdefinition und -veränderung, obwohl die Feier an sich in der Regel nur der Kulminationspunkt eines viel längeren Prozesses ist.

Rituale, die Feiern einschließen, haben häufig bekannte und erwartete Aspekte, die sowohl im weiteren sozialen Umfeld als auch in einer bestimmten Familie vorhanden sind. Diese erwarteten und bekannten Prozesse funktionieren als verkürzte Metaphern für Familien- und kulturelle Regeln und Rollen. Als solche bringen sie die Wärme, den Trost, die Unterstützung und das menschliche Band zum Ausdruck, die in solchen Feiern vorhanden sind. Sie erlauben den Ausdruck wesentlicher kultureller und familiärer Entwicklungen. Umgekehrt können sie ganz pointiert ein Gefühl des Verlustes ausdrücken, etwa an einem Feiertag nach dem Tod eines Familienmitglieds, oder sie können Trennungen signalisieren, wenn keine Einladungen ausgesprochen werden oder die Teilnahme an einer Feier verweigert wird. Sie können auch eine Stagnation der Beziehung und Heuchelei ausdrücken, wenn zum Beispiel die Form der Feier unverändert bleibt, obwohl es wesentliche, wenn auch unausgesprochene Beziehungsveränderungen gegeben hat.

Rituale des Feierns und therapeutischer Prozeß

Ähnlich wie die Mitgliedschaft kann auch das Feiern Thema der Gespräche zwischen Therapeuten und Familien sein. Während man von einer Familie Informationen über ihr Genogramm und ihren Lebenszyklus sammelt, erfahren Therapeut und Familie im Gespräch über bestimmte Feiern des Lebenszyklus etwas über die Teilnehmer, über Entscheidungen, Verbindungen und Trennungen in den Beziehungen. Beispielsweise antwortete mir ein Paar, das heiraten wollte, diese Pläne aber wegen verschiedener Konflikte aufgeschoben hatte, auf die Frage nach ihrer voraussichtlichen Gästeliste, daß die erwachsenen Töchter des Mannes nicht eingeladen und daß die Mutter der Frau „nur aus Höflichkeit" eingeladen würde. Diese Information führte zu einer breiteren Diskussion über Fragen der Herkunftsfamilien und darüber, wie die gegenwärtigen Konflikte im weiteren Kontext zu sehen seien, über den sich das Paar nicht im Klaren war.

Die Diskussion besonderer Feiertage wie *Thanksgiving* oder Weihnachten kann für die „therapeutische Mühle" ein wichtiges „Mahlgut" darstellen, indem sie sowohl über Konflikte informiert als auch zu neuen Ritualen führt, die Beziehungen zu verändern vermögen. Eine solche Diskussion bringt Fragen der Herkunftsfamilien relativ leicht ans Tageslicht. Während meiner Studentenzeit verkaufte ich einen Winter lang Weihnachtsbäume und hörte mir endlose Variationen an von: „Wir brauchen eine Waldkiefer, Schatz, weil meine Familie schon immer eine hatte", gefolgt von der Antwort: „Waldkiefern sind schön, Liebling, aber wir brauchen eine Douglastanne, weil meine Familie schon immer eine hatte!" Solche Streitgespräche über geeignete Symbole für Feiern sind mit Fragen von Loyalität, Macht, „korrekten" Meinungen, etc. durchsetzt und lassen sich in der Therapie untersuchen und bearbeiten.

Ethnische und religiöse Mischehen sind während der Rituale des Feierns mit besonderen Herausforderungen konfrontiert. In der Therapie schildern manche „religiös gemischte" Paare zum Beispiel, wie sie sich bis zum Dezember, wenn sie mit ihren Unterschieden konfrontiert werden, gut verstehen oder wie sie das Thema „ignorieren" konnten, bis Kinder auf die Welt kamen. Manche Familien versuchen das Problem zu umgehen, indem sie auf Feiern ganz verzichten, sie müssen sich dann allerdings mit einem Gefühl der Leere und des Abgeschnittenseins auseinandersetzen. Rituale des Feierns bei ethnischen Mischehen können Unterschiede hervorheben, die sonst nicht diskutiert werden. Hier kann der Therapeut den Partnern in einer wichtigen Entwicklungsaufgabe assistieren, bei der ihre Unterschiede durch Rituale des Feierns bestätigt werden, die wiederum das Erbe eines jeden respektieren und die Schaffung neuer Rituale erleichtern, die als Symbol für ihre jeweils einzigartige Familie fungieren.

Therapeutische Rituale des Feierns eignen sich zum Beispiel für Paare, um einen Neubeginn ihrer Ehe zu markieren, wie es zum Beispiel bei Familie Körner der Fall war. Homosexuelle Paare, denen eine legale Hochzeit nicht möglich ist, haben womöglich den Wunsch, ein Ritual des Feierns zu entwerfen, das ihre Beziehung öffentlich verkündet. Zum einen läßt sich das Thema Feiern in therapeutischen Ritualen zum Markieren bestimmter normativer oder idiosynkratischer Übergänge im Lebenszyklus einsetzen, oder es dient zur Umdeutung dessen, was eine Familie bisher verborgen hielt, in einen Grund zum Feiern, wie zum Beispiel bei dem Paar, das seinen Hochzeitstag fast fünfzig Jahre lang nicht gefeiert hatte. Da eine Therapie häufig schmerzhafte Themen anspricht, muß der Therapeut auf den geeigneten Augenblick achten, an dem Rituale des Feierns angemessen sind, und er soll die Feier nicht aus dem Therapiezimmer verbannen. Da ein therapeutisches Ritual des Feierns für ein Individuum, ein Paar oder eine Familie häufig eine wichtige Wende interpunktiert und vielleicht zu einem Bestandteil der Familientradition wird, wie zum Beispiel die goldenen Gläser der Familie Körner, die bei späteren Familienfeiern verwendet werden, sind diese Rituale in Entwurf und Durchführung tendenziell vom Input der Familie abhängig.

Feier und Verlust

Spricht man mit Familien in der Therapie darüber, wie sie die Feiertage begehen, stößt man womöglich auf das Thema *Verluste*. Bei feierlichen Anlässen wird der Verlust von Mitgliedern durch Tod oder durch Trennung und Scheidung ganz akut empfunden. Die Versuche einer Familie, bei solchen Gelegenheiten mit Verlusten umzugehen, verhindern – womöglich unbeabsichtigt – sowohl die Bestätigung des Verlustes als auch die Gelegenheit, die mit einer Feier verbundene Unterstützung und Nähe zu erfahren. Demnach stellen manche Familien unausgesprochen die Regel auf, den Verlust nicht zu bestätigen oder, wie es eine Mutter ausdrückte, „so zu tun, als ob wir glücklich wären". Paradoxerweise überschwemmt und überwältigt in einem solchen Fall das Gefühl des Verlustes und der Verlassenheit jedes feierliche Gefühl. Andere Familien belegen Feiern mit einem Moratorium und leben in einem ständigen Zustand der Trauer. Familienmitglieder mögen sich uneins sein, wie ein Verlust bewältigt werden soll, was dazu führt, daß Feiern in einer gespannten Atmosphäre stattfinden. In all diesen Situationen kann ein gut konstruiertes therapeutisches Ritual, das sowohl den Verlust als auch die Feier einschließt, einer Familie neue Möglichkeiten eröffnen.

Kurzbeispiel – „Was ist mit Weihnachten?"

Die Familie des 58jährigen Herrn Franco, der 57jährigen Frau Franco und ihres 33jährigen Sohnes Alan kam Anfang Dezember auf die Aufnahmestation für akute Fälle eines psychiatrischen Landeskrankenhauses. Alan wohnte zu Hause, ging keiner Arbeit nach und verließ auch nicht das Haus. Er hatte viele Therapien hinter sich, ohne daß sich sein Verhalten geändert hatte. In der letzten Woche hatte sich Alans negatives Verhalten seiner Mutter gegenüber noch verstärkt, was die Familie zum Anlaß nahm, ihn ins Krankenhaus zu bringen.

Als der Therapeut das Genogramm zusammenstellte, erzählten die Eltern, sie hätten noch einen anderen Sohn namens Michael gehabt, der vor fünfzehn Jahren plötzlich an Krebs gestorben sei. Michael, zwei Jahre älter als Alan, war ein brillanter Student und ein Spitzenathlet gewesen. Er hatte im Dezember kurz vor Weihnachten geheiratet, war im Februar gestorben und hatte eine schwangere Frau hinterlassen. Die Familienmitglieder berichteten dem Therapeuten, daß jeder den Verlust von Michael für sich alleine betrauert habe. Die Mutter sei in die Kirche gegangen, um zu trauern, der Vater habe häufig den Friedhof besucht und Alan, der nach seines Bruders Tod sehr depressiv wurde, sei zur Einzeltherapie gegangen. Frau Franco fügte hinzu, sie habe sich nach einigen Kontakten zu Therapeuten als schlechte Mutter gefühlt. Aus Respekt vor der Trauer der anderen und aus Angst, zu viel aufzurühren, vermieden sie das Gespräch über Michaels Tod. Statt dessen wurde die Familie durch Alans immer seltsameres Verhalten abgelenkt, wodurch offenbar die Trauer verschoben und die individuelle und familiäre Weiterentwicklung verhindert wurde.

In den ersten Sitzungen bestand Alan, gleichgültig, um welches Thema es ging, darauf: „Michaels Geschichte! Michaels Geschichte! Wir müssen Michaels Geschichte diskutieren!" Stück für Stück wurden viele schmerzliche Aspekte von Michaels Tod diskutiert, auch der Abbruch der Beziehung zu Michaels Frau und Kind, das jetzt ein Teenager war. Während einer Sitzung, die sich auf gegenwärtige Familienbeziehungen konzentrierte, bestand Alan dann darauf: „Weihnachten! Was ist mit Weihnachten? Wir müssen über Weihnachten reden!" Es kam die Beschreibung eines sehr freudlosen Weihnachtsfestes ans Licht, denn während die Familie das Haus schmückte und Frau Franco ein besonderes Essen zubereitete, durchdrang das Schreckgespenst von Michaels Tod die Feiertage, ohne daß darüber gesprochen wurde. Alan störte immer beim Essen und führte sich so auf, daß die Eltern das Gefühl hatten, sie könnten niemanden einladen und auch niemanden besuchen. Während der Diskussion über die Weihnachtsdekoration beschrieb Frau Franco den Weihnachtsschmuck, den Michael als Kind gebastelt hatte und den sie immer aufhängte. Dann sagte sie: „Diese Sachen sind wirklich nicht gut gemacht, und wenn er noch am Leben wäre, hätte ich sie wohl schon seit Jahren nicht mehr aufgehängt. Ich glaube, dieses Jahr hänge ich sie nicht auf." Das war der erste Hinweis darauf, daß dieses Weihnachtsfest vielleicht ein wenig anders verlaufen und ein Medium darstellen könnte, das zeigt, daß die Familie nicht länger in der Vergangenheit verhaftet war.

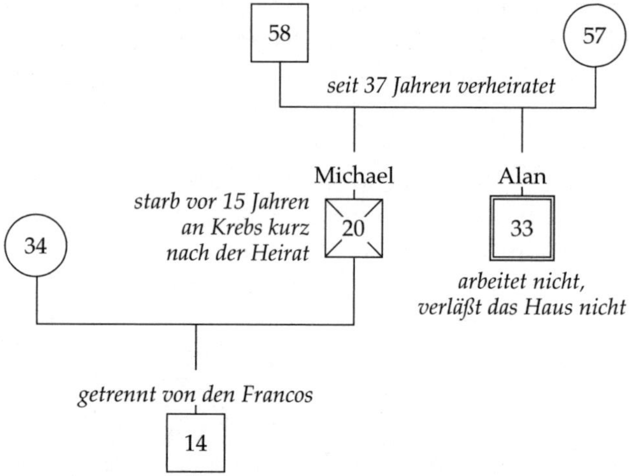

Abb. 9 *Die Familie Franco: „Was ist mit Weihnachten?"*

Dann besprach die Therapeutin mit der Familie die Möglichkeit eines Rituals, das es ihnen gestattete, *sowohl* gemeinsam über Michael zu sprechen, *als auch* Weihnachten zu feiern. Sie bat jeden, ein Symbol von Michael zur nächsten Sitzung mitzubringen, die drei Tage vor Weihnachten angesetzt war. Der Vater brachte zu dieser Sitzung einen Ring mit, der Michael gehört hatte, die Mutter ein Gedicht und Alan ein Photo. Sie bat sie, ihre Symbole untereinander auszutauschen, wodurch sie in ihrem früheren einsamen Schmerz miteinander verbunden wurden. Dann bat sie sie, etwas von Michael zu erzählen, an das sie sich gerne erinnerten. Alan, der oft sprunghaft und aufgewühlt war, saß still und aufmerksam da, während seine Eltern redeten. Das Aussprechen ihrer Erinnerungen führte dazu, daß sie die vorher verheimlichten Schuldgefühle jedes Mitglieds hinsichtlich Michaels Tod spontan miteinander teilten. Zum ersten Mal weinten die Familienmitglieder miteinander. Frau Franco umarmte die Therapeutin voller Dankbarkeit.

Nach diesem sehr bewegenden Ritual unterhielt sich die Familie über Weihnachten. Alan sagte zu, daß er die Feiertage nicht stören würde und daß er seine Eltern nicht wie in den letzten Jahren daran hindern wolle, Besuche zu machen. Dann sprach er über seine eigene Zukunft.[13]

Dieses Ritual, das die menschlichen Bedürfnisse nach Heilung und Feiern miteinander kombinierte, wies der Familie einen Weg, wie sie den ungeheuren Verlust eines Sohnes und Bruders zusammen und offen bewältigen konnten, und eröffnete ihnen die Möglichkeit, zum ersten Mal nach fünfzehn Jahren Weihnachten in Verbundenheit miteinander zu feiern. Dieser Fall illustriert ganz allgemein das oft verdeckte, aber subtile Zusammenspiel zwischen Verlust und Feiern und demonstriert, daß feierliche Rituale für manche Familien wieder lebensfähig sind, nachdem Verluste bestätigt wurden.

Feiern und Geschenke

Viele normative Rituale des Feierns haben mit Schenken zu tun. Dies gilt für Geburtstage, Jahrestage und Feiertage wie Weihnachten, *Hanukkah* oder den Valentinstag. Viele Familien entwickeln ihre eigenen Traditionen für den Austausch von Geschenken, die das Element der Überraschung oder der Kreativität verstärken. Dieser Prozeß des Schenkens verändert sich, wenn die Kinder größer werden, und wird dadurch zu einer Metapher für die Entwicklungsschritte. In anderen Familien dagegen dienen die Aspekte des Schenkens bei Feiern eher als Symbol für Enttäuschungen und Ressentiments, wie zum Beispiel bei der Frau, die von ihrem Mann an Weihnachten mit einer Gegensprechanlage beschenkt wurde, „damit sie besser hören konnte, wenn die Kinder sie brauchen", oder das Paar, das mir traurig erzählte, sie würden ihre gegenseitigen Geschenke nie schätzen. Er gäbe ihre Geschenke immer zurück, und sie hängte seine Geschenke immer ungesehen und ungetragen in den Schrank. Das Gespräch über Geschenke kurz vor den jeweiligen Feiertagen kann ein nützliches therapeutisches Thema sein, das Familienregeln über das Geben und Nehmen zu Tage fördert und häufig die Diskussion über Tabubereiche eröffnet.

In unserer Arbeit mit Familien haben wir herausgefunden, daß Geschenke ein wichtiges Element in therapeutischen Ritualen des

13 Ich möchte mich bei der Therapeutin Donna Wolf und der Supervisorin Ellen Landau bedanken, die mit mir zusammen diesen Fall bearbeitet haben.

Feierns sein können. Dabei hat sich insbesondere ein Ritual mit dem Namen „Geschenke machen", mit dem wir ständig arbeiten, als wirksam erwiesen, um überstürzte oder zornige Abschiede umzudeuten, wenn zum Beispiel ein Kind geht, um mit dem anderen Elternteil zu leben, oder um schwierige Übergänge zu erleichtern, wenn zum Beispiel ein junger Erwachsener mit Behinderungen zu Hause auszieht, um in einer betreuten Wohngemeinschaft zu leben. Für dieses Ritual bitten wir die Familienmitglieder, zur nächsten Sitzung Geschenke mitzubringen. Jedes Mitglied wird gebeten, für denjenigen, der sie verläßt, ein Geschenk zu besorgen. Das Mitglied, das aus dem Haus geht, wird gebeten, für alle anderen Mitglieder Geschenke mitzubringen. Den Familienmitgliedern wird gesagt, daß sie die Geschenke nicht kaufen, sondern entweder etwas herstellen oder etwas von sich selbst geben sollen. Das Ritual erfolgt unter dem Hinweis des Therapeuten, die Geschenke auszutauschen, ohne viel zu reden, es sei denn, das Geschenk an sich bedürfe einer Erklärung. Dies wird gemacht, um die gewöhnlichen Muster zu unterbrechen und um für die Familie eine empfängliche Stimmung zu schaffen, insbesondere dann, wenn zuvor viel Zorn im Spiel war.

Kurzbeispiel – „Geschenke machen"

In einer Familie, bei der wir dieses Ritual benutzten, war die Tochter ausgezogen, um in einer betreuten Wohngemeinschaft zu leben, und die Eltern sorgten sich sehr um ihr Wohlergehen. Der Vater brachte als Geschenk seine liebste Bratpfanne mit, die sie immer verwenden wollte, aber nicht durfte, und die Mutter schenkte ihr Parfum, was sie ebenfalls bisher nicht benutzen durfte, und Ohrringe, die der Mutter der Mutter gehört hatten. Kurz, die Geschenke der Eltern signalisierten die Erlaubnis für das Erwachsenwerden und den Auszug von zu Hause, während sie gleichzeitig eine wichtige Verbindung zu der Familie aufrecht erhielten. Die Tochter wiederum gab ihrem Vater ein Photo, das in der betreuten Wohngemeinschaft aufgenommen worden war, auf dem sie von jungen Männern und Frauen umgeben ist. Ihrer Mutter schenkte sie ihr Lieblingsstofftier, mit dem sie seit ihrer Kindheit geschlafen hatte, wodurch sie auf ihre Art signalisierte, daß sie tatsächlich erwachsen wurde (Imber-Black 1988).

Rituale des Feierns, um die Therapie zu beenden

Rituale des Feierns können nützlich sein, um das Ende der Therapie oder das Ende der langwierigen Beziehung einer Familie zu größeren Systemen im allgemeinen zu markieren. Solche Rituale können von Therapeut und Familie gemeinsam geschaffen werden, und sie können überraschende Handlungsweisen des Therapeuten enthalten.

Kurzbeispiel – Die Therapeutin kommt zum Essen (Fortsetzung)

Bei der Arbeit mit der Familie Wharton wurde ein zweites sitzungsinternes Essen abgehalten, um die Veränderungen zu markieren, die bei Sandra und ihrer Familie eingetreten waren. Im Einklang mit dem durchgängigen Thema der „Vorlieben" erklärten sich die Familienmitglieder bereit, zu diesem Festessen eine Lieblingsspeise mitzubringen. Dadurch machten sie die symmetrischer gewordene Beziehung in der Familie deutlich, die die frühere eskalierende Komplementarität ersetzte. Nach dem Essen holte die Therapeutin zwei Dinge für die Familie hervor – eine Kartoffel (Sandras absolute Lieblingsspeise) und eine Kiwi (Sandras Nemesis, die ihr von einer Ernährungsberaterin aufgezwungen worden war) –, die die Themen des Mögens und Nichtmögens, der Vorlieben und der Abscheu, der Fähigkeit, Vorlieben direkt mitzuteilen etc., repräsentierten. Die Kartoffel und die Kiwi lösten bei der Familie Gelächter aus, und der Vater witzelte, das seien beides Dinge, die Sandra möge. Ich brachte die Kartoffel und die Kiwi mit einer Reihe von normalen Entwicklungsfragen einer Familie in Verbindung und bat die Familie, diese beiden Dinge einzufrieren, und zwar mit der Übereinkunft, daß, wenn künftig ein Familienmitglied ein Familiengespräch für notwendig hielt, das Auftauen der Kartoffel und der Kiwi als Signal für ein solches Gespräch gelten sollte. Die Familie dankte mir und verließ die Therapie sowohl mit einer Feier als auch im Besitz der Symbole für ihre geleistete Arbeit.

Schlußfolgerungen

Die fünf in diesem Kapitel diskutierten Ritualthemen, *Mitgliedschaft, Heilung, Definition der Identität, Meinungsäußerung und Diskussion konträrer Meinungen* und *Feier,* sind Schlüsselaspekte normativer Rituale und weisen als solche dem Therapeuten die Richtung sowohl für die Diskussion der Rituale mit Familien als auch für die Konstruktion therapeutischer Rituale. Im Verlauf einer Therapie kann eines oder mehrere dieser Themen angesprochen werden. Die Themen können auch in einem bestimmten Ritual miteinander in Zusammenhang stehen. Während wir als Therapeuten ein bestimmtes Thema haben mögen, das wir in unserer Arbeit mit der Familie anzusprechen versuchen, wird letztendlich die Familie durch ihre eigene einzigartige Ausführung des Rituals die Bedeutung des Themas bestimmen.

3. Leitfaden für die Konstruktion therapeutischer Rituale

Richard A. Whiting

„Wie haben Sie dieses Ritual konstruiert?“ oder: „Warum haben Sie sich für ein sitzungsinternes und nicht für ein sitzungsexternes Ritual entschieden?“ – so oder ähnlich lauten die Fragen, die meinen Kollegen und mir während unserer Workshoppräsentationen therapeutischer Rituale im Laufe der letzten Jahre gestellt worden sind. Solche Fragen haben uns dabei geholfen, uns zu vergegenwärtigen, was in diesem Konstruktionsprozeß eigentlich passiert. Sie verweisen auch darauf, daß mit Ausnahme von van der Hart (1983) bisher niemand Überlegungen zur Konstruktion und Gestaltung therapeutischer Rituale veröffentlicht hat. Das folgende Kapitel, das fast ein Jahrzehnt an Diskussionen und Präsentationen mit Evan Imber-Black und Janine Roberts reflektiert, entwickelt van der Harts bahnbrechende Empfehlungen weiter und bietet eine weitaus spezifischere Orientierung als Palazzolis Vorschlag, es mit „Geistesblitzen“ zu versuchen (1982: 275). Der Sinn dieses Leitfadens besteht darin, Klarheit zu schaffen, eine Richtung anzugeben und den Prozeß der Konstruktion therapeutischer Rituale zu entmystifizieren. Drei Hauptkategorien werden detailliert beschrieben: (1) allgemeine Gestaltungselemente für alle Rituale; (2) Ritualtechniken und symbolische Handlungen; (3) andere Überlegungen zur Konstruktion. Eine Inhaltsangabe dieses Kapitels erscheint in Tabelle 1. Sie läßt sich als Checkliste verwenden, wenn man sich an den kreativen Prozeß der Entwicklung therapeutischer Rituale heranwagt.

Konstruktionselemente

In einem in *Family Process* veröffentlichten Artikel kam das Mailänder Team 1977 zu dem Ergebnis, daß „die Intervention eines Rituals immer große Anstrengungen von Seiten der Therapeuten bedarf. Zuerst die Mühe des Beobachtens und dann die kreativen Anstrengungen.“ (a.a.O.: 453). Die Themen und Fragestellungen für ein Ritual entstehen ja aus der Position des Beobachters und der Datensammlung heraus. Wenngleich Therapeuten unterschiedliche theoretische Orientierungen und Modelle haben, sollten doch die Ideen für das Ritual zu den von der Familie, dem Paar oder dem Individuum vorgebrachten Fragestellungen und Problemen passen. Folgende Elemente sollen bei der kreativen Gestaltung behilflich sein.

Tabelle 1

Kategorie I Konstruktionselemente	**Kategorie II** Ritualtechniken und symbolische Handlungen	**Kategorie III** Andere Überlegungen zur Konstruktion
A. Symbole	A. Loslassen	A. Alternierende Rituale
1. Klientensprache	B. Unterschiede nutzen Umkehrungen	B. Wiederholung
2. Anweisung des Therapeuten	C. Geben und Nehmen	1. Von Handlungen
3. Wahl des Klienten	1. Unter Familienmitgliedern	2. Des Inhalts
B. Offene und geschlossene Aspekte	2. Dem Therapeuten	a. Durch Sprache
C. Zeit und Raum	3. Zwischen Therapeut und Familie	b. Per Brief
1. Sitzungsinterne Rituale	D. Ritualisierung des Spiels / Verschreibung des Symptoms	c. Durch spielerische Handlungen
2. Position des Therapeuten	E. Dokumentation	C. Das Kombinieren von Themen und Handlungen
3. Sitzungsexterne Rituale	1. Zur Verbesserung des Engagements	D. Der Einsatz von Teams
4. Abwechselnd sitzungsinterne und sitzungsexterne Rituale	2. Zur Veränderung von Interaktionsmustern	1. Die Familie als Team
	3. Zur Festigung von Veränderungen	

Symbole

Wie van der Hart (1983) anführt, bilden Symbole und symbolische Handlungen die Bausteine von Ritualen. Symbole bilden als Konstruktionselement das Fundament des Entwicklungsprozesses. Es ist wichtig, sich zu vergegenwärtigen, daß Symbole entweder die *Gegenstände* oder die *Wörter* umfassen sollen, die eine Veränderung von Überzeugungen, Beziehungen oder der Bedeutung von Ereignissen ermöglichen. Da Symbole eine so entscheidende Rolle im Gestaltungsprozeß von Ritualen spielen, ist es sehr wichtig, daß sie sich auf das Individuum, das Paar oder die Familie beziehen und zu ihnen passen. In der Regel gibt es drei Möglichkeiten, die passenden Symbole zu wählen: (1) durch eine Explizierung der Klientensprache, (2) durch den Therapeuten unter Berücksichtigung der Themen und Fragestellungen oder (3) durch den Klienten.

Klientensprache

Imber-Black (1986) beschreibt einen Fall, in dem die Mutter davon sprach, ihre Tochter mit „Samthandschuhen" anfassen zu müssen. Die Tochter, die zu Hause wohnte, war kürzlich aus einer psychiatrischen Klinik entlassen worden, nachdem sie während ihres ersten Semesters das College verlassen hatte. Obwohl die Mutter der Meinung war, sie müßte ihrer Tochter eine Art Struktur bieten und sie dazu anhalten, im Leben voranzukommen, wurde sie durch die Vorstellung, ihre Tochter mit Samthandschuhen anfassen zu müssen, daran gehindert. Indem sie die Sprache der Mutter aufgriff, riet Imber-Black der Mutter und der Tochter, ein Paar Samthandschuhe zu kaufen und einzufrieren. Sobald die Mutter das nächste Mal merkte, daß sie ihre Tochter mit Samthandschuhen anfaßte, sollte sie sie aus der Kühltruhe holen, sie auftauen und beim Umgang mit ihrer Tochter auf ihre Instinkte vertrauen. In diesem Fall entsprang die Wahl der Samthandschuhe dem Sprachgebrauch der Mutter.

Weisungen des Therapeuten

Während die Klienten den Therapeuten die entsprechenden Symbole unmittelbar liefern können, ist es manchmal auch der Therapeut, der die Symbole bestimmt. In einem Fall entwickelte ich ein Ritual über Themen der Mitgliedschaft und Adoption, obwohl die Familie diese Themen nicht explizit als Probleme ansah. In diesem Fall schrieb ich einen Brief, den die Eltern abschreiben, unterschreiben und in einem Zimmer ihres Hauses deponieren sollten. Die Symbole waren die Worte und Redewendungen in dem Brief. Ich hielt es für nötig, daß die Familienmitglieder diese sehen und hören, um eine Veränderung ihrer Überzeugungen und Beziehungen zu ermöglichen. Je nach Wirkung der vom Therapeuten verschriebenen Symbole wird die Beibehaltung, Modifizierung oder völlige Veränderung der Symbole zu einer therapeutischen Entscheidung zwischen Klient und Therapeut.

Wahl des Klienten

Eine dritte Möglichkeit besteht darin, die Wahl entsprechender Symbole allein dem Klienten zu überlassen. Kürzlich besuchte mich ein graduierter Student, der Hilfe für seine Alkoholprobleme suchte. Obwohl er sein Verhalten als weniger problematisch definierte als während seiner Studienzeit vor fünf Jahren, war er während der Weihnachtsferien an einem Autounfall beteiligt und wegen Trunkenheit am Steuer verhaftet worden. Er hielt sich nicht für einen Alkoholiker, und sein Ziel war nicht Abstinenz, sondern kontrolliertes, maßvolles Trinken. Ich faßte sein Trinken als ritualisiertes Verhalten auf und überlegte mir, wie dieses problematische Ritual verändert werden könnte. Da während dieser ersten Sitzung keine konkreten Symbole aus seiner Sprache hervorgingen und ich der Meinung war, er müsse selbst die Verantwortung für sein Verhalten übernehmen, bat ich ihn, alle Symbole, die ihm im Zusammenhang mit den positiven/sozialen und negativen/destruktiven Aspekten seines Trinkens einfielen, zur nächsten Sitzung mitzubringen. Lächelnd sagte er, die Idee gefalle ihm, und ich nahm an, daß er zur nächsten Sitzung mit den verschiedensten Thesen kommen würde. Dadurch, daß er die Symbole wählen durfte, konnte er relevante Thesen aussuchen, und uns beiden wurde gleichzeitig geholfen, die Bedeutung seines Trinkverhaltens besser zu verstehen.

Unabhängig davon, wie die Symbole ausgesucht werden, kommen sie durch den laufenden Prozeß der Beurteilung und Behandlung in den präsentierten Themen, Metaphern und Fragestellungen zum Ausdruck. Aufgrund dieses Entstehungsprozesses passen die im Ritual benutzten Symbole zu den Fragestellungen, der Sprache, Kultur, Religion, den Werten und der Weltanschauung der Menschen, mit denen gearbeitet wird.

Offene und geschlossene Aspekte

Sobald das entsprechende Thema des Rituals sowie die Symbole feststehen, wird die Frage der offenen und geschlossenen Aspekte für die Konstruktion entscheidend, und zwar deshalb, weil diese Variablen den Prozeß des Rituals stark beeinflussen. Da ein Ritual so zu konstruieren ist, daß sowohl Raum für Improvisation und Spontaneität (offen) als auch für Spezifizität (geschlossen) bleibt, ist die Frage zu klären, welcher Aspekt in der Konstruktion betont werden soll. Meiner Meinung nach liegt die Antwort primär im Stil des Individuums, des Paares oder der Familie sowie darin, wie sie sich und das Problem präsentieren und auch wie sie an den therapeutischen Prozeß herangehen. Einige kurze Fallbeispiele sollen diese Punkte illustrieren.

Ich habe mit einem seit 22 Jahren verheirateten Paar gearbeitet. Während mehr als der Hälfte dieser Ehejahre befanden sich die Ehepartner sowohl zusammen als auch einzeln in therapeutischer Behandlung bei einer Vielzahl verschiedener Therapeuten. Sie waren der Meinung, daß sich trotz der vielen Therapien nicht viel geändert habe, und sie hatten immer noch Probleme miteinander. Beide berichteten, daß sie oft enttäuscht und ohne Hoffnung waren und an die Möglichkeit einer Trennung dachten. Sie hofften, daß sich die Situation durch die Therapie verbessern könnte, waren sich aber nicht sicher, ob sie dieses Gefühl: „Oh nein, jetzt geht es schon wieder los. Diese Beziehung ist es doch nicht mehr wert!“ überwinden könnten. Sie klangen etwas verzweifelt, als sie zur Therapie kamen und mich darum baten, ihnen irgendwie zu helfen. Ich schlug vor, wenn sie das nächste Mal dieses verzweifelte „Jetzt-geht's-schon-wieder-los“-Gefühl spürten, sofort alles liegen und stehen zu lassen und auf Karteikarten alles aufzuschreiben was geschehen war, um dieses Gefühl hervorzurufen. Nach einigen Sitzungen mit dreiwöchigen Pausen dazwischen hatten beide einen großen Stapel Karteikarten gesammelt.

In der nächsten Sitzung diskutierten wir die Möglichkeiten, diese Karten irgendwie loszuwerden. Nachdem sich herausstellte, daß sie eine Urne besaßen, beschlossen sie auf meinen Vorschlag hin, die Karten eine nach der anderen in meinem Büro zu verbrennen. In einem rauchgeschwängerten Zimmer einigte sich das Paar darauf, die Asche mit nach Hause zu nehmen, in die Urne zu tun und diese auf den Kaminsims zu stellen. Wenn wieder einer von ihnen sich hoffnungslos fühlte, sollte er den anderen bei der Hand nehmen und gemeinsam sollten sie vor der Urne eine Schweigeminute abhalten. Nach einer Minute sollte derjenige, der den Gang zur Urne initiiert hatte, sagen, was zu dem Gefühl der Hoffnungslosigkeit geführt hatte und drei Dinge anbieten, die der andere tun könnte, um ihre Ehe zu verbessern. Der andere, der so lange schweigen und zuhören müßte, sollte nach dieser Bitte „Danke“ sagen und weggehen, um sich zu überlegen, welche der drei Bitten er *auf seine Weise* erfüllen wolle. Bei der nächsten Sitzung berichteten die Ehepartner, daß sie zweimal zur Urne gegangen waren und es geschafft hatten, Probleme auf eine andere Art und Weise zu lösen und sich ihre Bedürfnisse gegenseitig zu erfüllen.

Die hier betonten geschlossenen Aspekte spiegeln sich in der Spezifizität aller Anweisungen wider: Probleme und Gefühle zu bestimmten Zeiten aufschreiben, die Karten verbrennen, sie in die Urne tun, diese auf den Kaminsims stellen und dann beim Auftreten des Hoffnungslosigkeitsgefühls das Ritual des minutenlangen schweigenden Händehaltens vor der Urne, drei Bitten anhören, Danke sagen und weggehen, um das Problem zu lösen. Dieser geschlossene vorgeschriebene Prozeß schloß jedoch die Gelegenheit für Spontaneität ein, da jeder auf seine eigene Art und Weise versuchte, eine Bitte, die Ehe zu verbessern, zu erfüllen.

Im Gegensatz dazu beklagte sich ein seit sieben Jahren verheiratetes Ehepaar, beide introvertierte, kreative Künstler, darüber, daß sie zyklusmäßig folgendes Muster durchmachten: Auf eine Phase der Nähe folgte eine Periode großer Distanziertheit, die zu einem „Knall" führte, der in Versöhnung endete. Dann begann der Zyklus wieder von vorne. Sie beschrieben es als ein „Spiel", das sie miteinander spielten, und sagten, es könne zwischen einem und sechs Monate dauern, bis sie wieder am Anfang angelangt wären. In der dritten Sitzung gab ich ihnen eine sehr grobe Skizze und bat sie darum, ein rundes Brettspiel zu entwickeln, das alle in diesem Muster enthaltenen Schritte veranschaulichte. Zur nächsten Sitzung erschienen sie mit einem kunstvoll konstruierten Brettspiel, Würfeln und den Spielregeln. Darüber hinaus hatten sie stapelweise „Beziehungskarten" entworfen, die von ihnen in der Beziehung geschätzte Aspekte enthielten, sowie „Vergebungskarten", da sie meinten, sie hätten sich einiges zu vergeben. Wenn einer von ihnen auf einem mit „Beziehung" oder „Vergebung" markierten Feld landete, würden sie die entsprechende Karte nehmen und das angegebene Thema diskutieren. Das Ehepaar berichtete, daß sie das Spiel schon einige Male gespielt hätten und daß sie die Spielregeln weiter verfeinern wollten. Die geschlossenen Teile des Rituals umfaßten ihr Wort „Spiel" sowie die Idee, daß es zyklisch verlief. Ihnen in groben Zügen vorzuschlagen, ein rundes Brettspiel zu entwickeln, ist für uns die geschlossene Verschreibung. Die offenen Aspekte wurden dadurch hervorgehoben, daß das Paar gebeten wurde, das Brettspiel weiterzuentwickeln und sich klarzumachen, was zum Spiel dazugehörte.

In beiden Beispielen sind Elemente geschlossener und auch offener Aspekte in der Konstruktion der Ritualintervention enthalten. Im ersten Beispiel wurden die geschlossenen Aspekte hervorgehoben, weil das dem Stil des Ehepaars und der Art und Weise, wie sie an den therapeutischen Prozeß herangehen, eher entsprach. Sie wollten etwas Konkreteres tun als nur über ihre Probleme zu sprechen, wie das in vorhergehenden Therapien der Fall war. Die Spezifizität war auch ein Versuch, mehr Klarheit einzubringen, sowie Sequenzen und Muster zu verändern, die starr und problematisch geworden waren. Hätte ich mit diesem Paar ein Ritual mit Betonung auf Offenheit und Improvisation konstruiert, wäre dies aus meiner Sicht therapeutisch wenig sinnvoll gewesen, da es im Gegensatz zu den geschlossenen Aspekten keinen gemeinsamen Nenner geboten hätte. Dagegen präsentierte sich das Künstlerpaar als kreative, innovative Menschen, die keine Anweisungen im therapeutischen Prozeß erwarteten. Als ich die Spontaneität betonte, entwickelte das Paar ein Ritual, das meine Phantasie weit übertraf.

Diese Beispiele illustrieren die Idee, daß alle Rituale so entworfen werden sollten, daß sie sowohl geschlossene als auch offene Aspekte enthalten. Welcher Aspekt betont wird, ist eine Frage der klinischen Beurteilung, die sich auf den persönlichen Stil und das Feedback von anderen Interventionen sowie darauf, wie Klienten an die Therapie herangehen, beziehen muß. Das richtige Gleichgewicht zwischen Offenheit und Geschlossenheit zu erzielen ist Teil des laufenden therapeutischen Prozesses. Wenn Klienten berichten, daß sie sich bei der Durchführung des Rituals befangen fühlen, muß überlegt werden, wie mehr Offenheit erreicht werden kann. Wenn ein Ritual nur schwerfällig durchgeführt werden kann, muß es eventuell revidiert werden, so daß mehr geschlossene Aspekte enthalten sind. Wie jede Intervention ist das Entwickeln therapeutischer Rituale eine Sache des Ausprobierens.

Zeit und Raum

Zeit bezieht sich einfach darauf, wann das Ritual durchgeführt werden soll – morgens, jeden zweiten Tag, am Wochenende, jeden Abend dreißig Minuten lang. „Zu Hause", „im Wald", „im Wohnzimmer" sind Bezeichnungen, die den Raum benennen, wo es ausgeführt werden soll. Die Betonung der Elemente Zeit und Raum hängt oft von den vorher besprochenen Elementen der offenen und geschlossenen Aspekte ab. Beispielsweise werden in einem die geschlossenen Elemente hervorhebenden Ritual die Zeit- und Rauminhalte normalerweise auf eine bestimmte Art und Weise verschrieben. Die Spezifizität kann den Beteiligten so präsentiert werden, daß jeder genau weiß, wann und wo das Ritual stattfinden soll und wer was in welcher Reihenfolge während des Rituals zu tun hat. Sollen dagegen die offenen Aspekte betont werden, wissen die Beteiligten möglicherweise nicht, zu welchem Zeitpunkt und an welchem Ort das Ritual stattfinden soll. Man könnte zum Beispiel den Familienmitgliedern vorschlagen, das Ritual vor der nächsten Sitzung dann und dort durchzuführen, wann und wo es ihnen gerade paßt. Die Betonung von Zeit und Raum hängt davon ab, in welchem Gleichgewicht sich die offenen und geschlossenen Bestandteile befinden. Über diese Spezifizität hinaus sind einige allgemeine Bemerkungen zu den Begriffen Zeit und Raum relevant.

Eines der wahrscheinlich wichtigsten Konzepte im Zusammenhang mit der Zeit hat damit zu tun, die Erfahrung als etwas von den gewöhnlichen alltäglichen Aktivitäten Getrenntes und Unterschiedliches zu markieren. Die Zeitgrenze dient dazu, die Erfahrung als Ritualzeit hervorzuheben, und führt in manchen Fällen dazu, daß man mit dem Ritual besser zurechtkommt. Heilende Rituale können bei den Beteiligten starke emotionale Reaktionen hervorrufen, also bietet die zeitliche Begrenzung einen gewissen Sicherheitsspielraum für emotionale Reaktionen. Die einfache Erkenntnis, daß das Ritual zum Beispiel bloß 30 Minuten dauern darf, gibt uns eine wichtige Sicherheitszone und beruhigt. Darüber hinaus erleichtert ein zeitlicher Rahmen oft die Teilnahme am Ritual. „Ritualzeit" wird zu einer definierten Zeit, während der die Beteiligten mit neuen Verhaltensmustern experimentieren und neue Lösungen ausprobieren. In Wirklichkeit gibt sie manchen Beteiligten ein Gefühl von Freiheit und die Erlaubnis, anders zu denken oder zu handeln.

Schließlich betrachten wir die im Ritual gemachte Erfahrung der zeitlichen Begrenzung als temporäre Intervention. Den Beteiligten darf man nicht den Eindruck vermitteln, daß sie es für den Rest ihres Lebens durchführen müssen. In den meisten Fällen liefert das Ritual den Beteiligten und dem Therapeuten neue Informationen, die dazu beitragen, die ursprüngliche Ritualkonzeption zu modifizieren, während es im Bereich des präsentierten Problems zu Änderungen, Interaktionen und neuen Erfahrungen kommt.

Ein Schlüsselelement bei der Konstruktion und Ausführung von Ritualen kann der Ort sein, an dem das Ritual stattfindet. Bei normativen Ritualen im Lebenszyklus wird der Ort oft durch die Kultur vorbestimmt. Zum Beispiel finden religiöse Hochzeiten in der westlichen Kultur normalerweise in einem Gotteshaus statt. Die Verlegung des traditionellen Ortes für eine Hochzeit in einen Wald ermöglicht es, über die Veränderung von Normen und Überzeugungen zu „sprechen“. Familien entwickeln vielleicht bestimmte Traditionen bezüglich des passenden Ortes für Thanksgiving oder für Weihnachten, sodaß eine Änderung des Ortes auffällt und vielleicht Diskussionen provoziert, dann zum Beispiel, wenn junge Erwachsene dazu übergehen, Festlichkeiten bei sich anstatt bei den Eltern zu feiern.

Bei therapeutischen Ritualen muß der Therapeut die Wahl des Ortes gründlich überlegen. Dies könnte auch ein Diskussionsbereich zwischen Therapeut und Familie sein. Man hat die Wahl zwischen sitzungsinternen und sitzungsexternen Ritualen. Eine Verfeinerung dieser Wahlmöglichkeit kann abhängig vom jeweils geplanten Ritual erfolgen.

Sitzungsinterne Rituale

Einige Autoren haben Rituale beschrieben, die während der Therapiesitzung stattfinden (Imber-Black 1986; Imber Coppersmith 1985; Kobak u. Waters 1984; Papp 1984; Seltzer u. Seltzer 1983). Alle beschreiben, wie die Therapiesitzung auf ungewöhnliche und unerwartete Art dazu benutzt wird, Familien anzuregen, rigide Rahmen aufzubrechen und Veränderungen einzuführen. Die Entscheidung, ein sitzungsinternes Ritual zu konstruieren, entspringt der Beurteilung des Therapeuten, daß (1) die tatsächliche Durchführung des Rituals wichtig und während der Sitzung wahrscheinlicher ist als zu Hause; (2) es wichtig ist, beim Ritual einen Zeugen zu haben, um Elemente der Bestätigung und Plausibilität einzufügen; (3) Therapie per se „stark ritualisiert“ ist, so daß ein sitzungsinternes Ritual eventuell neue Muster im System Therapeut – Familie einbringen kann; und / oder (4) starke Reaktionen auf das Ritual einen „sicheren“ Ort unumgänglich machen.

Sitzungsinterne Rituale können die Familie total überraschen. Zum Beispiel bezog sich ein Paar oft auf eine heimliche Vergangenheit, was sich auf die jetzige Beziehung störend auswirkte, weigerte sich jedoch, während der Therapie darüber zu diskutieren. In einer Sitzung wurde das gewöhnliche Gespräch unterbrochen und sie wurden völlig unerwartet aufgefordert, ihr Geheimnis aus der Vergangenheit aufzuschreiben. Nachdem das Geheimnis aufgeschrieben war, sollte es das Paar auf einem gefrorenen Hügel hinter der

Klinik vergraben (Imber Coppersmith 1985). In diesem Fall verhalf das Überraschungselement dazu, eine stark ritualisierte Therapie aufzulockern, in der das Paar sich Sitzung für Sitzung über seine Vergangenheit beklagte und sich zugleich weigerte, darüber zu sprechen. Während das Paar erst lachte und dann das Geheimnis mit dem Therapeuten als Zeugen feierlich zu Grabe trug, wurde die ehemals mühsame Beziehung zwischen Therapeut und Paar und zwischen Mann und Frau in einen neuen Kontext gestellt, denn nun teilten sie ein außergewöhnliches Ereignis.

Wenn das Überraschungselement in einem sitzungsinternen Ritual eingesetzt wird, muß der Therapeut die Reaktionen der Klienten behutsam abschätzen, damit sie nicht zu Handlungen gezwungen werden, die sie eigentlich lieber nicht ausführen würden. Die Überraschungselemente eines sitzungsinternen Rituals müssen immer in einen respektvollen Kontext eingebettet werden. Gleichzeitig muß der Therapeut ein gutes Gefühl dabei haben, Risiken einzugehen, das Ungewohnte auszuprobieren und Humor sowie das Unerwartete zu nutzen.

Manche sitzungsinternen Rituale können vorbereitende Instruktionen zwischen den Sitzungen miteinbeziehen. Solche Vorbereitungen enthalten eventuell Direktiven, die Bündnisse verlagern und eskalierende Muster unterbinden, während sie gleichzeitig die Familie in einem gemeinsamen Unternehmen zusammenbringt und ihre Neugier auf eine Weise weckt, die die familieneigene Problemlösungskapazität und Kreativität entfaltet. Wie bei der Vorbereitung eines normativen Rituals wird auch die Vorbereitung eines sitzungsinternen therapeutischen Rituals zu einer „besonderen Zeit", die in einem größeren Kontext zur Veränderung beiträgt. Beispielsweise dient die Vorbereitung des in Kapitel 2 beschriebenen sitzungsinternen Rituals „Geschenke überreichen" normalerweise dazu, Symmetrie einzuführen, da jedes Mitglied am Geschenkeaussuchen beteiligt ist. Es soll außerdem den Zorn untergraben, der oft bei überstürzten oder unerwarteten Abschieden aufkommt.

Die Anweisungen des Therapeuten für die Vorbereitung eines sitzungsinternen Rituals können auch Veränderungen in der Familie veranschaulichen. Bei der in Kapitel 2 beschriebenen Familie Wharton beispielsweise, in der die Tochter Sandra Pommes frites, Brot und Milch bevorzugte, waren die Instruktionen für das erste sitzungsinterne Essensritual sehr genau und zielten darauf ab, bestehende

Bündnisse offen zu kommentieren und eine größere Symmetrie in ein System einzubringen, das durch komplementäre Eskalationen gekennzeichnet war. Diese Instruktionen wurden vom Therapeuten und seinem Team geplant. Im Gegensatz dazu kündigten die Anweisungen für das zweite Essensritual, das am Ende der Therapie abgehalten wurde und für das jedes Mitglied gebeten wurde, sein Lieblingsessen mitzubringen und mit allen zu teilen, sowohl das Verschwinden von Sandras „Eßstörungen" als auch die Verstärkung symmetrischer Verhaltensmuster in der Familie an.

Da sitzungsinterne Rituale dazu tendieren, ungewöhnlich und dramatisch zu sein, können sie leichter in die gemeinsame Mythologie der Familie übergehen und verleihen der Therapie eine „bleibende Kraft", die in gewöhnlichen Sitzungen vielleicht weniger erlebt wird. Symbole und metaphorische Handlungen werden in die Therapiesitzungen eingebracht. Während Familien und Therapeuten sich an sitzungsinternen Ritualen wie Mahlzeiten, Hochzeiten, Beerdigungen, Geschenkaustausch *im Therapiezimmer* beteiligen, verhilft die Frage: „Täuschen wir etwas vor oder nicht?" zu einer impliziten und starken Bedeutungsgebung für die Aktivitäten. Sitzungsinterne Rituale erzeugen eine Art „kreativer Konfusion", indem die Position des Therapeuten wechselt vom Sitzungsleiter zum Zeugen und / oder Beteiligten, Teammitglieder ins Zimmer kommen können und ansonsten gewöhnliche, alltägliche Ereignisse wie eine Mahlzeit zu etwas Außergewöhnlichem werden.

Die Position des Therapeuten

Sitzungsinterne Rituale erfordern vom Therapeuten Flexibilität, einen scharfen Sinn für die Wahl des richtigen Zeitpunkts, eine Haltung der Anerkennung sowie die Fähigkeit, die eigene Position zu wechseln. Solche Rituale können die normale therapeutische Hierarchie auf den Kopf stellen, so daß der Therapeut in die Position versetzt wird, zu gehorchen und die Anweisungen der Familie zu befolgen, wie zum Beispiel bei sitzungsinternen Ritualen, in denen die Familienmitglieder Teil des Beratungsteams werden und den Therapeuten beraten. Oder aber diese Rituale beseitigen die Hierarchie als Ganzes, wenn zum Beispiel Therapeut und Familie Mitbeteiligte an einem Ritual werden, an einem Geschenkaustausch-Ritual, um zum Beispiel das Ende einer bestimmten Therapie anzuzeigen. Der Therapeut kann die Rolle eines Zeugen übernehmen, wenn zum Beispiel ein Paar im Kontext einer Therapiesitzung neue Ehegelöbnisse austauscht, oder er unterschreibt Dokumente, die aus den therapeutischen Bemühungen hervorgehen (siehe J. Roberts, Kap. 9, und C. Kohen, Kap. 11, die ausführliche Fallbeschreibungen geben, in denen der Therapeut als Zeuge und als Unterzeichner von Dokumenten bei sitzungsinternen Ritualen fungiert). So wie sitzungsinterne Rituale für die Familien oft ausdrucksvoll sind, sind sie letztlich auch für die Therapeuten häufig sehr bewegend, denen die Ehre eines Einblicks in sonst verborgene Sphären einer Familie zuteil wird.

Sitzungsexterne Rituale

Sitzungsexterne Rituale werden häufiger verwendet als sitzungsinterne Rituale. Die Entscheidung, ein sitzungsexternes Ritual während der therapeutischen Behandlung zu verschreiben oder mitzukonstruieren, wird dann getroffen, wenn (1) es für wichtig erachtet wird, das Ritual außerhalb der Therapieräume stattfinden zu lassen, wenn zum Beispiel das Ritual im Hof, in einer Kirche oder an einem bestimmten Platz zu Hause ausgeführt werden soll; (2) die Wirkung der Wiederholung im Zeitraum einiger Tage oder Wochen als ein wichtiger Aspekt betrachtet wird; oder (3) die Verbindung mit Menschen, die nicht zur Therapie mitkommen, wichtig ist, wie bei sitzungsexternen Ritualen, die die erweiterte Familie miteinbeziehen.

Der spezifische Ort eines sitzungsexternen Rituals kann vom Therapeuten vorgeschlagen oder vom Therapeuten und der Familie ausgehandelt werden. Die Entscheidung kann aber auch ganz der Familie überlassen werden, wenn der Therapeut beispielsweise sagt: „Suchen Sie einen passenden Ort aus", und in einer späteren Sitzung erfährt, wo die Familie das Ritual durchführte.

Abwechselnd sitzungsinterne und -externe Rituale

In einer bestimmten Therapie kann es angebracht sein, sowohl sitzungsinterne als auch -externe Rituale in einer sinnvollen Reihenfolge anzuwenden. Zum Beispiel kann auf ein Ritual am Sitzungsende, das einem Aspekt der Heilung gewidmet ist, ein gemeinsam beschlossenes sitzungsinternes Ritual folgen, um den Heilungsprozeß durch eine unter Zeugen durchgeführte Beerdigung oder Verbrennung zu fördern. Umgekehrt kann sich an ein sitzungsinternes Ritual, wie beispielsweise die letzte Mahlzeit-Sitzung mit der Familie Wharton (Kap. 2), ein Ritual am Ende einer Sitzung anschließen, indem man zum Beispiel die Whartons bittet, die Kartoffel und die Kiwi einzufrieren, und ihnen besondere Instruktionen für deren spätere Verwendung zu Hause mit auf den Weg gibt.

Ritualtechniken und symbolische Handlungen

Lebendig werden Ritualinterventionen durch symbolische Handlungen und durch die oben erwähnten Elemente offen/geschlossen und Zeit/Raum. In der Konstruktion jedes Rituals muß irgendeine Form symbolischer Handlung enthalten sein. Die Wahl der entsprechenden symbolischen Handlung hängt vom Thema oder den Themen des verwendeten Rituals und von den Handlungsweisen ab, die den Klienten zur Verfügung stehen. Durch ihre Sprache, Metaphern und Themen werden sie in der Regel die symbolischen Handlungen liefern, die in die Konstruktion des Rituals integriert werden müssen. Klienten haben zum Beispiel solche Kommentare abgegeben: „Wir würden alles geben, wenn wir die Angelegenheit begraben könnten", „Die Probleme aus der Vergangenheit haben uns völlig aufs Eis gelegt", „Wir müssen einiges ad acta legen." Solche Aussagen legen Handlungen nahe, die als Teil einer Ritualtechnik verwendet werden können. Die folgenden Kategorien des Loslassens, der Verwendung von Unterschieden, des Gebens und Nehmens, der Ritualisierung eines Spiels und des Dokumentierens stellen unterschiedliche Ritualtechniken/symbolische Handlungen dar, die häufig in den Gestaltungsprozeß integriert werden.

Loslassen

Die innerhalb der Kategorie des Loslassens beschriebenen symbolischen Handlungen werden gewöhnlich, jedoch nicht ausschließlich, für Heilungs- und Identitätsrituale benutzt. Die Handlung des Loslassens ermöglicht einen Läuterungs- und Heilungsprozeß. Über die Jahre haben wir Menschen dazu aufgefordert, vielfältige symbolischen Gegenstände wie Fotos, Ringe, Briefe, schriftliche Erinnerungen, psychiatrische Berichte und Kleider zu verbrennen, einzufrieren, wegzuspülen oder mit einem Ballon fortfliegen zu lassen. Solche rituellen Aktionen haben den Klienten geholfen, über traumatische Ereignisse und Bedeutungen hinwegzukommen, die ihr Leben in der Gegenwart stören.

Bei Heilungsritualen, insbesondere wenn die Zeit des Leidens und der Qual sehr lange gedauert hat, können solche Handlungen als

Teil mehrerer Rituale eingesetzt werden. Der Ehemann eines Paares, mit dem ich vor Jahren arbeitete, hatte eine Affäre gehabt. Ich forderte sie auf, mit diesem schmerzlichen Ereignis aus ihrer Vergangenheit zu experimentieren. Bei verschiedenen Gelegenheiten sollten sie verschiedene Symbole, die diese schmerzliche Vergangenheit repräsentierten, beerdigen, verbrennen und wegspülen. Zu den Symbolen gehörten Fotos des Paares während der Zeit der Affäre, eine Weihnachtskarte und zornige Bemerkungen, die die Ehefrau auf Karteikarten aufgeschrieben hatte. Nach jeder Ritualhandlung sollten sie darüber sprechen, wie sie sich während der Ausführung fühlten, und die Effektivität jeder Handlung bewerten. Das Paar hielt das Wegspülen für die angemessenste und effektivste rituelle Handlung. Nachdem einige Symbole in ihrem Abwassersystem verschwunden waren, fühlte sich das Paar, insbesondere die Frau, erleichtert und glücklich.

Gelegentlich muß die ritualisierte Handlung des Loslassens mit einer Handlung des Festhaltens gekoppelt sein. Eine Studentin hatte einige traumatische Kindheitserfahrungen auf verschiedene Zettel notiert. Sie packte alle in einen mit Helium gefüllten Luftballon, den sie dann an eine Schnur band. Bei verschriebenen Gelegenheiten experimentierte sie damit, den Ballon loszulassen und wieder zurückzuziehen. Nachdem sie sich mit der Idee, ihre Vergangenheit loszulassen, immer mehr vertraut gemacht hatte, entdeckte sie, daß sie immer mehr Schnur herauslassen konnte. Schließlich war sie in der Lage, den Ballon wegfliegen zu lassen. Diese Ritualhandlung integrierte das Bedürfnis loszulassen und das Bedürfnis festzuhalten in einer Weise, die ihr eigenes Tempo und ihre Entschlußkraft respektierte.

Diese beiden Beispiele verdeutlichen auch, daß Rituale einen Teil des therapeutischen Prozesses darstellen. In der Regel werden Rituale über einen bestimmten Zeitraum durchgeführt und entsprechend den therapeutischen Rückschlägen und Erfolgen modifiziert. Sie werden nicht als schnelle und einfache Lösungen therapeutischer Probleme betrachtet.

Unterschiede nutzen

Ritualhandlungen, die Unterschiede nutzen, sind in der Regel solche Rituale, die Überzeugungen zur Diskussion stellen, denn sie sprechen gegensätzliche Überzeugungen und symmetrisch eskalierende

Konflikte an. Die Autoren haben die Intervention der „geraden und ungeraden Tage" des Mailänder Teams (Palazzoli, Cecchin, Prata u. Boscolo 1977, 1979) als Grundlage für viele Ritualhandlungen bezüglich dichotomischer Überzeugungen und Themen benutzt. Wir haben die Erfahrung gemacht, daß die Ritualhandlung der geraden/ungeraden Tage durchaus angemessen ist, wenn Menschen unterschiedliche Haltungen bezüglich bestimmter Lösungen, in Fragen der Geschlechter- und Sexualrollen, der Kultur oder Weltanschauungen einnehmen. Patienten berichten oft, daß sie durch diese Ritualtechnik Verständnis für die „andere" Einstellung gewonnen und ihr eigenes Verhalten modifiziert haben.

Wenn man ein Ritual konstruiert, das die Technik der geraden/ungeraden Tage nutzt, kann man entweder die geschlossenen oder die offenen Aspekte hervorheben oder eine Kombination von beiden anbieten. Die ursprüngliche Mailänder Intervention betont die geschlossenen Aspekte, da bestimmte Verhaltensweisen oder Ansichten von einem Elternteil am Montag, Mittwoch und Freitag übernommen werden sollten, während der andere Elternteil seine Lösung am Dienstag, Donnerstag und Samstag auszuprobieren hatte. Offene Aspekte wurden für die „Sei-spontan"-Intervention am Sonntag vorbehalten sowie für die jeweilige Wahl des Verhaltens. Offene Aspekte würden betont, wenn man eine Ehefrau ohne Wissen des Ehemannes aufforderte, an drei Tagen in der Woche sich so zu verhalten und zu denken wie der Ehemann, und den Ehemann aufforderte, an drei anderen Tagen sich ebenso zu verhalten. Ein solches Ritual wäre offen, da die Klienten die Entscheidung zu treffen hätten, wann sie sich wie der andere benehmen würden. Den geschlossenen Aspekt würde die Anzahl der spezifizierten Tage ausdrücken.

Die Ritualtechnik der geraden/ungeraden Tage kann immer dann effektiv eingesetzt werden, wenn in der Therapie über Unterschiede verhandelt wird. Paare, die sich überlegen, ob sie sich trennen oder zusammenbleiben sollen, werden aufgefordert, sich an bestimmten Tagen so zu verhalten, „als ob" sie verheiratet wären, und an den verbleibenden Tagen der Woche so, „als ob" sie getrennt leben würden. Eltern sind angehalten worden, sich an verschiedenen Tagen nach solchen dichotomischen Gesichtspunkten ihren Kindern gegenüber zu verhalten, wie zum Beispiel biologisch deprimiert/deprimiert auf Grund der Situation; genetisch fehlentwickelt/anleitungsbedürftig; psychologischhilfsbedürftig / nicht hilfsbedürftig; den Tod des Kindes planend (bei Suchtmittelmißbrauch) / die Zukunft des Kindes planend. Ohne Frage kann diese Ritualtechnik klinisch vielseitig angewandt werden.

Umkehrungen

Umkehrungen sind auch hilfreich, wenn Unterschiede verhandelt werden. Die Umkehrung wird hier zur Sprache gebracht, weil sie oft im Rahmen eines Rituals der geraden / ungeraden Tage eingesetzt wird. Umkehrungen werden dann benutzt, wenn man versucht, das Rollenrepertoire und die Verhaltensmöglichkeiten zu erweitern. In einer Therapie präsentierte Unterschiede können entweder eine einseitig komplementäre oder aber symmetrische Eskalation widerspiegeln. Das Gleichgewicht einer einseitigen Komplementarität kann eine Über- / Unterfunktion in der ehelichen Beziehung bedeuten. Andere Beispiele sind Beziehungen, in der eine Person hauptsächlich führt und die andere folgt, oder eine für gewöhnlich lehrt und die andere lernt. In durch symmetrische Eskalation gekennzeichneten Beziehungen sind beide Beteiligte der Ansicht, daß die eigenen Ideen „die besten" sind, was zu einem eskalierenden Konkurrenzkampf führt. Gleichgültig wie sich die Unterschiede manifestieren, die Aufforderung, zu bestimmten Zeiten wie der andere zu denken und zu handeln, kann trotz der Unterschiede Ähnlichkeiten ermöglichen.

Vor einigen Jahren arbeiteten Janine Roberts und ich mit einem Paar, dessen Beziehung auf stereotypen Geschlechterrollen basierte. In der Vergangenheit hatte sich diese Konfiguration gut bewährt, aber vor kurzem war sie während eines Streites um die beste Erziehung für ihre kleine Tochter problematisch geworden. Bei dem Versuch, die eskalierenden Auseinandersetzungen zu modifizieren, baten wir sie, mit folgender, in einer Ritualhandlung der geraden / ungeraden Tage eingebetteten Umkehrung zu experimentieren: Montags, mittwochs und freitags sollte die Frau ankündigen: „Heute denken wir wie eine Frau", und ihrem Mann beibringen, was es bedeutete, wie eine Frau zu denken; dienstags, donnerstags und samstags sollte er ankündigen: „Heute denken wir wie ein Mann", und seiner Frau beibringen, was es bedeutete, wie ein Mann zu denken; zudem sollte er mit seiner Frau bis zur nächsten Sitzung in einem Monat einen „Männerabend" machen, und sie mit ihm einen „Frauenabend". In der nächsten Sitzung betonten sie ihre Ähnlichkeiten als Menschen und als Eltern und hatten weniger Streit wegen ihrer Unterschiede, die sie nunmehr besser schätzen gelernt hatten.

Geben und Nehmen

Geben und Nehmen sind Handlungen, die vielen normativen Ritualen gemeinsam sind. Viele Familienfeiern sind gekennzeichnet durch den Austausch von Geschenken, Essen und Grußkarten. Im täglichen Leben kann der Gutenachtkuß für ein Kind oder einen Ehepartner eine Möglichkeit darstellen, Liebe und Zuneigung zu geben und zu erhalten. In therapeutischen Ritualen wird der Austausch von Geschenken auf vielfältige Weise verwendet: (1) Familienmitglieder tauschen untereinander aus, (2) Familienmitglieder geben dem Therapeuten symbolische Gegenstände, (3) Geschenke werden zwischen Therapeut und Familienmitgliedern ausgetauscht.

Unter Familienmitgliedern

Janine Roberts leitete die Supervision eines von Linda Lewandowski behandelten Falles, in der sich die Familienmitglieder in einer Krise verstrickt sahen. Die fünfzehnjährige Alice lebte seit der Scheidung ihrer Eltern vor zehn Jahren mit ihrer Mutter, ihrem Stiefvater und deren beiden kleineren Kindern zusammen. Vor kurzem hatte Alice zusammen mit ihrem Vater beschlossen, von Massachusetts zu ihm nach Oregon zu ziehen. Diese von ihrer Mutter und ihrem Stiefvater unterstützte Entscheidung basierte fast ausschließlich darauf, daß sie seit vielen Jahren Konflikte miteinander hatten. Ihre Beziehung war durch häufige Auseinandersetzungen und Spannungen ge-

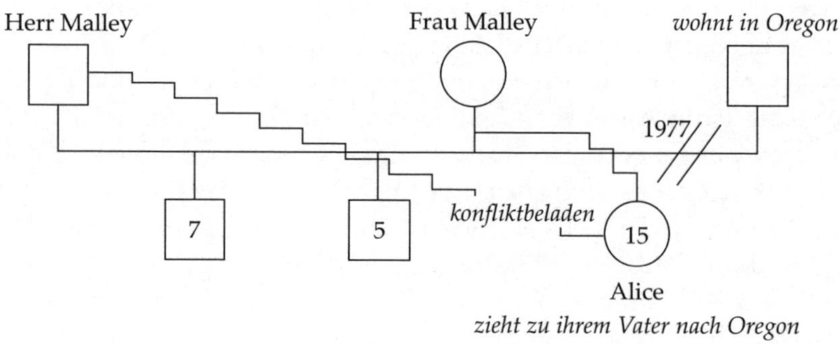

Abb. 1 *Ein Auszugsritual*

kennzeichnet. Der Stiefvater und Alices Mutter sprachen von einer Krise, weil Alice sie in einem solchen Zorn verließ, daß sie befürchten mußten, sie nie wieder zu sehen. Obwohl Alice schon ein Flugticket nach Oregon hatte und in zehn Tagen fliegen sollte, kamen die Mutter und der Stiefvater mit ihr zusammen zur ersten Sitzung. Am Ende der Sitzung schlug die Therapeutin ein „Übergangsritual" vor und bat Frau Malley, ihren Mann und Alice, bestimmte Dinge zur nächsten Sitzung mitzubringen, die ihnen den Abschied erleichtern sollten. Während der Sitzung gab Herr Malley zu, daß es zwischen ihm und Alice nicht nur Konflikte, sondern auch Harmonie gegeben habe. Die Therapeutin schlug ihm vor, ein Symbol dieser Harmonie mitzubringen, das Alice dann nach Oregon mitnehmen könnte. Frau Malley wurde gebeten, ein Symbol ihrer Liebe für Alice zum Mitnehmen mitzubringen. Die kleineren Buben, die zur nächsten Sitzung eingeladen wurden, sollten etwas Besonderes für Alices neues Heim beisteuern. Während der Sitzung sagte Alice, sie hoffe, sich eines Tages bei ihrer Mutter und ihrem Stiefvater für manche ihrer Verhaltensweisen entschuldigen zu können. In diesem Zusammenhang bekam sie den Auftrag, zwei Dinge mitzubringen: (1) ein kreatives Symbol, wie ihre Entschuldigung eines Tages vielleicht aussehen könnte; und (2) etwas, was sie gerne zurücklassen möchte und das offen im Haus aufgestellt werden könnte, um die Familie an sie zu erinnern.

In der nächsten Woche kamen Herr und Frau Malley, die Buben und Alice mit Päckchen, die sie austeilen wollten. Die Therapeutin/das Team brachten Saft und frische Erdbeeren mit, und die Familienmitglieder überreichten und erhielten ihre Geschenke. Herr Malley schenkte Alice eins seiner Lieblingshemden, das Alice häufig ohne Erlaubnis ausgeliehen hatte. Alices Mutter las einen Brief vor, in dem sie über Verzeihung, Anerkennung, Freiheit und Freude schrieb und gab ihn dann Alice. Sie schenkte ihr auch *Der Prophet* von Khalil Gibran (ein Thema dieses Buchs ist das Loslassen und das Akzeptieren erwachsener Kinder durch die Eltern). Die beiden Buben schenkten Alice eins ihrer liebsten Kuscheltiere. Alice schenkte der Familie ihr Radio, das für sie ein wichtiges Symbol darstellte, da die Familie in einer Kommune lebte und weder Radio noch Fernseher besaß. Zusätzlich übergab sie der Familie eine Zeichnung, die in kräftigen bunten Farben sagte: „Ich liebe Euch". Diese Zeichnung stellte ihre Entschuldigung dar. Zum Schluß beteiligte sich die Therapeutin aktiv am Ritual und schenkte jedem Mitglied der Familie eine purpurfarbene Tulpe. Sie sagte, wenn auch jede gleich sei, sei doch jede einzigartig und anders.

Dieses sitzungsinterne Ritual, welches das Geben und Nehmen betont, gab der Familie ohne Zweifel die Gelegenheit, Alices Abschied von Zuhause mit einem Gefühl der Verbundenheit und Betroffenheit anstatt der Distanz und des Zorns zu gestalten. Die ritualisierte Handlung des Gebens und Nehmens diente dazu, Gefühle der Zärtlichkeit und Verletzlichkeit zugänglich zu machen, sowie einen Heilungsprozeß einzuleiten, der vorher nicht möglich gewesen war.

Ähnlich dem von Imber-Black (1988a, b) beschriebenen Fall, in dem Familienmitglieder sich gegenseitig beschenkten, um Karens Abreise in ein Heim für zurückgebliebene Erwachsene zu markieren, wurde für Alice und ihre Familie eine neue, positive Bedeutung geschaffen. Wie Alices Mutter am Ende der Sitzung sagte: „Für mich hat dieses Ritual einiges aus der Welt geschafft."

Dem Therapeuten symbolische Gegenstände geben

Insbesondere beim Entwerfen von Heilungsritualen spielen Timing und Tempo eine bedeutende Rolle im therapeutischen Prozeß. Eine Möglichkeit, das persönliche Tempo zu respektieren, in dem Patienten die Erinnerung an schmerzliche Ereignisse in ihrem Leben loslassen können, besteht darin, daß ich mich als Hüter der entsprechenden Symbole anbiete. Vor einigen Jahren wandte sich eine Studentin an mich mit der Bitte um Hilfe, da sie mit etlichen schmerzlichen Erinnerungen aus ihrer Vergangenheit nicht zurechtkam. Sie beeinträchtigten ihre Fähigkeit, ernsthafte Beziehungen mit Männern einzugehen. Als mißbrauchtes Pflegekind, das in einigen Heimen gelebt hatte, begann sie zum ersten Mal in ihrem Leben, ihren Schmerz und ihre Qual mit jemandem zu teilen. Im Laufe der Zeit war sie in der Lage, negative und zornige Gefühle über sich selbst und andere sowie viele traumatische Ereignisse aufzuschreiben. Ich verwahrte die Karten in meinem Büro, und nach einigen Monaten konnten wir sie in zwei Briefumschläge mit der Aufschrift „Loslassen" und „Festhalten" stecken. Als fähige und talentierte Bergführerin, die einige Wildnistouren in den White Mountains geführt hatte, beschrieb sie eines Tages, wie sie jedesmal am letzten Abend einer Tour ein feierliches Lagerfeuer veranstaltete. Bei dieser Gelegenheit bat sie die jungen Leute, alles, was sie während der Tour gesehen, gerochen, gehört, angefaßt und geschmeckt hatten, Negatives wie Positives, zu beschreiben. Sobald ein Teilnehmer über seine Erfahrungen gesprochen hatte, überreichte sie ihm ein Stück Holzkohle aus dem Feuer.

Wie Sie sich vorstellen können, verbrachten wir eines Sommerabends drei Stunden im Wald bei einem Lagerfeuer. Wir sprachen über jede Karte aus dem Briefumschlag mit der Aufschrift „Loslassen" und gelegentlich weinten wir auch, bevor wir sie verbrannten. Am nächsten Tag kehrte sie allein zur Feuerstelle zurück, um etwas Holzkohle zu holen und die übrige Asche mit Erde zu bedekken. Ich bewahre meine Holzkohle zu Hause auf und einige Karten aus dem Umschlag mit der Aufschrift „Festhalten" im Büro.

Geben und Nehmen zwischen Therapeut und Familie

Der gegenseitige Austausch von Geschenken und Symbolen ist eine Möglichkeit, die Problemlösungsressourcen einer Familie hervorzuheben und die Therapie zu beenden (Imber-Black 1986). Janine Roberts und ich konzentrierten uns mit einem Paar und seinen beiden Kleinkindern etwa zehn Monate lang auf Ehe- und Elternprobleme. Zu der letzten Sitzung baten wir sie, Symbole mitzubringen, die den Behandlungsprozeß repräsentierten. Sie erschienen zur Sitzung mit einem Wäschekorb voller sauberer, zusammengelegter Kleider (wer die Hausarbeit erledigte, war eine der Problemfragen); außerdem brachten sie Exemplare von *The Velveteen Rabbit* und *Dr. Gardner's Stories about the Real World* sowie eine grob und unvollständig gezimmerte, aber besondere Kiste mit, die nur aus Zapfenverbindungen bestand. Eine der Hauptfragen der Therapie war die Erwartungshaltung der Eltern, daß sie und ihre Kinder nach Perfektion streben sollten. Wir überreichten jedem Elternteil ein T-Shirt. Auf dem einen stand : „Feiert unvollkommene, aber besondere Mütter", und auf dem anderen: „Feiert unvollkommene, aber besondere Väter".

Wir verbrachten die Sitzung damit, über die Bedeutung dieser verschiedenen Symbole zu sprechen und wie sie zu Hause benutzt werden könnten, um die zahlreichen Veränderungen, die die Familie gemacht hatte, zu festigen. Als wir gerade aufhören wollten, sagte Frau Burke: „Wir haben für Sie noch etwas im Auto." Sie ging hinaus und kam mit zirka fünf Liter sahnigem Schokoladeneis, Schüsseln und Löffeln wieder. Das kennzeichnete eindeutig das Ende der Therapie, die wir mit einem gemütlichen Gespräch beendeten.

Ritualisierung des Spiels/Verschreibung des Symptoms

Diese ritualisierte Handlung versucht, ein symptomatisches oder rigides Verhaltensmuster durch die explizite Verschreibung dieses Musters zu verändern. Wenn man Klienten auffordert, Verhaltensmuster innerhalb eines verschriebenen Rituals durchzuführen, wird ein Element der Konfusion, der Absurdität und des Humors eingeführt, die das Muster und seine Bedeutung ändern. Ist das Muster und seine Bedeutung dann verändert, ergeben sich neue Möglichkeiten der Problemlösung. Diese Art von ritualisierter Handlung ist gut dokumentiert und hat sich als effektive Intervention bei Einzelpersonen, Paaren und Familien erwiesen (Andolfi 1979; Madanes 1981, 1984; Palazzoli et al. 1977, 1979; Watzlawick, Weakland u. Fisch 1974; Weeks u. L'Abate 1982).

Vor einigen Jahren arbeiteten Janine Roberts und ich mit einer Familie, bei der der zwölfjährige Sohn als präsentiertes Problem identifiziert wurde (s. Abb. 2). Er war kürzlich beim Stehlen von Tonbändern in einem Plattengeschäft erwischt worden. Die Eltern berichteten außerdem von schlechten schulischen Leistungen und daß er vor kurzem wegen einer Prügelei für einen Tag vom Unterricht suspendiert worden war. Dieses Verhalten erschreckte die Eltern, zumal ihre Töchter als hervorragende Schülerinnen definiert wurden, die aktiv am Sport und schulischen Veranstaltungen teilnahmen. Die Eltern, liebevolle und mitfühlende Menschen, hatten einen entspannten, jedoch unterstützenden Erziehungsstil. Nach einigen Sitzungen hatten die Eltern das Gefühl, daß das Stehlen kein Problem mehr darstellte, daß jedoch die schulischen Leistungen ihres Sohnes ungenügend seien. In einer Diskussion über die Folgen seines Verhaltens in der Schule gerieten die Eltern zusehends in Sorge. Sie deuteten an, daß sie ihre Töchter selten maßregelten, da sie normalerweise den Bitten der Eltern nachkamen. Sie hatten seit kurzem versucht, strenger zu sein, Grenzen zu setzen und Konsequenzen für das Verhalten ihres Sohnes einzuführen, waren aber beide der Meinung, nicht durchhalten zu können. Sie versuchten, seine Privilegien hinsichtlich der Zeit, die er außer Haus, vor dem Fernseher oder beim Telefonieren verbrachte, einzuschränken.

Als wir die Eltern fragten, wie sie sich ihre Schwierigkeiten erklärten, Grenzen setzen zu wollen, sich aber dabei unwohl zu fühlen, erhielten wir wichtige Informationen über ihre Herkunft. Frau Jones war das jüngste von vier Geschwistern und hatte eine sehr konfliktbeladene Beziehung zu ihrer eigenen Mutter. Sie war der Ansicht, ihre Beziehung zur Mutter sei schlecht gewesen, sei momentan schlecht und würde auch in Zukunft so bleiben. Sie „haßte" ihre Mutter, und Frau Jones' Kinder bezeichneten ihre Großmutter als „Hexe".

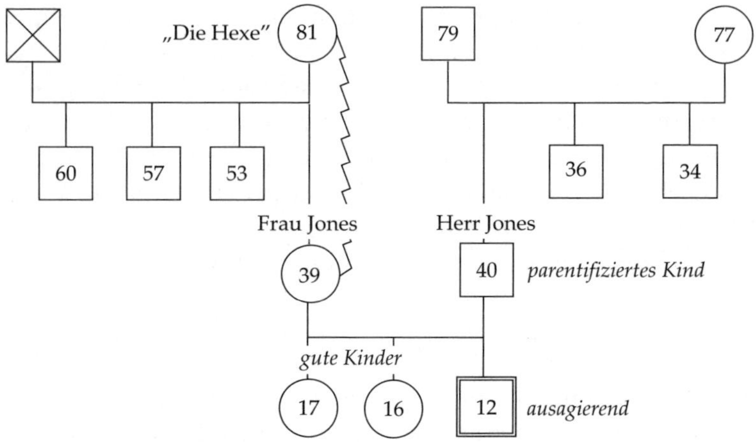

Abb. 2 *Die Familie Jones*

Frau Jones bestätigte, daß sie alles daransetzte, eine liebevolle Beziehung zu ihren eigenen Kindern zu haben, damit sie ihr nicht solche Gefühle entgegenbringen würden, wie sie für ihre eigene Mutter hegte. Diese Überzeugung hatte offensichtlich einen Einfluß auf ihren Erziehungsstil. Herr Jones als ältestes von vier Kindern spielte in seiner Herkunftsfamilie die Rolle eines parentifizierten Kindes. Er hatte schwer gearbeitet, um seinen Brüdern, seiner Mutter und seinem Vater, einem Alkoholiker und praktischen Arzt, zu helfen. Herr Jones erinnerte sich daran, wie er seinen Vater bei Notfällen oft zu Patienten im ländlichen Maine gefahren hatte, da seinem Vater der Führerschein wegen Trunkenheit am Steuer entzogen worden war. Herr Jones glaubte, in seiner Jugend von niemandem zur Perfektion angetrieben worden zu sein und daß er sich jetzt als Erwachsener, mit seinem Leben zufrieden, selten zu Höchstleistungen zwang.

Mit diesen wichtigen Informationen konstruierten wir ein Ritual, das diese Überzeugungen aufgriff. Das Ritual schien die Eltern daran zu hindern, dem Sohn auch weiterhin Grenzen zu setzen. Nachdem die nächste Sitzung zwei Wochen später angesetzt war, forderten wir die Eltern auf, folgendes zu tun: In der ersten Woche sollten sie bezüglich ihres Erziehungsstils nichts unternehmen, sondern sich nur bewußt machen, wie Mutters Vorstellung von der Wichtigkeit einer guten Beziehung zu den Kindern und Vaters Vorstellung davon, nicht angetrieben worden zu sein, ihr Verhalten beeinflußte. In der zweiten Woche sollte die Mutter jeden Tag sagen: „Mir ist klar, daß die Gefahr besteht, daß du eine ähnliche Beziehung zu mir bekommst, wie ich zu meiner Mutter; trotzdem darfst du nicht weggehen, telefonieren oder fernsehen, bevor du deine Hausaufgaben in Englisch und Gesellschaftskunde erledigt hast." Vater mußte sagen: „Ich weiß, die Gefahr ist groß, daß ich dich so antreibe, wie ich mich lieber selber hätte antreiben sollen; trotzdem darfst du nicht weggehen, telefonieren oder fernsehen, bevor die Hausaufgaben in Mathematik und Naturwissenschaften erledigt sind."

Bei der nächsten Sitzung gaben die Eltern zu verstehen, daß in der Schule alles wesentlich besser lief, da ihr Sohn seine Hausaufgaben gemacht und in einigen Arbeiten gute Noten erzielt hatte. Erst nachdem er gesagt hatte: „Ich mache gar nichts, bevor ihr eure Reden gehalten habt", hatten ihm die Eltern in den Fächern geholfen, in denen sie sich auskannten. Die Eltern hielten nun täglich ihre „Reden", und der Sohn machte seine Hausaufgaben.

Diese ritualisierte Handlung nahm die existierenden Überzeugungen der Eltern auf und verdeutlichte sie. Indem sie ihre Überzeugungen auf diese Art und Weise zur Sprache brachten, konnten sie ihre Ängste deutlicher ausdrücken und erlebten sie daher weniger stark. Das ermöglichte ihnen, ihre elterliche Autorität beständiger und ausdauernder auszuüben.

Dokumentation

Im täglichen Leben gibt es unzählige Beispiele dafür, wie der Prozeß der Dokumentation Ereignissen einen offiziellen, oftmals auch rechtmäßigen Charakter verleiht. Um ein Testament zu machen, ein Zeugnis der Vorschule oder Schule zu bekommen, einen Trau- oder Angelschein zu erhalten, müssen offizielle Dokumente für die Unterlagen sowie für rechtliche und zeremonielle Zwecke unterschrieben werden. Neulich rief mein Patenkind an, das am Kommunionsunterricht der katholischen Kirche teilnimmt, um mir mitzuteilen, daß ich mir beim Gemeindepriester eine Patenschaftsurkunde besorgen solle. Nachdem ich unsicher meine Frau über die Unterschiede zwischen läßlichen und Todsünden ausgefragt hatte, traf ich mich mit unserem Priester. Obwohl er mich nicht prüfte, händigte er mir einen Umschlag aus, der ein Dokument enthielt, das mit dem gestempelten Siegel der Gemeinde sowie seiner Unterschrift versehen war. Dieses Dokument bestätigte, daß ich ein guter, praktizierender Katholik sei, würdig, an der Kommunionszeremonie meines Patenkindes aktiv teilzunehmen. Ohne dieses Dokument durfte ich nicht sein Pate sein.

Weil die Bedeutung von Dokumenten erheblich und von ernster Natur ist, kann die Dokumentation als rituelle Handlung in der Konstruktion therapeutischer Rituale verwendet werden. Ich führe hier drei Beispiele an, obwohl es auch noch andere Möglichkeiten der Verwendung von Dokumentation gibt.

Dokumentation zur Verbesserung des Engagements

Da die meisten Menschen unterschriebene Dokumente als etwas Offizielles und Gewichtiges ansehen, kann es manchmal hilfreich sein, Klienten Vereinbarungen bezüglich ihres Verhaltens unterschreiben zu lassen. Vor einigen Jahren arbeitete ich zusammen mit Janine Roberts mit einem Paar, das uns aufsuchte, weil sie ständig stritten und nicht wußten, ob sie zusammenbleiben sollten. Ihre Beziehung war durch gewaltsame, intensive Ausbrüche gekennzeichnet. Sie schlugen sich, schrien sich an, fluchten, warfen mit allem möglichen um sich und schlugen gegen Türen und Wände. Wenn auch jeder einzelne seine eigene Erklärung dafür hatte, wie die Streitereien anfingen, versuchten wir dieses Verhalten mittels eines Vertrages zu begrenzen. Wir verbrachten die erste Sitzung damit, die Partner zu einer Übereinstimmung darüber zu bewegen, was sie zu tun bereit wären, um einen Zornesausbruch zu verhindern und dem anderen Verständnis entgegenzubringen. Die Liste wurde für alle Beteiligten kopiert und von dem Paar, mir und Janine, die hinter dem Einwegspiegel hervorkam, unterschrieben. Das Paar wurde gebeten, den Vertrag immer bei sich zu tragen und mich im Falle eines Vertragsbruches ungeachtet der Tageszeit sofort anzurufen. Die Dokumentation der Verantwortung für das eigene Verhalten leistete diesem Paar gute Dienste, denn es gab keine gewaltsamen Ausbrüche mehr und entschieden weniger feindselige Interaktionen, trotz der Tatsache, daß sie sich während des Behandlungsverlaufs zur Trennung entschlossen.

Dokumentation zur Veränderung von Interaktionsmustern

Dokumentationen erfüllen auch den Zweck des Archivierens. Über die Jahre habe ich Klienten aufgefordert, zu Hause Interaktionssequenzen, die sie als problematisch definieren, auf Band aufzunehmen. Häufig wurden auch Eltern dazu aufgefordert, die von Auseinandersetzungen oder Kämpfen mit oder zwischen ihren Kindern berichteten. Wenn die Familie kein Tonbandgerät hatte, stellte ich ihr leere Bänder und ein Gerät zur Verfügung. Die Familienmitglieder werden gebeten, das Tonbandgerät leicht zugänglich aufzustellen. Wenn sie feststellen, daß sie auf eine problematische Interaktion zusteuern, kann irgendein Familienmitglied ankündigen: „Das wird was Gutes für Dr. Whiting", und das Tonbandgerät einschalten. Diese Ankündigung kennzeichnet die darauffolgende Interaktion als etwas „Besonderes". Typischerweise verläuft die Interaktion dann anders als gewöhnlich, da die Sequenz der Interaktion durch die Tonbandaufnahme unterbrochen wurde.

Inzwischen sind Videorekorder weitverbreitet, und immer mehr Menschen besitzen eine Videokamera. Viele ersetzen das traditionelle Hochzeitsalbum durch stundenlange Videoaufnahmen. Wenn möglich, können entsprechend auch Videoaufnahmen zur Dokumentation eingesetzt werden. Es hat sich als nützliche ritualisierte Handlung erwiesen, Klienten sowohl unbefriedigende als auch befriedigende Interaktionen filmen zu lassen.

Dokumentation zur Festigung von Veränderungen

Therapeuten werden gelegentlich aufgefordert, Berichte bezüglich des Fortschritts von Klienten und Familien vor Gericht, beim Sozialamt oder der Schule vorzulegen. In solchen Fällen habe ich Familienmitglieder gebeten, mir bei der Erstellung des Dokuments für das externe System behilflich zu sein. Ein solcher Prozeß dient dazu, der Familie und anderen offiziell mitzuteilen, wie Verhalten und Beziehungen sich im Laufe der Behandlung verändert haben. Zudem markiert es die Therapieerfahrung als ko-evolutionär, denn es werden keine geheimen, vertraulichen Berichte zwischen den psychosozialen Diensten ausgetauscht.

Eine Dokumentation kann auch dabei helfen, Veränderungen an verschiedenen Übergangspunkten in der Therapie zu festigen. So kann man etwa eine Verlagerung des Schwerpunkts vom Kind zu Ehefragen dadurch kennzeichnen, daß man dem Kind und der Familie ein Dokument überreicht, welches alle Veränderungen festhält, die während der auf das Kind fokussierenden Behandlung stattgefunden haben. Eine solche Dokumentation verdeutlicht das Ende einer Behandlungsphase und den Beginn der nächsten. In Kapitel 12 beschreibt Janine Roberts einen Fall, in dem ein Dokument das Ende einer Therapie markiert.

Andere Überlegungen zur Konstruktion

Die letzten beiden Abschnitte konzentrierten sich auf die Elemente, die für die Konstruktion therapeutischer Rituale notwendig sind, sowie auf einige der üblicheren und häufig benutzten symbolischen Handlungen und Techniken. In diesem Abschnitt bespreche ich zusätzliche Konzepte und Ideen, die nicht immer erforderlich, jedoch einer Überlegung wert sind.

Alternierende Rituale

Rituale, die sowohl Handlungen des Loslassens als auch des Festhaltens miteinander kombinieren oder Vorschläge enthalten, sich an bestimmten Tagen auf die eine und an den übrigen Tagen auf die andere Weise zu verhalten, oder Identitätsrituale, die eine Feier miteinschließen, haben eines gemeinsam: sie alternieren. Die Konstruktion mancher Rituale sollte die Dichotomie der Systeme, auf der einen Seite nach Veränderung zu streben und gleichzeitig gleich bleiben zu wollen, dadurch integrieren, daß man Raum läßt für alternative Gedanken bzw. Handlungen. Alternierende Rituale dienen nicht nur dem Zweck, diese Dichotomie der Gleichheit und Unterschiedlichkeit zu respektieren, sie vermitteln auch die Botschaft, daß Wandel ein Prozeß ist, der sich im Laufe der Zeit naturgemäß ergibt.

Eine Studentin hatte zum Beispiel Eß- und Schlafprobleme und Schwierigkeiten, sich auf ihr Studium zu konzentrieren. Sie erzählte, daß ihre erste „wichtige" Beziehung vor einem Monat von seiten des Mannes abgebrochen wurde. Nach einigen Sitzungen stimmte sie zu, ein großes Foto von ihm mitzubringen. Während der Sitzung fragte ich sie, ob sie bereit wäre, es loszulassen. Als Antwort zerriß sie es in hundert winzige Fetzen. Sie willigte ein, die Fetzen immer bei sich zu tragen als Zeichen ihres Wunsches, an der Beziehung festzuhalten. Sie willigte auch ein, sich zweimal täglich zu fragen: „Wieviel kann ich heute loslassen?" Je nach ihrer Antwort griff sie in ihre Tasche, nahm mehr oder weniger Stückchen der Fotoschnipsel heraus und warf sie weg. Nach drei Monaten hatte sie nur noch wenige Schnipsel übrig, die sie eines Tages in einer nahegelegenen Bergkette, wo sie als Kind viel Zeit verbracht hatte, loszulassen beschloß. Indem in diesem Heilungsritual das Festhalten mit dem Loslassen kombiniert wurde, respektierten wir das Timing und Tempo ihres Heilungsprozesses. Obgleich alternierende Elemente nicht in allen Ritualen vorkommen, können sie doch in der Konstruktion mancher Rituale eine wichtige Rolle spielen.

Wiederholung

Wiederholung wird meistens mit religiösen und kulturellen, weniger mit therapeutischen Ritualen assoziiert. In vielen Gottesdiensten werden Handlungen, an denen sich die Geistlichen und die Gemeindemitglieder einzeln und gemeinsam beteiligen, ständig wiederholt. Diese Handlungen werden verbal und im Verhalten wiederholt. In der katholischen Kirche knien, sitzen oder stehen die Gemeindemitglieder während verschiedener Phasen der Messe. Es gibt auch verschiedene mündliche Antworten, die entweder gesprochen oder gesungen werden. Es wird allgemein an diesen Handlungen festgehalten, und manche Katholiken wiederholen dieselbe Messe täglich. Die Kirche erwartet von den Gläubigen ein Leben lang die wiederholte Durchführung des vorgeschriebenen Rituals. Das ist ein wichtiger Unterschied zwischen religiösen und therapeutischen Ritualen, denn hier gibt es weder die Erwartung der wiederholten Durchführung noch, wie Tomm (1984) feststellte, „... besteht man darauf, daß das Ritual tatsächlich ausgeführt wird. Man weist lediglich darauf hin, daß es sehr nützlich sein könnte." (a.a.O.: 160). Aber trotz des bedeutenden Unterschieds hinsichtlich der Erwartung und der Häufigkeit ihrer Durchführung bieten manche therapeutischen Rituale die Gelegenheit für Wiederholungen.

Die Wiederholung von Handlungen

Die Konstruktion einer ritualisierten Handlung der geraden/ungeraden Tagen impliziert eine Wiederholungskomponente, da vorgeschlagen wird, daß bestimmte Verhaltensweisen an bestimmten Tagen über einen bestimmten Zeitraum ausgeführt werden sollen. Gleichgültig, ob das Ritual mit Betonung auf offenen oder geschlossenen Aspekten konstruiert wurde, besitzt die Grundlage eines Rituals der geraden/ungeraden Tage einen Wiederholungscharakter, dessen Zweck darin besteht, Klarheit zu schaffen und neue problemlösende Verhaltensweisen zu ermöglichen.

Die Wiederholung des Inhalts

Es gibt Situationen, in denen nicht das Verhalten, sondern Überzeugungen oder eine Meinungsäußerung als Problem identifiziert werden. In solchen Fällen wurden Wiederholungen durch Sprache, per Brief oder durch spielerische Handlungen verwendet, um kreativ mit der Sprache oder den Überzeugungen des Klienten zu arbeiten.

Wiederholung durch Sprache

In dem oben im Abschnitt mit der Überschrift *Ritualisierung des Spiels/Verschreibung des Symptoms* beschriebenen Fall wurde vorgeschlagen, daß die Eltern ihrem Sohn täglich eine ganz bestimmte Mitteilung machen sollten. Dieser Inhalt ergab sich unmittelbar aus ihren Überzeugungen, die ihre Fähigkeiten als Eltern wirksam beeinflußten. Wie Sie sich vielleicht erinnern, sagte die Mutter täglich zu ihrem Sohn: „Mir ist klar, daß die Gefahr besteht, daß du eine ähnliche Beziehung zu mir bekommst wie ich zu meiner Mutter; trotzdem darfst du nicht weggehen, telefonieren oder fernsehen, bevor du deine Hausaufgaben in Englisch und Gesellschaftskunde erledigt hast." Der Vater wiederholte auch eine spezifische Mitteilung bezüglich seiner Gefühle, seinen Sohn „anzutreiben". Das Feedback aus diesem Prozeß war interessant: Nach einem Tag der Wiederholung ihrer Mitteilungen fing der Sohn auf spielerische Weise an, die Mitteilung gleichzeitig zu verbalisieren. Bis zum Ende der Behandlung berichteten die Eltern über eine Vielzahl von Veränderungen, und die Mutter erzählte, sie schaue ihren Sohn manchmal an, und dann sage er: „Ja, ich weiß. Mir ist klar, daß ich Gefahr laufe, ..." dann lachten sie beide.

Wiederholung per Brief

Whiting gibt eine detaillierte Beschreibung eines Falles, in der die Eltern einen unterschriebenen Brief im Badezimmer ihres Hauses als Teil des therapeutischen Rituals hinterlegten. Die Mitteilung des Briefes war deshalb so bedeutend, weil er Ideen und Überzeugungen enthielt, die sich sehr von dem unterschieden, was die Eltern normalerweise vertraten. Da es den Eltern schwergefallen wäre, die Inhalte des Briefes sprachlich mitzuteilen, kam man auf die Idee, ihn zu hinterlegen, um die Mitteilung sowohl für die Kinder als auch die Eltern zu wiederholen. Es wurde vorgeschlagen, mehrere Kopien des Briefes anzufertigen, damit die Mitteilung auch dann wiederholt werden könne, wenn der Brief entfernt und zerrissen würde. Nachdem der Brief zweimal weggenommen wurde und die Eltern zweimal eine neue Kopie hinterlegten, schrieb einer der Söhne: „Ich habe diesen Brief schon gelesen", und beschloß, seinen Eltern einen Brief zu schreiben.

Wiederholung durch spielerische Handlungen

Vor einigen Jahren behandelte ich ein Paar, das seit ungefähr eineinhalb Jahren zusammen war. Die beiden, unverheiratet und Mitte Dreißig, hatten sich in einem Restaurant mit einer Disco in der Umgebung kennengelernt. Während der ersten neun Monate sprach Gary oft von Sandy, der Frau, mit der er vorher häufig ausgegangen war. Jean fühlte sich zunehmend verletzt, wenn Sandy und die gemeinsamen Erfahrungen von Gary und Sandy erwähnt wurden. Sie kamen zur Therapie, weil sie sich oft gestritten und viele Konflikte ausgefochten hatten. Egal wie oft Gary betonte, daß er viel lieber mit ihr zusammen sei, sie ließ sich nicht überzeugen. Nach einigen Sitzungen fragte ich das Paar, ob sie damit einverstanden wären, T-Shirts mit einer individuellen Aufschrift zu kaufen. Sie sollten zusammen zum Kaufhaus gehen, und Gary sollte sich eins mit der Aufschrift kaufen: „Du bist das Beste, das mir je passiert ist." Jeans sollte die Aufschrift haben: „Ich glaube dir." Sobald sie anfingen, sich über die Wichtigkeit ihrer Beziehung oder die Bedeutung von Sandy zu streiten, sollten sie ihre T-Shirts anziehen und dann erst weitermachen.

So wie Ken und Mavis in dem von Evan Imber-Black in Kapitel 2 beschriebenen Fall, in dem das Paar „Schlangen"- und „Lippen"-T-Shirts kaufte, konnten Gary und Jean ihre T-Shirts mit einem neuen Sinn für Humor und Ausgelassenheit anziehen. Wenn sie sich auch letztendlich trennten, nutzten Gary und Jean das Anziehen der T-Shirts als Gelegenheit, ihre eskalierenden Interaktionen zu modifizieren. In diesen Beispielen wurden T-Shirts für die spielerische Wiederholung von Mitteilungen und Überzeugungen verwendet. Das Beschriften von „individueller" Wäsche, Luftballons oder „Visitenkarten" wurde eingesetzt, um Beziehungen, die von Ernst und Zorn gekennzeichnet waren, humorvoll und spielerisch zu gestalten.

Alle vorhergehenden Fälle verdeutlichen die verschiedenen Möglichkeiten der Verwendung von Wiederholung in therapeutischen Ritualen, um mit den Verhaltensweisen, Aussagen oder Überzeugungen von Klienten zu arbeiten. Wenngleich die Wiederholung auch kein unerläßliches Element der Konstruktion therapeutischer Rituale darstellt, gibt es durchaus Situationen, in denen sie eine sinnvolle ritualisierte Handlung sein kann.

Das Kombinieren von Themen und Handlungen

Häufig stützen sich Rituale auf symbolische Handlungen und Konzepte aus zwei oder mehr Ritualthemen. Diese kombinierten Rituale finden normalerweise in einer späteren Phase der Therapie statt, wenn verschiedene Rituale während des Behandlungsprozesses angewandt worden sind. Stellen wir uns ein Paar vor, das sich jahrelang mit einem schmerzlichen Ereignis aus der Vergangenheit auseinandergesetzt hat. Ein wirksames kombiniertes Ritual kann ritualisierte Handlungen des Loslassens mit dem in Ritualen des Feierns häufig vorkommenden Prinzip des Gebens und Nehmens kombinieren. Ein solches kombiniertes Ritual könnte den Schmerz über ein vergangenes Ereignis überwinden helfen, alte Interaktionsprozesse beenden und einen Anfang setzen für den erneuten Versuch einer Beziehungsaufnahme.

In welchem Maß Ritualthemen und Handlungen in einem ausgefeilten Ritual kombiniert werden, hängt von der Vielfalt der Probleme sowie vom Konstruktionsgeschick des Therapeuten ab. Das Unterschreiben einer „Gesundheits"-Urkunde durch jedes Familienmitglied könnte ein angemessenes Ritual sein, nachdem man sich auf einem Fest zur Feier der Beerdigung aller Etikettierungen des „ungesunden" Mitglieds gegenseitig beschenkt hat. Ein solches Ritual würde Konzepte aus allen fünf Themenkategorien ansprechen und verschiedene Arten von symbolischen Handlungen verwenden. Die Konstruktion von Ritualen, die verschiedene Themen und Handlungen miteinander kombiniert, wird durch ein Verständnis der therapeutischen Probleme, der Themenkategorien der Rituale, der Konstruktionselemente und der symbolischen Handlungen ermöglicht.

Der Einsatz von Teams

Teamarbeit ist zwar für die Konstruktion therapeutischer Rituale nicht unerläßlich, bietet aber die Gelegenheit, mit Ideen und Konzepten in Berührung zu kommen, die über die eigenen Erfahrungen hinausgehen. Sich über Rituale, die Teil der Erfahrung eines Teammitglieds sind, mit anderen auszutauschen, ist eine reiche Informationsquelle, die in den Gestaltungsprozeß eingehen sollte. Ein besonderes „Team“, das vermutlich zu wenig zu Rate gezogen wird, sind die Familienmitglieder oder Individuen in der Behandlung.

Die Familie als Team

Während sich meine Kollegen und ich im Laufe der Zeit bei der Ritualkonstruktion weiterentwickelt haben, hat sich gleichzeitig die Zusammenarbeit mit Familien hinsichtlich ihres Beitrags zu Interventionen oder Ritualen intensiviert. Früher neigten wir dazu, das Zimmer während einer Sitzungspause zu verlassen, ein Ritual zu konstruieren, um es dann ohne Mithilfe der Familienmitglieder zu verschreiben. Heute neigen wir eher dazu, ihre Gedanken und Ideen zur Durchführung eines Rituals sowohl unmittelbar als auch durch zirkuläre Fragen in Gegenwart der Familie zu diskutieren. Ob das Ritual überhaupt durchgeführt wird, wird von der Familie bzw. dem Individuum und dem Therapeuten bzw. dem Team gemeinsam entschieden. Dieser Prozeß führt häufig nicht nur zur gemeinsamen Konstruktion eines Rituals, das besser zur Familie „paßt“, sondern liefert umgehend ein Feedback hinsichtlich der Anerkennung oder Ablehnung der von uns entwickelten systemischen Hypothesen.

Schlußfolgerungen

Dieses Kapitel soll Prinzipien und Leitlinien für die Konstruktion „maßgeschneiderter“ therapeutischer Rituale liefern, die den individuellen Bedürfnissen jeder Familie, jedes Paares oder jedes Individuums entsprechen. Während die Betonung auf den benötigten Elementen, Ritualtechniken und symbolischen Handlungen für die Konstruktion des Rituals liegt, muß gleichzeitig daran erinnert werden, daß auch der Vorbereitungsprozeß für die Durchführung des Rituals eine therapeutische Wirkung erzielt. Der Student, der gebeten wurde, Symbole der positiven und negativen Aspekte seines Trinkens mitzubringen, muß sein Verhalten überprüfen, während er sich auf neue, noch zu konstruierende Rituale vorbereitet. Wenn auch die genaue Natur der Rituale noch unklar ist, sicher ist, daß sie alle gemeinsame Elemente, einige Ritualtechniken oder symbolische Handlungen und einige Ideen aus anderen gestalterischen Überlegungen enthalten werden. Davon bin ich überzeugt, denn jedes Mal, wenn ich ein Ritual konstruiere, stelle ich mir Fragen, die sich auf alle drei Kategorien beziehen.

In Bezug auf den über sein Trinkverhalten besorgten Studenten könnten beispielsweise die Fragen der Kategorie I, *Konstruktionselemente,* folgendermaßen lauten:

- Ist der Student mit seiner Auswahl der Symbole zufrieden, und werden sie der Bedeutung der positiven und negativen Aspekte seines Trinkverhaltens gerecht?
- Welches wäre der geeignetste Ort für ein erstes Ritual? Schließt es sowohl offene als auch geschlossene Aspekte ein, und wie werden diese betont?

Mögliche Fragen zu Kategorie II, *Ritualtechniken und symbolische Handlungen,* könnten so aussehen:

- Welche Symbole können am leichtesten losgelassen werden und durch welche ritualisierte Handlungen?
- Würde es helfen, wenn er alle Symbole auf Tonband aufnimmt, so daß er sich diese Aufnahme immer dann anhören könnte, wenn er trinken möchte?

Kategorie III, *andere Überlegungen zur Konstruktion,* könnte durch folgende Fragen abgedeckt werden:

- Reflektiert das Ritual die Dichotomie der positiven und negativen Aspekte seines Trinkverhaltens, und sollte es alternierende Elemente mit einbeziehen?
- Was würde passieren, wenn er sich jedesmal nach dem Austrinken eines Glases für eine Minute vor den Spiegel stellen müßte und zu entscheiden hätte, ob er noch etwas trinken wolle, und dann ein T-Shirt mit positivem oder negativem Symbol anzuziehen hätte? (Das ist ausbaufähig!)

Ehrlich, es ist interessant, was gerade passiert ist. Es ist mein voller Ernst! Gerade in diesem Moment kam mir die Idee mit den T-Shirts, als ich mir Fragen bezüglich der Kategorie III stellte. Die einfache Auflistung möglicher Fragen, die Konzepte aus jeder der drei Kategorien reflektieren, hat geholfen, einem vorher unbekannten Ritual eine Richtung zu geben. Machen Sie sich mit den in Tabelle 1 aufgeführten Kategorien vertraut, und benutzen Sie sie als Wegweiser, um Fragen zu entwickeln, die sie an sich selbst, an Ihre Familien, Paare und Einzelklienten richten, dann werden auch Sie kreative therapeutische Rituale konstruieren.

II. Rituale im Verlauf des Lebenszyklus

4. Normative und therapeutische Rituale in der Paartherapie

Evan Imber-Black

Viele Fragen, die Paare zur Therapie mitbringen, können mit einer Herangehensweise, die sowohl normative, alltägliche als auch therapeutische Rituale verwendet, wirksam angegangen werden.

Der sich entwickelnde Lebenszyklus verheirateter Paare bietet eine Fülle von Gelegenheiten für normative Rituale, angefangen bei der Verlobung, die die Heiratsabsicht bekanntgibt. Das Hochzeitsritual selbst zieht eine öffentlich definierte Grenze um das Paar, bezeichnet ihre Mitgliedschaft im Paarsystem, verdeutlicht die Art der Verbindung zur erweiterten Familie und zu Freunden und verkündet den Glauben an eine gemeinsame Zukunft. Spezifische religiöse, ethnische oder persönliche Überzeugungen über die Konzeption der Ehe werden durch das Hochzeitsritual zum Ausdruck gebracht. Die Hochzeitstage geben dem Paar jedes Jahr Gelegenheit für ein Ritual, um über ihre Beziehung nachzudenken und sie zu feiern. Da es abgesehen vom 25. und 50. Hochzeitstag, die als Meilensteine betrachtet werden, wenige definitive Normen für Feierlichkeiten an Hochzeitstagen gibt, bieten sie dem Paar Gelegenheit, ihre eigenen Ritualtraditionen zu entwickeln.

Auch zusammenlebende heterosexuelle und homosexuelle Paare können Rituale entwickeln, um ihre Beziehungen zu markieren und zu feiern. Besonders für homosexuelle Paare beiderlei Geschlechts, die sich gebunden haben, ist die Entwicklung von Ritualen, die ihre Beziehung unterstreichen, besonders wichtig. Denn für sie gibt es kein gesellschaftlich anerkanntes Hochzeitsritual, und sie werden häufig von ihrem sozialen Umfeld abgelehnt (Roth 1985).

Alle Paare konstruieren Tages- und Wochenrituale wie Abschieds- und Wiedersehensriten, Essens- und Ausgehrituale und sexuelle Rituale. Urlaub, besondere Ausflüge und Ferien zu zweit können einen Teil des Rituallebens eines Paares bilden.

Während Hochzeiten und Hochzeitstage sowie viele der täglichen oder jahreszeitlich bedingten Rituale eines Paares gewöhnlich Vorstellungen des Vergnügens und der Freude heraufbeschwören, sind die Rituale unglücklicher Paare mit traurigen Erinnerungen, Trennungen von der erweiterten Familie, unerfüllten Erwartungen und stereotypen, unbefriedigenden Interaktionen verbunden. Die therapeutische Exploration des Rituallebens eines Paares kann sowohl dem Therapeuten wie auch dem Paar Zugang zu den wichtigsten Entwicklungs-, Existenz- und Interaktionsproblemen schaffen. In der Paartherapie können durch die Neubelebung stagnierender Rituale, die zur Metapher einer starren Beziehung geworden sind, durch die Veränderung destruktiver und demoralisierender Rituale und durch die Beteiligung an ungewöhnlichen therapeutischen Ritualen neue Beziehungsmuster ermöglicht werden.

Die Erforschung von Ritualen in der Paartherapie

Der Ausgangspunkt für die Verwendung von Ritualen in der Paartherapie ist per se das Interview. Der Therapeut kann mühelos erfragen, um welche täglichen, jahreszeitlich bedingten und Lebenszyklusrituale es sich handelt, und aus den Beschreibungen der gegenwärtigen Situation des Paares entnehmen, wie er die entsprechenden Informationen in einen rituellen Rahmen einzufügen hat.

Kurzbeispiel – Ein Wochenendritual

In der zweiten Therapiesitzung erzählten Herr und Frau Polk, ein chronisch unglückliches Paar, auf meine Frage, wie sie ihre Freizeit verbringen, folgende Geschichte: Seit 23 Jahren verheiratet, waren sie an den Wochenenden der vergangenen 15 Jahre in einem unbefriedigenden Muster gefangen. Jeden Freitagabend zählte Frau Polk die Aufgaben auf, die übers Wochenende zu erledigen waren. Beide kamen überein, daß sie zusammen ausgehen würden, wenn alles erledigt wäre. Samstags vormittags fielen Herrn Polk unzählige Gründe dafür ein, die Aufgaben nicht anzugehen. Frau Polk regte sich furchtbar auf, und es kam regelmäßig zu einem Streit. Die Aufgaben blieben unerledigt, und anstatt zusammen auszugehen, gingen sie sich aus dem Weg. Die unerledigten Aufgaben blieben ihnen als Metapher schwelenden Zornes die Woche über erhalten, bis das Ritual am nächsten Wochenende wiederholt wurde. Das Paar war sich darüber einig, daß „sich 15 Jahre Staub angesammelt" hatte.

Bemerkenswert ist, daß mir Herr und Frau Polk berichteten, sie hätten so gut wie keine gemeinsamen Feiern. Sie ignorierten Hochzeitstage und Geburtstage. Feierlichkeiten mit der erweiterten Familie waren mühsam und gezwungen. Unter der Woche kam Herr Polk spät von der Arbeit nach Hause, so daß das Paar nicht zusammen zu Abend aß. Das starre Ritual der Wochenendquerelen stellte ihren Hauptkontakt dar. Während unserer Besprechung deutete ich an, daß ihr Wochenendritual zuverlässig, wenn auch unbefriedigend sei. Ich verschrieb keine Hausaufgaben. Ich unternahm nichts, um Veränderungen einzuschränken. In der nächsten Sitzung beschrieb das Paar, wie Herr Polk am Samstagvormittag nach einer Stunde Verzögerung zum ersten Mal seit fünfzehn Jahren seinen Teil der Aufgaben in Angriff nahm. Anstatt wie gewöhnlich ihren Zorn über die Verzögerung zum Ausdruck zu bringen, erledigte Frau Polk die Aufgaben mit ihm gemeinsam. Später gingen sie zusammen aus und hatten viel Spaß.

Dieses Beispiel ist eins von vielen, bei denen der Therapeut den Paaren mit einem feinen Gehör für Rituale zuhört und eventuell vorhandene Rituale als konzeptionelle Stütze benutzt, um Informationen zu organisieren. Paare, denen befriedigende tägliche Rituale fehlen, konstruieren unbefriedigende. Womöglich entwickeln sie individuelle Rituale, wie zum Beispiel die Paare, die selten zusammen essen, um Kontakt zu vermeiden. Therapeutische Diskussionen über die täglichen Rituale eines Paares können, wie im vorangegangenen Beispiel, zu einer spontanen Veränderung oder zur Konstruktion eines therapeutischen Rituals führen.

Bei der Informationssammlung für ein Genogramm des Paares kann sich der Therapeut mühelos nach Ritualen des Lebenszyklus erkundigen. Die Frage: „Wie war Ihre Hochzeit?" gibt dem Therapeuten und den Eheleuten eine Menge Information darüber, wie sie sich als Paar finden, was sie voneinander und von der Ehe erwarten. Auch werden Fragen der gegenseitigen Verpflichtung angesprochen und der Kontext der erweiterten Familie und der Freunde, in dem das Paar lebt, beleuchtet. Fragen zum Hochzeitstag eines Paares, wann und ob er gefeiert wird, können dazu führen, das Datum des Hochzeitstages als Kontextmarker in der Therapie zu benutzen und therapeutische Rituale zu konstruieren, die ein „neues Ehegelöbnis" als Metapher für die Erforschung und Veränderung der Beziehung zur Folge haben.

Kurzbeispiel – „Unsere Hochzeit war die Hölle!"

Ein Paar, William und Ellen Coburn, kam zum Beratungsinterview. Als Grund, das Gespräch als Beratung zu definieren, gab der Therapeut an, daß das Paar „sich anscheinend nicht auf eine Therapie einigen kann". Er beschrieb, daß sie während ihrer Ehe mehrere Therapeuten aufgesucht hätten, sich dreimal getrennt und wieder zueinandergefunden hätten, jetzt kurz vor der vierten Trennung stünden und in den Sitzungen zwischen dem Wunsch, ihre eigene Beziehung in der einen Sitzung zu diskutieren und das Verhalten ihrer Kinder in der nächsten Sitzung, hin und her schwankten. Das Paar hatte zwei Kinder, eine vierzehnjährige Tochter, die mit einer Lippen-Kiefer-Gaumenspalte geboren worden war, und einen zwölfjährigen Sohn. Der Therapeut meinte, die Sitzungen seien häufig durch bittere Auseinandersetzungen zwischen Mann und Frau gekennzeichnet und Fortschritte kaum zu verzeichnen.

Nachdem ich mir die Meinung der Eheleute zu ihren Problemen, die der des Therapeuten entsprach, angehört hatte, bat ich sie, einen typischen Tag zu beschreiben. Der Mann arbeitete Nachtschicht und das Paar verbrachte wenig Zeit zusammen. Außer donnerstags, dem einzigen freien Tag des Mannes, aßen sie nicht zusammen. Wenn sie zusammen waren, stritten sie sich oft. Ich schlug dann vor, daß wir ein wenig in die Vergangenheit zurückblicken sollten, und forderte sie auf, mir von ihrer Hochzeit zu erzählen. Ellen erwiderte: „Unsere Hochzeit war die Hölle!" Sie führte aus, daß sie mit ihrem ersten Kind schwanger gewesen war, als sie heirateten. Sie suchten sich dafür eine Kirche aus, die keine der beiden Herkunftsfamilien kannte. Ellen sagte: „Wir hatten keine Probe, und als wir ankamen, sagte der Priester, wir sollten uns zur Gemeinde umdrehen, um unser Treuegelöbnis abzulegen. Ich sagte: „Niemals! Ich lege mein Treuegelöbnis nicht ab, wenn ich dabei seine und meine Eltern anschauen muß!"

Auf diese Beschreibung folgte eine bewegende Diskussion ihres Schamgefühls. William sagte, er höre sie zum ersten Mal über diese Gefühle sprechen, und schien ihr beistehen zu wollen. Er sagte mir, daß es keine Feier gegeben hätte, als ihre Tochter auf die Welt gekommen sei, weil sie durch ihre Behinderung völlig überwältigt waren. Die erweiterte Familie hätte sich distanziert. Ellen fühlte sich „von Gott bestraft". Das Paar gab zu, ihren Kindern ein früheres Datum für die Hochzeit angegeben zu haben, um die Tatsache zu verschleiern, daß die Schwangerschaft vor der Ehe eingetreten war. Ellen meinte, sie wären so verwirrt durch die zwei Daten, daß sie sich gar nicht erst bemühten, ihren Hochzeitstag zu feiern.

Die während dieses Beratungsinterviews gesammelten Informationen ergaben das Bild eines Paares, dessen wichtigste Ereignisse des Lebenszyklus sowie die damit verbundenen Rituale entgleist waren und das nur wenige befriedigende tägliche Rituale miteinander hatte. Diese Erkenntnis wurde dazu benutzt, der Therapie eine neue Richtung zu geben. Ich fragte das Paar nach dem eigentlichen Hochzeitstag, und sie erwiderten, er sei in sechs Monaten. Ich fragte, ob sie bereit wären, sich für die nächsten sechs Monate auf eine Therapie zu *verpflichten,* deren einziger Fokus ihre Beziehung wäre. Dadurch sollten vergangene Therapie- und Ehemuster unterbunden werden, die jedwede Verpflichtung ausgeschlossen hatten. Sie stimmten zu. Ich schlug dem Therapeuten vor, daß die Hauptaufgabe dieser Therapie darin bestehen müßte, neue Treuegelöbnisse zu explorieren, da der Kontext der ursprünglichen Treuegelöbnisse eher aus einer Verpflichtung entstanden war als aus einem aktiven Wollen und zudem mit Schwierigkeiten und Enttäuschungen durchsetzt war. Schließlich erklärte ich, daß dieses Vorgehen ihnen eine Entscheidung ermöglichen würde, ob sie eine gemeinsame Zukunft als Mann und Frau überhaupt wollten.

In diesem Beispiel bewirkte die Diskussion der Hauptereignisse des Lebenszyklus und der Rituale der Hochzeit, der Geburt eines Kindes und der Hochzeitstage, daß sich das Ehepaar während der Sitzung gegenseitig beistand, statt sich mit Verbitterung zu begegnen. Sie führte ferner dazu, daß die Atmosphäre der Schande, die die Familie durchdrungen hatte, taktvoll besprochen und schließlich in der Therapie eine neue Richtung eingeschlagen werden konnte.

Die Diskussion zukünftiger Rituale

Zusätzlich zur oben beschriebenen Diskussion vergangener und gegenwärtiger Rituale hat es sich in der Paartherapie oft als nützlich erwiesen, bevorstehende Rituale zu diskutieren. In diesem Fall fokussiert man zum Beispiel auf Feiertage wie *Thanksgiving* oder Weihnachten oder auf Urlaub, da diese oft ritualisiert werden.

Die Exploration von Feiertagen in der Paartherapie führt oft zur Fokussierung auf die Beziehung des Paares zur erweiterten Familie. Sowohl der Therapeut als auch das Paar können durch die Diskussion ihrer Feiertagspraktiken Muster entdecken. Solche Muster können Trennungen, Feierlichkeiten, die zu einer Seite der Herkunftsfamilien hin verzerrt sind, oder die Beteiligung an obligatorischen, aber spannungsgeladenen Feiertagsaktivitäten einschließen. Ungelöste Probleme aufgrund ethnischer und religiöser Unterschiede treten im Laufe solcher Diskussionen häufig hervor. Oft hatte das Paar keine Gelegenheit, diese Probleme mit Dritten außerhalb der erweiterten Familie zu besprechen. Wenn man das Dilemma des Paares hinsichtlich der Feiertagspraktiken als eine normale, von allen ethnisch oder religiös gemischten Paaren zu bewältigende Entwicklungsaufgabe deutet, kann dies dem Paar dabei helfen, funktionierende Rituale zu entwickeln. Da Beziehungsmuster an Feiertagen oft ganz besonders schmerzlich zutage treten, bieten sie die Gelegenheit, das Paar darauf vorzubereiten, wie es seine Beteiligung am Ritual und damit die Muster, die die Metapher für die Ritualpraxis darstellte, verändern kann.

Feiertagsrituale bringen den einen oder anderen Partner vielleicht dazu, Veränderungen aufzuspüren, die in der täglichen Routine untergegangen sind. Kurz vor Weihnachten fiel es beispielsweise einer Frau auf, daß ihr Mann deprimiert war, weil er sich nicht wie gewöhnlich an den Festvorbereitungen beteiligte. Während der Sitzung gab der Mann zu, sich schon seit Wochen nicht wohl gefühlt zu haben, daß er dies jedoch seiner Frau weder mitgeteilt habe, noch habe sie ihm etwas anmerken können, da sich an ihrer üblichen täglichen Routine nichts geändert habe.

Wie an Feiertagen stellt auch der Urlaub für Paare eine Unterbrechung der „normalen Zeit" dar. Jeder Urlaub, ähnlich wie Feiertage, existiert im Kontext früherer Urlaube, die befriedigende oder unbefriedigende Erinnerungen, ein Gefühl des Erfolgs oder Mißerfolgs hervorrufen. Viele Paare haben Urlaubsrituale, die sich jedes Jahr wiederholen. Dazu gehören bestimmte Rollen für die Planung der Reise, zum Beispiel daß der Mann oder die Frau alle Reisevorbereitungen trifft, Streit am Abend vor der Reise, Lieblingsorte, die immer wieder besucht werden, stereotype Auseinandersetzungen über die gemeinsam oder getrennt zu verbringende Zeit, oder Auseinandersetzungen nach der Rückkehr von einer ansonsten befriedigenden Reise. Manche Paare berichten, daß „Urlaubsreisen *immer* gräßlich" sind, egal wie sie sonst miteinander auskommen. Die Diskussion von Urlaubsritualen während einer Paartherapie kann zur Konstruktion neuer und befriedigenderer Muster beitragen.

Kurzbeispiel – Der Therapeut als „Reiseveranstalter"

Nachdem sie sich getrennt hatten, kamen Eugene und Ella Carne zur Paartherapie. Sie sagten, sie wollten sich versöhnen, ihre Beziehung sei aber äußerst unbeständig. Im Laufe unserer Zusammenarbeit trat das Bild zweier Menschen hervor, die sich in ihrem Bedürfnis nach Autonomie und interpersoneller Distanz so sehr ähnelten, daß sie sich in einer Beziehung nicht wohl fühlen konnten. Gleichzeitig glaubten beide, daß Paare fast ihre ganze Freizeit zusammen verbringen müßten und daß mit ihrer Beziehung etwas nicht stimmen könne, da sie offensichtlich nicht lange zusammen sein könnten, ohne sich zu streiten. Die ersten Therapiesitzungen wurden damit verbracht, diese Überzeugungen zu untersuchen und in Frage zu stellen sowie einen anderen Beziehungsstil einzuführen, der mehr Distanz ermöglichte. Eugene und Ella entspannten sich und begannen, einen angemesseneren, für sie funktionierenden Rhythmus des Zusammenseins und Getrenntseins zu erarbeiten.

Zur fünften Sitzung erschienen sie sehr besorgt über einen bevorstehenden Urlaub in Kalifornien. Sie unternahmen die Reise zum einen zu ihrem Vergnügen und zum anderen, um die Möglichkeiten eines Umzugs nach Kalifornien zu untersuchen. Ich forderte sie auf, mir von früheren Urlaubsreisen zu erzählen. Während sie Geschichten von ihren Reisen erzählten, wurde deutlich, daß Urlaubsreisen eine komprimierte Metapher für das Problem darstellten, Distanz zu brauchen, während sie der Meinung waren, „gute" Paare hätten ihre ganze Zeit zusammen zu verbringen. Bei früheren Urlaubsreisen hatte es kurz vor der Abreise immer schwere Auseinandersetzungen gegeben und auch während der Reise viele unglückliche Interaktionen über die Frage, wie sie die Zeit verbringen sollten. Jeder meinte, seine / ihre getrennten Interessen würden vom anderen nicht respektiert, so daß dadurch auch die Zeit für Dinge, an denen beide ihren Spaß hatten, getrübt wurde. Ich sprach die Möglichkeit an, eine andere Art von Urlaub zu planen. Sie hatten sich nie Gedanken darüber gemacht, wie ihr Urlaub aussehen sollte, und waren damit einverstanden, einen Versuch zu unternehmen. Während der restlichen Sitzung untersuchten wir sowohl das, was jeder für sich gerne machte, als auch das, was sie gerne zusammen machten. Ich forderte sie auf, vor der nächsten Sitzung einen Plan für die Reise zu erarbeiten, der diese Urlaubsreise von den vorangegangenen unterscheiden würde.

Als sie wiederkamen, sagten sie, sie hätten durchdiskutiert, wie jeder den Urlaub verbringen möchte. Eine solche Diskussion war für sie eine neue Erfahrung. Sie einigten sich auf bestimmte Zeiten des Tages, an denen jeder seinen eigenen Interessen nachgehen würde, und auf bestimmte Zeiten, darunter das Abendessen, die sie zusammen verbringen würden. Bei vorhergehenden Urlaubsreisen verliefen die Abendmahlzeiten oft unglücklich, da sie sich häufig stritten. Sie sahen voraus, daß die gemeinsamen Abende diesmal besser sein würden!

In der Sitzung nach dem Urlaub berichteten sie, im großen und ganzen sei alles besser gelaufen als vorher. Sie hatten ihren Plan für getrennte Zeiten eingehalten und hatten sich auf die gemeinsamen Abende gefreut. Zum ersten Mal bei einer Urlaubsreise hatten sie sexuell Spaß miteinander. Eugene berichtete, daß Ella bei aufkommenden Spannungen immer sagte, daß sie die „von dem ‚Reiseveranstalter' in der Therapie geplante Reiseroute" befolgen müßten, daß sie dann darüber lachen konnten und für eine Weile getrennte Wege gingen. Ihre Fähigkeit, frühere Urlaubsrituale zu verändern, gab ihnen das Gefühl, als Paar eine Zukunft zu haben.

Die Arena der Paartherapie gibt uns außerdem noch Gelegenheit, zukünftige Rituale des Lebenszyklus zu diskutieren, insbesondere mit Paaren, die eine Hochzeit planen. Wie bei bereits verheirateten Paaren kann das Konzept der „Treuegelöbnisse" einen wirksamen Teil der Therapie bilden. Eine Diskussion der tatsächlichen Hochzeitspläne liefert uns Informationen über den Kontext des Paares, über potentielle Minenfelder der Beziehung und über einen möglichen Heilungsbedarf und gestattet gleichzeitig die gemeinsame Konstruktion eines Hochzeitsrituals, mit dem das Paar wirklich etwas anfangen kann.

Kurzbeispiel – „Seit wir den Hochzeitstag festgelegt haben ..."
Ein Paar, Karen (42) und Will (48), kam sechs Wochen vor seiner geplanten Hochzeit zur Therapie. Beide waren geschieden. Wills Scheidung hatte vor sieben Jahren stattgefunden, Karens aber erst vor einem Jahr. Sie sagten, sie stritten sich oft und überlegten sich, die Hochzeit abzublasen. Karen sagte: „Seit wir den Hochzeitstag festgelegt haben, ist alles schlimmer geworden!"

Ich fragte, wen sie zur Hochzeit einladen wollten. Ihre Antworten deuteten etliche Beziehungsabbrüche und schmerzliche, ungelöste Verluste an. Will sagte, seine erwachsenen Kinder würden vermutlich nicht kommen, da sonst ihre Mutter unglücklich wäre. Karen meinte, sie würde zwar gerne ihre Stiefkinder aus der vorangegangenen Ehe einladen, glaubte jedoch auch nicht, daß sie kommen würden. Beide waren überrascht zu hören, daß die Kinder bzw. Stiefkinder des anderen wahrscheinlich nicht kämen, denn sie hatten dieses Problem nicht untereinander diskutiert. Will sagte, seine Eltern kämen, allerdings billige sein Vater die Heirat nicht. Karens Vater war vor anderthalb Jahren gestorben. Sie schilderte, wie sehr sie die Trauer um ihren Vater und ihre Scheidung mitgenommen hatten. Als wir die Gästeliste diskutierten, bekamen Karens und Wills Streitereien einen anderen Sinn, nämlich den, sie vor so vielen schwierigen Beziehungsfragen zu schützen. Während der Sitzung zeigten sie ein hohes Maß an Einfühlungsvermögen füreinander. Statt die Hochzeit abzusagen entschied sich das Paar, sie auf einen späteren Termin zu verschieben, so daß sie innerhalb und außerhalb der Therapie die vielen durch unsere Diskussion der potentiellen Gästeliste hervorgerufenen individuellen Fragen und Beziehungsfragen bearbeiten konnten.

Therapeutische Rituale in der Paartherapie

Im Verlauf der Paartherapie können therapeutische Rituale bei Problemen, die eines der in Kapitel 2 behandelten fünf Ritualthemen, nämlich *Mitgliedschaft, Heilung, Identität, Meinungsäußerung und Diskussion konträrer Meinungen* und *Feiern* umfassen, wirkungsvoll sein. Paartherapie an sich kann man als eine erweiterte Meinungsäußerung und Diskussion konträrer Meinungen und als ein Überwindungsritual betrachten, das in der Lage ist, die Identität eines Paares zu verändern. Ein Paar tritt die Therapie vielleicht mit einer engen und einschränkenden Identität als „Partner, die ständig streiten" oder „nicht kommunizieren" an. Aus dem Therapieprozeß, der eine zeitliche und räumliche Grenze für die Äußerung und Überwindung von Überzeugungen seitens des Paares und des Therapeuten darstellt, kann eine neue, aufgeschlossenere Identität hervorgehen.

Die besonderen Probleme, mit denen Paare zur Therapie kommen, eignen sich jedoch oft für dramatischere und spezifischere therapeutische Rituale bezüglich der sich häufig überschneidenden Themen der Heilung, der Mitgliedschaft und der Feierlichkeiten.

Fragen des Verzeihens und der Heilung in der Paartherapie

Viele Paare kommen unmittelbar nach einem spezifischen Bruch im Beziehungsgeflecht zur Therapie. Dazu können außereheliche Beziehungen, die Enthüllung oder Entdeckung eines Geheimnisses oder das Gefühl gehören, während einer entscheidenden Interaktion mit der erweiterten Familie oder Freunden verraten worden zu sein. Andere Paare kommen erst viele Jahre nach einem solchen Ereignis zur Therapie und behaupten, es nicht überwinden zu können und daß alle ihre gegenwärtigen Interaktionen im Kontext eines Gefühls der Enttäuschung oder des Mangels an Vertrauen stehen. Solche Paare haben von sich meist ein negatives Identitätsgefühl. In diesem Fall kann ein therapeutisches Ritual konstruiert werden, um Verzeihung und Heilung zu ermöglichen.

Fallbeispiel – Eine Affäre auf Eis legen

Ein Paar wurde durch den psychosozialen Dienst zur Therapie überwiesen. Seine Kinder waren gegenwärtig in Pflege, und eine Bedingung für ihre Rückkehr in die Familie war, daß das Paar sich einer Ehetherapie unterzog.

Joan und Sam waren ein wiederverheiratetes Paar. Joan hatte zwei Kinder aus einer früheren Ehe, Sam hatte ein Kind aus einer früheren Ehe, und sie hatten ein Baby aus der gemeinsamen Ehe. Das Paar war seit vier Jahren verheiratet und hatte vor der Hochzeit ein Jahr lang zusammengelebt (Abb. 1).

Aus der Überweisung ging hervor, daß es sich um ein „chaotisches" Paar mit einer schlechten Prognose handle. Sam hatte eine lange Vorgeschichte als Alkoholiker. Joan hatte vor kurzem eine sehr dramatische und offen ausgelebte Affäre gehabt, die die Trennung des Paares zur Folge hatte, weil sie mit ihrem Geliebten „durchgebrannt" war. Die Kinder wurden in Pflege gegeben, und Sam, zu der Zeit arbeitslos, war selbstmordgefährdet. Zum Zeitpunkt der Überweisung hatte sich das Paar gerade versöhnt, und Sam hatte aufgehört zu trinken. Er ging zu den Anonymen Alkoholikern.

Im Laufe des ersten Interviews gab mir das Paar folgende Informationen: Sie hatten sich zu einem Zeitpunkt kennengelernt, als beide gerade eine schmerzliche und bittere Scheidung hinter sich gebracht hatten. Jeder hatte sich geschworen, daß sie nie wieder etwas mit einem „Mitglied des anderen Geschlechts" zu tun haben würden. Nachdem sie sich das erzählt hatten, zogen sie noch in der

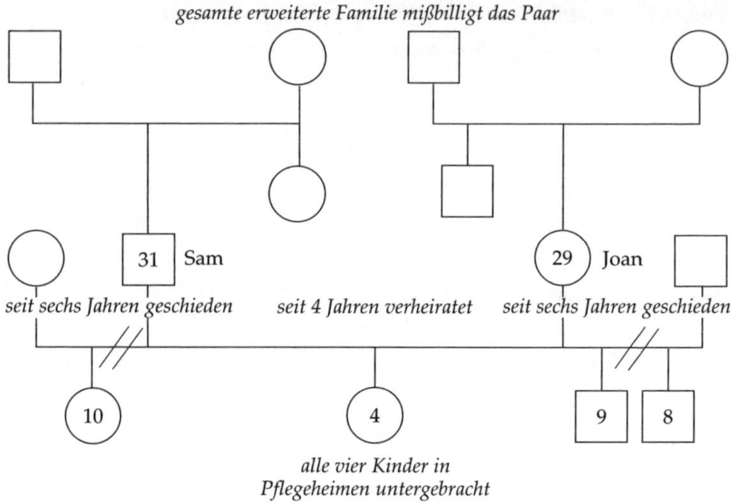

Abb. *Joan und Sam: Eine Affaire auf Eis legen*

Nacht zusammen, in der sie sich kennenlernten! Ihre neue Einheit schloß die jeweiligen Kinder mit ein, und Joan bezeichnete sie als „Fertigfamilie". Ihre Herkunftsfamilien mißbilligten diesen Schritt heftig und sagten voraus, daß die Sache schiefgehen würde. Joan wurde schwanger, und das Paar heiratete. Sie berichteten, die meisten Mitglieder ihrer Familien hätten sich geweigert, zur Hochzeit zu kommen, das Paar selbst war wegen Joans Schwangerschaft etwas beschämt. So entgleiste das Anfangsritual der Paarbildung, die Hochzeit, und das Paar wurde von Verwandten als „schlechtes Paar" bezeichnet. Kurz nach der Hochzeit verlor Sam seine Arbeit und fing stark zu trinken an, was den Prophezeiungen, das Paar und die neue Familie sei nicht lebensfähig, noch zusätzliches Gewicht verlieh. Als ihr Baby auf die Welt kam, weigerten sich die meisten Verwandten, zur Taufe zu kommen. Das Paar fühlte sich isoliert, ohne Unterstützung und nahm seinerseits auch nicht an Ritualen der erweiterten Familie wie Thanksgiving, Weihnachten oder Familientreffen teil. Als Paar funktionierten sie immer schlechter, was in Joans Seitensprung und der darauffolgenden Wegnahme der Kinder gipfelte.

Obwohl sich Joan und Sam wieder versöhnt hatten, meinten sie doch, keinerlei Unterstützung von außen für ihre Ehe zu haben. Sie waren in ihren Herkunftsfamilien als das „verrückte" Paar bekannt. Für größere helfende Systeme waren sie ein „chaotisches" Paar, unfähig, Anweisungen für Veränderungen auszuführen. In ihren Augen bemühten sie sich sehr, ihre Ehe wiederherzustellen, fürchteten aber, daß die Ansichten der Familie und der Helfer wahrscheinlich richtig waren. Begründet war diese Meinung teilweise durch ein Streitmuster, das sich zwischen ihnen seit Joans Rückkehr herausgebildet hatte. Sie fingen damit an, sich über ein bestimmtes Thema zu streiten, und setzten sich dann lautstark und beleidigend über Joans Seitensprung auseinander. Beide meinten, dieses Muster müßte unbedingt verändert werden, wußten jedoch nicht wie. Ich schlug folgendes Ritual vor, das sowohl Heilungs- als auch Identitätsfragen ansprechen sollte:

Zu Hause sollte jeder für sich einen Gegenstand oder ein Symbol suchen, das ihn / sie „an die unglückliche Zeit erinnerte, die es zwischen ihnen gegeben hatte". Sie sollten dann zusammen die ausgewählten Symbole diskutieren und in eine große Schüssel legen, mit Wasser übergießen und in die Gefriertruhe stellen. Dann wurde das Paar gebeten, einem Experiment zuzustimmen. Wenn sie sich das nächste Mal stritten, sollten sie mit dem Streit aufhören, die Schüssel aus der Gefriertruhe holen und darauf warten, daß die Gegenstände auftauten, bevor sie anfingen, sich über Joans Verhältnis weiterzustreiten. Während der Auftauzeit sollten sie die positiven Qualitäten ihrer Beziehung, sowohl in der Vergangenheit als auch in der Gegenwart, diskutieren. Diese Diskussion, so wurde ihnen gesagt, könnten sie dadurch verbessern, daß sie bei jemandem, von dem sie wußten, daß er sie als Paar unterstützte, Meinungen über sich einholten; es gab nämlich einige wenige Verwandte und Freunde, die eine gute Meinung von ihnen hatten. Wenn die Symbole dann aufgetaut waren, durften sie sich über die Affäre streiten, falls sie das wollten. Das Paar lachte zum ersten Mal während der Therapie und stimmte dem „Experiment" zu.

Als sie drei Wochen später wiederkamen, berichteten sie, daß sie fast allen meinen Vorschlägen mit ein paar eigenen Variationen gefolgt waren. Sie entschlossen sich, sich mit den Menschen, die sie unterstützten, schon *vor* einem Streit zu unterhalten, aufzuschreiben, was über sie gesagt wurde und die Notizen an einem bestimmten Ort aufzubewahren. Als Symbole brachte Joan „eine Familie kaputter Puppen" und sagte Sam, so hätte sie sich kurz vor und während ihres außerehelichen Verhältnisses gefühlt, und wenn sie sich deswegen stritten, fühle sie sich jetzt auch so ähnlich. Sam brachte einige

Dollarscheine und meinte, Joans Verhältnis habe dazu geführt, daß er sich wegen seiner Arbeitslosigkeit schämte. Als sie die Sachen zusammen einfrieren wollten, entschuldigte sich Joan bei Sam für ihren Seitensprung, was sie bisher nie getan hatte, und Sam entschuldigte sich seinerseits dafür, daß er sie durch seine verbalen Reaktionen darauf verletzt hatte. Zum ersten Mal sprachen beide über ihre individuelle Traurigkeit *vor* Joans Affäre. Sie erzählten, sie hätten sich zweimal gestritten. Während des ersten Streits, als die Symbole auftauten, befolgten sie den Vorschlag, die positiven Aspekte ihrer Ehe zu diskutieren. Nach dem Auftauen unterhielten sie sich kurz über das Verhältnis, stritten sich jedoch nicht. Im Gegenteil gelang es ihnen, den vorangegangenen Streit erfolgreich zu beenden. Während der Auftauphase beim zweiten Streit beschlossen sie, die Zeit dazu zu verwenden, Strategien für das Heimholen der Kinder aus den Pflegestellen zu entwickeln. Sie kamen zur Therapie mit einer Liste von Problemen und Fragen wegen der Planung für die Rückkehr der Kinder.

Diskussion des Rituals

Als sie mit der Therapie begannen, definierte sich das Paar selbst als „schlechtes" Paar. Auch von wichtigen Mitgliedern der erweiterten Familie sowie von Helfern der größeren Systeme wurde es so definiert. Das Verhalten der beiden vor, während und unmittelbar nach Joans Affäre diente häufig dazu, diese Definition hervorzuheben und zu verdinglichen. Ihre eigenen wichtigen Lebenszyklusrituale waren schiefgegangen. Sie waren nicht in der Lage, die Verletzungen durch das Verhältnis und den Kontext, in dem es geschah, zu heilen. Ihre ständigen Versuche, Joans Seitensprung zu diskutieren, setzten nur den Teufelskreis fort, der dazu führte, daß sie schlecht von sich selbst dachten.

Das therapeutische Ritual appellierte an ihre Kreativität, ihren Humor und ihre Verspieltheit, allesamt Elemente, die fehlten, als ich sie kennenlernte. Durch die Anweisung, Symbole auszusuchen und sie zusammen einzufrieren, brachte das Ritual eine Symmetrie in ihr System ein, in dem vorher der Mann bezüglich Joans Verhältnisses als Opfer und die Frau als Übeltäter angesehen wurde, und umgekehrt bezüglich des Alkoholismus des Mannes. Ihre wohlüberlegte Wahl persönlicher Symbole ermöglichte eine neue Art der Diskussion über das Verhältnis, die durch Einfühlungsvermögen für den Schmerz des anderen statt durch Zorn und Abwehr gekennzeichnet war. Während die gemeinsame Beteiligung an dem Ritual Joans Verhältnis einen neuen Kontext gab, kam die eigene Problemlösungsfähigkeit des Paares zum Vorschein. Dieses Heilungsritual ermöglichte gegenseitiges Verzeihen, und Joan und Sam konnten sich als Menschen erleben, die ihre Probleme lösen, Spaß haben und an einer Zukunft für sich und ihre Kinder arbeiten konnten.

Chronische Ressentiments und heilende Rituale

Viele Paare kommen zur Therapie, nachdem sie etliche Jahre lang unglücklich und enttäuscht waren. Versucht man, auf gegenwärtige Interaktionen zu fokussieren, stößt man auf Beschreibungen jahrzehntelanger Ressentiments. Solche Paare sind meistens „wegen der Kinder" zusammengeblieben und suchen zum ersten Mal eine Paartherapie auf, wenn die Kinder aus dem Haus gehen. Einer der Partner, häufig die Frau, hat vielleicht schon seit Jahren darum gebeten, sich gemeinsam einer Therapie zu unterziehen, so daß das Aufsuchen oder Nichtaufsuchen eines Therapeuten zu einem Teil des laufenden Streits geworden ist. Mit diesen Paaren kann man therapeutische Heilungsrituale konstruieren, um ein neues Forum für die Offenlegung und das allmähliche Loslassen der Ressentiments zu schaffen.

Fallbeispiel – Ein Fluß voll Gift und Galle

Ein Paar, Sara und Carl Jackson, kam im Anschluß an eine kürzlich beendete sechsmonatige Trennung zur Paartherapie. Sie waren seit 22 Jahren verheiratet und sahen sich in Kürze mit dem Auszug ihres ältesten Kindes konfrontiert. Carl war Arzt und Sara war in der Schulverwaltung tätig. Der Ton der ersten Sitzung war besonders seitens Saras von Bitterkeit und einer schneidenden Kälte geprägt. Sie hatte auf Carls Bitte hin einer Therapie zugestimmt, obwohl er im Laufe der Jahre ähnliche Bitten ihrerseits abgelehnt hatte. Sie sagte, sie wäre bereit, „es ein allerletztes Mal zu versuchen". Als Therapeutin war ich mir nicht sicher, ob sie überhaupt noch daran glaubte, daß eine Therapie helfen würde. Als ich sie aufforderte, mir von guten Zeiten in der Ehe zu erzählen, behaupteten beide, es hätte keine gegeben. Sie berichteten, daß ihre Entscheidung, zu heiraten, sehr ambivalent gewesen sei. Sara sagte, sie hätte die Hochzeit beinahe abgesagt, ihre Mutter hätte sie jedoch „dazu überredet". Während der ersten beiden Sitzungen klagten beide bitterlich über den anderen. Sara beklagte sich, daß Carl nie für sie dagewesen sei, sich nie mit ihr besprochen habe, er sei ein Workaholic und ihr und den Kindern gegenüber oft voller Sarkasmus. Sie gab zu, daß er sich seit der Trennung Mühe gab; ihr jahrelang aufgestauter Zorn sei jedoch immer noch sehr stark. Carl seinerseits beklagte sich darüber, daß Sara ihn bei seinem beruflichen Fortkommen nicht unterstützte, sich in seine Beziehung zu ihren beiden Kindern einmischte und ihrem Einzeltherapeuten, den sie seit Jahren aufsuchte, mehr Vertrauen entgegenbrachte als ihm. An einem Punkt sagte Sara: „Wie Sie sehen, haben wir einen ganzen Fluß voll Gift und Galle."

Ich forderte sie auf, daß jeder für sich zu Hause aufschreiben sollte, was sie einander übelnahmen, und es zur nächsten Sitzung mitzubringen. Während Carl dies auch tat, weigerte sich Sara jedoch und behauptete, sie brauche mehr Therapiezeit, um alles zu besprechen, was während ihrer Ehe geschehen war.

Im Laufe einiger Sitzungen enthüllte sich die schmerzliche Geschichte von Saras langjähriger Tablettensucht. Beide stimmten darin überein, daß Carl diese Sucht ignoriert hatte. Er gestand ein, daß seine Position darin bestanden habe, die Sucht als „ihr Problem" abzutun. Dieses Verhalten ermöglichte ihm, sowohl die ernste Bedeutung von Saras Sucht als auch seine eigene Verantwortlichkeit als Partner zu leugnen. Schließlich mußte sie stationär behandelt werden. Während ihrer Genesungszeit suchte sie eine Selbsthilfegruppe auf, allerdings weigerte sich Carl, an der Partnergruppe teilzunehmen.

Im Verlauf der Therapie tauchten immer mehr bittere Erinnerungen auf, hauptsächlich auf Saras Seite. Fragen, über die sie bisher nie reden konnten, wurden besprochen. Carl gab seine distanzierte Einstellung auf und war bereit, Sara zuzuhören. Er gestand, daß er sich seines Verhaltens Sara gegenüber schämte. Während in der Therapie die Vergangenheit thematisiert wurde, berichteten beide, daß sie sich gegenwärtig besser verstünden als während ihrer bisherigen Ehezeit. Sie sprachen nicht mehr über Trennung. Meine Bemühungen, mehr auf Gegenwart und Zukunft zu fokussieren, wurden jedoch von Sara abgelehnt. Sie meinte, sie sei einfach noch nicht bereit dazu.

Zu diesem Zeitpunkt bat ich sie, Symbole der noch verbleibenden Uneinigkeit zur nächsten Sitzung mitzubringen. Sara brachte eine leere Pillenschachtel und sagte, obwohl ihr intellektuell klar sei, daß es falsch sei, Carl die Schuld für ihre Sucht zu geben, nehme sie es ihm immer noch übel, daß er ihr Suchtverhalten in jenen Jahren ignoriert hatte. Sie brachte außerdem seinen alten Terminkalender mit als Symbol für die vielen Jahre, in denen er jeden Abend bis zehn oder elf Uhr gearbeitet hatte. Schließlich brachte sie ein Modellauto mit, das sein erstes Weihnachtsgeschenk an sie nach ihrer Hochzeit war. Sie erzählte, wie sehr dieses Geschenk sie damals verletzt hatte, was sie ihm jedoch noch nie gesagt hatte. Carl zeigte seine Überraschung darüber, daß sie es noch besaß und daß sie es nicht als den von ihm beabsichtigten Witz angesehen hatte.

Carl brachte die Visitenkarte von Saras Einzeltherapeuten mit und äußerte seinen Unmut, daß der Therapeut ihm gegenüber voreingenommen schien, obwohl er ihn nie kennengelernt hatte. Er brachte zudem ein altes Schulzeugnis von einem der Kinder mit, weil er sich aus der Erziehung ausgeschlossen fühlte, obwohl er zugab, daß er den Kindern gegenüber auf Distanz gegangen sei. Schließlich brachte auch Carl eine leere Pillenschachtel. Er sagte, dies tue er zögernd, weil er seinen Zorn über Saras Sucht nie hatte äußern wollen. Sara war froh darüber, daß seine Gefühle endlich offengelegt wurden. Sie hatte seinen Unmut und Zorn seit vielen Jahren gespürt, aber Carl hatte dies immer geleugnet.

Ich forderte sie auf, die Gegenstände mit nach Hause zu nehmen und zu überlegen, welche sie zumindest teilweise loslassen und welche sie noch länger festhalten wollten. Ich bat sie außerdem, die Angelegenheit zu besprechen, nachdem sie über meine Frage nachgedacht hatten. Schließlich schlug ich ihnen vor, alle Gegenstände zur nächsten Sitzung in drei Wochen wieder mitzubringen.

Als sie wiederkamen, erzählten sie mir als erstes, Carl hätte während der drei Wochen Urlaub genommen, um ihrem ältesten Kind einige Universitäten zu zeigen. Vorher hatte nur Sara ihre Tochter auf solchen Reisen begleitet. Sara plante eine Reise mit einer Freundin. Carl war zuerst unglücklich darüber. Sie hatten aber alles besprochen, so daß ihr altes Muster durchbrochen war, bei dem Carl vorgab, etwas mache ihm nichts aus, später jedoch seinen Zorn durch Distanzierung und Sarkasmus zum Ausdruck brachte. Schließlich hatten sie mit Freunden eine Wochenendreise unternommen und zum ersten Mal seit vielen Jahren wieder eine phantastische Zeit miteinander verbracht.

Ihre Symbole trugen sie in zwei Taschen bei sich. In der einen Tasche waren die Dinge, die sie loszulassen bereit waren. Sie enthielt den Terminkalender, das Modellauto, die Visitenkarte des Therapeuten und das Zeugnis. Sie enthielt auch die obere Hälfte der einen Pillenschachtel sowie die untere Hälfte der anderen. Sara erklärte, daß sie in ihrem Gespräch übereingekommen waren, daß beide das Gefühl hatten, die Zeit ihrer Sucht nicht vollständig loslassen zu können, sie wollten aber beide nicht die ganze Schachtel festhalten. Carl meinte, ein Teil von dem, was mit ihnen in dieser Zeit geschehen war, ginge auf ihn zurück, und dies könne er inzwischen sowohl sich selbst als auch Sara gegenüber eingestehen. Beide stimmten darin überein, daß sie an dieser Zeit ihres Lebens noch gemeinsam arbeiten müßten. An dieser Stelle erinnerte ich sie an Saras Ausdruck „ein Fluß voll Gift und Galle" aus der ersten Sitzung und schlug vor, daß sie die Gegenstände, die sie loslassen wollten, den Fluß hinunterfließen lassen könnten, wenn sie soweit wären. Sara sagte, sie habe Angst davor, „den Fluß zu verseuchen", und beide lachten. Bei der nächsten Sitzung erzählten sie mir, sie wären zu einem kleinen Bach in der Nähe ihres Hauses gegangen und hätten die Gegenstände tatsächlich losgelassen. Die Therapie verlagerte sich auf eine Diskussion der Zukunft, und wir begannen, neue Treuegelöbnisse auszuarbeiten.

Diskussion dieses Rituals im Vergleich mit dem „Einfrierritual"

Bei diesem therapeutischen Heilungsritual kam es auf das richtige Timing an und darauf, wann die Klienten bereit waren, den nächsten Schritt zu tun. In einem frühen Stadium der Therapie hoffte ich, den alten Ärger von den gegenwärtigen Problemen trennen zu können. Die Antworten von Sara und Carl deuteten auf ein Muster in ihrer Ehe hin, bei dem Carls Eifer, vergangene Verletzungen loszulassen, mit Saras Insistieren, daran festzuhalten, korrespondierte. Das jeweilige Verhalten des einen führte zu einer Eskalation des Verhaltens des anderen. Die Therapie wurde so fortgeführt, daß dieses Muster umgewandelt wurde, um beiden die Möglichkeit zu geben, vergangene Verletzungen zu überprüfen. Carl hörte auf, wie früher die Probleme zu leugnen, und Sara bestand allmählich nicht mehr darauf, auf die Vergangenheit zu fokussieren. Das Ritual interpunktierte diesen Prozeß und ermöglichte gemeinsame Entscheidungen über das Loslassen und Festhalten.

In dem oben beschriebenen Fall „Eine Affäre auf Eis legen" findet das Einfrierritual als Antwort auf eine akute Krise des Paares zu einem frühen Zeitpunkt der Therapie statt. In diesem Fall findet das

Ritual als Folge und Bestätigung anderer Veränderungen zu einem späteren Zeitpunkt statt.

In beiden Fällen wurden die Paare aufgefordert, die Symbole jeweils individuell für die Rituale auszusuchen und einander dann ihre Wahl mitzuteilen. Dieser Prozeß ermöglicht Individuation, bestätigt unterschiedliche Ansichten über ein gemeinsames Dilemma, provoziert Neugierde über die Auswahl des anderen, betont implizit eine nützliche Symmetrie und vermittelt durch die Handlung, daß das Ritual dem Paar gehört.

Als Therapeutin schlug ich in beiden Fällen die symbolische Handlung vor (z. B. die Affäre auf Eis zu legen und Gift und Galle den Fluß hinunterfließen zu lassen). Im ersten Fall wurde das Paar von anderen und von sich selber als „impulsiv" und „außer Kontrolle" betrachtet. Außerdem hatte sich ein Aspekt ihrer Beziehung verselbständigt, nämlich das unproduktive Streiten über den Seitensprung, er war quasi eingefroren. Die Beteiligung an dem Ritual des Einfrierens (und Auftauens) verdeutlichte einerseits das Eingefrorensein auf eine absurde Weise und ermöglichte andererseits die Entstehung von Qualitäten wie Geduld und die Fähigkeit zur Planung und Problemlösung.

Im zweiten Fall umfaßte die ursprüngliche symbolische Handlung das Festhalten und Loslassen, ein gemeinsames Element vieler Heilungsrituale, das insbesondere in den Problemen dieses Paares sichtbar war. Die anschließende symbolische Handlung, Gift und Galle den Fluß hinunterzuspülen, wurde in Übereinstimmung mit Saras ursprünglicher Metapher eines „Flusses voller Gift und Galle" gewählt. Das Ritual verdeutlichte symbolisch, daß dieser „Fluß" nicht mehr *durch* ihre Beziehung hindurchfloß, sondern außerhalb davon.

Der Ort des eigentlichen Rituals war in beiden Fällen verschieden. Im ersten Fall geschah das Aussuchen und Mitteilen der Symbole sowie das Einfrieren und Auftauen *in* der Wohnung des Paares. Die Direktheit des Ortes bot dem Paar einen leichten Zugang zum Prozeß des Rituals und gab seiner Wohnung einen neuen Kontext als einem Ort, an dem Humor und Problemlösungen und nicht nur Katastrophen Platz hatten. Die Partner wurden zudem von größeren Systemen belagert, die eine schlechte Meinung von ihnen hatten. Indem das Ritual zu Hause stattfand, konnten sie die Bewältigung einer schwierigen Situation *ohne* die Anwesenheit von Helfern demonstrieren.

Im zweiten Fall wurde das Ritual an mehreren Orten entwickelt und durchgeführt. Das Paar suchte die Symbole aus und diskutierte zu Hause darüber. Dann brachten sie die Symbole zur Therapie für eine weitere Diskussion und um das Problem des Festhaltens / Loslassens zu akzentuieren. Schließlich ermöglichte ein Bach *außerhalb* ihrer Wohnung eine größere Distanz von den alten Ressentiments.

Rituale und homosexuelle Paare

Homosexuelle Paare beiderlei Geschlechts haben mit Ritualen ganz ähnliche Probleme wie heterosexuelle Paare, und dann aber auch wieder völlig unterschiedliche. Während alltägliche und wöchentliche Rituale wie Mahlzeiten, Abschieds- und Wiedersehensriten sowie Ausflüge recht ähnlich sind, stoßen Therapeuten und Paare oft auf schmerzliche Unterschiede bei Ritualen im Lebenszyklus und der Beteiligung an Familientraditionen und -feiern im Kreis der Herkunftsfamilien.

Das allererste Ritual im Lebenszyklus eines Paares, die Hochzeit, die ein Paar öffentlich definiert und bestätigt und die Bindung zur erweiterten Familie und Freunden und deren Unterstützung verdeutlicht, ist normalerweise für homosexuelle Paare nicht zugänglich. Entsprechend fehlt auch das nachfolgende traditionelle Hochzeitstagsritual. Viele engagierte homosexuelle Paare erfinden ihr eigenes Ritual, um ihre Bindung öffentlich bekanntzugeben, und viele denken sich ein Jahrestagsritual aus, das mit dem eigentlichen Kennenlernen oder dem Datum des Zusammenziehens oder einem anderen bedeutenden Datum verbunden ist. Fragen über die Entwicklung solcher Rituale oder ihr Fehlen helfen dem Therapeuten, Probleme bezüglich schwieriger Beziehungen zur erweiterten Familie, unterschiedlicher Akzeptanz und Anerkennung des Paares durch die jeweiligen Herkunftsfamilien und verfügbarer Unterstützung des Paares aufzudecken. Eine solche Diskussion führt vielleicht auch dazu, Rituale zur Feier eines Paares als Paar zu konstruieren, die eine gemeinsame Feier oder eine Feier des Hochzeitstags beinhalten.

Diskussionen über Familientraditionen und -feiern eröffnen oft schmerzliche Bereiche in bezug auf Beziehungsabbrüche zu den erweiterten Familien. Daraus ergibt sich manchmal eine Anleitung, wie man sich gegenüber der Familie zu seiner Homosexualität bekennen bzw. wie die Verbindung zur Familie wiederhergestellt werden kann. Es kommt vor, daß bloß ein Mitglied eines Paares zu Familienfeiern eingeladen wird, so daß eine Beteiligung an Familienritualen, die die Existenz eines Paares unterstützt, verhindert wird. In Situationen, in denen eine Herkunftsfamilie dem Paar offen gegenübersteht, die andere jedoch nicht, stoßen Therapeuten oft auf einseitige Rituale mit der Herkunftsfamilie, die das Paar akzeptiert. In solchen Fällen erfährt der von seiner erweiterten Familie abgeschnittene Partner einen doppelten Verlust: nämlich einmal der Beziehungen und zum anderen der bekannten Rituale. Das Paar ist dann nicht in der Lage, eigene Rituale zu konstruieren, in denen die Elemente von beiden erweiterten Familien übernommen werden und auch eigene Elemente hinzugefügt werden. Hier sollte der Therapeut anregen, die Rituale beider Familien zu untersuchen, und das Paar dazu ermutigen, Rituale zu konstruieren, die positive Aspekte der Beziehungsgeschichte beider Partner bestätigen.

Ein besonders schmerzlicher und bedeutender Aspekt der Rituale im Lebenszyklus engagierter homosexueller Paare entsteht beim Tod eines Partners. Eine Herkunftsfamilie, die sich geweigert hat, das Paar zu akzeptieren, weigert sich womöglich auch, den lebenden Partner an den Bestattungsvorbereitungen oder an dem Beerdigungsritual teilnehmen zu lassen. Mitglieder von Paaren, die seit vielen Jahren zusammengelebt haben, können sich im Todesfalle ausgeschlossen finden. Dieses Problem ist durch die AIDS-Epidemie für schwule Paare besonders vordringlich und schmerzlich geworden. In diesem Fall kann ein Partner den Sterbenden liebevoll gepflegt und ihm beigestanden haben, um dann rechtlich daran gehindert zu werden, sich an den traditionell gebilligten Ritualen des Trauerns zu beteiligen. Therapeuten, die mit aidskranken Paaren arbeiten, sollten diese Probleme unbedingt ansprechen. Wenn möglich, sollte immer daran gearbeitet werden, die Beziehung zur Herkunftsfamilie wiederherzustellen. Der Therapeut kann auch vorschlagen, daß das Paar ein Testament macht, in dem der Wille des Sterbenden bezüglich des Beerdigungsrituals festgehalten ist. Ein solches Testament und jede letztwillige Verfügung sollte sprachlich so verfaßt sein, daß die emotionale Bindung zur Herkunftsfamilie zum Ausdruck gebracht und gleichzeitig der Vorrang und die Rechtmäßigkeit des Paares bestätigt wird (David Barr, persönliche Mitteilung, 1988). In einer Paartherapie mit lesbischen und schwulen Paaren kann eine allgemeine Diskussion der Rituale im Lebenszyklus zu solchen Prozessen führen, lange bevor das Paar mit dem Tod konfrontiert wird.

Wird in einer Therapie für homosexuelle Paare mit ritueller Perspektive gearbeitet, dann sollten – wann immer dies möglich ist – solche Rituale gefördert werden, die nach Verlusten und Trennungen heilen. Wie bei therapeutischen Ritualen für Paare, deren Lebenszyklus sich von dem der Mehrheit unterscheidet, sollten Rituale für schwule und lesbische Paare die Einzigartigkeit und Unterschiedlichkeit des Paares feiern und gleichzeitig das Allgemeine bestätigen.

Rituale und Probleme bei Trennung und Scheidung

Viele Paarprobleme haben mit Trennung und Scheidung zu tun. Die Ritualthemen der *Mitgliedschaft* – sowohl im Paarsystem als auch im größeren System des Paares, ihrer Kinder und der erweiterten Familien – und der *Heilung* sind in Situationen, in der eine Trennung erwogen wird oder tatsächlich stattfindet, und bei einer Scheidung häufig anzutreffen.

Wenn Paare eine Trennung in Betracht ziehen

Manche Paare kommen zur Therapie und sind in der Frage der Trennung sehr ambivalent. In einer bestimmten Sitzung scheint ein Partner die Trennung zu wollen, während der andere die Ehe oder Beziehung offenbar aufrechterhalten will. In derselben oder einer darauffolgenden Sitzung werden diese Positionen umgekehrt. Oder beide Partner reden von einer Trennung, weichen aber sofort zurück, wenn der Therapeut auch über Trennung spricht. Wenn der Therapeut anfängt, gegenwärtige Probleme aufzuarbeiten, um eine Lösung zu ermöglichen, besteht das Paar hartnäckig darauf, über Trennung zu sprechen. Dieses schnell wechselnde Muster verhindert sowohl das notwendige Engagement, um Probleme zu lösen, als auch eine echte Loslösung und Trennung. Die Therapie ist dann meist in eine Sackgasse geraten.

Unter diesen Umständen ist ein Ritual der geraden und ungeraden Tage nützlich (Selvini Palazzoli, Boscolo, Cecchin u. Prata 1979). Das Problem des Paares wird zuerst als eine Schwierigkeit aufgefaßt, zu entscheiden, ob es zusammenbleiben oder sich trennen sollte. Das Paar wird aufgefordert, sich an einem Experiment zu beteiligen, und erhält folgende Anweisungen, die den Problemen dieses bestimmten Paares angepaßt sind: Am Montag, Mittwoch und Freitag verhalten Sie sich wie Partner, die sich einer gemeinsamen Zukunft verpflichtet haben. Am Dienstag, Donnerstag und Samstag verhalten Sie sich wie ein Paar, das sich getrennt hat. Am Sonntag diskutieren Sie die Erfahrungen der Woche.

Dieses Ritual funktioniert auf vielerlei Art und Weise. Es unterbindet den häufigen Positionswechsel und ermöglicht statt dessen die Erfahrung, daß beide Partner das Problem über längere Zeit von derselben Seite betrachten. Dadurch kann sich der Therapeut aus dem Streit des Paares heraushalten. Sie müssen selbst die Entscheidung treffen, ob sie sich trennen oder zusammenbleiben wollen. Schließlich findet eine Verlagerung von der Diskussion zur Handlung statt, da das Paar sich tatsächlich „miteinander verbunden" oder „voneinander getrennt" verhält.

Dieses Ritual hilft dem Paar und dem Therapeuten, Klarheit zu gewinnen, welche Richtung einzuschlagen ist. Vielleicht sagt ein Paar, nachdem es sich eingehend mit den Folgen einer Trennung befaßt haben, daß sie sich entschieden haben, zusammenzubleiben, ihre Probleme zu bearbeiten und die Drohung mit der Trennung fallenzulassen. Andere Paare beschreiben, daß eine eingehende Betrachtung der Option, zusammenzubleiben, es ihnen ermöglichte, sich endlich für die Trennung zu entscheiden und die Therapie zu diesem Zweck zu benutzen. Bei wieder anderen Paaren wird ein vorher verdeckter Programmpunkt des einen Partners aufgedeckt, die Therapie dazu zu benutzen, eine Trennung zu erleichtern. Wenn sich Paare entscheiden, dieses bestimmte Ritual nicht auszuführen, kann die Therapie vom Hin und Her von Trennung und Zusammenbleiben zu einer Diskussion der „Entscheidung, keine Entscheidung zu treffen"[14] übergehen.

Wenn Paare sich trennen und sich scheiden lassen

Paare kommen manchmal schon getrennt zur Therapie oder entscheiden sich während der Therapie für eine Trennung. Wenn Versöhnung nicht möglich ist, fokussiert die Therapie auf die emotionalen Aspekte der Trennung und der Scheidung für das Paar, ihre Kinder und andere Familienmitglieder und Freunde sowie auf die praktischen, jedoch oft emotionsgeladenen Aspekte der finanziellen Unterstützung, des Sorge- und Besuchsrechts. Angesichts des un-

14 Ich möchte Karin Rietjens vom Familientherapieprogramm der University of Calgary meine Anerkennung aussprechen für ihre Idee, den Paaren die Wahl zu lassen, „zu entscheiden, sich nicht zu entscheiden".

geheuren Ausmaßes der bei Trennung und Scheidung auftretenden Veränderungen kann die Ritualperspektive sowohl dem Therapeuten als auch dem Paar eine Anleitung geben.

Normative Rituale bei Trennung und Scheidung

Während einer Trennung fehlen alle gewohnten täglichen Rituale, die Ehepartner miteinander und mit ihren Kindern geteilt hatten. Obwohl man anfangs erleichtert ist, daß bestimmte starre Rituale des Streits und der Feindseligkeit von der täglichen Szene verschwunden sind, führen sie viele Paare während der Trennung und Scheidung wieder ein. Für eine gewisse Zeit können die angenehmeren täglichen Rituale, die trotz der Uneinigkeit aufrechterhalten wurden, nicht durch neue Rituale ersetzt werden. Eine Diskussion über diesen Aspekt der Trennung in der Therapie ist oft bei der Konstruktion neuer Rituale hilfreich und unterbricht den Prozeß der Fortführung starrer Rituale des Streitens.

Jahreszeitlich bedingte oder religiöse Rituale, wie Thanksgiving und Weihnachten, sowie aufeinanderfolgende Lebenszyklusrituale, wie Hochzeiten anderer Familienmitglieder oder Examensfeiern, können für getrennte oder in Scheidung lebende Paare bestimmte Probleme aufwerfen. Die Macht solcher Rituale manifestiert sich durch die häufig aufbrechenden Feindseligkeiten zwischen den ehemaligen Partnern bezüglich Anwesenheit und Beteiligung an bestimmten Ritualen. Gleichzeitig wird der Verlust der Ehe- oder Paarbeziehung zusammen mit dem häufigen Verlust der Beziehungen zu angeheirateten Verwandten und Freunden zum Zeitpunkt solcher Rituale oft besonders schmerzlich erlebt. Eine effektive Therapie für sich scheidende und trennende Paare muß eine gewisse Zeit darauf verwenden, diese normativen Rituale zu diskutieren und zu antizipieren. Durch die Normalisierung des Verlusts und des Zorns, die solche Rituale oft begleiten, können manche Paare Vorwürfe fallenlassen und zu neuen Ritualmustern gelangen.

Therapeutische Rituale bei Trennung und Scheidung

In unserer Kultur gibt es keine allgemein gebräuchlichen Rituale für Trennung und Scheidung. Die Ehebeziehung, die ein Anfangsritual hat, hat kein Schlußritual.

Wenn getrennt oder in Scheidung lebende Paare zusammen zur Therapie kommen, um Probleme zu lösen und Übereinstimmung bezüglich der Finanzen, des Sorgerechts für die Kinder, des Besuchsrechts und der Beziehungen zu angeheirateten Verwandten zu erzielen, ist ein therapeutisches Ritual, das diese Übereinstimmungen dokumentiert, oft nützlich. Der Therapeut kann dann als Zeuge dienen, daß das Dokument unterschrieben wurde. Paare werden auch bei Scheidungsverhandlungen gelegentlich aufgefordert, Dokumente zu unterschreiben, um die durch den Verhandlungsprozeß erreichten Übereinstimmungen zu ritualisieren.

In seltenen Fällen kommen beide Mitglieder eines in Scheidung lebenden Paares zusammen zur Therapie, um besonders schmerzliche Aspekte der Trennung zu behandeln. Solche Paare sind normalerweise über Fragen von Vorwurf und Schuld hinaus. Unter solchen Umständen hilft ihnen der Therapeut bei der Konstruktion eines Scheidungsrituals, das die Dualität der Traurigkeit über das, was verlorengegangen ist, zusammenfaßt und ein neues Leben für beide bestätigen kann. Da die Probleme eines jeden in Scheidung lebenden Paares einzigartig sind und ihnen ein neues Gefühl der Lebensbewältigung vermittelt werden muß, darf der Therapeut ihnen kein Ritual aufzwingen, sondern muß es zusammen mit dem Paar erfinden.

Nach Trennung und Scheidung kommen viele Menschen als Einzelpersonen zur Therapie, um mit den Fragen des Bruchs der Beziehung fertigzuwerden. Obwohl die Therapie ein Individuum betrifft, beziehen sich die Fragen häufig auf Paare oder darauf, wie der Klient den Übergang von einem Leben zu zweit zu einem Leben als Alleinstehender bewältigen kann. In diesem Prozeß sind therapeutische Rituale nützlich. Sie betreffen normalerweise die *Heilung*; manchmal allerdings können sie auch andere Ritualthemen einschließen, zum Beispiel *Mitgliedschaft, Identität* und *Feiern*.

Fallbeispiel – Das Auszugsfest

Brent und Candice Meyers, 30 bzw. 29 Jahre alt, kamen mit Brents Ankündigung, daß er „nicht sicher ist, ob er noch verheiratet sein wolle“ zur Paartherapie. Das Paar war seit sechs Jahren verheiratet, und in der Zeit, als sich diese Krise anbahnte, überlegten sie sich, ob sie ihr erstes Kind bekommen sollten. In der ersten Sitzung sagte Brent, er fühle sich nicht mehr zu Candice hingezogen und sei sich über ihre Beziehung sehr unsicher. Er meinte, er habe sich seit über einem Jahr so gefühlt, es aber bis vor kurzem verheimlicht. Candice schien völlig am Boden zerstört und sagte, sie hätte bis vor zwei

Wochen davon keine Ahnung gehabt. Als Therapeutin hatte ich das ungute Gefühl, daß Brent seine Entscheidung, sie zu verlassen, schon getroffen hatte und nur zur Therapie kam, um Candice zu beschwichtigen. Es gelang mir jedoch nicht herauszufinden, ob meine Vermutung stimmte. Ich arbeitete auf der Basis ihrer gemeinsamen Definition der Therapie, die lautete, „herauszubekommen, ob unsere Ehe zu retten ist". Zwischen der zweiten und der dritten Sitzung zog Brent aus und hinterließ Candice einen Brief, daß er gehen wolle. In der dritten Sitzung erklärte er die Ehe für beendet und daß er auch nicht mehr zur Therapie käme, da es keinen Sinn mehr habe. Außerdem sagte er Candice, daß er mit einer anderen Frau zusammen sei und „so schnell wie möglich" die Scheidung durchziehen möchte. Candice fragte mich, ob sie alleine zu mir kommen könne, und ich stimmte zu.

Unsere Arbeit fokussierte primär darauf, Candice für die Anfangszeit der Trennung zu unterstützen. Sie beschäftigte sich vor allem mit einem Gefühl des Verlustes, nicht nur der Ehe und der Hoffnungen auf eine Zukunft mit Brent, sondern auch seiner Familie und gemeinsamer Freunde. Ihre Hauptmetapher für diese Sorgen betrafen ihr Haus. Brent und sie hatten es vor drei Jahren unter viel Aufregung und mit vielen Hoffnungen gekauft. Kurz vor der Trennung hatten sie angefangen, ein Kinderzimmer zu planen. Sie erzählte mir, das Haus sei ein Zentrum für Aktivitäten der erweiterten Familie und auch für Freunde gewesen. Sie hatten ein monatliches Essensritual mit beiden Schwiegereltern entwickelt und luden oft Freunde ein. Da beide Schwiegerelternpaare älter waren, waren Thanksgiving und Weihnachten in diesem Haus gefeiert worden. Seit Brent gegangen war, hatte Candice niemanden mehr eingeladen. Sie fühlte sich in der neuen Situation zu unsicher, um Leute einzuladen, und hatte Angst, daß sie ihren gesamten sozialen Rückhalt verlieren würde. Sie sagte, das Haus repräsentiere „ihre Einsamkeit und ihre Erinnerungen". Sie meinte auch, es sei zu früh, über einen Verkauf nachzudenken, weil sie das Gefühl habe, vorerst genug Veränderungen erlebt zu haben.

Wir diskutierten eine Sitzung lang, wie sie das Haus wieder beleben und es so verändern könne, daß ihr neues Leben als Einzelperson zum Ausdruck käme. Sie beschloß, als erstes einen Teil der Einrichtung zu verändern. Brent wollte viele der Möbel für sich, und sie handelten ein Abkommen aus, das ihr ermöglichte, einige neue

Dinge zu kaufen. Auch nachdem sie sich anders eingerichtet hatte, lud sie niemanden ein. Ihre eigenen Eltern baten wiederholt darum, kommen zu dürfen, aber Candice redete sich immer heraus und besuchte sie in deren Haus. Sie entfernte Erinnerungsstücke an ihre Beziehung, die sie besonders traurig machten. Sie sagte, sie sei noch nicht so weit, daß sie sie loswerden könne, wolle sie aber auch nicht jeden Tag sehen. Im Laufe der Zeit riefen viele ihrer gemeinsamen Freunde an, die sich zuerst distanziert hatten, und wollten sie treffen, aber sie verabredete sich lieber bei ihnen oder in einem Restaurant. Sie sagte, wenn sie sie einladen würde, würde das die Scheidung irgendwie endgültig machen, und davor habe sie Angst. Sie empfand sich „seltsam gefangen" im eigenen Haus: „Ich bin zwar nicht eingesperrt, aber die anderen sind ausgesperrt."

An dieser Stelle fragte ich Candice, ob sie bereit sei, ein neues Schloß für ihre Haustür zu kaufen. Sie schaute mich fragend an, stimmte aber zu. Dann forderte ich sie auf, das Schloß zu kaufen, aber noch nicht einbauen zu lassen. Sie sollte es zur nächsten Sitzung mitbringen. In dieser Sitzung bat ich sie darum, sich jeden Tag eine Stunde freizuhalten. Während dieser Stunde sollte sie sich überlegen: „Wie wäre es, wenn ich das neue Schloß anbringe – ein Schloß, das ich meiner Familie und meinen Freunden öffnen könnte?" Schließlich forderte ich sie auf, diese Stunde jeden Tag in einem anderen Zimmer des Hauses abzuhalten, da das gesamte Haus zu Candices „Gefängnis" geworden war.

Als sie wiederkam, erzählte sie mir, die ersten drei Tage seien sehr traurig gewesen. Jedes Mal, wenn sie darüber nachdachte, „ein neues Schloß anzubringen", das sie ihrer Familie und Freunden öffnen könnte, weinte sie bei der Erinnerung an all die guten alten Zeiten. Am vierten Tag merkte sie, daß sie sich sehr zornig fühlte. Es war das erste Mal, daß sie im Zusammenhang mit Brents Handlungen über Zorn gesprochen hatte. Am fünften Tag hatte sie eine Idee. Sie entschloß sich, ein „Auszugsfest" zu machen, um ihrer Familie und ihren Freunden den Beginn einer neuen Lebensphase mitzuteilen und sie wissen zu lassen, daß sie wieder für sie da sei. Sie sagte, die Menschen machten oft Einzugsfeste, wenn sie in ein neues Heim umziehen, und sie habe beschlossen, ein „Auszugsfest" könnte ihre Scheidung mit etwas Humor markieren. Am sechsten Tag verbrachte sie die Stunde damit, die Einladungskarten zu entwerfen und an die Familie und Freunde zu verschicken. In der Einladung stand unter anderem: „Bitte bringt Geschenke mit, die sich für das gemütliche Heim einer alleinstehenden Frau eignen – ich muß alle Dinge ‚für ihn und für sie' ersetzen!" Am letzten Tag vor unserer Sitzung hatte sie das neue Schloß anbringen lassen.

Nach dem Auszugsfest fing Candy wieder an, ihre Familie und Freunde zu sich einzuladen.

Diskussion des Rituals

Drei Monate lang hatte ich mit Candy gearbeitet, bevor sie auf die reizende Idee für ihr eigenes Scheidungsritual, das Auszugsfest, kam. In vielen unserer Gespräche wurde ein Muster des Festhaltens und Loslassens deutlich, wie es für den Heilungsprozeß typisch ist. Die zentrale Frage der Einladung von Familie und Freunden zu sich nach Hause deutete auf die notwendigen Veränderungen der normativen Rituale nach einer Scheidung hin. Candice war der Meinung, es sei zu schmerzhaft, die alten Rituale ohne Brent fortzusetzen. Wie bei vielen Leuten, die mit schweren Verlusten zurechtkommen müssen, bestand ihre erste Lösung darin, die gewohnten Rituale insgesamt aufzugeben. Wie es häufig vorkommt, machte auch sie das Aufgeben der Rituale ebenso traurig, erinnerte sie ständig an ihren Verlust und stärkte ihre Einsamkeit noch.

Das Ritual zu Hause, das das neue Schloß als Symbol für Candices mögliche neue Identität als Alleinstehende mit neuen normativen Ritualen verwendete und welches jedes Zimmer im Haus als Ort für ihr Nachdenken mit einschloß, ermöglichte Trauer, das Ausdrücken ihrer Wut und die Wiederentdeckung ihres Sinns für Humor. Candice konstruierte dann ihr eigenes Scheidungsritual als Auszugsfest, das ihre neue Identität zu erkennen gab, den Heilungsprozeß förderte und ihr Recht, Feste zu feiern, bestätigte.

Schlußfolgerungen

Paarprobleme eignen sich gut für die Überprüfung normativer Rituale und die Konstruktion therapeutischer Rituale. Therapiegespräche über die normativen Rituale in Paarbeziehungen ermöglichen ein Verständnis der täglichen Muster, des Lebenszyklus, Fragen der Scham, der Verbindung zu und der Auseinandersetzungen mit der erweiterten Familie eines Paares. Die im Leben eines Paares naturgemäß anzutreffenden Rituale bieten zusammen mit einer lebenszyklischen und einer ethnischen Perspektive Hinweise für beide Partner und für den Therapeuten bei der Konstruktion therapeutischer Rituale. Die oben beschriebenen Rituale verweisen auf einen Prozeß, der es einem Paar oder einer mit Paarproblemen befaßten Einzelperson *gemeinsam* mit dem Therapeuten ermöglicht, bestehende Rituale wiederzubeleben, unbefriedigende Rituale neu zu bearbeiten oder neue Rituale zu erfinden.

5. Imitierende und ansteckende Zauberei bei der Verwendung von Ritualen in der Therapie mit Kindern

John J. O'Connor
Aaron Noah Hoorwitz[15]

Es gab einmal einen Arzt, der dafür berühmt war, Warzen zu heilen, indem er eine eindrucksvolle Maschine einschaltete und die Warzen in einer leuchtenden Farbe anmalte. Die Maschine und die Farbe waren für die Heilung völlig irrelevant, außer daß sie bei der Entwicklung eines therapeutischen Rituals halfen. Kluge alte Großmütter erfinden ein ähnliches Heilungsritual, wenn sie den Schmerz eines angeschlagenen Knies dadurch zum Verschwinden bringen, daß sie das Kind auffordern, sich sechsmal im Kreis zu drehen, bis zehn zu zählen und sich dann in das andere Knie zu kneifen. Es gibt zahllose Beispiele, ob exotisch oder ob aus den von Anthropologen beobachteten schamanischen und kulturellen Praktiken anderer Kulturen oder aus formellen und informellen Ritualen des täglichen Lebens unserer eigenen Kultur.

Zweck dieses Kapitels ist es zu zeigen, wie Rituale in der therapeutischen Arbeit mit Kindern wirkungsvoll eingesetzt werden können. In vier Fallbeispielen illustrieren wir einen bestimmten Ritualtyp, der die Prinzipien der imitierenden und ansteckenden Zauberei benutzt. Bei solchen Ritualen stützen wir uns auf eine „magische Realität" und auf Erkenntnisse aus dem Bereich der Anthropologie, um Anhaltspunkte und Beispiele für Rituale zu gewinnen. Bei der Entwicklung von Interventionen ist uns die Hypnose hilfreich, ebenso bei der Erarbeitung eines Konzepts, warum Rituale zu funktionieren scheinen, wenn sie funktionieren. Wir stützen uns auch auf die Ergebnisse aus Theorie und Forschung auf dem Gebiet der kognitiven Entwicklung, um die kindliche Logik zu verstehen und um herauszufinden, weshalb Rituale für Kinder besonders geeignet sind. Bevor wir diese Themen diskutieren, müssen wir unser Verständnis des Begriffs Ritual darlegen und die Aspekte erklären, die unserer Meinung nach für einen therapeutischen Wandel verantwortlich sind.

15 Die Autoren möchten ihren Dank an Linda Ford vom Unified Services, zum Ausdruck bringen, die in einem der Fälle die Therapeutin war.

Was ist ein Ritual?

Wir haben eine Arbeitsdefinition von Ritual, die sich aus verschiedenen Quellen ableitet (Hoorwitz 1987; Jilek 1982; O'Connor u. Hoorwitz 1984; Palazzoli 1990). Für unsere Zwecke ist ein Ritual eine spezifische Abfolge von Handlungen, von der angenommen wird, daß sie im Leben eines Individuums, einer Familie oder einer sozialen Gruppe eine Veränderung interpunktiert oder fördert. In den von uns konstruierten therapeutischen Riten besitzt ein Ritual einen deutlichen Anfang, eine Struktur und eine Reihenfolge von Handlungen, die um ein Thema organisiert werden; zudem wird es oft wiederholt. Es kann das Ende einer Lebensphase und den Anfang der nächsten verdeutlichen oder eine Veränderung herbeiführen, wie beispielsweise die Lösung eines Problems oder die Heilung einer Verletzung. In der Therapie interessieren uns beide Typen.

Der erste Ritualtyp, der eine Interpunktion in der Geschichte herbeiführt, dient manchmal dazu, die Weltanschauung oder die Realität der Familie zu verändern, so wie zum Beispiel eine *Bat Mizwa* oder eine *Bar Mizwa* das Bild verändert, das eine Familie von ihrer Tochter oder ihrem Sohn hat. Diese veränderte Sicht kann Verhaltensweisen und Interaktionen ermöglichen, die der Familie über eine bestimmte Lebensphase hinweghelfen. Der zweite Ritualtyp besteht in einer vorgeschriebenen Reihe von Handlungen, von denen man glaubt, daß sie Veränderungen bei einem Problem bewirken können. Unsere Diskussion fokussiert auf diesen letzten Typ, da wir diesen gewöhnlich in unserer therapeutischen Arbeit verwenden und in diesem Kapitel illustrieren wollen.

Ein äußerst wichtiger Bestandteil eines Rituals ist der Glaube, daß es eine Änderung bewirken oder einen gewünschten Status quo aufrechtzuerhalten vermag. Ein Beispiel für das letztere ist das sonntägliche Mittagessen einer Familie, welches die Überzeugungen, die Werte und den Zusammenhalt der Familie aufrechterhält. Der Glaube an ein Ritual wird gestärkt, wenn die Reihenfolge der Handlungen, die das Ritual ausmachen, in der Logik oder dem Glaubenssystem des Kindes, der Familie oder der Gesellschaft Sinn macht. Bei der Konstruktion von Ritualen mit Kindern und ihren Familien gibt es unterschiedliche Mittel und Wege, den Glauben an Veränderung zu stärken. Zum einen ist es absolut unumgänglich, die Weltanschauung des Kindes und die seinem Entwicklungsstand gemäßen Denkweisen zu benutzen. Zum zweiten wird der Glaube an Veränderung durch einen sozialen Konsens verstärkt, daß die Handlungssequenz auch tatsächlich wirksam ist; das bezieht sich insbesondere auf einen Konsens zwischen Familie und Therapeuten hinsichtlich des Realitätsgehalts des Glaubens. Der Glaube kann ferner durch die Autorität des Therapeuten als einer Person, die die Eltern um Hilfe gebeten haben, gestärkt werden. Der Therapeut bekommt sein Honorar, sein Diplom hängt an der Wand, er hat eine staatliche Genehmigung, hat ständig Termine und so weiter, alles Dinge, die seine Autorität und den Glauben an seine Verschreibungen stärken. In anderen Kulturen leiten Schamanen und Medizinmänner oder -frauen ihre Autorität auf eine ähnliche Weise von einem sozialen Konsens her, der über Generationen hinweg bestätigt wird. Schamanen verhalten sich auf eine vorgeschriebene Art und Weise und verwenden bestimmte Gegenstände, um den Glauben an ihre Wirksamkeit zu stärken.

Ein anderes Merkmal des Rituals besteht darin, daß es eine Botschaft über den Veränderungsprozeß vermittelt, die mit einer hypnotischen Botschaft identisch ist (Hoorwitz 1987). Die Botschaft besagt, daß, wenn eine bestimmte verschriebene Handlungssequenz durchgeführt wird, die erwünschte oder heilende Wirkung eintritt. Zwischen den verordneten Handlungen und der heilenden Wirkung besteht ein kausaler Zusammenhang, der innerhalb der Satzlogik oder der aristotelischen Logik fragwürdig ist.

Dieser fragwürdige Kausalzusammenhang steckt in jedem Vorschlag, der folgende Form annimmt: „Wenn Sie langsam bis zehn zählen und sich gleichzeitig auf die Luft konzentrieren, die in ihre Lungen eindringt und wieder austritt, dann merken Sie, wie Ihre Augenlider immer schwerer werden." Langsam bis zehn zählen, während man sich auf die Atmung konzentriert, kann an sich die hypnotische Wirkung nicht erzielen. Es wird *angenommen,* daß dies die hypnotische Wirkung auslöst; diese in der Suggestivsprache der Hypnose enthaltene Annahme macht die Wirkung möglich. Das Zählen bis zehn und die Beteiligung an einem Ritual sind insofern identisch, als sie die angenommene Ursache einer beabsichtigten therapeutischen Wirkung bilden.

Noch mehr als Erwachsene benutzen Kinder Begriffe von Ursache und Wirkung, die sie für die „Logik" der hypnotischen Suggestion zugänglich machen. Der in jeder hypnotischen Suggestion enthaltene Kausalzusammenhang wird von Kindern nicht wie von Erwachsenen in Frage gestellt. Wie weiter unten ausgeführt wird, denken

Kinder über die Welt auf eine vorwissenschaftliche Art und Weise nach und behalten diesen Stil beim Nachdenken über ihre Probleme auch dann bei, wenn ihr üblicher kognitiver Stil sich schon dem der Erwachsenen angeglichen hat.

Eine weitere Eigenschaft von Ritualen besteht darin, daß sie Metaphern und Symbole enthalten, die für nicht unmittelbar faßbare Ereignisse, Handlungen und Gegenstände stehen oder sich auf solche beziehen. In seiner einfachsten Form ist ein Ritual dazu bestimmt, etwas zu bewirken, und daher wird es in gewisser Weise als mit dieser Wirkung identisch erlebt. Rituale sind also ihrem Wesen nach eine Metapher oder ein Symbol für etwas anderes. In seiner differenziertesten Form ist jeder Aspekt einer Handlung in einer ritualisierten Reihenfolge reichlich mit mächtigen und redundanten Symbolen versehen, die sich auf verschiedene Aspekte der Geschichte, der Werte und der Weltanschauung einer Person oder einer Kultur beziehen (Turner 1989). Wenn die Symbole zahlreich und redundant genug sind, dient die symbolische Resonanz des Rituals der Bestätigung und Aufrechterhaltung dieser Geschichte und dieser Weltanschauung.

Wenn man bei Familien Rituale benutzt, ist es wichtig, die Reihenfolge der Handlungsmuster und ins Ritual einbezogene Gegenstände so auszuwählen, daß damit für die Familie wesentliche Inhalte symbolisiert werden. Der Zweck der Intervention liegt vielleicht darin, gewohnheitsmäßige, problemerhaltende Interaktionen zu unterbinden. Das wird jedoch nur dann erreicht, wenn die Intervention in die Werte und Weltanschauung des Kindes oder der Familie integriert werden kann, so daß sie einen Beitrag zu den Stärken der Familie leistet.

Rituale können auch durch ein gewisses Maß an Unverständlichkeit verstärkt werden (Hoorwitz 1987; O'Connor u. Hoorwitz 1984). Diese Unverständlichkeit spiegelt vielleicht bloß einen undeutlichen Zusammenhang zwischen dem Ritual und seiner beabsichtigten Wirkung wider. Rituale können noch unfaßbarer erscheinen, wenn sie exotisch sind, aus unvorhersehbaren Vorgehensweisen bestehen oder etwas Geheimnisvolles und Verwirrendes erzeugen. In dem Maße, wie dieses Element der Unverständlichkeit besteht, wird die Aufmerksamkeit von der Frage abgelenkt, ob die angenommene Ursache (d. h. das Ritual) die beabsichtigte Wirkung erzielen wird. Mit anderen Worten: Die Unverständlichkeit lenkt von der

Frage ab, ob das Ritual tatsächlich etwas Wirksames enthält. Ironischerweise tendieren Rituale dazu, am wirksamsten zu sein, wenn sie unverständlich sind und gleichzeitig absolut stichhaltig erscheinen.

Aus der Hypnoseliteratur wissen wir, daß Unverständlichkeit die Funktion hat, bewußte Erwartungshaltungen abzubauen. Das heißt, sie setzt die üblichen bewußten Strategien und Erwartungen eines Menschen für die Verhandlung von Realitätsansprüchen außer Kraft, so daß der Klient bereit ist, sich von Suggestionen beeinflussen zu lassen. Dieses Ablenken von den gewohnten Strategien ist wichtig, um eine bewußte und kritische Prüfung des fragwürdigen Kausalzusammenhangs zwischen der angenommenen Ursache und der beabsichtigten Wirkung zu verhindern. Ablenkung macht den Klienten offener für implizierte Suggestionen, daß eine Veränderung eintreten wird, und läßt den kognitiven, autonomen und sonstigen internen Prozessen Zeit, auf die suggerierte Veränderung einzugehen. In der Regel sind Kinder leichter von ihren üblichen Lösungen abzulenken als Erwachsene und eher dazu geneigt, die Vorschläge des Therapeuten anzunehmen. Zusätzlich zur Ablenkung kann diese Eigenschaft der Unverständlichkeit auch den Hauch von etwas Geheimnisvollem vermitteln, was Ehrfurcht und Respekt erzeugt und damit wieder den Glauben an die Wirksamkeit des Rituals stärkt.

Das sind also die Eigenschaften, die unserer Meinung nach für die Definition und das Verständnis von Heilungsritualen äußerst wichtig sind. Sie können sowohl bei Erwachsenen als auch bei Kindern angewandt werden, wobei wir uns hier hauptsächlich mit Kindern befassen. Allerdings gibt es einen Faktor, der das Ritual zu einer für Kinder besonders geeigneten Modalität macht: die bei Kindern einzigartigen Phasen der kognitiven Entwicklung.

Die Denkweisen von Kindern

Beim Spielen und in ihrem Alltagsleben erfinden Kinder Rituale auf natürliche Weise. Rituale sind für Kinder beruhigend und heilend. Sie vertreiben Ängste und vermitteln in einer rauhen, unverständlichen Welt ein Gefühl von Sicherheit. Die kindliche Neigung, Rituale zu benutzen, ist dadurch zu erklären, daß ihnen frühere Formen der Logik zugänglicher sind als Erwachsenen.

Erst in der Pubertät entwickeln wir das, was Piaget und Inhelder (1986) als das *formale operative Denken* bezeichnen, die formale Aussagelogik, die wir als Erwachsene anwenden. Viele dieser Logikformen stehen uns während der Phase des konkreten operativen Denkens (etwa im Alter zwischen sieben und zwölf Jahren) zur Verfügung, können jedoch nur auf tatsächlich vorhandene Gegenstände angewandt werden. Die Phase, die am meisten durch magisches Denken und eine Vorliebe für Rituale charakterisiert wird, ist diejenige, die Piaget als *voroperatives Denken* beschreibt und die in der Regel im Alter zwischen zwei und sieben Jahren liegt.

Durch diese Entwicklungsphasen dringen Kinder vom magischen und animistischen Denken zu einer mehr wissenschaftlichen Herangehensweise vor. So wie Kinder ihre Weltanschauung ständig neu entwickeln, wird bis zu einem bestimmten Grad die Geschichte des wissenschaftlichen Denkens in der für jede Entwicklungsphase charakteristischen Epistemologie und Ontologie rekapituliert. Kinder sind kleine Kosmologen. Sie erfinden die Welt immer wieder neu, bis ihre Weltanschauung sich schließlich so weit entwickelt hat, wie wir sie als Erwachsene allgemein als gültige Wirklichkeit anerkennen. Ein Rest Aberglauben aus früheren Phasen bleibt uns jedoch auch als Erwachsenen erhalten. In Zeiten des Stresses und des Aufruhrs der Gefühle können Kinder jeden Alters und auch Erwachsene vorübergehend in ein voroperatives Denken zurückfallen oder darauf zurückgreifen. Da allerdings das voroperative Denken so weit entfernt ist von den Denkweisen von uns Erwachsenen, können wir Erwachsene als eine Art „kognitive Außerirdische" gelten in unseren Bemühungen, kindliche Denkweisen dieser Entwicklungsphase zu begreifen.

Ein wesentlicher Bestandteil des voroperativen Denkens ist das synkretistische Denken, das heißt, das Kind glaubt, es bestehe aus dem einfachen Grund ein kausaler Zusammenhang zwischen zwei Ereignissen, weil sie sich gleichzeitig oder nacheinander ereignen. Ein Kind glaubt beispielsweise, Gott sei dafür verantwortlich, daß es sich sein Knie anstieß, weil es seine Jacke nicht, wie von der Mutter verlangt, angezogen hat. In dieser Phase ist das Denken auch animistisch. Zum Beispiel glaubt man, der Mond sei lebendig, weil er einem folgt. Wie die Götter machen auch Kinder Gegenstände lebendig und betrachten sich als Zentrum des Universums. Das magische Denken ist ein weiteres Charakteristikum dieser Phase. Im Kopf eines Kindes ist der Gedanke dasselbe wie die Tat. Wenn sie zum Beispiel im Zorn den Tod eines Elternteils herbeiwünschen, dann haben sie das Gefühl, sie hätten die Tat ausgeführt, und haben womöglich dieselben Schuldgefühle, als ob sie tatsächlich einen Mordversuch unternommen hätten. Weil sie sich im Kopf etwas denken, glauben sie, daß es in Wirklichkeit so sei. Diese für das Denken eines Vierjährigen typische Verwirrung zwischen der inneren und der äußeren Realität erscheint im Erwachsenenalter psychotisch.

Hier erkennt man, wie sehr ein magisches Ritual der natürliche Ausdruck des voroperativen Denkens ist. Wenn ein Kind den Tod seiner Mutter herbeiwünscht und fürchtet, daß das Ereignis aufgrund seines Wunsches eintreten wird, ist es natürlich, daß das Kind ein Ritual erfindet, um das Ereignis rückgängig zu machen. Beispielsweise kann es so tun, als ob es eine Puppe, die es „umgebracht" hat, wiederbelebt. Wie man sieht, schwanken Kinder in diesem Alter zwischen Gefühlen der Allmacht und der Zerbrechlichkeit. Erst im Laufe der Zeit und durch ein ständiges Auf-die-Probe-Stellen der Überzeugungen und durch das gesellschaftliche Feedback lernen Kinder allmählich, daß sie weder so allmächtig sind, wie sie zu sein wünschen, noch so zerbrechlich, wie sie befürchten.

Sowie sie in die Phase des konkreten operativen Denkens eintreten, entwickeln Kinder größere kognitive Fähigkeiten, mit der Welt zurechtzukommen und ihre Ängste zu unterdrücken. Sie erproben diese neuen Fähigkeiten, indem sie basteln, sammeln, zählen und andere Dinge tun, denen der Anschein der Zwanghaftigkeit anhaftet. In dieser Phase ist es natürlich, Zwangsvorstellungen, innere Zwänge und idiosynkratische Ängste zu entwickeln, welche sich ständig wiederholende Gedanken- oder Handlungssequenzen reflektieren. Es bedarf bloß der Zwangsvorstellung und Wiederholung, zusammen mit etwas magischem Denken, um ein Ritual zu erfinden, das wieder rückgängig macht, was auch immer das Kind fürchtet. Kinder entwickeln Spielrituale, um Gefahren zu bannen, um Überzeugungen zu überprüfen und um die Grenzen ihrer Macht und Machtlosigkeit zu erproben.

Zum Beispiel: „Wenn ich meinen Teddy zur Schlafenszeit bei mir habe, schützt er mich vor Alpträumen oder vor Monstern." – „Wenn ich zwischen zwei Donnerschlägen lange genug den Atem anhalte, sind meine Eltern in Sicherheit. Schaffe ich es nicht, den Atem lange genug anzuhalten, kann ich dreimal ganz schnell atmen, dann sind sie in Sicherheit." – „Wenn ich meine Sünden beichte und drei Gebete nacheinander spreche, bin ich in Sicherheit." Gleichgültig ob Rituale formell oder informell sind, kollektiv oder idiosynkratisch, sie reflektieren und organisieren oft Kindheitsthemen, die mit Verlusten, Verletzungen, Macht, sozialen Belangen, Spielen, Rache, Vergeltung und dem Rückgängigmachen von Rachehandlungen oder Gefühlen zu tun haben.

Bei Ritualen wird häufig ein Übergangsobjekt, zum Beispiel eine Erfahrung oder Gegenstände benutzt, die das Kind an einen abwesenden Elternteil erinnern und die somit Trost spenden. Ein gutes Beispiel ist ein Kind, das ein Schlaflied singt, wenn die Mutter nicht bei ihm sein kann, das ihm von ihr vorgesungen wurde. Die Beziehung eines Kindes zu einer Decke oder zu einem Teddy kann metaphorisch die Beziehung zu einem abwesenden Elternteil ersetzen. Die Entwicklung von Ritualen, die Übergangsobjekte einschließen, hilft Kindern, sich wohler zu fühlen, gibt ihnen mehr Kontrolle, läßt sie aktiv statt passiv sein und Handlungen vollbringen, die ihre Hilflosigkeit und Machtlosigkeit verringern.

Zusammenfassend läßt sich festhalten, daß Rituale für Kinder besonders geeignet sind, weil die sich wiederholenden Sequenzen vieler Rituale einen Zugang zu den so häufig von Kindern benutzten zwanghaften Mechanismen der Alltagsbewältigung verschaffen. Noch wichtiger ist, daß Kinder viel eher geneigt sind, den Wert eines Rituals zu akzeptieren. Sie neigen viel weniger dazu, den zweifelhaften Kausalzusammenhang zwischen der angenommenen Ursache (d. h. dem Ritual) und der beabsichtigten Wirkung kritisch zu untersuchen. In dem Maße, wie das Kind in einer synkretischen Logik denkt oder in sie zurückfällt, besteht absolut kein Zweifel am kausalen Zusammenhang.

Imitierende und ansteckende Magie

Imitierende magische Rituale (Frazer 1989) verwenden das Gesetz der Ähnlichkeit oder die Annahme daß „Gleiches Gleiches hervorruft". Es wird angenommen, daß man dadurch eine Wirkung erzielen kann, daß man das, was bewirkt werden soll, im voraus metaphorisch oder symbolisch ausführt. Zum Beispiel gibt es in manchen Kulturen den kollektiven Glauben, daß eine Person dadurch verletzt werden kann, daß man ein Bildnis oder eine die betreffende Person darstellende Puppe verletzt. Man kann eine Geburt dadurch erleichtern, daß man Steine oder Puppen vom Genitalbereich einer Frau fallen läßt. Um das Herz eines Menschen zu erweichen, schmilzt man eine ihn darstellende Wachsfigur. Um Eheprobleme zu lösen, bindet man zwei Bildnisse mit einem Faden aus dem Hüfthalter der Frau zusammen. Um Gelbsucht zu kurieren, wirft man gelbe Gegenstände weg.

Das Prinzip der Ansteckung beinhaltet die Annahme, daß Dinge, die sich berührt haben, auch weiterhin aufeinander einwirken. Die Eigenschaften des einen Gegenstandes werden auf den anderen übertragen. Zum Beispiel wird ein indianischer Initiierter während der Zeremonie des Geistertanzes mit einem mit „Macht" gefüllten Rohrstock geschlagen und ist daraufhin von einer Macht besessen (Jilek 1982). Bei einer Geistersuche wird ein Initiierter von einer Vision seines Totems heimgesucht, eines tierähnlichen Geistes, von dem charakteristische Eigenschaften auf ihn übergehen. Ein Kind hält einen Hasenfuß in der Hand und verschafft sich damit dessen „Glück".

Wenn man diese beiden Prinzipien untersucht, stellt man fest, daß beides Merkmale oder Konzepte sind, die Ereignisse, Gegenstände oder Handlungen miteinander verbinden. Sie stellen zwar keine formellen „Kausal"-Zusammenhänge her; da man mit ihnen jedoch Ereignisse kategorisieren, organisieren oder erzählen kann, wird leicht klar, warum sie aus der Sicht eines Kindes als kausal angesehen werden. Sie bieten die Möglichkeit, eine Identität zwischen Ereignissen herzustellen.

Für uns besteht die Bedeutung dieser Prinzipien darin, daß sie uns bei der Auswahl der Gegenstände oder Handlungen für ein Ritual helfen. Dadurch, daß sie individuelle Gegenstände, Handlungen oder Ereignisse verbinden, kommen sie der Denkweise eines Kindes entgegen und geben dem Ritual eine Bedeutung.

Verwendet man diese Prinzipien zur Entwicklung heilender Rituale für Kinder und Familien, ergeben sich verschiedene Möglichkeiten. Ein schüchternes, unsicheres Kind kann womöglich das Lieblingsfrühstück seines Vaters essen, um ihm ähnlich zu werden, an seiner Kraft, seinem Mut und seiner Selbstsicherheit teilzuhaben. Einem jungen Mädchen, das Sehnsucht nach seinem abwesenden Vater hat, könnte man einen seiner Ringe als Übergangsobjekt geben, um durch die metaphorische Anwesenheit des Vaters die Trennungsangst zu zerstreuen. Ein Kind mit Kopfschmerzen könnte den Schmerz auf ein Stofftier übertragen, indem es das Tier mit seiner Stirn berührt. Ein Kind, das Stimmen hört, könnte eine Puppe an sich drücken und dabei die Stimmen von sich auf die Puppe übertragen und so weiter.

Die von uns beschriebene Art der Intervention mag trügerisch simpel erscheinen. Das liegt daran, daß wir eine Art oder Form des Rituals beschreiben, deren Verwendung für eine Vielzahl von Problemen sehr ähnlich ausfällt. Unsere Absicht liegt keinesfalls darin, die Komplexität der Probleme von Kindern und die vielschichtigen und verstrickten Probleme in den Interaktionen einer Familie zu bagatellisieren.

Die Probleme von Kindern

Wenn Kinder Probleme haben, geht es immer um zwei Themen: (1) die Beziehung der Familie zu dem Problem beziehungsweise ihre Verstrickung darin, gleich, ob das Problem mit Angst, Zwangsvorstellungen oder mit Schmerz zu tun hat; und (2) um den Konflikt des Kindes mit dem Problem beziehungsweise seine Beziehung dazu. Ersteres bezieht sich auf die von den Familienmitgliedern initiierten Handlungen, um sich dem Problem zu widmen, sowie auf die Reaktion des Kindes auf diese Handlungen. Häufig finden wiederholte Interaktionssequenzen statt, in denen die Eltern versuchen, dem Kind bei seinem Problem zu helfen, aber scheitern. Zum Beispiel entwickelt ein Kind eine Phobie, daß es zu atmen aufhören könnte. Es meint, wenn es nicht mehr an das Atmen denkt, könnte es tatsächlich aufhören zu atmen. Das Kind ruft nach den Eltern, denen es nicht gelingt, das Kind zu beruhigen. Die Eltern geben sich noch mehr Mühe, und das Kind läßt sich vorübergehend beruhigen, was die elterliche Lösung bestärkt. Die Angst des Kindes kommt wieder, und die Eltern versuchen wieder vergeblich, das Kind zu beruhigen. So kann die Familie um das Problem organisiert werden.

In solchen Situationen dienen die vermeintlichen Lösungen der Eltern häufig dazu, das Problem zu erhalten (Fisch, Weakland u. Segal 1991; Watzlawick, Weakland u. Fisch 1988). Dies ist eine „strategische" Sichtweise, die in der Forschung des Mental Research Institute in Palo Alto entwickelt wurde. Auch andere kompatible Sichtweisen sind möglich. Die Problemsituation kann beispielsweise im „strukturellen" Terminus auch als eine *hierarchische Nichtübereinstimmung* (Madanes 1981) gesehen werden, in der die Eltern, die üblicherweise die überlegene Rolle der Beschützer der Kinder spielen, sich in der unvereinbaren Position befinden, bei einem schwierigen Problem nichts bewirken zu können. Gewöhnlich helfen strategische, strukturelle und andere Familientherapeuten den Familien, diesen toten Punkt zu überwinden, indem sie die Struktur der Familienbeziehungen verändern oder die Interaktionssequenzen unterbrechen. Eine übliche Herangehensweise wäre, eine Aufgabe zu stellen, die die problemerhaltenden Lösungsversuche der Eltern blockiert.

In der Behandlung von Familien wird manchmal die Beziehung des Kindes zu dem Problem vernachlässigt. Kinder können sich sehr bemühen, sich ihren Ängsten zu stellen oder den Symptomen aus dem Weg zu gehen, doch häufig scheitern diese Maßnahmen; sie können sogar das Problem aufrechterhalten. Das Ergebnis ist, daß die Kinder meinen, sie müßten sich noch mehr Mühe geben, ihre Probleme zu lösen. Dabei fühlen sie sich von ihren Problemen hoffnungslos überfordert und tyrannisiert. Die Beziehung eines Kindes zu einem Problem ist ein schmerzlicher, konfliktreicher Kampf.

Therapeuten entwickeln manchmal Interventionen, die sich gleichzeitig der Beziehung der Familie und der Beziehung des Kindes zum Problem widmen. Solche eleganten Verdichtungen nehmen gelegentlich die Form von Familienritualen an, jedoch ist es für eine effektive Therapie nicht notwendig, sich beiden Zielen auf einmal zu widmen. Häufig sind Anweisungen an die Eltern hilfreich, wie sie ihre problemerhaltenden Lösungen verändern können, in Verbindung mit der Verschreibung eines Rituals, das dem Kind ermöglicht, seine Beziehung zum Problem zu verändern.

Die Ausführung eines Rituals erfüllt eine Reihe von Aufgaben. Die von dem Kind angewandten problemerhaltenden Lösungen werden blockiert, das Kind wird aus der passiven Haltung des Opfers in die aktive eines Beteiligten an der Lösung des Problems versetzt, und es wird von den üblichen Wahrnehmungen und Gefühlen abgelenkt, die mit dem Kampf zur Überwindung des Problems verbunden sind und die diesen Kampf vielleicht aufrechterhalten helfen. Das Kind verschafft sich eine Beziehung zu dem Ritual, die seine Beziehung zum Problem verändert; es kämpft nicht mehr mit dem Problem, das Problem wird zurückgelassen, hat keine zentrale Position mehr in der Aufmerksamkeit des Kindes.

Der Therapeut fordert das Kind nicht auf, sich noch mehr anzustrengen oder ein positives Denken an den Tag zu legen. Dies wäre nur die Verschreibung einer Zwangsvorstellung. Statt dessen fordert der Therapeut das Kind auf, irgend etwas mit einem Gegenstand zu machen, wie zum Beispiel einen Knopf zu drücken, das Armband eines Elternteils zu tragen, oder ein Symptom auf ein Übergangsobjekt zu übertragen, indem es den Gegenstand berührt. Zum Beispiel: „... während du das Amulett deiner Mutter immer fester drückst, merkst du, wie du dich immer weniger nervös fühlst." Das Ritual ist neu, geheimnisvoll und für ein Kind intuitiv logisch.

Fallbeispiele

Die folgenden vier Fallbeispiele illustrieren die von uns beschriebene Anwendung der Rituale, insbesondere die Anwendung der imitierenden und ansteckenden Magie. Statt zu versuchen, die bestehende Unterschiedlichkeit bei der Anwendung des Rituals zu illustrieren, haben wir absichtlich eine Sammlung von Fällen ausgesucht, die sich durch ein verblüffendes Maß an Homogenität auszeichnen: In jedem dieser Fälle wird ein Gegenstand benutzt oder getragen, um ein Problem zu lindern. Wir wollen aufzeigen, daß als Intervention für jeden Fall ein im wesentlichen gleiches Ritual als Lösung für eine Vielzahl verschiedenartiger Probleme anwendbar ist.

Fall 1: Das Monster gegen Ralph den Waschbär

Zur Zeit der Überweisung zur Behandlung war Matt acht Jahre alt. Er hatte schreckliche Angst davor, daß ein Monster in sein Zimmer kommen könnte, und sein ängstliches Verhalten wurde für seine Mutter immer mehr zum Problem. In den vorangegangenen sechs Monaten wurde er zur Schlafenszeit ängstlich, schlief ein und wachte irgendwann fürchterlich verschreckt auf. Er wachte jede Nacht fünf oder sechs Mal schreiend auf. Entweder schlief er jede Nacht im Zimmer seiner Mutter oder sie in seinem; nur so konnte sie eine einigermaßen ruhige Nacht verbringen. Wenn Matts Mutter nicht bei ihm schlief oder nicht zuließ, daß er in ihrem Zimmer schlief, schlief Matt auf dem Boden im Zimmer seines älteren Bruders.

Matts Vater war vor kurzem nach einem sechsmonatigen Krankenhausaufenthalt wegen Komplikationen als Folge von multipler Sklerose wieder nach Hause gekommen. Er war körperlich und geistig geschwächt, und seine Pflege dominierte das tägliche Leben der Familie. Die Familie aß sogar die Mahlzeiten an seinem Bett. Die Mutter war Krankenschwester und hatte für den Vater ein Krankenzimmer im Wohnzimmer der Familie eingerichtet. Der Vater litt an einer hirnorganischen Schwäche, die zu Bewußtseinsstörungen führte. Die Pflege für den Vater war recht intensiv, und die Mutter hatte einen Plan entwickelt, um zum einen diese Pflege zu gewährleisten und zum anderen auch für ihre beiden Söhne zu sorgen. Sie kam gewöhnlich zuletzt an die Reihe und fiel meist erschöpft ins Bett; aufgrund von Matts Problem konnte sie jedoch kaum ausschlafen.

Die Therapeutin, die die Familie betreute, ging von der Hypothese aus, Matts Ängste stünden zur Krankheit und Behinderung seines Vaters in Beziehung. Matt konnte nachts nicht nach seinem Vater rufen, wenn er Trost brauchte. Er konnte sich nur an seine schon völlig erschöpfte Mutter wenden, um ihm zu helfen, seine Ängste vor einer unverständlichen, grausamen Welt abzuwehren. Wegen der hirnorganischen Beeinträchtigung des Vaters und dem Wunsch der Mutter, ihn nicht durch die Probleme mit den Söhnen zu beunruhigen, kam die Therapeutin zu dem Schluß, daß es nicht möglich sei, den Vater an der Entscheidungsfindung in der Therapie zu beteiligen. Auch hinderte die Mutter die Therapeutin daran, den Vater zu bitten, mit seinem Sohn zu sprechen, um die Hierarchie wieder ins Lot zu bringen und Matt Sicherheit zu vermitteln. Sie mußte also auf Matt und seine Mutter fokussieren.

In der ersten Sitzung machte Matt einen ängstlichen und traurigen Eindruck. Er wünschte sich sehr, sein Problem der Ängste vor dem Monster in seinem Zimmer zu lösen. Auf die Frage, ob er schon mal ein Monster gesehen habe, antwortete er, er hätte nur eins im Fernsehen gesehen. Er war sich nicht sicher, ob sein eigenes Monster „wirklich" oder „Teil seiner Phantasie" sei. Doch diese Ambiguität half nicht, seine nächtlichen Ängste zu zerstreuen.

Gegen Ende der ersten Sitzung bat ihn die Therapeutin, sich zu entscheiden, welche Nacht er in der kommenden Woche in seinem Zimmer verbringen möchte. In den anderen Nächten dürfe er bei seiner Mutter schlafen. Die Mutter wurde aufgefordert, die doppelte Zeit aufzuwenden, um Matt ins Bett zu bringen.

Mutter und Sohn befolgten diese Anweisungen, und am gewählten Abend brauchte Matt in seinem Zimmer drei Stunden, um sich in den Schlaf zu singen. In seinen selbsterfundenen Liedern sprach er von sich als „einem Hühnchen ohne Knochen, ohne Freunde und ungeliebt". Die Mutter war von diesem Einblick in Matts Gedankenwelt erschrocken und fasziniert zugleich. Sie fühlte sich anschließend noch hilfloser und frustrierter, da sie sich große Mühe gegeben hatte, Matt ein Gefühl der Sicherheit, des Schutzes und des Geliebtseins zu geben.

In dieser ersten Nacht ließ er das Licht an und rief ein paarmal nach seiner Mutter, blieb aber in seinem Zimmer. Er war in sich gekehrt, aber stolz darauf, alleine die ganze Nacht in seinem Bett verbracht zu haben, kritisierte sich jedoch dafür, daß er Angst gehabt hatte.

In der zweiten Sitzung schlug die Therapeutin ein magisches Ritual für Matt vor. Zuerst fragte sie Matt, was für Stofftiere er in seinem Zimmer habe, und erfuhr, daß Ralph, der Waschbär, in Matts Erleben mächtig und stark war. Die Therapeutin bat dann die Mutter, weiterhin die doppelte Zeit darauf zu verwenden, Matt ins Bett zu bringen und ihm im Bett eine Heldengeschichte vorzulesen. Zusätzlich sollte sich Matt überlegen, wie sein Zimmer eingerichtet werden sollte, so daß er sich sicherer fühlen würde, das heißt wie seine Stofftiere aufgestellt werden sollten.

Dann erzählte ihm die Therapeutin, daß Ralph der Waschbär ihm helfen könne. Sie sagte, Ralph sei ein mächtiger Waschbär, der Matt nachts seine Ängste abnehmen könne. Die Therapeutin forderte Matt auf, sich daran zu erinnern, wie er Ralph geboxt oder gedrückt habe und daß Ralph alles aushalten könne, was Matt ihm antue. Die Therapeutin meinte, Matt könne Ralph seine Ängste so weitergeben, wie er wolle, zum Beispiel könne er seinen Rumpf oder Bauch drücken oder Ralph fest an seinen eigenen Körper pressen. Sie wiederholte einige Male, daß Ralph ein starker Waschbär sei und alles aushalten könne. Sie sagte auch, daß Matt es spüren könne, wie er sich weniger ängstlich und stärker fühle, während er Ralph an sich drücke. Es könnte auch sein, daß er sich dabei immer müder fühle. Wenn Matt Ralph auf diese Weise seine Ängste übertrüge, wären sie verschwunden. Matt betrachtete sie daraufhin etwas mißtrauisch, gab jedoch seine Zustimmung, das zu tun, was von ihm verlangt wurde. Die Mutter nickte zustimmend zu diesen Vorschlägen.

Bis zur dritten Sitzung zwei Wochen später schlief Matt jede Nacht in seinem Zimmer mit Ralph auf dem Boden neben seinem Bett. Er sagte, er wäre einige Male aufgewacht, hätte aber seine Ängste vergessen, als er seine Mutter mit einer Freundin telefonieren hörte. Er behauptete auch, das Ritual mit Ralph funktioniere eigentlich nicht, denn Ralph sei nicht lebendig. Er war sich immer noch nicht sicher, ob das Monster lebendig sei.

Trotz Matts Beteuerung, daß Ralph keine Hilfe sei, berichtete seine Mutter, daß Matt Ralph immer drücke, boxe und herumwerfe, wenn er sich ängstige. Während dieser Sitzung sagte Matt auch, er fühle sich stärker und habe angefangen, in seinem Zimmer Gewichte zu heben. Die Mutter meinte, Matt sehe selbstsicherer aus und sei in der Schule besser geworden.

Die Therapeutin beglückwünschte Matt zur Lösung seines Problems und meinte, es sei eine tolle Idee, Gewichte zu heben, um stärker zu werden. Sie schlug auch vor, daß Matt und seine Mutter das Ritual genauso weiter ausführen sollten, auch wenn Ralph nicht lebendig sei.

In der fünften Sitzung einige Monate später berichtete die Mutter, Matts Ängste seien „so gut wie weg". Matt sagte, er höre seiner Mutter gerne beim Telefonieren zu, während er einschlafe, er würde aber jede Nacht sofort einschlafen und wache nicht mehr auf. Dreimal in der Woche hebe er abends Gewichte. Matt und seine Mutter hätten inzwischen andere Möglichkeiten gefunden, einander nahe zu sein, zum Beispiel indem sie bestimmte Fernsehsendungen zusammen anschauten, statt im selben Bett zu schlafen. Die Mutter behauptete, Matt sehe emotional stärker aus, und sie stelle „einen großen Unterschied" fest. Während er ihr zuhörte, strahlte Matt. Dann sagte er, er habe keine Angst mehr. Als er gefragt wurde, wo das Monster hin sei, antwortete er: „Zu einem anderen Kind." Seine guten Schulleistungen blieben beständig, und der Fußballtrainer hatte gesagt, Matt habe sich in der Mannschaft am meisten verbessert. Matt hatte Ralph ein Fußballtrikot und Stollenschuhe angezogen, ihn in die Schule mitgenommen und seinen Freunden vorgeführt. Insgesamt machte die Anpassung an die Rückkehr des Vaters gute Fortschritte. Der Vater ging zu einem Neuropsychologen, und die Mutter fing wieder an zu arbeiten.

Dieser Fall stellt ein häufiges Problem mit Kindern dar. Es ist einfach, darüber zu spekulieren, warum Matts Probleme gerade zu diesem Zeitpunkt auftraten: Matt fühlte sich durch einen behinderten Vater und eine überstrapazierte Mutter, durch die Rückkehr und unsichere Position des Vaters in der Familie, durch die Isolation der Mutter und ihr Bedürfnis, mit Freunden zu reden, durch die hierarchische Umkehrung zwischen Vater und Sohn und so weiter vermutlich ungeschützt. Wenn man nach den Funktionen eines Symptoms sucht, sieht es so aus, daß Matts Symptom seine Eltern von der Behinderung seines Vaters ablenkte oder versuchte, seine Mutter und seinen Vater dazu anzuhalten, sich kompetenter zu verhalten, als es für Matt den Anschein hatte. Matt und seine Mutter waren verstrickt in ihrer Beziehung zueinander und in ihrer Beziehung zum Problem. Ihre Versuche, das Problem zu lösen, resultierten statt dessen in seiner Erhaltung. Durch die Einführung eines Rituals, an dem sich die Mutter beteiligen konnte und das ihre sonst ineffektiven Methoden der Hilfe verdrängte, und durch ein Ritual für Matt, das die von ihm versuchten Lösungen blockierte, half die Therapeutin Mutter und Sohn, den toten Punkt zu überwinden. Zum Zeitpunkt der telefonischen Nachuntersuchung ein Jahr später ging es Matt gut, er fühlte sich leistungsfähig und selbstsicher.

Matts Behandlung illustriert ein häufiges Nebenprodukt bei der Verwendung von Ritualen: Kinder und Familien verändern das Ritual häufig so, daß es ihrer eigenen Weltanschauung besser entspricht. In manchen Fällen muß das Ritual nur so ungefähr passen, um dann von der Familie so abgewandelt zu werden, daß es nützlich wird.

Fall 2: David

Bevor er an Rückenmarkkrebs und Gehirnmetastasen erkrankte, war David ein munterer, gut erzogener, altkluger und lebendiger Fünfjähriger. Seine Mutter war gekommen, weil sie sich durch ihren Kummer völlig überwältigt und deprimiert fühlte. Sie war der Meinung, es stehe ihr nicht zu, ihren Mann mit ihrer tiefen Verzweiflung zu „belasten". David, das jüngere von zwei Kindern, hatte eine siebenjährige Schwester. Die Mutter war wieder schwanger, was Davids Leben und die tragische Situation dieser Familie besonders schmerzlich erscheinen ließ.

Innerhalb kurzer Zeit wurde klar, daß David sehr bald sterben würde. Der Krebs war besonders aggressiv. Die Therapie bezog sich hauptsächlich auf die Eltern und versuchte, ihnen in dieser großen Tragödie beizustehen. Ich half ihnen, mit sich selbst Mitleid zu haben, sich die Zeit zu nehmen, zusammenzusein und zu reden und ihren Kummer, ihren Zorn und ihre große Traurigkeit miteinander zu teilen; ich half ihnen auch, mit ihrem kleinen Sohn über seinen bevorstehenden Tod zu sprechen.

Die Mutter bat den Therapeuten, David zu besuchen. Er hatte große Schmerzen und stöhnte jedesmal, wenn er sich bewegte oder bewegt wurde. Er war schwach und entkräftet, konnte aber seinen Eltern noch sagen, wie er sein Zimmer und seine Welt gern hätte und was er noch aushalten könnte.

Der Therapeut traf sich zweimal mit David. Das erste Mal war es im Krankenhaus, wo David vor dem Fernseher saß. Er bekam eine Strahlentherapie, um die Geschwulste zu verkleinern, hatte aber trotzdem Schmerzen, wenn er sich bewegte. Nach Bedarf bekam er ein Schmerzmittel. Als der Therapeut kam, starrte David unentwegt und etwas abwesend auf den Fernseher. Er schaute den Therapeuten kurz an und wandte sich wieder dem Bildschirm zu.

Der Therapeut fragte Davids Mutter, ob er mit David allein sprechen könne. „Selbstverständlich", sagte sie und verließ das Zimmer. Der Therapeut stellte sich als Doktor vor, der mit Kindern bloß redet. Er sagte, er gebe ihnen keine Spritzen oder Impfungen, sondern rede mit ihnen darüber, wie sie sich fühlten, und spiele manchmal mit ihnen. Er sagte, daß manche Kinder sich besser fühlten, nachdem sie mit ihm gesprochen hätten.

Der Therapeut fragte David, ob er große Schmerzen habe, und David sagte: „Ja", und es werde schlimmer, wenn er sich bewege. Der Therapeut befragte ihn zu den Stofftieren und Spielsachen in seinem Zimmer und erfuhr, daß er manche geschenkt bekommen habe. Seine Eltern hatten sein Zimmer genau so eingerichtet, wie er es haben wollte. Der Therapeut fragte nach einem riesengroßen Hasen, und David sagte ihm, er sei ein Geschenk, dem er noch keinen Namen gegeben habe. Der Therapeut forderte ihn auf, ihm einen Namen zu geben, und David nannte ihn „Fluffers".

Der Therapeut meinte, daß Fluffers irgendwie besonders aussähe und sehr stark zu sein scheine. Er bat David, sich an andere „Tiere" zu erinnern, die er zu Hause hatte, und daran, daß sie auch sehr stark waren und alles aushalten konnten, was David ihnen antat. Der Therapeut bat ihn, sich daran zu erinnern, wie er sie gedrückt, umarmt, geschlagen oder geboxt habe, ohne daß sie kaputtgingen. Statt dessen waren sie gleich wieder wie vorher, für alles bereit. Sie würden alles ertragen, was immer David ihnen antun könnte.

Er sagte, Fluffers wäre genauso, bloß sehr, sehr stark. So stark, daß er etwas von den Schmerzen, die David im Kopf und im Nacken spürte, übernehmen könne. Der Junge fragte, wie Fluffers das machen würde, und der Therapeut sagte, wie immer er sich das wünsche – indem Fluffers seinen Kopf oder seinen Nacken berühre oder auf eine andere Art, je nachdem, was David möchte. Er wiederholte, daß Fluffers ein sehr starkes Tier sei, das seine Schmerzen übernehmen könnte. Er sagte, wenn David Fluffers mit seinem Kopf berühre und dabei von eins bis zehn zähle, was er ja könne, würde er feststellen, wie die Schmerzen allmählich nachließen. Der Therapeut forderte David auf, das gleich auszuprobieren, was er auch tat. Dann wollte

David gern wieder fernsehen. Der Therapeut akzeptierte das und fügte hinzu, wann immer er Fluffers Hilfe brauche, um seine Schmerzen zu lindern, sollte er den Hasen mit dem schmerzenden Körperteil berühren und bis zehn zählen. Während er zählte, würden die Schmerzen allmählich nachlassen.

Zwei Monate später besuchte der Therapeut David zu Hause. Wie die Mutter berichtete, war Fluffers ständig bei David. Dem Therapeuten fiel auf, daß David schwächer und kleiner war und sich nur langsam und unter Schmerzen bewegen konnte. Der Therapeut aß mit ihm und seinen Eltern zu Mittag und sah David anschließend noch einmal allein, um das verschriebene Ritual zu verstärken. David sagte, er hätte das Ritual durchgeführt, sprach aber dann über seine Eltern und Schulkameraden. Er sprach auch metaphorisch über seinen Tod. Wir sprachen miteinander, spielten ein bißchen, dann wurde er müde, und der Besuch wurde beendet. Drei Wochen später starb er.

Hat das magische Ritual David geholfen? Seine Mutter sagte, Fluffers sei ständig bei ihm gewesen. Als der Therapeut mit David zusammen war, war es nicht angebracht, die Wirkung des Rituals auf seine Schmerzen zu bewerten. Er war zu schwach und verstört, und es war sinnvoller, der von ihm eingeschlagenen Richtung zu folgen.

In diesem Fall lassen sich drei wichtige Punkte hervorheben. Erstens erzählte der Therapeut David nicht, daß seine Schmerzen durch das Ritual verschwinden würden, sondern nur, daß sie immer weniger werden würden. Er tat dies nicht etwa deshalb, um für den Fall, daß die Schmerzen anhielten, seine Glaubwürdigkeit als Therapeut zu wahren, sondern aus einem Gefühl der Hoffnungslosigkeit und Bescheidenheit, daß das von ihm angebotene Schmerzritual angesichts der Ungeheuerlichkeit des Todes eigentlich zu wenig sei für diesen kleinen Jungen.

Zweitens benutzte der Therapeut kein bereits mit Macht erfülltes Übergangsobjekt. Ein Grund dafür lag darin, daß kein Übergangsobjekt zur Verfügung stand; zum anderen hat man die Erfahrung gemacht, daß Kinder ihren Lieblingstieren manchmal kein Leid antun wollen (O'Connor 1984). Drittens ließ sich der Therapeut auf Davids Frage hin, wie Fluffers seine Schmerzen übernehmen könne, nicht auf obskure oder magische Logik oder auf eine pseudowissenschaftliche Erklärung ein. Davids Ideen waren einer präoperativen Kausalität, einer Welt psychologischmotivierter physischer Phänomene entnommen. Nach Überzeugung des Therapeuten glaubte David, daß Fluffers das therapeutische Ziel auf jede von ihm gewünschte Weise erfüllen könne, indem er Fluffers Kopf mit seinem Kopf berührte, indem er ihn drückte und so weiter. Die letzten beiden Punkte illustrieren sehr deutlich, wie wichtig es ist, bei der Konstruktion einer Intervention den kognitiven Entwicklungsstand und die Weltanschauung des Kindes zu berücksichtigen.

Fall 3: „Werde ich aufhören zu atmen, wenn ich nicht daran denke?"

Dottie war mit ihren zehn Jahren das älteste von drei Geschwistern. Sie hatte noch einen siebenjährigen Bruder und eine einjährige Schwester. Sie war gut in der Schule, hatte normale Beziehungen zu Gleichaltrigen, war Turnerin und hatte Spaß als Cheerleaderin. Allerdings hatte Dottie zahlreiche Ängste und Sorgen. Sie hatte Angst davor, ins Bett zu gehen, weil sie fürchtete, ihre Atmung könnte aussetzen. Wenn sie Kartoffelchips aß, fürchtete sie, sie könnten ihr im Hals steckenbleiben, und sie könnte daran ersticken. Wenn sie bei einer Freundin übernachtete, bekam sie fast immer Bauchschmerzen und mußte wieder nach Hause gebracht werden. Wenn sie in den Nachrichten von einer Entführung hörte, hatte sie Angst, auf die Straße zu gehen. Sie machte sich oft Sorgen, daß sie sterben oder krank werden könnte. Sie fürchtete, sie könnte Krebs bekommen und blind werden, wenn im Fernsehen von Krankheiten die Rede war oder wenn sie hörte, daß ein Verwandter krank oder sonst auf irgendeine Art behindert war.

Beide Eltern meinten, sie sei zu ernst, mache sich zu viele Gedanken über Krankheiten und sei unglücklich. Sie wünschten, sie könnte sich mehr amüsieren, und taten alles, um sie dazu zu ermutigen. Es bildete sich ein Muster heraus, in dem Dottie aufgelöst zur Mutter kam und ihr ihre Sorgen mitteilte. Die Mutter beruhigte sie und versuchte, ihr die Sorgen zu nehmen, indem sie sie als albern oder unrealistisch abtat, und Dottie machte sich weiterhin Sorgen. Öfter als der Vater war die Mutter wegen Dottie besorgt; sie hatte am meisten mit ihr zu tun. Weil er viel arbeitete, ging Dottie selten zu ihrem Vater.

Dotties Vater machte sich jedoch auch Sorgen, wenn er auch seltener damit zu tun hatte, ihr zu helfen. Er eröffnete uns, daß er selbst früher, als sie noch kleiner war, übermäßig ängstlich gewesen sei und seine Frau ständig dazu angehalten habe, mit ihr zum Arzt zu gehen, weil er fürchtete, sie könne krank sein oder aufhören zu atmen. Er habe sie seine „zärtliche kleine Blume" oder „Engel" genannt. Er erzählte, seine Herkunftsfamilie sei „unmöglich", weil es unter ihnen sehr viele „Hypochonder" gäbe. Nach der Geburt der anderen Kinder entspannte er sich, und seine Überängstlichkeit verschwand. Inzwischen liege ihm sehr viel daran, daß Dottie sich entspanne und ihr Leben genieße.

Vor der Therapie litt Dottie ein- bis dreimal pro Woche unter Zwangsvorstellungen oder Grübeleien, sah allerdings auch sonst angespannt und unglücklich aus. Die Behandlung erstreckte sich über acht Sitzungen, die in der Folge skizziert werden sollen. Die erste Sitzung endete mit der Bitte des Therapeuten an Dottie, die Perioden der Sorgen und Ängste im Auge zu behalten und sich jeden Abend in einem besonderen „Sorgenstuhl" 30 Minuten lang Sorgen zu machen.

Außerdem sollten Dottie und ihre Mutter einen besonderen Gegenstand aussuchen, der „Mutters Fähigkeit, Dottie zu beruhigen" enthalte. Der Vater hatte zwar seine Ängste überwunden, Dottie meinte aber, ihre Mutter könne sie besser beruhigen. Die Mutter wurde gebeten, auch weiterhin die Tochter zu beruhigen, bis sie einen magischen Gegenstand gefunden hätten. Die Begründung war, daß Dottie diese Ängste allein bewältigen müsse, aber noch nicht wisse wie.

In der zweiten Sitzung untersuchte der Therapeut, welche systemischen Folgen eine Verbesserung nach sich ziehen würde, da er meinte, Dotties Sorgen könnten Eheprobleme widerspiegeln. Er kam jedoch zu dem Schluß, daß die Ehe in Ordnung sei. In dieser Sitzung stellte sich heraus, daß sich, ähnlich wie Dottie, auch die Mutter Sorgen machte, während der Vater diese Rolle aufgegeben hatte und zu einem Problemlöser geworden war; Probleme sah er als Herausforderung an. Die Mutter und Dottie wählten in dieser Sitzung als Symbol einen „Stern" von einer Halskette, die der Vater der Mutter geschenkt hatte.

An dieser Stelle verschrieb der Therapeut Dottie eine tägliche, halbstündige Sitzung in ihrem besonderen Stuhl, während der sie sich Sorgen machen sollte, sie könnte krank werden. Wenn Dottie keine bestimmte Krankheit einfiel, über die sie sich Gedanken machen könnte, sollte sie sich mit ihren Eltern beraten, die ihr jede noch so furchtbare Krankheit nennen könnten. Aus Angst, Dottie könnte von einer Zwangsvorstellung befallen werden, hatten sie vorher die Erwähnung von Krankheiten immer tunlichst vermieden.

Der Therapeut erklärte Dottie, der Stern sei ein ganz besonderer Stern von ihrer Mutter, ein Geschenk von Dotties Vater. Als solches vereinigte dieser Stern in sich sowohl die gesamte Macht und Sicherheit ihrer Mutter als auch die Fähigkeiten des Vaters, seine eigenen Ängste zu meistern.

Der Therapeut sagte: „Wenn du willst, kannst du mit diesem Stern deine Ängste und Sorgen kleiner machen. Wenn du merkst, daß du anfängst, dir Sorgen zu machen, kannst du den Stern in die Hand nehmen und drücken. Je fester du drückst, desto besser kannst du diese Ängste in den Griff kriegen. Wenn du den Stern nach dem Drücken wieder losläßt, wirst du feststellen, daß du viel entspannter und unbefangener bist. Wenn du den Stern dann ganz losgelassen hast, werden deine Sorgen und Ängste verschwunden sein."

Diese Anweisungen wurden wiederholt und ausgeschmückt. Die Mutter wurde aufgefordert, außer den Worten „Denk an den Stern" keinen verbalen Trost mehr zu geben, da Dottie ihre Ängste allein bewältigen müßte.

In der dritten Sitzung, drei Wochen später, wurde berichtet, daß Dottie den Stern etliche Male benutzt habe. Sie meinte, der Stern sei wie die Beruhigungen ihrer Mutter, wie „wenn Blut den Arm hinaufsteigt ... der Stern verkehrt das Denken". Der Therapeut gratulierte ihr, daß sie schon damit begonnen hatte, ein so schwerwiegendes Problem alleine zu bewältigen. Während der vergangenen zwei Wochen hatte Dottie sich nur zweimal Sorgen gemacht, einmal darüber, zu erblinden, und einmal, daß sich ihre Kehle verschließen könnte. Beide Male konnte sie den Stern nicht benutzen, da sie ihn zu Hause vergessen hatte. Der Therapeut bat die Mutter, ihr aus einem Ohrring einen kleineren Stern zu geben, den sie immer dabeihaben könnte. Der Therapeut wiederholte die Anweisungen zur Macht des Sterns und fügte hinzu, nun habe Dottie einen neuen, kleineren Stern, der genauso mächtig wie der erste sei.

In der vierten Sitzung berichtete die Mutter, Dottie mache einen viel glücklicheren und entspannteren Eindruck. Sie singe und tanze fast die ganze Zeit durchs Haus. Die tägliche Sorgensitzung in dem Stuhl wurde nicht regelmäßig durchgeführt. Der Therapeut besprach mit ihnen die Planung eines „Rückfalls", ein strategisches Manöver, um eine stattgefundene Veränderung zu festigen. Er verschrieb den Rückfall, indem er Dottie beglückwünschte, ihr Problem gelöst zu haben, und ihr gleichzeitig erlaubte, sich irgendwann in den nächsten zwei Wochen Sorgen zu machen. Er sagte, das wäre völlig in Ordnung, weil es sehr oft vorkäme, wenn Leute versuchten, ihre Probleme wegen des Sorgenmachens zu lösen.

Bis zur fünften Sitzung hatte Dottie den Film „Mask" gesehen und machte sich Sorgen, daß sie Neurofibromatose, die im Film dargestellte Krankheit, bekommen könne. Wieder einmal konnte sie den Stern nicht finden, als sie ihn brauchte. Sie suchte zwei Stunden lang danach, fand ihn aber erst am nächsten Tag. Da die Symptomverschreibung nicht regelmäßig befolgt wurde, schlug der Therapeut eine schwere Prüfung (Haley 1984) in Form einer einstündigen Sorgensitzung vor, in der sie sich Zwangsvorstellungen machen sollte. Dottie haßte die Sorgensitzung; sie fand sie langweilig. Der Therapeut erklärte ihr, sie müsse sich nur dann im Stuhl Sorgen machen, wenn sie sich sonst über ihre Gesundheit Sorgen mache. Dann wäre nämlich klar, daß sie sich nach Plan Sorgen machen müsse. Vor dem Ende der Sitzung wiederholte der Therapeut die für den Stern gegebene magische Anweisung.

In der sechsten Sitzung wurde berichtet, Dottie habe sich keine zwanghaften Sorgen mehr gemacht und auch die Eltern nicht für die ineffektive Lösung des Beschwichtigens beansprucht. Der Therapeut erfuhr, daß Dotties Schulleistungen sehr nachgelassen hätten; die Eltern setzten sich während der Sitzung offen damit auseinander und bereinigten ihren Streit. Während der Auseinandersetzung unterband der Therapeut Dotties Versuche, sich zu triangulieren; sowohl Therapeut als auch Dottie hielten sich aus dem Streit der Eltern heraus. Hinterher sagte der Therapeut zu Dottie, ihre Eltern hätten ihre unterschiedlichen Meinungen hervorragend ausdiskutiert, und es sei ganz klar gewesen, daß sie weder von ihm noch von Dottie Hilfe bräuchten.

Zur Zeit der siebten und achten Sitzung traten keine weiteren Probleme auf. Bei einer dieser Sitzungen trug Dottie Sterne auf ihrer Bluse und machte einen glücklicheren und entspannteren Eindruck als sonst. Die Eltern hatten mit Dottie über AIDS und andere Krankheiten gesprochen, als diese Themen sich zufällig ergaben, ohne daß die Diskussion zu zwanghafter Sorge und Angst geführt hatte. In der letzten Sitzung sagte sie, ihr Bruder müßte zu den Sitzungen mitkommen, weil er ihr auf den Wecker gehe und sie lieber zu Hause bleiben und Ball spielen möchte. Eine telefonische Nachuntersuchung nach sechs Monaten ergab, daß es Dottie weiterhin gutging und keine weiteren Probleme aufgetreten waren.

Zu diesem Fall stellen sich drei Fragen, die unbedingt diskutiert werden müssen. Erstens wird ein magisches Ritual normalerweise nicht für sich allein eingesetzt. Es führt eher zum Erfolg, wenn es im Kontext anderer Methoden und Techniken benutzt wird. Im Verlauf von Dotties Behandlung wurde die Anwendung eines magischen Rituals durch die strategische Anwendung von Symptomverschreibung, die Unterbindung gewohnter Lösungsversuche der Familie und des Kindes, die Sitzung mit der schweren Prüfung und andere Techniken und Fertigkeiten aus dem Repertoire des Therapeuten unterstützt.

Zweitens: Kinder mit Zwangsvorstellungen denken auf eine idiosynkratische und sonderbare Art und Weise. Sie machen zwar einen altklugen Eindruck, kommunizieren jedoch schlecht. Ein Therapeut, der versucht, eine Zwangsvorstellung rational oder logisch zu verstehen, wird in ein verwirrendes Labyrinth der Pseudologik geführt, das fast logisch erscheint, es aber nicht ist. Die Eloquenz des Kindes dient der Erschaffung eines logischen Nebels und nicht der deutlichen Vermittlung von Ideen. Kinder mit Zwangsvorstellungen neigen dazu, Worte überzubewerten. Sie klammern sich an verbale Rituale und geistige Manöver, als wären sie Menschen oder wirkliche Gegenstände. Auf eine dysfunktionale Art und Weise legen Kinder mit Zwangsvorstellungen allmählich ein magisches und widersprüchlich kausales Denken an den Tag: „Wenn Papa mir nur sagen würde, daß ich keinen Alptraum haben werde, dann hätte ich auch keinen mehr." Ein solches Kind fürchtet sich womöglich nicht nur vor der Krankheit, sondern auch davor, an die Krankheit zu denken, denn nach der magischen Denkweise des Kindes wäre das ebenso schlimm wie die Krankheit selbst. So führt die Angst eines Kindes rasch zu einer zwanghaften Angst vor der Angst.

Der Therapeut begegnet dem dysfunktionalen magischen Ritual des Kindes mit einem magischen Heilungsritual. Die Struktur der zwanghaften Logik des Kindes wird beibehalten, während die Durchführung des Rituals den üblichen Stil des Kindes durchkreuzt, entweder die Zwangsidee zu haben oder zu versuchen, sie abzuwenden. Das neue Ritual verlagert die Beziehung des Kindes zum Symptom, indem es eine Beziehung zwischen dem Kind und dem magischen Gegenstand oder der magischen Handlung herstellt.

Drittens wurde in diesem Fall die durch das Ritual implizierte hypnotische Suggestion explizit gemacht. Die Verschreibung von Dotties Ritual beinhaltete den kausalen „Wenn-dann"-Zusammenhang, der mit ihrem eigenen Denkprozeß eng übereinstimmte. „Wenn du ganz fest drückst, kannst du dir selber helfen. Wenn du losläßt, spürst du, wie du dich entspannst." Wenn sie den Stern losläßt, gibt es keinen formal logischen Grund, warum sie sich entspannen sollte. Aber es war so. Das „Loslassen" des Sterns sollte metaphorisch suggerieren, daß sie ihre Sorgen, ihre Angespanntheit usw. „losläßt".

Fall 4: Der Junge, der gut sein wollte

Philip und seine Eltern kamen zweimal zur Therapie. Er war sechs Jahre alt und ein Einzelkind. Die Ehe der Eltern schien in Ordnung zu sein. Nach Meinung seines Vaters „weinte Philip über Sachen, bei denen es überhaupt nicht nötig war". Er weinte, wenn sein Vater ihm ein Erdnußbutterbrot für die Pause mitgab, weil er fürchtete, seine Klassenkameraden würden sich über ihn lustig machen. Er weinte in der Schule und später auch zu Hause, weil er die Spitzen des Unterrocks der Lehrerin sowie die Umrisse ihrer Beine durch ihren Rock gesehen und deswegen Schuldgefühle hatte. Er hatte ständig Angst davor, in der Schule Ärger zu bekommen.

Ihn plagten „Was-ist-wenn"-Eventualitäten: „Was ist, wenn ich mein Pausenbrot fallenlasse?" – „Was ist, wenn ich hinfalle?" – „Was ist, wenn ich den Korridor entlanglaufe?" Philip hatte Angst, daß er Dinge, von denen er dachte, er könnte sie tun, auch tatsächlich tun und dann Ärger bekommen würde; er hatte Schuldgefühle und weinte, als hätte er die Tat wirklich ausgeführt. Morgens um 6.30 Uhr fing er zu weinen an, und das ging ohne Unterlaß bis 7.45 Uhr. Normalerweise hörte er damit auf, wenn er die Schule betrat, aber die Zeit davor war für die Familie furchtbar. Philip kam von der Schule heim mit Fragen, die sich nach den Angaben der Eltern „um eine alles verzehrende Zwangsidee drehten, ob er gut sei oder nicht." Unentwegt fragte er seine Eltern, ob sie ihn liebten, ob er gut wäre, ob er schlecht wäre, weil er bestimmte Sachen gemacht oder gedacht hätte.

In der Vorschule hatte Philip früh Probleme mit einer besonders strengen, nicht sehr einfühlsamen Lehrerin gehabt. Er verbrachte die meiste Zeit im Flur. Philips Eltern hatten dafür gesorgt, daß er in eine andere Klasse kam, und seine jetzige Lehrerin war einfühlsam, freundlich und verständnisvoll. Doch die Erfahrung mit der vorhergehenden, ihn ständig mißbilligenden Lehrerin, hatte wahrscheinlich seine zwanghafte Sorge, ob er den Ansprüchen anderer genüge, verschlimmert. Philip beschrieb ein „komisches Gefühl im Bauch", wenn er versuchte, seine diffusen Gefühle zu identifizieren.

An seinen Aktivitäten und Leistungen gemessen, entwickelte sich Philip im Rahmen des Normalen. Er spielte Hockey, vertrug sich mit anderen Kindern und konnte sich gut selbst beschäftigen. Er war seit Jahren ein Bettnässer, darüber machten sich seine Eltern jedoch keine Sorgen, da er einen tiefen Schlaf hatte.

Die Eltern hatten einiges versucht, um Philips Ängste zu lösen: Sie munterten ihn auf, argumentierten rational über seine Schuld, wechselten das Thema und schrien ihn an, es nicht so schwer zu nehmen. Philip reagierte auf diese Maßnahmen, indem er auch weiterhin seine Ängste äußerte, worauf seine Eltern mit einem mehr desselben an unwirksamen Lösungen reagierten.

Am Ende der ersten Sitzung hatte der Therapeut den Vater gebeten, die Zeit und den Kontext der gewöhnlichen eineinhalbstündigen Periode des Weinens vom Morgen auf den Abend zu verlegen. Der Therapeut forderte Vater und Sohn auf, minuziös alles aufzuschreiben, worüber Philip sich Sorgen machen könnte. Philip wurde aufgefordert, abends zu weinen, weil morgens die Zeit zu knapp sei, seinen Sorgen gerecht zu werden, da er sich für die Schule fertigmachen müsse. Am Abend könnte sich sein Vater ihm jedoch uneingeschränkt widmen. Wenn Philip nicht ganz so lange brauche, um sich Sorgen zu machen und zu weinen, könnte er mit seinem Vater zusammen etwas anderes machen wie Ballspielen, einen Film anschauen oder ein Spiel spielen. Die Männer könnten dies jedoch erst dann machen, wenn Philip an dem Abend genug geweint habe.

Der Therapeut bat auch den Vater, abends bei Philip zu sitzen und mit ihm Männergefühle auszutauschen. Der Vater sollte wie ein Berater für Philip sein. Der Therapeut deutete an, daß Philip mit seinem Vater über alle Sorgen und Gefühle reden könnte. Er sagte ihm, sein Vater kenne das Gefühl, aufgeregt zu sein, und daß dies für Männer ein natürliches Gefühl sei, wenn man die Beine der Lehrerin sehe. Er sagte Philip, daß Gefühle und Gedanken etwas anderes seien als Taten.

Man sagte Philip auch, daß er sich, je mehr er sich mit seinem Vater über Gefühle von Männern und seine Sorgen austauschte, sich um so entspannter fühlen und um so weniger weinen und sich Sorgen machen würde. Der Therapeut bat den Vater, Philip eine Münze aus seiner Tasche zu schenken. Er erzählte Philip, es sei eine ganz besondere Münze des Vaters, die er benutzen könne, ihm dabei zu helfen, sich keine Sorgen zu machen. Philip könne diese Münze in der Schule oder wann immer sein Vater nicht da war drücken. Je mehr er sie drücke, um so mehr würde er merken, daß er sich immer weniger Sorgen macht, und wenn er die Münze loslasse, wären seine Sorgen verschwunden. Der Therapeut schmückte diese Anweisung noch etwas aus, wiederholte sie mehrmals und beendete die Sitzung.

Die in zwei Wochen geplante Sitzung wurde von den Eltern um eine weitere Woche verschoben. In der Sitzung berichteten die Eltern, das Problem sei gelöst. Philip weinte, wenn er etwas angestellt hatte und erwischt wurde, was die Eltern für normal hielten. Laut Eltern würde Philip „viel weniger" weinen, wie „durch Zauberei hörte das Problem einfach auf". Alle Anweisungen waren befolgt worden, und abends verbrachte Philip eine vergnügliche Zeit mit seinem Vater. Er sagte, er wolle mit Weinen keine „Zeit verschwenden". Wie die Nachuntersuchung sechs Monate später ergab, ging es Philip gut.

In diesem Fall brachten die Interventionen eine rasche Veränderung des präsentierten Problems. Das kann an der Wahl der Interventionen liegen, da diese fast immer bei ähnlich gelagerten Problemen wirksam waren. Einige dieser Interventionen können bei Philips Behandlung deutlich identifiziert werden. Erstens wurde der Kontext, in dem das Problem stattfand, von morgens auf abends verlegt. Paradoxerweise bekam Philip in diesem Kontext die Erlaubnis, zu weinen, statt der Aufforderung, nicht zu weinen. Diese Änderungen veränderten die transaktionelle Bedeutung des Problems. Zweitens stellte die Anweisung, während der festgesetzten Zeit zu weinen, eine schwere Prüfung dar.

Drittens schlug der Therapeut eine Intensivierung der Vater-Sohn-Beziehung vor, um ein strukturelles Gleichgewicht in der Familie zu fördern. Viertens wurden die üblichen, von den Eltern eingesetzten Lösungen durch die Anleitung für ein anderes Verhalten unterbunden, wie zum Beispiel daß sich der Vater Philips Sorgen anhört, eine Liste mit Punkten erstellt wird, über die Philip sich Sorgen machen kann, Philip in Fragen beraten wird, die für Männer von Bedeutung sind, und beide Spaß miteinander haben.

Schließlich gab man Philip mit der Verschreibung, bei der die Münze seines Vaters rituell verwendet wurde, einige hypnotische Anweisungen. Diese sollten ihm ermöglichen, sich als Herr der Lage zu fühlen. Die Münze sollte Philips Vater repräsentieren und die Macht eines Übergangsobjektes annehmen. Diese Macht wurde wahrscheinlich noch dadurch verstärkt, daß die Beziehung zwischen

Philip und seinem Vater intensiviert wurde. Jetzt konnten Philips Beziehung zur Münze und seine magischen Handlungen mit ihr die Beziehung zu seinem Problem ersetzen.

In der Annahme, der sechsjährige Philip wisse, wie lang eineinhalb Stunden sind, irrte sich der Therapeut. Wahrscheinlich hat er es nicht gewußt, aber wenn sein Begriff der Zeit unklar oder undifferenziert war, hätte man ihm die Zeit als Dauer von drei Fernsehsendungen oder eines Films oder einer ganzen Reihe von Cartoons verdeutlichen können.

Diskussion

Die in diesen Fallbeispielen illustrierten Rituale sind sich der Form nach sehr ähnlich. Jedes Ritual behandelt die Bewältigung eines Problems durch ein Kind. Jedes enthält eine Blockierung der früheren Lösungen der Eltern oder des Kindes. Jedes benutzt die präoperative Logik und eine „Wenn-dann"-Kausalkonstruktion, die zur dysfunktionalen magischen Konstruktion des Kindes isomorph ist, die dem Problem eine Bedeutung gegeben und es aufrechterhalten hat. Das Kind entwickelt entweder eine neue Art der Beziehung zu einem neuen oder zu einem alten Gegenstand. In den meisten Fällen wird ein Ritual in den Kontext anderer Direktiven und Interventionen integriert und dem individuellen Stil oder Tempo des Kindes angepaßt.

Wir sollten noch einmal darauf hinweisen, daß diese Verwendung von Ritualen nicht auf Kinder beschränkt ist. Einer unserer Kollegen hat diese Form des Rituals bei einem Erwachsenen mit Migräne angewandt, wobei das Übergangsobjekt nicht als Quelle der Macht und Zauberei, sondern als Gelegenheit, Gefühle „abzureagieren" oder auszudrücken, präsentiert wurde. Die hypnotische Botschaft und die Form des Rituals waren mit den hier beschriebenen identisch, und der migräneartige Schmerz des Erwachsenen verschwand. Es mag sein, daß Erwachsene in Zeiten des Stresses leichter in die präoperative Logik zurückfallen können, die die Wirksamkeit des Rituals ausmacht.

Einige Worte noch zu Übergangsobjekten. Sie sind nach der kindlichen Erfahrung implizit mächtig und repräsentieren eine Ressource, die gewöhnlich kaum genutzt wird. Die Macht des Objektes hängt ab von der Entwicklungsphase des Kindes, seiner Denkweise und seinen psychosozialen Bedürfnissen. Für Matt gab es Ralph den

Waschbär als Übergangsobjekt. Für David war das nicht der Fall. Seine Verwendung von Fluffers konnte nur insofern konstruiert werden, als Fluffers eine Quelle des Trostes und ein medizinisches Objekt darstellte, auf das er seine Schmerzen übertragen konnte. Doch erhielten für Dottie der Stern ihrer Mutter und für Philip die Münze seines Vaters die Bedeutung eines Übergangsobjektes. Diese Objekte repräsentierten in seiner Abwesenheit die Macht und Sicherheit des jeweiligen Elternteils.

Diese letzten beiden Fälle der Verwendung von Gegenständen, die elterliche Macht und Sicherheit repräsentieren, zeigen die Anwendung des Prinzips der imitativen Zauberei. Ihre Form ist in dem Sinne imitativ, als die Gegenstände jemanden mit einer größeren Macht als jener des Kindes symbolisieren, eine Macht, die das Kind selbst besitzen möchte. Dies sind Beispiele symbolischer Imitation, denn der von Dottie benutzte Stern und die von Philip benutzte Münze sind eher Symbole als physische Repräsentationen der Eltern, der elterlichen Macht und Sicherheit. Das imitative Prinzip wird auch dann angewandt, wenn Dottie den Stern und Philip die Münze loslassen; diese Handlungen imitieren oder sind Metaphern für das Loslassen der Angst und der Sorge. Das imitative Prinzip wird offensichtlicher in Fällen, bei denen ein Gegenstand oder eine Person tatsächlich repräsentiert statt symbolisiert werden, zum Beispiel bei der Verwendung von bildlichen Darstellungen. Wenn beim Exorzismus die halluzinatorischen Stimmen auf eine Puppe übertragen werden, repräsentiert die Puppe physisch die an Halluzinationen leidende Person (Hoorwitz 1987).

Die ersten beiden Fälle von Matt und David reflektieren am deutlichsten die Anwendung der ansteckenden Zauberei. In diesen Fällen überträgt ein Kind ein Symptom oder ein Problem von sich auf einen Gegenstand. Das Kind imitiert keine Handlung, die eine Metapher für die erwünschte Wirkung ist, sondern projiziert das Problem auf etwas außerhalb von ihm. Andererseits wird das Prinzip der Ansteckung in den letzten beiden Fällen nicht angewandt. Dotties Stern und Philips Münze wurden nicht dazu benutzt, die Ängste und Sorgen zu absorbieren. Statt dessen wurde etwas mit ihnen gemacht, sie wurden gedrückt und losgelassen.

Die Ähnlichkeit der Form bei der Verwendung der Rituale in dieser Fallsammlung impliziert, daß dieselbe Grundintervention auf eine Vielzahl von Problemen anwendbar ist. Dieser Vorschlag widerspricht etwas der Grundannahme der strategischen Therapie, daß nämlich die Strategie der Einzigartigkeit des Problems und der Familie angepaßt werden muß und nicht umgekehrt. Als Folge dieser Annahme hat die Literatur viele kreative und einzigartige Lösungen hervorgebracht. Eine kreative und einzigartige Lösung eines Problems ist löblich, und wir freuen uns, wenn wir eine wirksame Lösung formuliert haben. Doch läßt sich eine einzigartige Lösung für die Verwendung in künftigen Fällen oder durch andere Therapeuten womöglich nicht verallgemeinern.

Wie wir wissen, hat Familientherapie im allgemeinen wenig mit dem Glanz und Flitter von Ansätzen zu tun, wie sie sonst gewöhnlich publiziert werden, sondern vielmehr mit wiederholten Versuchen, das, was in der Literatur beschrieben wurde, in einer ganzen Reihe von Fällen anzuwenden. Die meisten Familientherapeuten prüfen still für sich die Generalisierbarkeit von Modellen oder Ansätzen, die andere beschriebenen haben. Die Entwicklung von Methoden, die wiederholt bei einer Vielzahl von Fällen angewandt werden können, hat einen besondern Wert. De Shazer (1989) und seine Kollegen in Milwaukee experimentieren mit einer Reihe von Lösungen, die bei verschiedenartigen Problemen zur Anwendung kommen können. Palazzoli (1990) berichtete über ihre Anwendung eines invarianten Rituals, das heißt eines Rituals, das jeder neuen Familie in derselben Form wieder verschrieben wird, trotz der fundamentalen Unterschiede der Muster, der Konfiguration oder der Struktur. Diese Forschung stellt einen mutigen und notwendigen Versuch dar, die Generalisierbarkeit oder externe Validität therapeutischer Herangehensweisen präziser zu dokumentieren.

Dieses Kapitel illustriert und faßt einen Teil unserer Arbeit mit Ritualen zusammen, die in ihrer Form bei einer Reihe von Familien und Problemen ähnlich sind. Die auf diese Weise behandelten Kinder hatten Schwierigkeiten mit Ängsten, Zwangsvorstellungen, inneren Zwängen, Sorgen und verschiedenen Arten des Schmerzes, sowohl organisch als auch funktional. Bei Kindern sind unserer Erfahrung nach Rituale, die ein Übergangsobjekt und andere „magische" Gegenstände einsetzen, eine natürliche Fortsetzung des Spiels, des So-tun-als-ob, der Phantasie, der Zauberei, des Symbols und der Metapher, also eine weitere Fortsetzung der Gedanken, Überzeugungen und Handlungen von Kindern. Diese Form der Intervention schöpft aus der „magischen Realität", mittels derer Kinder die Welt erfahren.

6. Mazel Tov[16]: *Bar Mizwa* als ein generationsübergreifendes Ritual der Veränderung und Kontinuität

Judith Davis

Die Familie, deren erstes Kind erwachsen wird, beginnt per definitionem sich mit der Frage des „Gehenlassens" auseinanderzusetzen. Die meisten Familien bewältigen die Auseinandersetzungen schließlich, manche leichter als andere.

Jüdische Familien haben ein natürliches Instrument, das ihnen beim Gehenlassen hilft. Es ist das Ritual, das als *Bar Mizwa*[17] bekannt ist, ein zeremonieller Übergangsritus, der sich über die Jahrhunderte entwickelt hat und den 13. Geburtstag des männlichen Kindes markiert.

Der Wert dieses Rituals blieb in der westlichen Gesellschaft der Gegenwart weitgehend unbeachtet und wurde nicht untersucht, wenn nicht sogar ausdrücklich geleugnet.[18] Obwohl weite Kreise über die Notwendigkeit von Ritualen übereinstimmen (z. B. d'Aquili u. Laughlin 1979; Forssen 1980; Gelcher 1983; Haley 1973; Kimbali 1960; Quinn, Newfield u. Protinsky 1985; Schwartzman 1982; Stevens 1981) und das Interesse an den klinischen Möglichkeiten therapeutischer Rituale wächst (z. B. Culler 1987; Imber Coppersmith 1982, 1986; Palazzoli 1986; Quinn et al. 1985; Tomm 1984a, 1984b; Wolin u.

16 Ein jiddischer Ausdruck, der „Glückwünsche" oder „Gott sei Dank!" bedeutet. Er wird von einer Person ausgesprochen, die sowohl sich selbst als Individuum als auch implizit die Gemeinde repräsentiert. Er erkennt an, daß der Angesprochene etwas Schwieriges getan oder etwas Gefährliches erlebt hat (Rosten 1970: 277).

17 Im modernen Sprachgebrauch bezeichnet der Begriff die religiöse Zeremonie in der Synagoge, die zum Ausdruck bringt, daß der 13jährige Junge nunmehr religiös mündig geworden ist. Genaugenommen beschreibt das Wort das Erwachsensein des Feiernden. Das Wort stammt jeweils zur Hälfte aus dem Aramäischen und dem Hebräischen. *Bar* ist das Aramäische Wort für „Sohn", und *Mizwa* das Hebräische Wort für „Gebot". Das Bar-Mizwa-Kind ist deshalb ein „Sohn des Gottesgebotes". Nach dem Standpunkt des jüdischen Rechts ist eine Bar Mizwa eine Person, die nunmehr in der Lage ist, die ihrem Alter und ihren Fähigkeiten angemessenen Gebote zu erfüllen. Sie ist jetzt für ihre eigenen Taten verantwortlich, kann vor Gericht als Zeuge aussagen und kann bei der Bildung des Minjans mitgezählt werden (das Quorum, das benötigt wird, um einen öffentlichen Gottesdienst abzuhalten).
Die eigentliche Zeremonie ist in jeder Gemeinde verschieden und hängt davon ab, mit welchem Zweig des Judaismus sie verbunden ist und auch von den örtlichen

Bennett 1984), erfährt dieses einzigartig[19] beständige Ritual wenig ernsthafte Beachtung. Mit Ausnahme von Friedmans wichtigem systemischen Ansatz über Zeremonien (1980, 1981, 1985) ist die psychologische Literatur über Bar Mizwa per se nicht nur spärlich, sie ist auch in der Regel von einem psychoanalytischen Blickwinkel aus geschrieben, der sich primär auf das Bar-Mizwa-Kind konzentriert (z. B. Arlow 1951; Zegans u. Zegans 1979) und den Einfluß des Rituals auf die Familie des Kindes weitgehend vernachlässigt.

Demgegenüber konzentriert sich die hier beschriebene Untersuchung direkt auf das Familiensystem und die Beziehung zwischen diesem System und dem Ritualprozeß. Da die Bar Mizwa meines eigenen Sohnes überraschende interpersonelle und generationenübergreifende Konsequenzen hatte, begann ich die Literatur über systemischen Wandel und den klassischen Ritualprozeß zu studieren. Womöglich war die Erfahrung meiner Familie nicht einfach idiosynkratisch; vielleicht hatte dieses Ereignis mehr zu bieten als die

Bräuchen. Allerdings wird in den meisten zeitgenössischen Zeremonien der Junge aufgerufen, die Thora zu segnen (seine *Alijah*), den Prophetabschnitt der Woche (seine *Haftarah*) zu sprechen und eine Rede zu halten (bei der er den Text auslegt bzw. seiner Familie und den Gästen dankt). Auf die Zeremonie folgt ein Fest, mit dem das Ereignis gefeiert wird.
Bat Mizwa, eine moderne Neuerung, ist die weibliche Entsprechung der Bar Mizwa und wurde zuerst in den frühen zwanzigerer Jahren eingeführt. Erst seit den frühen siebziger Jahren wird es in einem größeren Umfang praktiziert. Vor dieser Zeit gab es für das Erwachsenwerden einer jungen Frau keine öffentliche Anerkennung.

18 Wenn sie sich überhaupt damit auseinandersetzen, tun Soziologen die Bar Mizwa neben anderen Ritualen ab als ein nutzloses, wenn nicht sogar regressives Überbleibsel einer früheren Zeit, Romanschriftsteller machen sich darüber lustig und die Mehrzahl der Laien sieht darin bestenfalls eine leere Aufführung und schlimmstenfalls eine heuchlerische Farce. Psychoanalytiker sehen in ihr den Ausdruck eines ödipalen Konflikts, und nur wenigen Anthropologen ist sie eine Untersuchung wert. Selbst professionelle jüdische Lehrer streiten sich über ihren Wert.

19 Die Bar Mizwa, deren Ursprung mindestens ins fünfzehnte Jahrhundert, wenn nicht gar ins achte Jahrhundert zurückgeht, ist in der zeitgenössischen westlichen Kultur einer der wenigen, wenn nicht der einzige bestehende religiöse Initiationsritus für Heranwachsende. Trotz aller Versuche der Reformbewegung, ihn abzuschaffen (zugunsten einer Konfirmationszeremonie, die im Alter von fünfzehn Jahren stattfindet, wenn, so wird argumentiert, das Kind länger studiert hat und alt genug ist, um eine bewußtere Wahl zu treffen), und einem allgemeinen Niedergang in der Ritualpraxis in der gesamten Kultur wächst und gedeiht die Bar Mizwa immer noch.

auf zynische Weise komischen Stereotypen und die scheinbar universelle Nichtbeachtung ahnen lassen. Ich gewann schließlich die – rein theoretische – Überzeugung, daß zwischen dem Ritual und den normativen Entwicklungsübergängen eine förderliche Beziehung besteht. Jetzt wollte ich eine solche Untersuchung durchführen, die die Theorie mit Fleisch und Blut ausfüllen würde. Ich wollte sehen, wie der Prozeß tatsächlich funktionierte. Dabei hoffte ich, daß ich durch das genaue Studium einiger klinisch unauffälliger[20] funktionierender Bar-Mizwa-Familien mehr darüber erfahren würde, was unter der Oberfläche und hinter den Szenen der öffentlichen Aufführung ablief.

Um die Prämisse zu untersuchen, daß die Bar Mizwa Wandel erleichtert, beobachtete ich vier Familien (eine konservative Stieffamilie, eine seit drei Generationen reformierte Familie, eine Familie russischer Emigranten und eine chassidische[21] Familie) sechs Monate

20 Als Lehrerin wie auch als Studentin der Familientherapie hoffte ich, daß die Resultate dieser Untersuchung nicht nur für Therapeuten in klinischen Settings nützlich wären, sondern auch „natürlichen Helfern" (Geistlichen, Lehrern, Bar-Mizwa-Tutoren etc.), deren Arbeit mit „gesunden" Familien einen Beitrag dazu leisten kann, sie gesund zu erhalten, damit sie keine Therapie „benötigen", die zu einem gewissen Grad für Familien mit Heranwachsenden zu einem Übergangsritus geworden ist. (Der Therapeut als säkularer Priester ist inzwischen zu einem bekannten Image geworden, und die therapeutischen Rituale, die er verschreibt, sind eine logische Fortsetzung dieser Rolle, wenn nicht sogar ein ironischer Kommentar auf den gegenwärtigen Niedergang des Rituals.)

21 Der Chassidismus ist eine in der ersten Hälfte des 18. Jahrhunderts in Polen entstandene ultraorthodoxe Bewegung. Die heutigen bärtigen und dunkel gekleideten chassidischen Männer und die einfach gekleideten Frauen mit ihren Perükken unterscheiden sich von anderen orthodoxen Juden durch ihre Betonung eines leidenschaftlicheren, freudigeren und mehr mystischen Ausdrucks ihres Judentums und dadurch, daß sie sich leiten lassen von einem verehrten geistigen Führer, dem *Rebbe* (Berger 1985).

22 Da es im allgemeinen die Entwicklung des ersten Kindes ist, die eine Familie über die „Klippen der Pubertät" bringt, beschränkte ich die Untersuchung auf Familien, deren erstgeborenes Kind ein Sohn und für die es die erste Bar Mizwa war. Aus zwei Gründen habe ich die Untersuchung auf Bar Mizwa beschränkte und Bat Mizwa ausgeklammert: (1) Mädchen und Bat Mizwa einfach aufzunehmen, als ob es *keine* Geschlechterunterschiede in der jüdischen Tradition (und in der Gesellschaft insgesamt) gegeben habe, würde bedeuten, die Frauen wiederum übers Ohr zu hauen. (2) Angesichts des erst relativ kurzen Bestands von Bat Mizwa (siehe Fußnote 17) wäre es viel schwieriger, Familien zu finden, in denen generationsbezogene Ähnlichkeiten und Unterschiede untersucht werden könnten.

lang, während sie die Bar-Mizwa-Feier[22] ihres ersten Kindes planten, daran teilnahmen und reflektierten. Ich benutzte teilstrukturierte Interviews, um die Interaktion der Familie zu beobachten – begann drei Monate vor der Zeremonie damit und beendete die Beobachtung drei Monate nach der Zeremonie –, und nahm an der Bar-Mizwa-Zeremonie als Beobachter teil („Gastforscher").

Die sechs Monate wurden in drei Phasen unterteilt: (1) Planung, (2) Zeremonie / Wochenende und (3) Nachwirkungen. Theoretisch sind diese Phasen parallel mit dem traditionellen dreiteiligen Ritualprozeß von Trennung, Übergang und Reintegration (van Gennep 1909 / 1960) und den damit verbundenen präliminalen, liminalen und postliminalen emotionalen Zuständen (Turner 1969, 1982). Die Phase I fokussierte auf Entscheidungen und Entscheidungsfindungen in der Vorbereitung auf die Zeremonie und auf Themen, die sich für das Familiensystem als zentral herausstellten. Phase II fokussierte auf das emotionale Klima und die beobachteten Auswirkungen der Zeremonie. Phase III untersuchte die Interpretation dieser Erfahrung durch die Familie selbst. Im Verlauf des Prozesses explorierte ich, um Tomm (1985) zu paraphrasieren, zirkuläre Verbindungen zwischen dem, wer die Familien waren, was sie machten und was es für sie alles bedeutete.

Das Ergebnis der Untersuchung bestand in einer Reihe detaillierter ethnographischer Porträts, die chronologisch darstellten, wie jede Familie den Ritualprozeß dazu benutzte, normative Entwicklungsschritte auszuhandeln. Als beiläufiges Ergebnis zeigten die Porträts und die darauf basierenden Analysen die Methode auf, mit welcher die Untersuchende als sich gleichzeitig entwickelndes Element des Dialogprozesses der Untersuchung (Keeney u. Morris 1985: 101) die Ergebnisse „konstruierte".

Es folgen nun kurze Skizzen dieser Familienporträts. Obwohl sie die wichtigsten Ereignisse und Themen herausstreichen, vernachlässigen sie die Details, Nuancen, Nebenhandlungen und Stimmungen der ursprünglichen Arbeit, wie auch die Diskussion der interaktiven Methode der Untersuchung. Es werden hier eher die Schlußfolgerungen der Untersuchung vorgetragen und weniger der lebendige Prozeß. Eine solche Teildarstellung hat ihre Gefahren. Denn durch die

23 Für eine vollständigere Behandlung des Materials verweise ich auf J. Davis (1987): Mazel Tov: A Systems Exploration of Bar Mitzvah as a Multigenerational Ritual of Change and Continuity. Unveröffentl. Dissertation, University of Massachusetts.

Präsentation dieser Exzerpte riskiert man, sowohl dem Reichtum der Erfahrungen der Familien als auch der Untersuchung selbst einen schlechten Dienst zu erweisen.[23]

Familienskizzen

„Der Festsaal"

Die Steinbergs[24], eine geschiedene Familie der zweiten Generation, bei der sich der Vater, Ken, und die Mutter, Stacy, das Sorgerecht für ihr einziges Kind teilten, war die erste Familie der Untersuchung. Ken hatte nach langer Trennung und schwieriger Scheidung wieder geheiratet. Seine neue Frau, Janet, war keine Jüdin und fühlte sich in bezug auf Bar Mizwa völlig als Außenstehende. Sie wurde ganz am Anfang des Beobachtungszeitraums schwanger. Der 12 ¾ Jahre alte Micah wohnte jeden Monat abwechselnd bei einem anderen Elternteil. Beide Eltern waren an der Planung des Ereignisses gleichermaßen beteiligt, allerdings mit dramatischen Unterschieden. Für die alleinstehende jüdische Mutter markierte die Bar Mizwa das Ende ihrer Zeit des Kinderversorgens und -erziehens. Für das frisch verheiratete Paar markierte sie den Beginn ihrer Vorbereitung auf eine neue Familie. Für Micah bestand die Hauptaufgabe darin, sich gegenüber seinen beiden Familien gleichermaßen loyal zu verhalten, während er seine *Haftarah* lernte (eine prophetische Auslegung, die der Bar-Mizwa-Junge psalmodiert) und sich auf die Zeremonie vorbereitete.

Trotz der offensichtlichen Schwierigkeiten waren die Eltern von Anfang an entschlossen, diese Bar Mizwa zu einer positiven Erfahrung zu machen – gleichgültig wie gespannt die Situation auch werden sollte. Ein frühes Detail der Planung illustriert sowohl die dem System immanente Spannung als auch die Art und Weise, wie sie immer wieder gelöst wurde. Als das Datum der Bar Mizwa näherrückte, stieg der Druck, Einladungen zu verschicken. Die Wahl der Worte war jedoch ein Problem. Von wem sollte die Einladung kommen? Stacys Name konnte nicht ohne Kens erscheinen und dessen nicht ohne Janets. („Schließlich", sagte Janet, „bezahle ich einen Teil dieser Party!") Stacy beharrte jedoch unerbittlich darauf, daß der Name von Kens neuer Frau nicht erscheinen sollte. („Micah

24 Alle Namen und die Einzelheiten, die zu einer Identifizierung führen könnten, wurden natürlich geändert.

ist mein Kind, nicht ihres. Sie hat ihm nicht die Windeln gewechselt oder sich um ihn gekümmert, als er krank war!")

Wochenlang schien es keinen Ausweg aus der Sackgasse zu geben, und die Lage schien recht bedrohlich. Stacy, die mit dem Entwurf der Einladungen befaßt war, fand schließlich einen Kompromiß. Es war die perfekte Lösung, der Ken und Janet bereitwillig zustimmten. Zufällig war der mittlere Name des Kindes, Lerner, auch Stacys Mädchenname (den sie nie aufgegeben hatte), und sein Nachname (Steinberg) war auch Kens Nachname. Indem sie den vollen Namen des Kindes benutzten und die Einladung eröffneten mit: „Die Familie von Micah Lerner Steinberg lädt Sie herzlich ein ...", waren die biologischen Eltern benannt, ohne benannt zu sein, und die Stiefmutter war weder benannt noch ausgeschlossen. Es war dieses delikate Gleichgewicht unter den Erwachsenen, das die Familie unter allen Umständen aufrechtzuerhalten suchte. Die Formulierung der Einladung war eine kreative Lösung, die nicht nur bezeichnend war für alle noch zu treffende Entscheidungen, sondern auch implizit die künftigen Gäste über die Kooperationsbereitschaft der Familie informierte und sie instruierte, diese Bereitschaft zu unterstützen.

„Der Festsaal" war ein anderes Detail, das die Entschlossenheit der Familie zeigte. Trotz großer finanzieller Belastungen, von denen viele andere Entscheidungen bestimmt wurden, blieb die Entscheidung, welches Hotel für auswärtige Familienangehörige zu reservieren sei, davon völlig unberührt. Sie wählten das Hotel mit dem besten Festsaal, der Raum, in dem sich am Freitagabend vor dem Gottesdienst alle drei erweiterte Familien zum Essen treffen würden, sich zwischen der Zeremonie am Morgen und der abendlichen Party entspannen und am nächsten Morgen ein Brunch einnehmen würden. Stacy war ganz entschieden der Meinung, daß diese Räumlichkeit für das Zusammensein aller Familienangehörigen sehr bequem sein müßte, damit Micah „nicht hin- und hergerissen wird".

Obwohl es zu der Zeit so aussah, als ob unverhältnismäßig viel Energie und Mühe für dieses spezielle Detail aufgewendet worden sei, wurde es im Nachhinein zu einer Metapher für das, wozu die Bar Mizwa benutzt wurde. Der Festsaal drückte sowohl pragmatisch als auch symbolisch die Intention der Familie aus, die Zeitspanne der Bar Mizwa „heilig" zu halten. Sie sollte allen Teilen des Systems die Gelegenheit bieten, sich zu versammeln, um das, was das Kind erreicht hatte, zu feiern (damit feierten sie auch das, was die Familie gemeinsam erreicht hatte).

Gemäß dieser Absicht wurde die Planungsperiode zu einer Zeit, in der die Diskussion der „schwierigen Angelegenheiten" (wie z. B. die Veränderung der offiziellen Besuchszeiten, Finanzen und Fragen der „Erziehung Jugendlicher") vertagt wurde. Es schien, als ob alle stillschweigend übereingekommen wären, die Zeit zu nutzen, um die Stärken des Systems zu festigen und zu entwickeln, bevor der schwierige Fragenkomplex in Angriff genommen wird, der vom Erwachsenwerden des Kindes und der Entwicklung des Subsystems heraufbeschworen werden würde. In diesem Kontext wurde die Planung für die Bar Mizwa für die Erwachsenen zu einer Gelegenheit, ihre Verbundenheit mit der ambivalenten Geschichte sowohl ihrer jüdischen Religion als auch ihrer Herkunftsfamilien zu intensivieren. Stacy hatte sehr viel mit ihrer Familie aus Tennessee zu tun und erhielt von ihr mit ihrem „unglaublichen jüdischen Zusammengehörigkeitsgefühl" jede nur erdenkliche Unterstützung. „Ich habe immer gewußt", sagte sie, „daß mir diese Familie etwas bedeutet, aber das verstärkt es ... Sie lieben Micah, aber sie kommen *mir* zuliebe." Kens wachsendes emotionales Band mit seinen Eltern (und ihrer Geschichte) wurde gleichermaßen deutlich. Monate später sprach er darüber, was er aus dieser Erfahrung gelernt hatte: „Ich fühlte eine große Verbundenheit zwischen den Generationen ... Für Micah und für mich bedeutet ein Großteil der Bar Mizwa, daß während er reifer wird, ich ebenfalls reifer werden muß ... und dazu gehört, sich verstärkt um den Erhalt von Geschichte und Tradition und Ritual zu kümmern."

Nicht überraschend wurde der Prozeß auch zu einer Gelegenheit für das Kind, sich sowohl auf seine Eltern als auch auf das soziale Umfeld, von dem er und sie ein Teil waren, neu auszurichten. Als das Datum der Bar Mizwa näherrückte, kamen sich Ken und Micah sichtlich näher, denn sie „teilten ein Bar-Mizwa-Geheimnis", kauften zusammen den Bar-Mizwa-Anzug ein, sprachen über Judaismus und Erwachsenwerden.

Als die Planungsperiode vorüber und das Wochenende da war, wurde das System von einem Gefühl der Harmonie und der Vollendung durchdrungen. Alle drei Erwachsenen waren sich näher gekommen und schätzten die Anstrengungen des jeweils anderen. Ken sprach über den gegenseitigen Respekt, der zwischen seiner Exfrau und seiner neuen Frau herrschte, Janet fühlte sich viel mehr einbezogen und Stacy erkannte Kens Großzügigkeit an und auch die Wichtigkeit des Prozesses, den sie durchgemacht hatten. „Selbst wenn wir eine Menge schlucken müssen und ein paar Magengeschwüre davontragen – wir wollen, daß es klappt. Wir wollen, daß es Micah gefällt. Wir wollen, daß es den Familien *Nachas* (Vergnügen) bereitet."

Und sie hatten *Nachas*. Micahs Aufführung übertraf alle Erwartungen, und sein dramatischer Seufzer der Erleichterung am Ende seiner *Haftarah* erfuhr einen Widerhall in der gesamten Gemeinde. Er hatte die Prüfung bestanden. „Mazel tov! Mazel tov!", riefen alle, als Micah vor Freude strahlte und der Vorstand der Gemeinde auf ihn zuging, um „ihn in der Gemeinde der Erwachsenen willkommen zu heißen".

Der emotionale Höhepunkt des Ereignisses war jedoch die Rede, die Ken nach der schweren Prüfung seines Sohnes hielt. Ken, der kaum seine Tränen zurückhalten konnte, überreichte seinem Sohn *Tallis* (Gebetsumhang) und *Tefillin* (Gebetsriemen) seines verstorbenen Vaters und sein Gebetbuch, in dem vier oder fünf Generationen von Bar Mizwot aufgezeichnet waren. Als er die einzelnen Gegenstände überreichte, sprach Ken darüber, was sein Vater, wenn er diesen Tag noch erlebt hätte, seinem Enkel gewünscht hätte. „Ich glaube, er hätte dir gesagt, daß du ... dein Leben leben sollst ... und immer das tun sollst, was *du* für richtig hältst ... Und was mir mein Vater vor allem gab, das war das Gefühl, immer geliebt zu werden. Daß ich immer gut war und die Welt ein sicherer Ort ist. Wenn ich dir etwas geben könnte, dann das." Wenige Augen waren noch trocken, als Ken seinen Sohn küßte und die *Bimah*, das Podium, verließ.

Die Party an diesem Abend war ganz besonders festlich, wobei alle betonten, daß die Familie das ausgezeichnet gemacht hätte, und sich jeder bemühte, freundlich und aufgeschlossen zu sein. „Bar Mizwot", sagte eine Tante, der Stacy nicht unbedingt immer nahe gestanden hatte, „bringen Familien zusammen. Darum geht es." Es war aber Kens Mutter, mit ihrem starken jiddischen Dialekt und ihren funkelnden Augen, die es auf den Punkt brachte: „Die drei haben das hervorragend hingekriegt. Das meine ich wirklich. Für ein geschiedenes Paar und eine neue Frau. Das hat bemerkenswert gut funktioniert."

Um das erfolgreiche Ereignis abzuschließen (und um die Art und Weise, wie sie sich alle zum Vorteil des Systems verhalten hatten, symbolisch zu feiern), planten die drei Erwachsenen (mit Micah), am Montag nach dem Wochenende, nach der Abreise der Gäste, zusammen essen zu gehen. Dieses Essen wurde abgesagt, und der heilige und feierliche Raum, den es markierte, wurde durch ein tragisches

Ereignis unterbrochen. Der Sohn von Stacys Freund Bob war an diesem Tag bei einem Verkehrsunfall in Florida schwer verletzt worden, und sie flog mit ihm zum Krankenhaus. Als Stacy fünf Tage später zurückkehrte, war die Bar Mizwa zu einer Sache der Vergangenheit geworden, und ihr Ende war mit tiefer Traurigkeit besetzt.

Drei Monate später betrauerte Stacy immer noch die Tragödie und den Verlust des „Nachglühens" der Bar Mizwa, fühlte sich allerdings getröstet durch die Art und Weise, wie sich ihre Eltern und ihre erweiterte Familie um sie und Bob während des Traumas gekümmert hatten. Diese Unterstützung kam ihrer Meinung nach daher, daß sie die Bar Mizwa gemeinsam erlebt hatten.

In dem anderen Haushalt waren Ken und Janet eifrig damit beschäftigt, in ein neues Haus umzuziehen und sich auf die bevorstehende Geburt vorzubereiten. Der Vorschlag der Therapeutin, das nach drei Monaten stattfindende Interview zu einer gemeinsamen Sitzung zu machen, die das abgesagte Essen ersetzen sollte, wurde von Stacy akzeptiert. Sie wollte immer noch etwas von dem, was sie verloren hatte, wiedergewinnen. Ken und Janet, die doch ganz deutlich bereit waren, nach vorne zu schauen, lehnten jedoch ab. Alles hatte versuchsweise damit begonnen, die schwierigen Fragen der Kindererziehung, die aufgeschoben worden waren, zu behandeln, und es war offensichtlich, daß eine Rückkehr zu der Euphorie des Wochenendes nicht möglich war.

„Das Familienprojekt"

Die Goldsteins, zu denen Sandy, die Mutter, Mark, der Vater, Seth, der Bar-Mizwa-Junge und seine zehnjährige Schwester Cindy gehörten, waren die zweite Familie der Untersuchung. Es handelte sich um eine assimilierte, wohlhabende, reformierte Familie mit außerordentlich klaren Grenzen um die Kernfamilie. Auf Marks Seite war dies seit Generationen die erste Bar Mizwa. Auf Sandys Seite hatte nur ihr Vater eine innere Anteilnahme für das religiöse Ereignis.

Für diese Familie, die kaum einen Bezug zur emotionalen Anziehungskraft ihrer Kultur hatte, war Bar Mizwa „ein Familienprojekt" und wurde, wie alle diese Projekte, von ihnen „als Familie gemeinsam" geplant. Obwohl Sandy für die Einzelheiten zuständig war, waren beide Eltern an den wichtigsten Entscheidungen gleichermaßen beteiligt, und auch die Kinder wurden bei den Entscheidungen, die sie direkt angingen, entsprechend einbezogen. Wenn sie sich auch etwas sorgten über Seths mangelnde Hebräischkenntnisse und ergo über seine Fähigkeiten, die *Haftarah* zu lernen, waren sie letztendlich davon überzeugt, daß er sich gut aus der Affäre ziehen würde und daß alle ihre Pläne mit Speiselieferanten, Photographen, Floristen und Musikern reibungslos gelingen würden.

Das Hauptaugenmerk der Planung und der Aufregung war auf das am Samstagabend stattfindende Abendessen gerichtet. Sie hatten dazu eine große Zahl von Freunden eingeladen, die sie über die Jahre kennengelernt und denen sie seit langem eng verbunden waren. An einem bestimmten Punkt war es eher diese Party als die religiöse Zeremonie, die eine Aura der Heiligkeit umgab. Es war die einzige Party, zu der ich nicht eingeladen war. Selbst als ich sie drängte, wollten sie einer Forscherin keinen Zutritt gewähren. „Es tut uns leid", sagte Sandy, „Mark und ich haben nicht angenommen, daß Sie an der Party interessiert wären. Zum Gottesdienst sind sie herzlich eingeladen, aber wir wollen unseren Gästen wirklich nicht ... Es geht darum, daß bestimmte Dinge eine Privatangelegenheit sind ... Sie können sich das Videoband anschauen."

Für diese Familie lag die Spannungsachse während der Planungsperiode nicht innerhalb der Kernfamilie, sondern in der Großelterngeneration. Neben der traurigen Erkenntnis, daß ihre erweiterten Familien klein waren und immer kleiner wurden, weil Onkel und Tanten alt wurden und starben, herrschten drei Themen vor: Das erste und wichtigste war die Tatsache, daß sich die beiden Elternteile, die in verschiedenen Bundesstaaten wohnten, in Sandy und Marks 15jähriger Ehe nur einmal getroffen hatten – bei ihrer Hochzeit! Das war damals ein fürchterlich gespanntes Zusammentreffen, und Sandy und Mark befürchteten, daß sich so etwas bei der Bar Mizwa wiederholen könnte. Der zweite Spannungspunkt war die Tatsache, daß, obwohl die gesamte Familie wollte, daß Marks 95jährige Großmutter an der Bar Mizwa ihres Großenkels teilnahm, sich ihre Tochter (Marks Mutter) weigerte, sie mitzubringen. (Nach Marks und Sandys Meinung war die Urgroßmutter geistig und körperlich in der Lage, die Reise zu machen. Ihrer Ansicht nach war Marks Mutter entweder anderer Auffassung oder wollte nicht mit der Verantwortung belastet werden, sie mitzubringen.) Der letzte Punkt schließlich war die Gesundheit von Sandys Mutter. Sie verschlechterte sich zusehends, und man machte sich Sorgen, ob sie überhaupt an der Bar Mizwa teilnehmen könnte.

Als der Druck wegen dieser Fragen im Zuge der näherrückenden Zeremonie zunahm, unternahmen Sandy und Mark Schritte, die für beide neu waren. Mark, der einen besonders ausgeprägten Sinn für die Grenzen zwischen den Generationen hatte, intervenierte bei seinen Eltern in einer Weise, daß die üblichen Grenzen weit verschoben wurden. Als erstes überzeugte er seine Eltern, daß sie auf ihrer nächsten Floridareise Sandys Eltern besuchen sollten, damit die von allen gefürchtete gespannte Situation vermieden werden könnte. Diese Intervention (Monate vor der Bar Mizwa) war überaus erfolgreich. Die beiden Großelternpaare verstanden sich prächtig und arrangierten sogar einen zweiten Besuch. Als sich Mark und Sandy daran machten, die Einzelheiten zu planen, war dieser Spannungspunkt fast vollständig beseitigt. Nach diesem Erfolg versuchte Mark, seine Mutter zu überreden, die Großmutter mitzubringen. Als sich abzeichnete, daß er dabei keinen Erfolg hatte, gestattete Mark seinem jüngeren Bruder, sich für ihn zu verwenden, und er wußte diese nicht unbedingt charakteristischen Bemühungen zu schätzen. Wenngleich es nicht dazu führte, daß seine Großmutter teilnahm, stärkte es doch immerhin das Band der beiden Brüder.

Sie kamen sich nicht nur näher, sondern es wurde ihnen auch klar, wie wichtig es war, daß ihre Kinder den Kusinen und dem weiteren Familienkreis nahestanden. „Ich meine", sagte Mark nach der Bar Mizwa, „(daß) sie dazu beigetragen hat, den Kreis der Familie enger zu schließen ... Dadurch bietet sich die Chance, daß sich die Familienbeziehungen fortsetzen. Das war wahrscheinlich das Wichtigste. Die Kinder bekamen eine Ahnung von der Familie über die Vettern und Kusinen ersten Grades hinaus."

Zum ersten Mal nach ihrer Heirat besuchte Sandy ihre Eltern allein, drei Monate vor der Zeremonie. Vorgeblich war sie gekommen, um zu sehen, ob die sich verschlechternde Gesundheit ihrer Mutter zusätzliche Hilfe erforderlich machte, um sicherzustellen, daß sie an der Bar Mizwa teilnehmen konnte. Auf einer anderen Ebene war dieser Besuch für Sandy (und ihre Eltern) eine Gelegenheit, sich psychologisch auf die bevorstehenden Veränderungen der Pflegerollen vorzubereiten, die das Alter und die nachlassende Gesundheit der Eltern bald nötig machen würden. „Es war eine sehr wertvolle Zeit", reflektierte Sandy. „Ich habe sie mit *ihnen* verbracht. Ich bin nicht ins Schwimmbad gegangen und habe auch keine Freunde besucht. Das war sehr interessant."

Das wichtigste Merkmal der Bar Mizwa dieser Familie war die Tatsache, daß die Kernfamilie ausnahmslos während des gesamten Ereignisses auf der *Bimah,* dem Podium, saß. Obwohl die Forscherin dies zuerst als eine verpaßte Gelegenheit interpretiert hatte, die wachsende Autonomie des Kindes vorzuführen und zu fördern, war es sehr wichtig, daß die Eltern mit ihrer Entscheidung, sich auf solche Weise an der Zeremonie zu beteiligen, ein überaus positives Gefühl hatten. „Manche Eltern schauen gerne zu, wenn ihr Sohn gebarmizwat [sic!] wird, und sitzen nicht hinter ihm ... Wir wollten aber, daß die gesamte Familie zusammen ist ... Dadurch war der Gottesdienst voller Wärme, und den Anwesenden hat das gefallen." Wenn man es recht überlegt, dann wird klar, daß Sandy und Mark durch diese Anordnung tatsächlich die Bar und die *Bat Mizwa* indirekt haben konnten, die sie in ihrer Adoleszenz verpaßt hatten. Nachdem sie ihren eigenen Eltern gegenüber reifer geworden waren, feierten sie jetzt symbolisch ihre eigenen Übergangsriten. Dadurch waren sie gleichzeitig in der Lage, den Übergangsritus ihres eigenen Sohnes anzuerkennen und zu feiern. Darüber hinaus gestattete ihnen die Sitzordnung, ihre Grenze als Einheit symbolisch zu feiern, während sie sich gleichzeitig aufgrund der größeren Reife ihres Sohnes auf eine größere Durchlässigkeit dieser Grenze vorbereiteten.

Es war nicht überraschend, daß Seths Übergangsschritte während der Party deutlicher hervortraten als während der religiösen Zeremonie (seine *Haftarah* war verkürzt worden und stellte deshalb nur eine relativ geringe Herausforderung dar). Seth überraschte alle mit seinen gesellschaftlichen Fähigkeiten und seinen Fertigkeiten als Unterhalter. Als er mit der sexy Sängerin der Band sang und tanzte, sah er aus und agierte eher wie ein junger Mann als ein Junge. Das war eine Aufführung, in der er der alleinige Star war (d. h., er teilte die Bühne nicht mit seinen Eltern) und in der er eine Kompetenz an den Tag legte, die in unserem System viel höher bewertet wird als eine Lesung der *Haftarah*.

In bezug auf diesen Veränderungsschritt war es von Bedeutung, daß Seth an dem drei Monate nach der Bar Mizwa stattfindenden Interview nicht anwesend war. Er war schon ins Ferienlager abgereist, und die Eltern hatten vergessen, es zu erwähnen, als ich mit ihnen den Termin vereinbarte. Es schien, als habe das System die neue Distanz des Sohnes schon verinnerlicht und würde sie als gegeben hinnehmen – allerdings nicht ohne eine Spur des Bedauerns. „Ich habe wohl etwas über meine Gefühle gelernt", überdachte Mark die Bar Mizwa, „wenn meine Kinder älter werden. Was ich dabei fühlte. Das Für und das Wider. Es hat mir gefallen, sie reifer zu sehen (auch Cindy hatte eine Rolle bei dem Gottesdienst gespielt) und bis zu einem gewissen Grad auch unabhängiger. Auf der anderen Seite belastet es mich schon ein wenig, daß sie nicht mehr weit davon entfernt sind, das Nest zu verlassen." Dabei faßten Mark und Sandy nach ihrer zwischen ihnen auf der Couch sitzenden Tochter, und Mark rief lachend aus: „Aber dich lassen wir niemals gehen!"

„Baruch Hasham" [Gott sei Dank]

Die Sheinmans, mit ihren sechs Kindern und ihren vielverzweigten Herkunftsfamilien, waren die dritte Familie der Untersuchung. Sie waren ultraorthodoxe Chassidim. Sowohl die Mutter, Leah, als auch der Vater, Yaakov, stammten aus einem generationenlangen Stammbaum chassidischer Rabbiner ab, und das Paar war durch den *Rebbe*, den weltweiten Führer der Lubawitcher[25] Bewegung, als Missionare nach Massachusetts geschickt worden.

Für diese Familie waren der Glaube an Gott und das Befolgen der jüdischen Gesetze etwas Absolutes, von dem sie völlig durchdrungen waren. Für sie waren jüdisches Leben und Familienleben Synonyme und durch Gottesurteil vollkommen vorgeschrieben. Innerhalb dieses Gesetzes und der Welt, die es konstruiert, sind alle Rollen und Regeln detailliert und in großer Klarheit vorgeschrieben. Es gibt kaum Platz für Unstimmigkeiten über solche Dinge wie interpersonelle Grenzen, Generationshierarchien oder Entwicklungsübergänge. Die verschiedenen Generationen sind sich einig, daß ein bestimmtes Verhalten erwartet und durch die Ausführung der Rituale verstärkt wird.[26]

Alle großen und kleinen Segnungen kommen direkt von Gott, und die Chassidim bestätigen diese Tatsache ständig. Die Worte „baruch hashem", die in fast jedem Satz selbst des jüngsten Sprechers vorzukommen scheinen, beziehen sich nicht nur auf ihre Dankbarkeit, sondern implizit auf ihr Verhältnis zu allem, was heilig ist.

Im Gegensatz zu den anderen Familien dieser Untersuchung, bei denen Bar Mizwa als eine der wenigen religiösen Riten, die die Familie ausführt, hervorsticht, war dies eine Familie, für die Bar

25 Die Lubawitcher sind die Gruppe von Chassidim, die aus Lubowitch in Polen stammen. Sie sind die größte Dynastie, die Hitlers Vernichtung überlebt hat (Harris 1985).

26 Kinder der Chassidim rebellieren nur selten gegen ihre Eltern. Sie rebellieren gegen ihre säkulare Gesellschaft. In diesem Milieu haben moderne Trends wie Unabhängigkeit und Individualität, die in den meisten Rebellionen der Adoleszenz eine Rolle spielen, keinen Platz. (Harris 1985: 167)

Mizwa nur eine unter tausend von ihr durchgeführten Ritualen war („bloß ein leuchtender Punkt auf dem Bildschirm", sagte der Vater am Anfang der Planungsphase). Für chassidische Juden strukturieren Riten und Rituale jeden Aspekt ihrer Existenz. Es ist nicht nur so, daß die Rituale die vorgeschriebenen Verhaltensweisen aufrechterhalten, vielmehr erhalten umgekehrt auch die Verhaltensweisen die Effektivität der Rituale. Für chassidische Juden ist das Ritual eher eine Art zu leben als nur ein Aspekt ihres Lebens.

Innerhalb dieses Kontextes ist die Adoleszenz eines ersten Kindes in der Regel viel weniger streßbeladen als bei säkularisierten Familien. Die Erwartungen an das Verhalten des Kindes und das Verhalten der Familien- und Gemeindemitglieder dem Kind gegenüber sind klar und unbestritten. Die Regeln für seinen Übergang zu einem jüdischen Erwachsenen sind konkret, und die Marksteine seines neuen Status sind dramatisch und unverkennbar. Nach seiner Bar Mizwa würde Moishe jeden Morgen die *Tefillin* tragen, als ein Mitglied zu den *Minjans* gehören, mit den Männern am Tisch sitzen und für seine spirituellen Handlungen selbst verantwortlich sein.

Sowohl was den emotionalen Fokus als auch die Wirkung anbelangte, schien die Bar Mizwa der chassidischen Familie sich von denen der anderen Familien zu unterscheiden. In säkularisierten Familien verkündet die Bar Mizwa im wesentlichen die Tatsache, daß sich das Kind „bereit macht", ein Erwachsener zu werden, das heißt, es wird zu einem Teenager. In säkularisierten Familien konzentriert sich die Energie in der Vorbereitungsphase weniger auf die Veränderung des Status des Jungen als vielmehr auf die Dynamik im emotionalen System der Familie. Aber in dieser Familie, wie in allen chassidischen Familien, brachte die Bar Mizwa tatsächlich die Veränderungen der Beziehung des Kindes zu Gott, dem jüdischen Recht und der Gemeinde zum Ausdruck. Hier wurde die emotionale Energie nicht durch andere Fragen abgelenkt. Das Ritual (und seine Vorbereitung) arbeitete primär (wenn auch nicht ausschließlich) für den Übergang des Zelebranten anstatt für andere Entwicklungsfragen des Systems.

In der chassidischen Welt, in der Rituale so mächtig sind und in der es für die Bedürfnisse der anderen Familienmitglieder gleichzeitig andere Rituale gibt, scheint das Bar-Mizwa-Ritual eher direkt als indirekt auf die Veränderung des Status des Kindes zu wirken. Weder eine Familienkrise in der erweiterten Familie der Mutter, noch

Vaters Schwierigkeiten bei der Fertigstellung des *Pilpuls* (Kommentar zum Talmud auf Jiddisch), den ursprünglich sein verstorbener Vater geschrieben hatte, noch die Bedürfnisse der anderen Kinder waren in der Lage, die Energie vom zentralen Zweck des Ereignisses abzulenken.

Wenn das chassidische Kind, dessen fundamentale Überzeugungen und Werte mit denen seiner Eltern und deren Eltern identisch sind, seine erste *Alijah* gehabt hat (d. h., wenn es am Tag nach seinem dreizehnten Geburtstag zum ersten Mal in der Gemeinde des Rebbe die Thora gesegnet hat), ist sein Übertritt nicht mehr rückgängig zu machen. Diese Tatsache hat mich doch stark beeindruckt, als ich ein paar Tage vor Bar Mizwa in der Küche der Familie stand und Gemüse für das Mittagessen kleinschnitt. Als ich dabei war, die Nudeln für Moishes Mittagessen umzurühren, reichte er mir die falsche Gabel, was er auch sofort erkannte. (Es war eine Gabel für Fleisch, und der Topf war für Milch vorgesehen – eine Verletzung der Ernährungsvorschrift, die besagt, Milch und Fleisch nicht zu vermischen.) Er entriß mir die Gabel, bevor ich sie benutzen konnte, entschuldigte sich vielmals und schien sehr betroffen. Ich versuchte, ihn zu trösten und witzelte, daß das in Ordnung ginge, da er ja noch nicht „verantwortlich" sei – seine Bar Mizwa sei ja erst in ein paar Tagen. Ich hatte vergessen, daß er schon seine erste *Alijah* gehabt hatte. „Was meinst Du damit?" fragte er ungläubig, „daß ich nicht verantwortlich bin? Ich bin ein Bar Mizwa!"

Es war während der größeren, öffentlichen Zeremonie fast eine Woche nach der ersten Segnung der Thora, als der emotionale Fokus des Übergangs spürbar wurde. Hier, wie bei der Bar Mizwa der ersten Familie, war es die Rede des Vaters, die die gesamte Gemeinde zu Tränen rührte. Nach der brillanten Vorführung seines Sohnes, die selbst die anspruchsvollen Erwartungen seiner Eltern übertrafen („Die ganze Stadt hat darüber gesprochen. Alle Kenner (von Lesungen der Thora) meinten, sie hätten noch nie zuvor eine solche Bar Mizwa gehört!"), weckte der Vater die Erinnerung an seinen eigenen Vater „im Himmel" und wünschte der Gemeinde, während ihm die Tränen den Bart hinabliefen, daß sie mit Kindern gesegnet wäre, die in die Fußstapfen ihrer Eltern und Großeltern treten. Selbst in dieser Zeremonie, bei der der Fokus primär auf den Übergang des Jungen gerichtet war, benutzte dieser Vater, wie auch der Vater der ersten Familie, das Ritual, um die Bindungen zwischen Vergangenheit und

Zukunft zu stärken und auch um den Verlust seines Vaters und implizit den Verlust der Kindheit seines Sohnes zu betrauern.

Nach dem Essen war es das Tanzen, das am stärksten beeindruckte. Nachdem gegessen und Moishes Vortrag beendet war, begann das Singen. Es dauerte nicht lange, und die Männer waren auf den Beinen und umringten Moishe und seinen Urgroßvater, die in der Mitte des Zimmers miteinander tanzten. Der alte Mann, mit seinem langen Bart und seinen gebeugten Schultern, hielt die Hand seines rotwangigen Großenkels und tanzte mit ihm, um das Erwachsensein des Kindes zu feiern. Das Bild der beiden Männer, die sich trotz des großen Altersunterschiedes bemerkenswert ähnlich sahen (sie waren nicht nur identisch mit einem schwarzen Anzug, schwarzem Hut und weißem Hemd gekleidet, sie waren auch fast gleich groß), war die sichtbare Bestätigung der Verbundenheit der Generationen. Und all die schwarzgekleideten Männer, die mit kleinen Jungen auf ihren Schultern und Babies auf dem Arm um sie herum tanzten, feierten und verstärkten diese Verbundenheit. (Es war eine Szene wie aus einer Geschichte von Sholom Aleichem. Ich konnte mein Glück kaum fassen, daß ich in eine solche Familie geraten war. Ich fühlte mich so, als hätte ich zufällig eine ausgestorben geglaubte Zivilisation wiederentdeckt.)

Unmittelbar im Anschluß an die Bar Mizwa bereitete sich die Familie für den nächsten jüdischen Feiertag auf ein neues Ritual vor, und zur Zeit der Nachuntersuchung drei Monate später planten sie bereits die Bar Mizwa ihres zweitältesten Sohnes. Als ich sie über die Bedeutung von Moishes Bar Mizwa befragte, kam das Gespräch auf die Verbundenheit zwischen den Generationen. Nachdem er bestätigte, daß die Bar Mizwa natürlich für das Kind am bedeutsamsten war, fing der Vater an, über seine Urgroßeltern zu sprechen. Er erzählte, wie sie in dieses Land kamen und befürchteten, sie könnten ihre Kinder nicht als wirkliche Juden aufziehen. „Daß meine Großmutter sieht, wie ihr Großenkel großgezogen wird, genau wie ihre Brüder großgezogen worden sind ... wenn sie das sähe, würde sie sagen, daß sie vom Leben nicht mehr verlangen kann."

„Werde erwachsen (und leiste etwas), aber bleibe uns nahe"

Die Gordovskys waren die letzte der untersuchten Familien, eine russische Emigrantenfamilie, in der die *Bris* (Beschneidung) des Kindes in Rußland geheimgehalten worden war. Kurz nach der

Emigration nach Amerika vor fast sieben Jahren hatte sich Lena, die Mutter, von Felix, dem Vater des Jungen, scheiden lassen und hatte David mit Hilfe ihrer Eltern, die mit ihr emigriert waren und gleich um die Ecke wohnten, ohne große Hilfe des Vaters aufgezogen. Kurz vor der Planungsperiode heiratete Felix eine Nichtjüdin und schwächte damit seine ohnehin recht flüchtige Beziehung zu seinem Sohn noch mehr.

Obwohl die Großeltern in einem getrennten Haushalt lebten, bildeten die drei Generationen eine emotionale Einheit mit komplexen und verwirrenden Rollen. Häufig übernahmen die Großeltern für Lena und David, die wie Geschwister interagierten, die Rolle der Eltern. Obwohl die vielfältigen Rollen wohl eher der Norm in der russischen Kultur entsprechen und bei alleinerziehenden Systemen eher funktional als dysfunktional sind (Wood u. Talmon 1983), gab es in dieser Familie eine große generationenübergreifende Ambivalenz über das Erwachsenwerden der Mutter und des Sohnes. Zu Zeiten war Lena eindeutig für Davids Erziehung zuständig, der sich oft kindisch an sie hängte, zu anderen Zeiten kehrten sich die Rollen um, und der Sohn agierte, als ob er Lenas Vater wäre, indem er mit der Großmutter zusammen seine Mutter ausschimpfte oder beschützte.

David konnte es nicht tolerieren, wenn seine Mutter, eine junge und ausgesprochen schöne Frau, etwas mit anderen Männern zu tun hatte, und sie schaffte es nicht, ihre Bedürfnisse in dieser Hinsicht durchzusetzen. Lenas und Davids Verwirrung wurde noch durch die Großeltern angeheizt und vergrößert, die Mutter und Sohn einerseits sagten, sie sollten von ihnen und untereinander unabhängiger werden, und sich andererseits so verhielten, daß eine Unabhängigkeit ausgeschlossen war. Als die Bar Mizwa, das Symbol der bevorstehenden Veränderungsschritte des Sohnes, näherrückte, intensivierten sich die verwirrenden Botschaften, die das System sowohl bedrängten, sich zu bewegen, als auch dazu beitrugen, eine Bewegung zu verhindern. Je älter David wurde (und dabei war, „ein Mann zu werden"), um so weniger konnte seine Anhänglichkeit an die Mutter und Lenas Duldung akzeptiert werden und umso ausgeprägter wurde sie.

Wenn im System auch über das Erwachsenwerden Unklarheit bestand, so doch nicht über die jüdische Identität und die Wertvorstellungen in bezug auf Leistung und Auftreten. Sowohl in Rußland als auch in Amerika verhielt sich die Familie so, daß die Fäden zu ihrem jüdischen Erbe nicht abrissen. In Rußland waren die heimliche *Bris* und die Beantragung eines Visums (denn „was Juden in Rußland tun konnten, war sehr begrenzt") zwei dramatische Ereignisse. In Amerika wurde das Kind sofort in einer jüdischen Tagesschule angemeldet („um ihm Möglichkeiten zu bieten, die ich nicht hatte [ein gut unterrichteter Jude zu sein]").

David nutzte seine Chance. Er wurde nicht nur das kenntnisreichste Mitglied seiner Familie in Fragen der jüdischen Kultur und Religion, offensichtlich wurde ihm die Tradition noch wichtiger als seiner Mutter und den Großeltern. Sein Wunsch, ein *Cohen* zu sein (von priesterlicher Abstammung) wie der Vater seiner Mutter, war nicht nur der Ausdruck seiner Identifikation mit seinem Großvater, sondern auch mit der jüdischen Tradition, die sich die Familie durch ihn wieder aneignete.

An ihren Werten – sie schätzte harte Arbeit, Leistung und öffentliches Auftreten – hielt die Familie in Amerika genauso fest wie in Rußland. Großvaters Historie auf der jiddischen Bühne, die intellektuellen Leistungen beider Großeltern und das Streben der Mutter nach einem zweiten Magistertitel waren Ausdruck dieser Werte. Von dem Kind wurde nicht nur erwartet, daß es bei der Bar Mizwa glänzt, sondern daß es auch an dem einige Tage zuvor stattfindenden Klavierkonzert fehlerlos spielt und einen Tag später einen Preis bei einem Karatewettbewerb gewinnt.

Im Gegensatz zu der heimlichen *Bris* war die Bar Mizwa ein sehr öffentliches und bedeutendes Ereignis. Für viele Gemeindemitglieder, die aus derselben kleinen Stadt in Rußland emigriert waren, war das Ereignis ein Meilenstein. Es war die erste Bar Mizwa, die sie jemals gesehen hatten, und es war für den Vater, Großvater und die Onkel, die zur Thora aufgerufen wurden, das erste Mal in ihrem Leben, daß sie eine *Alijah* hatten (daß sie die Ehre hatten, aufgerufen zu werden, die Thora zu segnen). In einem gewissen Sinn war es ebenso ihre eigene Bar Mizwa wie die Davids.

Als David an der Reihe war, den Segen zu sprechen und die *Haftarah* zu psalmodieren, wurde die Gemeinde still und ganz aufmerksam. Davids Stimme war wohlklingend, und er sprach ohne Zögern. Im Gegensatz zu den früheren Generationen war er ein gebildeter Jude geworden. Unter den Frauen gab es hörbare Seufzer der Bewunderung, und alle nickten beifällig. David hatte „es gut gemacht". Als es vorüber war, sang die Gemeinde das traditionelle Lied von *Mazel tov* und Glückwünschen.

Ist die Thora in die Lade zurückgelegt, ist es Zeit für die Predigt des Rabbi. In Abwesenheit eines beteiligten Vaters war er es, der die Verbindungslinien zog zwischen den Generationen. Seine Rede bildete den Höhepunkt des Ereignisses. Er wandte sich an die erweiterte russische Familie und die Gemeinde und betonte das „Wunder" der Bar Mizwa dieses Kindes in Amerika und seiner Bedeutung hinsichtlich des Überlebens der Juden in der Zukunft. Er erinnerte daran, wie nahe sie in Rußland davor gestanden hätten, ihre Kultur vollständig zu verlieren, und warnte, wie leicht sie dazu verführt werden könnten, dem amerikanischen Traum des Materialismus zu folgen, wenn sie ihre Vergangenheit und ihre jüdischen Werte vergäßen. „David und seine Familie und Freunde sind hier und heute ein lebendiges Zeugnis der Beständigkeit der Juden und der Tatsache, daß man uns nicht in Ländern festhalten soll, die uns unserer religiösen Freiheit berauben ... David, du bist hier, um uns eine Lehre zu erteilen. Du bist hier, um die, die aus der Sowjetunion kamen, und zukünftige Generationen zu führen, die aus ihnen hervorgehen werden."

Dann wandte sich der Rabbi an die unmittelbare Familie und sprach jiddisch. Seine Worte waren einfache Worte des Segens und der Glückwünsche, ihre analoge Botschaft war jedoch tiefgreifend. Auf englisch wandte er sich an den Intellekt der Familie und verdeutlichte die internationale und generationsübergreifende Bedeutung des Ereignisses. Auf jiddisch, der Sprache des Exils, wandte er sich an ihre Herzen.

Auf der abendlichen Party unterstrichen die Familie und Freunde die Worte des Rabbis mit Toasts auf russisch, die bestätigten, wie wichtig dieses Ereignis in ihrem Leben ist. Der Großvater betonte zum Beispiel die Einzigartigkeit seiner Liebe und sprach davon, wie stolz er auf David sei und wieviel Freude er ihm bereitet habe. Ein alter und enger Freund der Familie sprach ebenfalls einen Toast aus. Er forderte David auf, „diesen Tag immer im Gedächtnis zu behalten. Die Liebe, die dich an diesem Tag deiner Bar Mizwa umgibt, und die Bar Mizwa selbst werden dir Kraft geben. Vergiß diesen Tag niemals." Indem sie die Wirkung des Rituals betonte, verstärkte diese Rede die Predigt des Rabbi.

David sprach den letzten Toast aus. Auf einem Stuhl stehend, mit erhobenem Weinglas, sprach David aus dem Stegreif zu den Gästen, flüssig und wohlüberlegt: „Ich möchte mich bei euch allen bedanken, daß ihr zu meiner Bar Mizwa gekommen seid. Ganz besonders bedanken möchte ich mich bei der Dame dort drüben (weist auf seine

Mutter auf der anderen Seite des Zimmers). Ohne sie hätte es diese Bar Mizwa und diese wunderbare Party nicht gegeben. Ohne sie wäre ich niemals nach Amerika gekommen. Ohne sie wäre ich nicht geboren worden. Und auch bei der Dame und dem Herrn, meinen Großeltern, daß sie mir so sehr geholfen haben. Und ich möchte mich bei meinem besten Freund bedanken, der aus New Jersey hergekommen ist. Er ist mein bester Freund, seit ich nach Amerika gekommen bin. Ich hoffe, daß ich nächstes Jahr zu seiner Bar Mizwa gehen kann und daß seine so gut wird wie meine." Er fügte dann eine komische Note hinzu, die haargenau seine ambivalente Entwicklung ausdrückte. Er endete seine Rede, indem er sich an seine Mutter wandte und fragte, ob er über die verabredete Zeit des Schlafengehens hinaus aufbleiben dürfe. Alle fingen an zu lachen, als der junge Mann wieder zu einem kleinen Jungen wurde, und die Party ging weiter.

Die sehr intensiven Gefühle der Verbundenheit und des Erfolgs nach der Bar Mizwa wurden kurz nach dem Wochenende abrupt unterbrochen, als die Großmutter ein Geheimnis verriet, das sie der Familie vorenthalten hatte. Einige Wochen vor der Zeremonie hatte sie einen potentiellen Krebs entdeckt. Da sie die Bar Mizwa nicht „verderben" wollte, hatte sie es niemandem mitgeteilt. Glücklicherweise war schließlich nur eine kleinere Operation notwendig, aber zur Zeit des Interviews nach drei Monaten war die Bar Mizwa eine Sache der Vergangenheit.

Die Erwartungs- und Rollenverwirrung allerdings nicht. Obwohl Lena berufliche Fortschritte machte und ihr ein auswärtiger Arbeitsauftrag zugewiesen wurde und David mit seinem Vater Urlaub machte, waren die Entwicklungsfragen in dieser Familie immer noch problematisch. Sie wurde nicht nur durch Lenas ambivalente Beziehung zu ihrem Freund und die konfliktreiche Beziehung zwischen ihm und ihrem Sohn ausgedrückt, sondern auch durch die beträchtliche Sorge aller über Davids bevorstehenden Wechsel von der behüteten jüdischen Tagesschule in die „wilde Welt" einer öffentlichen höheren Schule. „Sein Schulwechsel macht uns Sorgen", sagte der Großvater.

Höhepunkte der durch den Prozeß geförderten Entwicklungsarbeit

Gegenstand der Untersuchung waren vier Familien in West-Massachusetts, die alle die Bar Mizwa ihres ersten Kindes planten. Was

Mitgliedschaft, Struktur, Geschichte, Streßfaktoren und die religiöse Identifikationsebene anbelangte, hätten sie kaum unterschiedlicher sein können. Vom Standpunkt ihrer Entwicklung waren allerdings alle Familien auf einer sehr ähnlichen „Stufe" ihres Lebenszyklus, und alle „benutzten" das Ritual entsprechend ihrer idiosynkratischen Bedürfnisse. Für die Steinbergs ging es um die Anpassung interpersoneller Grenzen; für die Goldsteins um die Anpassung generationenübergreifender Grenzen; für die chassidische Familie um die anachronistische „Transformation" des Kindes in einen Erwachsenen; und für die Gordovskys intensivierte es sowohl kulturelle Verbindungen als auch den Druck auf Entwicklungsübergänge.

Im ganzen war jedoch das zirkuläre Bewegungsmuster in allen Systemen ähnlich. Die Entwicklung des Kindes, die durch die Bar Mizwa zum Ausdruck gebracht und verstärkt wurde, drängte im Subsystem der Erwachsenen auf einen Wandel. Dieser Wandel ermutigte wiederum einen weiteren Wandel im Kind (der theoretisch zu weiterem Wandel drängt, etc.).

Durch den Prozeß der Bar Mizwa gelang es den drei Erwachsenen der ersten Familie, Stacy, Ken und Janet, ihre Beziehungen neu aufeinander und auf ihre erweiterten Familien auszurichten. Dadurch förderten sie die größere Autonomie und wachsende Verbundenheit des Kindes. Während der Planungsphase und der Zeremonie kamen sich die geschiedenen Eltern zeitweilig wieder näher, so daß ihr Sohn nicht zwischen ihnen wählen mußte. Diese zeitweilige Partnerschaft ermöglichte es den biologischen Eltern, ihren Erfolg mit einer Vereinbarung zum Sorgerecht, das sie sich teilten, zu krönen und entsprechend zu feiern und damit einen unklaren und verzögerten Scheidungsprozeß zu „vollenden".

Stacy konnte den Prozeß nutzen, um ihrem großen, erweiterten Familienkreis näherzukommen. Dieser Schritt ermöglichte ihr, ihren Sohn schließlich loszulassen. Ken bewältigte durch die Bar Mizwa nicht nur ein großes Stück Trauerarbeit über den Verlust seines Vaters und seiner eigenen Kindheit, es gelang ihm auch, die Verbindung zwischen seinem Sohn und seinem eigenen Vater (d. h. seiner jüdischen Vergangenheit) zu festigen, so daß er beginnen konnte, Micah loszulassen. Die Verbindung seines Sohnes mit seiner jüdischen Vergangenheit war für den Vater besonders wichtig, da die jüdische Identität seiner neuen Familie keineswegs sicher war. Für Micah intensivierte dieser Prozeß die Identifizierung mit seinem Vater und seiner Kultur und gestattete ihm gleichzeitig, seine vermehrte Kompetenz und sein Streben nach mehr Unabhängigkeit zu demonstrieren.

Durch die Bar Mizwa richteten die Eltern der Familie Goldstein die Grenzen zwischen sich und ihren Eltern neu aus, was letztendlich dazu führte, daß die Grenzen um die Kernfamilie so gezogen werden konnten, daß der Sohn sie zu überschreiten vermochte. Während der Vorbereitungsperiode verschoben Mark und Sandy die hierarchischen Grenzen zwischen sich und ihren Eltern, womit sie *ihre* größere Reife demonstrierten. Auf dem Podium sitzend bestätigten sie ihre Entwicklung, indem sie die Bar und Bat Mizwa, die sie nie hatten, indirekt feierten. Durch ihre Sitzordnung an diesem Ort verstärkte die Familie die Grenze um sich selbst, während sie gleichzeitig eine größere Durchlässigkeit dieser Grenze zuließ. Auf der Party demonstrierte ihr Sohn Seth seine überraschende Kompetenz und Bereitschaft, festgesetzte Grenzen zu überschreiten.

In der chassidischen Familie, die „kulturell festgelegt" ist (Quinn et al. 1985: 102), verwandelte das Ritual das Kind in einen Erwachsenen im Sinne der religiösen Praxis. Daneben bestärkte das Ereignis, an dem streng gläubige und weltliche Juden teilnahmen, die positive Selbst- und Weltsicht der Familie. Zudem gestattete es Yaakov, den Verlust seines Vaters zu betrauern und sich dabei weiter von ihm zu differenzieren. Selbst wenn sie diese Gelegenheit nicht ergriffen hätte, wäre die Macht des Rituals im Kontext dieser Familie so stark gewesen, daß nichts die Erfüllung des zentralen Zweckes der Bar Mizwa hätte verhindern können.

Für die Familie Gordovsky verstärkte dieser Prozeß den Druck auf Lena und David, sich zu verändern. Die Anhänglichkeit des Kindes und das Nachgeben der Mutter wurden immer unpassender, und die häufiger und intensiver werdenden paradoxen Botschaften waren für das gesamte System eine Belastung. Ferner bestätigte das Ereignis die große Bedeutung der Emigration für die Familie und stärkte das Band zwischen ihrer jüdischen Vergangenheit und Zukunft. Durch diesen Prozeß demonstrierte die Familie ihren Erfolg und die Bedeutung dessen, was sie in Amerika erreicht hatte. Das Kind demonstrierte seine Fähigkeit zu Höchstleistungen, trotz der verwirrenden Botschaften des Systems über diese Fähigkeit. Angesichts der größeren Bedeutung des Ereignisses gewinnt diese Demonstration ebenfalls an Bedeutung. Durch sie gewinnt das Kind, zweifelsohne der am meisten gebildete Jude der Familie, in der Frage der jüdischen Kultur, der sich die Familie annähert, eine führende Rolle. Diese Führerrolle wiederum ist für ihn ein Antrieb in seinem Reifeprozeß.

Ein Wort zu den Schlußfolgerungen

Die folgenden Schlußfolgerungen erheben nicht den Anspruch auf universelle Wahrheit oder wissenschaftliche Gültigkeit. Sie werden vielmehr vorgetragen als Ergebnis einer intuitiven Untersuchung überaus impressionistischer Daten, eher wie die Interpretation eines Gedichtes als die Durchführung eines wissenschaftlichen Experimentes.

Metaphorisch gesprochen glichen die vier Familien eher Gedichten, die die Forscherin gelesen hat und zu verstehen versuchte. Die Porträts, die entstanden, während die Stücke jedes Gedichts (Wörter, Bilder, Gefühle etc.) fragmentiert und wieder zusammengesetzt wurden, reflektieren die Analyse der Forscherin als Leserin dieses Gedichtes im Kontext aller Gedichte. Wenn man diese Metapher erweitert, wurden die aus diesem Prozeß entstandenen Schlußfolgerungen gezogen, als wären die vier einzelnen Gedichte zu Strophen eines größeren Gedichtes geworden und als bezögen sich die Verknüpfungen innerhalb jeder Strophe auf die Verknüpfungen in allen anderen. Die „Wahrheit" oder der Wert der Schlußfolgerungen ähnelt deshalb eher jener Wahrheit, die man aus der Poesie bezieht, weniger der aus mathematischen Kalkulationen gewonnen Wahrheit. Wenngleich sie als Fakten vorgetragen werden, sollte man sie als Hypothesen lesen, die per definitionem ständig entstehen.[27]

27 Neben der Subjektivität einer solchen Forschungsarbeit und der außerordentlich impressionistischen Natur dieser spezifischen Untersuchung tritt ein methodologisches Problem besonders hervor: die selbst-selektive Natur der beobachteten Bevölkerung. Angesichts des Stresses, dem sich Familien ausgesetzt sehen, die die Bar Mizwa ihres ersten Kindes planen, wird im nachhinein klar, daß Familien, die sich für eine solche Untersuchung zur Verfügung stellen, sehr viel Selbstvertrauen haben und vom Erfolg überzeugt sind. Es sind Familien, die von Anfang an überzeugt waren, daß sie nicht nur den Streß gut bewältigen würden, das Ereignis über die Bühne zu bekommen, sondern auch den zusätzlichen Streß, den die Untersuchung einer Forscherin hervorruft. Ohne Zweifel würden die Ergebnisse und Schlußfolgerungen dieser Untersuchung völlig anders aussehen, wären einige Familien weniger intakt und einfallsreich gewesen. Um diese Hypothesen weiter zu entwickeln, bedarf es weiterer Untersuchungen unter zufälliger ausgewählten Familien.

1. Die Bar Mizwa erleichtert Entwicklungsübergänge

Familien, die sich dafür entscheiden, den 13. Geburtstag ihres ersten Kindes mit einer Bar Mizwa zu markieren, „nutzen" den Prozeß, um innerhalb des Kernsystems und zwischen diesem System und seinem sozialen Umfeld *einen Wandel der emotionalen Grenzen auszuhandeln*. Dieses Nutzen ist weitgehend weder explizit noch bewußt, es handelt sich dabei vielmehr um eine natürliche Folge des Drängens der biologischen Uhr nach Veränderung und der klassischen Funktion des Rituals, Übergänge zu erleichtern.

Die Adoleszenz des ältesten Kindes fordert von dem System, *das Gleichgewicht zwischen Autonomie und Zusammenhalt angemessen zu verändern*. Als ein Initiationsritual funktioniert die Bar Mizwa präzise so, daß die *Distanz* des Zelebranten von seinen Eltern bzw. seiner Familie vergrößert wird, um gleichzeitig sein *Verbundenheitsgefühl* mit dem größeren System, von dem er und sie ein Teil sind, zu verstärken.

2. Die Bar Mizwa bewirkt Entwicklungsübergänge in jeder Familie auf unterschiedliche Weise

Die Bar Mizwot sind je nach Zusammensetzung, Dynamik und Geschichte der jeweiligen Familie verschieden.[28] Jede Familie bringt andere Ressourcen und Bedürfnisse mit, die die Atmosphäre der Bar Mizwa bestimmen und vorgeben, an welcher Stelle des Systems die größten Auswirkungen zu spüren sind. Wenngleich das Ergebnis letztendlich in vermehrter Autonomie und einem größeren Verbundenheitsgefühl des Jugendlichen besteht, ist der Prozeß bei jeder Familie verschieden.

Wie alle Rituale hat die Bar Mizwa sowohl *geschlossene* als auch *offene Teile*. Neben den starr definierten Merkmalen gestattet sie der

28 Angesichts der Beobachtung, daß der Bar-Mizwa-Prozeß trotz seiner Uniformität der Struktur und Funktion in jedem System anders verläuft, läßt er sich vergleichen mit Palazzolis (1986) „gleichbleibender Verschreibung". Neben der Tatsache, daß allen jüdischen Familien die gleiche formale Handlung verschrieben wird (d. h. durch Gottes Gebot „befohlen"), und der Tatsache, daß die Verschreibung/das Gebot eher analog als diskursiv funktioniert, ist die Bar Mizwa insofern einer gleichbleibenden Verschreibung vergleichbar, als jede Familie das Ritual je nach den zur Zeit am brennendsten anstehenden Fragen und Bedürfnissen unterschiedlich interpretiert und inszeniert.

Familie, eigene Interpretationen und Nuancen einzubringen. Sie kann Elemente der Durchführung in einer Weise hervorheben, hinzufügen, weglassen oder verändern, daß sie die Form der Familie widerspiegelt und ihren Bedürfnissen entspricht.

Wenn auch manche dieser „Veränderungen" bewußt und überlegt sind, verläuft doch ein großer Teil des Prozesses völlig unbewußt. Die Familien machen „einfach" das, was für sie wichtig ist. Für die Goldsteins war die Entscheidung, zusammen auf dem Podium zu sitzen, die bewußte Veränderung der traditionellen Aufführung, aber die *Vorstellung* von diesem Ereignis als einem Familienprojekt spricht eine andere Gestaltungsebene an. Ganz ähnlich war für die Steinbergs Kens Entscheidung, seinem Sohn die Relikte seines Vaters zu überreichen, die bewußte Adaptation der symbolischen Weitergabe der *Sakra* (heiliger Gegenstände oder Geheimnisse). Auf einer anderen Ebene drückt es allerdings das Bedürfnis des Vaters aus, seiner Trauer eine Gestalt zu geben.

3. Der Prozeß beginnt Monate vor der öffentlichen Zeremonie und wird Monate danach noch fortgesetzt

Dieses Phänomen reflektiert die Tatsache, daß *der Ritualprozeß gleichzeitig auf mehreren Ebenen stattfindet*. Auf einer Ebene sind die Teilnehmer des Rituals nur während der öffentlichen Zeremonie in der Schwellenstufe des Übergangs des dreiteiligen Prozesses. Auf einer höheren logischen Ebene schließt die Schwellenstufe jedoch die Vorbereitung und Reintegration wie auch die Aufführung selbst ein. Auf dieser Ebene sind die Ritualteilnehmer lange vor und nach der eigentlichen Zeremonie in der Schwellenstufe und offen für die transformierende Kraft dieses Prozesses.

Was im Grenzbereich der Zeremonie geschieht, geschieht auch (diffuser und subtiler) in den Perioden vor- und nachher. Nicht nur während der Zeremonie, sondern während des gesamten erweiterten Prozesses operiert die Bar Mizwa, um individuelle und Gruppenhandlungen durch die Stimulierung von Affekt und Intensität im Kontext einer sicheren Struktur zu synchronisieren. (Dies erweitert Friedmans eloquente Ansicht, daß „der Übergangsritus das Jahr ist, in dem das Ereignis gefeiert wird" und daß die gesamte Periode von „zeitlichen Angelpunkten" (1980: 430) gebildet wird, an denen die mit dem Ritual befaßte Familie für Veränderungen offen ist.)

4. Im Kontext dieser vielfältigen Ebenen wird während der Planungsperiode ein Großteil der Entwicklungsarbeit begonnen

Weil Übergangsperioden einen wesentlichen Wandel der Familien erfordern, und weil Bar Mizwa-Familien bei der Planung des Rituals schon im Grenzbereich des Übergangs sind, ist es klar, daß ihre Handlungen in der Planungsphase von Bedeutung sind. In dieser Phase ist die Familie im Grenzbereich irgendwo „in der Mitte" (Turner 1982: 8), sie hat es nicht mehr mit einem Kind zu tun und noch nicht mit jemand, der sein „Bereitsein" (Van Gennep 1909/1960), erwachsen zu werden, demonstriert hat. Sie hat es mit jemand zu tun, der als „Bar Mizwa-Junge" (Garfield 1958: 170) etikettiert wird, eine Bezeichnung, die (wenn nicht sogar selbst ein Oxymoron) präzise die paradoxe Natur des Alters ausdrückt.

Während dieser Phase wird der „heilige Raum" geschaffen, der die Reise der Beteiligten schützend umgibt. Die Familie beginnt, sich als etwas Besonderes anzusehen, wird als etwas Besonderes behandelt, konzentriert sich verstärkt auf das zukünftige Ereignis und vermeidet aktiv, daß „besudelnde" Fragen oder Konflikte (z. B. eine Scheidung in der erweiterten Familie, ein medizinisches Problem, Planungsänderungen) ihre Konzentration unterbrechen oder die Chancen des Erfolges vermindern.

Während dieser Planungsperiode steigt der logistische und emotionale Druck exponentiell an. Rückt das Ereignis näher, übernimmt das System vermehrt die Charakteristika eines kybernetischen Schwitzkastens (Hoffman 1981), in dem die Akkumulation von Dissonanz auf einen diskontinuierlichen Sprung hin zu einer funktionaleren Organisation drängt. Der Ritualprozeß (wie die Therapie) heizt die dem System immanenten emotionalen Themen an, und diese Intensivierung ermöglicht die Transformation des Systems.

Die Vorbereitung auf das Ritual ist selbst ein Teil des Rituals. Es ist vor allem der Teil der schweren Prüfung, bei dem die Eltern sich selbst prüfen und von anderen geprüft werden. Indem sie sich auf wichtige oder schwierige Einzelheiten konzentrieren (z. B. die Formulierung der Einladung, die Sitzordnung, die Hotelunterbringung), bewältigt die Familie nicht nur das Ereignis, sondern auch den von dem Ereignis heraufbeschworenen und an die Oberfläche gebrachten emotionalen Druck. Diese Verknüpfung zwischen logistischen und emotionalen Aufgaben erklärt zu einem gewissen Grad den scheinbar disproportionalen Aufwand an Energie, der für den Planungsprozeß aufgewandt wird, und die scheinbar irrationale

Angst, die ihn häufig begleitet. Während der Planungsphase wirken die analogen Bestandteile der logistischen Entscheidungen metaphorisch, um den Synchronisationsprozeß zu beginnen und die Ritualteilnehmer auf den dramatisch emotionalen Prozeß der symbolischen Aufführung vorzubereiten.

Noch bevor die ersten Gäste ankommen, hat die Familie begonnen, Verbindung zu früheren Generationen aufzunehmen, sich durch jene gestärkt zu fühlen, die ihre Unterstützung gezeigt haben, und sich stolz auf das zu fühlen, was sie und das Kind schon vollbracht haben.

5. Die Bar-Mizwa-Zeremonie ist die öffentliche Aussage der Familie über einen privaten Prozeß

Es ist das symbolische Drama der Familie, welches das, was schon geschehen ist, verkündet, steigert und ausschmückt und den Weg bereitet für das, was noch kommt. Die Handlung des Dramas konzentriert sich auf den Jungen, der sich von seinen Eltern weg- und dadurch gleichzeitig auf die Gemeinde zubewegt. Die Nebenhandlung umfaßt die Schritte aller anderen Hauptdarsteller in bezug auf die Reise der Hauptfigur. Die Gäste, als das Publikum, versammeln sich, um die Schritte der Schauspieler zu bestätigen, zu feiern und zu verstärken. Die Wirkung dieser Erfahrung besteht darin, daß sich Schauspieler und Zuschauer in einem gemeinschaftlichen Gefühl der Freude und Zufriedenheit verbunden fühlen (Turners (1969) *communitas*).

Durch die Verwendung gedrängter, vielstimmiger Symbole, die durch die rythmische Stimulierung von Gesängen, Prozessionshymnen, Eiden und Beschwörungen verstärkt werden, erweckt das Drama Emotionen und vermittelt Botschaften, die nicht diskursiv übertragen werden können. In diesem „hyperaffektiven Zustand" (Wolin u. Bennett 1984: 41), der durch diese Aufführungen hervorgerufen wird, machen die idiosynkratischen Spannungen und Konflikte der Familie vorübergehend Platz für ein überwältigendes Gefühl der Unterstützung und Kooperation. Die Krise der Familie wird „auf die Straße getragen", und „die Gemeinde versammelt sich, um zu vermitteln, beizustehen und zu absorbieren" (Slater 1974: 36)

Auf einer Mikroebene rekapituliert dieses gedrängte Drama den subtileren dreiteiligen Übergangsritus, durch den die Familie nach und nach hindurchgeht. In der „ersten Szene" geben die einleitenden Gebete den Ton an und verstärken das Gefühl des Unterschieds zwischen den alltäglichen Handlungen und den unmittelbar bevorstehenden speziellen Ritualhandlungen. Dies „entspricht" dem wachsenden Gefühl der Familie, daß es zwischen ihrer Vergangenheit und ihrer Zukunft einen Unterschied gibt. In der zweiten Szene wird die Affektebene verstärkt, und der Neuling wird aufgerufen, die Transformationshandlung durchzuführen. Dies ist die „transzendente Synthese" (Hoffman 1981), bei der die Familie auf die vermehrte Verschiebung zwischen alten Mustern und neuen Bedürfnissen reagiert, indem sie Grenzen reguliert und Muster, die sie aufrechterhalten, verändert. In der dritten und letzten Szene, wenn die Zeugen den neuen Status des Neulings bestätigen, feiern und ihn darauf vorbereiten, ihn in das tägliche Leben zu integrieren, in das sie in Kürze zurückkehren werden, wird das Affektniveau verringert.

6. Die in den zwei früheren Stufen des Prozesses begonnene Entwicklungsarbeit wird in der Phase nach der Zeremonie fortgesetzt

Ein Ritual wirkt magisch, aber es bewirkt keine Wunder. Wenngleich ein Ritual auf einer mythischen oder metaphorischen Ebene ein existentielles Paradox löst, stellt es auf einer konkreten, pragmatischen Ebene keine Lösung zur Verfügung. Statt dessen hilft es der Familie, ihre natürlichen Fähigkeiten, mit denen sie im Verlauf der Zeit praktische und emotionale Lösungen ausarbeitet, zu identifizieren, zu verstärken und zu aktivieren.

Nach dem Wochenende / der Zeremonie befindet sich die Familie in einer Phase, in der sie die pragmatische und emotionale Arbeit der Planungsperiode und des symbolischen Affektes der zeremoniellen Aufführung integriert und assimiliert. Als Ritualteilnehmer befinden sich die Familienmitglieder im Prozeß der Rückkehr in die profane und gewöhnliche Welt, die sie vorübergehend verlassen haben. Als kybernetische Einheit versucht sich die Familie auf einer neuen Stufe der Verbundenheit zu reorganisieren (Dell 1982), einer Stufe, die den gerade erfahrenen Beunruhigungen Rechnung trägt und in der Lage ist, die Anforderungen ihres sich verändernden Feldes besser zu erfüllen (Hoffman 1981).

Wie sich die Familie anpaßt und welchen Nutzen sie aus den Erfahrungen zieht, hängt zu einem großen Teil davon ab, wie sie die Bedeutung dessen, was geschehen ist, „versteht" (Bogdan 1984; Quinn et al. 1985). Mit Ausnahme solcher Familien, die dem Ritual streng folgen und denen folglich die Bedeutung vorgeschrieben ist,

„schaffen" sich die meisten Familien ihre eigene Bedeutung für diese Erfahrung, eine Bedeutung, die jeder Familie idiosynkratisch ist und die ihr in der Regel nicht bewußt wird. Diese „Bedeutung" wird indirekt ausgedrückt in Form von veränderten Emotionen und Verhaltensmustern und einem anderen Selbstbild.

Während die Familie auf einer Ebene in die postliminale Normalität zurücksinkt und die Erfahrung einwirken läßt, befindet sie sich auf einer höheren Ebene immer noch sehr stark in dem Schwellenzustand des umfassenden Prozesses. In diesem Zustand wird das zeremonielle Ereignis (und alles, was zu ihm hinführte) einfach als verstärkter Veränderungsdruck in einem System erfahren, das sich vor seinem diskontinuierlichen Sprung immer noch im Schwitzkasten befindet (Hoffman 1981). Auf dieser Ebene kann man davon ausgehen, daß sich die Familie weiterhin sowohl mit den paradoxen Forderungen der Entwicklung des pubertären Jugendlichen als auch mit ihrem scheinbar regressiven Verhalten auseinandersetzen muß (z. B. die Weigerung der Steinbergs, sich gemeinsam zu treffen; das Festhalten der Goldsteins an ihrer Tochter; die Ambivalenz der Gordovskys).

Trotz der öffentlichen Verkündigungen und der hervorragenden Aufführung ist der Junge *kein* Mann, und die Beziehungen der Familienmitglieder zu ihm, untereinander und zum sozialen Umfeld, sind nicht von totaler Harmonie und Klarheit geprägt. Statt dessen entwickeln sich die Beziehungen der Familie nach der Zeremonie auch weiterhin in kleinen, früher in dem Prozeß begonnenen Veränderungen, die im Laufe der Zeit im System nachhallen.

7. Die Bar Mizwa spricht die Entwicklungsaufgaben der gegenwärtigen Familie, deren erstes Kind zu einem Jugendlichen heranwächst, direkt an

Die Bar Mizwa ist ein Übergangsritus, der perfekt zu einem Übergangsalter in einer Übergangsgesellschaft paßt. Setzt man die Probleme voraus, die mit der Unsichtbarkeit des Übergangs in die Adoleszenz zusammenhängen (McGoldrick u. Carter 1982), und das in einer Gegenwartsgesellschaft, die sich völlig konfus zeigt, wie sie mit dieser Lebensstufe umgehen soll (Elkind 1981), steht die Bar Mizwa für Sichtbarkeit und Klarheit. Sie ist ein dramatischer Meilenstein, der Veränderung sichtbar macht, ein Schrittmacher, der die Geschwindigkeit regelt und ein instruktives Medium, das der Veränderung eine positive Bedeutung gibt.

Im Sinne primärer Entwicklungsaufgaben der Familie (Culler 1987) fördert das Ritual die Autonomie des Kindes, macht ihm und seinen Eltern die emotionalen Auswirkungen der Trennung handhabbar, die eine größere Autonomie mit sich bringt, und gestattet den Eltern, sich mehr auf sich selbst und auf ihre Beziehung zu ihren eigenen Eltern zu konzentrieren. Es ist ein Ritual, das die „Zahnradaufgaben" (Golan 1981: 6) des generationenübergreifenden Systems in der frühen Phase seiner mittleren Jahre unterstützt, und somit ein Übergangsritus für die ganze Familie.

In einem spezifischeren Sinne, bezogen auf die *Bedürfnisse des Heranwachsenden,* liefert das Ritual eine Form, in der dem Kind der Weg gewiesen wird, um seine „Bereitschaft" zu zeigen, sich anders als bisher behandeln zu lassen, und den Eltern wird ein Weg gewiesen, um ihm zu helfen, diese Bereitschaft zu demonstrieren sowie den damit verbundenen Verlust zu betrauern; dem Rest der Verwandtschaft wird ein Weg gewiesen, dem Kind und seinen Eltern in ihrer neuen Beziehung zueinander beizustehen.

Durch dieses „Rezitationsverfahren" (Arlow 1951: 358) tritt das Kind aus der „Isolation" des Lernens heraus, akzeptiert die ängstigende Herausforderung eines öffentlichen Auftritts, besteht die Prüfung und wird von einem „liebevollen Publikum" umarmt. Das Kind demonstriert seine Fähigkeiten im Zentrum des Podiums und im Zentrum der Familie und fühlt seine „Besonderheit" und seine „Macht" (Zegans u. Zegans 1979: 123). Durch diese moderne Version eines „Buschritus" verkündet und demonstriert das Kind seine positive Veränderung. Aus dieser Demonstration und den von ihr bei allen, die ihm wichtig sind, hervorgerufenen Reaktionen, zieht das Kind seine Kraft für künftige schwierige Veränderungen in seinem Leben.

Eine offensichtliche Quelle seiner Stärke, die bisher noch nicht erwähnt worden ist, hat mit männlicher Bindung zu tun. Nachdem er „genau die gleiche" Prüfung bestanden hat, der sich auch sein Vater und dessen Vater unterziehen mußte, beansprucht der Bar-Mizwa-Junge seinen Platz unter den Männern des Stammes. Er ist jetzt bereit und verdient es auch, mit seinem Vater und seinem Großvater auf eine neue Art und Weise identifiziert zu werden, die früher nicht möglich war. Ganz ähnlich fühlt sich der Bar-Mizwa-Vater, nachdem er seinen Sohn durch die schwere Prüfung geführt hat, an die er sich so lebhaft erinnert, und seine Sakra aus der Vergangenheit an ihn weitergegeben hat (z. B. Ken die Ritualobjekte seines Vaters und der chassidische Vater den Segen seines Vaters), nicht nur seinem Sohn, sondern auch seinem eigenen Vater näher. Das jüngste männliche Mitglied ist als „Mann" identifiziert worden, und in diesem Verlauf festigt sich das Band aller Männer der Familie. Wenngleich dieser Bindungsaspekt in der chassidischen Familie am offensichtlichsten ist, in welcher Geschlechterunterschiede sowohl physisch als auch philosophisch verstärkt werden, ist er in allen Fällen sichtbar. (Selbst in der russischen Familie, in der der Vater keine bedeutende Rolle spielte, wurde der Rabbi zu einem Ersatzvater und zog die identifizierende Verbindung zwischen der Vergangenheit und der Zukunft der männlichen Generationen. Auf ähnliche Weise identifizierte sich in der reformierten Familie, wo weder Vater noch Großvater eine Bar Mizwa hatten, das Kind mit den männlichen Alten, indem es seine Fähigkeit als Gastgeber unter Beweis stellte, eine Fähigkeit, auf die sowohl sein Vater als auch sein Großvater stolz waren.)[29]

8. Dadurch, daß die Bar Mizwa interne Ressourcen stärkt, ist sie ein natürlicher Bewältigungsmechanismus für Familien, die durch den Übergang eines Heranwachsenden einer normativen Krise gegenüberstehen

Genau wie ein Kind, das seine ersten Jahre als Teenager mit diesem bejahenden öffentlichen Ereignis beginnt, Kraft sammelt für die

29 Es wird interessant sein, den Prozeß der Geschlechteridentifizierung in bezug auf Bat-Mizwa-Mädchen und ihre Mütter zu beobachten, wenn die Bat Mizwa zu einer Zeremonie geworden ist, die von den Generationen miteinander geteilt wird. Angesichts der Tatsache, daß relativ wenige Bat-Mizwa-Mütter selbst eine solche Feier hatten, ist es unwahrscheinlich, daß gegenwärtig der Prozeß der Geschlechteridentifizierung für Mädchen eine ähnliche Rolle spielt wie für Jungen.
Ich vermute, daß es auch unwahrscheinlich ist, daß der Prozeß der Geschlechteridentifizierung für Mädchen und Jungen im Ergebnis eine ähnliche Rolle spielt. Die Bar Mizwa ist ein männlicher Initiationsritus. In dem Maße, wie das Bat-Mizwa-Mädchen dasselbe Ritual ausführt wie der Bar-Mizwa-Junge (die Thora segnet, die *Haftarah* psalmodiert, eine Rede hält, etc.), fühlt das Mädchen, daß sie in einer männlich identifizierten religiösen (und säkularen) Kultur etwas erreicht hat. Sie kann all das machen, was auch ihr Bruder tut. Auf dieser Ebene und in diesem Kontext wird ihre sich entwickelnde Kraft bestärkt. Auf einer anderen Ebene, bei der es darum geht, was sie ganz einzigartig als Frau erreicht hat (K. Turner 1978, in Doty, 1986: 102), ist die gegenwärtig typische Form der Bat Mizwa jedoch vermutlich nicht relevant. Wenn sich das Bat-Mizwa-Ritual durch den wachsenden Einfluß feministischer Bewußtheit entwickelt, wird das Ereignis vielleicht so verändert, daß die Ähnlichkeiten und Unterschiede zwischen den „Söhnen der Gottesgebote" und den „Töchtern der Gottesgebote" nicht nur erkannt, sondern auch gefeiert werden können.

bevorstehenden Kämpfe, profitiert auch die Familie als Ganzes davon. Sowohl durch die private Aufführung (in der insbesondere die Eltern eine Reife und Fähigkeit an den Tag legen, die man nicht unbedingt voraussetzen kann, und in der sie Veränderungen nicht nur in bezug auf das Kind aushandeln, sondern auch in bezug auf sich selbst und ihre eigenen Eltern) als auch durch die öffentliche Aufführung (in der sie quasi vom guten Willen und Beistand der Familie und der Freunde in einem tranceähnlichen Zustand der *communitas* umgeben sind) entdecken und verstärken sie Ressourcen in sich selbst und in ihrem Verwandtschafts- und Freundeskreis.

Für die Familie, die im Begriff ist, die noch nicht kartographierte (und ängstigende) Landschaft der Pubertätsjahre zu betreten, ist diese Sammlung der Kräfte natürlich und zeitgemäß. Dies stellt für die Familie einen Weg dar, „für sich selbst zu sorgen", was nach Ackerman (1980: 148) „das Beste ist, was sie für den Heranwachsenden tun kann". So wurde beispielsweise Stacy durch die Bejahung und Akzeptanz ihrer Verwandten aus Tennessee auf weniger Unterstützung durch ihre Kernfamilie vorbereitet. Das Gefühl und die Anerkennung ihres Erfolges als Partner in der Kindererziehung bereitete die geschiedenen Steinbergs auf Veränderungen in der Kindererziehung vor. Ihre größere Reife in der Beziehung zu ihren Eltern wappnete das reformierte Paar, Sandy und Mark, für die größere Reife ihres Sohnes und die größere Abhängigkeit der eigenen Eltern vor. Die öffentliche Bestätigung eines Lebensstils, der oft in Frage gestellt wird, bereitet die chassidische Familie auf die Fortsetzung dieses Lebensstils durch die nächste Generation vor. Eine Vergrößerung der Bedeutung dessen, was David erreicht hat, bereitet die russische Familie auf zukünftige Ziele vor.

9. Die paradoxe Natur der Bar Mizwa erleichtert Entwicklungsübergänge

Wie alle Übergangsrituale löst die Bar Mizwa existentielle Krisen auf paradoxe Art und Weise. Durch ihre Fähigkeit, unterschiedliche

Angesichts der Betonung in dieser Fußnote auf den vermuteten Unterschieden zwischen Bar und Bat Mizwot muß ich doch klarstellen, daß bezüglich der meisten anderen durch das Ritual aktivierten Familienprozesse die sich in Bar und Bat Mizwot ergebenden Fragen im wesentlichen die gleichen sind. Friedman (1981: 55) führt aus: „Der äußerst wichtige Faktor, der die emotionale Intensität des Ereignisses bestimmt, ist nicht das Geschlecht des Kindes, sondern die Wichtigkeit des Kindes für das Gleichgewicht in der Ehe der Eltern und für das Gleichgewicht der Beziehung der Eltern zu ihren Eltern."

logische Ebenen getrennt und zugleich interaktiv zu halten, ist die Bar Mizwa in der Lage, die simultanen Bedürfnisse des vielschichtigen Systems nach Individuation und Bindung anzusprechen.

Auf der analogen Ebene spricht das Ritual jene elementaren paradoxen Spannungen in der Familie an, die mit der Gesunderhaltung des Familiensystems einhergehen. Es ist zugleich ein Ritual des Übergangs wie auch der Kontinuität. Im Kontext der Familie ist es ein Ritual der Erhebung (d. h. des Übergangs) und im Kontext des größeren Systems ein Ritual der Weihe (d. h. der Kontinuität). Es unterstützt die Bewegung des Kindes weg von der Kernfamilie, während es das Kind gleichzeitig durch ihre weiter zurückreichende Vergangenheit enger an die Familie bindet. Es ist ein Vehikel, die Eltern vom Kind abzulösen, während beide einander und die Eltern ihren eigenen Eltern wieder näherkommen. Es zelebriert die Schritte des Kindes und betrauert seine Verluste. Es stärkt Grenzen und macht sie durchlässiger.

10. In dem Maße, wie die Familie von ihrer Kultur und der Bedeutung ihrer Riten und Symbole abgeschnitten ist, modifiziert sie die Riten und Symole, fügt neue hinzu und macht im allgemeinen die Bedeutungen expliziter

Obwohl ich damit gerechnet habe, daß die Wirksamkeit und die Kraft des Rituals, Entwicklungsübergänge zu erleichtern, sehr von der Verbundenheit der Familie mit den Traditionen und ihren Symbolen abhängt, läßt sich eine solche Schlußfolgerung aus der Untersuchung nicht ableiten.

Obwohl es keinen Zweifel geben konnte über die Veränderungskraft des Rituals in der orthodoxen Familie, bestand keine entsprechende Klarheit über das *Fehlen* einer solchen Kraft des Rituals in Familien, die nur peripher mit ihrer kulturellen Vergangenheit verbunden waren. Tatsächlich gab es selbst in der reformierten Familie erhebliche Beweise für Entwicklungsschritte – jener Familie, die emotional am deutlichsten von ihrer religiösen und kulturellen Vergangenheit abgeschnitten war.

Was sich in dieser Hinsicht jedoch beobachten ließ, war die Methode, mit der die von der ursprünglichen Bedeutung der Riten und Symbole in vielfältiger Weise abgeschnittenen Familien versuchten, die Rituale zu verändern oder zu erweitern, um ihre Wirkung zu verstärken. In den Familien, deren emotionales Band zu den Riten und Symbolen der Aufführung nur schwach war, wurden neue Riten hinzugefügt, alten Symbolen wurde ein greifbarerer Ausdruck gegeben und ihre Bedeutungen wurden expliziter gemacht. So gaben zum Beispiel die Steinbergs die Thora physisch von den Großeltern weiter an die Eltern und dann an das Kind, und der Vater gab tatsächlich die heiligen Gegenstände seines Vaters an seinen Sohn weiter. Sowohl die konservative als auch die reformierte Familie ergänzten die Party durch eine Zeremonie des Kerzenanzündens, und die ihr innewohnende Bedeutung hinsichtlich eines Geburtstages wurde von allen sofort verstanden. Bei der russischen Familie bedurfte es der Erklärung des Rabbis über die internationale und generationenübergreifende Bedeutung dessen, was David in der Öffentlichkeit erreicht hatte, damit es ganz verstanden werden konnte.

Solche innovativen Schritte erlauben die Veränderung kultureller Rituale, wenn sich die Beziehung der Beteiligten zur Kultur verändert. In dem Maße, wie die Familie, die solche Innovationen brauchte, sie in ihre Aufführung integrierte, gewann das Ritual eine affektive Kraft und ein transformatorisches Potential.

Zusammenfassung des Prozesses

Auf einfachste Art läßt sich die Wirkung der Bar Mizwa auf Wandel und Entwicklung folgendermaßen zusammenfassen: Die Pubertät des ersten Kindes bringt die Familie in ein Ungleichgewicht. Die Spannung steigt, alte Muster funktionieren nicht mehr, und die Familie wird in ein neues, funktionaleres Organisationsmuster gezwungen. Die Bar Mizwa erleichtert diese Neuorganisation, indem sie sowohl den Streß im System intensiviert *als auch* einen Weg zur Verfügung stellt, mit dem Streß umzugehen.

Die Vorbereitung auf die Bar Mizwa fügt der Ebene des emotionalen Entwicklungsstresses der Familie eine pragmatische Streßebene hinzu. Diese beiden Ebenen sind miteinander verknüpft. Die logistischen Details, die sich als schwierig oder wichtig herausstellen, reflektieren jene emotionalen Fragen, die für die Familie schwierig oder wichtig sind, und dienen dazu, die emotionale Energie der Familie zu konzentrieren und zu kanalisieren.

Während der Zeremonie verstärkt die Familie die in der Vorbereitungsphase begonnene Arbeit, indem sie ein sehr aufgeladenes, kondensiertes Drama inszeniert, das praktisch öffentlich verkündet, daß sie die Arbeit geleistet hat, daß das Kind reifer geworden und bereit ist, mehr Verantwortung zu übernehmen und Privilegien zu erhalten, und daß die Eltern bereit sind, sie ihm zu geben (und auch zu allen damit verbundenen Veränderungen bereit sind). Diese Ankündigung wird von allen, die der Familie wichtig sind, gehört und verstärkt.

Gleichgültig was danach geschieht, die Familie hat ihre Aussage gemacht. Es ist nicht nur schwieriger, eine öffentliche Aussage „zurückzunehmen", es ist auch bis zu einem gewissen Grad so, daß der eigentliche Akt, der eine Veränderung ankündigt, diesen Veränderungsprozeß zugleich einleitet (Madanes 1986). Gleichgültig, wie kindisch sich der Junge aufführt oder in Zukunft behandelt wird, und gleichgültig, welche anderen Aufgaben die Familie noch zu erledigen hat, die Familie und der Junge haben ein Bravourstück vollbracht, und es wurde öffentlich bestätigt. Diese Tatsache und ihre Konsequenzen werden zu einem Teil der Realität der Familie, zu einem Teil dessen, wie sie sich selbst versteht.

Therapeutische und erzieherische Anwendungen

Selbst auf dieser noch sehr unfertigen Stufe der Untersuchung drängen sich eine Reihe von therapeutischen und erzieherischen Möglichkeiten auf.

Therapie

Dieses Material eignet sich nicht nur für die Arbeit von Therapeuten mit Familien, die sich auf eine Bar Mizwa vorbereiten, sondern auch als *Instrument der Informationssammlung* für Therapeuten, die mit jüdischen Familien arbeiten. Das Explorieren der Bar Mizwa des Teenagers (bzw. des Vaters) ist von unmittelbar diagnostischem Wert. Fragen bezüglich der Details des Ereignisses (z. B.: wer plante es und wie, wie sahen die Einladungen aus, wer kam, wer kam nicht, wie war die Sitzordnung, was bekamen sie zu essen, was war der emotionale Höhepunkt, welches Familienmitglied war am meisten/ wenigsten ängstlich oder aufgeregt, was hätten sie anders gemacht, etc.) können dem Therapeuten (und der Familie) sehr viele Informationen liefern.

In ganz ähnlicher Weise bietet sich die Bar Mizwa als eine *therapeutische Intervention* an. In jüdischen Familien, bei denen der identifizierte Patient ein Teenager ist, ein deprimierter Vater, oder ein männlicher Erwachsener mit unangemessenen Beziehungen zu seiner Herkunftsfamilie, etc., könnte vom Therapeuten und der Familie das Bar-Mizwa-Ritual als Übergangsritus entwickelt werden, der einen notwendigen Wandel zum Ausdruck bringt (z. B.: „Wiederholen wir die Bar Mizwa, die beim ersten Mal nicht geklappt hat", oder: „Feiern Sie jetzt die Bar Mizwa, die sie als Kind verpaßten"). Wie sorgfältig das Ereignis ausgearbeitet oder wie „öffentlich" es sein sollte, hängt natürlich von den Bedürfnissen und den Umständen der jeweiligen Familie ab. Jedenfalls wäre die Vorbereitung auf das Ritual ein bedeutender Bestandteil der therapeutischen Arbeit.

Erziehung

Auch in erzieherischer Hinsicht enthält diese Untersuchung eine Menge Informationen, die Familien zugute kommen könnten, die die Bar Mizwa ihres ersten Kindes planen. Vorausgesetzt, diese Übergangsfamilien sind in einer Verfassung, die Havinghurst (1981: 15) als „einen aufnahmefähigen Moment" bezeichnet, in dem „die maximale Bereitschaft besteht, neue Gedanken aufzunehmen", dann wäre ein auf diesem Material basierendes Erziehungsprogramm zeitgemäß und voraussichtlich sehr nützlich, Familien dabei zu helfen, das Beste aus diesem von ihnen begonnenen Ritualprozeß zu machen.

Basierend auf der Beratung von Rabbis, Lehrern und Bar-Mizwa-Familien könnte man eine Reihe von Erziehungssitzungen entwikkeln, die sehr viel dazu beitragen könnten, daß sich die Teilnehmer über die entwicklungsmäßige Bedeutung des Prozesses bewußter werden (ohne ihn durch den Verzicht auf die Magie zu einer zu bewußten Erfahrung zu machen). Das könnte ihnen helfen, ihre Energie so zu konzentrieren, daß das Ritual[30] mit seinen Möglichkeiten zu dem wird, was Friedman (1980: 437) eine „günstige Gelegenheit für das Wachsen" bezeichnet.

Implikationen für die Beschäftigung mit anderen Fragen und Ereignissen des Lebenszyklus

Wenngleich sich diese Untersuchung auf die Bar Mizwa und ihren Nutzen für die Entwicklung von Heranwachsenden konzentriert,

30 Man könnte Eltern zum Beispiel vorschlagen, daß sie im Gottesdienst ein Gebet aufnehmen sollen, das außer von den ganz orthodoxen von allen abgeschafft wurde. Dieses Gebet, das traditionell vom Vater nach der ersten *Alijah* seines

liegen weitere Implikationen für Rituale in anderen Entwicklungsstufen auf der Hand. Unser Wissen darüber, wie sich der Druck lange vor der Zeremonie aufbaut und wie er im System benutzt wird, unsere Kenntnisse über die Wirkung der symbolischen Aufführung und der Art und Weise, wie die Beteiligten die Wirkung der Vorbereitung und der Zeremonie integrieren, lassen sich extrapolieren und auf andere generationenübergreifende Übergänge anwenden.

Ob nun der Therapeut ein Lebenszyklusritual konstruiert mit Familien, die sich einem anerkannten Meilenstein nähern (Hochzeit, Geburt, Tod, Scheidung), oder mit Familien, die unbewußt in Mustern steckengeblieben sind, die eher für frühere Entwicklungsstufen angemessen wären – er kann viel dazu beitragen, das Potential der Zeremonie zu fördern. Rituale erleichtern zum einen die Veränderung und stehen zum anderen als Metapher für diese Veränderung. In dem Maße, wie man der Familie helfen kann, sich auf die Vorbereitung und nicht nur auf die Zeremonie selbst zu konzentrieren, die Zeit vor und nach der Zeremonie zu nutzen, mehrere Generationen einzubeziehen und bedeutsame Symbole zu adaptieren und einzusetzen, kann man viel zur Entfaltung der „Magie" des Rituals beitragen.

Sohnes gesprochen wird, dankt Gott, daß er ihn „nicht mehr verantwortlich macht für diesen". Eine zeitgemäße Anpassung könnte so aussehen, daß man die Eltern den Segen zusammen sprechen läßt und sie oder den Rabbi dann über die wachsende Reife des Heranwachsenden sprechen läßt und darüber, wie es die Beziehung der Eltern zu ihm beeinflußt, das heißt, wie sich ihrer aller Verantwortung gewandelt hat.
Ein anderer Vorschlag könnte so aussehen, daß die Eltern und der Bar-Mizwa-Junge am Anfang der Planungsphase gemeinsam entscheiden, welche neue Verantwortlichkeiten nach der Ritualzeremonie erwartet und welche neuen Privilegien gewährt werden. Solche greifbaren Veränderungssymbole helfen, den Übergang zu konkretisieren.

III. Komplexe Familienprozesse durch Rituale ermöglichen

7. Die Einschätzung von Familienritualen bei Familien mit Alkoholproblemen

Steven J. Wolin
Linda A. Bennett
Jane S. Jacobs

Rituale können das Identitätsgefühl einer Familie ansprechen und das Verhalten aller Familienmitglieder beeinflussen. Sie klären Familienrollen, legen Grenzen fest und geben Informationen über die Familienidentität von Generation zu Generation weiter. In den letzten Jahren haben wir untersucht, welche Rolle Rituale bei einer familiären Alkoholismustradition spielen. In drei Studien[31] über Familien mit Alkoholproblemen ließen sich spezifische Faktoren identifizieren, die mit Ritualen in Verbindung stehen und bei der Entwicklung von Alkoholismus in der nächsten Generation möglicherweise eine protektive Rolle spielen.

In diesem Kapitel schildern wir die untersuchten Familienrituale, wir erläutern, wie sich unser Denken während der Studien verändert hat, und wir beschreiben schließlich die Anwendung unseres wichtigsten Forschungsinstrumentes, des Interviews zu Familienritualen. Anschließend diskutieren wir die Implikationen, die sich für die Forschung und die klinische Praxis ergeben, wenn man das Ritual als einen wichtigen Faktor für das Funktionieren der Familie ansieht.

Familienrituale wurden zuerst von J. Bossard und E. Boll (1950) systematisch untersucht. Sie dokumentieren die Rituale, wie sie von 186 klinisch unauffälligen Familien praktiziert wurden. Dabei beobachteten sie den engen Zusammenhang zwischen den sich wiederholenden symbolischen Familienhandlungen, an denen sich die Familienmitglieder beteiligen, und dem, was sie als den Grad der Integration der Familie bezeichneten. Rituale zeigten sich hier als Übermittler von Werten, Haltungen und Zielen: als Herzstück der Familienkultur (Bossard u. Boll 1950).

David Reiss (1981) verweist darauf, daß eine Kernfunktion der Rituale darin besteht, ein Familienparadigma oder ein von allen geteiltes Weltbild beizubehalten. Er unterscheidet verschiedene Ty-

31 Die Studien, auf die sich dieses Kapitel bezieht, wurden durch Forschungsgelder des National Institute on Alcohol Abuse and Alcoholism und von der Still Water Foundation unterstützt.

pen von idiosynkratischen Familienritualen, die durch ihre wiederholte Aufführung das Weltbild einer Familie definieren, diese Perspektive festigen und dadurch das Familienparadigma verewigen.

Die von uns untersuchten Rituale lassen sich in drei Gruppen unterteilen: *Feiern, Traditionen* und *ritualisierte Gewohnheiten. Familienfeiern* schließen Feiertage und andere Anlässe ein, die in der gesamten jeweiligen Kultur weit verbreitet sind. Übergangsriten wie Hochzeiten, Begräbnisse, Examensfeiern und *Bar Mizwot*, religiöse Feiertage wie Weihnachten, Ostern und Passah und weltliche Feiertage wie das Erntedankfest oder das Picknick am 4. Juli (A.d.Ü.: der Jahrestag der amerikanischen Unabhängigkeitserklärung) gehören in diese Gruppe von Ritualen. Solche Rituale sind relativ standardisiert, sie sind häufig typisch für eine bestimmte Subkultur und enthalten universale Symbole. Übergangsrituale bieten den Familienmitgliedern Gelegenheit, Etappen ihrer Entwicklung zu betrachten. Familienmitglieder können durch Feierrituale ihren Status klären, eine Gruppenidentität bestätigen und gegenüber einer größeren ethnischen, kulturellen oder religiösen Gemeinde ihre Verbundenheit erklären. Eine Frau beschrieb dies so:

> „Weihnachten wäre nicht Weihnachten ohne bestimmte Dinge – Frances hilft mir immer beim Backen der Weihnachtsplätzchen, und Pauline fährt mit John hinaus zum Bauernhof meines Bruders, um den Baum zu schlagen ... Die Fastenzeit und die Adventszeit haben im christlichen Jahr wirklich die religiöse Funktion des „Vorbereitens", und unsere Kinder haben das von uns gehört, und sie haben es in der Kirche gehört. Ich denke, daß es so sehr zu einem Teil der Tradition geworden ist, daß sie anfangen zu verstehen, was es für den eigenen inneren Glauben wirklich bedeutet, und das ist gut so."[32]

Familientraditionen sind weniger kulturspezifisch und eher idiosynkratisch für die einzelnen Familien. Sommerferien, Besuche bei Verwandten, Jubiläen und Geburtstagsbräuche, spezielle Feiern und Familienzusammenkünfte sind die häufigsten Beispiele. Während die Kultur die Form dieser Praktiken beeinflußt (Geburtstagskarten

32 Die Fallbeispiele wurden aus den Transkripten von Interviews zusammengefaßt. Alles was zur Identifizierung beitragen könnte, wurde geändert.

und Geburtstagskuchen, z. B.), ist es die Familie selbst, die die Anlässe bestimmt und ihnen ihren spezifischen Charakter gibt. Mit ihrer Ferientradition stellt die im folgenden zitierte Familie ihren Mitgliedern eine bestimmte Zeit zur Verfügung, um andere Prioritäten zurückzustellen und das Zusammensein als Familie genießen zu können:

> „Gewöhnlich versuchen wir im Sommer unsere Ferien an Strand zu verbringen. Wir haben dazu noch nie andere Kinder mitgenommen. Dadurch haben die Mädchen die Gelegenheit, einige Zeit zusammenzusein. Sonst haben sie ja nicht viele gemeinsame Interessen, aber während dieser Woche pflegen sie das Familienleben und verstehen sich gut. Sie genießen gemeinsame Spaziergänge auf der Strandpromenade. Das Ferienhaus, das wir mieten, hat keinen Fernseher, so daß wir abends Spiele spielen oder uns mit einer anderen Familie zusammensetzen, die schon seit Jahren ebenfalls dort hingeht."

Ritualisierte Gewohnheiten sind die am häufigsten aufgeführten, aber am wenigsten bewußt geplanten Familienrituale. Essenszeiten, Gewohnheiten, nach denen Kinder zu Bett gebracht werden, und regelmäßige Freizeitbeschäftigungen an Wochenenden und Abenden gehören in diese Kategorie. Diese Gewohnheiten helfen, das tägliche Familienleben zu organisieren, und definieren die Rollen und Verantwortlichkeiten der Mitglieder. Die diesen ritualisierten Gewohnheiten zugrundeliegenden Symbole stärken das Identitätsgefühl der Familienmitglieder und unterscheiden Rituale von gewöhnlichen Interaktionsmustern. Im folgenden Beispiel geben Mahlzeiten den Familienmitgliedern Gelegenheit, Kontakte zu knüpfen, Symbole auszutauschen und Erfahrungen zu teilen:

> „An den meisten Tagen kommen wir zum Essen zusammen, und nach dem Essen bleiben wir am Tisch und reden und lachen. Herauszufinden, was alle so machen, macht am meisten Spaß. Wenn jemand still ist, lassen wir das nicht durchgehen ... Julie läutet eine Glocke, um die Familie zum Essen zu rufen. Alle setzen sich, und wir geben uns die Hände und sprechen zusammen das Tischgebet."

Rituale sind besonders informative und leicht zugängliche Fenster zur privaten Welt der Familie. Sie helfen nicht nur, die täglichen Ereignisse zu regeln und ihnen Bedeutung zu geben, sie sind auch beobachtbare und im Gedächtnis haftende Teile des Familienlebens. Wenn Kliniker oder Forscher Familienmitglieder bitten, ihre Familien zu charakterisieren, werden sowohl Erwachsene als auch Kinder aller Wahrscheinlichkeit nach ein bedeutungsvolles Ritual beschreiben, das das Wesentliche des Lebens in ihrer Herkunftsfamilie einfängt.

Rituale können uns auch etwas über die Pathologie einer Familie sagen. Dysfunktionale Familien berichten häufig über ernsthafte Störungen ihrer Rituale oder die Desorganisation ihrer rituellen Aktivitäten. Dies deutet an, daß die Stabilität und Konsistenz von Schlüsselritualen wohl wichtige Informationen über die sozialen und emotionalen Zusammenhänge einer Familie liefert. Eine der von uns untersuchten Familien zeigte sich beispielsweise unterritualisiert. Sie war durch den Alkoholismus des Vaters und die Verhaltensprobleme der Kinder sehr beeinträchtigt. In dieser Familie boten die Mahlzeiten wenig Gelegenheit, um Kontakte zu pflegen oder sich auszutauschen. Die Familienmitglieder bedienten sich in der Küche selbst und sahen im Wohn- oder Arbeitszimmer fern. Die Ferien waren eine unsichere Sache, denn wenn der Vater gerade eine Trinkphase hatte, führte die Familie ihre ursprünglichen Pläne nicht aus und entwickelte auch keine Alternativen dazu.

Wir haben seit 1974 die Rolle von Familienritualen bei der Weiterreichung des Alkoholismus von einer Generation auf die nächste untersucht. Unsere Ausgangshypothese war, daß in Familien, die verhinderten, daß der Alkoholmißbrauch eines Elternteils wichtige Familienrituale störte, die Wahrscheinlichkeit geringer ist, ernsthafte Alkoholprobleme an die Nachkommen weiterzugeben. Inzwischen ist unsere Hypothese komplexer (und länger) geworden, und unsere Überzeugungen haben sich vertieft. Wir sind beeindruckt von der Macht der Rituale als Spiegelbilder der Familienkultur und Familienpathologie. Wenn wir auch noch nicht wissen, ob Rituale die *Prozesse* sind, mit denen tatsächlich die zentralen Werte der Familie übertragen werden, oder ob sie nur herausragende *Marker* solcher Werte sind, sind wir dennoch davon überzeugt, daß sie für Kliniker und Forscher gleichermaßen die inneren Qualitäten des Familienlebens und der Familienidentität beleuchten können (Wolin u. Bennett 1984).

Die Weitergabe von Alkoholismus durch Familienrituale (1974-1977)

In unserer ersten Untersuchung beschäftigten wir uns nur mit der Beziehung zwischen gestörten Ritualen und der Weitergabe von Alkohol. Wie schon erwähnt lautete unsere Hypothese, daß Familien mit intakteren Ritualen wahrscheinlich nicht so häufig Alkoholismus an die nächste Generation weitergeben würden. Wir definierten drei Ebenen von Ritualstörungen, entwickelten ein Interview, um den Grad der Ritualstörung einer jeden Familie zu untersuchen, und verglichen schließlich das Ausmaß der Ritualisierung einer Familie mit der Alkoholismusrate unter den erwachsenen Nachkommen.

Um das Ausmaß der Ritualstörung zu untersuchen, untersuchten wir die Auswirkungen des schlimmsten Trinkverhaltens eines Elternteils auf Familienrituale während der Zeit des Heranwachsens der Kinder. Dazu kodierten wir Interviewdaten. In „subsumierenden" Familien hatten die Rituale einen gravierenden Wandel erfahren. Der Alkoholmißbrauch hatte die Rituale entwertet und ihre Ausführung und Bedeutung verändert. „Distinktive" Familien waren jene, an deren Ritualen sich relativ wenig Veränderung feststellen ließ. Die Familien hatten die Folgen des Trinkverhaltens von ihrem Ritualleben fernhalten können. „Teilweise subsumierende" Familien waren jene, die eine Mischung aus distinktiven und subsumierten Ritualen zeigten und keinem klaren Muster folgten.

Das Ergebnis dieser ersten Untersuchung bezog sich auf das Ausmaß generationenübergreifender Weitergabe von Alkoholismus. „Nichtweitergeber" waren Familien, bei denen Alkoholprobleme in der Kindergeneration nicht auftraten. „Weitergabe"-Familien hatten dagegen ein oder zwei Mitglieder, die zu Alkoholikern oder Problemtrinkern wurden oder Alkoholiker oder Problemtrinker heirateten (Goodwin et. al. 1973). „Partielle Weitergabe"-Familien hatten mindestens ein Kind, das schwer trank oder schwer getrunken hatte. Wir hielten diese letzte Kategorie hinsichtlich der Weitergabe für unbestimmt.

Wir führten mit 25 vorwiegend weißen Familien aus der Mittel- und oberen Mittelschicht aus Washington D.C. Interviews durch. Mindestens auf einen Elternteil der Familien trafen die gängigen Kriterien für Alkoholiker oder Problemtrinker zu. Darüber hinaus wurden auch Gespräche und zwei Interviews mit allen erwachsenen

Kindern (Durchschnittsalter 24,5), die wir erreichen konnten, durchgeführt. Damit sollte die individuelle Geschichte eines jeden Elternteils und der erwachsenen Nachkommen, die Tradition der Familie in der Zeit, als die Kinder aufwuchsen, exploriert werden (dies war die erste Version unseres Forschungsinstrumentes, des Ritual-Interviews). Wir hielten auch eine Sitzung ab, in der die Familienmitglieder ihre Eindrücke von der durch den Alkoholismus beeinflußten Familie schildern konnten. Alle Sitzungen wurden am *Zentrum für Familienforschung* abgehalten. Die ersten beiden wurden auf Tonband, die dritte auf Video festgehalten. Trainierte *Rater*, die den Weitergabestatus der Familien nicht kannten, kodierten Transkripte der Sitzungen entsprechend dem Ritualisierungsgrad und dem Ausmaß der Veränderungen oder der Stabilität der Rituale unter Einfluß des elterlichen Verhaltens unter Alkoholmißbrauch. Wir untersuchten dann die Beziehung zwischen Ritualaufrechterhaltung und Alkoholismusweitergabe. Wenn wir die teilweisen Weitergeber und teilweisen subsumierenden Familien aus der Analyse herausnahmen und nur die zehn Familien in den extremen Kategorien untersuchten (siehe Tabelle 1), waren die Resultate signifikant ($p < 0.025$ nach Fisher's Exact Test). Sie verwiesen auf eine Beziehung zwischen einem substantiellen Wandel in den Familienritualen und der Weitergabe von Alkoholismus auf die nächste Generation (Wolin, Bennett, Noonan u. Teitelbaum 1980: 210).

Alkoholismus und das Familienerbe (1977-1980)

Diese provokativen Ergebnisse unterstützten einerseits unsere Hypothese, warfen andererseits aber auch neue Fragen auf. Der Ritualtyp der Familie allein (*subsumierend* versus *distinktiv*) konnte nicht erklären, weshalb manche Kinder innerhalb einer Familie Alkoholiker wurden und andere nicht. Während wir unseren Fokus auf Verluste und Kontinuität von Ritualen beibehielten, untersuchten wir die Bedeutung der Entscheidung der erwachsenen Kinder bei der Partnerwahl und bei der Fortsetzung oder Ablehnung der Ritualtraditionen ihrer Herkunftsfamilien.

Diese Bemühungen führten zur zweiten Phase unserer Forschungsarbeit, der Studie über Alkoholismus und Familienerbe (1977-1980). Wir fügten eine zweite Prädiktor-Variable hinzu: die Auswahl eines rituellen Familienerbes. Wir folgerten, daß der Nachkomme einer Familie mit Alkoholproblemen beim Aushandeln der Regeln und Traditionen seiner eigenen neuen Kernfamilie vier Optionen hat: Er könnte sein eigenes rituelles Erbe bewahren, sich über die Vergangenheit hinwegsetzen und das Erbe der Herkunftsfamilie seines Partners übernehmen, Muster beider Herkunftsfamilien wiederholen oder ein völlig neues Ritualmuster erschaffen, eines ohne familiäre Traditionen. Wir vermuteten, daß der Risikofaktor für die Weitergabe sowohl von den praktizierten Ritualen, wie sie in der eigenen Herkunftsfamilie erfahren wurden, als auch von den Ritualen abhing, die ausgewählt wurden, um die Familienidentität der neuen Kernfamilie zu formen. Daher stellten wir die Hypothese auf, daß ein Kind aus einer subsumierenden Familie, das die Rituale seiner Herkunftsfamilie beibehielt, einem größeren Weitergaberisiko ausgesetzt ist, als ein Nachkomme, der das Familienerbe seines Partners, wenn er aus einer Familie ohne Alkoholproblemen stammt, übernahm.

Tabelle 1

Typen rituellen Wandels nach Weitergabekategorien
(n=25 Familien)

	Weitergabe	teilweise Weitergabe	keine Weitergabe	gesamt
subsumierend	4	2	1	7
teilweise subsumierend	2	2	6	10
distinktiv	0	3	5	8
gesamt	6	7	12	25

Die Untersuchung selbst bestand aus Gesprächen mit 68 verheirateten Nachkommen und ihren Partnern aus 30 Familien, von denen mindestens ein Elternteil ein Alkoholproblem hatte. Das Durchschnittsalter der Stichprobe war höher (Durchschnittsalter 33) als das der ersten Untersuchung. Mindestens zwei Nachkommen und ihre Partner nahmen aus jeder Familie teil.

Da in dieser Untersuchung die Betonung darauf lag, daß die Paare ihre eigenen neuen Familientraditionen aushandelten, schien es uns von Vorteil, die Interviews über Familiengeschichte und Familienrituale mit beiden Partnern gemeinsam durchzuführen. Es war dadurch möglich, sowohl auf die individuellen Wahrnehmungen der Nachkommen und ihrer Partner in bezug auf ihre Herkunftsfamilienerfahrungen zu fokussieren, als auch auf die von dem Paar *geteilten* Wahrnehmungen ihrer eigenen gemeinsamen Kernfamilie. Bevor wir mit der Datensammlung anfingen, wogen wir die Stärken und Schwächen eines gemeinsamen gegenüber denen eines individuellen Interviews ab. Unsere Befürchtungen waren:

- Ein Partner könnte sich durch die Gegenwart des anderen Partner gehemmt fühlen und deshalb vielleicht weniger bereitwillig Informationen geben.
- Die Partner könnten sich absprechen und ein verzerrtes Bild abgeben.
- Ehekonflikte könnten hervorgerufen werden und ungelöst bleiben.
- Die Interviewform könnte dazu führen, eine Paartherapiesitzung zu erwarten.

Wir fragten uns auch, ob der Interviewer vielleicht Schwierigkeiten mit dem Gesprächsverlauf oder den möglichen Feindseligkeiten zwischen den Ehepartnern haben würde.

Wir kamen schließlich zu dem Schluß, daß ein Paargespräch einige gewichtige Vorteile besitzt, die schwerer wogen als die möglichen Nachteile (Bennett u. McAvity 1985). Eine Hauptüberlegung war die, daß eine gemeinsame Sitzung den Prozeß der Datensammlung und Analyse fördern würde. Das gemeinsame Interview bot dem Paar Gelegenheit, Probleme gründlicher zu diskutieren. Die Partner werden in die Lage versetzt, ihre Wahrnehmungen in Frage zu stellen, bevor sie zu einer gemeinsamen Überzeugung gelangen, oder jene Bereiche abstecken, in denen sie die Dinge unterschiedlich sehen. Indem der Interviewer darauf besteht, daß die Paare klären, ob sie in der Sicht von Familientraditionen übereinstimmten, ist die Verantwortung dem Paar – anstatt dem *Rater* – übertragen. Das Paar selbst legt fest, worauf die gemeinsame Sicht der Familie von sich selbst beruht.

Die Ergebnisse der Studie bestätigten unsere ursprüngliche Hypothese hinsichtlich der Ritualstörungen: Nachkommen aus Familien mit distinktiven Essenszeiten zeigten weniger Alkoholweitergabe als andere. Die wichtigste Variable des Familienerbes, die wir in dieser Untersuchung isolieren konnten, war der Grad an „Bedachtsamkeit", den das Paar bei der Bildung seiner Familienritualpraktiken und -traditionen an den Tag legte. Die Bedachtsamkeit stellt die Fähigkeit einer Familie dar, Planung und Ausführung von Ritualen zu kontrollieren. Von 12 Paaren mit einem hohen Bedachtsamkeitsgrad waren 75 Prozent Nichtweitergeber; von 31 Paaren mit einem geringen Bedachtsamkeitsgrad waren 77 Prozent Weitergeber (Bennett, Wolin, Reiss u. Teitelbaum 1987).

Die Umgebung von Familien mit Alkoholproblemen: Folgen für die Kinder (1980-1986)

In unserer jüngsten Studie haben wir die Beziehung zwischen Faktoren der Familienrituale und gestörter Kindheitsentwicklung bei den Nachkommen von Alkoholikern untersucht. Wir stellten die Hypothese auf, daß es bei Familien mit bestimmten Ritualcharakteristika – zum Beispiel einem hohen Ritualisierungsgrad, einem hohen Bedachtsamkeitsgrad bei der Wahl des rituellen Erbes und geringen Ritualstörungen angesichts des elterlichen Trinkverhaltens (also bei distinktiven Familien) – weniger wahrscheinlich sei, dysfunktionale Kinder zu haben.

Wiederum unterschied sich das Alter unserer Stichprobe von früheren Studien. Wir untersuchten 82 unauffällige Familien mit Eltern im Alter zwischen 30 und 50 Jahren, die mindestens ein Kind zwischen 6 und 18 Jahren hatten. 37 Familien mit Alkoholproblemen und 45 passende Kontrollfamilien ohne Alkoholprobleme wurden in die Untersuchung aufgenommen. Die Familienfaktoren umfaßten sowohl ritual- als auch nichtritualbezogene Familiencharakteristika, Alkohol- und Drogenmuster von drei Generationen, die Intelligenz und Psychopathologie der Eltern. Die erhobenen Daten für die 144 Kinder der Untersuchung enthielten Indizes des verhaltensmäßigen, kognitiven, emotionalen und sozialen Funktionierens. Beim ersten Zusammentreffen mit den Eltern führten wir ein gemeinsames Interview über die Familiengeschichte durch und sammelten Informationen zu folgenden Themen: die Familiendemographie, die Beziehungen zwischen Kernfamilie und der erweiterten Familie, die Alkoholgeschichte der Familie und die strukturellen und affektiven Qualitäten der derzeitigen Kernfamilie. In der zweiten Sitzung verwendeten wir unser Ritual-Interview und ließen die Familienmitglieder jene Bereiche der Familienrituale beschreiben, die nach ihrer Ansicht für sie am wichtigsten waren. Dies erlaubte eine detailliertere Diskussion über den Beständigkeitsgrad des Ritualerbes der Partner.

Unsere Datenanalyse der Kinder zeigt signifikante Unterschiede zwischen den Kindern der Kontrollgruppe und der Alkoholikergruppe (Bennett et al. 1987). Im einem zweiten Schritt unserer Datenanalyse werden wir feststellen, ob ritualgeschützte Familien mit Alkoholproblemen eine weniger gestörte Untergruppe von Kindern hervorbringen.

Das Familienritual-Interview

So wie wir unsere Ansichten über Ritualisierung und Beständigkeit des Familienerbes differenzierten, revidierten wir bei jeder der aufeinanderfolgenden Studien unser Interview über Familienrituale. In unserer ersten Studie ging es uns vor allem darum, Bereiche der Familienrituale zu identifizieren und festzustellen, ob sie durch den Alkoholismus der Eltern signifikant gestört worden waren. Wir überprüften daher in der Zeit, als die Kinder aufwuchsen, sechs Bereiche des Familienlebens: Mahlzeiten, Feiertage, Abende, Wochenenden, Ferien und Besuche. Die Fragen waren darauf gerichtet, Rituale von Verhaltensmustern unterscheiden zu können. So wie ein Verhaltensmuster sich wiederholt, stabil ist und sich fortsetzt, sind auch Rituale dadurch charakterisiert, daß die Familie die Fortsetzung der Aktivität über einen bestimmten Zeitraum akzeptiert und daß bedeutungsvolle Symbole verwendet werden. Die Familie vermittelt die Botschaft, daß „diese Aktivität etwas Wichtiges über uns aussagt".

Die Fragen sprachen Veränderungen im Ritualverhalten der Familie an, Veränderungen vor und während der Periode, in der ein Elternteil stark getrunken hatte. Diese Fragen bezogen sich auf den Alkoholkonsum während des Familienrituals, auf die Reaktion der Familie auf die Trunkenheit des Elternteils, darauf, inwiefern sich an der Teilnahme des alkoholischen Mitglieds am Ritual bei Trunkenheit etwas änderte, auf die Reaktion der Familie auf diese Änderung, und auf die Änderung des Rituals insgesamt während der Zeit des schwersten Trinkens.

Für die zweite Studie wurden die Variablen „subsumierend/distinktiv" durch das Konzept der „Familienidentität" ergänzt. Um die Beständigkeit des Ritualerbes zu untersuchen, wurden sowohl im Interview der Herkunftsfamilie als auch im Interview der derzeitigen Kernfamilie Isomorphien exploriert. Diese Bereiche beinhalteten die Familiendemographie, die Beziehungen der Kernfamilie, die Beziehungen des erweiterten Familienkreises, die Alkoholgeschichte der Familie, die Rituale zur Essenszeit und an den Feiertagen und die Familienrollen. Der Interviewer fragte nach den Traditionen der Herkunftsfamilie und denen der derzeitigen Kernfamilie. Spezifische Fragen über die Entwicklung ihrer eigenen Familientraditionen, Ähnlichkeiten oder Unterschiede bei den Herkunftsfamilien der Partner und das Ausmaß der Planung bei der Auswahl der rituellen Traditionen halfen, das relative Übergewicht des Familienerbes eines jeden Partners in der neuen Kernfamilie zu bestimmen.

In der dritten Studie nahmen wir den Begriff der Bedachtsamkeit in unser Interview auf und dehnten den Fokus auf aktuelle Ritualaktivitäten aus. Das Paar wählte aus den Bereichen innerhalb und außerhalb der Kernfamilie jeweils zwei Rituale aus, um ihre emotionale und symbolische Bedeutung und auch ihre Struktur und Beständigkeit zu diskutieren. Der Interviewer thematisierte dann die Frage, ob das gewählte Ritual eine Fortsetzung oder einen Wandel des Erbes der Herkunftsfamilie darstellte und bis zu welchem Grad das Ritual eine wohlüberlegte Handlung sei. Schließlich wurde in alkoholischen Familien die Störung jedes Rituals aufgrund des Verhaltens der alkoholabhängigen Eltern exploriert.

In den Ritualinterviews explorierten wir systematisch vier Aspekte dieser Schlüsselaktivitäten der Familie (siehe Tabelle 2). Zuerst untersuchten wir den *Grad der Ritualisierung*: Uns interessierte die Beständigkeit des Ritualverhaltens im Laufe der Zeit, inwieweit jedes Familienmitglied eine spezifische Rolle spielte, wieviel Affekt und Symbolik mit dem Ereignis assoziiert war, und wieviel die Familienmitglieder investierten, um das Ritual aufrechtzuerhalten. Ferner bewerteten wir den *Wandel* und die *Entwicklung des Rituals* im Verlauf der Familiengeschichte. Wir fingen bei der frühen Inszenierung des Rituals an und erkundigten uns nach Ereignissen, wie zum Beispiel Alkoholkonsum, die das Ritual auf eine signifikante Art und Weise hätte ändern oder stören können.

Der dritte wichtige Aspekt eines jeden Rituals, auf den geachtet wurde, war seine *Ähnlichkeit mit Ritualen der Herkunftsfamilien der Partner*. Wir waren daran interessiert zu erfahren, ob die Partner die Praktiken aus ihrer Herkunftsfamilie fortgesetzt oder neue Traditionen aus der Familie des Partners oder aus einer anderen Quelle übernommen hatten. Für erwachsene Kinder von Alkoholikern hielten wir das für eine wichtige Wahlmöglichkeit, um den Einfluß des Alkoholismuserbes ihrer eigenen Familie zu reduzieren. Wir versuchten auch zu verstehen, ob eine solche Wahl bewußt getroffen wurde oder aufgrund der Umstände einfach geschah. Schließlich explorierten wir die *Rolle des Trinkverhaltens im Ritual selbst*, gleichgültig ob es sich um eine Familie mit Alkoholproblemen handelte oder nicht.

Aufgrund von Informationen, die während des ersten Paarinterviews gesammelt wurden, werden vier Bereiche des Familienlebens ausgewählt – zwei, die vor allem Mitglieder der unmittelbaren Familie betreffen, und zwei, die Verwandte, Freunde oder Bekannte angehen. Zu Beginn der Sitzung bitten wir die Eltern, über die zwei wichtigsten Bereiche des Familienlebens in jeder dieser Kategorien Übereinstimmung zu erzielen. Die folgenden Themen werden in einer unbegrenzten Interviewreihe hinsichtlich der Wahrnehmungen der Familienmitglieder in jedem dieser vier Bereiche abgedeckt.

TABELLE 2

Die Form des Ritual-Interviews
(Das zweite Paarinterview)

I. *Ritualisierungsgrad*
   A. Allgemeine Beschreibung: grundlegende Muster und Variationen
   B. Rollen, die die verschiedenen Familienmitglieder in der Regel einnehmen
   C. Positive und negative Aspekte

II. *Beweise für Entwicklungsänderungen*
   A. Derzeitiges Verhalten
   B. Frühe Erfahrungen in der Ehe
   C. Bei Familien mit Alkoholproblemen: der Wandel, der während der schwersten Trinkperiode eintrat
   D. Der Stabilitätsgrad im Verlauf der Ehejahre
   E. Andere störende Einflüsse auf diese Aktivität

III. *Vergleich mit den gleichen Ereignissen in der Herkunftsfamilie*
   A. Ähnlichkeiten oder Unterschiede zur Familie der Frau
   B. Ähnlichkeiten oder Unterschiede zur Familie des Mannes

IV. *Die Bedeutung des Trinkens*
   A. Der Stellenwert alkoholischer Getränke bei der Ausführung dieses Rituals; unabhängig davon, ob eine Alkoholproblematik vorliegt oder nicht
   B. Die Rolle des Alkohols im Laufe der Zeit: Was hat sich verändert?

Die Kodierung der Familienidentität und des Ritualisierungsgrades

Nachdem die Familien alle Fragen des Interviews über Familiengeschichte und Rituale beantwortet hatten, wurden die audiovisuell dokumentierten Sitzungen transkribiert. Das Transkript diente als Grundlage für die Einschätzung des Ritualisierungsgrades, die von zwei Ratern, einem Psychologen und einem Anthropologen, abgegeben wurde. Ein Ratinghandbuch wurde entwickelt, um Richtlinien für den Kodierungsprozeß zur Verfügung zu stellen. Die Rater lasen und codierten gleichzeitig drei Aufzeichnungen über Familien. Nach einer zufälligen Auswahl der Familien wechselten sie im Kodierungsprozeß zwischen Familien mit Alkoholproblematik und solchen ohne.

Die vierzehn im Ratingverfahren enthaltenen Fragen (siehe Tabelle 3) wurden in zwei allgemeine Untergruppen aufgeteilt. Acht davon bezogen sich auf die übergreifenden Haltungen und Verhaltensweisen der Familie bezüglich der Beständigkeit des Rituals (sie wurden als „Abschnitt der Familienidentität" bezeichnet), und sechs davon bezogen sich sehr spezifisch auf den derzeitigen Ritualkomplex der Familie (sie wurden „Abschnitt der Familienrituale" genannt). Da es in jeder der allgemeinen Fragegruppen vielfältige Abschnitte gab und da wir für die Datenanalyse in dieser Untersuchung vier Rituale auswählten, belief sich die Gesamtzahl der Fragen auf 24.

Bei jeder Frage legte der Rater fest, ob die Familie einen hohen, mittleren oder niedrigen Grad erreichte. Das Ratinghandbuch[33] stellte umfassende Beschreibungen jeder möglichen Kodierung für jede der vierzehn Fragen zur Verfügung. Schlüsselwörter wurden ebenfalls entwickelt. Sie sollten den Rater auf häufig benutzte Wendungen aufmerksam machen, die auf eine hohe, mittlere oder geringe Ausprägung hinwiesen. Da wir an der gemeinsamen Sicht der Familie interessiert waren, wurden die Rater gebeten, einen *Score* zu ermitteln, der den Konsens der Familie am besten widerspiegelte. Das Ratinghandbuch diente als Leitfaden, um zu ermitteln, auf welche Fragen des Interviews über Rituale und die Familiengeschichte sich die jeweilige Antwort beziehen sollte. Schließlich illustrierten Beispiele typische Antworten der Paare.

33 Kann auf Nachfrage bei den Autoren bezogen werden.

Der Abschnitt der Familienidentität

Die acht Fragen in diesem Abschnitt beziehen sich auf Familienbindungen, Familienerbe und andere Aspekte der Familienidentität. Die Fragen 1, 2 und 3 beziehen sich auf verwandte Themenbereiche: die derzeitige *ethnische* Situation der Familie, ihre *Religiosität* und ihre *Beachtung der Familiengeschichte*. Wir baten den Rater, festzustellen, auf welcher Ebene sich die Familie in jedem dieser Bereiche befand. Beispielsweise instruiert das Handbuch den Rater, die ethnische Ebene als „tief" anzusetzen, wenn die Familie über ihr ethnisches Erbe kaum etwas weiß. Wenn sie etwas weiß, dann dient es ihr bloß als Information ohne große Bedeutung für das Wertesystem, von dem sich das Verhalten der Familie leiten läßt. Sie beschreiben sich vielleicht selbst einfach als Amerikaner. Sie versuchen das, was sie wissen, in ihrem Gespräch über die Familie und in ihren Familienaktivitäten herunterzuspielen. Manche fühlen sich womöglich peinlich berührt, und wollen nicht darüber reden oder halten es für ein recht langweiliges Thema. In solchen Familien stellen die Kinder meist keine Fragen über ihr ethnisches Erbe, und die Eltern haben ihnen dazu nicht viel zu sagen.

TABELLE 3

Ritualbezogene Fragen

1. Die Einschätzung der ethnischen Ebene:
   a. der Herkunftsfamilie der Frau
   b. der Herkunftsfamilie des Mannes
   c. der gegenwärtigen Kernfamilie
2. Die Einschätzung der Religiositätsstufe:
   a. der Herkunftsfamilie der Frau
   b. der Herkunftsfamilie des Mannes
   c. der gegenwärtigen Kernfamilie
3. Die Einschätzung des Wichtigkeitsgrades der Familiengeschichte:
   a. der Herkunftsfamilie der Frau
   b. der Herkunftsfamilie des Mannes
   c. der gegenwärtigen Kernfamilie
4. Wieviel physische Nähe, soziale Kontakte und emotionale Verbundenheit zeigt die gegenwärtige Kernfamilie gegenüber:
   a. der Herkunftsfamilie der Frau?
   b. der Herkunftsfamilie des Mannes?

5. Inwieweit hat das Paar am Anfang seiner Ehe über die Entwicklung einer Familienidentität (einschließlich Rituale, Interaktionsmuster und Familienorganisation), die der ihrer jeweiligen Herkunftsfamilie entweder glich oder sich von ihr unterschied, nachgedacht und darüber diskutiert?

6. Inwieweit haben das Paar und seine Kinder im Verlauf der Geschichte dieser Kernfamilie ihre Rituale, die Interaktionsmuster der Familie und ihre Familienorganisation bewußt geplant?

7. Inwieweit hat die Kernfamilie dieser Generation Bindungen zu Menschen und/oder Organisationen außerhalb der unmittelbaren und erweiterten Familie entwickelt?

8. Wie sehr haben Familienmitglieder die alkoholischen Eltern mit ihrem Trinkverhalten konfrontiert?

9. Auf welcher Ritualisierungsstufe befindet sich das spezifische Ritual?

   a. Ritual 1
   b. Ritual 2
   c. Ritual 3
   d. Ritual 4

10. Welches ist das wichtigere Kernfamilienritual?

    a. Ritual 1
    b. Ritual 2

11. Welches ist für den weiteren Familienkreis das wichtigere Ritual?

    a. Ritual 3
    b. Ritual 4

12. Inwieweit wurde das Erbe aus der Herkunftsfamilie der Frau auf die gegenwärtige Ritualhandlung übertragen?

    a. Ritual 1
    b. Ritual 2
    c. Ritual 3
    d. Ritual 4

13. Inwieweit wurde das Erbe aus der Herkunftsfamilie des Mannes auf die gegenwärtige Ritualhandlung übertragen?

    a. Ritual 1
    b. Ritual 2
    c. Ritual 3
    d. Ritual 4

14. Wie sehr wurden die einzelnen Rituale in den alkoholischen Familien unter Einfluß des elterlichen Trinkens verändert?

    a. Ritual 1
    b. Ritual 2
    c. Ritual 3
    d. Ritual 4

Eine „mittlere" Religiositätsstufe wird festgelegt, wenn eine Familie sich einer religiösen Gruppe irgendwie zugehörig fühlt. Ein „hoher" Wichtigkeitsgrad der Familiengeschichte wird konstatiert, wenn eine Familie ihrer Familiengeschichte sehr viel Beachtung erweist und ihr Interesse an der Vergangenheit der Familie zum Ausdruck bringt. Das Handbuch beschreibt eine „hohe" Beachtungsstufe der Familiengeschichte so:

> Kenntnisse über die Familiengeschichte und ihre Wertschätzung sind ein zentraler Bestandteil der Familienidentität. Außenstehende lernen die Verwandten dieser Familie schnell kennen, denn sie sind an gut sichtbarer Stelle im Haus präsent, und man spricht häufig über sie. Oft ist man selbst auf zwielichtige Gestalten aus der Vergangenheit der Familie stolz. Die Geschichten werden voller Enthusiasmus und interessant erzählt. Den Kindern werden die Geschichten nahegebracht, besonders die von früheren Generationen. Bei diesen Familien kann die Migrationsgeschichte der Familie sehr wichtig sein. Gegenwärtige Charakteristika der Familienmitglieder werden häufig auf Ereignisse und Persönlichkeiten der Vergangenheit zurückgeführt.

Frage 4 untersucht die *soziale und emotionale Verbundenheit*, die die gegenwärtige Familie mit beiden Herkunftsfamilien aufrechterhält. Dazu zählen wir die Häufigkeit der Kontakte, die Art von Aktivitäten, die die beiden Generationen zusammenbringen, die emotionalen Bindungen oder das spürbare Band zwischen den Generationen, und die allgemeine Wichtigkeit, die der Aufrechterhaltung eines starken Zusammenhalts zwischen den Generationen beigemessen werden. Der Zusammenhalt wird für die Herkunftsfamilie der Frau und der des Mannes getrennt bewertet, da es möglich ist, daß sich ihr Verbundenheitsgrad mit ihrer jeweiligen Familie unterscheidet. Unsere Beschreibung eines „mittleren" Familienzusammenhalts beinhaltet zum Beispiel das folgende:

> „Selektiver Zusammenhalt" ist wohl der zutreffende Ausdruck, um diese Familien zu beschreiben. Sie erkennen ihre Beziehung zur Herkunftsfamilie an, wenngleich sie ihr Familienleben nicht unbedingt zu sehr um diese Beziehung herum organisieren ... Die Bindung mit bestimmten Familienmitgliedern wird womöglich höher bewertet und entwickelt, als mit anderen, aber es gibt

zumindest einige, denen sich die Familie verbunden fühlt. Im großen und ganzen ist der weitere Familienkreis weniger wichtig für ihr soziales Leben als Freunde, Arbeitskollegen oder Nachbarn. Gleichzeitig halten sie die Familie jedoch über wichtige Angelegenheiten auf dem laufenden ... Rituale drehen sich gewöhnlich nicht um diese Mitglieder und ihre An- oder Abwesenheit.

Die Fragen 5 und 6 sondieren, auf welcher Ebene sich das Paar bei der Planung und Findung einer expliziten Familienidentität befindet. Für uns hat es eine große Bedeutung, daß manche junge Paare der von ihnen etablierten Familienidentität viel Aufmerksamkeit schenken. Andere Paare lassen sich bezüglich ihrer zukünftigen Familienidentität völlig treiben und haben über diesen Lebensbereich kaum eine Kontrolle. Wir haben diesen Unterschied durch zwei Fragen erfaßt: Die erste bezieht sich auf die Erwartungen des Paares und die zweite auf den zukünftigen Verlauf der Familienentwicklung.

In Frage 5 befassen sich die Rater mit der Zeit des Kennenlernens und mit den ersten Ehejahren. *Frühe Erwartungen bezüglich einer Familienidentität* bezieht sich darauf, ob das Paar darüber nachdachte, welche Art von Familie es zu entwickeln gedachte. Dazu gehört, wieviel des Stils ihrer Herkunftsfamilie sie beibehalten oder zurücklassen wollten und wie sehr sie ganz spezifisch über ihre neue Familie sprachen. Waren sie sich der verschiedenen Möglichkeiten sowie der Vorteile bzw. der Nachteile der beiden Familienstile bewußt? Waren sich die Partner in ihren Idealvorstellungen einig? Wie sehr wollten sie sich von der Identität ihrer Herkunftsfamilie unterscheiden? Einige Schlüsselwörter des Handbuches, mit denen das planvolle Vorgehen eines Paares beschrieben werden, lauten so: *Zielbewußt, motiviert, bestimmt, absichtsvoll, gelenkt, entschlossen, aktiv, bewußt.*

Maureen und Roy Bishop[34], ein Paar unserer Stichprobe, waren nach ihrer Heirat entschlossen, die Erfahrungen, die sie mit ihren eigenen Familien gemacht hatten, nicht zu wiederholen. Maureens Mutter war eine Alkoholikerin, und beide Eltern von Roy waren „distanziert und hatten mit dem Familienleben nicht viel im Sinn.“ Roys Beschreibung drückt einen „hohen Bedachtheitsgrad“ aus: „Ich glaube, unsere Träume von der eigenen Familie wurden vor allem von unserer Herkunft geprägt. Ich

34 Die benutzten Namen sind fiktiv.

kann mich daran erinnern, daß wir beide davon sprachen, wie die Familien waren, in die wir hineingeboren wurden, und daß es bei uns so nicht sein sollte."

Bei Frage 6 beziehen wir uns auf *den tatsächlichen Verlauf, den die Entwicklung der Familienidentität nahm*. Es geht uns hier eher um das Verhalten als um die Intentionen. Gab es einen klar ausgearbeiteten Plan, und waren die Partner in der Lage, ihn auch auszuführen? Die Schlüsselwörter für eine „niedrige" Stufe dieses Kennzeichens waren: *Überraschung, unvorhersehbar, unbeständig, Frustration, Resignation, Enttäuschung*. Ein im Handbuch angeführtes Beispiel für eine solche niedrig bewertete Familie lautet:

> „Wie wir es auch anstellen, wir schaffen es nicht, die Dinge zu Hause auf die Reihe zu bekommen. Da herrscht ein ständiges Kommen und Gehen. Jeder kümmert sich nur um seine eigenen Belange. Wir hassen es, wenn uns jemand besucht, weil das Haus eine wahre Ruine ist. Wir wollen nicht, daß es so ist, aber kein Plan scheint daran etwas ändern zu können."

Im Gegensatz dazu äußert sich eine „hoch" bewertete Familie womöglich so:

> „Wenn wir auch dadurch, daß wir als Familie zweimal im Jahr Ferien machen, einige Nachteile in Kauf nehmen müssen, haben wir es doch jedes Jahr geschafft. Wir müssen eben in anderen Dingen flexibel sein, wie zum Beispiel beim Schulbesuch und beim Sport. Aber sie lernen durch diese Ferien so viel, daß sie unserer Meinung nach vorgehen sollten."

Frage 7 befaßt sich mit dem Grad der Verbundenheit der derzeitigen Generation mit dem sozialen Netz außerhalb der Familie. Zu *Bindungen außerhalb der Familie* gehören die Teilnahme an Aktivitäten der Gemeinde und dem Freundeskreis der Familie. Während niedrig bewertete Familien dieser Skala als „abgeschnitten, isoliert und abgesondert" beschrieben sind, werden Familien, die in ihrer Gemeinde vielfältige Beziehungen pflegen, in dem Handbuch als „aus sich herausgehend, sozial engagiert und gesellig" bezeichnet. Wiederum ist bei durchschnittlich bewerteten Familien auch der Grad der Verbundenheit durchschnittlich, denn sie beteiligen sich nur mit Unterbrechungen und von Fall zu Fall.

Die Chaits sind eine Familie, die nur geringe Bindungen nach außen haben. Als sie die Beteiligung ihrer Kinder beschrieb, sagte Caroline Chait: „Eine Zeitlang haben sie Sport getrieben. Dann sagten sie, sie hätten keine Lust mehr, und haben damit aufgehört. Wo wir sind, gibt es einfach keine Gruppe." Caroline und John ermutigen sie nicht, wieder mitzumachen, weil es ihnen einfach nicht wichtig ist.

Die letzte Frage dieses ersten Abschnitts bezieht sich nur auf alkoholische Familien und wurde nur für sie codiert. Uns interessiert der von der Familie als Gruppe gezeigte *Konfrontationsgrad gegenüber dem alkoholischen Elternteil*. Wie aktiv waren die nichtalkoholischen Familienmitglieder, wenn es darum ging, das Trinkverhalten und den Alkoholmißbrauch direkt anzusprechen? Für unser Modell der Familienidentität beziehungsweise des Familienrituals ist das unserer Ansicht nach eine zentrale Frage, da Familien, die ihre Rituale aktiv schützen, von denen unterschieden werden müssen, die das nicht tun. Wie wir in einer früheren Untersuchung gezeigt haben (Wolin et. al. 1980), ist für Familien ohne alkoholische Identität die Konfrontation des Alkoholikers ein wichtiger Weg, um ihre geschätzten, nicht mit Alkohol zusammenhängenden Rituale zu schützen. Folglich ist es uns ein Anliegen, den Konfrontationsgrad jeder Familie festzustellen.

Eine Familie wurde als „niedrig" eingestuft, wenn Familienmitglieder das Trinkproblem des Alkoholikers ignorierten und sich gegen die aktive Diskussion des Themas aussprachen. Bei einer „mittleren" Einstufung versuchten einzelne Familienmitglieder, den Alkoholiker zu beeinflussen; diese Versuche waren jedoch lediglich sporadisch und ließen die Kraft einer konzertierten Aktion der Familie vermissen. Bei Familien mit einem „hohen" Einstufungsgrad „hat zumindest ein Familienmitglied verbal effektiv eingegriffen und wurde dabei vom Rest der Familie unterstützt". Wenn auch vielleicht das Trinken nicht aufgehört hat, „wurde der Alkoholiker doch mit seinem Verhalten konfrontiert, und die Familie stellte klar, daß sie eine Fortsetzung des Trinkens in dieser Weise nicht gestatten würde".

Bob Truehearts Frau und seine Söhne haben unregelmäßige, isolierte und letztlich vergebliche Versuche unternommen, ihn wegen seines Trinkens zu konfrontieren. „Ich habe ihn verbal konfrontiert“, meinte Ann Trueheart, „aber ich habe ihn auch gedeckt und ihn entschuldigt. John (ihr Sohn) wurde letztes Jahr wütend auf Bob und hat es ihm gezeigt, aber es hat zu nichts geführt, so daß er ihn jetzt einfach meidet.“

Diese Familie erhält eine mittlere Bewertung.

Abschnitt über Familienrituale

Die sechs Fragen dieses Abschnittes untersuchen, inwieweit Familien die Rituale tatsächlich praktizieren. Jede Familie hatte zwei Rituale der Kernfamilie und zwei über die Kernfamilie hinausgehende Rituale ausgesucht; diese bildeten die Grundlage, auf der die übrigen Einschätzungen gemacht wurden. Während der Interviews untersuchten wir, wie Paare zu einer gemeinsamen Perspektive gelangten, und baten den Rater darum, einen Kode auszuwählen, der einen Konsens über die Ritualhandlung auf Familienebene anzeigte.

Frage 9 befaßt sich mit dem *Ritualisierungsgrad* der Familie. Die Rater bewerteten diesen, indem sie sechs Variablen der von der Familie ausgesuchten Rituale definierten:

- die Rollenzuweisung der am Ritual beteiligten Familienmitglieder;
- die Routine und der zeitliche Ablauf des Ereignisses;
- die Teilnahme der Familienmitglieder;
- die Betroffenheit, die das Ritual auslöste;
- die Bedeutung der regelmäßigen Durchführung des Rituals;
- die besondere Bedeutung und Symbolik, die man dem Ereignis zuschreibt.

Das Handbuch rät dem Rater, einen „niedrigen“ Ritualisierungsgrad auszuwählen, wenn es bei der Aufführung des Rituals Unsicherheiten und eine beträchtliche Flexibilität gibt. Eine schwachritualisierte Familie mißt dem Ritual keine besondere Bedeutung oder gar Priorität zu, und das Ritual ist anfällig für Änderungen innerhalb der Familie, die interne und externe Ursachen haben können, wie beispielsweise die Arbeitszeiten der Eltern und außerplanmäßige Schulaktivitäten der Kinder. Das Ritual besitzt für die Gruppe eher eine funktionale als eine symbolische Bedeutung.

Ein „mittlerer" Ritualisierungsgrad wird gewählt, wenn die Familie der Ausführung des Rituals zwar Priorität gibt, es jedoch eine beträchtliche Fluktuation bezüglich der anwesenden Familienmitglieder, ihrer Rollen und der Form des Rituals gibt. Die Familie genießt das rituelle Ereignis, erwartet aber auch, daß es sich wesentlich ändern oder gar verschwinden könnte, je nachdem, wie sich die Familie entwickelt. Stichworte dieser Kategorie sind *etwas unbeständig, zu- und abnehmen* und *mittlerer Affekt*.

Im Gegensatz dazu werden hochritualisierte Familienereignisse durch ihre Stabilität und Voraussagbarkeit sowie durch ihre besondere Bedeutung für die Familie charakterisiert. Oft wird das Ritual wegen der besonderen Bräuche, die in einer Familie üblich sind, zu etwas Unvergeßlichem. Aus dem Handbuch:

> Rollen werden klar festgelegt, die Abwesenheit von regelmäßigen Teilnehmern wird ernst genommen, und Änderungen der Gewohnheit werden in der Regel im voraus diskutiert, und es wird eine Lösung gefunden. Das Ritual enthält besondere Symbole und ruft starke Gefühle hervor, wenn auch diese Gefühle nicht immer positiv sind. Die Familie hat vor, dieses Ritual auch in Zukunft aufrechtzuerhalten.

Das folgende Zitat stammt aus einer Familie, deren Ritualisierungsgrad als hoch eingeschätzt wurde:

> „Da unsere Familien weit entfernt von uns wohnen, ist es uns wichtig, jedes Jahr ein Familientreffen abzuhalten. Das macht uns sehr viel Spaß. Wir kochen und bereiten alles gemeinsam vor und betonen insbesondere die Rolle der Kinder. Wenn alle gegangen sind, stellen die Kinder alle möglichen Fragen, über die Zeit, als wir Kinder waren, und wollen wissen, was wir alles machten."

Wichtig für die „hohe" Kategorie ist die Fähigkeit des Rituals, bei der Familie ein starkes Identitätsgefühl hervorzurufen.

Die Fragen 10 und 11 befassen sich mit der *relativen Bedeutung der Rituale*. Unter Verwendung der sechs Kriterien für die Bestimmung des Ritualisierungsgrades entscheiden die Rater, welche der beiden Rituale der Kernfamilie und welche der beiden über die Kernfamilie hinausgehenden Rituale für die Familie am wertvollsten sind. Es wurden wiederum diejenigen Rituale als die wichtigeren gekennzeichnet, die am stabilsten waren und am meisten mit einem starken Affekt der Familie assoziiert wurden. Diese Fragen dienen dazu, Familien hinsichtlich ihres Fokus auf rituelle Bräuche innerhalb oder außerhalb der Kernfamilie einzustufen.

Die Fragen 12 und 13 richten sich darauf, inwiefern *die gegenwärtige Einhaltung des Rituals durch die Übertragung der Traditionen der Herkunftsfamilie* beeinflußt wird. Die Rater beurteilen auf Grund der sechs Kriterien für jeden Ehepartner gesondert, inwiefern die vier Ritualbereiche eine Weiterführung der Traditionen der Herkunftsfamilien darstellen. Bei einem „niedrigen" Übertragungsgrad von Herkunftstraditionen suchten die Rater „im Grunde genommen nach keiner Ähnlichkeit mit der gegenwärtigen Ritualhandlung. Das Paar hat sich vielleicht explizit bemüht, dieses Ritual anders zu gestalten oder ein neues zu konstruieren, wo es vorher gar keines gab."

Ein „mittlerer" Weitergabegrad wurde gewählt, wenn Ähnlichkeiten mit dem Ritual der vorhergehenden Generation eher zufällig als geplant zu sein schienen. Es gibt meistens mehr Unterschiede als Ähnlichkeiten, und die Familien scheinen offensichtlich das Ritual zu „ihrer eigenen Sache" gemacht zu haben. Ein Beispiel:

> „Als wir klein waren, gab es nicht genug Geld für Geschenke. Wir bekamen eine Geburtstagskarte und einen von der Mutter gebackenen Kuchen. Jetzt schenken wir den Kindern etwas und gehen in der Regel mit ihnen essen, was sie gerne mögen."

Im Falle eines „starken" Weitergabegrades dient das Ritual der vorhergehenden Generation ganz klar als Modell für die jetzige Familie. Wenn auch, wie das Handbuch vermerkt, die Einzelheiten des Ereignisses selten identisch sind, kann das Paar „doch sofort feststellen und beschreiben, wo es Ähnlichkeiten gibt. Die mit dem Ritual verbundenen Gefühle und symbolischen Werte sind die gleichen, und es wird großer Wert auf Kontinuität mit der vorhergehenden Generation gelegt."

In Frage 14 betrachten wir den *durch das elterliche Trinken hervorgerufenen Grad der Ritualänderung*. Nur bei Alkoholikerfamilien beurteilen wir, ob das Ritual im Verlauf des Lebenszyklus seinen ursprünglichen Charakter behalten hat oder erheblich gestört oder gar zerstört wurde. Wenn eine „erhebliche Veränderung" stattgefunden hat, „haben sich die auf das Ritual bezogenen Ereignisse permanent geändert beziehungsweise schwanken von Zeit zu Zeit so sehr, daß es den Anschein hat, als habe der Alkoholmißbrauch das Ritual subsumiert. Rollen, Routinen und die Teilnahme haben sich merklich geändert. Jede positive Wirkung ist ausgehöhlt, und die Familie vermeidet möglicherweise die Durchführung des Rituals, um negative Gefühle zu verhindern." Im Falle einer „mittleren" Änderung hat die Familie einige Elemente des Rituals abgeändert, um das Verhalten des trinkenden Elternteils einzubeziehen, aber das Ritual ähnelt im wesentlichen immer noch der Form, die es in früheren Jahren hatte. Die Familie verwendet viel Energie darauf, das Trinken in Schach zu halten. Dabei scheint eine Aufrechterhaltung des Rituals auf lange Sicht fraglich zu sein. Lautet die Einstufung bei einer Familie „geringe oder keine Änderung", ist das Wesen des Rituals trotz gelegentlicher Störungen seitens des alkoholischen Elternteils aufrechterhalten worden. Schlüsselwörter der „distinktiven" Kategorie lauten: *konstant, intakt* und *stabil*. Folgendes Beispiel illustriert die „distinktive" Kategorie:

> Charles und Ruth Woodson und ihre Kinder besuchen seit zehn Jahren jeden August für zwei Wochen ein Musik-Camp. Charles spielt Oboe, sein Sohn Bobby spielt Flöte, und die anderen Familienmitglieder besuchen voller Begeisterung jeden Nachmittag ihre Konzerte. Da Ruths Trinkerei sich verschlimmert hat, ist sie oft auf der Couch ihres Häuschens eingeschlafen, wenn es Zeit war für das Konzert. Nachdem sie häufig vergeblich versucht hatten, sie zu wecken, decken sie sie in letzter Zeit einfach zu und gehen ohne sie. Wenn auch Ruth nicht dabei ist, hat die Familie doch noch viel Spaß an den gemeinsamen Konzertbesuchen.

Diskussion

Wir sind nach diesen drei Forschungsprojekten einer geeigneten Interviewform für die Bewertung von Ritualen in Familien nähergekommen, von der wir hoffen, daß sie sowohl Klinikern als auch Forschern von Nutzen sein wird. Wenn auch die zur Validierung notwendigen Studien noch nicht abgeschlossen sind, lassen sich doch einige Schlüsse hinsichtlich der Familienrituale ziehen. Im abschließenden Teil stellen wir den aktuellen Stand unserer Überlegungen zu Ritualen dar, machen Vorschläge für die klinische Verwendung dieser Konzepte und weisen auf verschiedene Bereiche hin, bei denen zusätzliche Klarstellungen nützlich wären.

Eigenschaften der Familienrituale, die für Forscher und Kliniker von Nutzen sind

1. Man findet Rituale *generell* in jedem Familientyp. Da das Familienleben seine Form durch sich wiederholende symbolische Aktivitäten erhält, die einem Muster folgen, sind Rituale Familien inhärent. Uns hat beeindruckt, wie die meisten Familien die Rituale in den drei Kategorien, die einem Muster folgen, nämlich *Feiern, Traditionen* und *Gewohnheiten*, genutzt haben. Ungeachtet der Stufe der Familienentwicklung, der ethnischen Orientierung der Familie oder ihrer Zusammensetzung und Struktur, lassen sich Rituale einfach als Familienaktivitäten definieren. Da Rituale so allgegenwärtig sind, ermöglichen sie uns, Familien zu *vergleichen*, die sich auf den ersten Blick sehr zu unterscheiden scheinen. Rituale, die sich auf Mahlzeiten, Entwicklungsübergänge und Freizeitaktivitäten beziehen, lassen die verschiedenen Familien eher ähnlich als verschieden erscheinen.

2. Familienrituale umfassen mehr als jeder andere Aspekt des Familienlebens die Mythen, die Geschichte und die Identität der Familie. Ein Ritual auf Gruppenebene vermittelt allen Teilnehmern die *Identität* ihrer Familie. Es gibt keinen besseren Weg, um die Themen bestimmter Familien zu erschließen, als die Mitglieder über ihre liebgewonnenen (oder verhaßten) Rituale zu interviewen. „So wie wir *Tanksgiving* feiern," berichtete ein Mann, „mit all unseren ständig wiederholten Geschichten, unseren sich wiederholenden Streitereien, unseren großen Traditionen und unseren kleinlichen Auseinandersetzungen, zeigt dieser Tag uns, wie wir wirklich sind. Das ist wirklich unsere Familie!"

3. Rituale sind größtenteils *bewußte Aktivitäten*, über die Familien mit Außenstehenden reden können und in der Regel auch wollen. Nach unserer Erfahrung fühlen sich Familien von der Aussicht, über ihre rituellen Aktivitäten zu reden, angeregt, gleichgültig ob es sich dabei um Rituale dieser oder vergangener Generationen handelt. Diese weitverbreitete Reaktion unterscheidet sich sehr von der Reaktion, die uns auch häufig begegnet, wenn wir über solche Fragen wie „Nähe" oder „Intimität" reden: Sie sind für viele Familien eher abstrakt und schwer zu beschreiben.

4. Man kann Familien Rituale *beibringen*, wenn sie keine haben. Rituale lassen sich in Familien, die dies wollen, *verändern* und sie lassen sich in Familien, die diese Entscheidung gemeinsam treffen, *abschaffen*. Es gibt wenige Instrumente, die wir als Kliniker in der Arbeit mit Familien so leicht nutzen können, um ihre Entwicklung zu fördern und ihr Leben zu gestalten. Als Gruppenverhalten sind Rituale präventiv – wenn sie eingeführt sind, nehmen sie eine Vorrangstellung gegenüber alternativen Aktivitäten ein; wenn sie abgeschafft werden, ermöglichen sie die Entwicklung neuer Familienereignisse. Unserer Meinung nach bilden Familienrituale eine noch nicht entsprechend gewürdigte, aber bedeutsame Ressource im Repertoire des Klinikers.

Die klinische Bandbreite von Familien bezüglich zentraler Ritual-Dimensionen

Ritualisierungsgrad

Es gibt wesentliche Unterschiede im Ritualisierungsgrad von Familien. Manche stark ritualisierten Familien zeigen viele Gruppenereignisse. Planung und Organisation spielt in ihrem Leben eine wichtige Rolle. Sie beachten, wie etwas in der Vergangenheit gemacht wurde und geben klare Direktiven, um Beständigkeit und Kontrolle zu gewährleisten. In solch stark ritualisierten Familien sind Symbole im Überfluß vorhanden, und relativ marginale Ereignisse haben eine große Bedeutung. Für diejenigen Mitglieder, die in solchen Strukturen Halt finden, kann eine starke Ritualisierung genau das Richtige sein. Für andere Mitglieder jedoch können diese Aktivitäten leer und restriktiv sein. Vielleicht hat das Ritual seine Bedeutung verloren; das, was übriggeblieben ist, ist vielleicht nur die Ausführungsdirektive und die leere Hülle dessen, was einmal war.

Demgegenüber werden bei unterritualisierten Familien die Rollen und die Hierarchie im Familienleben weitaus weniger betont. Im Vergleich zu überritualisierten Familien sind solche Familien eher egalitär, gegenwartsorientiert und in den Aktivitäten des Alltagslebens weniger organisiert. Rituale spielen eine untergeordnete Rolle im Leben dieser Familien; sie empfinden wenig Bedürfnis nach Ritualen beziehungsweise ziehen wenig Nutzen daraus, da sie sehr bald die Einschränkungen durch ein geordnetes Leben sowie die Belastungen durch die Erwartungen der Familie spüren. Auf der anderen Seite empfinden Mitglieder unterritualisierter Familien, die mehr brauchen, als solche Familien anzubieten haben, eine deutliche Leere und einen Mangel an Überzeugungen. Wir nehmen an, daß die Kinder solcher Familien an anderer Stelle Ordnung und Sinn suchen, häufig mit Hilfe zerstörerischen Verhaltens außerhalb der Familie.

Das Familienerbe

Wie wir schon angedeutet haben, unterscheiden sich Familien hinsichtlich der Herkunft ihrer Rituale. Manche gründen ihre Rituale auf die eine oder andere Herkunftsfamilie, während andere die Rituale beider Herkunftsfamilien zu neuen Ritualen verschmolzen haben. Eine vierte Gruppe von Familien entledigt sich der Traditionen und Muster beider Herkunftsfamilien und entwickelt entweder völlig neue Rituale oder so gut wie gar keine. Wenn wir auch nicht mit Sicherheit sagen können, welcher Umgang mit dem Familienerbe der gesündeste ist und welcher am ehesten zu einer dysfunktionalen Situation führt, so zeigen sich doch deutliche Tendenzen. Normalerweise überwiegen die Ritualtraditionen einer Herkunftsfamilie; da in unserer Kultur die „Verwandtschafts-Aktivitäten" der Frau überlassen werden, setzen sich in der Regel die Ritualmuster ihrer Herkunftsfamilie durch. Das funktioniert sehr gut, es sei denn, das Gleichgewicht geht verloren, so daß der Mann sich vernachlässigt oder seines Erbes beraubt fühlt. Eine Integration der Vergangenheit beider Familien scheint notwendig, insbesondere dann, wenn eine klare Entscheidung für eine solche Anpassung getroffen worden ist.

Wenn die Rituale beider Herkunftsfamilien in der neuen Generation fallengelassen worden sind und das Paar eine starke Bindung an die Gemeinde entwickelt, sehen wir darin eine brauchbare Alternative zur Übernahme vergangener Rituale. Wenn allerdings die neue Familie stark unterritualisiert ist und *ohne Struktur* eine relevante Identität zu finden sucht, sind wir pessimistisch. Wir behaupten, daß solche Familien für chaotische Reaktionen anfällig sind, wenn etwas Unerwartetes geschieht, da sie sowohl innerhalb als auch außerhalb der Familie wenig Unterstützung erfahren. Aus unserer Perspektive sind diese unterritualisierten Familien mit einer schwachen Herkunftstradition in einem äußerst prekären Zustand.

Bedachtsamkeit

Wir haben festgestellt, daß es in der Frage, wie junge Paare die Entwicklung ihrer eigenen Familientraditionen aushandeln, beträchtliche Unterschiede gibt. Familien mit einem hohen Grad an Bedachtsamkeit überlegen bewußt und treffen zweckmäßige Entscheidungen über ihre eigenen Rituale und Familientraditionen. Im Verlauf des gesamten Lebenszyklus dieser Familien halten Familienmitglieder nach alltäglichen Veränderungen und bedeutenden Krisen ihre Verpflichtungen gegenüber wichtigen Traditionen aufrecht. Familien mit einem schwachen Bedachtsamkeitsgrad verhalten sich dagegen in bezug auf Konstruktion und Aufrechterhaltung einer gemeinsamen rituellen Identität passiv. Das junge Paar schlittert vielleicht in eine Fortsetzung der Traditionen der einen oder beider Herkunftsfamilien hinein, ohne die gemeinsamen Wertmaßstäbe diskutiert zu haben, die sie vielleicht zu dieser Entscheidung motiviert haben. Diese Rituale sind für die neue Kernfamilie dann ohne besondere Bedeutung.

Beeindruckt hat uns die Beobachtung von Kindern aus alkoholischen Familien, die sich zukünftige Ehepartner aussuchen, die aus hochritualisierten, nichtalkoholischen Familientraditionen stammen. Die bewußte Entscheidung, alkoholbezogene Rituale der eigenen Familie fallenzulassen und die nichtalkoholischen Traditionen des Ehepartners für die neue Kernfamilie anzunehmen, scheint dem erwachsenen Kind eines Alkoholikers einen gewissen Schutz zu bieten. Bei einer solchen Regelung können die Rituale der neuen Kernfamilie mit denjenigen der Herkunftsfamilie des Ehepartners fast identisch sein oder auch vom neuen Paar entwickelte Veränderungen beinhalten. Obwohl die Schutzwirkung dieser Wahl bestechend ist, fühlt sich der Ehepartner aus der alkoholischen Familie am Anfang vielleicht von der Intensität und Intimität der nichtalkoholischen rituellen Praktiken überwältigt. Wenn die Unterschiede zu groß oder zu schwer zu bewältigen zu sein scheinen, widersetzt sich der Ehepartner vielleicht anfangs den Veränderungen oder zieht sich zurück.

Subsumierend / distinktiv

Familien unterscheiden sich in ihrer Fähigkeit beträchtlich, ihre wichtigen Traditionen angesichts starken Trinkens der Eltern aufrechtzuerhalten. Manche Familien fahren mit unbeirrbarem Engagement damit fort, wie in dem Fall einer unserer untersuchten Familien, in der die Frau und die Kinder den betrunkenen Vater sogar ins Auto trugen, damit sie ihren Sommerurlaub wie geplant beginnen konnten. Subsumierende Familien erlauben es dem Trinkverhalten, das Ritual grundlegend zu verändern, so daß es seiner ursprünglichen

Bedeutung beraubt ist oder in manchen Fällen völlig fallengelassen wird. Ein Ehepartner einer untersuchten Familie beschrieb die eingetretenen Veränderungen bei einem Essensritual, das einst eine besondere Bedeutung im Familienleben gehabt hatte. „Es scheint wie ein Schatten zu sein von dem, was es einst war, es hat etwas Gespenstisches. Ed steht in der Ecke des Eßzimmers mit einem Glas in der Hand, während wir anderen essen. Wir trauen uns nicht, irgendetwas zu sagen, was ihn dazu provozieren könnte loszulegen."

Familien, die es schaffen, ihre Rituale trotz des Trinkverhaltens distinktiv beizubehalten, zeigen eine Fähigkeit, sich auf gesunde Weise vom Alkoholismus zu distanzieren. Im günstigsten Fall gelingt es solchen Familien, wichtige Prioritäten durchzusetzen, ohne durch den Alkoholismus abgelenkt zu werden, aber auch ohne den Alkoholiker völlig abzulehnen. Diese Familienmitglieder erinnern sich an die positiven Elemente ihres Lebens in der Herkunftsfamilie und nehmen sie mit, während sie sich selektiv von den schädlichen, mit Alkohol verbundenen Elementen distanzieren. Für die Kinder aus diesen Familien kommt das Dilemma oft dann, wenn sie ihr eigenes Engagement in der Kernfamilie entwickeln und vertiefen; der Stil des Sichdistanzierens, der ihnen die Trennung von ihrer alkoholischen Familie erleichterte, kann ihnen die Bildung intimer Bindungen zum Ehepartner und zu den Kindern erschweren.

Bereiche zukünftiger Ritualforschung

Zwei Ritualaspekte scheinen für die Einschätzung einzelner Familien von Bedeutung: die Anpassungsfähigkeit der Familie bei der Verwendung von Ritualen und die Verwendung von Symbolen bei ihrer Durchführung.

Anpassungsfähigkeit

Im Verlauf des Lebenszyklus einer Familie wandeln sich ihre Bedürfnisse in bezug auf Rituale erheblich. Junge Paare ohne Kinder meiden oft Rituale ihrer eigenen Herkunftsfamilien, insbesondere dann, wenn ihre Ausführung eine lange Auseinandersetzung mit der Vergangenheit erfordert. Während dieser Phase der Ehe lehnen sie ihre Vergangenheit oft entschieden ab, um dann im Laufe der Zeit die Bedeutung der Rituale erneut zu entdecken.

Typischerweise wecken Kinder das Bedürfnis der Eltern nach Einführung von Ritualen. Dies trifft zum Beispiel dann ein, wenn Entscheidungen aus religiösen Identitätsgründen getroffen werden oder wenn den Eltern das Bedürfnis des Kindes nach Struktur und Familie bewußt wird. Die Kinder selber verlangen vielleicht die Einführung von Familienritualen, die sich von der regelmäßigen Gutenachtgeschichte bis zur jährlichen Feier verschiedener Feste erstrecken können. Die Fähigkeit der Familie, *entsprechende Rituale flexibel zu konstruieren*, wird hier zum ersten Mal demonstriert. Manche Familien packen die Gelegenheit beim Schopf, eingestaubte Rituale aus der vorhergehenden Generation zu entstauben. Dieser Prozeß verläuft meistens glatt. Andere Eltern, die solche Traditionen nie hatten oder sich nur mit Schmerz und Mißbilligung an ihre Feste erinnern, werden Rituale einsetzen, die den Bedürfnissen ihrer neuen Familie gerecht werden – was wiederum eine gesunde Anpassung ist.

Da sich manche Paare allerdings über die richtige Vorgehensweise nicht einigen können oder absolut gegen jedwede Struktur und Formalität in ihrem Leben sind oder gerade in diesem Moment für den Vorschlag unempfänglich sind, bilden sie nie entsprechende Traditionen aus. Essenszeiten werden zum Beispiel nicht zu einer wichtigen Stunde der regelmäßigen Familieninteraktion. Geburtstage werden vergessen oder nicht beachtet. Religiöse Feiern werden vermieden oder abgelehnt. Wir glauben, daß Familien in all diesen Situationen von der Einführung von Ritualen in ihr Leben profitieren können. Wir sind der Meinung, daß die Familie, die sich unfähig fühlt, all diese Möglichkeiten auszuschöpfen, nicht anpassungsfähig ist und mit der Zeit leiden wird.

Zu einem späteren Zeitpunkt im Lebenszyklus der Familie entsteht ein ähnliches Bedürfnis nach Flexibilität bezüglich der Verwendung von Ritualen. In der Adoleszenzphase der Jugendlichen werden die Rituale häufig zum primären Ziel von Mißbilligung und Ablehnung. Teenager sind zu sehr mit ihrer Peer-Group beschäftigt, um die Familienrituale und Traditionen zu schätzen. Sie sind vielleicht der Meinung, die üblichen Familienfeste hätten keine Bedeutung für sie, und weigern sich, daran teilzunehmen. Wir schlagen vor, daß eine flexible Familie ihren Ritualgebrauch so anpaßt, daß sie den Bedürfnissen dieser Phase der Familienentwicklung gerecht wird. Leere Rituale werden fallengelassen oder geändert, um Raum und Zeit für aktuelle Interessen zu schaffen. Wichtige neue Freunde werden eingeladen, sich an den Ritualen zu beteiligen. Manche Rituale werden trotz der Proteste und vielleicht ohne die Beteiligung der protestierenden Familienmitglieder abgehalten. Ohne großen Druck auszuüben werden sie dazu ermutigt, sich doch nächstes Jahr wieder zu beteiligen, wenn ihre Einstellung sich vielleicht geändert hat. Wenn das Ritual seinen Zauber entfaltet, kommen sie wahrscheinlich wieder.

So ist für uns die Anpassungsfähigkeit der Rituale im Verlauf des Lebenszyklus eine wichtige, jedoch bis jetzt unerschlossene Größe bei der Einschätzung von Familienressourcen. Familien profitieren von einer flexiblen Herangehensweise, gleichgültig ob sie über- oder unterritualisiert sind. Die unterritualisierte Familie sollte einige Rituale einführen, um die Bedürfnisse ihrer Kleinkinder zu befriedigen, insbesondere bezüglich der Ferien, Geburtstagsfeste und täglicher Routinen. Die überritualisierte Familie sollte bereit sein, Rituale, die nicht mehr effektiv oder relevant sind, anzupassen, zu modifizieren oder gar fallenzulassen. Durch eine solche Anpassungsfähigkeit haben überritualisierte Familien die besten Chancen, ihre Kinder zu motivieren, wichtige Ereignisse auf die folgenden Generationen zu übertragen.

Symbolismus

Wir haben den Eindruck, daß Familien Symbole und Symbolik während ritueller Feiern völlig unterschiedlich verwenden. In manchen Familien spielen Symbole der Vergangenheit, sowohl der eigenen Generation als auch der Herkunftsfamilien, eine wichtige Rolle bei der Aufführung von Ritualen. Man holt zum Beispiel Erbstücke hervor, um Feiertage entsprechend zu begehen. In diesen Familien, die die Wichtigkeit von Symbolen sehr hoch bewerten, bereitet man besondere Mahlzeiten zu, spielt oder singt bekannte Musikstücke und trägt traditionelle Kleidung, um durch die symbolischen Objekte eine bestimmte Bedeutung zu betonen. Die vom Ritual hervorgerufenen Gefühle werden durch die Verwendung solcher Objekte verstärkt; folglich benutzen überritualisierte Familien viele symbolisch wichtige Objekte, wenn sie ihre Traditionen pflegen, ihre Feiern veranstalten und sogar bei ihren alltäglichen rituellen Routinen.

Im Gegensatz dazu scheinen manche Familien symbolisches Verhalten und Symbole selbst gezielt zu meiden. Es ist sogar möglich, daß sie die Verwendung von Objekten, die die Vergangenheit repräsentieren, ablehnen, um dadurch Erinnerungen auszulöschen, unter deren Einfluß sie zu stehen schienen. Familien, deren Wurzeln nur mit Negativem und mit Schmerz besetzt sind, sind vermutlich nicht in der Lage, diese Vergangenheit mit ihren symbolischen Repräsentanzen zu wiederholen. Andere Familien lehnen zum Beispiel religiöse Überreste oder traditionelle Mahlzeiten als einschränkende, bedeutungslose Symbole ab. Wir vermuten, daß solche Familien in ihrem Versuch, sich von rituellen Symbolen zu befreien, zu weit gegangen sind, genauso wie die an Symbolen reichen Familien wohl Rebellionen dadurch hervorrufen, daß sie Kreativität in der Durchführung von Ritualen unterdrücken.

Wir sehen bei beiden Ritualaspekten – Anpassungsfähigkeit und Symbolgebrauch – einen Zusammenhang mit der Familiengesundheit. Da diese Hypothesen allerdings ungeprüft sind, lassen sich gesicherte Schlußfolgerungen erst nach weiteren Untersuchungen ziehen.

Klinische Anwendung der Elemente der Familienrituale

Kliniker können diese Ideen nutzen, indem sie die rituellen Aktivitäten der Familien als eine Quelle wichtiger Informationen über die Familiendynamik und auch als einen Optionsbereich für wirkungsvolle Interventionen ansehen. Als Teil einer Familiendiagnostik kann der Therapeut eine Familie bitten, wichtige Familienrituale zu beschreiben. Die Reaktionen der Familienmitglieder lassen sich als Fenster zu den Kernthemen, Symbolen und Wertmaßstäben der Familie betrachten. Für eine systematische klinische Einschätzung der Familienrituale stehen dem Kliniker die folgenden Bereiche zur Verfügung.

Der Ritualisierungsgrad

Der Therapeut kann die Familie bitten, ein oder zwei wichtige Rituale zu beschreiben, und zwar die Einzelheiten der Ereignisse selbst, die Teilnehmer und jede Änderung der Rituale im Laufe der Jahre. Die symbolische Bedeutung besonderer Gegenstände oder Aktivitäten für die Familie ist dabei besonders wichtig, ebenso wie die „Anziehungskraft" der Rituale – ihre Kraft, zwingenden Ereignissen im Leben der Familie zuvorzukommen.

Familienerbe

Der Therapeut kann nach dem Prozeß fragen, durch den diese Rituale von den Herkunftsfamilien der Ehepartner auf die Kernfamilie übertragen wurden – oder auch nicht. Die Familie kann sich überlegen, wessen Erbe in der gegenwärtigen Familie Vorrang hat, und ob diese Wahl die Übernahme eines gesünderen Familienmusters für einen Ehepartner bedeutet.

Bedachtsamkeit

Dieser Bereich steht in Beziehung zu dem vorangehenden und bezieht sich auf den Grad der Entschlossenheit der Familie in der Einführung der rituellen Traditionen. Der Kliniker fokussiert auf die frühen Phasen im Lebenszyklus der Familie, auf die Zeit, als das Paar seine eigene, einzigartige Identität und seine Wertmaßstäbe entwikkelte. Der Therapeut erfragt Informationen über das Gespür der Eheleute für Familientraditionen, die sie beibehalten oder loslassen wollten, über ihre Fähigkeiten, eine Reihe bedeutungsvoller Rituale für ihre Familie zu entwickeln und zu planen, und darüber, inwieweit sie imstande sind, die wichtigen Rituale für die gesamte Lebensdauer der Familie aufrechtzuerhalten.

Anpassungsfähigkeit

Der Therapeut kann die Fähigkeit der Familie einschätzen, die nötigen Änderungen in den Kernbereichen der Rituale herbeizuführen, wenn die Kinder älter werden, die Arbeits- und Schulzeiten sich ändern und neue individuelle und Familienprioritäten entstehen. Der Kliniker interessiert sich dafür, inwiefern die Familie zwischen ritueller Kontinuität und Respekt für die Individualität der Familienmitglieder ein Gleichgewicht herstellen kann.

Aufrechterhaltung von Ritualen

Dieser Bereich ermöglicht es dem Therapeuten, die Fähigkeit alkoholischer Familien einzuschätzen, die von ihnen beschriebenen Rituale beizubehalten, wenn das Trinkverhalten eines Elternteils sie zu zerstören droht. Der Kliniker stellt die Frage, was die Familienmitglieder tatsächlich machen, wenn der Alkoholiker eine Trinkphase hat. Hier ist die Fähigkeit der Familie von Bedeutung, die besonderen, den Ritualen inhärenten Bedeutungen und Gefühle aufrechtzuerhalten, während sie sich von dem alkoholischen Familienmitglied mit dem nötigen Respekt distanzieren.

Wir empfehlen den Therapeuten auch, die Kraft von Ritualen bei der Planung von Interventionen zu berücksichtigen. Da Rituale Kernsymbole und Wertmaßstäbe der Familie verkörpern können, kann ein Therapeut den Familienmitgliedern womöglich dabei helfen, ein Gefühl für gemeinsame Bedeutungen und Ziele zu entwickeln, indem er ihnen bei der Konstruktion eines entsprechenden Rituals behilflich ist.

Wir haben an anderer Stelle (Bennett, Wolin u. McAvity 1988) fünf mögliche Interventionen von Therapeuten beschrieben, die die Rolle von Ritualen in Familien untersucht haben. Die Interventionen beinhalten die *Konstruktion* eines Rituals, das vorher nicht existiert hat, die *Wiedereinführung* eines Rituals, das einst hochgeschätzt wurde, und die *Umlenkung* eines Rituals, das wegen eines anhaltenden Problems im Familienleben destruktiven Veränderungen ausgesetzt war.

Kurzbeispiel – Die Wiederentdeckung der Intimität durch Rituale

Der 25jährige Joshua hatte acht Jahre alleine gelebt, als er die ebenfalls 25jährige Sarah kennenlernte. Als zweitältester Sohn einer Familie, in der der Vater Alkoholiker war, hatte Joshua beobachtet, wie seine Mutter ohne Erfolg versucht hatte, die alltäglichen Gewohnheiten der Familie zu normalisieren. Joshuas Vater brach häufig in Zorn aus, wenn er trank, jagte allen vier Kindern Angst ein und war die Ursache dafür, daß Joshua die meiste Zeit bei seinem besten Freund verbrachte. Einer der Gründe, warum Joshua von Sarah angezogen wurde, lag darin, daß sie aus einer liebevollen Familie stammte, in der sich die einzelnen Familienmitglieder nahe standen und die viele geschätzte Traditionen und Rituale hatte.

Joshua und Sarah heirateten und bekamen bald einen Sohn und eine Tochter. Joshua bereitete es viel Vergnügen, die von Sarah in ihrer Herkunftsfamilie praktizierten Rituale mit einigen kleinen Veränderungen zu übernehmen. In Gesellschaft trank Joshua gelegentlich einen über den Durst, aber Sarah half ihm, indem sie ihm freundlich, jedoch deutlich zu verstehen gab, daß er zu viel getrunken hatte.

Die Welt dieser Familie änderte sich unwiderruflich, als Sarah mit 32 Jahren feststellte, daß sie Brustkrebs hatte. Sie wurde operiert, und während der langen Rekonvaleszenzzeit fing Joshua an, stark zu trinken. Die langen Familienmahlzeiten und die regelmäßigen Wochenendausflüge der Familie wurden aufgegeben, da kein Elternteil sich dazu aufraffen konnte. Schließlich kam Sarah wieder zu Kräften, aber Joshua betrank sich drei Jahre lang jeden Abend.

Als Sarah drohte, ihn zu verlassen, stimmte Joshua einer Therapie zu. Zu diesem Zeitpunkt sprachen Sarah und Joshua nicht miteinander und versorgten ihre Kinder nur notdürftig. Der notwendige Informationsaustausch zwischen den Eltern wurde von den Kindern übernommen.

Bevor der Therapeut sich direkt mit den Ereignissen der letzten drei Jahre und der von ihnen hervorgerufenen Gefühle befaßte, versuchte er, wieder eine Familienstruktur zu gründen, auf die man sich verlassen konnte. Indem er an die Sorge der Eltern um ihre Kinder appellierte, half er ihnen, einen Plan für eine Frühstücksgewohnheit der Familie aufzustellen (ein *konstruiertes Ritual*). Obwohl die Verhandlungen äußerst langsam vorangingen, richteten sie schließlich eine praktikable Gewohnheit ein. Dadurch, daß sie die Verantwortung für die Mahlzeit teilten und eine zuverlässige gemeinsame Zeit für die Kinder zur Verfügung stellten, konnte die Spannung etwas verringert werden.

Dann arbeitete das Paar daran, die Abendessensgewohnheit wiederherzustellen (ein *wiedereingeführtes Ritual*). Der Therapeut erfuhr, daß die Familienmitglieder vor der Krankheit beim Abendessen zusammengesessen waren und über ihren Arbeits- oder Schulalltag gesprochen hatten. Er half ihnen dabei, dieses Ritual wiederaufzunehmen. Durch diese Aktivität fingen Eltern und Kinder wieder an, persönliche Erlebnisse miteinander zu teilen. Die Erinnerung an die Nähe der Familienmitglieder zueinander vor Sarahs Krankheit war hilfreich, wenn sie auch noch sehr weit vom ursprünglichen Zustand entfernt waren.

Als Joshua und Sarah mit einigem Erfolg ein begrenztes Maß an Stabilität und Kontakt unter den Familienmitgliedern wiederhergestellt hatten, fing der Therapeut an, ihnen bei der schwierigen Aufgabe zu helfen, die katastrophalen Ereignisse der letzten drei Jahren zu bewältigen. Die Mahlzeitrituale waren in den nächsten Monaten eine Stütze für die Stabilität der Familie, während das Paar sich in einem allmählichen, schmerzhaften Prozeß daranmachte, seine Beziehung zu kitten. Nach viel Arbeit, als Sarah und Joshua ein Großteil ihrer Fähigkeit, sich miteinander zu unterhalten und sich gegenseitig zu vertrauen, wiedererlangt hatten, war ihnen der Therapeut dabei behilflich, neue Urlaubsrituale einzuführen. Ihre Urlaubserfahrungen waren von Joshuas Trunkenheit bestimmt worden; jetzt sollten sie sich nach den Interessen der beiden Kinder richten, die bei der Planung halfen (ein *neu ausgerichtetes Ritual*).

Ein Therapeut kann außerdem ein Ritual *modifizieren*, das für das Paar aufgrund der Familienherkunft oder kultureller Unterschiede keine akzeptable Form hat. Beide Partner haben vielleicht Elemente der jeweiligen Rituale ihrer Herkunftsfamilien in die neue Kernfamilie eingebracht, ohne aber wichtige Unterschiede anzusprechen oder die ungleichen Teile zu einem zusammenhängenden Ganzen zusammenfügen. In dieser Situation hilft der Therapeut der Familie bei der *Integration* der einzelnen Teile zu einem Ereignis, das für jeden eine Bedeutung hat.

Kurzbeispiel – Ein Weihnachtsdilemma

Evelyn und Joseph Laudry suchten einen Therapeuten auf, weil sie „nicht miteinander kommunizieren konnten". Sie waren oft uneinig über die Erziehung ihrer Kinder. Nach einer umfangreichen Befragung erfuhr der Therapeut, daß Evelyn in einer wohlhabenden, urbanen, protestantischen Familie aufgewachsen war, während Joseph aus einer mit bescheidenen Mitteln ausgestatteten und in einer kleinen Gemeinde lebenden irisch-katholischen Familie stammte. Evelyn und Joseph hatten zwar viele gemeinsame intellektuellen Interessen, wurden jedoch nicht mit den unterschiedlichen Wertmaßstäben und Praktiken ihrer Herkunftsfamilien fertig.

Die Unterschiede zeigten sich auf vielfältige Weise. Ein Beispiel waren die unterschiedlichen Gewohnheiten der jeweiligen Herkunftsfamilie beim Weihnachtsfest. In Evelyns Familie war Weihnachten ein fröhliches Fest voller Großzügigkeit und Geselligkeit. Diese Wertvorstellungen fanden ihren Ausdruck in aufmerksamen Geschenken für alle Familienmitglieder und in der liebenswürdigen und großzügigen Bewirtung der erweiterten Familie und ihrer Freunde. Für Josephs Familie war Weihnachten in erster Linie ein religiöses Fest. Die Familie befaßte sich in den Wochen vor dem Fest, mit der religiösen Bedeutung von Weihnachten, besuchte immer die Messe am Heiligabend und verbrachte den ersten Feiertag nur mit der Kernfamilie. Ein besonderes Tischgebet beim Weihnachtsessen symbolisierte die zentrale spirituelle Bedeutung des Festes.

Die Therapeutin verhalf den Ehepartnern dazu, diese Unterschiede als natürliches Ergebnis ihrer unterschiedlichen Kulturen anzusehen, anstatt als „richtige" oder „falsche" Methoden, das Familienleben zu gestalten. Sie ermutigte jeden Partner dazu, sich über die für ihn wichtigsten Elemente der Ritualpraktiken der Herkunftsfamilie Gedanken zu machen. Als jeder Ehepartner das Wesen der Bedeutung des Rituals verstanden hatte, half ihnen die Therapeutin, ein Weihnachtsritual zu konstruieren, das die wichtigsten Wertmaßstäbe für jeden Partner auf eine verständliche Art und Weise integrierte.

In den Wochen vor dem Fest plante das Paar eine Reihe religiöser Aktivitäten, die ihren Höhepunkt darin fanden, daß sich die Familie an der Messe beteiligte. In der Vergangenheit war Evelyn der Meinung gewesen, Joseph sei ihr gegenüber rücksichtslos, wenn er Bibellesungen und Kirche so wichtig nahm. Die Umdeutung des Problems als Ausdruck eines Aufeinandertreffens zweier Familienkulturen ermöglichte es Evelyn, das Engagement ihres Mannes zu verstehen und sich auch darüber klar zu werden, an welchen Praktiken sie sich beteiligen und welche sie unterstützen konnte.

Eine Zeitlang fühlte sich Joseph bei der Vorstellung von Weihnachten als eines geselligen Ereignisses unbehaglich. Sobald er allerdings sicher war, daß seine religiöse Haltung respektiert wurde, konnte er ein jährliches Treffen mit der erweiterten Familie und engen Freunden am ersten Weihnachtsfeiertag planen (ein *sowohl modifiziertes als auch integrierendes Ritual*). Durch umfangreiche Diskussion und sorgfältige Beachtung der wichtigsten Wertvorstellungen beider Ehepartner wurde schließlich aus dem Ritual ein zusammenhängendes und bedeutungsvolles Familienereignis.

Schlußfolgerung

Abschließend läßt sich sagen, daß uns die Erfahrung bei der Durchführung aufeinanderfolgender Forschungsprojekte davon überzeugt hat, daß Familienrituale zugängliche und wertvolle Informationen über Kernfamilientraditionen und -wertvorstellungen liefern. Unser Ritualinterview ist das Instrument zur Erschließung dieser Dimension des Familienlebens. Gegenwärtig benutzen wir dieses Interview mit alkoholischen und nichtalkoholischen Patientengruppen, um unser Verständnis dessen, was uns Familienrituale über die Familie sagen, zu verbessern und um zu prüfen, inwieweit sich das Verhalten in der Zukunft durch Rituale vorhersagen läßt.

8. Die Entwicklung einer Familienidentität durch Rituale am Anfang der Wiederverheiratung

Mary F. Whiteside

„Irgendwie war der Beginn des Sommers völlig zerstückelt. Erst gingen meine Jungs mit ihrem Vater nach Kalifornien, und sein Sohn war erst hier und dann wieder weg. Nach dem Campingurlaub der Familie zogen wir aber alle am gleichen Strang. Mein ehemaliger Mann bewahrt das Zelt auf, und als wir es auseinandermachten, fehlten die beiden mittleren Stangen. Es war furchtbar komisch ... mitten in der Landschaft ... wie Bob sich beim Versuch, das Zelt aufzubauen, verrenkte, während alle absolut unpraktische Vorschläge machten ... Wir lachen immer wieder darüber, wenn wir einen Urlaub planen."

– Kays[35] Beschreibung ihres ersten Sommers in einer wiederverheirateten Familie.

„Unser erster Campingurlaub als Familie war eine Katastrophe! Wir haben den Fehler gemacht, an meinen Lieblingsplatz aus meiner ersten Ehe zu gehen. Dauernd kamen Erinnerungen hoch, nichts klappte. Sam und ich hatten unsere erste große Auseinandersetzung. Unsere Kinder weigerten sich, zusammen im kleinen Zelt zu schlafen, schließlich kam seine Tochter mit zu uns ins Zelt ... Es dauerte Wochen, bis wir uns von dieser Erfahrung erholt hatten."

– Andreas Beschreibung ihres ersten Sommers in einer wiederverheirateten Familie.

Wie es für wiederverheiratete Familien typisch ist, wurden diese beiden Familien mit einer kleinen Krise konfrontiert, in der sowohl das positive als auch das negative Vermächtnis aus früheren Ehen in eine neuartige Erfahrung für die neue Familiengruppierung einfloß. Wiederverheiratete Familien sind in den ersten Jahren häufig mit Situationen konfrontiert, in denen ehemals gut etablierte Muster nicht funktionieren. Erfolgreiche Experimente können für die neue Familie

35 Alle Namen und andere Einzelheiten, die zu einer Identifizierung führen könnten, wurden verändert.

der Anfang einer rituellen Bindung sein. Ritualinszenierungen, die von der Ebene der täglichen Interaktionsmuster bis zu höchst formellen Durchgangsriten reichen, bieten die Gelegenheit, die Mitgliedschaft der Familie neu zu definieren, Erinnerungen aus erster Ehe zu revidieren, zu ehren oder zu entweihen und Muster der Familienorganisation zu schaffen, die eine dauerhafte Wirkung ausüben. Die Form sowie der emotionale Ton dieser Lösungen widerspiegeln und beeinflussen die sich entwickelnde Familienorganisation.

In der ersten Phase einer Wiederverheiratung gleicht der Integrationsprozeß des Erbes der Ehefrau und des Ehemannes demjenigen der ersten Ehe, außer daß es unter Umständen nicht nur Verhandlungen zwischen zwei Erwachsenen gibt, sondern zwischen zwei stark gebundenen Untergruppen von Erwachsenen und Kindern. Aus diesem Grund sind Unterschiede sichtbar, und es ist schwieriger, sich ihnen anzupassen. Hinzu kommt, daß die üblichen Regeln des Familienlebens sich meist auf die Kernfamilie beziehen, so daß sie jetzt weder hilfreich noch angemessen sind. Diese Regeln organisieren eine Familieneinheit, die in einem Haushalt wohnt, in der beide Erwachsene mit den Kindern biologisch verwandt und für sie voll verantwortlich sind und die auch zwei erweiterte Familiennetze haben.

Wiederverheiratete Familien bestehen in der Regel aus Mitgliedern, die in mehreren Haushalten wohnen. Finanzielle, rechtliche, biologische und emotionale Bindungen erstrecken sich über die Haushaltsgrenzen hinweg, und Verwandtschaftsnetze beziehen oft sechs oder mehr erweiterte Familien mit ein. Bisher gibt es kaum gesellschaftliche Richtlinien für die Organisation von Familien in wiederverheirateten Verwandtschaftssystemen und wenige Modelle für normale Beziehungen in einer Stieffamilie und in der alten Verwandtschaft. Es gibt wenige formelle Muster für wiederverheiratete Familien, die die üblichen Lebensübergänge zu bewältigen haben. Überdies gibt es keine traditionellen Zeremonien für die Entwicklungsübergänge, die der wiederverheirateten Familie eigen sind.

Diese sich entwickelnde, nicht traditionelle, komplexe und voneinander abhängende Natur des Familiensystems von Wiederverheirateten macht es in der Therapiesituation unumgänglich, die Aufmerksamkeit auf die Durchführung von Ritualen zu lenken. In den frühen Phasen der Wiederverheiratung ist die Entwicklung eines Gefühls der Zusammengehörigkeit, des Zusammenhalts und der

Normalität ein ständiges Problem. Die meisten Autoren bemerken das Fehlen der gesellschaftlichen Unterstützung für die Rolle der Stieffamilie (Papernow 1984; Sager, Brown, Crohn, Engel, Rodstein u. Walker 1983; Visher u. Visher 1987). Ihrer Ansicht nach ist es eine wichtige Aufgabe der Stieffamilie, neue Rituale für die Festigung der neuen Familie zu kreieren. Neue Rituale sollten so konstruiert werden, daß manche Gewohnheiten beibehalten und andere unwiderruflich geändert werden. Die Prozesse, durch die die Familien hindurchgehen, sind jedoch kaum untersucht worden, noch gibt es Vorschläge für Familientherapeuten, die sich für eine Behandlung in verschiedenen Phasen der Entwicklung von Wiederverheirateten als nützlich erwiesen hätten.

Wenn man in der frühen Phase der Wiederverheiratung seine Aufmerksamkeit auf die Entwicklung von Familienzeremonien und -traditionen lenkt, ist das meiner Meinung nach möglicherweise eine starke vorbeugende Intervention, um die Stabilität der Familie zu erhalten und das Ausmaß des psychologischen Stresses, den die individuellen Familienmitglieder erfahren, zu vermindern. Die Einführung der Familienstruktur der Wiederverheirateten in formelle Rituale benutzt die Wirkung der Tradition, um dieser neuen Familienform Legitimität zu verleihen. Besondere Anlässe bieten Gelegenheit für die öffentliche Darstellung der erwünschten Familienbindungen und Werte. Die bewußte Wiederholung alltäglicher Routinen kann dabei helfen, ein Gefühl der Normalität innerhalb und zwischen den jeweiligen Haushalten zu entwickeln. Andererseits können diese Zeiten auch dazu benutzt werden, um Distanz zu schaffen, um einen ewigen Streit auszutragen oder um Trennungen innerhalb und zwischen Untergruppierungen der wiederverheirateten Familie zu konsolidieren. In diesem Kapitel folgen Beispiele sowohl von klinischen als auch von nichtklinischen Familien, die illustrieren, welche Rolle Rituale spielen, um die Entwicklung und Integration der Organisation wiederverheirateter Familien zu fördern oder zu behindern.

Definition des Rituals

Familienidentität

Die in diesem Kapitel verwendete Definiton des Rituals folgt Wolin und Bennett (1984):

„eine symbolische Form der Kommunikation, die aufgrund der Zufriedenheit, die die Familienmitglieder durch ihre Wiederholung erfahren, über längere Zeit systematisch durchgeführt wird. Wegen ihrer besonderen Bedeutung und da sie sich dauernd wiederholen, tragen Rituale wesentlich zur Herstellung und Aufrechterhaltung des kollektiven Gefühls einer Familie von sich selbst bei. Dieses Gefühl haben wir die ‚Familienidentität' genannt." (S. 401)

Die Entwicklung eines befriedigenden Identitätsgefühls ist für eine wiederverheiratete Familie in den ersten Jahren ein Schlüsselproblem. Viele Familien scheitern hier. Wenn wir die „in der Gegenwart aufgehobene Vergangenheit" (Wolin u. Bennett 1984: 402) betrachten, sehen wir womöglich nicht nur Überbleibsel der Herkunftsfamilien, sondern auch der ersten Ehen und der als alleinerziehende Einheit verbrachten Jahre. Wiederverheiratete Familien müssen sich damit auseinandersetzen, wieviele der ehemaligen Beziehungen und der Beziehungen aus der Stieffamilie sie in ihrer Vorstellung von dem, was eine Familie ausmacht, integrieren sollen, während sie gleichzeitig versuchen, ein integriertes Gefühl für ihr Zuhause zu bewahren.

Hinzu kommt, daß die Definition von „Zuhause" und „engste Familie" für verschiedene Haushaltsmitglieder unterschiedlich ist. Eine Frau mit Kindern aus einer früheren Ehe hat Familientransaktionen sowohl mit ihrem jetzigen Mann und ihren Kindern als auch mit ihrem früheren Mann und ihren Kindern. Für ihren Ehemann, der noch nicht verheiratet war, beschränkt sich die Familie auf ihren Haushalt. Ihre Kinder aus erster Ehe haben die Haushalte ihrer Mutter und ihres Vaters und zusätzlich zwei Stiefeltern mit ihren Familien. Da sauber definierte Grenzen der Familienmitgliedschaft fehlen, muß ein Konzept der Familienidentität konstruiert werden, das ein höchst kompliziertes Netz der Verwandtschaftsbeziehungen mit einschließt und normalisiert. Dieses Konzept muß die Tatsache anerkennen, daß Scheidung und Wiederverheiratung das Wesen vorangegangener Beziehungen ändern, sie jedoch nicht beenden.

Familienfeste

Wolin und Bennett (1984) beschreiben drei Kategorien von Familienritualen, von denen jede eine besondere Herausforderung für die wiederverheiratete Familie bei der Konstruktion einer Familienidentität darstellt. *Familienfeste* werden beschrieben als das Begehen von Feiertagen oder Durchgangsriten auf eine Art und Weise, die „die größere Gruppenidentität für die Kernfamilie bejaht" (a.a.O.: 404). Für die wiederverheiratete Familie sind diese Feste genauso wichtig wie für eine erste Ehe; doch müssen sie in einer Weise neu strukturiert werden, daß sie mit den einzigartigen Rollenbedürfnissen von Familien, die sich über mehr als einen Haushalt erstrekken, in Einklang gebracht werden können. Da die erweiterte Familie inzwischen Beziehungen zur Stief- und zur ehemaligen Familie hat, müssen sie viel mehr Fäden des Ritualerbes aufnehmen.

Durchgangsriten „helfen, die Mitgliederliste der Familie zu definieren" (Wolin u. Bennett 1984: 405). Das tun sie in einer wiederverheirateten Familie genauso, allerdings beinhalten die Mitgliederlisten nun neue Beziehungen und Rollendefinitionen, die sich nicht leicht in den Standard hoch ritualisierter Ereignisse einpassen lassen. Wie passen die Kinder in eine Hochzeitszeremonie? Wie kann man vier Elternteilen entgegenkommen, wenn man nur zwei Karten für die Abschlußfeier hat? Wer übergibt dem Rabbi den Bar-Mizwa-Jungen? Wer empfängt die Gäste beim Hochzeitsfest der Tochter? Die Durchgangsriten der Kinder sind für die erweiterte Familie sowohl der Eltern als auch der Stiefeltern relevant, jedoch gibt es vielleicht keinen Konsens unter den Familienmitgliedern hinsichtlich der Frage, wer zur Familie gehört und wer nicht.

Formal ist das Hochzeitsfest der Wiederverheirateten der Meilenstein, der die Verpflichtung gegenüber der Stieffamilie zum Ausdruck bringt. Die Art und Weise, wie dieses vonstatten geht, sagt sowohl etwas über die Mitgliedschaft im Netz der erweiterten Familie als auch über die Vorstellungen bezüglich der Form der Stieffamilieneinheit aus. Im allgemeinen bieten alle Familienfeste die Gelegenheit, lang anhaltende Konflikte zu dramatisieren, die Absicht, bestimmte Familienmitglieder auszuschließen, öffentlich kundzutun oder auf eine umfassende, aber differenzierte Art und Weise die Familienbeziehungen kreativ neu zu definieren.

Familientraditionen

Familientraditionen, die „eine Familie symbolisch repräsentieren" (Wolin u. Bennett 1984: 404), beziehen sich auf Traditionen, die von einer Kernfamilie innerhalb einer Haushaltseinheit entwickelt wurden. Bei Ereignissen, in denen Kinder eine Rolle spielen, kann die wiederverheiratete Familie Traditionen entwickeln, die haushaltsübergreifend sind und die Tatsache anerkennen, daß die Kinder primäre Beziehungen an mindestens zwei Stellen haben. Die symbolische Aussage heißt für manche Familien nicht: „Wir sind eine ‚Kernfamilie', sondern: „Wir sind eine ‚Familie, bestehend aus zwei Kernen'."

In anderen Familien wird eine enge Grenze um die Stieffamilie gezogen und den Kindern die Botschaft vermittelt: „Wir sind wieder eine ‚normale Familie' mit zwei Elternteilen im selben Haushalt." Doch widerspricht sie dem in der Realität erfahrbaren Qualitätsunterschied in der Beziehung zwischen Stiefdyaden und biologischen Dyaden – ein Unterschied, der in der Regel ausgeprägter wird, je älter das Kind ist. Sie verleugnet das vergangene Leben in der ersten Ehe und impliziert für das Kind, daß weitere Kontakte zum Elternteil im anderen Haushalt nicht wichtig sind. Dadurch kommt es vermehrt zu zornigen Reaktionen des biologischen Elternteils, der nicht zum Haushalt gehört und sich verunglimpft fühlt.

Auf der anderen Seite muß die Stieffamilie Traditionen entwikkeln, die die Grenze um die Untergruppe der Stieffamilie verstärkt und die Familiensubsysteme der Frau und des Mannes integriert, während sie gleichzeitig die Realität der haushaltsübergreifenden Bindungen anerkennt. Diese Traditionen müssen vielleicht dem Kommen und Gehen einer unterschiedlichen Anzahl von Haushaltsmitgliedern flexibel Rechnung tragen. Während der frühen Phase der Wiederverheiratung sind viele dieser Traditionen im Fluß und experimentell, auch wenn der Entwicklungsstand der Familie bezogen auf das Alter der Kinder schon recht fortgeschritten ist.

Interaktionsmuster der Familie

Schließlich helfen Interaktionsmuster der Familie, „die Rollen und Verantwortlichkeiten der Mitglieder zu definieren; sie sind ein Mittel, das tägliche Leben zu organisieren", und „durch diese alltäglichen Aktivitäten geben Familien ihren gemeinsamen Überzeugungen und ihrer gemeinsamen Identität Ausdruck" (Wolin u. Bennett 1984: 406). In der Anfangsphase einer Wiederverheiratung gibt es noch keine gemeinsamen Überzeugungen und noch keine gemeinsame Identität. Daher spielen sich Verwirrungen, Auseinandersetzungen und Spannungen im Alltäglichen ab. Was früher unsichtbar und automatisch ablief, wird nun explizit und muß endlos ausgehandelt werden. Auseinandersetzungen über Erziehungsüberzeugungen und das angemessene Verhalten unter Geschwistern sowie über all die anderen „richtigen Arten des Zusammenlebens" spiegeln nicht unbedingt bloß die üblichen Anfangsschwierigkeiten einer neuen Sozialgruppierung wider, die denselben Raum teilt. Sie widerspiegeln auch die Realität, daß Überzeugungen der Kernfamilie nicht reibungslos auf Stieffamilien übertragen werden können. Viele Alltagsregeln müssen neu ausgehandelt werden – was die Gefühle jedes Familienmitglieds für gesellschaftliche Stabilität sowie persönliche und Familienidentität durcheinanderbringt.

An dieser Stelle muß darauf hingewiesen werden, daß in diesem Kapitel ein integratives Modell des Familiensystems von Wiederverheirateten vertreten wird. Es ist ein Modell, in dem beide biologischen Elternteile für emotional bedeutend gehalten und ermutigt werden, sich mit ihren Kindern aktiv auseinanderzusetzen – auch dann, wenn sie räumlich weit voneinander entfernt wohnen. Zusätzlich werden Querverbindungen zur erweiterten Familie unterstützt und geklärt. (Dies sind zum Beispiel die Beziehungen zwischen Mutter und Stiefmutter, zwischen Vater und der ehemaligen Schwiegermutter usw.) Diese Ausrichtung entstammt meiner Überzeugung, daß sowohl Therapeuten als auch andere gesellschaftlich anerkannte Helfer durch ihre Vorstellungen von der „Normalität" eine starke, von Vorurteilen geprägte Wirkung auf die Familienstruktur ausüben können. Die Probleme der Kinder in wiederverheirateten Familien werden gewöhnlich durch die Abwesenheit des Elternteils ohne Sorgerecht sowie durch überlastete Stiefeltern verstärkt. Wenn therapeutische Interventionen mit der Erwartung durchgeführt werden, daß man sich mit allen Erwachsenen im Leben eines Kindes befassen muß, wenn ein Repertoir höflicher und respektvoller Muster des Austausches zwischen den beiden Elternteilen vorstellbar ist und wenn die biologischen und emotionellen Bindungen der Kinder über die Haushalte hinweg ermutigt werden, kann meistens eine neue, elastischere Struktur entwickelt werden.

Beispiele wiederverheirateter Familien

Die Beispiele in diesem Kapitel stützen sich auf drei Informationsquellen. Erstens bin ich gerade dabei, eine intensive Untersuchung der Entwicklung von Ritualen in wiederverheirateten Familien mit heranwachsenden Kindern im ersten Jahr nach der Wiederverheiratung abzuschließen. Diese Familien kamen durch Mund-zu-Mund-Propaganda zusammen, als ich Freunden, Kollegen und örtlichen Zuhörern meiner Vorträge erzählte, daß ich nach wiederverheirateten Familien suchte, die „gut zurechtkommen“. Bisher stehen Informationen von drei Familien zur Verfügung, die bei sich zu Hause jeden Monat anderthalb Stunden lang über einen Zeitraum von einem Jahr interviewt wurden.

Die zweite Informationsquelle stellt den Versuch dar, mit einer konzentrierten, querschnittsartigen Methode klinisches Material zu erhalten. Ich bat alle zwölf am *Ann Arbor Center for the Family* beschäftigten Kollegen, sich eine wiederverheiratete Familie aus ihrer Praxis auszusuchen und zusammen mit den Familienmitgliedern die Feierlichkeiten aufzuspüren, an denen sie sich im Dezember 1985 und im November und Dezember 1986 beteiligten. Im darauffolgenden Monat interviewte ich sie über ihre Beobachtungen. Das *Ann Arbor Center for the Family* ist eine private Ambulanz. Das Personal besteht aus etablierten Familientherapeuten der Disziplinen Sozialarbeit, Psychologie und Psychiatrie. Da eine gleitende Honorarskala angewandt wird, repräsentieren die Klienten des Instituts einen breiten Querschnitt der sozioökonomischen Schichten und auch einen für den Südosten Michigans typischen Querschnitt der ethnischen Bevölkerungsgruppen (Polen, Italiener, Araber, Spanier, Griechen, Holländer, Deutsche u. a., sowie schwarze und weiße Südstaatler, deren Eltern emigriert waren, um in den Autofabriken zu arbeiten, und eine aus Familien und Studenten bestehende nationale und internationale Bevölkerung). Die Ergebnisse dieser Studie sind die anekdotenhaften Beschreibungen von 16 wiederverheirateten Familien, die zwischen vier Monaten und zwölf Jahren verheiratet waren (Durchschnitt = 4,4 Jahre).

Die dritte Informationsquelle entstammt meiner eigenen allgemeinen klinischen Praxis in der Familientherapie.

Definition der wiederverheirateten Familie innerhalb des Netzes der erweiterten Familie

Die Definition der „Familie“, die aus einer Wiederverheiratung mit Kindern resultiert, ist viel umfassender als diejenige der „Kernfamilie“. Familienmitgliedschaft schließt das erweiterte Netz der Personen und Beziehungen ein, das durch die Scheidung und Wiederverheiratung geschaffen wurde. Diese Bindungen umfassen

Blutsverwandtschaften, angeheiratete Verwandte, ehemalige angeheiratete Verwandte und Stiefbeziehungen. Eine erste Aufgabe besteht darin, eine Vorstellung von der erweiterten Familie zu formulieren, die alle diese Menschen auf irgendeine Art und Weise umfaßt. Innerhalb dieser Definition muß dann jedes Mitglied den Grad der Nähe oder Distanz für ehemalige angeheiratete Verwandte, neue angeheiratete Verwandte und die erweiterte Stieffamilie bestimmen.

Furstenberg und Spanier (1984) weisen darauf hin, daß „durch Verheiratung erworbene Verwandte automatisch dafür in Frage kommen, Verwandte zu sein ... jedoch nicht als Familie betrachtet werden, wenn es nicht über längere Zeit zu engen Kontakten kommt" (a.a.O.: 133). Sie stellen außerdem fest, daß angeheiratete Verwandte für Erwachsene ersetzbar und austauschbar sind, während sich für Kinder die erweiterte Familie durch die Wiederverheiratung eines Elternteils vergrößert und ausdehnt.

Johnson und Barer (1985) weisen auf die Rolle der Frauen hin, die die erweiterte Familie zusammenhalten, da sie primär für die Interaktion verantwortlich sind. Sie beschreiben einige Beziehungsmuster zu Großeltern im Anschluß an Scheidung und Wiederverheiratung, die von einem „schrumpfenden Netz der erweiterten Familie", in dem die Beziehungen zu ehemaligen angeheirateten Verwandten distanziert und formell sind, bis zu „expandierenden erweiterten Familiensystemen" reichen, in denen es enge Beziehungen gibt, trotz komplizierter generationenübergreifender Scheidungen und Wiederverheiratungen.

Wenn wiederverheiratete Familien ihre Vorstellungen äußern, wie eine Familie „sein sollte", illustrieren ihre Pläne die Mannigfaltigkeit möglicher Organisationsstrukturen für eine befriedigende Integration. Eine Familie sah ihre erweiterte Familie durch Wiederverheiratung als eine Reihe konzentrischer Kreise (das Paar mit seinem biologischen Kind, dann diese Gruppe plus Stiefkinder, erweitert durch die ehemaligen Ehepartner und angeheiratete Verwandte). Ihre Pläne für die Feiertage umfaßten eine Vielzahl von Ereignissen mit unterschiedlicher Beteiligung, die alle als integrale Teile eines komplizierten Ganzen angesehen wurden. Eine andere Familie unterstützte gewissenhaft die Beteiligung der Kinder an Feiern der erweiterten Familie von jedem Haushalt, indem sie ihre Pläne absprach und Transportmöglichkeiten bereitstellte; trotzdem bewahrte sie eine vorsichtige Distanz zwischen den jeweiligen Haushalten. Die Kinder bewegten sich zwischen zwei getrennt organisierten und sich minimal überschneidenden Haushaltsorganisationen.

Dieser Prozeß der Neudefinition der Familie beinhaltet komplizierte Entscheidungen über die Anerkennung der Beziehungen innerhalb der neuen Gruppierung. Wenn man die Verwandtschaft mit der Familie akzeptiert, wieviel Verantwortung und Verpflichtung nimmt man damit auf sich? Eine Stiefmutter oder ein Stiefvater muß herausfinden, wie er beziehungsweise sie ein erwachsenes Mitglied einer engen Familie sein kann, ohne die volle elterliche Verantwortung zu übernehmen. Ein neuer Partner und ein ehemaliger Partner haben keine gesellschaftlich definierte Beziehung, doch können sie sich damit konfrontiert sehen, in wichtigen Fragen der Kindererziehung gemeinsame Entscheidungen treffen zu müssen (siehe Ahrons u. Perlmutter (1982) für eine Diskussion verschiedener derartiger Beziehungsmuster). Großeltern müssen damit zurechtkommen, ihre Enkel auch dann zu sehen, wenn sie die meiste Zeit mit ihrer Mutter, der ehemaligen Schwiegertochter, zusammen verbringen (Johnson u. Barer 1985). Innerhalb eines solch komplizierten Netzes der erweiterten Familie ist es unmöglich, klare und deutliche Leitlinien für Familiengrenzen zu finden. Rituelle Ereignisse bieten jedoch die Gelegenheit, Klarheit zu schaffen und ein Gefühl der Nähe zu fördern.

Ein Kurzbeispiel: Die Bernsteins

David und Barbara Bernstein sind ein nichtklinisches Paar. Ihre Kernfamilie besteht aus Barbaras zwei und Davids drei Kindern jeweils aus erster Ehe (siehe Abb. 1). Barbaras erster Mann wohnt an der gegenüberliegenden Küste. Die Kinder sehen ihn in den Ferien. Davids erste Frau wohnt eine Stunde entfernt und hat das Sorgerecht für alle drei Kinder. Das älteste Kind geht in derselben Stadt, in der auch David lebt, auf die Universität; die beiden jüngeren verbringen jedes zweite Wochenende bei ihm. Barbaras Familie und ehemalige angeheiratete Verwandte wohnen alle in der Nähe ihres ersten Mannes.

Die Bernsteins halten viel von einem umfassenden Familiennetz für ihre Kinder und haben bewußt versucht, sowohl die Verbindungen zwischen den Kindern und den ehemaligen angeheirateten Verwandten zu unterstützen als auch Verbindungen zu den Stieffamilien herzustellen. Barbaras 13jähriger Sohn Andy beschreibt die Szene am Flughafen, wenn er seinen Vater besucht: „Wenn ich aus dem Flugzeug steige, sind alle da – mein Vater, seine Eltern und die Eltern meiner Mutter. Alle umarmen mich, wir unterhalten uns eine Weile, dann gehen wir getrennt nach Hause. Ich besuche die Eltern meiner Mutter noch mal ein paar Tage später, wenn sie meinen Vater und mich zum Essen einladen." Andy wird von Davids Eltern genauso mit eingeschlossen. „Nach dem Tanksgiving-Essen bei ihnen schickte mir meine Stiefgroßmutter eine Tüte Pistazien – ich mag die zwar nicht besonders, aber sie schickt welche an alle ihre Enkel."

Sowohl bei klinischen als auch bei nichtklinischen Familien geben Paare Beispiele über die Befähigung der Großelterngeneration, der neuen Familie Unterstützung zukommen zu lassen, oder aber die Belastung zu verstärken. Frau Bernsteins Mutter hatte sich seit der Scheidung sehr bemüht, die Verbindung zum Vater der Kinder sowie zu seinen Eltern aufrechtzuerhalten. Das führte dazu, daß man den Besuchen der Kinder bei ihrem Vater ungezwungen begegnete, und auch die Kinder spürten, daß sie von ihren Verwandten Unterstützung erfuhren.

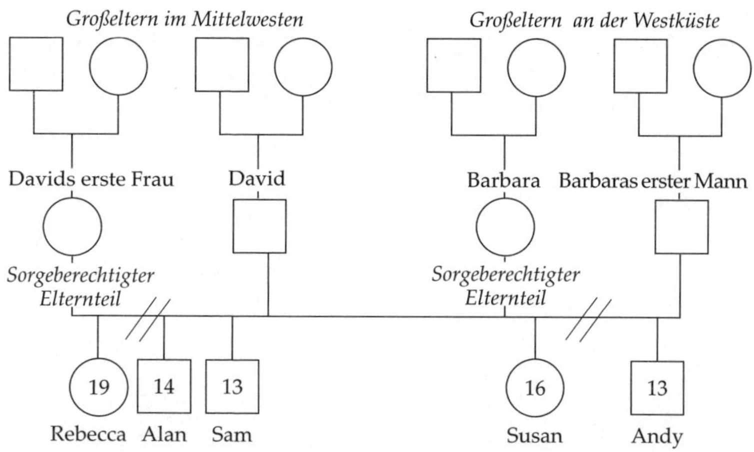

Abb. 1 *Die Familie Bernstein*

Kurzbeispiele

Bei einer klinischen Familie (siehe Abb. 2), in der die sechsjährige Tochter Heidi wegen Bettnässens überwiesen wurde, erkannten die Eltern der Mutter, die überwiegend auf Heidi aufpaßten, Heidis Vater und seine neue Frau nicht an. Durch ihr Pendeln zwischen den

Haushalten fühlte sich Heidi hin- und hergerissen. Sie hatte große Schwierigkeiten, ihre positiven Gefühle ihrer Stiefmutter gegenüber zuzugeben. In der Weihnachtszeit gab es regelmäßig einen größeren Krach, wenn sich die Familien um Heidis Anwesenheit bei ihren jeweiligen Feierlichkeiten rissen. Zusätzlich litt Heidis Vater schwer unter dem Verlust des Kontakts zu seinem ehemaligen Schwager. Wollte er ihn alleine treffen, würde das selbst außerhalb der Familienfeierlichkeiten zu Reibereien führen.

Im Gegensatz dazu ist Bob Anderson aus einer nichtklinischen Familie der Meinung, die Beziehung seiner früheren Frau zu seiner Familie müsse aufrechterhalten werden. Er nutzt daher etwas, was er „strategische Abwesenheit" nennt. In der Weihnachtszeit, wenn sie kommt, um ihre Tochter bei seinen Eltern abzuholen, macht Bob einen langen Spaziergang, um ihnen Zeit zu geben, „warm zu werden".

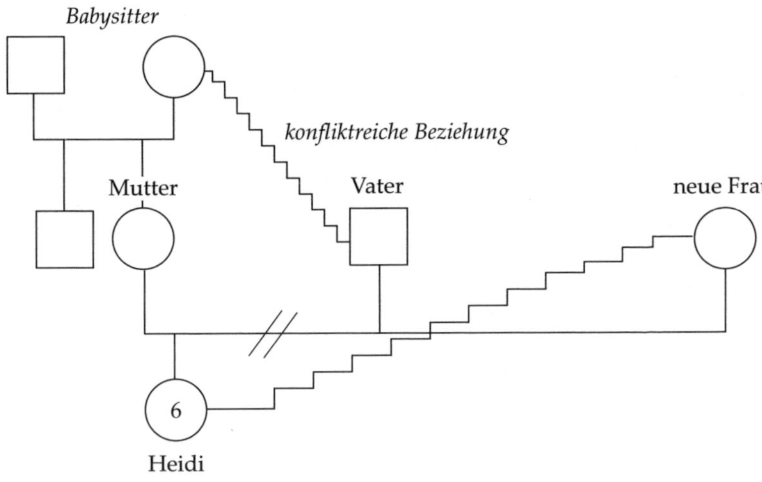

Abb. 2 *Heidis Familie: Konflikte zur Weihnachtszeit*

In der klinischen Untersuchung hatte eine Untergruppe von vier Familien, die seit einigen Jahren wiederverheiratet waren (Durchschnitt = 8,1 Jahre), den Versuch aufgegeben, ihre Stieffamilie in den Herkunftsfamilien zu integrieren. In den Weihnachtsfeiertagen gingen die Eltern und die biologischen Kinder getrennt zu Feiern der jeweiligen Herkunftsfamilie und bemühten sich nicht darum, gemeinsame Feiern zu gestalten. Die Tatsache, daß diese Paare in Behandlung waren und kurz vor der Trennung standen, wird wahrscheinlich durch ihre Unfähigkeit symbolisiert, Rituale zu schaffen, die ihre neue Einheit im integrierten Verwandtschaftssystem sowohl umwandeln als auch stabilisieren könnten. Im folgenden Beispiel hoffte der Therapeut der Familie Smith, diese destruktive Tendenz umzukehren.

Ein Kurzbeispiel: Die Familie Smith

Dwayne und Carol Smith (siehe Abb. 3) kamen in die Klinik, weil sie sich Sorgen machten, Dwaynes 16jährige Tochter könne von zu Hause weglaufen, in sexuelle Abenteuer hineingezogen werden und in der Schule versagen. Als Tanksgiving nahte, nahmen die Konflikte zwischen Dwayne und seiner früheren Frau zu, und seine Tochter Shanna verkündete, sie wolle den ganzen Tag arbeiten und es kümmere sie nicht, was für Pläne die anderen hätten. Während einer Familiensitzung ermutigte sie der Therapeut, einen detaillierten Plan für den Tag auszuarbeiten, wobei jeder Gelegenheit erhalten sollte, zu sagen, was er beziehungsweise sie tun möchte. Ursprünglich insistierte Dwayne zornig darauf, daß die Mädchen mit ihm zu ihrer Großmutter fahren müßten. Shanna wandte sich heftig dagegen. Sie müßte arbeiten, weil sie das zusätzliche Geld brauche, um schneller von zu Hause ausziehen zu können. Carol drohte zu gehen, wenn sie nicht damit aufhörten, einander anzuschreien.

Mit der Unterstützung des Therapeuten konnte Dwayne seinen Töchtern ohne Umschweife erklären, daß er sich Sorgen mache um seine Mutter, die wohl zu krank sei, um noch ein Jahr durchzustehen. Es war ihm sehr wichtig, daß sie die noch verbleibende Zeit ausnutzten, um mit ihrer Großmutter zusammen zu sein. Shanna konnte ihre Befürchtung zum Ausdruck bringen, daß sie nicht zu der Familie ihres Vaters passe, die sie für eine Schlampe hielt und sie demütigen würde. Außerdem, argumentierte sie, hätten sie in den vergangenen Jahren nie *Tanksgiving* auf diese Weise verbracht. Carol hatte Verständnis für sie und meinte, auch sie habe Angst vor der Meinung von Dwaynes Familie über sie. Doch sei ihr, im Gegensatz zu Shannas Mutter, Dwaynes Kontakt zu seiner Familie wichtig.

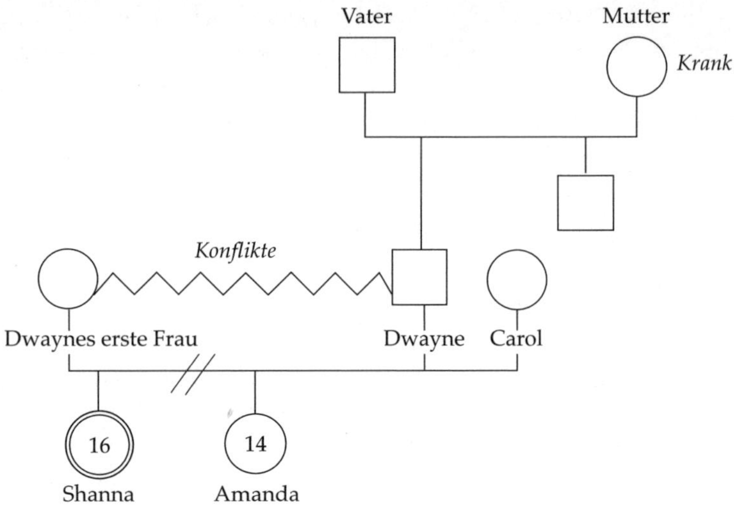

Abb. 3 *Die Familie Smith: Die Pläne für Thanksgiving*

Sobald Shanna die wirklichen Sorgen ihres Vaters hörte, konnte sie dem Plan zustimmen, daß alle zum Essen hingehen würden. Dwayne war damit einverstanden, daß sie nach dem Essen zur Arbeit gehen würde. Als dies alles klar feststand, konnte Dwayne seiner früheren Frau die Pläne mitteilen, und sie war damit einverstanden. Später berichteten sie überrascht und erfreut, daß das Essen sehr nett gewesen sei. Shanna habe eine neue Freundschaft zu ihren Cousins und Cousinen aufgebaut. Carol hatte das Gefühl, daß Dwayne ihr beigestanden und sie in die Unterhaltung einbezogen hatte, anstatt sie zu vernachlässigen und mit seinem Bruder fernzusehen.

Die Wahlmöglichkeiten, Veränderungen und Aussichten der Beziehungen zur erweiterten Familie können in therapeutischen Interviews erfolgreich exploriert werden. Das Antizipieren zeremonieller Gelegenheiten, bei denen der Kontakt unausweichlich ist, erlaubt den Familienmitgliedern, sich darüber klar zu werden, welche Beziehungsstatements sie abgeben wollen. Dazu gehört, daß man zuhört, wenn ein Familienmitglied sein Unbehagen über zu viel Nähe ausdrückt („Ich werde zur Abschlußfeier deines Sohnes gehen, ich werde aber niemals die Nacht bei deinen ehemaligen Schwiegereltern verbringen!"), und eine Familie ermutigt, wenn sie sich auf ein neues Gebiet vorwagt („Wir waren die einzigen, die sich bei der Feier des Basketballvereins alle vier als Joshs Eltern vorgestellt haben, obwohl viele der anderen Jungen auch Stiefeltern haben.“). Wenn ein zeremonielles Ereignis erfolgreich umschifft wurde, kommt es häufig zu einer markanten Abnahme der Spannung und Besorgnis sowie auch zu einer Zunahme des Gefühls der Normalität. Doch werden allzu häufig die Elternteile ohne Sorgerecht, ehemalige Schwiegereltern oder Halbgeschwister aus anderen Haushalten absichtlich oder versehentlich von zentralen Durchgangsriten der Familie ausgeschlossen. Wenn sie sich nicht sinnvoll an einer emotional wichtigen Zeremonie beteiligen, verstärken sich die Gefühle der Entfremdung und Distanzierung, was die Kontinuität der täglichen Beziehungen gefährdet.

Eine einzigartige Gelegenheit für die formalisierte Definition der Identität der Stieffamilie innerhalb des erweiterten Familiennetzes bieten die Ereignisse um die Hochzeitszeremonie.

Die Hochzeitszeremonie

Die Hochzeitszeremonie ist der formalisierte öffentliche Marker des Beginns der Wiederverheiratung. Einstein (1982) weist darauf hin, daß die Hochzeitszeremonie dem Paar die Gelegenheit gibt, „die Zeremonie dazu zu benutzen, mutige und starke Aussagen symbolisch auszudrücken“, und daß in der Regel Durchgangsriten „der Stieffamilie die Gelegenheit geben, sowohl die Freunde und die Gemeinde aufzuklären, als auch aufzuzeigen, wie bestehende Beziehungen in das Schema der neuen Beziehungen eingepaßt werden können“ (a.a.O.: 33). Indem sie neue Grenzen kennzeichnet und die Umrisse einer neuen Struktur beschreibt, bietet die Hochzeit als Transformationsereignis vielleicht die Chance, daß alle neuen Mitglieder eine bindende Erfahrung machen. Oder aber eine Wiederverheiratung kann ein schwieriges, kompliziertes Ereignis sein, ein Symbol für Mißerfolge, das Kinder und Familie in Verlegenheit bringt.

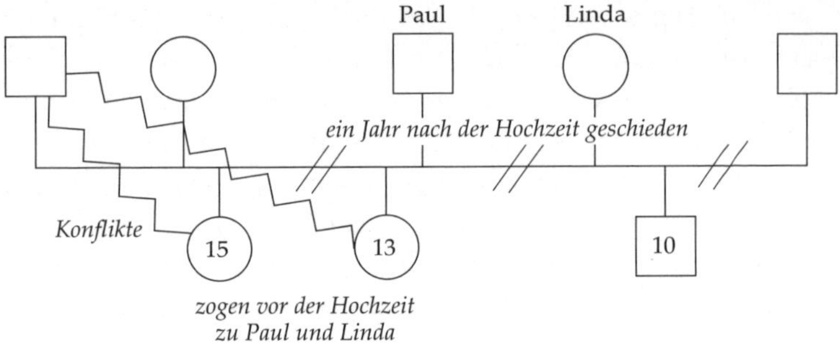

Abb. 4 *Die Familie Adams*

Ein Kurzbeispiel: Ein schlechter Start

Lindas erste Hochzeit war eine große, formelle Zeremonie, die in der katholischen Kirche mit dem ganzen traditionellen Drum und Dran abgehalten wurde. Als ihr Mann sie acht Jahre später wegen einer anderen Frau verließ, hatte sie das Gefühl, daß ihre ganze Welt und ihre Identität zerfallen würden. Sie bekam schwere Depressionen. Als sie sich Hals über Kopf in Paul verliebte, hatte sie zum ersten Mal seit der Scheidung den Eindruck, daß ihr Traum von einer glücklichen Familie wieder möglich sei. Pauls heranwachsenden Töchter schlossen sich dem Traum an und beschlossen übereilt, mit Paul und Linda zusammenzuziehen, um der konfliktreichen Beziehung zu ihrem Stiefvater zu entgehen.

Als sich zwischen Paul und Linda Spannungen entwickelten wegen ihrer unterschiedlichen Erziehungsansichten und widersprüchliche Gefühle wegen einer langfristigen Bindung zutage kamen, beschlossen sie, daß eine Hochzeit den Haushalt zur Ruhe bringen würde. Da sie wußten, daß Lindas Sohn von dieser Entscheidung sehr aus dem Gleichgewicht gebracht werden würde, planten sie die Zeremonie an einem Wochenende, das er bei seinem Vater verbrachte. Da sie die Bedeutung von Lindas religiöser Tradition leugneten und nicht in der Lage waren, ihre Glaubensüberzeugungen mit Pauls vehementer Ablehnung einer formalisierten Religion in Einklang zu bringen, beschlossen sie, mit einem Minimum an Zeremonie standesamtlich zu heiraten.

Nach der Hochzeitszeremonie feierten sie ein Fest mit Freunden. Pauls Bruder war das einzige eingeladene Familienmitglied. Paul trank recht viel an diesem Abend und kippte schließlich im Schlafzimmer um. Linda fühlte sich alleingelassen und deprimiert und hatte auf Paul einen Zorn, weil er sich vor ihren Freunden so aufgeführt hatte. Am nächsten Tag räumte sie das Haus ohne Hilfe von Paul oder seinen Töchtern auf und hatte das Gefühl, sie habe einen schwerwiegenden Fehler begangen.

Ihr Mythos, daß die Kernfamilie wiederhergestellt werden könne, das Muster der Konfliktvermeidung und die Leugnung der Unterschiede ließen der Familie keine Möglichkeit, eine neue Vision zu konstruieren. Die Unterschiede in der Bindung und der Autorität zwischen den biologischen und den Stiefeltern-Kind-Dyaden konnten nicht anerkannt werden, ohne die Bindung des Paares zu gefährden. Ohne die Unterstützung der erweiterten Familie entlastete sie niemand beim Großziehen der Kinder, wodurch sie als Paar für einander wenig Zeit hatten. Ein Jahr später wurde ihre Ehe geschieden.

In seiner Beschreibung kulturübergreifender Hochzeitsriten illustriert der Anthropologe Van Gennep (1986) drei Themen der Hochzeitszeremonien: die Verbindungsriten mit dem neuen Paar, die Aufnahmeriten in die neue erweiterte Familie und die Trennungsriten von der Herkunftsfamilie. Er beschreibt diesen Prozeß der Eheschließung in vielen Kulturen als ein Verfahren, das über einen längeren Zeitraum stattfindet, wobei verschiedene Teile aufeinander folgen.

Etablierte Hochzeitszeremonien sind gewöhnlich auf die rituellen Bedürfnisse erster Ehen ausgerichtet. Für jemanden, der zum zweiten Mal heiratet, ist die Beachtung jedes dieser Themen wesentlich komplizierter. Wenn ein Paar in der Behandlung auf eine Ehe zusteuert, kann die explizite Diskussion symbolischer Verbindungs-, Aufnahme- und Trennungshandlungen vorteilhaft sein. Wenn auch die zentralen Verbindungsriten denen einer ersten Ehe ähnlich bleiben, haben Zweitehen zusätzlich zu gegenwärtigen, daß sie mit der ersten verglichen, anstatt für sich selbst betrachtet werden (Furstenberg u. Spanier 1984). Hinzu kommt, daß die Verbindung für die erwachsenen Partner nicht nur ein Traum ist, sondern die direkte Verantwortung für die Fürsorge der Kinder bedeutet. Wenn ein Paar seine Hochzeitszeremonie plant, kommt es zu unterschiedlichen Wertvorstellungen über die Frage, ob den Kindern oder der Ehe Priorität eingeräumt werden sollte. Diese Wertvorstellungen können in den öffentlichen Erklärungen des Paares explizit gemacht werden.

Das Paar kann Gelöbnisse bezüglich seiner Verbindung und auch bezüglich der Aufnahme der Kinder in die neue Familie ablegen.

Die Aufnahme von Kindern in die neue Ehe

In einer Studie von A. Morgan (1984) wird berichtet, daß bei Studenten, deren Eltern wiedergeheiratet hatten, die Beteiligung an der Hochzeit von ihrer Haltung zur Wiederverheiratung abhing. Je gewogener das Kind der Ehe gegenübersteht, um so wahrscheinlicher ist es natürlich, daß es an der Hochzeit teilnimmt. Andererseits ist eine Basis für eine künftige Bindung schon geschaffen, wenn das Kind von vornherein als Mitglied der Stieffamilie definiert wird, auch wenn es nicht mit dem Paar zusammenlebt. Manche Familien planen ihre Zeremonien so, daß sie die verschiedenen Verwandtschaftsgrade der Teilnehmer widerspiegeln. Vielleicht beschließen sie, die Kinder aus beiden Familien gleich zu behandeln und ihnen eine Hauptrolle in der Zeremonie zuzuweisen. Die Kinder werden von anderen Familienmitgliedern umgeben, dann kommt eine Gruppe von Freunden und entfernteren Verwandten. Die Symbole sind Kreise: Alle geben sich die Hand für die Segnung, Stühle werden in konzentrischen Kreisen aufgestellt, eine kleine Gruppe versammelt sich im Arbeitszimmer des Rabbi, und danach ist das Haus offen für die Gäste.

Ein Kurzbeispiel: Eine beabsichtigte Verehelichung

Bob und Kay Anderson verkündeten durch einen Brief an alle engen Freunde und den weiteren Familienkreis ihre „Absicht, in den Ehestand zu treten". Der Brief enthielt ein Bild von Bob und Kay und ihren jeweiligen Kindern. Sie stellten jedes Familienmitglied humorvoll und mit einigen Einzelheiten aus ihrer Geschichte vor. Ihre Zeremonie planten sie zusammen mit dem Pfarrer der von ihnen gemeinsam besuchten Kirche und machten ihm klar, daß sie verschiedene Aussagen machen wollten. Ganz bewußt veränderten sie die Tradition, indem sie sich vor der Tür der Kapelle aufstellten, um die Gäste bei ihrer Ankunft zu begrüßen. Sie ehrten jedoch auch die Vergangenheit, indem sie an Bobs Mutter erinnerten, die im vergangenen Jahr gestorben war. Zusätzlich zu ihren Ehegelöbnissen ließen sie die Kinder erklären, daß sie bereit seien, die anderen als „Bruder (Schwester) und Freund (Freundin)" zu akzeptieren. Alle waren der Meinung, diese Erfahrung habe eine starke positive Wirkung gehabt. Sie fühlten sich von den beteiligten Freunden und der Familie herzlich unterstüzt. Es gab den neuen angeheirateten Verwandten die Gelegenheit, einander kennenzulernen und die Verbindung zu Freunden und zu etlichen Verwandten aus der Vergangenheit zu erneuern.

Es muß hier erwähnt werden, daß Vorschläge für öffentliche Demonstrationen alles umfassender Modelle der wiederverheirateten Familie bei anderen in der Öffentlichkeit häufig geäußerten Meinungen auf Widerpruch stoßen. Westoff (1978) bemerkt, daß „bei den meisten Wiederverheiratungen die Probleme hinsichtlich der Sitzordnung in der Kirchenbank oder wie zwei ehemalige Familien für diesen Anlaß zusammengebracht werden können ... dadurch umgangen werden, daß auf das ganze formale Drum und Dran verzichtet wird. Sie heiraten auf dem Standesamt oder bei Freunden zu Hause und bitten gewöhnlich nur ihre eigenen Kinder und einige guten Freunde, dabeizusein. Sie laden diejenigen gar nicht erst ein, die sie nicht da haben wollen beziehungsweise die nicht kommen wollen, und meistens sind auch die Eltern nicht dabei" (a.a.O.: 64). Es wird die Botschaft vermittelt, daß dies eine komplizierte und schwierige Angelegenheit ist. Keiner soll verletzt werden; die Wichtigkeit der Zeremonie soll heruntergespielt werden.

Hollingshead (1952) fand bei Paaren, die 1950 heirateten, heraus, daß die Hochzeitsreise weniger kostete und es weniger Überraschungsparties gab, wenn es für die Frau die zweite Hochzeit war. Die formalen oder kirchlichen Hochzeiten waren seltener. Es waren weniger Gäste anwesend, und auch die Anzahl der Hochzeitsempfänge nahm ab. Daraus folgt, daß dem Paar weniger materielle Unterstützung und auch weniger Unterstützung der erweiterten Familien zuteil wurde. Ein unter diesen Bedingungen verheiratetes Paar fühlte sich am Ende allein, isoliert und von den Familien hin- und hergezerrt, die untereinander keine Verbindung haben. Manchmal fragten sie sich, ob sie „wirklich verheiratet" waren. Sie müssen sich diesen komplizierten und schwierigen Situationen trotzdem stellen – aber mit weniger Hilfe.

Die Verbindung zur Vergangenheit

Während eine erste Ehe die Trennung von der Herkunftsfamilie symbolisiert, signalisieren zweite Ehen gelegentlich eine neue, positive Verbindung zu den Herkunftsfamilien. Das Thema der Trennung wird im Hinblick auf die erste Ehe bedeutender. Klinisches Material läßt den Schluß zu, daß die unmittelbare Kommunikation mit dem ehemaligen Partner über die Entscheidung, sich wiederzuverheiraten, eine wichtige Vorbereitung darstellt. Auf diese Weise wird explizit anerkannt, daß sich ihr Bruch in einer neuen Phase befindet, und beide haben die Gelegenheit, sich auf eine neue Art und Weise Lebewohl zu sagen. Da die Zeremonie einen Lebensübergang markiert, erinnert sie an die Erfahrung des Verlustes der ersten Ehe, und Erinnerungen und Emotionen leben wieder auf. Diese Gefühle, die gerade dann auftreten, wenn man sich auf einen erwarteten freudigen Neuanfang eingestellt hat, können äußerst beunruhigend sein. Eine Frau beschreibt zum Beispiel den Tag, an dem sie und ihr Verlobter zum Bluttest gingen. Sie fühlte sich auf einmal furchtbar traurig und vermißte ihren ersten Mann sehr. Sie war völlig verwirrt und stritt sich mit ihrem Verlobten und zweifelte plötzlich, ob es klug sei, „zu schnell zu heiraten".

Die Aufmerksamkeit bei der formellen Zeremonie auf die Vergangenheit zu lenken kann sehr belastend sein. Es beschwört Themen des Verlustes und der Schuld herauf und kann zu andauernden Konflikten mit ehemaligen Partnern führen. Trotzdem bezogen sich zwei nichtklinische Familien der Forschungsgruppe explizit auf vorangegangene Ehen. Im Interview erklärten sie, sie wollten die Hochzeit als Gelegenheit nutzen, um die Energie „in eine positive Richtung zu lenken". Sie stimmten auch darin überein, daß es für die Kinder wichtig sei, ihre dauerhaften Bindungen zu den anderen Eltern eindeutig bestätigt zu bekommen. In einer Familie legte jeder ein Gelöbnis ab, den neuen Ehepartner und den außerhalb des Haushalts wohnenden Elternteil bei Erziehungsentscheidungen zu unterstützen.

Es ist für die klinische Arbeit wichtig, sich zu vergegenwärtigen, daß der Nutzen der Hochzeitszeremonie als Übergangserfahrung teilweise davon abhängt, inwiefern die Partner in der Lage sind, sich darüber auszutauschen, was für eine Familie sie kreieren wollen. Es hängt auch vom Grad ihrer Übereinstimmung ab – oder von ihrer Bereitschaft, sich ihren Differenzen zu stellen – und von ihrem Gefühl, daß sie diesen Prozeß kontrollieren können. Die drei nichtklinischen Paare machten deutlich, daß sie bei ihren Hochzeitszeremonien Herr der Lage waren, sie absichtsvoll und mit viel Vergnügen abhielten. Sie bemerkten: „Wir hatten das Kommando."; „Beim zweiten Mal hat man mehr Gelegenheit, alles so zu machen, wie man will."; „Wir haben alles anders gemacht."

Wenn ein Paar nach der Hochzeit zur Therapie kommt, wird die Frage nach der Zeremonie zu einer nützlichen Intervention. Wird eine positive Geschichte erzählt, erlebt das Paar noch einmal eine schöne Zeit und kann seine Ewartungen reflektieren. Eine negative Geschichte dagegen kann illustrieren, daß die Wichtigkeit der Wiederverheiratung geleugnet wurde und das Paar von den Verwandten keinen Beistand erfuhr. Für diese Familien fördert die Aufgabe, ein Ereignis zu konstruieren, das ihr Treuegelöbnis öffentlich verkündet, eine Menge zentraler ungelöster Fragen an die Oberfläche. Wenn man diese Aufgaben gründlich angeht, können die Ehepartner aus der Konstruktion einer neuen Zeremonie, die eine echte Bindung symbolisiert und Gelegenheit bietet, Verwandtschaftsbindungen zu verbessern, viel Freude und Unterstützung gewinnen.

Wenn auch vielleicht die Hochzeitszeremonie die öffentliche Erklärung einer mutigen neuen Vision der Familienstruktur darstellt, gewinnt die Familie Kontur in den darauffolgenden, mit einer Reihe von Experimenten und Erfahrungen angefüllten Jahren. Besonders kompliziert und widersprüchlich sind die Fragen der gemeinsamen haushaltsübergreifenden Kindererziehung.

Definition der haushaltsübergreifenden wiederverheirateten Familie – die aus zwei Kernen bestehende Familie

Ahrons (1979) beschreibt das Konzept der „aus zwei Kernen bestehenden Familie“ so:

> Die Neuorganisation der Kernfamilie im Anschluß an eine Scheidung führt häufig zur Bildung zweier Haushalte, den der Mutter und den des Vaters. Diese zueinander in Beziehung stehenden Haushalte oder Kerne der Orientierungsfamilie des Kindes stellen ein Familiensystem dar – ein *aus zwei Kernen bestehendes Familiensystem* ... Manche Familien trennen deutlich zwischen dem primären und dem sekundären Heim des Kindes, während diese Trennungslinie in anderen Familien eher verwischt ist und beide Heime gleich wichtig sind. Folglich bezeichnet der Begriff *aus zwei Kernen bestehende Familie* also ein Familiensystem mit zwei Kernhaushalten, unabhängig davon, ob die Haushalte für die Lebenserfahrung des Kindes gleich wichtig sind oder nicht (a.a.O.: 500).

Zum Zeitpunkt der Wiederverheiratung gibt es gewöhnlich ein etabliertes Muster von Regeln, die das Beziehungsmuster zwischen den ehemaligen Partnern definieren und festlegen, wann und wie jeder Elternteil die Beziehung zu den Kindern weiterführt. Wenn die neue Ehebeziehung die gemeinsame Diskussion und Entscheidungsfindung über Termine, Geld und Erziehungsfragen umfaßt, muß sich die Art der gemeinsamen haushaltsübergreifenden Erziehung ändern. Daraus entwickelt sich vielleicht ein aus drei oder vier Mitgliedern bestehender, für die gemeinsame Erziehung zuständiger „Verwaltungsrat". Vielleicht bleibt es auch bei einem aus den biologischen Eltern bestehenden Team, das von den Stiefeltern im Hintergrund unterstüzt wird; es kann aber auch zu einem umkämpften Dreieck werden, in dem der wiederverheiratete Elternteil ins Kreuzfeuer der Besitzgier, Eifersucht und Abwehr gerät. Gleichgültig welches Muster sich daraus ergibt, solange beide biologischen Eltern die Verbindung zu ihren Kindern aufrechterhalten, besteht eine eindeutige gegenseitige Abhängigkeit der verschiedenen Haushalte (Ahrons u. Rodgers 1987). Schlüsselinteraktionen, die das Muster dieser gegenseitigen Abhängigkeit definieren, werden bei rituellen Handlungen auf allen Ebenen überdeutlich.

Bei Anläßen, die eine haushaltsübergreifende Beteiligung erforderlich machen, haben gemeinsam Erziehende wenig gesellschaftliche Unterstützung. Diese sind jedoch wichtig, um zu verhindern, daß die rituelle Kontinuität für die Kinder unterbrochen wird. Ein arbeitsfähiges gemeinsames Erziehungsmodell ist nicht nur für die traditionellen Feiertage mit den erweiterten Familien notwendig, sondern auch für die vielen öffentlichen Begegnungen, bei denen Mitteilungen sowohl an Familienmitglieder als auch an Außenstehende gemacht werden. Diese Beziehungsmitteilungen haben einen starken Einfluß auf das Selbstgefühl und auf die Familienidentität.

Zwei Kurzbeispiele

Adam konnte seinen Eltern schließlich sagen, daß es ihm nichts ausmache, wenn sie bei seinen Hockeyspielen nicht beieinander saßen. Er wollte aber, daß sie ein Paar Worte wechselten, wenn der eine ihn vom anderen abholte. Er wußte, daß sie bei allem, was ihn betraf, sich nur unter großen Schwierigkeiten einigen konnten, und hatte sich damit abgefunden. Doch war es ihm äußerst peinlich, daß sie ihre Distanz öffentlich vor seinen Mannschaftsmitgliedern und deren Eltern demonstrierten.

Susan war zum Zeitpunkt einer Schulaufführung für die Elternschaft ziemlich durcheinander. Bei dieser Gelegenheit wetteiferten ihre Mutter und ihre Stiefmutter, wer von beiden die liebevollere Mutter sei. Wenn sie sich bei ihrer Mutter ankleidete, kritisierte die Stiefmutter, daß sie und ihre Mutter schlampig seien. Wenn sie ihren Text vergaß, beschuldigte ihre Mutter ihren Vater und ihre Stiefmutter, sie zu sehr unter Druck zu setzen. Nach einer Vorstellung verstärkten sich ihre Ängste. Wenn sie zuerst zu ihrer Mutter ging, wurde sie von ihrem Vater kritisiert. Ging sie zuerst zu ihrem Vater, fühlte sich ihre Mutter verletzt. Innerhalb ihres täglichen Terminplans konnte Susan Konfrontationen aus dem Weg gehen. Doch wenn alle in der Öffentlichkeit zusammenkamen, gelang es ihr nicht, es allen gleichzeitig recht zu machen.

Hat man sich auf das erweiterte Familienmodell festgelegt, so erfordert dies zumindest, daß man sich in der Öffentlichkeit höflich und zivil verhält, und zwar auch dann, wenn man dem anderen Elternteil keine positiven Gefühle entgegenbringt. In therapeutischen Interviews können Familien Szenarien in der Schule, bei den ehemaligen Schwiegereltern, bei Abschlußfeiern etc. antizipieren und üben. Eltern können sich entscheiden, wie nah oder distanziert sie einem früheren Ehepartner sein wollen, und Kinder können sagen, was für sie von Bedeutung ist. Wenn man ein erwünschtes Muster durchspielt, werden seine Möglichkeiten demonstriert und eine wirkliche Änderung der Beziehungen ermöglicht.

Wenn das nicht passiert, können zeremonielle Anläße sehr empfindlich gestört werden.

Ein Kurzbeispiel: Die Millers

Jim und Betty Miller, ein Paar, das zwecks Eheberatung in die Beratung kam, beschrieben die störenden Auswirkungen ihrer fortwährenden Auseinandersetzungen mit Jims erster Frau wegen der Erziehung der Kinder. An *Thanksgiving* umfaßte das festliche Essen Bettys und Jims zweijährigen Sohn Ben, Jims vierzehnjährigen Sohn Steve und seine zehnjährige Tochter Karen sowie Jims Bruder mit Familie (siehe Abb. 5). Während Jim vor dem Essen in seinem Arbeitszimmer arbeitete, hatte Betty Steve wegen seiner Weigerung, sich ihr gegenüber kooperativ zu verhalten, konfrontiert. Obwohl sie übereinkamen, den Streit beizulegen, sprachen sie während der Mahlzeit nicht miteinander. Die Spannung verschärfte sich noch, als Jims erste Frau während der Mahlzeit anrief und darauf bestand, mit den Kindern zu sprechen. Jim nahm den Anruf entgegen und hängte dann ein. Das wiederholte sich viermal hintereinander, bis er den Hörer aushängte. Karen war der Appetit vergangen, und sie kämpfte mit den Tränen. Steve blieb mürrisch. Betty machte sich Sorgen, daß sie ein Magengeschwür bekommen könnte. Jim mußte sich beherrschen, am Tisch zu bleiben und sich nicht in sein Arbeitszimmer zurückzuziehen. Jims Bruder fühlte mit Betty und stimmte ihr bei, daß die Mutter der Kinder unmöglich sei. Steve murmelte vor sich hin, daß, egal wo er sei, der jeweils andere Elternteil runtergemacht werde. Der chronisch ungelöste Konflikt aus der ersten Ehe stellte für alle eine Störung in der für die Entwicklung des Zusammenhalts einer Stieffamilie kritischen Zeit dar.

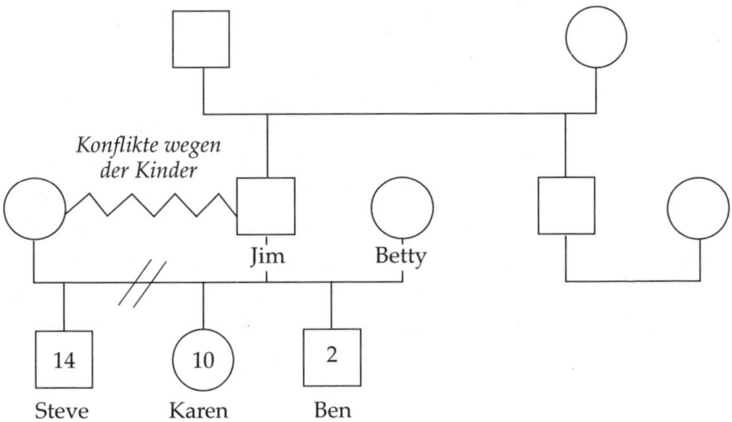

Abb. 5 *Familie Miller: Ein konfliktreiches Thanksgiving*

Wenn es einer Familie alleine nicht gelingt, ein funktionierendes Modell zu entwerfen, kann der Therapeut dadurch eine wichtige Rolle spielen, daß er seine Praxis als neutralen Ort für Versammlungen der gemeinsam Erziehenden zur Verfügung stellt. Das umfaßt alle Erwachsenen aus beiden Haushalten, die konkrete, die Kinder betreffende Pläne aushandeln. In diesen Versammlungen werden die Stiefeltern angehalten, relevante Informationen beizusteuern, jedoch die Rolle des „weißen Ritters" zu vermeiden, der seinen Ehepartner vor Konflikten mit dem ehemaligen Ehepartner schützen will. Manchmal werden sie räumlich ein Stück hinter dem Ehepartner plaziert, um ihm beizustehen, ohne sich einzumischen. Eine solche

Konstellation ist für Stiefeltern eine stark motivierende Kraft, ein kooperatives Modell der gemeinsamen Erziehung umzusetzen. Sie erkennen deutlich, wie die jetzige Ehe durch die dauernden Spannungen aus der früheren Ehe ausgelaugt wird. Wenn der Stiefelternteil zudem die Eltern aus dem anderen Haushalt offen unterstützt und der biologische Elternteil die Verantwortung für das Kind übernehmen kann, vermindert sich gewöhnlich die Spannung zwischen dem Stiefelternteil und dem Kind spürbar. Sobald sich ein produktiver Modus der haushaltsübergreifenden Diskussion etabliert hat, findet sich in der Regel auch ein Weg, um diesen Beziehungsbedingungen an Feiertagen Rechnung zu tragen.

Die Anerkennung der Erbschaft beider biologischer Eltern innerhalb der Traditionen der Stieffamilie ist für Kinder auch dann wichtig, wenn der andere Elternteil abwesend ist.

Kurzbeispiel – Ein verlorenes Ritual

Leah, eine Studentin im ersten Semester, beschrieb ihrem Therapeuten, daß sie nach dem ersten Weihnachtsfest nach der Wiederverheiratung ihrer Mutter völlig durcheinander gewesen sei. Sowohl ihre Mutter als auch ihr Stiefvater waren verwitwet. Für beide bedeutete die Ehe eine Chance, nach der Last des Alleinerziehens wieder den Freuden der Erwachsenen nachzugehen. Sie hatten jedoch noch keinen Weg gefunden, die Vergangenheit in diese neue Vision zu integrieren.

Nach dem Tod ihres Vaters hatte Leahs Familie ein Ritual für Heiligabend entwickelt, das darin bestand, einen Kranz aus Stechpalmenzweigen zu binden und ein Bild der ganzen Familie, einschließlich des Vaters, damit zu umrahmen. Das gab ihnen das Gefühl, Teil einer herzlichen, engen Familie zu sein, die sich versammelt hat, um Weihnachten zu feiern. Nach der Wiederverheiratung war das Bild vom Kaminsims verschwunden. Am Heiligabend fand Leah keine Unterstützung für die Weiterführung des Rituals. Sie fühlte sich leer und völlig daneben. „Es war einfach nicht wie Weihnachten."

In so einem Fall kann man sich eine Abwandlung dieses Rituals vorstellen, um sowohl Leahs Vater als auch der früheren Frau ihres Stiefvaters zu gedenken. Es wäre bestimmt ein schmerzliches Ritual, aber eins mit einer heilenden Wirkung. Da das Ehepaar das nicht machen konnte, mußte es sich mit den Folgen für Leah auseinandersetzen: Leah stand ihrem Stiefvater zunehmend feindlich gegenüber und erhielt seitens ihrer Geschwister viel weniger Unterstützung.

Es wird dann am ehesten zu einer Störung des Rituals kommen, wenn es zwischen Eltern dauerhafte Konflikte gibt, ein Konkurrenzkampf herrscht, wer der beste Elternteil ist, oder eine schmerzliche Vergangenheit geleugnet wird. Die Muster bei gemeinsam Erziehenden an Feiertagen reichen von hitzigen Streitereien, die jede Art von Feier unmöglich machen, über das Meiden eines Teils der Familie bis zu gespannter, jedoch zivilisierter gemeinsamer Beteiligung.

Feiern, die die Komplexität der Beziehung bestätigen und die flexibel angepaßt werden, um diese Tatsache zu reflektieren, sind davon grundverschieden. In der Familie Miller (siehe Abb. 5), bemühte sich Betty als Stiefmutter zum Beispiel aktiv darum, die Kinder ihres Mannes als volle Mitglieder ihrer erweiterten Familie einzubeziehen. Eine Tradition ihrer Herkunftsfamilie bestand darin, daß sich alle Familienmitglieder über zwölf Jahren daran beteiligten, Namen für den Austausch von Geschenken auszulosen. In diesem Jahr wurde Steve an der Auslosung beteiligt, obwohl er den ersten Weihnachtsfeiertag bei seiner Mutter verbrachte. Er verpaßte den Austausch der Geschenke mit ihrer Familie am ersten Feiertag, wurde aber, als er wieder da war, durch ein besonderes Essen daran beteiligt.

Wenn solche Experimente erfolgreich verlaufen, bedeutet das für alle Beteiligten eine Bestätigung, und diese Interaktion wird im Laufe der Zeit vielleicht ritualisiert. Trotz der großen Veränderungen in der Familienstruktur kann sich jeder einzelne völlig normal als Teil einer sich beistehenden und geachteten Familie fühlen. So wie ein respektvolles gemeinsames Erziehungsmodell der Stieffamilie einen Freiraum läßt, kann die Entwicklung eines Zusammenhalts durch erfolgreiche Erfahrungen der Stieffamilie den Eltern erlauben, entspannter und flexibler mit den anderen Haushalten umzugehen.

Sich „zu Hause" fühlen: Die Schaffung der Stieffamilieneinheit durch Alltagsrituale

Die Entwicklung des Zusammenhalts innerhalb der Stieffamilie stellt eine besondere Herausforderung dar. Bei der Herausbildung einer funktionierenden Familienidentität kann es äußerst wichtig sein, auf Alltagsmuster sowie auf die Entwicklung neuer Traditionen zu achten. Während Verbindungen zum erweiterten Familiennetz ausgehandelt werden, muß die Stieffamilie gleichzeitig ihre eigene interne Organisation festigen. Für die Kernfamilie sind die Grenzen um die eigentliche Familieneinheit klar. Jeder weiß, wo er zu Hause ist und ob er zur Familie gehört oder nicht. Für die wiederverheiratete Familie werden der Rythmus des Alltagslebens, die sich herausbildenden Familienkoalitionen und das Gefühl für die Kinder, einen „Stützpunkt" zu haben, durch die Einteilung des überaus detaillierten Zeitplans für die verschiedenen Haushalte bestimmt. In einer Familie, die ein gemeinsames Sorgerecht für beide Kindergruppen besitzt, meinte ein Junge, er fühle sich in beiden Häusern zu Hause. Doch sein Stiefbruder, der weniger Zeit im Haushalt verbrachte, kam wegen der Planung immer erst einen Tag später. Er fühlte sich nie ganz als Teil der Familie, da er das Gefühl hatte, es hätte sich vor seiner Ankunft zwischen den Stiefgeschwistern und den Eltern schon einiges ereignet.

Der Haushalt, in dem die Kinder die meiste Zeit verbringen, wird zu ihrem „Zuhause" und ist für ihre Identitätsfindung entscheidend. Kindern, die seltener da sind, muß die Stieffamilie ein Gefühl des „Zuhauseseins" in einem zweiten Haushalt vermitteln. Eine wichtige Voraussetzung, um diese Atmosphäre zu schaffen, ist eine Paarbeziehung, die auf gegenseitigem Respekt und Vertrauen beruht und das Gefühl vermittelt, die Dinge gemeinsam anzugehen. Neben der Bestätigung der engeren biologischen Subsysteme und der Einbeziehung der Mitglieder bei unterschiedlichen Gelegenheiten gelingt es manchen Paaren, das Gefühl zu vermitteln, daß dies „unser Haus" und „unsere Familienstruktur" ist. Es wird zwar gemeinsam geplant, doch die Ausführung folgt den biologischen Linien.

Ein Kurzbeispiel: Das „Zuhause" für die Bernsteins

Als David und Barbara Bernstein (siehe Abb. 1) in ihr erstes gemeinsames Haus einzogen, achteten sie darauf, daß alle Kinder die erste Nacht im Haus verbrachten, obwohl es nicht für Davids, sondern nur für Barbaras Kinder der Hauptwohnsitz werden sollte. Trotz dieser Bemühungen hat jedes Kind ein anderes Gefühl dafür, wo sein „Zuhause" ist. Andy sagt: „Mein Zuhause ist da, wo Mutter oder Vater sind." Seine Stiefbrüder Alan und Sam dagegen sind der Meinung, ihr „Zuhause" sei das Haus ihrer Mutter. Andys 16jährige Schwester Susan ist eindeutig der Ansicht, ihr „Zuhause" sei bei der

Mutter, ist sich jedoch nicht darüber im klaren, wer genau zu ihrer unmittelbaren Familie gehört. Sie mag ihre Stiefgeschwister, hat aber das Gefühl, sie müsse ausdrücklich eingeladen werden, um an ihren besonderen Ereignissen teilzunehmen. Sie fühlt sich bei ihrem Stiefvater wohl, doch ist es die Meinung ihres Vaters, nicht ihres Stiefvaters, die sich auf ihre Schulleistungen auswirkt.

Um sich irgendwo zu Hause zu fühlen, muß man relativ neutrale tägliche Ereignisse wiederholen und zu einer Routine machen. Trotz aller Terminschwierigkeiten kann sich eine Familie unmittelbar darum bemühen, regelmäßige Zeiten einzuführen, an denen alle zur „unmittelbaren Familie" Gehörenden etwas Gemeinsames unternehmen. Vielleicht stellt dies den bewußtesten Versuch dar, Familie im traditionellen Sinn der Kernfamilie zu definieren. Daß solche Zeiten zu einem Erfolg werden, ist für das Paar wichtig, denn es gibt ihnen das Gefühl, daß sie Fortschritte machen und etwas erreichen.

Für viele Familien scheint „unmittelbare Familie" alle Mitglieder zu umfassen, die irgendwann im Laufe des Monats im Haushalt wohnen. Ältere Kinder, die für sich wohnen, sind willkommen (manchmal werden sie ausdrücklich eingeladen), es ist jedoch klar, daß sie für ihre eigene Terminplanung verantwortlich sind. Sie rufen an oder kommen ab und zu vorbei; es hat den Anschein, daß sie dabei sind, für sich eine akzeptable Form der Mitgliedschaft in der Familie auszuarbeiten. Die Erwachsenen haben wenig Kontrolle über das Kommen und Gehen dieser Kinder und äußern ihre Verärgerung darüber, daß sie sich darauf einzustellen haben. Für die Kinder, die noch zu Hause wohnen, gibt es klare Hinweise, bei welchen Ereignissen ihre „Anwesenheit verlangt" wird oder „freiwillig" ist.

Ein Kurzbeispiel: Die Johnsons

Für die Familie Johnson (siehe Abb. 6), eine nichtklinische Familie, bestand das zentrale organisierende Ereignis des Tages in einer stark ritualisierten Abendmahlzeit. Am Anfang und am Ende wurde ein Tischgebet gesprochen, wer den Tisch verlassen wollte, mußte um Erlaubnis bitten, und Außensstehende blieben ausgeschlossen. Gregory und Alice Johnson fühlten sich verpflichtet, ihren Tagesablauf so zu organisieren, daß sie die Mahlzeit als Familieneinheit einnehmen konnten. Für Alices Kinder war die Verpflichtung allerdings weniger klar. Sie hatten Loyalitäten sowohl ihrer Mutter als auch ihrem Vater gegenüber und hatten zunehmend das Bedürfnis, das Image ihrer alten Familie am Leben zu erhalten. Während der Haushalt ihrer Mutter immer organisierter wurde, fühlten sie sich hin- und hergerissen. Sie weigerten sich monatelang, während der Mahlzeit mit ihrem Stiefvater zu reden, obwohl sie sich an der Form des Rituals beteiligten. Alle Bemerkungen wurden an ihre Mutter gerichtet.

Mit der Zeit zeigten die Wiederholung und das starke Engagement seitens der Erwachsenen eine Wirkung. Der Tagesablauf beruhigte sich allmählich, und es kam immer seltener zu Auseinandersetzungen. Acht Monate nach Einführung der täglichen Mahlzeit berichteten Gregory und Alice erfreut, daß sie die Kinder allein zu Hause gelassen hätten, und die Mädchen hätten das Tischgebet gesprochen, als wäre ihr Stiefvater da. Das Ritual hatte sich verselbständigt.

Bei vielen klinischen Familien besteht ein wichtiger Fokus der Behandlung im Bemühen, eine Vision für ihre einzigartige Kombination von Familienmitgliedern und Haushalten zu entwickeln und diese Vision in funktionierende tägliche Rituale umzusetzen. Während dieser Zeit muß man im Auge behalten, daß insbesondere die Kinder selbst den allerbesten Plänen der Erwachsenen Widerstand entgegenbringen werden. Wenn auch die nichtklinischen Versuchsfamilien von vielen erfolgreichen gemeinsamen Erfahrungen als Stieffamilien zu berichten wußten, so doch auch von anhaltenden Auseinandersetzungen. Kinder, die zu Besuch waren, dachten nicht an ihre guten Kleider, obwohl sie genau wußten, daß die Familie ausgehen wollte. Verabredungen mit Freunden durchkreuzten ständig die Pläne der Familie. Gleichgültig, wie groß die Auswahl fürs Frühstück war, ständig hatte jemand etwas auszusetzen.

Natürlich berichten auch Kernfamilien mit Teenagern über deren Widerstand gegenüber den täglichen Routinen, die sie als Kinder definieren. Es gibt auch einen ganz normalen Ablösungsprozeß von der Familie, wenn konkurrierende Interessen mit Freunden, der Arbeit und schulischen Aktivitäten sie weglocken und immer mehr Zeit in Anspruch nehmen. Die üblichen Kämpfe der Teenager verweisen auf die Notwendigkeit der Flexibilität in den Familienritualen, um Entwicklungsschritten Rechnung tragen zu können. Dieser Prozeß findet im Kontext lang etablierter und unbestrittener Familienmuster statt. Bei der Stieffamilie hängt der Widerstand nicht nur mit den gewöhnlichen Problemen Heranwachsender zusammen (die zweifellos vorhanden sind), sondern auch mit den Implikationen, die die Integration in ein neues, grundverschiedenes Familienmuster mit sich bringt.

Überdies bieten tägliche Ereignisse bei klinischen und nichtklinischen Familien oft recht drastisch die Gelegenheit, sich einer Beziehung zu verweigern und sich selbst als Außenseiter zu definieren. Ein Junge weigerte sich beispielsweise, in der Kirche in der Nähe seiner Stiefmutter zu sitzen. Ein heranwachsendes Mädchen erhielt wöchentliche Briefe von ihrer Stiefmutter, die sie weder beantwortete noch bestätigte. Herrn Bernsteins 19jährige Tochter lehnte Einladungen zum Essen ständig ab, kam dann aber in dem Augenblick, als der Nachtisch serviert wurde.

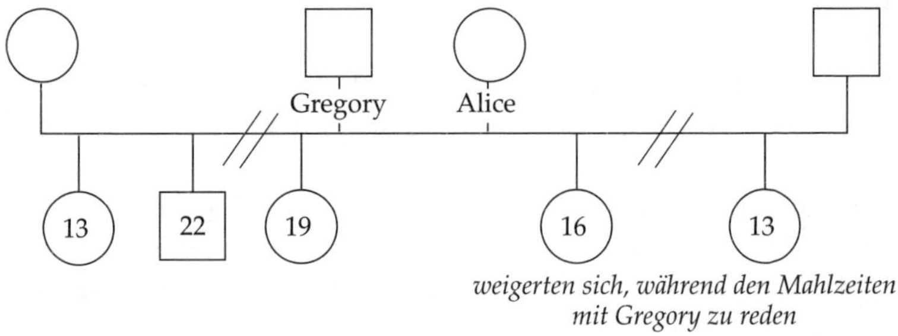

Abb. 6 *Die Familie Johnson: Die Abendmahlzeit*

In vielen Familien gibt es ein Kind, das auf die Wiederverheiratung stärker reagiert als die anderen. Dieses Kind zeigt besonders große Widerstände, sich als Familienmitglied definieren zu lassen. Das Kind glänzt zum Beispiel viel häufiger beim Abendessen durch Abwesenheit und ist am wenigsten geneigt, bei Familienzusammenkünften dabeizusein. Das hängt sowohl mit dem Widerstand des Kindes, sich einbeziehen zu lassen, zusammen (indem es sich zum Beispiel als Außenseiter definiert) als auch mit der Weigerung der Eltern, sich dem emotionalen Kampf zu stellen, der erforderlich wäre, um das Kind einzubeziehen. Dieser Prozeß kann zu einem sich verstärkenden Interaktionzirkel führen: Da es sich als Außenseiter fühlt, widerstrebt es dem Kind, sich zu beteiligen, und aufgrund der verpaßten Gelegenheiten fühlt es sich noch mehr als Außenseiter.

Wie man aus unterschiedlichen Wertvorstellungen ein Erbe erschafft

Eine Lösung zu finden für die Kollision der alltäglichen Muster, die von jeder Familie hochgeschätzte Identitätsvorstellungen enthalten, ist für die Stieffamilie die schwierigste Aufgabe. Jedes neu verheiratete Paar hat bestimmte Bereiche, in denen die Partner nicht übereinstimmen. Diese Bereiche werden zu Symbolen der Identität ihrer Herkunftsfamilien. Normalerweise wird sich das Paar damit auseinandersetzen, experimentieren und einen Kompromiß finden, sich verständigen oder etwas ändern. Bei wiederverheirateten Paaren ist das nicht anders. Doch nimmt die Auseinandersetzung mit unterschiedlichen Wertvorstellungen für diese Familien eine ganz andere Dimension an, da es auch um die Identität der Kinder geht. Unterschiedliche Werte wirken sich darauf aus, wie die Haushaltsregeln akzeptiert werden, sie beeinflussen die Beziehung zwischen den Haushalten ehemaliger Partner und auch die Beziehung zwischen Stiefeltern und Kindern.

Ein Kurzbeispiel: Wessen Zeit?

Für jede der beiden Familien der Bernsteins (siehe Abb. 1) hat Zeit eine völlig andere Bedeutung. Wenn man pünktlich ist und vorausplant, bedeutet das für Barbaras Familie, daß man verantwortungsbewußt und umsichtig handelt, um einen Weg zu finden, das, was einem wichtig ist, auch zu erreichen. Davids Familie ist dagegen der Meinung, daß man flexibel ist, wenn man Verpflichtungen bis zur letzten Minute von sich fernhält und mit dem Strom schwimmt. Dadurch bieten sich ihnen mehr Möglichkeiten. Sie vermeiden es, die Gefühle anderer absichtlich zu verletzen, erhalten die größtmöglichen Chancen, günstige Gelegenheiten, wenn sie sich bieten, beim Schopfe zu ergreifen, ohne etwas zu verpassen.

Als verheiratetes Paar haben David und Barbara es geschafft, ihre Unterschiede unter einen Hut zu bringen. Die Kinder aus den jeweiligen vorangegangenen Ehen allerdings, sowie auch Davids frühere Frau, haben damit ihre Schwierigkeiten. Sie sind ziemlich durcheinander, und es fällt ihnen schwer, die täglichen Interaktionen, die früher einen Sinn ergeben haben, zu verstehen. Eine Vorausplanung bringt Davids Kinder in einen direkten Loyalitätskonflikt mit ihren Eltern, auch dann, wenn sie eigentlich mit der Position eines Elternteils übereinstimmen.

So wirken sich Unterschiede, die normalerweise bei der Konstruktion des Wertsystems des Paares innerhalb einer Ehedyade auftauchen, auf komplizierte Weise auf das ganze System aus. Es ist dann ungemein schwierig, eine gemeinsame Familienidentität entstehen zu lassen.

In einem klinischen Setting ist es sehr wichtig, den Aufruhr wegen solchen Auseinandersetzungen zu besänftigen und zu entpathologisieren, indem man zeigt, in welchem Kontext sie stehen. Dem Therapeuten muß es klar sein, daß die explizite Untersuchung solcher Grundannahmen des täglichen Lebens zwar aufregend, aber notwendig ist. Man schlägt vielleicht vor, daß sich keine der beiden Familien zu schnell ändern sollte. Nur dann, wenn beide Traditionen aufrechterhalten werden, kann die Integration auf einer höheren Ebene stattfinden.

Familiengespräche bieten hervorragende Gelegenheiten für die Diskussion alltäglicher Angelegenheiten, die Spannungen verursachen. Um die Bedeutung der Aufrechterhaltung von Mustern aus beiden Familien zu dramatisieren, kann man eine Variation des Rituals der geraden/ungeraden Tage benutzen (Boscolo, Cecchin, Selvini Palazzoli u. Prata 1979). Wenn man die Unterschiede zwischen den Familien verdeutlicht hat, kann der Therapeut ihnen die Aufgabe stellen, sich abwechselnd eine Woche lang nach den Routinen der einen Familie und eine Woche lang nach den Routinen der anderen Familie zu verhalten, wobei jeweils der Partner die Regeln des anderen bei seinen Kindern durchsetzt.

Neue Traditionen der Stieffamilie

In den ersten Jahren nach der Wiederverheiratung werden Familientraditionen aus unterschiedlichen Quellen konstruiert. Manche entstehen dadurch, daß man neue beziehungsweise aufregende Situationen gemeinsam erfolgreich umschifft. Manche Traditionen werden von der einen oder anderen Seite der Familie übernommen. Andere repräsentieren eine kreative Lösung der Kollision konkurrierender Erbschaften.

Die Bewältigung der neuartigen Erfahrung

Viele Familien betrachten einen gemeinsam verbrachten Urlaub an einem neuen Ort als eine wichtige Erfahrung, um ihre Einheit zu festigen. Die Zeit, in der man von den Alltagsroutinen befreit ist, bietet vielfältige Gelegenheiten, neue Beziehungen auszuhandeln und zu definieren. Es wird darüber diskutiert, wer im Auto wo sitzt, wer mit wem fährt, wenn nicht alle in ein Auto passen, wie entschieden wird, wer auf dem Boden schläft oder im kleinen Zelt oder auf der Couch und so weiter. Die Familie wird mit der Aufgabe konfrontiert, das Zelt im Regen aufzuschlagen, obwohl die Stangen zu Hause vergessen worden sind. Wenn dadurch eine Lösung gefunden wird, daß alle ihre Ideen einbringen und dabei viele Witze gemacht werden, kommen sich alle Mitglieder der Gruppe näher und haben mehr Vertrauen zueinander. Im Verlauf dieser Entscheidungsprozesse entstehen neue Familienwerte. Zum Beispiel: „Keiner wird bevorzugt behandelt – wir losen um das bequeme Bett." – „Wir mieten einen Bus für den Urlaub, dann haben wir Platz für alle." – „In unserer Familie gibt es neue Altersgruppierungen – die jüngeren Kinder fahren in einem Auto, die älteren in dem anderen." – „Wenn du dich verletzt hast und deine Mutter ist weit weg, kann dich deine Stiefmutter versorgen."

Die Integration alter Rituale

Eine Art, mit Feiertagen umzugehen, besteht darin, die Traditionen einer Familie fortzuführen, ohne sie in Frage zu stellen und ohne ernsthafte Spannungen in der Stieffamilieneinheit hervorzurufen. Diese Lösung ist wahrscheinlich, wenn ein Partner überaus organisierte und ritualisierte Traditionen mitbringt, der andere jedoch nicht.

In der Familie Bernstein zum Beispiel hat Barbara gelernt, die Speisen wie ihre Schwiegermutter zuzubereiten, und liest nun die Andacht aus einem Buch, in dem ihr Name über dem durchgestrichenen Namen der früheren Ehefrau steht. Da ihre Familie das Passahfest nicht wichtig nahm, genießt sie die Gelegenheit, Traditionen zu übernehmen, die ihre Familie ihrer Meinung nach vernachlässigt hat. Das Grundmuster des Passahrituals hat sich durch Herrn Bernsteins Wiederverheiratung nicht geändert. Die alte Struktur wird mit austauschbaren Akteuren weitergeführt.

Allerdings werden in Stieffamilien viele Feiern überaus penibel auf die Zeiteinteilung der Kinder abgestimmt, die in den höchst emotionalen Jahren nach der Scheidung mühsam ausgearbeitet wurde. Häufig will man das empfindliche Gleichgewicht nicht stören, also wird der Zusammenhalt der Haushalte innerhalb dieses Rahmens entwickelt.

Die Integration von Neuem und Altem

Manche Familienfeste entwickeln sich aus einer Mischung kleiner Traditionen aus beiden Haushalten zu einer schönen Mischung aus Neuem und Altem. Die Familie Johnson beispielsweise nahm eine Reihe von Ereignissen aus beiden Familien in ihr Weihnachtsfest auf. Alices Familie fügte dem Christbaumschmuck jedes Jahr ein neues Schmuckstück hinzu. In diesem Jahr schickte Gregorys älteste Tochter etwas für den Christbaumschmuck, obwohl sie nicht dabei sein würde. Vor dem Sonntagsessen zündete Gregorys Familie den Adventskranz an. In der wiederverheirateten Familie hatte nach dem Kerzenanzünden jedes Mitglied die Gelegenheit, einige persönliche Worte zu sagen zu dem, was ihm wichtig war. Hier wurde die Form eines alten Rituals dazu benutzt, den neuen Mitgliedern der Familie das Kennenlernen zu erleichtern.

Therapeutische Implikationen

Bei der Therapie mit wiederverheirateten Familien deutet eine aufmerksame Betrachtung des Ritualprozesses auf allen drei Ebenen auf vielfältige Interventionsmöglichkeiten hin. Die hier vorgeschlagene Methode will nicht, daß der Therapeut ein Ritual als therapeutisches Werkzeug konstruiert. Vielmehr soll der Therapeut die Familienmitglieder bei der Entwicklung ihrer eigenen Ritualen ermutigen. Der Therapeut stellt das Thema der Rituale und Feierlichkeiten ausdrücklich zur Diskussion und schafft günstige Gelegenheiten, in denen sich Rituale entwickeln können. Die Vorstellungen des Therapeuten, welche Ziele die Familie anstreben sollte, sowie seine Sicht der Familienstruktur als eine im Übergang begriffene sind ganz besonders wichtig.

Die therapeutischen Schritte können eine sich kreativ und flexibel entwickelnde Familienorganisation verstärken, oder aber unerreichbaren Mythen einer idealisierten Kernfamilie Gewicht verleihen. In Abwesenheit eines etablierten gesellschaftlichen Leitfadens für die Rollen und Muster der Stieffamilie oder ihrer Sanktionierung kann der Therapeut als Vertreter der Gesellschaft dienen, der Modelle vorschlägt und Erneuerungen ermutigt.

Beschreiben Familien ein chaotisches Leben mit wenig Zusammenhalt und Bindung, ist eine eingehende Betrachtung der täglichen Routinen von Wert, um ein Gefühl der Kontrolle zu vermitteln und Gelegenheit zu bieten, ein Verwandtschaftsgefühl entstehen zu lassen. Eine bei Stieffamilien weitverbreitete Technik ist ihre Erwartung, daß alle Familienmitglieder wenigstens einmal in der Woche gemeinsam essen beziehungsweise daß alle an Familienversammlungen teilnehmen, in denen Haushaltsfragen diskutiert werden. Andere tägliche Routinen respektieren innerhalb des Kontextes der neuen Familie vielleicht Interaktionen aus der Zeit des Alleinerziehens.

Zum Beispiel klagt die zwölfjährige Eleanor darüber, daß sie seit seiner Wiederverheiratung nie mit ihrem Vater alleine ist. Sie hatten früher die schönste Zeit verbracht, wenn sie gemeinsam die Wochenendmahlzeiten planten, einkauften und dann zu seiner Wohnung zurückgingen, um zu kochen. Als sie es schaffte, ihm das zu sagen, konnte ein Plan ausgearbeitet werden, wobei die beiden für die ganze Familie einkauften. In der Regel hatte sich Eleanors Stiefmutter von Eleanor und ihrem Vater ausgeschlossen gefühlt. Dieser Plan erfüllte jedoch die Bedürfnisse aller.

Für Kinder mit sich ändernden Terminplänen kann es nützlich sein, aus den Übergangszeiten eine Routine zu machen. Eine Stiefmutter bemerkte: „Bevor ihre Mutter sie am Sonntagnachmittag abholt, wird Susan immer unleidlich. Wir haben gelernt, in dieser Zeit keine Disziplinfragen anzusprechen und etwas Ruhiges, Angenehmes zu unternehmen. Wenn sie am Freitagnachmittag ankommt, erwarten wir, daß sie in ihr Zimmer geht und ihren Koffer auspackt. Wir hoffen, daß sie sich eher zu Hause fühlt, wenn ihre Kleider wieder im Schrank hängen."

In den meisten wiederverheirateten Familien kommt es zu Spannungen und Ängsten, wenn bedeutende Feiertage nahen und sie sich mit der Notwendigkeit konfontiert sehen, unterschiedlich organisierte Feiertage miteinander in Einklang zu bringen. Sie entladen sich vielleicht in hitzigen Debatten über die Einzelheiten der eigentlichen Festlichkeiten, oder aber spiegeln sich im Aufflammen von Spannungen in anderen Bereichen. Bei einer klinischen Familie führte ein Streit über Finanzen dazu, daß sie keine Energie mehr hatten, um eine kombinierte *Hanukkah* / Weihnachtsfeier mit heimgekehrten erwachsenen Kindern zu planen. Der Streit verschleierte andere wichtige Unterschiede, die zu bedrohlich waren, um diskutiert zu werden. Bei einer anderen Familie ging die Planung der Familienfeier in der Erregung über ein erneutes gerichtliches Vorgehen unter, da der Vater und seine frühere Frau sich darüber stritten, wieviel Zeit ihr Sohn in den Schulferien bei jedem verbringen sollte.

Therapeuten berichten über die Schwierigkeiten, Familien dabei behilflich zu sein, Feiertagsaktivitäten zu entwickeln, die konkurrierende Traditionen koordinieren, weil ein Aufflammen ernsthafter Spannungen und Konflikte die eheliche Beziehung beziehungsweise die Stieffamilie als solche bedroht.

Wenn man in der Therapie versucht, eine positive Familienfeier zu konstruieren, ist es durchaus möglich, die befürchteten Unterschiede auf eine lösbare Art und Weise zu behandeln, während gleichzeitig die Voraussetzungen für einen neuen Zusammenhalt geschaffen werden. Eine solche Intervention beseitigt für diese Familien nicht die Ursachen der Schwierigkeiten. Sie kann allerdings die Intensität der Gefühle abbauen und Kraft geben, um Fortschritte zu machen. Doch bei den meisten Familien steigern sich die Gefühle nicht bis zur Zerstörung aller Traditionen. Statt dessen ermöglichen Feiertagsdebatten sowohl einen Austausch von Familiengeschichten als auch die Artikulation verschiedener Pläne darüber, wie die erhoffte Struktur der wiederverheiraten Familie sein wird. Der emotionale Lösungsdruck – denn die Familienmitglieder bedeuten sich schließlich etwas – verleiht jeder funktionierenden symbolischen Lösung Kraft.

Schließlich können wichtige Durchgangsriten, die öffentliche, formalisierte Rituale beinhalten, bei denen die erweiterte Familie beteiligt ist, als kritische Ereignisse in der Geschichte einer Familie betrachtet werden, die bedeutende strukturelle und psychologische Auswirkungen haben können. Das Antizipieren dieser Ereignisse, eine Diskussion darüber, wie die diplomatischen Komplikationen behandelt werden können, so daß anpassungsfähige Botschaften vermittelt werden, die Untersuchung der aufgeworfenen emotionalen Fragen und die Unterstützung und Anerkennung der Schwierigkeit dieser Ereignisse sind von äußerster Wichtigkeit.

Die therapeutische Betrachtung des Prozesses der Identitätsbildung in einer aus zwei Kernen bestehenden, wiederverheirateten Familie erfordert, daß die Familie sich mit einer eingehenden Untersuchung der komplizierten Wahlmöglichkeiten hinsichtlich der Wertvorstellungen auseinandersetzt. Ferner muß sie sich mit vorgefaßten Meinungen über Verwandtschaftsmuster, mit den Verpflichtungen gegenüber der Familie und mit den Ergebnissen innovativer Experimente im Alltag auseinandersetzen.

Sowohl bei den klinischen als auch bei den nichtklinischen interviewten Familien ergaben sich Möglichkeiten für die Etablierung funktionierender und nicht funktionierender Familienrituale. Die klinischen Familien tendierten eher dazu, sehr schwierige Beziehungen zu ehemaligen Partnern zu haben, und einige schafften es nicht, mit den Mitgliedern ohne Reibung zusammenzukommen. Wenn auch alle nichtklinischen Familien Beispiele von sehr erfolgreichen Feiern angeben konnten, gab es in jeder auch Zeiten, in denen es zu Spannungen im Haushalt oder zu Schwierigkeiten mit früheren Partnern kam.

Da der Therapeut weiß, daß in den ersten Jahren einer Wiederverheiratung eine Familie gezwungen ist, Muster auf allen Ebenen der Interaktion zu überprüfen, kann er in der scheinbar endlosen Periode, in der „nichts klappt", eine unterstützende Rolle spielen. Indem er einer zu schnellen Konsolidierung von Mustern vorbeugt, die die Realität der Komplexität der Stieffamilie leugnet, kann er die Entwicklung einer neuen Struktur ermutigen, die alle Mitglieder bestätigt und Raum läßt für die Entwicklung echter Beziehungen. Mittels expliziter Planung und umsichtiger Verhandlung kann man bei formellen Festlichkeiten und informellen Traditionen Raum lassen für alle emotional wichtigen Familienmitglieder.

Insbesondere wenn Verbindungen durch die Kinder eine größere gemeinsame Verwandtschaft zur Folge haben, werden rituelle Anlässe zum Vehikel für Änderungsmitteilungen – es hat eine Scheidung und eine Wiederverheiratung gegeben –, während sie gleichzeitig Kontinuität ausdrücken – die Familie besteht nach wie vor, und die traditionellen Volljährigkeitsfeiern werden wie eh und je lebhaft gefeiert.

Unter solchen Umständen können Kinder und Erwachsene ein Zusammengehörigkeitsgefühl entwickeln, und sie schaffen es, die Verbindung zur Vergangenheit aufrechtzuerhalten und gleichzeitig ihre Zukunftsperspektiven zu erforschen.

IV. Rituale, Familien und der größere Kontext

9. Die Verwendung von Ritualen bei der Neudokumentierung psychiatrischer Fallgeschichten

Janine Roberts
„Alexandra"
„Julius"[36]

Alexandra war als Patientin eines angesehenen psychiatrischen Krankenhauses vor zwanzig Jahren als „schizophren" diagnostiziert worden. Nachdem sie einige Jahre später in ein anderes Krankenhaus eingewiesen worden war, lautete die Diagnose auf „chronische, undifferenzierte Schizophrenie". Zehn Jahre später stellte man Alexandra in einer Einzeltherapie die Diagnose einer „schizoiden Persönlichkeit". In einer weiteren psychiatrischen Einschätzung wurde kürzlich festgestellt, sie habe einen „Märtyrerkomplex". In der Zwischenzeit wirkten sich die Etiketten, mit denen sie versehen worden war, so aus:

(1) Sie entfernten sie und ihren Mann von den substantiellen Ressourcen, die sie einander bieten konnten, da „die Experten doch sicher besser Bescheid wissen";
(2) sie verstärkten Alexandras Abhängigkeit von externen Helfern;
(3) sie veranlaßten die beiden Kinder, auf den „Zustand" ihrer Mama zu achten und darauf, wie sie ihr helfen konnten;
(4) sie verdeckten den Zusammenhang zwischen Alexandras symptomatischem Verhalten und den sehr ernsten Familienproblemen, unter anderem medizinische Probleme, der Alkohol- und Drogenmißbrauch ihres Sohnes, Scheidungen der beiden Kinder, et cetera; und
(5) sie hielten Alexandra in einer Doppelbindung, in der sie sich wegen ihrer Schwierigkeiten nicht auf ihre eigene, nicht unbeträchtliche Intelligenz verlassen konnte. Wie sie sagte: „Wie hätte man meinem eigenen Urteil über meine „Krankheit" trauen

36 Ich möchte mich bei „Alexandra" und „Julius" ganz besonders für ihre Bereitschaft bedanken, mir ihre Ansichten über den in diesem Kapitel dargelegten Therapieverlauf mitzuteilen. So wie ich während der gesamten Behandlung von ihnen gelernt habe, habe ich auch von ihnen gelernt, während wir dieses Kapitel gemeinsam schrieben. Ich möchte mich auch für die Arbeit des Teams, Alexander Blount, Stuart Golan und Lynn Hoffman, bedanken. – J.R.

können, wo ich doch krank war?" Letztendlich erfüllten die Etiketten die Familie mit großer Sorge, daß Alexandra nie wieder gesund werden würde.

Das medizinische Modell: Der Prozeß des Etikettierens

Das medizinische Modell psychischer Krankheiten hatte sowohl in der Frage, wie die Beziehungen zwischen Therapeut und Klient definiert werden, als auch in der Frage, wie die Probleme identifiziert werden, weitreichende Implikationen auf die psychiatrischen Disziplinen. So basiert beispielsweise die Zahlungsmethode der Versicherungen auf der Systematik identifizierbarer Krankheiten *innerhalb* einer Person (*DSM-III*). Die Verwendung dieses Klassifizierungssystems (das auf dem medizinischen Modell aufbaut) ignoriert auf zwei Ebenen den sozialen Kontext von psychischen Schwierigkeiten.

Zum einen gründet sich die Diagnose auf die Vorstellung, die Krankheit befinde sich innerhalb der Grenzen einer Person. Zweitens erkennt die *DSM-III*-Systematik nicht an, daß ihre diagnostischen Kategorien innerhalb eines größeren sozialen Kontextes entwickelt wurden und existieren, in dem die Etiketten und die Bedeutungen, die diesen Etiketten gegeben wurden, sich im Verlauf der Zeit und je nach Kultur wandeln. Bei seiner Beschäftigung mit der sozialen Theorie des Etikettierens hat N.E. Waxler (1981) erklärt, wie die Ausdrucksformen unterschiedlicher Geisteskrankheiten häufig den kulturellen Erwartungen entsprechen:

> Eine über fünf Jahre in Sri Lanka durchgeführte Nachuntersuchung diagnostizierter „Schizophrener" (meine Anführungszeichen) zeigt, daß die soziale Anpassung und der klinische Zustand nach fünf Jahren bemerkenswert gut sind. Die Ergebnisse bei Patienten in Sri Lanka stehen in Einklang mit ähnlichen Individuen aus anderen traditionellen Gesellschaften, wie zum Beispiel Nigeria und Indien, und unterscheiden sich durchweg von Ergebnissen, die bei schizophrenen Patienten in Industrieländern erzielt wurden. So reicht zum Beispiel der Anteil als „schizophren" etikettierter Individuen, bei denen die Krankheit nicht mehr auftritt, von 58 Prozent in Nigeria, 51 Prozent in Indien, 40 Prozent in Sri Lanka bis zu sieben Prozent in der UdSSR und sechs Prozent in Dänemark.

> Diese großen und beständigen Unterschiede legen nahe, daß psychiatrische Patienten in Industriestaaten in einer Weise behandelt werden, daß ein großer Teil von ihnen von ihren normalen Rollen entfremdet werden und ihre Symptome beibehalten. Dagegen fördern die Überzeugungen und Praktiken in nicht-industrialisierten Staaten eher kurzfristige Krankheitsverläufe und eine schnelle Rückkehr zur Normalität. *Demnach sind wohl die kulturellen Unterschiede in der Prognose das Resultat von auf der Kultur basierenden Etikettierungsprozessen.* (a.a.O.: 300)

Der kulturelle Kontext einer Etikettierung hat nicht nur Einfluß darauf, wie Geisteskrankheiten gesehen werden, der Etikettierungsprozeß beeinflußt auch die Definition der Beziehung zwischen Klient und Helfer. Da die Diagnose in der Psychiatrie ihre Wurzeln im medizinischen Modell der Krankheit hat, definiert sie traditionsgemäß ein hierarchisches Modell, bei dem ein Experte eine statische Analyse abgibt, die mehrere Dinge in sich einschließt. Erstens die Ansicht, daß es der Psychiater am besten weiß und der Patient seiner Expertenmeinung folgen sollte. Zweitens impliziert die Diagnose die Ansicht, daß Ursachen entdeckt, Behandlungsmethoden vom Experten umrissen und vom Klienten befolgt werden können (Robitscher 1980). Drittens wird das Problem als der Person immanent angesehen, die das symptomatische Verhalten zeigt, wodurch „Krankheit" verdinglicht wird als etwas, das im Innern existiert, und die unterschiedlichen Interaktionsebenen werden nicht mit Blick auf das problematische Verhalten hin untersucht.

Allerdings ist die Diagnose in Medizin und Psychiatrie, wie Michael Glenn (1984) hellsichtig dokumentiert hat, weit mehr ein Prozeß des Ausprobierens als gemeinhin zugegeben wird. Ferner illustrieren Ereignisse in der Entwicklungsgeschichte des Klassifizierungssystems der *American Psychiatric Association (APA)*, daß die diagnostischen Kategorien nicht die „Wahrheit" sind, sondern innerhalb eines relativen kulturellen Kontexts existieren.

Homosexualität, die in *DSM-III* jahrelang als Unterkategorie von Persönlichkeitsstörungen aufgelistet war, wurde 1973 umgewandelt in eine „Störung der sexuellen Orientierung (Homosexualität)". Homosexualität wurde nunmehr nur dann als Krankheit angesehen, wenn eine Person darunter litt und dies äußerte. Das ist ein neues Kriterium für eine Störung (Robitscher 1980). Die offenen Diskussionen in der APA darüber, ob es sich bei Homosexualität um eine diagnostische Kategorie einer Dysfunktion handelte oder nicht, und der sich entwickelnde Konsens, daß sie wie oben beschrieben dargestellt werden sollte, zeigen die geänderten gesellschaftlichen Ansichten über Homosexualität.

Die Tatsache, daß eine Diagnose eine konstruierte Wirklichkeit ist, wurde im Verlauf der fünf Jahre, in denen das *DSM-III*-Handbuch aufgestellt wurde, durch die Unterschiede offenkundig, die bei der Diskussion auftraten: Sollte Koffeinvergiftung als eine diagnostische Kategorie hinzugefügt, Hysterie weggelassen, Neurosen in Angststörungen geändert werden, et cetera?

„Diagnose ist ein soziales Ereignis." (Glenn 1984: XXIII). Im diagnostischen Prozeß wird zwischen Helfer und Klient eine Bedeutung geschaffen über die Ätiologie der Krankheit, wie sie zu „heilen" ist und welche langfristigen Auswirkungen sie hat. Glenn hält es für notwendig, die Diagnose als gemeinschaftlichen, beschreibenden Prozeß zu behandeln und nicht als statische, mysteriöse Etikettierung.

Rituale und therapeutischer Prozeß

Zwanzig Jahre nach ihrer ersten Diagnose begann Alexandra mit ihrem Mann Julius eine Familientherapie. Die Therapeutin, die mit beiden gearbeitet hat, hat dieses Kapitel in Zusammenarbeit mit Alexandra und Julius geschrieben. Darin untersuchen wir die neunmonatige Familientherapie und auch die Auswirkungen der traditionellen Diagnostik früherer Interventionen auf die Familie. Es wurden drei Rituale benutzt, um der Familie mehr Ressourcen zugänglich zu machen und um die Etikettierung Alexandras zu beenden.

Alexandra hatte eine bestimmte Identität, die von den Institutionen als die einer psychisch kranken Person definiert worden war. Wenn es zu einer Etikettierung kommt, können andere Aspekte des Selbst an Bedeutung verlieren, und die Zwänge eines Etiketts führen häufig dazu, daß sich die Betroffenen selbst als von anderen deutlich unterschieden sehen. In diesem Fall verwendeten wir ein Ritual, das die Identität umdeutete, um (1) die Beziehungen zwischen der Familie und externen „Experten" neu zu gestalten, (2) das Stigma früherer Etiketten zu entfernen und (3) um neue Beziehungsmöglichkeiten innerhalb der Familie zu verdeutlichen, die die Stärken der beiden

Partner unterstrichen und im Gleichgewicht hielten. Ferner halfen zwei sitzungsexterne Rituale, die Familie aus der Therapie zu verabschieden und die Wichtigkeit der Verbundenheit der Familie, im Gegensatz zu der Verbundenheit zwischen Alexandra und den externen „Experten", zu betonen.

Ein Dokument, das am Ende mit der Familie verfaßt und rituell vom Team unterschrieben wurde, wurde zum Schritt von der Etikettierung während der Behandlung zu einer gemeinschaftlichen Zusammenfassung der Schwierigkeiten und Stärken der Familie. Daten über die dreijährige Nachuntersuchungsperiode sind enthalten.

Behandlungsbeginn

„Wir hoffen, daß diese Familiengeschichte keinem Mitglied die Rolle eines Helden oder Schurken zuweist, sondern einfach von Menschen handelt, die ihre Ängste und Hoffnungen, Stärken und Schwächen, Erfolge und Mißerfolge miteinander teilen. Paulus schrieb über die Kirche, als er sagte: ‚Wenn ein Mitglied leidet, leiden alle gemeinsam, wenn ein Mitglied geehrt wird, freuen sich alle gemeinsam.' Bei Familien ist es auch so."

Alexandra und Julius

Eine Frau und ihr Mann, jeweils Mitte und Ende Sechzig, wurden von einer benachbarten Notambulanz an unser Familientherapieteam überwiesen. Die Frau, Alexandra, hatte einige Tage in der Notaufnahme verbracht, nachdem sie vergeblich versucht hatte, von einem privaten psychiatrischen Krankenhaus aufgenommen zu werden. Sie hatte danach versucht, in einer öffentlichen Nervenklinik Aufnahme zu finden. Alexandra beklagte sich, sie sei depressiv (seit sie zwölf war) und habe Angst, sie könne Selbstmord begehen – eine Angst, eines Tages so deprimiert zu sein, daß sie Selbstmord begehen würde, obwohl sie meinte, sie habe diesen Punkt bisher noch nicht erreicht. 1966 und 1972 war sie zweimal im Krankenhaus. Sie hatte dort erst das Etikett „Schizophrenie" und dann das Etikett „chronische undifferenzierte Schizophrenie" erhalten. Sie hatte sich auch eine Zeitlang einer Einzeltherapie unterzogen, wo sie als „schizoide Persönlichkeit" diagnostiziert worden war (siehe Abb. 1). Alexandra beschrieb die Auswirkung der Diagnosen folgendermaßen:

„Beim Streiten über die Richtigkeit eines einer Person auferlegten Etiketts lassen sich viel Zeit und Mühe verschwenden, die besser genutzt werden sollten, um die Auswirkungen anzusprechen, die eine Etikettierung auf die etikettierte Person hat. Die Auswirkungen eines ‚schlechten Arztberichtes' können fürchterlich sein. In meinem Fall hatte die Etikettierung eine verheerende Auswirkung darauf, wie ich mich selbst sah. Ich kann nicht leugnen, daß ich bedenkliche Symptome an den Tag legte, obwohl ich der Meinung bin, daß auf emotionalen und physischen Streß, der diese Episoden begleitete, keine Rücksicht genommen wurde, wie auch nicht darauf, daß ich keine Medikamente nehmen konnte ohne gefährliche allergische Nebenwirkungen. Die Etikettierung führte zu einer tiefen Angst, ich könnte psychotisch sein und mich eines Tages umbringen. Freilich hätte die Etikettierung auch einen anderen Zweck erfüllen können, nämlich eine Institution nach einer besonders verheerenden Intervention zu schützen.

Als ich am Anfang in dem angesehenen Institut aufgenommen wurde, das mich schließlich als ‚schizophren' etikettierte, war ich ganz ruhig, als ich mich einschrieb, denn ich war überzeugt, ich würde die bestmögliche Behandlung erhalten. Statt dessen kam ich in eine Abteilung, die man als ‚das Loch' bezeichnete, und wurde von einem jungen Arzt mit hohen Dosen persönlichkeitsverändernder Medikamente ruhiggestellt. Nach sechs Wochen wurde ich als Notfall in ein Krankenhaus verlegt, wo man mich wegen akuter Arzneimittelvergiftung aufgrund allergischer Reaktionen mit Stereoiden behandelte. Darüber hinaus geriet ich durch die Etikettierung in eine klassische Doppelbindung, denn wenn ich ihren Wahrheitsgehalt in Frage stellte, konnte das tatsächlich so aussehen, als ob diese Widerstandshaltung ihre Richtigkeit bestätige.

Wörter haben tatsächlich eine Macht und können erleuchten oder verdunkeln. Sie können benutzt werden, um einem anderen zu helfen oder um sich selbst zu schützen. Wörter, die wie ein Schwert in einen Patienten hineinschneiden, können für den Arzt ein starker Schild sein. In meinem Fall fühlte ich mich so, als hätte man mir eine Examensarbeit zurückgegeben, die im voraus mit einer ‚6' bewertet wurde. Julius war über die psychiatrischen Etiketten, die sein Selbstvertrauen bedrohten, erschrocken und eingeschüchtert."

Das Paar war in Rente, wobei Julius täglich noch ein paar Stunden arbeitete. Einer der Auslöser, weshalb die Frau gegenwärtig ins Krankenhaus ging, war offenbar ein Streit mit ihrer erwachsenen Tochter und auch mit ihrem seelsorgerischen Berater. Alexandra fühlte sich dem seelsorgerischen Berater sehr nahe und hatte bei ihm schon über ein Jahr lang Hilfe gesucht. Als er meinte, ihr nicht mehr helfen zu können, sagte er zu ihr: „Sie sollten einen Psychiater aufsuchen." Zu dieser Zeit hatten sich Julius und Alexandra um eine Paartherapie bemüht. Alexandra meinte, die vergangenen Krankenhausaufenthalte und manche Aspekte der Einzeltherapie hätten ihr nicht wirklich geholfen. Verständlicherweise stand Julius der Therapie skeptisch gegenüber. Alexandra kommentierte später: „Ich war nicht gerade eine gute Werbung dafür."

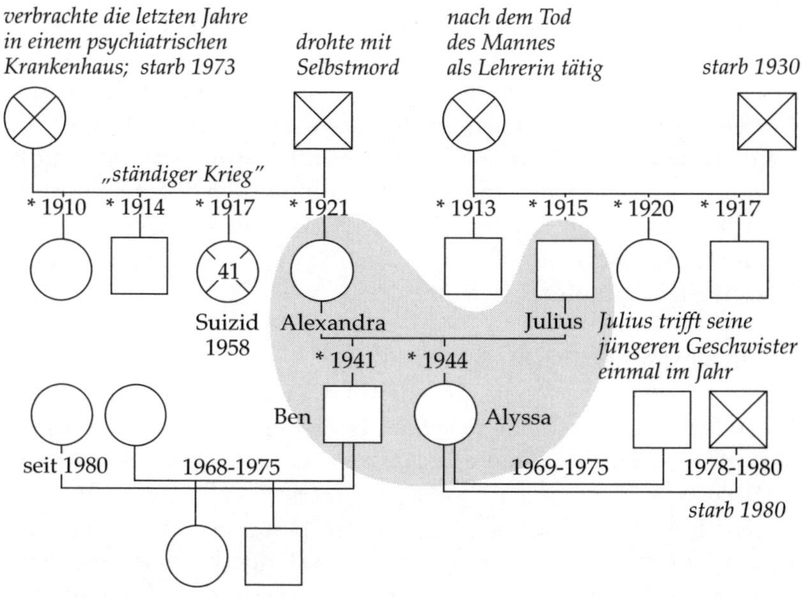

Abb. 1 *Alexandra und Julius*

„Mit der bemerkenswerten einmaligen Ausnahme, als der Therapeut Julius und mich gemeinsam behandelte (als ich mich von einem gemeinsamen Freund angezogen fühlte), wurde Julius bei allen anderen Interventionen ignoriert. Aufgrund meines fehlgeleiteten Vertrauens in sogenannte Experten (eine Lektion, die ich mit den Jahren in meiner Arbeit in einem Rechtsanwaltsbüro gut gelernt hatte) und auch aufgrund der Ethik traditioneller Therapiemethoden, die es scheinbar erforderten, daß die Behandlung in einem Vakuum stattfand, wurde er in die passive Rolle unglücklichen Leidens gezwungen."

Alexandra

Das klinische Setting

Dieses Paar und die Familie wurden in einer Ambulanz behandelt, in der ich als Mitglied eines Teams tätig war, das aus Sandy Blount, Stuart Golan und Lynn Hoffman bestand. Wir bezogen uns primär auf den Mailänder Ansatz, obwohl ich, wie an anderer Stelle beschrieben (Roberts 1986), besonders daran interessiert war, die Ressourcen der Familie anzuzapfen. Dies konnte manchmal bedeuten, auf andere Familientherapiemodelle zurückzugreifen, die besser zum eigenen Stil der Familie paßten, Hilfe zu suchen.

Ich arbeitete mit der Familie vor dem Spiegel. Als das Paar zu Beginn der ersten Sitzung meine Frage, ob es den Rest des Teams treffen möchte, mit „ja" beantwortete, kam das Team ins Zimmer, um sich vorzustellen. Stuart, Sandy und Lynn wurden von Alexandra prompt als „die Jungen und Mädchen hinter dem Spiegel" tituliert (aus dem Lied von Marlene Dietrich: „Was wollen die Jungs im Hinterzimmer haben?"). Die „Jungen und Mädchen" blieben bis zur letzten Sitzung hinter dem Spiegel.

Behandlungsüberblick

Während der neun Monate, die wir mit der Familie arbeiteten, gab es drei deutlich unterschiedene Behandlungsphasen. Die Phasen lassen sich grob in drei Sitzungen pro Phase unterteilen (insgesamt neun Sitzungen).

In der *ersten Phase* sammelten wir Hintergrundmaterial und ließen ihr *Leben Revue passieren*, um ein systemisches Bild zu gewinnen. Wir luden auch die erwachsenen Kinder ein, um herauszufinden, wie sie die derzeitige Krise einschätzten und wie sie vielleicht helfen könnten.

In der *zweiten Phase*, als es zu einigen Veränderungen kam (viele davon wurden von den Partnern selbst initiiert oder durch den Prozeß zirkulären Befragens ausgelöst), konzentrierten wir uns primär darauf, die Veränderungen in den verschiedenen Teilen des Systems zu verankern.

In der *letzten Phase* entfernten wir uns vom Zentrum des Therapieprozesses im Zimmer und wandten uns dem therapeutischen Prozeß außerhalb des Therapiezimmers zu. Alexandras Diagnosen aus der Vergangenheit erhielten ein neues Etikett. Die drei beschriebenen Rituale wurden in der zweiten und dritten Phase durchgeführt.

Erste Phase der Therapie: Das Fundament wird gelegt

In den ersten drei Sitzungen konzentrierten wir uns darauf, genügend Hintergrundinformationen zu sammeln, um zu verstehen, weshalb Alexandra in ihrer Familie jahrzehntelang als „Patientin" bezeichnet wurde, und darauf, ein Fundament zu legen, von dem aus sich ihre Symptome systematischer betrachten ließen. Wir wollten auch abschätzen, inwiefern wir über ihre oder die Sicherheit anderer Familienmitglieder besorgt sein müßten. Auch wollten wir einen Blick werfen auf die Dynamik der Familie jenseits des Paares, dazu gehörten ihre beiden erwachsenen Kinder und externe Helfer.

Bei der Arbeit mit den wichtigen Leuten des Systems während der ersten drei Sitzungen tauchte eine frappierende Polarität auf. Julius war „der Klotz", wie es Alexandra ausdrückte, im Vergleich zu ihr nicht sehr gesprächig und eher zufrieden, wenn er allein war. Dennoch strahlte er eine Zuverlässigkeit und Großzügigkeit aus, die sie wirklich zu schätzen schien, vor allem in den Anfangsjahren ihrer Ehe. Julius hielt Alexandra für „gescheit und geistsprühend", für schlauer als sich selbst, für redselig, gesellig und einen Menschen, der gern unter Leuten ist. Diese zwei unterschiedlichen Lebensstile spiegelten sich in verschiedenen Bereichen wider, zum Beispiel wie sie ihre Kinder erzogen, mit Streß umgingen und mit „Außenstehenden" interagierten.

Alexandra hatte viel mehr mit der Erziehung der Kinder zu tun, und da die Kinder im Laufe der Zeit in Schwierigkeiten wegen Alkohol und Drogen gerieten, es zu zwei Scheidungen und dem Tod eines ihrer Partner kam, wurde sie viel eher in die Schwierigkeiten hineingezogen und regte sich mehr darüber auf. Unter Streß war sie schlaflos und unruhig. Dies steigerte ihr Kontaktbedürfnis, insbesondere wollte sie mit Julius reden.

Das gewöhnliche Bewältigungsmuster von Julius sah so aus, daß er sich von Menschen zurückzog und zu einem „schlafenden Bär" wurde. Da ihr Ehemann nicht zur Verfügung stand, wandte sich Alexandra außerhalb der Familie an Berater, Freunde oder an das Kind, mit dem sie gegenwärtig gerade keine Probleme hatten (die Kinder schienen sich in ihrem symptomatischen Verhalten abzuwechseln). Offensichtlich kam es dann innerhalb und außerhalb des Systems zur Eskalation, wenn Julius im Vergleich mit den externen Helfern ungünstig abschnitt. Wie Alexandra mehrmals sagte: „Ich mußte jemanden bezahlen, der mir zuhörte".

Alles schien noch problematischer zu werden und außer Kontrolle zu geraten, wenn ein externer Helfer (ein enger Freund, der Einzeltherapeut, der seelsorgerische Berater oder Alyssa, die Tochter) mehr auf Distanz ging oder aus irgendeinem Grund nicht zur Verfügung stand. Alexandra hielt dann noch weiter außerhalb der Familie Ausschau nach Beistand. Durch ein dramatisches Verhalten wurden rasch neue Helfer engagiert und Krankenhäuser ins Spiel gebracht. Diese äußere Spirale vergrößerte die Entfernung zwischen ihr und Julius noch.

Die Familiengeschichte vermittelte uns eine Ahnung von den Entwicklungsfähigkeiten, die der Stil der beiden Eltern und Alexandras besondere Rolle besaßen. Julius war der älteste seiner Geschwister, als sein Vater unerwartet starb, nachdem eine unsachgemäße medizinische Intervention dazu geführt hatte, daß er zu Hause im Bett verblutete. Als Teenager mußte Julius plötzlich seine eigenen Bedürfnisse und Wünsche zurückstellen, um seiner Mutter zu helfen, die Familie zu versorgen. Wie es Julius ausdrückte: „Ich lernte, Lasten zu tragen und sie für mich zu behalten." Die Übernahme dieser Verantwortung, daß er „tat, was getan werden mußte", schien zur Trennung von seinen jüngeren Geschwistern geführt zu haben. Obwohl sie in der Gegend wohnten, sah er sie nur einmal im Jahr.

Alexandra kam von einer unbeständigeren Familie, in der viel gestritten wurde, mit einem Vater, der mit Selbstmord drohte, und einer Schwester, fast gleich alt wie Alexandra, die sich vor 30 Jahren tatsächlich umgebracht hatte. Alexandra wußte auch, daß sie ein „ungewolltes Kind" war (sie war nicht „geplant"), und sie meinte: „Ich lernte in der zweiten Klasse, Außenstehende um Hilfe zu bitten." Auch verbrachte Alexandras Mutter ihre letzten Lebensjahre in einem staatlichen Krankenhaus, nachdem sie nach dem natürlichen Tod ihres Mannes rapide abgebaut hatte.

Als wir in der ersten Sitzung die obigen Informationen sammelten, konzentrierten wir uns auch darauf, ob jemand in der Familie ein Risikofall sei. Wir fanden heraus, daß die Befürchtung nicht darin bestand, daß Alexandra eines Tages Selbstmord begehen könnte, sondern darin, daß sie irgendwann Selbstmord*gedanken* haben könnte. Uns fielen auch einige Kommentare Alexandras auf, die besagten, daß es für sie sehr mühsam sei, diese Daten wiederzukäuen, und die darauf anspielten, daß ich (die Therapeutin), da ich jünger sei, das wohl nicht verstehen könne.

Wir gaben der Familie nach der ersten Sitzung die folgende Mitteilung:

> „Sie haben sich über eine Reihe von Jahren sehr intensiv mit diesen Fragen beschäftigt. Wir brauchen Zeit, um alle Informationen zu sammeln und um genau zu schauen, was Sie schon alles probiert haben, damit wir nicht dieselben Dinge wiederholen.
>
> Zur nächsten Sitzung würden wir gerne Alyssa und Ben einladen, damit wir deren Sicht der Dinge kennenlernen und das, was wie ein Handel zwischen ihnen aussieht, als sie sich mit ihren Problemen abwechselten.
>
> Wir möchten Ihnen auch mitteilen, daß uns die wechselnden Sorgen auffallen, ob Alexandra sich etwas antun könnte oder nicht. Es scheint, daß die größte Angst jene vor Selbstmordgedanken ist – die Angst daran zu denken, weniger die Befürchtung, daß Alexandra tatsächlich Selbstmord begehen könnte.
>
> Alexandra, für Sie habe ich eine Mitteilung vom Team: Sie würden doch die Gefahr nicht herunterspielen, wenn Sie damit jemanden schützen wollten."

Diese Mitteilung reflektiert die Hypothese des Teams, daß Alexandra mit ihren Hilferufen an externe Systeme vielleicht für andere Familienmitglieder um Hilfe bittet. Das Team fragte sich, ob sie nicht tatsächlich jemand anderen beschützte.

Alexandra antwortete: „Genau, ich würde versuchen, jemand zu beschützen. Ich hätte nie gedacht, daß sich meine Schwester umbringen würde." Julius und Alexandra nahmen die Unterschiede zwischen der Angst vor Selbstmordgedanken und der Angst, tatsächlich Selbstmord zu begehen, aufmerksam zur Kenntnis. Auch schienen Sie sich darauf zu freuen, ihre Kinder zur Therapie einzuladen, und begannen das sogleich zu planen.

Die Kinder nahmen mit ihren Eltern an der zweiten Sitzung teil, und wir stellten zirkuläre Fragen hinsichtlich des unterschiedlichen Stils der Eltern. Angesichts der Tatsache, daß beide Kinder über 40 Jahre alt waren, verhielten sich Alexandra und Julius immer noch sehr als erziehende Eltern. Alyssa, die Tochter, war gerade wieder zu Hause ausgezogen. Ben war mal da und mal hier, wohnte bei ihnen nach seiner Militärzeit und nachdem seine erste Ehe gescheitert war. Die fortgesetzte elterliche Einmischung schien wohl damit zusammenzuhängen, daß die Kinder viel Aufmerksamkeit nötig hatten, als sie klein waren. Alyssa war eine Frühgeburt, und Ben hatte zahlreiche Allergien und Hautausschläge entwickelt. Folglich hatten beide Kinder ständig mit Ärzten zu tun, und für ihre Ernährung, die Medikation, das nächtliche Füttern, et cetera mußte viel Aufmerksamkeit aufgebracht werden.

Überdies hatte Alyssa eine Unterfunktion der Hypophyse, wodurch sie sehr klein war. Sie war auch gehemmt in ihrer sekundären sexuellen Entwicklung. Ihre Eltern berichteten, sie habe während der Pubertät für ihr Alter viel jünger ausgesehen. Wegen der physischen Schwierigkeiten war nicht klar, wann sie von einem Kind zu einer Heranwachsenden und zu einer jungen Erwachsenen geworden war.

In den ersten Jahren des Familienlebens arbeitete der Vater Nachtschicht (12-13 Stunden), und die Familie war recht arm. Julius sagte, er habe sich nur am Rande mit der Erziehung und der Arbeit mit den Kindern beschäftigt, als diese älter wurden, weil er der Ansicht gewesen sei, Alexandra sei klüger und viel besser in diesen Dingen als er. Alexandra störte dies mit der Zeit, da es bei Julius immer länger dauerte, bevor er sich um etwas Sorgen machte. Während der Teenagerzeit der Kinder fühlte sie sich von Julius nicht unterstützt, wenn die Kinder zum Beispiel Verabredungen hatten, zu spät nach Hause kamen und mit Alkohol experimentierten.

Wir stellten auch eine Reihe von Fragen über den Vater und sein Rentnerdasein, wie er die letzten Jahrzehnte seines Lebens erlebte und welche Sorgen sich andere Familienmitglieder über ihn gemacht hatten. Es wurden reflexive Fragen gestellt, wie lange die Kinder noch die Eltern benötigten und wann die Eltern die Kinder nötig haben würden – wobei wir betonten, daß Alyssa und Ben jetzt erwachsen seien und darüber nachzudenken hätten, wie und wann sie ihren Eltern einmal zur Verfügung stehen könnten.

Am Ende der Sitzung dankten wir Alyssa und Ben für ihr Kommen und warnten sie alle vor zu großen und zu schnellen Veränderungen (das Paar hatte berichtet, sie würden viel mehr miteinander sprechen und wüßten die Stärken ihrer unterschiedlichen Stile zu schätzen; Alexandra meinte, sie fühle sich nun viel besser). Wir erwähnten auch, daß die Furcht vor Selbstmordgedanken hilft, die Dinge zu verlangsamen.

In der dritten Sitzung erkundigten wir uns über die Erfahrungen des Vaters beim Erwachsenwerden und in der Ehe, da es immer leichter war, von Alexandra, der „Sprecherin" der Familie, Informationen zu bekommen. Wir gewannen den Eindruck, daß Julius durch Alexandras psychiatrische Behandlung, eine Sache, mit der er nie etwas zu tun hatte, abgeschreckt worden war. Angesichts seines Selbstbildes als jemand, der nicht so schlau und fähig war wie Alexandra, und der durch die Diagnose vermittelten Schwere des Problems, war seine Haltung: „Sollen die Experten mit ihr arbeiten. Ich weiß nicht, wie ich ihr helfen soll. Sie müssen es wissen. Wenn die ihr nicht helfen können, wie soll ich es dann?" Je mehr er diese Haltung einnahm, umso mehr regte sich Alexandra natürlich über seine Distanz auf, und umso mehr suchte sie Hilfe außerhalb.

Zweite Phase: Veränderungen

In den nächsten drei Sitzungen berichtete das Paar von zahlreichen Veränderungen. Alexandra konnte wieder besser schlafen, hatte einen größeren Appetit und fühlte sich besser. Alexandra und Julius redeten miteinander. Julius beteiligte sich mehr am Umgang mit den Kindern, und sie unterstützten sich gegenseitig, ihnen bestimmte Grenzen zu setzen. (Als Alyssa beispielsweise ziemlich regelmäßig zu Essenszeiten aufkreuzte, warteten sie ab und servierten erst dann das Essen, wenn sie gegangen war. Wie sie sagten: „Das hatte schließlich seine Wirkung.") Während dieser Phase reiste das Paar nach Europa. Dies hatten sie sich ein Leben lang gewünscht (es war ihre erste große Reise), aber Alexandra hatte befürchtet, sie würde für die Reise zu deprimiert sein. Sie verbrachten eine wunderbare Zeit zusammen, ohne sich um die Kinder Sorgen zu machen. Sie schickten uns mehrere Postkarten in die Klinik. Sie schrieben unter anderem:

> „Wir verbringen eine so tolle Zeit, daß ich mich überhaupt nicht mehr erinnern kann, worüber ich mir Sorgen gemacht habe!! Es

ist absolut Spitze! Ich wünschte, wir hätten das schon früher gemacht! Lieber spät als gar nicht, oder? Grüße an die Buben und Mädels im ‚Hinterzimmer'!"

Als sie wiederkamen, brachten sie uns allen Schweizer Schokolade mit.

Das Ziel dieser Behandlungsphase war es, sie zu einem langsameren Vorgehen zu zwingen, die Veränderungen zu verankern und zu versuchen, eine stärker systemische Sicht der gesamten Familie zu gewinnen, hinsichtlich der Frage, wie Alexandra um Hilfe bat. Bis zur fünften Sitzung sprachen sie nicht mehr von den täglichen Problemen und wünschten sich Hilfe wegen der Befürchtung, daß Alexandra vielleicht einmal Selbstmordgedanken entwickeln könnte. In der Intervention für diese Sitzung präsentierten wir ihnen unser therapeutisches Dilemma. Zuerst bewerteten wir den von Julius und Alexandra beschriebenen Stil, gemeinsame Entscheidungen zu treffen, als positiv, bei dem sie ihre Positionen über Dinge, die zu entscheiden waren, vortrugen, die Spannungsebene zwischen sich überwachten, wenn sie unterschiedliche Positionen einnahmen und sich im Laufe der Zeit einigten. Dann stellten wir unser Dilemma vor:

„Wir können mit Ihnen arbeiten, um sie von der Selbstmordfurcht zu befreien. Allerdings ist diese Angst etwas, was in der Vergangenheit als Hilferuf funktioniert zu haben scheint. Die Familie hat ja auch immer Hilfe bekommen, bevor Alexandra jemals den Punkt erreichte, an dem sie selbstmordgefährdet war. Was würde an ihre Stelle treten, wenn wir sie der Familie wegnehmen? Und weiter, was sollten wir in der Therapie bearbeiten, wenn wir uns damit nicht mehr befassen, sie haben ja schließlich keine alltäglichen Probleme mehr?"

Schließlich entließen wir das Paar als gespaltenes Team, das das Gefühl habe, Alexandra wünsche eine Fortsetzung der Therapie, und daß bestimmte Dinge nicht angesprochen worden seien, während Julius dem Ganzen doch mit Distanz gegenüberstehe. „Alexandra, die Frauen des Teams glauben, daß Sie eher dazu neigen, die Therapie fortzusetzen, und die Männer glauben, daß Sie, Julius, eher dazu neigen, die Therapie zu beenden." Wir vertagten uns für einen Monat, um ihnen die Gelegenheit zu geben, über unser Dilemma und ihre unterschiedlichen Positionen nachzudenken und mit ihrem gemeinsamen Problemlösungsstil daran zu arbeiten.

In der sechsten Sitzung meinte Alexandra, sie habe lange darüber nachgedacht, weshalb die Frauen meinten, es gäbe für sie andere Dinge in der Therapie zu bearbeiten (ihre Interpretation der Mitteilung), und daß sie erkannt habe, sich dem stellen zu müssen. Sie habe das mit Julius intensiv besprochen, und sie hätten einen Plan entwikkelt. Sie hätten ihn die letzten drei Wochen schon praktiziert, und er habe ausgezeichnet funktioniert.

Das Paar schilderte dann, daß Alexandra unter Streß oder wenn sie deprimiert war, eine sehr geringe Alkoholtoleranz hatte, wodurch sich ihre Schlafprobleme und ihre allgemeine Erregung verstärkten. Alexandra bezeichnete das Trinken als ihre „verdeckte Tagesordnung", weil sie in ihren früheren Therapien nicht darüber gesprochen hatte und auch weil sie das Trinken jahrelang eingesetzt hatte, um auf diese Weise festzustellen, ob sie Julius wirklich etwas bedeute. Sie hatten in der Vergangenheit ein System entwickelt, den Alkohol nur in einem Kühlschrank im Keller aufzubewahren. Julius sollte ein Vorhängeschloß anbringen und Alexandra den Schlüssel vorenthalten. Unvermeidlicherweise scheiterte dieses System, wobei der Kühlschrank entweder unverschlossen blieb oder der Schlüssel steckte. Alexandra sagte sich in einer solchen Situation: „In Wirklichkeit bin ich ihm gleichgültig. Denn ich komme wieder an Alkohol ran."

In ihrem neuen System, das sie zwischen der fünften und der sechsten Sitzung einführten, beschlossen sie, keinen Alkohol im Haus zu haben, so daß das Spiel nicht gespielt werden konnte. Sie wohnten nicht weit entfernt von einem Restaurant und einer Bar, wo Julius ab und zu ein Bier trinken konnte.

Wir waren sehr beeindruckt, wie die Ehepartner diese Frage selbst gelöst hatten. Sie präsentierten immer noch keine alltäglichen Probleme, die sie nicht zu lösen vermochten. Allerdings sprachen sie über ihre Angst vor zukünftigen Problemen mit ihren beiden Kindern.

Das Team hatte das Gefühl, Julius und Alexandra seien bereit, von der Therapie etwas mehr Abstand zu nehmen und sich auf ihre eigenen Ressourcen zu stützen. Wir wollten ihnen allerdings helfen, dies auf eine strukturierte Art und Weise zu tun, die ihre positiven Therapieerfahrungen mit ihrer Zeit außerhalb der Therapie in Zusammenhang brachte. Wir wollten auch darauf bauen, zwischen dem Paar und ihren Kindern ein neues Band zu knüpfen, anstatt wieder eine Verbindung zwischen Alexandra und Therapeuten herzustellen, was in den letzten zwanzig Jahren das dominierende Muster war.

Sitzungsexterne Rituale: Übergänge und Umkehrungen

Wir hatten in der Sitzung viel über Warnsignale gesprochen, wenn die Dinge aus dem Gleichgewicht zu geraten drohten, und festgestellt, daß diese Signale für Alexandra in der Regel dramatischer waren als für Julius. Einige der Signale sahen so aus: Julius schlief mehr, Alexandra schlief weniger; Alexandra und Julius sprachen nicht mehr miteinander; Alexandra begann zu trinken, und Julius ließ Alkohol im Haus herumstehen; es gab Probleme mit den Kindern, und sie unterstützten sich nicht gegenseitig; es kam zu Enttäuschungen in anderen engen Beziehungen.

Wir beschlossen, diese Warnsignale (wir betitelten sie als „Frühwarnsystem") bei zwei sitzungsexternen Ritualen zu verwenden. Wir entschieden uns für sitzungsexterne Rituale, da wir meinten, Alexandra habe zu Helfern eine zu enge Verbindung, wogegen wir die Bindung der Partner intensivieren wollten. Wir wollten auch ihre besonderen Stärken anerkennen (z. B. die Arbeit, die sie gerade in bezug auf das Trinken geleistet hatten).

Beim ersten Ritual, in dem der Übergang von der Therapie ins Leben geplant war, baten wir das Paar, sich die nächsten zwei Monate jeden Freitag um 13.30 Uhr zu treffen (Tag und Stunde unserer Therapiesitzung). Sie sollten dafür immer denselben bequemen Platz auswählen – sich setzen, Tee trinken oder etwas Ähnliches und es sich miteinander gemütlich machen. Sie sollten sich während dieser Zeit über das Frühwarnsystem unterhalten (Schlafgewohnheiten, Alkohol, Kommunikation etc.) und zusammen entscheiden, ob einer der Bereiche, der ein Ungleichgewicht signalisierte, außer Kontrolle geriet. Wenn sie der Meinung waren, daß ein oder mehrere Bereiche problematisch wurden, sollten sie als Paar gemeinsam entscheiden, was zu tun sei, um ihren täglichen Umgang miteinander wieder in Einklang zu bringen. Könnten sie allein damit umgehen? Sollten die Kinder einbezogen werden, um zu helfen? Die Einzeltherapeutin der Mutter? Wir? Sie sollten entscheiden, wie das Problem zu bearbeiten sei.

Wir baten sie auch, sich mit ihren Kindern zu treffen, um einen Rollentausch durchzuführen. Sie sollten üben, die Kinder um Hilfe zu bitten. Es schien in dieser Familie die Regel zu sein, daß es in Ordnung ging, wenn die Kinder die Eltern um Hilfe baten, insbesondere die Mutter. Über vierzig Jahre lang war sie in der Rolle der Versorgerin gewesen. Wenn die Eltern jedoch älter werden, sollte sich diese Rolle allmählich wandeln, damit die Kinder unabhängiger werden und auch tatsächlich zeigen können, daß sie in der Lage sind, die Verantwortung zu übernehmen und ihren Eltern zu helfen, wenn es nötig sein sollte. Dies war in dieser Familie nicht geschehen.

Julius und Alexandra, die mit Recht auf ihre Unabhängigkeit stolz waren, sollten im ersten Schritt nicht mehr anderswo um Hilfe bitten, sondern *üben*, ihre Kinder um Hilfe zu bitten. Wir wollten, daß sie die Erfahrung machten, was es bedeutete, jemanden in der Familie zu brauchen, statt selbst gebraucht zu werden. Wir baten Julius, das Treffen als symbolische Handlung einzuberufen, die sein verstärktes Engagement mit den Kindern zum Ausdruck brachte.

Wir verwendeten diese sitzungsexternen Rituale, um die Distanz zur Therapie wie auch die durch das Älterwerden der Eltern hervorgerufenen Entwicklungsschritte zu markieren. Indem wir veranlaßten, daß sich die Partner außerhalb der Therapie trafen, jedoch am Tag und zur Stunde, an der auch die Therapie stattgefunden hätte, befanden sich beide in Therapie und zugleich nicht in Therapie.

Wir hatten Julius und Alexandra gebeten, sich zu treffen, um bestimmte Themen zu besprechen, allerdings trafen sie sich ohne uns. Hier stützten wir uns auf bekannte Elemente in traditionellen kulturellen Übergangsriten. Die Personen, die die Veränderungen durchmachen, befinden sich in einem „Status der Mitte" (Turner 1969). Wenn sich zum Beispiel Braut und Bräutigam verloben, sind sie weder ganz unverheiratet noch ganz verheiratet und bilden dadurch eine von ihren Familien getrennte Einheit. In Pubertätsriten ist der Neuling gleichzeitig Kind und auch Erwachsener. In den *Bat* und *Bar Mizwot* psalmodieren die Heranwachsenden die heilige *Haftarah* des Sabbats für die gesamte Gemeinde wie Erwachsene, wenn sie aber dann fertig sind, werden ihnen häufig Tüten mit Süßigkeiten, ein Symbol der Kindheit, zugeworfen.

Mit dem zweiten Ritual beabsichtigten wir eine Umkehrung der Rollen von Helfern und Hilfsbedürftigen in dieser Familie. Dieser Rollenwechsel ist ein bekanntes Element in kulturellen Ritualen, die Umkehrungen verwenden. In manchen Bantustämmen verrichten beispielsweise an einem Tag des Jahres die Frauen die Arbeit der Männer (wie z. B. Kühe melken) und tragen Männerkleidung (van der Hart 1981). In den Vereinigten Staaten wird von den Kindern am Muttertag häufig erwartet, ihre Mütter zu hegen und zu pflegen.

Van Gennep (1960) hat bei der Untersuchung der Übergangsriten in verschiedenen Kulturen drei Stufen gefunden: *Trennung, Übergang* und *Integration,* durch die die Menschen in ihrem neuen Status in die Gesellschaft reintegriert werden. Wir begaben uns mit dieser Familie in die Trennungsphase, indem wir die Frage ansprachen, ob die Behandlung fortgesetzt werden sollte oder nicht, und indem wir dem Paar ferner unser therapeutisches Dilemma darlegten, ob wir ihre Angst vor Selbstmordgedanken bearbeiten sollten. Mit jeder dieser Interventionen lösten sich Therapeut und Klient von klaren Statusdefinitionen, wer Helfer und wer Hilfesuchender ist.

Mit den sitzungsexternen Ritualen begaben wir uns in die Übergangsphase. Zwei Monate lang befanden sie sich nicht bei uns in Behandlung, sondern behandelten sich selbst und wurden von ihren Kindern behandelt. Einige Teile dieser sitzungsexternen Rituale waren sehr geschlossen. Zum Beispiel sollten die Freitagstreffen am selben Tag, zur selben Zeit und am selben von ihnen gewählten Ort stattfinden. Dies sollte die Verbindung zur Therapiezeit unterstreichen. Andere Teile waren viel offener – zum Beispiel wie sie mit ihren Problemen umgingen und wann und wo Julius die Kinder versammeln würde. Als wir für die Übergangsphase zwei sitzungsexterne Rituale wählten, nutzten wir die Sprache und die Themen der Familie, die Schwierigkeiten signalisiert hatten (Schlafen / Nichtschlafen, Zugang zu Alkohol, etc.).

Auch verließen wir sie mit einer sehr offenen, an Alexandra gerichteten Bemerkung: „Sie wissen, wie Sie herausfinden können, was gut für Sie ist. Vielleicht müssen Sie eine weitere ‚heimliche Tagesordnung' finden, die Ihnen hilft, die Reaktionsschwelle zu testen, wie Sie das mit dem Trinken gemacht haben."

Das Paar kam zwei Monate später wieder zur Sitzung, nachdem sie sich an Freitagen und auch an anderen Tagen gewissenhaft getroffen hatten. Sie hatten das Frühwarnsystem im Auge behalten und waren der Ansicht, daß keine der Verhaltensweisen aus dem Gleichgewicht gekommen sei. Sie hatten sich auch mit jedem Kind getrennt getroffen und hatten unsere Vorstellung, wie sie üben sollten, sich an die Kinder um Hilfe zu wenden, im Einklang mit ihren Überzeugungen und Bedürfnissen abgewandelt.

> „Wir baten die Kinder nicht im gewöhnlichen Sinn des Wortes um Hilfe, sondern bemühten uns, sie zu ermutigen, uns für unser Zusammensein und die Bearbeitung unserer Beziehung Zeit und Raum zu lassen, ohne ständig gezwungen zu sein, für sie Dinge tun oder uns ihre Schwierigkeiten anhören zu müssen. Wir meinen, daß wir in unserem Leben der Kindererziehung genügend Zeit gewidmet haben, und möchten nur, daß sich unsere

Kinder erkenntlich zeigen, indem sie uns mehr Zeit für uns selbst lassen."

Alexandra und Julius

Alexandra war fasziniert von dem Kommentar, daß ihr heimliche Tagesordnungen helfen. In den gemeinsamen Sitzungen mit Julius faßte sie den Entschluß, sich ihrer Diagnose Geisteskrankheit zu stellen und auch den medizinischen Berichten, die ein Geheimnis geblieben waren und die sie nie gesehen hatten. In den zwei Monaten leisteten Julius und Alexandra Außerordentliches. Alexandra ging zuerst allein, dann mit Julius zusammen zu den Stellen, bei denen es psychiatrische Akten über sie gab. Sie verlangten Kopien der Berichte und versuchten zusammenzustückeln, wie Alexandra diagnostiziert und etikettiert worden war.

„Es war schrecklich, aber mein Wunsch, eine Logik und eine vernünftige Erklärung für die Vergangenheit zu finden, zwang mich, diese Richtung einzuschlagen. Wir studierten alte Versicherungsberichte (für Diagnosen), überprüften Gesetze, die sich auf die Herausgabe von Berichten bezogen, nahmen Kontakt mit meiner Einzeltherapeutin und dem staatlichen Krankenhaus auf. In jedem der Fälle war die erste Reaktion ein Zögern, unserem Verlangen nachzukommen, aber wenn wir die Gesetze zitierten und versicherten, daß niemand zu Schaden käme, gab man uns die geforderten Informationen."

Alexandra

Alexandra brachte auch einen zweiseitigen Brief mit Korrekturen ihrer psychiatrischen Geschichte, den sie ihrer Einzeltherapeutin geschrieben hatte. Sie begann den Brief mit:

„Vielen Dank, daß Sie meine Unterlagen heute mit mir zusammen nachgeschaut haben. Ich weiß, daß viele Leute bei den Inkasso-Agenturen anfragen, um dort über sie festgehaltene Informationen zu überprüfen. Genauso wichtig ist es für mich, daß meine Krankenakten so korrekt wie möglich sind."

Sie nahm dann in ihrer Akte einige größere Korrekturen vor, wie zum Beispiel von falschen Angaben über die Dauer ihres Krankenhausaufenthaltes (fünf Wochen statt acht oder neun Monaten), daß sie nicht „nackt die Straße entlangrennt“ und daß ihre Mutter niemals gedroht habe, ihren Vater vor den Kindern umzubringen. In der Sitzung meinte sie: „Ihre Behauptung, daß ich nackt die Straße entlanggerannt sei, war eine glatte Lüge!“

Der Brief schließt mit einigen Bemerkungen, wie sie sich selbst, ihren Ehemann und ihre Familie derzeit sah:

> „Ich kann nicht verleugnen, daß ich psychotische Episoden hatte. Sie sind ausgelöst worden durch lange Streßperioden und auch durch körperliche Probleme, die eine Operation erforderlich machten. Aus alldem ergibt sich, daß ich in Zeiten vermehrten Stresses immer sehr vorsichtig sein muß. Erfreulicherweise gibt die Familientherapie der Familie eine gute Grundlage, mir zu helfen.
>
> Es gibt eine lange Geschichte von Eheproblemen, die nicht verleugnet werden können. Sie kommen größtenteils daher, daß ich viel zu jung geheiratet habe und emotional noch unreif war. Wissen die Leute überhaupt, was sie tun, wenn sie heiraten!? Es wäre jedoch falsch, zu sagen, unsere Ehe sei ein kompletter Mißerfolg gewesen. Wir waren auch sehr glücklich miteinander, aber manchmal überlagern die schmerzlichen Erinnerungen die guten. Ich weiß, daß wir uns trotz aller Schwierigkeiten wirklich lieben. Julius hat die Familientherapie genausoviel gebracht wie mir, und ich stimme Ihnen zu, daß wir diesen Schritt schon vor vielen, vielen Jahren hätten tun sollen.
>
> Wie schon gesagt, werde ich unter Streß immer vorsichtig sein müssen. Ich muß sehr genau auf meine Schlafgewohnheiten achten, denn sie sind ein Frühwarnsystem, daß Probleme im Anzug sind. Ich balanciere zwischen bewußt und unbewußt wie auf Messers Schneide – das war schon immer so und wird wohl immer so sein. Es ist furchtbar gefährlich, ich weiß, aber es kann auch interessant sein!“

Alexandra und Julius begegneten den Problemen wieder mit bemerkenswerten Stärken. Sie hatten sich sehr gründlich die Möglichkeiten erschlossen, mit den Etiketten vergangener Behandlungen zu arbeiten und umzugehen. Wir hatten dies in der Familientherapie nicht besonders ausführlich behandelt. Auch fehlten uns dazu die frühesten psychiatrischen Berichte (von der Einzeltherapeutin hatten wir Berichte, die nur bis 1972 zurückreichten).

Während sie über die Nachforschungen zu ihren Berichten schrieb, bemerkte Alexandra: „Mir machen diese beunruhigenden Fehler zu schaffen, insbesondere die in dem Bericht meiner Einzeltherapeutin, da ich immer geglaubt habe, daß sie meinen Fall gut verstehen würde. Schreiende Diskrepanzen haben das widerlegt." Bei der Zusammenfassung der Fehler ihrer psychiatrischen Geschichte meinte sie allerdings: „Die unangenehme Aufgabe, die ich mit Hangen und Bangen begann, endete mit dem Gefühl, daß ich mein eigenes Leben besser in der Hand habe." Sie hatte begonnen, sich selbst als Expertin für ihr eigenes Leben zu betrachten.

Das Fundament für ein Identitätsumdeutungsritual war gelegt, denn wir hatten jetzt:

(1) die vollständige Bezeichnung aller psychiatrischen Etiketten, die sie erhalten hatte (frühere Identifikation);
(2) ein breiteres, in der Familientherapie geschaffenes Bild über den Zusammenhang verschiedener Schwierigkeiten der Familie (der Schritt zu einer neuen Identifikation); und
(3) die klare Beschreibung der Stärken der Familie (um die neue Identität zu verankern).

Rituale zur Umdeutung der Identität fokussieren auf das Umdeuten und Etablieren neuer Rollen. Es wird ein Unterschied gemacht zwischen alten Etiketten, die selbst oder von anderen außerhalb der Familie auferlegt sind (Schulen, Gerichte etc.) oder in der Therapie gegeben wurden, und neuen Rollen. Ein Beispiel ist die Familie, deren elfjährige Tochter von Schule, Familie und Kinderarzt als „hyperaktiv" etikettiert worden war (Imber-Coppersmith 1983). Sie hatte jahrelang Ritalin genommen. Die Medikation wurde allerdings zu diesem Zeitpunkt nicht als sehr effektiv angesehen. Als sich in der Therapie die Identität des Kindes von „hyperaktiv" zu „normal, aber ungezogen" verändert hatte, wurde ein Begräbnisritual entworfen, um das Ritalin und das implizierte Etikett zu entfernen. Dadurch wurde die neue Identität des Kindes unterstrichen.

Als die Therapie ihrem Ende zuging, führte das Paar ein weiteres Thema ein: Wie könnten wir vergangene Erfahrungen aus früheren Behandlungen und die statischen Etiketten, durch die sich das Paar verraten und ohnmächtig fühlte und deren Prognose sie fürchteten, hinter uns lassen? Da wir glaubten, daß die komplexen Prozesse, die zu ihren Schwierigkeiten führten, durch die ihr gegebenen Etiketten in keiner Weise beschrieben wurden, wollten wir das Gewicht unserer Expertenmeinung in die Waagschale werfen, um die vergangenen Probleme und die derzeitigen Ressourcen genauer zu diskutieren. Gleichzeitig wollten wir nicht zu einer weiteren ungleichen Beziehung beitragen, indem wir die Behandlung beendeten, ohne Alexandra und Julius Einblick in unsere Fallnotizen zu geben.

Wir entschlossen uns, gemeinsam mit dem Paar einen offiziellen, zusammenfassenden Bericht zu schreiben. Er sollte nicht nur unsere gemeinsame Arbeit mit der Familie ansprechen, sondern auch ihre frühere Arbeit mit Helfern. Die Absicht bestand darin, die früheren Dokumente in ein anderes Licht zu rücken, indem die alte Identität klar definiert wurde, um dann die neue, aus der Behandlung hervorgegangene Identität zu markieren. Auch würden wir weiter als Kollegen am Übergang aus der Therapie arbeiten.

Dritte Phase: Die Untersuchung des therapeutischen Prozesses in Vergangenheit und Gegenwart

Diese Entscheidung brachte uns in die dritte Phase der Therapie und zum letzten Ritual, was primär sitzungsintern war, aber auch einige sitzungsexterne Komponenten umfaßte. Als wir dieses zusammenfassende Dokument gemeinsam erarbeiteten, haben wir ihm ganz bewußt nicht den Namen „Abschlußbericht" gegeben, da die Arbeit in einem gewissen Sinne nicht abgeschlossen war.[37] Sie würde zusammen mit dem Dokument weitergehen, je nachdem, wie das Paar es aufnahm und benutzte, weitergehen.

Am Ende der siebten Sitzung gaben wir einen Abriß, wie wir uns das weitere Verfahren mit dem Dokument vorstellten. Zuerst erstellten wir einen Rohentwurf unserer gegenwärtigen Sicht der Dinge. Dann baten wir das Paar um seine Meinung. Sie schrieben schließlich lange Berichte über bestimmte Streßbereiche, die zu therapeutischen Interventionen geführt hatten. Wir kombinierten dann unsere Berichte und gingen das Endprodukt gemeinsam durch.

Unsere neunte und letzte Sitzung bestand aus einem sitzungsinternen Ritual, bei dem wir die Dokumente unterschrieben. Dies markierte den Schritt von der Therapie ins alltägliche Leben. Es

37 Wie Alexandra bei der Arbeit an diesem Kapitel feststellte, heilt sie noch immer von innen nach außen, wie eine Stichwunde heilt.

markierte auch die neue Identität des Paares als Einheit ohne psychiatrischen Patienten. Die Zusammenfassung enthielt am Ende eine Unterschriftsseite mit allen sechs Namen (vier Teammitglieder und das Paar). Im ersten Teil der Sitzung gingen wir mit Alexandra und Julius das Dokument durch, um ihre endgültige Zustimmung zu erhalten. Wir fragten auch, welche Teile der Therapie für sie am sinnvollsten gewesen seien („daß die Kinder dazukamen"); am wenigsten hilfreich („die Erörterung der Familiengeschichte"); und welchen Rat sie anderen Familien mit ähnlichen Problemen geben würden („Gehen Sie zur Familientherapie mit einem Team!").

Dann bat ich das Team zu uns ins Therapiezimmer, um für eine gewisse Symmetrie zu sorgen, denn das Team war vor neun Monaten bei der Vorstellung in die Sitzung gekommen. Als die drei Mitglieder des Teams hereinkamen, sagte Alexandra: „Aha, die Jungen und Mädchen von der anderen Seite des Spiegels." Das Team (alle über 40) lachte, und Sandy Blount meinte: „Die Beschreibung gefällt mir."

Nachdem man sich die Hände geschüttelt hatte und sich noch einmal vorstellte, setzten wir uns im Kreis und führten mit zwei Kopien des sechsseitigen Dokumentes – eine für das Paar und eine für die Klinik – ein Unterschriftsritual durch. Als ich sagte: „Eigentlich bräuchten wir eine goldene Feder", zückte Lynn Hoffman ein sehr edles Schreibgerät und meinte: „Genau wie bei der Unabhängigkeitserklärung." Beginnend bei Julius und Alexandra unterschrieben alle der Reihe nach das Dokument, und wir sagten dem Paar:

> „Wir sind davon überzeugt, daß Sie mit all Ihren Stärken und Ressourcen, die Sie hier in der Frage des Trinkens, Ihrer Probleme im Umgang miteinander und der früheren Etiketten Alexandras demonstrierten, mit diesem Dokument umzugehen wissen, falls Sie jemals wieder Schwierigkeiten haben sollten. Sie wissen auch sehr genau, wie Sie das Frühwarnsystem einsetzen können. Verwahren Sie diesen Bericht an einem sicheren Ort, und wenn Sie jemals wieder mit externen Systemen zu tun haben sollten, steht er Ihnen zur Verfügung."

Alexandra bemerkte:

> „Ich weiß immer, wenn es mir besser geht. Ich arbeite recht viel mit Pastellfarben, versuche neue Malstile, mit denen ich noch nie

gearbeitet habe. Julius hat auch eine Menge kreativer Dinge unternommen. Wahrscheinlich haben wir die einzige tapezierte Tür in Montague. Und er hat mir ein großes Anschlagbrett gebastelt, an das ich beim Malen all meinen Kram hängen kann."

Die Therapeutin meinte, sie hätten einige der Dinge, an der sie arbeiteten, zur Sitzung mitbringen sollen, wie bei der Eröffnung einer Galerie. Und Lynn Hoffman sagte dem Paar: „Von einer Sache kriegen wir recht wenig mit, nämlich von dem großartigen Talent der Menschen, denn sie kommen nicht deswegen zu uns. Deshalb lernen wir das Beste meist gar nicht kennen."

Wir aßen dann zusammen Apfelkuchen (den hatte die Therapeutin mitgebracht, weil er für das Paar als Symbol dafür stand, daß die Dinge zwischen ihnen wirklich gut stehen), tranken Tee und Kaffee und sprachen über Julius' Birkenmalerei und seine Hausrenovierung. Alexandra versprach, uns ein Bild zu malen. (Es hängt jetzt in dem Therapiezimmer, in dem wir zusammen gearbeitet haben.) Das Paar bat auch um eine Kopie des Bandes von der Sitzung mit ihren beiden Kindern, da die Kinder auf dem Band einige Versprechen abgelegt hatten, die sie sich noch einmal anhören wollten.

Wir beendeten die Sitzung außerhalb der Therapie. Und zwar kamen wir jetzt nicht als Familie, Therapeutin und Team zusammen, sondern waren nunmehr eine soziale Gruppe, die sich beim Essen über alltägliche Dinge unterhielt. Julius und Alexandra bemerkten dazu:

> „Das abschließende Ritual war eine Art „Examensfeier". Die Ernsthaftigkeit des Ereignisses wurde durch die Unterzeichnung des Dokumentes entsprechend symbolisiert. Danach nahm man einen gemeinsamen Imbiß ein, der symbolisch ausdrückte, daß Janine und das Team im Verlauf der Therapie gewissermaßen zu Familienmitgliedern geworden waren.
>
> Der traditionelle Augenblick des „Aufbrechens" war für uns sehr ergreifend, und wir wünschen uns, daß Janine und das Team ähnliche Gefühle hatten. Bill Crosby schrieb, daß ihn sein Vater sofort nach dem Examen um seinen Hausschlüssel gebeten habe, womit er ausdrückte, daß er das „Aufbrechen" sehr ernst nahm, aber Janine und das Team haben mit ihrer Versicherung, an unseren weiteren Fortschritten interessiert zu sein, die Tür gütigerweise einen kleinen Spalt offengelassen.

Dadurch daß wir mit Ritualen in der Liturgie der Kirche vertraut sind, mit denen man jede große Übergangsperiode im Leben eines einzelnen markiert, hat uns der Einsatz von Ritualen in der Familientherapie ganz besonders viel gebracht."

Gemeinsam hatten wir die Familiengeschichte, durch die die Ressourcen der Familie verdeutlicht wurden, umbenannt und wieder in Besitz genommen. Das Feedback, das uns Alexandra und Julius in den nächsten Jahren gaben, macht deutlich, wie sie von ihren Stärken Gebrauch machten.

Feedback von der Familie über die nächsten drei Jahre nach Therapieende

Ich habe die letzten paar Jahre von der Familie ein kontinuierliches schriftliches und auch mündliches Feedback erhalten, wenn ich sie gelegentlich in der Stadt getroffen habe. Man gewinnt eine Vorstellung davon, welche Auswirkungen der Therapieprozeß auf dieses Paar hatte. Gerade in dem Augenblick, in dem ich diese Zeilen schreibe, habe ich von ihnen eine Postkarte aus dem Süden erhalten. Sie schreiben: „Wir erinnern uns noch gerne an das Team."

Den ersten Brief erhielt ich ungefähr vier Monate nach Beendigung der Behandlung. Er beginnt:

„Liebe Janine,

Julius war ganz aufgeregt, als er neulich mittags nach Hause kam und sagte: ‚Rate mal, wen ich heute in der Schule getroffen habe?' Ich freue mich, daß ihr beide eine so gute Beziehung habt. Er hielt nicht sehr viel von ‚Therapie', und das ist auch nicht verwunderlich, da ich nicht gerade eine gute Werbung dafür war. Aber unsere gemeinsame Erfahrung mit Ihnen und dem Team hat eine Menge verändert.

Er hat Ihnen von unserer geplanten Reise nach Kreta erzählt. Wir sind schon ganz aufgeregt, und schon die Vorbereitungen haben wir sehr genossen. Durch ganz Montague sind wir gelaufen, die Hügel rauf und runter, um uns fit zu machen für die Besichtigung der Sehenswürdigkeiten. Manchmal waren wir zwei Stunden unterwegs, und es kam uns vor, als wären wir erst vor ein paar Minuten losgegangen – Sie glauben nicht, welch großartige Gespräche wir hatten. Und Sie müssen dem

Team bestellen, daß nicht nur ich allein das Wort führe (zumindest nicht die ganze Zeit!). Ich habe den Eindruck, daß Julius in bezug auf Gespräche ein ‚schlafender Riese' gewesen sein muß.

Aber darauf arbeite ich hin, und weil es eine so wundervolle Erfahrung war, muß ich es Ihnen erzählen. Anfang der Woche bin ich nachts aufgewacht und habe die ersten Anzeichen meiner jährlichen Frühjahrsdepression an die Tür meines Bewußtseins klopfen hören. Genau wie das erste Rotkehlchen scheint sie immer wieder zu kommen. Wie dem auch sei, es war um so schlimmer, weil ich mir so sicher war, sie durch unsere Reise umgehen zu können. Diese Enttäuschung löste in mir eine verzweifelte Panik aus. Ich habe natürlich gedacht: ‚Vielleicht sollte ich Janine anrufen.' Doch dann sprudelten auf einem Spaziergang mit Julius all meine Ängste und Enttäuschungen aus mir heraus, und ich ließ den Tränen ihren Lauf. Er hielt einfach meine Hand und sagte mir, ich solle alles herauslassen. Glücklicherweise gingen wir auf freiem Feld, so daß mich niemand sehen oder hören konnte. Ich erkannte plötzlich, daß es möglich war, die Hilfe, die ich brauchte, bei meiner ‚gegenwärtigen' Familie zu finden, und ich fühlte mich viel besser. Es war die beste Therapiesitzung, die ich je hatte, und zwar deshalb, weil ich Julius vertraute, daß er mir helfen könnte. Mensch! Durchbruch! Ich mußte Ihnen das einfach mitteilen.

Ich habe nicht vergessen, daß ich Ihnen noch ein Bild versprochen habe. Ich werde in Kreta eine Aufnahme oder eine Skizze machen, die ich als Vorlage für Ihr Bild nehmen kann.

Wenn Sie diesen Brief dem Team zu lesen geben möchten, geht das in Ordnung, denn das Team hatte wahrlich Anteil am ‚Großziehen von Alexandra'.

Viele Grüße
Alexandra"

Ein Jahr nach der Behandlung kam an *Thanksgiving* eine Karte für „Janine & Co.". Darin schrieb Alexandra:

„Ich möchte Ihnen nur ganz kurz mitteilen, daß Julius und ich an diesem Thanksgiving besonders dankbar sind für die Hilfe, die wir von Ihnen und dem Team erhalten haben. (Ich denke dabei an die alte Parabel über den Unterschied, der darin besteht, einem

Menschen einen Fisch zu *geben* oder ihm beizubringen, *wie* man fischt.) Julius ist so froh, seit er weiß, daß wir zusammenarbeiten können und daß er mit seinem guten, soliden Menschenverstand helfen kann. Nach jedem guten Ergebnis steigt sein und mein Selbstvertrauen.

... Es war sehr lieb von Ihnen, wie sie unsere letzte Sitzung so erinnernswert gestaltet haben. Und es hat Spaß gemacht, den Rest des Teams zu treffen, die die ganze Zeit sitzen und frieren mußten. Wenn ich daran denke, kommen mir die Tränen!! Die besten Grüße auch von Julius."

Zweieinhalb Jahre später erhielt ich von Alexandra an Weihnachten diese Karte:

„Hallo! Julius und ich denken oft an Sie und das Team. Sie haben uns so sehr geholfen, und wir sind so dankbar. Wir hatten oft Gelegenheit, Teamarbeit zu praktizieren, und ich glaube (tut mir leid, wenn es nach Angabe klingt!!), daß wir darin inzwischen ganz meisterhaft sind. Wir beide, und insbesondere Julius, haben eine Menge an Selbstvertrauen gewonnen. Tag und Stunde sind nicht festgelegt, wir fangen einfach wie bei einer regulären Sitzung damit an, je nachdem was ansteht. Nachdem er jetzt endlich zuhört, läßt sich Julius hervorragend von seiner inneren Stimme leiten. Wir verstehen uns besser denn je, so daß ich meine, Sie können ‚Auftrag erfüllt' auf unsere Akte schreiben. Die gemeinsame Problemlösung ist allemal besser, als in den ‚Gelben Seiten' nach Hilfe zu suchen."

Alexandras Korrespondenz mit mir war ein Hinweis darauf, daß sie und Julius die Therapie immer noch mit sich herumtrugen und wie wichtig sie ihnen war. Für mich war es kein Hinweis auf eine Therapieabhängigkeit, da die Briefinhalte das, was sie für sich selbst machten, so klar und positiv ausdrückten.

Die Implikationen dieses Falles für die Verwendung von Ritualen bei anderen Familien

Drei Rituale dieses Falles lassen sich auf andere Situationen übertragen – in einem gewissen Sinne sind es „allgemeine" Rituale. Indem man das Berichteschreiben zu einem offenen, ritualisierten Prozeß in den psycho-sozialen Berufen macht, hat dies Implikationen für jene Fälle, in denen (1) Berichte über Individuen oder Familien aktenmäßig erfaßt und (2) Menschen mit Etiketten versehen werden. Wird ein Dokument gemeinsam mit Klienten verfaßt, wovon sie sich eine Kopie an einem sicheren Ort aufbewahren können, unterscheidet sich das grundsätzlich von dem schriftlichen Bericht des Therapeuten, den die Klienten niemals zu sehen bekommen und an dem sie keinen Anteil haben. In solchen Fällen, wo Sozialdienste, Sozialämter oder Gerichte beteiligt sind, kann dies ein Weg sein, die Klienten zu befähigen, mit dem System zu arbeiten. Es kann auch für Therapeuten eine wichtige Methode darstellen, deutlich zu machen, wo sie in Fragen der sozialen Kontrolle stehen (Imber-Black 1988).

In Fällen von Kindesmißhandlung kann beispielsweise der Therapeut gemeinsam mit der Familie über die Arbeit, die Veränderungen und die derzeitigen Probleme zu Hause berichten, anstatt sich mit seinen Empfehlungen, von denen die Familien nicht wissen, ob er eine Rückkehr nach Hause für das Kind für sicher hält, an das Gericht zu wenden. Dies bringt den Therapeuten aus dem Dunstkreis der sozialen Kontrolle heraus. Der Therapeut sagt der Familie: „Ich kann mit Ihnen in diesen Bereichen arbeiten, und wir werden einen gemeinsamen Bericht erstellen; *das Gericht* kann dann die entsprechenden sozialen Kontrollentscheidungen treffen."

Der offene Zugang zu schriftlichen Berichten kann den Therapeuten aus dem Dilemma befreien, in die Angelegenheiten anderer Institutionen eingeweiht zu sein, die die Familien jedoch nicht kennen. Beispielsweise empfiehlt eine örtliche psychologische Beratungsstelle in ihrer Überweisung an das Aufnahmeteam eines Erziehungsheims eine „Parentektomie" (die Trennung des Adoleszenten von den Eltern ohne Pläne, ihn zurückkehren zu lassen). Da die Eltern mehr oder weniger ahnen, daß solche Empfehlungen gemacht werden, ist der aufnehmende Therapeut sofort in einer Triangulation mit der Familie und der überweisenden Institution gefangen.

In Fällen, in denen Menschen psychiatrisch etikettiert werden, kann der Prozeß des „Neudokumentierens" ihrer Erfahrung durch einen gemeinsamen Bericht das Gewicht des geschriebenen Wortes in die Waagschale werfen, das gewichtiger ist als die mündliche Umdeutung einer vergangenen Erfahrung. In diesem Fall war meines Erachtens wichtig, daß dieses Dokument von vier „Experten" der Familientherapie unterzeichnet und bestätigt wurde, um ein Gegengewicht gegen all die früheren Experten zu bilden, die ihre Diagnosen abgegeben hatten. Das Dokument gestattet es sowohl den Klienten als auch dem Therapeuten, aus der Spirale auszusteigen, die entsteht, wenn ein Therapeut jemanden ein Etikett verpaßt, indem er zum Beispiel sagt: „Sie sind paranoid." Der Klient reagiert mit den Worten: „Nein, bin ich nicht. Wie kommen Sie darauf?" Je mehr der Klient widersteht, um so mehr werden seine Beteuerungen als Beweise seiner Probleme gewertet. Alexandra hat diese Doppelbindung kommentiert: Je mehr sie im Laufe der Jahre die Diagnose gedanklich in Frage stellte, um so mehr sagte sie zu sich selbst: „Wie kann ich denn wissen, ob ich bei gesundem Verstand bin oder nicht, denn wenn ich ‚krank' bin, bin ich ja nicht in der Lage, über mich selbst zu urteilen." In der letzten Sitzung fand Alexandra schließlich einen Weg aus diesem Kreis, indem sie mit einem herzlichen Lachen feststellte: „Ich weiß, daß ich nicht verrückt bin. Ich habe *den Fänger im Roggen* gelesen, und ich weiß, daß ich so nicht bin."

Wie wichtig ein Dialog über Diagnosen ist, der anerkennt, daß es sich bei einer Diagnose um ein soziales Ereignis handelt, geht aus einer Untersuchung von Waxler (1981) über psychiatrische Krankenhäuser hervor. „Die psychiatrischen Patienten, die sich einen Monat nach ihrer ersten Einweisung ‚wieder normal' fühlen, unterscheiden sich diagnostisch gesehen in nichts von der ‚immer noch kranken' Gruppe. Ihr besseres klinisches Ergebnis läßt sich durch die größeren Befugnisse erklären, die ihren Patienten von manchen Krankenhäusern gewährt werden, um ihren rechtlichen Status, die Behandlungspläne und Diagnosen mit dem Krankenhauspersonal neu auszuhandeln." (zusammengefaßt in Waxler 1981: 283).

Wichtige Elemente, die bei der Erstellung eines Dokumentationsrituals neben den in Kapitel 3 erwähnten Richtlinien beachtet werden sollten, sind:

(1) es ist zu untersuchen, wodurch der Prozeß des gemeinsamen Dokumentierens dazu beiträgt, das Selbstbewußtsein der Patienten zu stärken;
(2) es ist sicherzustellen, daß genügend Informationen über frühere Etiketten und Dokumente zur Verfügung stehen, um sie „neu zu dokumentieren"; und
(3) es ist gründlich zu überlegen, wo die Dokumente aufbewahrt werden sollen, wer Zugang zu ihnen hat, et cetera.

Traditionelle Übergangsriten transportieren wichtige kulturelle und mythologische Traditionen auf dreierlei Arten (Turner 1967), und zwar:

1. die Demonstration – „was gezeigt wird“ (durch Reliquien, Masken, Statuen);
2. die Handlung – „was getan wird“;
3. die Instruktion – „was gesagt wird“.

Das sind wohl die wichtigsten Elemente, die bei der Konstruktion dieser Art von Ritual, das die Identität neu definiert, beachtet werden müssen. Betrachtet man das sitzungsinterne Ritual von diesem Blickwinkel aus, wird der Bericht selbst zu dem, was gezeigt wird. Er beinhaltet in sich selbst die neugeschaffenen kulturellen Traditionen. Die Handlungen der Zeremonie umfassen das Unterzeichnen des Berichts mit dem bisher verborgenen Team als Zeugen und das Beenden der Therapie durch ein gemeinsames Essen und Gespräche. Die Instruktionen besagten, den Bericht an einem sicheren Ort aufzubewahren, um ihn zur Hand zu haben, falls das nötig sein sollte.

Das zweite „allgemeine Ritual“ dieses Falles ist die Idee, erwachsene Kinder zu versammeln, um ihren Eltern zu helfen. Hier wandten wir Madanes' So-tun-als-ob-Techniken (1984) auf Erwachsene an, indem wir die Terminologie des Übens (anstatt des So-tun-als-ob) verwandten, was dem Alter eher angemessen war, und indem wir durch reflexive und zirkuläre Fragen betonten, daß diese Umkehrung in der Zukunft tatsächlich stattfinden müßte.

In Zeiten, in denen Amerika immer „grauer“ wird und Therapie für die ältere Generation weniger mit Stigma behaftet ist, wird dieser Ritualtypus wohl häufiger benötigt. Die tagtäglichen Interaktionen vieler Familien sind insofern starr ritualisiert, als die Eltern den Kindern helfen. Mit diesem „Übungsritual“ läßt sich umkehren, wer in den Familien wem hilft. Wie in dem Fall, in dem jemand „so tut, als ob“ er ein Symptom habe (Madanes 1981, 1984), beginnt auch hier die Unterscheidung zwischen dem, was wirklich und nicht wirklich – was möglich und nicht möglich ist – zusammenzubrechen.

Es ist ratsam, diese Rollenumkehrung dann einzusetzen, wenn Familien nicht anerkennen, daß die Eltern in ihre letzten Entwicklungsstufen eintreten, wenn es langdauernde, kinderbezogene Probleme gab, die den Erwachsenen nur wenig Zeit und Raum ließen, und schließlich, wenn Kinder unsicher sind, wie sie den Eltern helfen sollen. Bei der Konstruktion sind bestimmte Dinge zu beachten:

(1) eine klare logische Grundlage, weshalb sie sie zum „Üben“ anhalten;
(2) wer versammelt die Kinder – wie lassen sich die Muster des Helfens am besten umwandeln und
(3) in welchen Bereichen können die Kinder üben, Hilfe zur Verfügung zu stellen.

Der dritte Typus eines „allgemeinen Rituals“, der sich aus diesem Fall ergibt, ist die Abschlußzeremonie, bei der man *in* der Sitzung *aus* der Sitzung geht. Wenn zum Beispiel die Teammitglieder das Zimmer betreten, wird die Grenze des Einwegspiegels physisch überschritten, und alle befinden sich im selben Raum und auf derselben Ebene. Die Interaktion mit dem Team von Angesicht zu Angesicht gestattet auch einen Abschluß, bei dem wirklichen Menschen Lebewohl gesagt wird, anstatt das Team als eine unbekannte Größe zu verlassen.

Ein weiterer wichtiger Bestandteil ist der, die Klienten über die Therapie, die Therapeutin und das Team zu befragen. (Wenn Sie etwas in der Therapie ändern könnten, was wäre das? Welchen Rat würden Sie der Therapeutin, dem Team etc. geben?) Dies stellt die Familie außerhalb der Therapie und läßt sie hinsichtlich des Prozesses eine Metahaltung einnehmen. Ein Gespräch über alltägliche Dinge anstelle therapeutischer Themen kann ebenfalls das Ende der Therapie markieren, wie dies auch das gemeinsame „Brechen des Brotes“ vermag, etwas, was in der Therapie normalerweise nicht vorkommt.

Ein letztes wichtiges Element, das in Abschlußzeremonien beachtet werden sollte, ist das Austauschen oder Überreichen von Geschenken oder Erklärungen an die Familie. Dies kann eine einzigartige Methode darstellen, die Stärken einer Familie zu betonen und den Familienmitgliedern für das, was sie ihnen gegeben haben, etwas zurückzugeben. Aus einer Beziehung zwischen Helfer und Hilfsbedürftigen entsteht eine Beziehung, die auf Gegenseitigkeit beruht.

Bei der Konstruktion dieser Art von Abschlußritual ist zu beachten:

(1) daß über den Therapieprozeß zirkuläre Fragen gestellt werden;
(2) das richtige Timing (wann soll das Team hervorkommen, wann die Schritte weg von der „Therapie“ eingeleitet werden?);

(3) welche Symbole der Familie aus dem Therapieprozeß gegeben werden können, um ihre eigenen Stärken zu bestätigen.

Schlußfolgerung

Dieser Fall illustriert die Behandlungsunterschiede zwischen einem traditionellen hierarchischen Modell, bei dem die Diagnose eine verborgene Angelegenheit ist, und einem Kooperationsmodell, bei dem die Diagnose als gesellschaftlich konstruierter Prozeß anerkannt wird:

Hierarchisches Modell	Kooperationsmodell
1. Fallberichte werden vom Therapeuten verfaßt und von den Klienten nicht gelesen.	1. Fallberichte werden vom Therapeuten und den Klienten gemeinsam verfaßt.
2. Diagnosen werden vom Therapeuten gestellt. Die Klienten haben daran keinen Anteil.	2. „Diagnosen" werden gemeinschaftlich erstellt.
3. Supervisor/Team bleibt unbekannt.	3. Supervisor/Team kommt ins Zimmer; der Teamprozeß wird beobachtet.
4. Interventionen fokussieren nicht auf den Prozeß, sondern auf die Aufgabenausführung.	4. Der Interventionsprozeß wird als so wichtig angesehen wie die tatsächliche Intervention.
5. Der gemeinsame Prozeß wird nicht als wichtig angesehen.	5. Der gemeinsame Prozeß wird als wesentlich betrachtet.

Es wird die Verwendung von während des Therapieprozesses gemeinsam konstruierten Ritualen betont, und nicht die rigiden Rituale des psychiatrischen Establishments. Wie Alexandra schrieb:

> „Ich versuche daran zu denken, daß das Leben immer in Bewegung ist und nie frei sein wird von Stürmen; man muß dann nach dem Gleichgewicht des Mittelpunktes streben. Julius und ich wünschen allen Familien eine glückliche Reise."

10. Frauen und Rituale in der Familientherapie

Joan Laird

> Einst, vor vielen Jahren, im Land der Mundurucu in Brasilien waren alle heiligen Trompeten des Stammes im Besitz der Frauen. Die Frauen verwahrten die goldenen Trompeten im Wald, wo sie sich heimlich versammelten, um sie zu spielen. Aber die Frauen widmeten dem Trompetenspiel leider so viel Zeit, daß sie schließlich ihre Ehemänner und ihre Haushaltspflichten aufgaben. Die Frauen, als Besitzerinnen der Trompeten, hatten dadurch die Herrschaft über die Männer gewonnen. Die Männer mußten Brennholz sammeln und Wasser holen und sie mußten auch Maniokbrot backen ...
>
> Aber die Männer jagten immer noch, und es ärgerte sie, daß sie die Trompeten mit Fleisch füttern mußten ... Deshalb schlug einer der Männer vor, den Frauen die Trompeten wegzunehmen. Das taten sie und zwangen damit die Frauen, in die Wohnhäuser zurückzukehren und den Männern untertan zu sein. Daraufhin lehrte man allen Menschen, daß es den Frauen nicht erlaubt sein sollte, sich in die Angelegenheiten der Männer einzumischen oder an den geheimen männlichen Riten teilzunehmen, wenn die heiligen Musikinstrumente gespielt wurden. Jede Frau, die dieses Verbot verletzte, sollte zum Tode verurteilt werden, und jeder Mann, der einer Frau die Instrumente zeigt oder die geheimen Gesetze enthüllt, ist verpflichtet, sich selbst zu töten oder von seinen Kameraden getötet zu werden.
>
> (Mythen, konstruiert aus Texten und Zitaten von Bamberger 1974: 273)

Natürlich sind die goldenen Trompeten Symbole sexueller und politischer Macht. Trotz gegenteiliger Spekulationen gibt es derzeit wenig handfeste Beweise, daß Frauen jemals in irgendeiner Gesellschaft tatsächlich die geheimen Symbole der Macht besaßen. Auch deutet der Mythos der Mundurucu darauf hin, daß es Frauen nicht verstehen, mit der öffentlichen Macht und Verantwortung umzugehen. Er warnt uns vor den Risiken, die Frauen eingehen, und den Gefahren, denen sie sich aussetzen, wenn ihnen tatsächlich Zugang zu den Götzen des Stammes oder zu den zentralen Riten gewährt wird, die den kulturellen Code der Gesellschaft ausdrücken. Er sagt uns, daß, zumindest in der Gesellschaft der Mundurucu, bei der eigentlichen Definition von Kultur und Macht das Geschlecht der zentrale Faktor ist. In unserer eigenen Welt ist dies nicht anders.

Geschlecht, das bei der Geburt biologisch festliegt, muß unterschieden werden von Geschlecht im Sinne einer sozialen Konstruktion, das im Laufe der Zeit in bestimmten historischen, politischen und soziokulturellen Kontexten definiert und geformt wird. Umgekehrt sind soziale Konstruktionen der Identität und Rollen der Geschlechter, wie sie in der Familie und anderen sozialen Gruppen ausgedrückt und geformt werden, mächtige Determinanten individueller Identität und Aktivität.

In jüngster Zeit, da die feministische Kritik die Familientherapie erreicht hat, hat unser Feld damit begonnen, wenn auch zu Zeiten recht schmerzhaft, die sozialen Konstruktionen und normativen Geschlechtervorschriften, die den wichtigsten Familientheorien und Modellen immanent sind, und die ihnen zugrundeliegenden Annahmen über geistige Gesundheit zu überprüfen.[38] Gleichzeitig haben Familientherapeuten und andere in psychosozialen Diensten Beschäftigte die zentralen organismischen, mechanistischen und soziologischen Metaphern in Frage gestellt, die die Modellkonstruktion dominierten, sowie die Sprachen, die unsere Weltanschauungen nicht nur ausdrücken, sondern auch immer wieder neu erschaffen.[39]

In jüngster Zeit hat es Bestrebungen gegeben, sich einer soziokulturellen Metapher zu bedienen, die die sozialen und individuellen Bedeutungskonstruktionen hervorhebt. Eine solche Haltung erfordert eine andere Sicht der Wirklichkeit und des normativen Verhaltens und führt in der Praxis zur Übernahme neuer Metaphern. Familientherapeuten haben Therapie als Geschichte (Hartman u. Laird 1987) oder als Gespräch (Hoffman 1985) neu definiert. Das impliziert einen rekursiven, gemeinsam vom Therapeuten und den Klienten zu entwickelnden Prozeß, der alle verändert, während sich eine neue „Geschichte" oder Konstruktion der Wirklichkeit entfaltet.

Wenn die soziokulturelle Metapher auf die Suche nach einer Bedeutung verweist, dann wird klar, daß Therapeuten nach den

38 Siehe zum Beispiel Goldner 1985; Hare-Mustin 1987.
39 Siehe Fraser 1984; Hoffman 1985.

wichtigen Bedeutungsquellen suchen müssen, nach den Methoden, nach denen Familien ihre Welten konstruieren und verstehen und ihre Werte und Traditionen weitergeben. Folglich haben Familientherapeuten sich vermehrt für viele der Kategorien zu interessieren begonnen, die den Anthropologen bei ihren Untersuchungen kleiner Gesellschaften schon lange vertraut sind, wie Sprache und Metapher, Weltanschauung, Folklore und Mythos, Überzeugung und Spiritualität, Religion und Ritual.

In den letzten Jahren ist diese letzte Kategorie, Ritual, die im Feld der Familientherapie lange Zeit ignoriert worden war, sowohl bei Forschern als auch bei Praktikern auf eine beträchtliche Aufmerksamkeit gestoßen. Der vorliegende Band ist ein deutlicher Ausdruck dieses Interesses. Was jedoch noch nicht angesprochen wurde, ist die sehr bedeutende Beziehung zwischen Geschlecht und Ritual.

Dieses Kapitel wirft einen ersten Blick auf diese Beziehung, insbesondere in bezug auf das Leben der Frauen und auf Frauen in der Therapie. Die Sichtweise, die Geschlechterrollen als kulturelle Konstruktion betrachtet, wird vorgestellt und ein Überblick über das Ritualleben von Frauen geliefert, sowohl in anderen Gesellschaften als auch in unserer eigenen. Dem schließt sich eine Diskussion über Frauen und Rituale in der Familientherapie an. Es werden eine Reihe von Fallbeispielen präsentiert, die den Gebrauch von Ritualen in der systemischen Familientherapie mit Frauen als Individuen und in Familien illustrieren.

Eine kulturelle Konstruktion der Geschlechterrollen

Rituale sind möglicherweise der geeignetste Sozialisationsmechanismus für eine Sippe oder eine andere Gruppierung, um die einzelnen Mitglieder darauf vorzubereiten, die Bedeutungen der Gruppe zu verstehen, ihre Traditionen fortzusetzen und jene sozialen Rollen auszufüllen, die für ihren Bestand als wesentlich erachtet werden. Als Männer und Frauen lernen wir durch das Ritual, wer wir sein sollen, was man wem bei welcher Gelegenheit sagen kann, was wir tun können und tun werden und wie wir es tun, mit wem wir zusammensein sollen, was wir anstreben können. Unsere Identitäten werden nicht nur in den Ritualen, die wir aufführen, reflektiert, sondern auch verstärkt, auf eine ganz bestimmte Art und Weise verändert und mit jeder Handlung neu geschaffen. Rituale *implizieren*

Handlung und Aufführung. Überdies sind keine zwei Aufführungen jemals identisch, noch sind es die Kontexte, in denen sie vorkommen (Moore u. Myerhoff 1977). Wie es Kenneth Burke einmal formulierte: „Ein Ritual heißt, eine Haltung zu tanzen." (zitiert in Myerhoff 1983).

Die Anthropologen Gregory Bateson und Margaret Mead gehörten zu den ersten, die sich mit den kulturellen Welten der Frauen beschäftigten und eine kulturelle Konzeptualisierung der Geschlechterrollen vorschlugen, eine Konzeptualisierung, die weitgehend aus ihren Untersuchungen der Rituale in traditionellen Gesellschaften entstand. Bateson demonstrierte bei seinem Versuch, das *Naven*-Ritual zu interpretieren, daß die Analyse eines solchen komplexen Zeremoniells eine multidimensionale Perspektive in bezug auf Ritual, Kultur und Geist erfordert. Um ein einziges Ritual oder eine Reihe von Ritualen selbst in der am wenigsten komplexen Gesellschaft zu verstehen, ist nicht nur die Untersuchung des Rituals vermittels der Ökologie der Gesellschaft, ihrer Ökonomie, ihrer Psychologie und Soziologie, ihrer Sexualpolitik, ihrer Weltanschauung und ihres symbolischen Systems erforderlich, sondern auch eine Vision darüber, „wie diese partiellen Verständnisweisen zu einem kohärenten Erklärungsprozeß zusammengefaßt werden können" (Keesing 1982: 17). Keesing warnt, daß „das Brückenbauen zwischen partiellen Erklärungen Gefahren mit sich bringt. Womöglich bleibt uns nichts als eine immer komplexere funktionalistische Matrix von Verknüpfungen, letztendlich statisch und zirkulär: ‚Das System' verstärkt und erhält sich endlos selbst." (a.a.O.: 33). Die sorgfältige Beachtung der gesellschaftlichen Konstruktion der Geschlechterrollen und der Beziehung zwischen den Geschlechtern stellt einen wesentlichen Teil dieser Vision dar.

Es ist klar, daß sich viele Rituale, insbesondere Initiationsriten und andere Übergangsriten, sehr direkt mit Definitionen von Macht und Status sowie Definitionen von Geschlechteridentität und gesellschaftlichen Rollen befassen. In der traditionellen anthropologischen Analyse seit Durkheim (1915) bis in die Gegenwart hat man Rituale als chaoszähmend und ordnungsstiftend angesehen, als Verstärker für die soziale Integration und als Zelebrieren der Gesellschaft selbst. In jüngerer Zeit bemerkte jedoch Keesing (1982) bei der Durchsicht anthropologischer Studien über das östliche Hochland Neuguineas, daß die Initiation von Jungen und andere zentrale sozialen Rituale die Einheit und Macht der *Männer* feiern. Keesing:

> „Sie feiern und verstärken die männliche Dominanz angesichts der sichtbaren Macht der Frauen, Leben zu schaffen und zu erhalten, und angesichts des Bandes zwischen Jungen und ihren Müttern, das zerrissen werden muß, um die männliche Solidarität und Dominanz zu erhalten. Die physische Kontrolle der Frauen über die Reproduktionsprozesse und ihre emotionale Kontrolle über ihre Söhne muß durch Politik, Geheimhaltung, Ideologie und dramatisierte männliche Macht überwunden werden." (a.a.O.: 23)

Männliche Initiationsriten im Hochland verwandeln nicht nur Jungen in Männer, sondern sind Verwandlungen, bei denen die ältesten Männer sich selbst in Beziehung zu den Frauen und den nicht initiierten Jungen als etwas Besonderes definieren. Langness (1974) argumentiert, daß „die soziale Solidarität (ausgedrückt im Ritual) auf einer Machtstruktur beruht, die sich vollständig in den Händen der Männer befindet, eine Machtstruktur, die, wenn notwendig, durch eine Reihe von Handlungen unterstützt wird, die magisch, rein und einfach sind und bezwecken, die Macht in den Händen der Männer zu belassen" (a.a.O.: 19).

Eine solche Macht wird bewahrt, indem eine klare Polarisierung der Geschlechter in der Welt der wirtschaftlichen Produktion aufrechterhalten wird, und durch die Kontrolle der produktiven und reproduktiven Kräfte der Frauen, wenn Männer oder männlich dominierte Stammesgruppen Frauen und Brautgeschenke austauschen. Da die Macht, der Status und das Prestige der Männer zu einem großen Teil von der Arbeit der Frauen abhängen, „sind es die Bindungen zu Frauen, die die größte Gefahr darstellen, sowohl von innen als auch von außen. Das Band zwischen Müttern und Söhnen könnte die Söhne davon abhalten, Männer zu werden: Es muß dramatisch und traumatisch durchtrennt werden" (Keesing 1982: 24).

Die von Männern geteilten Geheimnisse über Rituale tragen zur Erhaltung einer Übergemeinde bei, in der Frauen entweder von den zentralen Ritualen der Gesellschaft ausgeschlossen sind oder Rollen spielen, die denen der Männer komplementär oder untergeordnet sind, „als Zuschauer und Teilnehmer am Rande bei einem männlich dominierten rituellen Schaugepränge und einer männlich dominierten Politik" (Keesing 1982: 24 f.).

Wenn auch das östliche Hochland Neuguineas vielleicht eine dramatische Illustration dieser Themen bietet, tendieren im allgemeinen männliche Rituale auf der ganzen Welt dazu, eher in der Öffentlichkeit und im Zentrum der gesellschaftlichen Kosmologie zu stehen als weibliche. Weibliche Rituale sind in der Regel weniger dramatisch und farbenfroh, weniger wichtig im Sinne von Machtdefinitionen, und sie tendieren dazu, die Domäne der Frauen als häuslich zu definieren. Die existierenden Rituale, zielen eher darauf ab, die Rolle der Frau als Hegerin und Pflegerin sowie ihre Zuordnung zu einer bestimmten Familie und einem bestimmten Mann zu feiern. Rituale, die eine große Macht und Autorität abbilden und folglich verleihen, sowie der Respekt, der sich aus der Anhäufung einer solchen Macht ergibt, stehen Frauen in der Regel nicht zur Verfügung. Die Beiträge, die Frauen zum öffentlichen Leben leisten, werden selten explizit gemacht. Ihre gesellschaftlichen Rollen definieren sich in der Regel aufgrund ihrer Beziehungen zu Männern.

Wenngleich die obigen Interpretationen und Verallgemeinerungen sich aus der Untersuchung von Gesellschaften ergeben, die weitaus weniger komplex und diversifiziert sind als unsere eigene, Gesellschaften, in denen rituelle Erfahrungen anstelle des geschriebenen Wortes oder abstrakter Begriffe die primären Lernquellen darstellen, lenken sie dennoch die Aufmerksamkeit auf einige der amerikanischen Ritualen immanenten Fragen von Macht und Geschlechterdefinitionen. Es lassen sich einige Beobachtungen zu unseren eigenen kulturellen Ritualen machen und kurz illustrieren.

1. In den Vereinigten Staaten sind die Rituale von Frauen im Sinne von nationalen Werten weniger zentral und weniger scharf umrissen als jene der Männer.
2. Nationale Rituale definieren und bestätigen die öffentliche Domäne als Angelegenheit der Männer (und geben ihnen demnach eine größere Macht und ein größeres Prestige), die häusliche Domäne als die der Frau.
3. Viele gesellschaftliche und familiäre Rituale definieren weiterhin die Ehrerbietung und Unterordnung der Frauen gegenüber den Männern.
4. Die Macht der Frauen wird in unserer Gesellschaft von den Männern weiterhin gefürchtet. So werden, wie in vielen traditionellen Gesellschaften, Frauen als gefährlich und befleckt angese-

hen und müssen sich umfangreichen Reinigungsritualen unterziehen.

Macht und Autorität

Die farbenprächtigsten nationalen Festzüge unseres Landes, die eindringliche Botschaften darüber vermitteln, was am meisten gefeiert und am höchsten bewertet wird, haben mit dem Militär und männlich dominierten Zuschauersportarten zu tun, insbesondere Football und Baseball. In diesen öffentlichen Inszenierungen sind es der militärisch-industrielle Komplex sowie die mit Männlichkeit assoziierten Charakteristika, wie zum Beispiel Aggressivität und physische Kraft, die gefeiert werden. Frauen spielen in diesen dramatischen Aufführungen eher untergeordnete und unterstützende Rollen, indem sie die wahren Handelnden des Dramas anfeuern. Es gibt keine vergleichbaren dramatischen und sichtbaren Rituale, die weibliche Symbole, Rollen oder Charakteristika feiern. Die öffentlichen Domänen (und folglich die öffentlichen Rituale), die mit der Macht in dieser Gesellschaft assoziiert sind, Politik, Militär, Banken, Industrie und selbst akademische Bereiche, unterliegen weitgehend der Kontrolle der Männer. Für Frauen ist es schwierig, sich selbst in solchen Ritualen widergespiegelt zu sehen oder zu wissen, wie sie daran teilnehmen sollen.

Man muß sich fragen, ob selbst jene Rituale unserer Gesellschaft, die sehr eng mit Frauen identifiziert werden, wirklich das Leben der Frauen feiern und unter der Kontrolle der Frauen stehen. Die Reproduktion bietet ein Beispiel. In vorindustrialisierten Gesellschaften, argumentieren Paige und Paige (1981), sind die Reproduktionsrituale im wesentlichen politisch, ein Mittel, mit dem die Männer die Reproduktionskraft der Frauen kontrollieren, um die politische und wirtschaftliche Macht zu gewinnen.

Rich (1986) beschreibt sehr anschaulich, wie in unserer Gesellschaft das Gebären der Kontrolle der Frauen entzogen und zu einer Erfahrung wurde, in der die Frauen vom Beistand und Trost anderer Frauen abgeschnitten waren. Die Frauen wurden verleitet, das Stillen aufzugeben. Es verkam zu einer isolierten, beschämenden und irgendwie „primitiven" Übung. Auch wenn es so scheint, als ob es gegenwärtig den Frauen gelungen wäre, das Gebären wieder in Besitz zu nehmen, sind Paige und Paige der Meinung, daß der von Männern dominierte Berufsstand der Ärzte immer noch die Gebärvorgänge kontrolliert. Die Bewegung für die „natürliche Geburt" hat daran nur wenig geändert, und tatsächlich besteht ihre wesentliche Erneuerung in der Teilnahme des Vaters an der Geburt, eine Praxis, die sie als eine neue Form der Couvade, des Männerkindbetts ansehen. Wenngleich einige Frauen auch etwas mehr Kontrolle über ihre Gebärrituale erlangt haben, sind es doch immer noch die Männer, die in legislativen und juristischen Gremien dominieren, die letztendlich darüber entscheiden, ob sich Frauen für einen Schwangerschaftsabbruch entschließen können, wem und unter welchen Bedingungen die Geburtenkontrolle zur Verfügung steht, wem das Sorgerecht übertragen wird, et cetera.

Die Verwandtschaftstheorie von Levi-Strauss betrachtet die Hochzeit als „die grundlegendste Form des Geschenkeaustauschs, bei der die Frauen das wertvollste Geschenk sind" (Rubin 1975: 173). Rubin argumentiert, daß „Verwandtschaft und Ehe immer Teile von umfassenden sozialen Systemen sind und immer in wirtschaftlichen und politischen Ordnungen eingebunden sind" (a.a.O.: 207). Der Ehevertrag und Verwandtschaftsverpflichtungen stellen die Urkunden dar, die höchstpersönliche Rechte und Eigentumsrechte verleihen oder beschränken.

Während in vorkapitalistischen Gesellschaften, so Rubins Ansicht, Frauen durch Kulte, geheime Initiationen, etc. an ihrem Platz gehalten wurden, „hat der Kapitalismus Vorstellungen von männlich und weiblich, die um Jahrhunderte zurückreichten, übernommen und modernisiert" (a.a.O.: 163). In der traditionellen amerikanischen Hochzeitszeremonie, bei der die Tochter dem Bräutigam vom Vater „übergeben" wird und dabei den Namen eines Mannes mit dem eines anderen austauscht, wird die Vorstellung vom Austausch der Frauen immer noch inszeniert.

Es wird der Einwand erhoben, daß der mächtige Symbolismus und die mächtige Sprache dieses Ritus in unserer Gesellschaft nicht mehr die tatsächliche Bedeutung von Eigentumsrecht hätten und daß der Beiklang, Frauen als Besitz anzusehen, wie das in vielen traditionellen Gesellschaften der Fall ist, hier völlig fehle. Dennoch schaffen solche Wörter und Symbole rekursive Bedeutungswelten, die den Frauen auch weiterhin sagen, wer sie sind und was sie vielleicht einmal werden. Frauen müssen die bewußte und ungewöhnliche Entscheidung treffen, diese Symbole und Beziehungsregeln zu modifizieren, und tatsächlich ist es in vielen Ehen klar, daß das, was gekauft wurde, die häusliche Arbeitskraft der Frauen ist.

Die Vorstellung eines Austauschs von Frauen und ihrer Kontrolle durch die Männer in der Ehe und durch Verwandtschaftsallianzen haben in amerikanischen Ehe- und Familienmustern andere, sehr konkrete Anwendungen gefunden. Beispielsweise verdienen die Männer weiterhin viel mehr Geld als ihre arbeitenden oder nicht arbeitenden Frauen, und, worauf die Soziologin Pepper Schwartz (1987) verweist, „Geld regiert die Welt", in der Ehe und auch in der größeren Gesellschaft. Ihre Untersuchung hat gezeigt, daß in der Ehe durch Geld oder den Verdienst das Recht erkauft wird, Entscheidungen zu treffen – Entscheidungen darüber, ob man bleibt oder geht, was die Familie sich leisten kann, wo sie wohnt, wie die Kinder ausgebildet werden, ob man sich eine Therapie leistet, ob der Vater teilnimmt, et cetera. Überdies erkauft Geld in vielen Fällen den Männern das Recht, Frauen in unglücklichen Ehen zu binden und sie in manchen Familien Ritualen voller Gewalt und Erniedrigung zu unterwerfen, da den Frauen die Mittel fehlen, unabhängig zu leben, oder die Fertigkeiten, im öffentlichen Leben konkurrenzfähig zu sein.

Öffentlich = männlich; häuslich = weiblich

Männliche Rituale feiern überall den Eintritt der Männer ins öffentliche Leben und ihre Teilnahme daran. Weibliche Rituale feiern überall den Eintritt der Frauen ins häusliche Leben und ihre Teilnahme daran. Rosaldo (1974), die ihre eigene praktische Arbeit bei den Ilingot auf den Philippinen geleistet hat, weist darauf hin, daß es in vielen Gesellschaften eine radikale Trennung gibt zwischen dem Leben der Männer und dem Leben der häuslichen Gruppe. Eine solche Aufteilung gibt den Männern die Freiheit, Autoritätsrituale zu entwerfen, die sie selbst als überlegen, abgesondert und als etwas Besonderes definieren. Diese Rituale vergrößern die Distanz zwischen den Männern und ihren Familien, indem sie Barrieren gegenüber den Forderungen nach Intimität errichten, die sich aus dem Familienleben ergeben. Rosaldo argumentiert, daß „Männer ‚heilig' sein können, weil sie sich ‚abgesondert' haben. Indem sie eine bestimmte Art von Intimität und eine direkte Beteiligung vermeiden, können sie ein Image und einen Deckmantel von Integrität und Würde entwickeln." (a.a.O.: 27).

Es läßt sich eine Analogie zur amerikanischen Gesellschaft ziehen, denn es ist klar, daß selbst in Familien, in denen beide arbeiten, Frauen für das Aufziehen der Kinder und die Erledigung des Haushalts eine viel größere Verantwortung zu tragen haben. Es ist für

Frauen viel schwieriger, selbst für diejenigen, die arbeiten gehen, ein öffentliches Image aufzubauen oder zu pflegen, das ihre Autorität honoriert, da sie von den Anforderungen des Kinderaufziehens und den Zwängen des häuslichen Lebens niedergehalten werden. Im öffentlichen Leben stehen die Männer als Schöpfer und Urheber, die Frauen als Helfer. Im häuslichen Leben ist es umgekehrt. Für Rosaldo, wie für viele feministische Wissenschaftlerinnen, ist die Rollenverteilung bei der Arbeit der Schlüssel in den Fragen der Gleichheit der Geschlechter und der Verteilung der Macht.

Übergangsriten für Frauen

In unserer Gesellschaft gibt es keine klar definierten oder universellen Initiationsriten, ein Phänomen, das die Schwierigkeiten verstärkt, denen sich junge Männer und Frauen ausgesetzt sehen, wenn sie von zu Hause ausziehen und das Erwachsensein definieren wollen. Die Zeit der Adoleszenz wird verlängert und ist schlecht markiert. Für viele dient die Beendigung der höheren Schule als ein diffuser Übergangsritus, für andere der Eintritt ins Militär und für wiederum andere die Hochzeit.

Jene Rituale, die es für die junge Frau in unserer Gesellschaft tatsächlich gibt, tragen verwirrende und widersprüchliche Botschaften in sich, die sie nicht auf das öffentliche Leben vorzubereiten vermögen. Vielmehr definieren sie die Frau weiterhin in bezug auf und in Abhängigkeit von den Männern. Die Vorstellungen von der Teenieparty mit 16 und der Debütantinnenparty sind besetzt von weiblicher Schönheit, Weiblichkeit und Anmut – und der Verfügbarkeit der jungen Frauen für potentielle Ehemänner. Am deutlichsten werden diese Botschaften in den nationalen Miss-America-Wahlen exemplifiziert, diesem von Männern gesteuerten Herbstritus, bei dem die Frauen in einem Ritual, das an Sklaven- oder Rinderauktionen erinnert, ihren Körper zur Schau stellen.

Für Frauen gibt es wenige Riten, zumindest solche, für die der individuellen Familie kulturelles Material zur Verfügung steht (mit Ausnahme der Hochzeit, des Geburtstags und der eigenen Beerdigung), die ihnen helfen, *irgendeinen* der größeren Übergänge ihres Lebens zu markieren. Das Leben der verheiraten Frau wird am deutlichsten markiert durch Familienriten, die den Weg ihrer Kinder durchs Leben feiern. Eine alleinstehende Frau hat nicht einmal diese. Obwohl die Geburt der Kinder für die junge Mutter vielleicht besondere Privilegien und Anerkennung bringt, fehlen häufig symbolträchtige Übergangsriten, die den Frauen helfen, sich den neuen Status der Mutterschaft einzuverleiben. Es ist ihre Reproduktion (ihr Produkt), die gefeiert wird. Ähnlich wird der Übergang zu der Zeit nach der Kindererziehung, wenn der Verlust der Kinder beweint wird, nur ungenügend honoriert.

Die Tatsache, daß diese Übergänge durch Rituale so schlecht markiert sind, trägt wohl dazu bei, daß es während dieser beiden Lebensphasen häufig zu Depressionen kommt. Frauen geben ihre häusliche Arbeit niemals auf, während der zeitliche Ablauf der Familie durch die Berufstätigkeit des Mannes markiert wird, die Geburt von Enkeln, et cetera. Es gibt keine von der Gesellschaft sanktionierten Rituale, die öffentliche Rollen feiern oder der Frau helfen, mit öffentlichen Rollen zurechtzukommen, die ihr den Zugang zu älteren Frauen erleichtern, die ihre Leistungen und ihre Weisheit hochachten, wenn sie älter wird. Da Übergangsriten bei der Definition des eigenen Selbst gegenüber der Gesellschaft eine ungeheuer große Hilfe bieten, ist es für Frauen notwendig, sich Rituale neu anzueignen, die Lebensübergänge erleichtern und die die Übernahme von bedeutsamen und klaren familiären und auch öffentlichen Rollen gestatten, Rituale umzugestalten oder neu zu konstruieren.

Obwohl Frauen sich in vielen von Männern definierten und dominierten Berufen und demnach in öffentlichen Bereichen etablieren konnten, sind die Risiken oft groß und die Gewinne oft mit beträchtlichen Kosten ritueller Degradierung und Erniedrigung verbunden. Die zeitgenössische Heldin wird in einem von Männern kontrollierten mythenbildenden Prozeß oft sowohl von Frauen als auch von Männern kritisiert und lächerlich gemacht, was uns ständig daran erinnert, daß die öffentliche Sphäre den Männern gehört. So wurde Eleanor Roosevelt beispielsweise wiederholt verächtlich gemacht, ihre persönliche Erscheinung und ihre Mütterlichkeit wurden zum öffentlichen Gesprächsthema.

In jüngster Zeit hat der Angriff Derek Freemans (1983) auf Margaret Meads Arbeit die Medien monatelang in Atem gehalten, während die Veröffentlichung Mary Catherine Batesons (1987) liebevoller und beredter Memoiren über ihre Eltern den männlichen Rezensenten die Gelegenheit gab, nicht nur die Beiträge Meads zur Sozialwissenschaft zu verunglimpfen, sondern auch ihre Fähigkeiten als Frau und Mutter. Die Warnung an alle amerikanischen Frauen war klar: Frauen, die versuchen, die goldenen Trompeten zu besitzen, werden sowohl in der öffentlichen als auch in der häuslichen Domäne scheitern.

Wir werden auch daran erinnert, daß Frauen nach Ansicht der Öffentlichkeit von ihren Männern abhängen, gleichgültig wie erfolgreich sie sind. Während Gerald Ford Bettys Trinken nicht geschadet hat, erging es Geraldine Ferraro in bezug auf die finanziellen Entscheidungen ihres Mannes nicht so gut. Elizabeth Dole, die einzige Frau in Präsident Reagans Kabinett, ist zurückgetreten, um ihre Energien der Präsidentschaftskampagne ihres Mannes zu widmen. Damit wurde der ganzen Welt in aller Deutlichkeit klargemacht, wessen Karriere an erster Stelle steht.

Im Feld der Familientherapie ist vielleicht Virginia Satir die einzige echte Volksheldin, wenngleich andere nachkommen. Während die Geschichte der Familientherapie im Zuge der rituellen Aufführungen des Feldes konstruiert und rekonstruiert wird, das heißt auf Konferenzen und Versammlungen, den Orten, an denen man Traditionen definiert und weitergibt, werden Satirs Beiträge immer mehr übersehen. Frauen müssen die mythenbildenden Prozesse der zentralen Rituale des Feldes überwachen, da die Ideen und Beiträge der Frauen häufig lächerlich gemacht, übersehen oder trivialisiert werden.

Dominanz und Unterwerfung

Ein anderes Thema, das in häuslichen und öffentlichen Ritualen ständig aufgeführt wird, ist das von Dominanz und Unterordnung, da Frauen in Ritualen Rollen spielen, die ihre beistehenden und helfenden Positionen in bezug auf die Männer definieren. In vielen Gesellschaften wird die Ehrerbietung der Frauen gegenüber den Männern symbolisch demonstriert, indem sie zum Beispiel einige Schritte hinter ihren Ehemännern gehen, ihre Gesichter in Anwesenheit der Männer verschleiern, die Augen niederschlagen oder zu Füßen der Männer schlafen (Bamberger 1974).

In unserer Gesellschaft sind die Bilder nicht weniger mächtig und die Botschaften nicht weniger klar. Beispielsweise übergeben in Krankenhausritualen (gewöhnlich) die Schwestern dem (gewöhnlich) männlichen Chirurgen die Instrumente. Schwestern und Ärztinnen werden häufig mit ihrem Vornamen angesprochen, während männliche Ärzte mit ihren professionellen Titeln angeredet werden. Dies sind Handlungen, die nicht nur Autorität und Prestige symbolisieren, sondern sie auch verleihen. In vielen amerikanischen Familien sitzen die Männer am Kopfende des Tisches, werden von ihren Frauen häufig zuerst bedient und erhalten in der Regel die auserlesensten Stücke der Mahlzeit.

Reinheit und Gefahr

Schließlich assoziieren eine Reihe von Symbolen, die in vielen Ritualen auf der ganzen Welt vorkommen, Frauen mit Vorstellungen von sexueller Verdorbenheit und Gefahr. Auf der einen Seite werden Frauen überall als jüngfräulich und rein porträtiert, auf der anderen Seite als sexuell gefährlich und verdorben. Diese paradoxe Position meint, Frauen seien der „Natur" näher, Männer der „Kultur", ein falscher, aber gewöhnlich nützlicher dichotomischer Prozeß in der Welt der Sexualpolitik (Ortner 1974). Frauen sind die „anderen", eine markierte Kategorie gegenüber der gattungsspezifischen, unmarkierten Kategorie des „Selbst", die von den Männern in Besitz genommen wird.

Frauen unterziehen sich in vielen Gesellschaften zu bestimmten Zeiten ausgeklügelten Reinheitsriten, zum Beispiel nach der Geburt oder der Menstruation. Wenn solche Reinigungsriten auch vielfältige Bedeutungsebenen haben, können sie nach Ansicht der Anthropologin Mary Douglas (1987) dazu benutzt werden, die männliche Überlegenheit zu bestätigen, für Männer und Frauen getrennte soziale Sphären zu fordern oder um die Verfehlungen des Mannes auf die Übertretungen der Frauen zu schieben. Reinigungsrituale, so Douglas, spiegeln und verstärken bestehende Kosmologien, soziale Strukturen und Machtgleichgewichte, wodurch sie Männer und Frauen an ihre vorgeschriebenen sozialen Rollen binden. Sind die sozialen Systeme stabil und klar gegliedert, sind ihrer Ansicht nach solche Reinigungsriten wohl weitgehend unnötig. Wo allerdings die soziale Struktur schlecht gegliedert ist und die Geschlechterrollen und -beziehungen sehr widersprüchlich oder veränderlich sind, stellen jene, die die etablierte Hegemonie in Frage stellen, eine Gefahr dar und müssen als verderbend definiert werden.

Obwohl es in unserer Gesellschaft nur wenige klar definierte Reinigungsriten gibt, sind wir einem Diskurs und einer Reihe diffuser Rituale unterworfen, die Frauen als unrein und als sexuell gefährlich definieren. Der Beginn der Menstruation bietet ein Beispiel.

„Und der Herr redete mit Mose und Aaron und sprach ... ,Wenn ein Weib ihres Leibes Blutfluß hat, die soll sieben Tage unrein geachtet werden; wer sie anrührt, der wird unrein sein bis auf den Abend. Und alles, worauf sie liegt, solange sie ihre Zeit hat, wird unrein sein, und worauf sie sitzt, wird unrein sein. Und wer ihr Lager anrührt, der soll seine Kleider waschen und sich mit Wasser baden und unrein sein bis auf den Abend ...'"

(3. Mose 15. 19-21)

In manchen Gesellschaften, zum Beispiel den Navajo, ist die Menarche ein Anlaß, sich zu freuen und zu feiern. Die Kinaalda-Zeremonie „führt das Mädchen in die Gesellschaft ein, erfleht für sie positive Segnungen, sichert ihre Gesundheit, ihren Wohlstand und ihr Wohlbefinden und schützt sie vor einem möglichen Unglück" (Weigle 1982: 180). In den meisten traditionellen Gesellschaften ist der Beginn der Menstruation jedoch ein widersprüchliches Ereignis, das gefeiert und gefürchtet wird. Washburn meint dazu:

„Dies erklärt, weshalb die Rituale in zwei Kategorien zu fallen scheinen, in einen Anlaß zum Tanzen und in einen Anlaß zur Absonderung der Mädchen. In beiden Fällen bringt das Ritual ein Verständnis zum Ausdruck, demzufolge das Mädchen einen symbolischen, erklärenden Bezugsrahmen benötigt, wenn sie ihre erste Lebenskrise bewältigt und sich selbst als reife Frau neu definiert. Diese Rituale bringen auch ein Verständnis zum Ausdruck, daß das Entdecken unserer Identität als Frauen kein einsamer Kampf sein soll, sondern innerhalb des Kontextes der Gemeinschaft stattfinden sollte. In jedem primitiven Ritual wird durch Bewährungsproben, symbolische Handlungen und Wörter, die die Heilung fördern und die beteiligten Kräfte integrieren, eine Form der Selbsttransformation ausgedrückt. Die Mädchen und die Gemeinschaft erhalten *durch* die Krise eine neue Identität."

(Washburn 1977: 9)

In unserer Gesellschaft ist der Beginn der Menstruation nur zu oft eine einsame, heimliche und schamhafte Erfahrung, nur markiert durch einen verstohlenen Gang zur Drogerie und vielleicht durch die erste Unterleibsuntersuchung, was oft ein Ritual der Erniedrigung ist. Das Ereignis wird nicht, wie es Washburn ausdrückt, so *anerkannt,* daß es dem jungen Mädchen „einen symbolischen Bezugsrahmen gibt, der ihr hilft, Sinnfragen zu stellen" (1977: 12 f.). In der Regel ist sie nach der Krise nicht stolzer auf ihren Körper und fühlt sich als Individuum auch nicht mehr wert oder vollkommener. Ferner verweist die gut dokumentierte Tabuisierung sexueller Beziehungen während der Menstruation, Schwangerschaft und in der Zeit nach der Geburt, obwohl keine Beweise für eine Gesundheitsgefährdung vorliegen, „darauf, daß die weitverbreitete Ansicht von sexueller Verunreinigung von vielen Amerikanern geteilt wird" (Paige u. Paige 1981: 276).

Wird Menstruation mit Unreinheit und Unsauberkeit assoziiert, so ist sie auch mit Machtvorstellungen verknüpft. Weigle (1982) sammelte reichhaltige kulturübergreifende Beispiele von Ritualen, Mythen und Folklore, die zeigen, daß die menstruierende Frau, die ein *Mana* oder eine übernatürliche Kraft verbreitet, als gefährlich angesehen wird. Die Männer müssen sich nicht nur vor Ansteckung schützen, vielmehr symbolisieren die männlichen Riten in manchen Gesellschaften die Übernahme der Reproduktionskräfte, die die Menstruation impliziert, wie zum Beispiel in *Couvade*-Ritualen oder in der rituellen Beschneidung männlicher Genitalien.

Tatsächlich wird die Sexualität der Frauen im allgemeinen als mächtig und potentiell gefährlich angesehen, eine Vorstellung, die aus alten Mythologien stammt und noch heute in Mythen und Ritualen zum Ausdruck kommt. Mußten sich die Männer in den traditionellen Gesellschaften vor einer Jagd oder einem Überfall sexuell enthalten, so müssen in unserer heutigen Gesellschaft manche Athleten ähnliche sexuelle Tabus beachten. So werden beispielsweise „die professionellen Spieler während des Trainingslagers im Sommer – die Zeit vor Beginn der Footballsaison – von ihren Ehefrauen oder anderen Frauen isoliert. Es wird auch von College- oder professionellen Spielern erwartet, sich in der Nacht vor einem Spiel sexuell zu enthalten." (Arens 1976, zitiert in Kottak 1978: 513).

Während die menstruierende Frau in manchen Gesellschaften für sich selbst und andere als mächtig und gefährlich angesehen wird und deshalb isoliert werden muß, wird sie in unserer Gesellschaft dadurch isoliert, daß man sie als „krank" bezeichnet, wodurch sie eine Unterbrechung oder Pause braucht. In beiden Fällen zieht sie sich von der Öffentlichkeit und der Gesellschaft der Männer zurück. Ferner ist es in einer Zeit, da unsere Gesellschaft nach sexueller

Befreiung und Gleichheit für Frauen zu streben scheint, schon etwas ironisch, daß viele junge Frauen buchstäblich hungern, sich rituell mit Essen vollstopfen und es wieder von sich geben. Das letztere Thema bekundet wohl, ähnlich wie das Thema des Fastens und Hungerns während der Menstruation in den Mythologien verschiedener traditioneller Gesellschaften, die Scham der Frau vor dem Image ihres eigenen Körpers und vor den körperlichen Prozessen. Dadurch wird ihre Sexualität unterdrückt, und sie unterwirft sich von Männern definierten Schönheitsstereotypen.

Frauen und Rituale in der Familientherapie

Rituale durchdringen das Familienleben und stellen deshalb für den Therapeuten und die Familie eine reichhaltige Quelle für das Verständnis von Geschlechterfragen in ihrer Wirkung auf Frauen dar. Sie sind auch eine mächtige Quelle für Veränderungen. Der Familientherapeut sollte Fertigkeiten entwickeln, die in den bestehenden Familienritualen eingebetteten Bedeutungen und Vorschriften zu verstehen und zu interpretieren. Auf diese Weise kann er Frauen und Familien dabei unterstützen, Rituale zu bewahren, die für die individuelle Identität und den Zusammenhalt der Familie wichtig sind, sowie jene Rituale wiederzubeleben, die vergessen wurden oder derzeit in verstümmelter, veralteter oder destruktiver Form existieren, und er kann sich an der Konstruktion neuer Rituale beteiligen. Form und Inhalt von Ritualen können unterritualisierten Familien helfen, ihrem Leben eine Richtung zu geben, können neu verbundenen Paaren helfen, neue Rituale kreativ zu entwickeln und Traditionen aus dem Erbe beider aufzunehmen (Aufgaben, die durch eine Wiederverheiratung oder durch ethnische oder religiöse Unterschiede oft erschwert werden), sie können Familien helfen, Krisen und zu erwartende Lebensübergänge zu bewältigen, oder sie können rigide, destruktive oder erniedrigende Rituale unterbrechen (Laird 1984).

Die Interpretation von Ritualen

Die vordringlichste Aufgabe für den Familientherapeuten ist es herauszufinden, wie die Geschlechterrollen und die Geschlechteridentität in den zentralen Ritualen im Leben eines Klienten geformt werden. Dabei sind unter anderem folgende Fragen zu klären:

1. Wie werden die Frauen in den wichtigsten Familienfeiern und in der tagtäglichen rituellen Interaktion abgebildet, und wie werden Frauenrollen aufgeführt?
2. Wie werden Frauen in den Botschaften solcher Rituale definiert, und wie definieren sie sich selbst?
3. Wie werden Beziehungen zwischen Männern und Frauen abgebildet und definiert?
4. Wie und aus welchen Gründen werden die Beiträge der Frauen geschätzt und gefeiert?
5. Wie werden solche Definitionen durchgesetzt? Welche Belohnungen und Strafen werden per Ritual sanktioniert?
6. Wie werden diese Bedeutungen von den Frauen selbst und von anderen in ihrem interpersonellen Netzwerk interpretiert?
7. Welche Auswirkungen haben diese Botschaften auf den Tanz der Familie und auf das Leben und Selbstbild der Frauen?

Der Therapeut muß ein Gefühl für die Familienrituale entwickeln, an denen Frauen beteiligt sind, und für die anderen Rituale, die mit dem Leben der Frauen verwoben sind, in ihrer Beziehung zu Arbeit, Erholung, Religion und Spiritualität, faktisch ihrem gesamten sozialen und kulturellen Netzwerk. Rituale werden häufig auf einer analogen Ebene aufgenommen und von den Teilnehmern nicht bewußt interpretiert. Außerdem stimuliert die Teilnahme an einem Ritual häufig tiefe Gefühle, wenn es das Leben auf eine bestimmte Art und Weise ordnet, und verstärkt die inszenierten oder aufgeführten Verhaltensweisen. Demnach ist es den meisten von uns nicht bewußt, wie unsere Teilnahme an Ritualen unser soziales und emotionales Funktionieren lenkt und unser Selbstbild immer wieder neu entwirft. Häufig sind sich Frauen bewußt, daß sie sich traurig, aufgebracht oder unzufrieden fühlen, ohne diese Gefühle mit den mächtigen Ritualen, an denen sie teilnehmen, in Zusammenhang zu bringen.

Der Therapeut muß ein Gefühl für die Ereignisse und den Diskurs entwickeln, die die täglichen Interaktionsrituale umgeben, und dafür, wie sich die Frauen an regelmäßigen oder unregelmäßigen Ritualen beteiligen, wie zum Beispiel den Ferien der Familie, schmerzlichen Situationen oder bei Krankheitsfällen. Ferner sollte der Familientherapeut die normativen und idiosynkratischen Lebensübergänge des einzelnen und der gesamten Familie beachten, wie auch religiöse und weltliche Feiertagsmuster der Familie. All diese rituellen Ereignisse sind für die Identität und das Wohlbefinden einer Frau relevant. Soweit möglich und natürlich je nach den Zielen der Therapie sollten diese Ereignisse „offengelegt" und der Symbolismus und die Bedeutungsebenen der Familie interpretiert werden.

Die Interpretation von Ritualen ist ein riskantes Unterfangen. Jeder sieht im Symbolismus und den Handlungen einer Familie eine andere Bedeutung, beeinflußt durch unser Geschlecht, unser ethnisches Erbe, unsere politische Ideologie, unsere Familienerfahrungen und durch viele andere Faktoren. Demnach muß sich der Therapeut davor hüten, ein Familienritual zu „bearbeiten", ohne zu verstehen, wie dieses Ritual in das erweiterte kulturelle Umfeld und Bedeutungssystem der Familie paßt.

In dem folgenden Beispiel wird untersucht, welche potentiellen Bedeutungen ein typischer Feiertag für das Leben der Frauen hat. Jeder von uns sieht wohl in diesem Kaleidoskop eine unterschiedliche Anordnung von Farben und Symbolen. Das zusammengesetzte Porträt gründet sich auf Geschichten von vielen Frauen, Kolleginnen, Freundinnen, Studentinnen und Klientinnen und wird hier als die Erinnerungen einer Tochter präsentiert. Es konzentriert sich vor allem auf ihre Sicht ihrer Mutter während des Festes.

Ein Weihnachtslied

„Meine Mutter begann Monate im voraus mit den Vorbereitungen für Weihnachten. Sie kaufte ein und verpackte die Geschenke, bastelte neuen Weihnachtsschmuck für das Haus und schrieb Weihnachtskarten. Wochen voraus bereitete sie die traditionellen Gerichte unserer Familie zu und fror sie ein, Plumpudding, Kürbis- und Hackfleischpasteten, ihre Kollektion an Weihnachtsplätzchen, die Marmeladen, Saucen und Konfekt, die Gemüseaufläufe. Da sie ganztags als Verwaltungsangestellte beschäftigt war, blieb sie, wenn Weihnachten näherrückte, oft bis spät in die Nacht auf und packte Geschenke ein, brachte meinen Vater dazu, die Schildchen für die Geschenke, die sie für seine Eltern, Geschwister und andere Familienmitglieder gekauft hatte, zu unterschreiben. Mama versucht, jedem Familienmitglied mindestens ein Geschenk zu machen, wird nervös, wenn sie nicht mit allen rechtzeitig fertig wird, und stöhnt, daß sie froh sei, daß es Weihnachten nur einmal im Jahr gibt. Jedes Jahr sagte sie – und sie sagt es noch immer –, daß sie froh sei, wenn alles vorbei ist.

Sie schien für Weihnachten grundsätzlich allein verantwortlich gewesen zu sein, obwohl wir alle immer ein wenig geholfen haben. Als Kinder haben meine Schwester und ich immer geholfen, die Plätzchen zu verzieren, und jetzt helfen wir bei den letzten Essensvorbereitungen und beim Abwasch. Eine der Aufgaben meines Vaters ist es, den Baum ins Haus zu holen und sicher aufzustellen, er weigert sich aber, sich am Schmücken zu beteiligen. Ich kann mich erinnern, daß er dasaß und Zeitung las und gelegentlich die Position des Baumschmucks oder des Lamettas kritisierte. Meine Mutter kämpfte mit den Lichtern und beklagte sich immer, daß sie die schlimmste Arbeit übernommen hätte, während meine Schwester, mein Bruder und ich jedes einzelne Teil des Baumschmucks mit viel Vergnügen auspackten und dabei alte Lieblingsstücke wiederentdeckten. Schließlich wurden die Lichter angemacht, und nach einem Moment der Bewunderung, versuchte meine Mutter das Chaos im Wohnzimmer zu bändigen.

Während wir an Heiligabend manchmal Freunde oder Verwandte zu Besuch oder zum Essen eingeladen hatten, war für uns als Kinder der Morgen des ersten Weihnachtsfeiertags etwas ganz Besonderes. Ich weiß heute, wenn ich sie für meine Kinder herrichte, daß die Weihnachtsstrümpfe, in meiner Erinnerung die aufregendste Tradition, viel Überlegung und Arbeit erfordern. Meine Mutter kochte am Morgen des ersten Feiertags immer ein besonderes Frühstück. Danach durften wir ins Wohnzimmer gehen. Mein Vater spielte natürlich die Rolle des Weihnachtsmannes und verteilte die Geschenke, bis es ihm langweilig wurde und wir alle diese Rolle übernahmen. Mutter rannte zwischen Wohnzimmer und Küche hin und her, um nichts zu verpassen, während sie das Frühstücksgeschirr spülte, den Truthahn füllte und das restliche Essen rechtzeitig für die Ankunft der anderen Familienmitglieder zubereitete.

Obwohl wir Kinder jetzt verheiratet sind und den Weihnachtsmorgen zu Hause verbringen, hat sich an den Feiertagen über die Jahre wenig geändert. Wir treffen uns alle gegen 13.00 Uhr im Haus meiner Eltern. Nach ungefähr einer halben Stunde, in der man sich begrüßt und unterhält, ziehen sich die Männer in der Regel ins Wohnzimmer zum Fernsehen zurück, die Kinder spielen und die Frauen helfen meiner Mutter, den Festschmaus auf den Tisch zu bringen. Wenn wir alle Platz genommen haben, plaziert meine Mutter mit viel Zeremoniell den Vogel beim Platz meines Vaters am Kopfende des Tisches. Nach den entsprechenden ‚Ohs' und ‚Ahs' zückt er sein geschliffenes und geschärftes Tranchiermesser und macht mit einer dramatischen Geste den ersten Schnitt. Meine Mutter bleibt nie lange sitzen, sie eilt während des Essens ständig zwischen Küche und Eßzimmer hin und her, füllt die Schüsseln auf und serviert den nächsten Gang. Wir beschweren uns alle darüber, aber ohne Erfolg.

Es gibt während der Feiertage Zeiten, die ich fürchte. Seit ich mich erinnern kann, hat es während des Essens stets schmerzliche Auseinandersetzungen gegeben, in den frühen Jahren fast immer Streit zwischen meinem Bruder und mir. Einer bekommt in der Regel eine Migräne, und meine Mutter bricht mindestens einmal im Verlauf des Tages in Tränen aus, wodurch wir uns alle schuldig und gereizt fühlen, weil sie überlastet ist und wir das wissen. Auf der anderen Seite ist sie aber auch stolz darauf, alles alleine zu schaffen, und weigert sich oft, Hilfe anzunehmen.

Nach dem Essen ziehen sich die Männer zurück, manche zum Kartenspielen oder zum Fernsehen und andere, um ein Schläfchen zu halten, während die Frauen und Mädchen mit dem langwierigen und ermüdenden Abwasch beginnen und mein Bruder noch ein Stück Holz aufs Kaminfeuer legt. Dies ist die Zeit, die mir am meisten gegen den Strich geht. Denn obwohl es mir Spaß macht, mich mit den Frauen zu unterhalten und mit ihnen etwas Gemeinsames zu tun, könnte ich mir nichts Schöneres vorstellen, als mich nach oben zu schleichen, ein Schläfchen zu halten, Karten zu spielen, ein Footballspiel anzuschauen oder ein Bier zu bestellen.

Ich versuche dieselben Traditionen weiterzuführen, obwohl ich selbst einen sehr anspruchsvollen Job habe. Es ist einfach nicht richtig Weihnachten, wenn man etwas ausläßt. Mein Mann, der mir etwas hilft und mir sagt, er wolle keine ‚traditionelle' Frau, scheint sich trotzdem, wie auch ich, ein ‚traditionelles' Leben zu wünschen! Es ist schwer zu verstehen, weshalb ich mich am Ende dieses besonderen Tages, auf den ich mich das ganze Jahr über gefreut habe, erschöpft und ausgelaugt fühle, ein Gefühl der Erleichterung und des Verlustes verspüre, aber schon wieder an nächstes Jahr denke."

Caplow et al. (1982) sind der Meinung, daß der Symbolismus und die Aktivitäten an amerikanischen Feiertagen die Rolle der Frau als Hegerin und Pflegerin feiern, insbesondere in Beziehung zu ihrer Aufgabe der Kindererziehung. Ihrer Ansicht nach ist die Familie die Institution, die in unserer Gesellschaft am meisten gefährdet ist, zumindest in ihrer traditionellen Form. Sie ist eine Institution, die einem Wandel unterliegt und Konflikten und Widersprüchen ausgesetzt ist. Der säkulare Teil des Weihnachtsrituals „glorifiziert Herd und Haus und vor allem die Haushälterin" (a.a.O.: 235). Frauen und Mütter werden von Verwandten, Freunden und Nachbarn für eine guterledigte Arbeit mit Geschenken und Lobesworten belohnt, mit Respekt und Bewunderung, während die Rolle des Vaters im Symbolismus des Weihnachtsmannes anerkannt wird. Der Weihnachtsmann liefert wie Vater die Spielzeuge ab (den Gehaltsscheck), „und bringt aus der harten Welt dort draußen gute Dinge mit in die Familie" (a.a.O.: 235), aber danach spielt er nur noch eine untergeordnete Rolle; es ist die Mutter, die die Geschenke/das Geld in aufregende Wunderdinge verwandelt, die die komplexen sozialen Bindungen der Familie bestätigt und symbolisiert, da jedes Geschenk eine bestimmte soziale Beziehung symbolisiert und definiert.

Während nach Ansicht von Caplow et al. immer mehr Frauen auf dem Arbeitsmarkt ihr Glück versuchen, hat Weihnachten bei der Erinnerung der Gemeinschaft an die Gefahren, derer sich die Familie ausgesetzt sieht, eine immer wichtiger werdende Rolle gespielt. „Indem das Kinderaufziehen glorifiziert und auf seiner Wichtigkeit insistiert wird, unterdrücken die Symbole des festiven Zyklus alle Zweifel, die die Eltern vielleicht haben, und unterstützen die gefühlsmäßige Überzeugung, daß sich Opfer für die Kinder lohnen." (a.a.O.: 244).

Wenn die obige Interpretation stimmt, müssen paradoxerweise (denn Rituale können die Paradoxa im Leben der Frauen verdecken) Frauen die schwierigen und erschöpfenden Aufgaben erfüllen, die angeblich ihnen zum Lob und Verdienst gereichen. Wenn auch einige berufstätige Frauen davon berichten, daß ihre Partner „mithelfen", hat sich das Ritual des weihnachtlichen Familienfests im allgemeinen nicht adäquat verändert, um die Veränderungen im Leben vieler Frauen widerzuspiegeln, und es kann eine enorme Belastung an Zeit und Ärger darstellen.

Das Ritual spiegelt auch die untergeordnete Position der Frauen gegenüber der der Männer wider. Alle werden daran erinnert, daß

Frauen den Männern „dienen" und es der Mann ist, der am Kopfende des Tisches oder im bequemen Sessel sitzt. So wie der Mann als Jäger festlich bewirtet wird, nachdem er seine Beute heimgebracht hat (den Baum, den Braten, die Geschenke), wird der amerikanische Ehemann durch den Tranchierritus und die Festlichkeiten gefeiert. Seine Ehegefährtin hat die Aufgabe, zu kochen, zu servieren und für ihn und seine Nachkommen aufzuräumen, obwohl es in unserer Gesellschaft durchaus der Fall sein kann, daß sie es war, die den Schinken heimgebracht hat.

Viele Frauen berichten in der Therapie, daß sie bei solchen Familienfeiern erschöpft und verstimmt sind. In ihrem Zorn auf ihre Ehemänner erinnern sie sich daran, daß ihnen immer ihre Mütter leid getan haben und sie auf ihre Brüder wütend waren. Viele Frauen beklagen sich, daß sie zu solchen Zeiten sehr viel „geben", während ihre Ehemänner womöglich noch ihre Geburtstage vergessen. Dennoch sind solche Rituale nur sehr schwer zu ändern, weil sie seit Generationen so ähnlich durchgeführt worden sind; jedes Geschlecht kennt die korrekten Tanzschritte. So wie die Männer gezögert haben, zu bedienen, im Haushalt zu arbeiten, haben auch Frauen gezögert, ihre zentrale Rolle in der Familie aufzugeben, die Zufriedenheit und das Lob, die ein erfolgreiches Ritual begleiten, die Dankbarkeit, die vom Hegen und Pflegen und vom Geben herrührt, und die Macht, die das Orchestrieren sozialer Beziehungen mit sich bringt.

Die Verwendung von Ritualen für Veränderungen

Die Therapeutin, die sich auf die Macht des Rituals für Veränderungen stützt, hat zwei Möglichkeiten. Erstens kann sie ein Ritual entwerfen und verschreiben, das von einem Individuum oder von Familienmitgliedern aufgeführt wird, ohne daß sie sich notwendigerweise an ihre Interpretationen, Bedeutungen oder ihr kognitives Verständnis ihres eigenen Rituallebens wendet. Basierend auf dem Verständnis der Therapeutin über dysfunktionale, symptomerhaltende Muster, kann die Familie angeleitet werden, eine Reihe neuer ritueller Verhaltensweisen auszuführen, ohne viel davon zu verstehen, weshalb sie dazu angehalten werden.

Diese Art von Intervention, die in strukturellen, strategischen und systemischen Therapien zentral ist, ist ein Merkmal der Arbeit von Mara Selvini Palazzoli. Mit ihrer geschickten Verwendung der

Zeit, des Teams, der Heimlichkeit etc., haben sie und ihre Kollegen die Ritualform der Therapie selbst auf ein höchstes Niveau gebracht und haben bei der Verwendung von ritualisierten Verschreibungen sowie gründlich ausgearbeiteten rituellen Aufführungen bahnbrechende Arbeit geleistet (1974). In jüngster Zeit hat sie mit der „invarianten Verschreibung" experimentiert, die eigentlich aus einer Reihe ritualisierter Verschreibungen besteht, die die Interaktionsmuster der Familie und ihr Bedeutungs- und Wertesystem ändern sollen (Pirrotta 1984, Viaro u. Leonardi 1986).

In mehr kognitiv orientierten Familientherapieansätzen, insbesondere in jenen, die sich dem Wachstum und der Differenzierung verschrieben haben anstelle der Symptomerleichterung oder des strukturellen Wandels, oder in jenen, die sich auf die Metaphern der „Geschichte" oder der „Konversation" stützen, kann die Therapeutin die Frauen und Familien dazu anhalten, ihr eigenes Ritualleben zu untersuchen und zu interpretieren, indem sie Veränderungen konstruiert, die ihre gewünschten Bedeutungen widerspiegeln. Eine Familientherapeutin kann Frauen und Familien im Zusammenhang mit Familienfeiern behilflich sein bei ihren Überlegungen darüber, welche Bedeutungen ausgedrückt werden. Sie können dann unterscheiden, welche Rituale sie beibehalten bzw. verbessern und intensivieren und welche sie aufgeben oder verändern wollen, nämlich die, die ihre Identität nicht mehr ausdrücken.

Bei diesem Ansatz nimmt die Therapeutin die Haltung einer „Fremden" oder einer „Ethnologin" ein, die die „fremde" Kultur so gründlich wie möglich kennenlernen will, die den Standpunkt der Eingeborenen kennenlernen will, deren Bedeutungen, deren Interpretationen. Allerdings hat die Therapeutin im Gegensatz zur Anthropologin die Verantwortung, einen Kontext zur Verfügung zu stellen, in dem ein Wandel stattfinden kann. Womöglich werden ihre eigenen Interpretationen und Ideen zurückgespiegelt, von denen so einige mit dem Bedeutungssystem der Familie zusammenpassen. Einzelne Frauen oder Frauen in Gruppen können zu Strategien angeleitet werden, solche Veränderungen in ihren Ehen oder Familien auszuhandeln. Paare oder Familien kann man zu Reflexionen anregen, welche Bedeutungen ihre zentralen Familienrituale für Männer und Frauen haben und was sie erhalten oder verändern wollen. In den folgenden Beispielen wird diese ethnologische Haltung im therapeutischen Gebrauch des Rituals illustriert.

Wie Frauen ihre Lebensübergänge bewältigen

Es wird häufig argumentiert, daß es in unserer Gesellschaft wenige bedeutungsvolle Rituale gibt, die die Schritte im Lebenszyklus eines jungen Mädchens markieren oder feiern, um ihr zu helfen, ihre eigene Identität als Frau zu formen. Die universellen Phänomene von Geburt und Tod sind zu männlich dominierten medizinischen Angelegenheiten geworden, bei denen Frauen nur noch eine periphere Rolle spielen. Zum Beispiel sind die Pubertätsriten der Mädchen, die mit den sozialen und Verwandtschaftsstrukturen und den Kosmologien der traditionelleren Gesellschaften sehr eng verknüpft sind, in unserer Gesellschaft verstümmelt. Wie schon angedeutet, ist der Beginn der Menarche in unserer Gesellschaft oft ein freudloses Ereignis ohne feierliche Markierung, das von Gefühlen der Scham, Heimlichkeit, Verwirrung und Unreinheit begleitet ist. Die Menarche könnte als Ereignis aufgefaßt werden, das neue Gelegenheiten bietet und das Mädchen in einer neuen Welt voller Kraft und Erfüllung willkommen heißt, indem sie es auf neue Art und Weise mit seinem größeren Umfeld und mit Männern und Frauen verbindet. Nur selten verknüpfen die Familien dieses Ereignis mit den dem Ritual innewohnenden tieferen und dauerhafteren Bedeutungen. Familientherapeutinnen können Familien und ihren Töchtern helfen, diese Erfahrung auf neue Art und Weise aufzunehmen, sie können ihnen wie in den folgenden Illustrationen helfen, die Implikationen dieses Übergangs auf ihr individuelles und ihr Familienleben zu überdenken.

Ein Kurzbeispiel – Wie man zur Frau wird

Die Familie Riggs besteht aus Donald Riggs, einem Pfarrer der freien Gemeinde, seiner Frau Maggie, einer Anwaltsgehilfin, und ihren drei Töchtern, der 17jährigen Bonnie, der zwölfjährigen Trudie und der zehnjährigen Diane (siehe Abb. 1). Die Familie war ursprünglich gekommen, um wegen Bonnie Hilfe zu suchen, die in die letzte Klasse der Oberschule ging und ständig deprimiert zu sein schien. Als jemand, die sehr gute akademische Leistungen erbrachte und eine sehr ernsthafte und verantwortungsvolle älteste Tochter war, konnte sich Bonnie nicht entscheiden, wo sie studieren sollte. Je näher die Abschlußfeier rückte, desto unruhiger wurde sie und hatte anhaltende Weinkrämpfe.

Wir stellten die Hypothese auf, daß Bonnie, die sich stark mit ihrer Mutter identifizierte, die wiederum sich nie mit ihren Sorgen und Enttäuschungen aus ihrer eigenen Herkunftsfamilie auseinandergesetzt hatte, zum einen für ihre Mutter weinte und zum anderen zögerte, diese in ihrer Traurigkeit zu verlassen. Am Anfang argumentierte die Familientherapeutin, daß junge Frauen unterschiedlich reif werden, mit 17 oder 18 Jahren noch nicht unbedingt so weit seien, das Haus zu verlassen, und daß sich Bonnie eine Arbeit suchen und noch mindestens ein Jahr zu Hause wohnen sollte. Diese Verschreibung war mit der Empfehlung verknüpft, daß Maggie mit Hilfe der Therapeutin daran arbeiten sollte, einige der unerledigten Probleme in ihrer eigenen Familie zu lösen. Diese Interventionen setzten Bonnies Sinn für Humor frei und ermöglichten ihr, mit den Vorbereitungen auf das Studium zu beginnen. Sie führten auch dazu, daß Maggie ihrer Tochter zum ersten Mal „tatsächliche" Ereignisse aus ihrer Familie erzählte, unter anderem die Geschichte der heimlichen Alkoholabhängigkeit ihres Vaters.

Die Therapeutin war jedoch viel mehr besorgt über die sehr rebellische Trudie, den Witzbold der Familie, die übertrieben angespannt und dünn war, möglicherweise anorektisch, und voller Verachtung für die Mutter und die ältere Schwester war. Trudie hatte ins Auge gefaßt, sobald sie 18 werden würde nach Australien auszuwandern, um eine berühmte Schriftstellerin oder Schauspielerin zu werden.

Als Trudie ihre erste Menstruation hatte, platzte die kichernde Diane in einer Sitzung mit Mutter und Töchtern mit dem Ereignis heraus, was Trudie erröten ließ und ärgerlich machte, und der Therapeutin die Gelegenheit bot, zu fragen, wie die Familie auf das Ereignis reagiert habe. Beispielsweise fragte sie, wie Bonnies Menstruation behandelt worden sei und welche Bedeutungen Menstruation für die Frauen der Familie habe. Recht beschämt sprach Maggie darüber, daß in ihrer Familie niemals über Sex und Reifwerden gesprochen worden war. Ihre Mutter hatte ihr eine Schachtel mit Monatsbinden gereicht und hatte etwas über „den Fluch" gesagt. Sie erinnerte sich, daß sie sich beschämt und erniedrigt fühlte, irgendwie befleckt und auch auffällig; etwas mit ihr war anders geworden – „alle würden das wissen". Ihre Perioden waren schmerzhaft und beschämend, und es dauerte einige Jahre, bevor sie einen Zusammenhang zwischen Menstruation und der Geburt von Kindern sehen konnte. Obwohl sie versucht hatte, gegenüber Bonnie offener und positiver zu sein, fühlte sie sich sehr unwohl, wenn sie über Menstruation sprechen sollte, und Bonnie berichtete, sie fühle sich verwirrt und wisse nicht, was das Ereignis bedeute. Maggie berichtete, daß Trudie zu Beginn der Woche gesagt hatte: „Ich weiß alles darüber, Du brauchst mir gar nichts zu erzählen", als sie versucht hatte, mit ihr zu reden.

Die Therapeutin schlug vor, daß die Familienmitglieder über ihre Vorstellungen über Menstruation und darüber, welche Bedeutungen sie für sie alle hatte, reden sollten. Die Diskussion ergab, daß selbst Maggie wenig Ahnung von weiblicher Biologie hatte und nicht stolz auf ihre weiblichen Reproduktionsfähigkeiten oder ihre Sexualität war. Bonnie, die sich in ihre Studien und ihre Traurigkeit vergraben hatte, war auf ihre Weiblichkeit nicht stolz, während Trudie Ekel über die ganze Diskussion empfand und ankündigte, daß sie ohnehin niemals heiraten oder Kinder haben wolle. Diane, das jüngste Kind, meinte, sie habe viele Fragen, aber niemand würde mit ihr reden. Niemand drückte Freude, Vergnügen oder Stolz aus.

Donald schien sich von allen am wenigsten unwohl zu fühlen. Für ihn bedeutete es, daß seine Töchter reif wurden und deshalb vielleicht „verletzlicher" waren. Er deutete an, daß es ihm nichts ausmache, mit seinen Töchtern über Menstruation zu sprechen, daß alle Familienmitglieder aber meinten, es sei ein Frauenthema, ein Bereich, in dem sie nicht wollten, daß der Vater die Führungsrolle übernimmt. Die Therapeutin schlug vor, daß vielleicht eine Frau nötig sei, die erklärt, wie Frauen sind, und daß dies auch ein Grund zum Feiern sei, wo doch in dieser Familie die natürliche Neugier der Mädchen und das, was ihren Stolz und Selbstwert förderte, zunichte gemacht worden war.

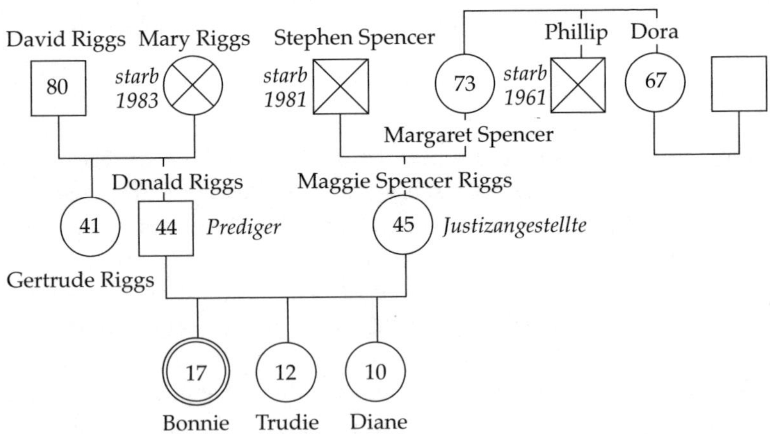

Abb. 1 *Familie Riggs*

Mit Zustimmung des Vaters unterrichteten und lernten in den nächsten Wochen in einem Teil der Therapie, der als „Zeit der Frauen" definiert wurde, die Frauen der Familie und die Therapeutin zusammen, was es heißt, eine Frau zu werden, und sie feierten gemeinsam den Beginn von Trudies biologischer Weiblichkeit. Zum ersten Mal konnte Maggie mit ihren Töchtern über ihre eigenen Enttäuschungen sprechen, über ihre Kämpfe, sich als Frau, Ehefrau und Mutter zu definieren, ein Beitrag, der insbesondere für Bonnie bedeutungsvoll und befreiend zu sein schien.

Nach einer Phase der „Ausbildung", in der die Mädchen aufgefordert wurden, Fragen zu stellen und ihre Vorstellungen zu äußern, was es heißt, eine „Frau" zu werden und was es für sie in ihrer Familie, der Schule, der Kirche und in der Gemeinde bedeuten sollte, wurde eine Abschlußfeier geplant, die sich auf althergebrachte Bräuche und die Symbole der Familie stützte. Der Ritus erstreckte sich über einen Zeitraum von zwei Wochen. Die Therapeutin hatte vorgeschlagen, daß sich Trudie zuerst von einer Phase ihrer Kindheit verabschieden müsse. Eine Woche lang sollte sie jeden Tag eine bestimmte Zeit alleine verbringen und gründlich darüber nachdenken, was sie aufgab und zurückließ und was ihrer Meinung nach in der Familie verändert werden müßte, um ihre Reife anzuerkennen. Am Ende der Woche sollten sie und Diane eine besondere Zeit allein verbringen. Trudie sollte das Stück aus ihrer Kindheit an Diane weitergeben, das ihrer Meinung nach Diane am meisten freuen würde. Trudie schrieb und widmete Diane ein sehr schönes Gedicht über die letzten Freuden der Kindheit eines jungen Mädchens. Sie las es laut vor und gab ihr ein Medaillon, für das sie, wie Trudie meinte, jetzt zu alt sei.

Als zweite Aufgabe sollte Maggie bei einem Familientreffen den Vorsitz führen, an dem Trudie für die Familie jene Veränderungen beschreiben sollte, die nach ihrer Meinung ihren neuen Status ausreichend definierten. Zum ersten Mal schaffte es Trudie, ohne wütend zu werden vorzutragen, weshalb sie nicht jeden Samstag und Sonntag zur Kirche und zum Religionsunterricht ging. Sie stimmte zu, einmal pro Monat zu gehen und in der Kirche mit einer Reihe von Possen aufzuhören, die ihren Eltern sehr peinlich waren. Ihre Eltern stimmten zu, ihr bei der Wahl ihrer Kleidung (ihr Geschmack war viel greller und androgyner als die Norm der Familie) mehr Freiheit zu lassen und ihr zu gestatten, an Theateraufführungen der Schule und der Gemeinde teilzunehmen, wovon man sie bisher immer abgehalten hatte.

Die beiden Wochen endeten mit einer Familienfeier, zu der Maggies Mutter und Tante sowie Donalds Vater und Schwester eingeladen wurden. Diesen Familienmitgliedern wurde der Zweck der Zusammenkunft mitgeteilt, und sie wurden gebeten, für Trudie ein Geschenk mitzubringen, während Donald und sein Vater, beide versierte Köche, gebeten wurden, ein Festessen zu bereiten. Das Geschenk, das Trudie am besten gefiel, stammte von ihrer Großmutter. Es war ein wundervoller goldener Ring, der ihrer Urgroßmutter gehört hatte. Interessanterweise beschenkte die Großmutter auch Maggie und Bonnie mit Stücken aus dem Familienbesitz. Maggie erhielt eine schöne Decke, die ihre Mutter hergestellt hatte, und Bonnie eine verzierte Kristallschale, wodurch diese beiden Frauen mit den Generationen von Frauen, die ihnen vorangingen, verbunden wurden. Donald verfaßte einen besonderen Segen, in dem er das einzigartige reife Ich seiner Tochter und ihre besondere kreative Gabe ehrte, die Familie zum Lachen zu bringen. Diane verlas das Gedicht, und die Feier endete mit einem Toast auf die neueste junge Frau der Familie.

Nach einigen weiteren Familiensitzungen, bei denen Bonnie, die lange schon ihr Weinen aufgegeben hatte, sich entschloß, die Universität einer nahegelegenen Stadt zu besuchen, und Maggie und Trudie ihre Beziehung sehr verbessert hatten, ließ sich Maggie auf eine weitere individuelle Arbeit an ihrer Herkunftsfamilie ein.

In diesem Beispiel wird ein normativer Lebensübergang, der während der Therapie der Familie stattfand, nicht ignoriert, sondern zum Material für Veränderung und Wachstum. Bestehende Rituale und ihre Definitionen werden untersucht, die Bedeutungen exploriert, die ihnen die Familie gibt, und die Familie wird ermutigt, den Übergang so zu ritualisieren, daß das junge Mädchen sich positiv mit einem stolzen und relevanten Umfeld verbinden kann.

Andere Ereignisse bieten vielleicht ähnliche Gelegenheiten. Beispielsweise haben Frauen in unserer Gesellschaft Überraschungsparties, wenn sie heiraten oder ein Kind bekommen. Mit Ausnahme der Abitur- oder Examensfeier gibt es auf der gesellschaftlichen Ebene kein bereicherndes Ritual, den Schritt einer jungen Frau zu einem neuen Status, die nicht gerade heiratet oder ein Kind bekommt, zu feiern. Und die Rituale der Abitur- und Examensfeier feiern häufig einen Abschluß, lassen aber, insbesondere für Frauen, völlig unklar, welche Implikationen dies für ihren neuen Status in Familie und Gemeinde hat.

Familientherapeutinnen können mit den Familien untersuchen, was der Auszug von zu Hause für die Familie und den jungen Menschen bedeutet und was die Bedingungen für die neue Unabhängigkeit sein können. Manche Familien haben regelrechte „Unabhängigkeitsfeiern" geschaffen, mit Parties und Geschenken. In diesen Situationen ist es besonders wichtig, der Familie bei ihren Überlegungen zu helfen, wie sich die Rolle der Eltern verändern wird, insbesondere die Rolle der Mutter, um ihren Status beim Auszug der Kinder ebenfalls zu definieren, zu markieren und zu feiern. Dieser letzte Punkt muß betont werden, da die Aufmerksamkeit unseres Berufsfeldes eher darauf gerichtet ist, Kinder von ihren „überinvolvierten" Müttern zu befreien, als den Müttern bei der Definition dessen zu helfen, was diese Auszüge für ihre Eigendefinition und ihren Platz in der Gesellschaft bedeutet.

Wie sich das Selbstbild einer Frau durch Rituale verändert

Man kann Frauen auch helfen sich zu überlegen, wie sie in den täglichen und immer wiederkehrenden Ritualen der Familie widergespiegelt und neu erschaffen werden. An Feiertagen, nach der Geburt eines Kindes oder nach der Wiedervereinigung der Familie ist eine Frau vielleicht traurig oder deprimiert. In solchen Situationen müssen Familie und Familientherapeutin gemeinsam die den Symbolen und der Sprache innewohnenden Bedeutungen sowie die Handlungen explorieren, die während des Übergangs und in der feierlichen Inszenierung aufgeführt werden.

1. Wie werden Frauen definiert? Wie unterscheidet sich dies von der Weise, wie Männer definiert werden?
2. Welche Bilder von Frauen werden projiziert, welche Rollen ausgeübt?
3. Wie werden die Beziehungen zwischen Männern und Frauen dargestellt?
4. Spiegeln diese Definitionen und Inszenierungen das wider,

was die Frauen und ihre Familien für sich selbst wollen?
5. Passen sie im Sinne von gegenwärtigen individuellen und familiären Bedürfnissen und der Familienbeziehungen zum erweiterten gesellschaftlichen Umfeld?
6. Gibt es Elemente, die die Frauen in eine nachgeordnete und untergeordnete Position bringen?
7. Wie verbinden Familienrituale sie mit der Vergangenheit, und was sagen sie für die Zukunft voraus?
8. Was möchte(n) sie sich aus der Vergangenheit bewahren und für die Zukunft verändern?

Therapeuten können den Familien helfen, diese Fragen für sich selbst zu deuten und veränderte Entwürfe für Familienfeiern auszuhandeln, Entwürfe, die wertvolle Traditionen der Vergangenheit bewahren und dabei der modernen Zeit Rechnung tragen.

Der Geburtstag ist für Frauen in unserer Gesellschaft häufig ein traumatisches Ereignis, da ihr Selbstwertgefühl womöglich durch die gesellschaftliche Überhöhung von Jugend und Schönheit beeinträchtigt ist. Im folgenden Beispiel ist eine Frau, deren Behandlung sich mit Fragen ihrer Herkunftsfamilie auseinandersetzt, mit vielen typischen Veränderungen konfrontiert, die mit der Mitte des Lebens assoziiert sind.

Ein Kurzbeispiel – Eine Midlife-Feier

Janices (siehe Abb. 2) 50. Geburtstag nahte, ein Datum, vor dem sie „große Angst“ hatte. Nach ihrer Scheidung vor einigen Jahren hatte sie sich an das Alleinleben gewöhnt und arbeitete mit Freude in den psychosozialen Diensten. Ihr Sohn stand kurz vor dem Examen an einer Universität in der Stadt und sollte künftig an einer Universität in einem anderen Bundesland einen Graduiertenkursus besuchen. Ihre Eltern, denen sie eng verbunden war und zu denen sie eine konfliktreiche, angstbesetzte Beziehung hatte und deren Anerkennung sie immer noch suchte, waren kürzlich nach Kalifornien gezogen.

Eine der Entscheidungen, die Janice während der Behandlung getroffen hatte, bestand darin, daß sie sich für eine Ausbildung als Sozialarbeiterin bewerben wollte, teils weil sie das Bedürfnis hatte, sich weiterhin abseits typischer Rollen als Frau, Mutter und Tochter zu definieren, und teils um ihre Verluste durch Neues, Herausforderndes zu ersetzen. Sie befürchtete allerdings, sie sei zu alt und könne vielleicht nicht mit den jüngeren Studenten konkurrieren; überdies fühlte sie sich sehr verlassen. Die meisten dieser Ereignisse wurden im Zusammenhang mit ihrem herannahenden 50. Geburtstag erwähnt, dem sie wohl mehr im Sinne eines „Endes" als eines „Anfangs" entgegenzusehen schien; tatsächlich schien sie nur von „Enden" umgeben zu sein.

Die Therapeutin machte den Vorschlag, Janice sollte eventuell auf ganz besondere Weise über diesen Geburtstag nachdenken, als Gelegenheit, sich weiterhin mit der Vergangenheit abzufinden, die vielen Veränderungen, die geschehen waren und geschehen würden zu reflektieren und ihre eigene Zukunft deutlicher zu definieren. Im Verlauf der Auseinandersetzung mit diesen Fragen und während Janice sich überlegte, was „50 werden" für sie bedeuten sollte, begann sie mit Unterstützung der Therapeutin eine ganz spezielle Feier zu entwerfen. Als erstes entschied sie sich, 55 Leute einzuladen, eine Person für jedes Jahr ihres Lebens und eine Person für jedes kommende Jahrzehnt, denn sie hatte beschlossen, ihr Leben als erst halb beendet zu definieren. Unter den Gästen waren Familienmitglieder und sowohl alte Freunde als auch neue Bekannte, die sie näher kennenlernen wollte.

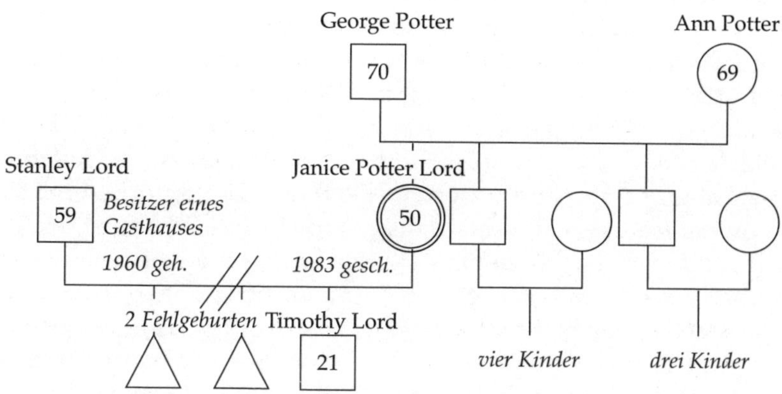

Abb. 2 *Janice*

Die Symbole und Handlungen des Festes widerspiegelten ihr vergangenes Leben auf unterschiedliche Art und Weise, allerdings mit einem entscheidenden Unterschied: Anstatt alte Klagen wiederaufzubereiten, betonte sie die positiven Seiten. Das Menü bestand beispielsweise aus zwei Gerichten, die in der Zeit ihrer Ehe ihre Spezialitäten gewesen waren. Sie engagierte eine kleine Steelband, eine Erinnerung an frühere Urlaubsreisen mit ihrem Mann in die Karibik, und die Musik, die sie plante, umfaßte drei Jahrzehnte ihres Lebens. Janices Vater war im Gaststättengewerbe tätig, und in ihren Teenagerjahren mußte sie oft nach der Schule und am Wochenende Eis verkaufen, was sie widerstrebend tat. Zur Freude ihrer Gäste und zum Vergnügen ihrer Eltern errichtete sie einen kleinen Eisstand mit verschiedenen Waffeln und Eisbechern, um dem Familienunternehmen zu gedenken. Bei diesem Teil der Feier halfen ihre Mutter und ihr Vater, und ihr Sohn half in der Bar aus, was eine positive Verbindung zu seinem Groß- und seinem Urgroßvater herstellte, die Gastwirte gewesen waren.

Der späte Auszug von zu Hause

Zu Hause auszuziehen, physisch oder psychisch, ist in unserer Gesellschaft für viele jungen Menschen ein langwieriges und schwieriges Unterfangen. Wie das nächste Beispiel zeigt, scheint dies für Frauen, die nicht heiraten wollen oder spät heiraten, besonders schwierig zu sein.

Ein Kurzbeispiel – Lorraine, eine nach spiritueller Sinngebung Suchende

Die 33jährige Lorraine – ihr Vater war nichtpraktizierender Jude und ihre Mutter war bei der Hochzeit zum Judentum konvertiert (siehe Abb. 3) – erzählte, sie komme sich immer noch wie ein „kleines Mädchen" vor. Obwohl sie während ihrer Studienzeit einige Jahre unabhängig gelebt hatte, waren ihre Eltern ständig darum besorgt, ob sie ordentlich esse, mit wem sie ausgehe, ob sie ihre Wohnung richtig heize und so weiter. Nachdem sie kürzlich in Psychologie promoviert hatte, fühlte sie sich sehr stark in die Stadt zurückgezogen, in der ihre Eltern lebten, und hatte Schwierigkeiten, sich auf positive Beziehungen mit Männern einzulassen und sich von ihnen zu trennen, wenn die Beziehungen unbefriedigend wurden. Sie war außergewöhnlich klug und talentiert, unterschätzte jedoch ihre eigenen Fähigkeiten und war wenig geneigt, im Berufsleben Risiken einzugehen. Sie meinte, sie fühle sich immer wieder deprimiert, und wollte von ihrer Familie emotional unabhängiger werden.

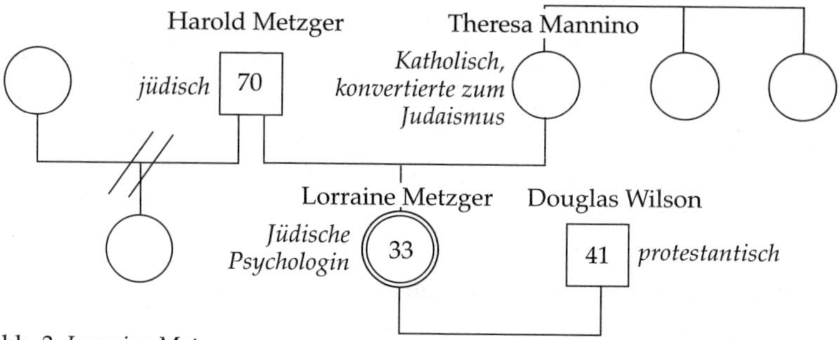

Abb. 3 *Lorraine Metzger*

Lorraines Therapie, die auf die Lösung von Fragen hinsichtlich ihrer Herkunftsfamilie fokussierte, fand in Einzeltherapiesitzungen statt, in einer beruflichen Fortbildungsgruppe und in Familieninterviews mit der erweiterten Familie und mit ihren Eltern. An einem bestimmen Zeitpunkt wurden Sitzungen mit ihr und einem Mann durchgeführt, zu dem sie drei Jahre lang eine Beziehung hatte. Die Verwendung von Ritualen wurde auf unterschiedliche Weise in die Arbeit einbezogen. Einige von ihnen werden hier dargestellt. Insbesondere wird ein Ereignis, ein von ihr selbst entwickelter Initiationsritus für erwachsene Frauen, detailliert beschrieben.

Ein Großteil der Therapie mehrgenerationaler Familiensysteme besteht darin, die Schritte in dem ritualistischen Familientanz zu verändern, Kommunikationen oder andere Formen der Handlung zu variieren, um neue Interaktionsmuster einzuführen, die der Klient aktiver und autonomer durchführen kann. Viele solche Interventionen wurden im Verlauf von Lorraines Therapie erfolgreich geplant und ausgeführt. Lorraine lernte, eine Erwachsene mit erwachsenen Eltern zu sein, ihren Eltern häufiger, aber mit weniger Konflikten zu begegnen, ihr Leben und ihre Probleme einfühlsam zu verstehen, dysfunktionale Familienkoalitionen zu verlagern, Trennungen zu überbrücken und so weiter. Viele der stärksten Interventionen kamen während der Familienriten, ihres Geburtstags, der Graduierung, des *Seders* und schließlich ihrer Hochzeit zur Anwendung.

Ein Thema, das diese Aktivitäten durchzog, war ihre Suche nach religiöser und spiritueller Sinngebung. Ihre jüdische Identität war ihr äußerst wichtig, bescherte ihr jedoch vielfältige Konflikte, insbesondere deshalb, weil sie der Meinung war, sie habe keinen vollständigen Anspruch auf ein jüdisches Erbe. Das bedeutete, daß sie sich in den örtlichen jüdischen Organisationen und in ihrer Arbeit zugunsten jüdischer Anlässe viel mehr anstrengen mußte, um anerkannt zu werden und glaubwürdig zu sein. Als Feministin war sie verärgert über die althergebrachte patriarchalische Hegemonie des Judentums und die Unterschiede, die es in der Definition von Männern und Frauen und in der Ausübung ihres Glaubens in den örtlichen Synagogen immer noch gab.

Auf der Familienebene schaffte Lorraine bedeutende Veränderungen. Als Studentin des jüdischen Rituals und sehr interessiert an religiösen und spirituellen Fragen, wurde sie quasi zum Familienrabbi für diese Generation. Sie lernte alles, was ihr ihr Vater und ihre Mutter beibringen konnten, gelangte jedoch über deren Lehren hinaus zu neuen Interpretationen. Sie war diejenige, die den Seder der Familie mit neuen Traditionen und neuen Bedeutungen erfüllte. Sie plante, organisierte und verteilte Rollen nach den Fähigkeiten und dem persönlichen Interesse und nicht nach dem Geschlecht, was bedeutete, daß sie die zentralen Lesungen selbst bestritt.

Diese Arbeit gewann für sie auch eine heilende Funktion, indem sie Spannungen und Konflikte in ihrer Beziehung zum Vater abbauen half, der über lange Zeit den jüdischen Praktiken gegenüber Verachtung gezeigt hatte und meistens aus der Koalition zwischen Lorraine und ihrer Mutter ausgeschlossen wurde. Ihr Interesse und ihr Respekt für jüdische Traditionen, ihr Wunsch, von seinem Wissen zu profitieren und Fragen zu diskutieren, brachten beide nicht nur einander näher, sondern trugen auch dazu bei, daß er wieder stolz auf seine eigene jüdische Identität sein konnte. Gleichzeitig benutzte Lorraine diese wichtigen rituellen Anlässe dazu, ihren Freund, der einen anderen Glauben hatte und aus einem anderen ethnischen Umfeld stammte, ihrer Familie vorzustellen und ihn mit ihren Traditionen bekanntzumachen. Dadurch prüfte sie das Integrationspotential ihrer Familie, von der sie und die Therapeutin annahmen, daß sie die Dinge nicht einfach ihren Lauf nehmen lassen würden.

Nach etwa zwei Jahren der Therapie kündigte Lorraine an, daß sie etwas tun wollte, womit sie ihr Dasein als erwachsene Frau, als jüdische Frau, als die Frau, die sie inzwischen geworden sei, anerkennen und feiern könnte. Sie meinte, sie könnte sich dabei auf das

Mikvah stützen, das rituelle Bad, dem sich Frauen nach einer Geburt oder der Menstruation unterzogen. Zunächst war ihre Therapeutin als Nichtjüdin überrascht, zumal das Bad, das früher für beide Geschlechter und inzwischen, zumindest in der orthodoxen Tradition, nur noch für Frauen vorgeschrieben war, Frauen mit Unsauberkeit und Unreinheit assoziierte. Doch Lorraine hatte eine Vorstellung davon, wie sie sich diesen Ritus als feministische jüdische Frau wieder aneignen könnte. Sie entwickelte auch eine persönliche Interpretation der Möglichkeiten, wie dieser Symbolismus für ihren persönlichen Wachstumsprozeß wichtige Bedeutungen sichtbar machen könnte.

Die Vorbereitung dieses Ereignisses dauerte einige Monate. Sie mußte mit Rabbinern sprechen und jenen Rabbiner auswählen, den sie sich für die Durchführung des Ritus wünschte. Sie mußte entscheiden, wer sich in welcher Weise beteiligen sollte, welche Handlungen sie als Teil des *Mikvah* ausführen wollte; und sie mußte gründlich überlegen, wie sie sich am besten auf diesen wichtigen Übergang vorbereiten sollte.

Als Teil ihrer Vorbereitung erkannte Lorraine intuitiv, daß sie sich auf irgendeine Weise vom Alten ablösen müsse, daß sie eine „Zeit außerhalb der Zeit", eine Schwellenperiode nötig hatte, in der sie nicht mehr Kind, aber noch nicht erwachsene Frau ist. Sie beschloß, sich an einen Ort zurückzuziehen, an dem Frauen meditieren, lesen, spazierengehen, alleine sind oder mit anderen Frauen zusammen über ihre individuellen und kollektiven Bedeutungen reden oder nicht. Sie bereitete sich auf diese besondere Zeit gründlich vor; sie traf eine Auswahl an Lektüre, die die Bindung an ihre Vergangenheit und ihre Hoffnungen für die Zukunft verkörperte, sie plante, wie sie ihre Zeit dort verbringen würde, und bereitete sich darauf vor, wie sie in dieser Zeit mit ihrer Familie kommunizieren würde oder auch nicht.

Das *Mikvah,* Teil der traditionellen Bekehrung zum Judentum, symbolisiert eine Wiedergeburt. Lorraine bot dieses Zeremoniell die Möglichkeit, einen Teil ihres Lebens von einem anderen zu trennen, und es repräsentierte für sie einen Weg, formal zum Judentum zu konvertieren und ihren Platz in Übereinstimmung mit der konservativen Tradition zu bestätigen. Sie bereitete sich auf das *Mikvah* auf dieselbe Art und Weise vor, wie jüdische Frauen seit dem Altertum sich darauf vorbereiteten, indem sie ihren Körper gründlich reinigte, bevor sie dreimal hintereinander untergetaucht wurde. In einer Zeremonie in der örtlichen Synagoge nahm Lorraine anschließend einen neuen, nichttraditionellen hebräischen Namen an.

Ein Jahr nach diesem Ereignis heiratete Lorraine den Mann, mit dem sie drei Jahre lang zusammen gewesen war, in einer sehr bewegenden und bedeutungsvollen Zeremonie, die geschätzte Traditionen des religiösen Erbes beider miteinander verband und aufrechterhielt, indem beide sie neu interpretierten und sich auf eine Weise wieder aneigneten, die mit der Definition ihrer selbst und der Bedeutung der Mischehe übereinstimmten. Lorraines eigener Interpretation zufolge befreiten sie das *Mikvah* und das Ritual der Namensänderung vom Zwang, ihren Judaismus ständig unter „Beweis" stellen zu müssen, und erlaubten ihr, einen eigenen Weg mit weniger Schuldgefühlen zu beschreiten. Das bedeutete, daß sie in der Familie auf die Rolle des „Superjuden" (ihr eigener Ausdruck) verzichten und einen Nichtjuden heiraten konnte, ohne das Gefühl, ihre jüdische Identität aufs Spiel zu setzen. In ihren eigenen Worten erforscht sie noch, „was es mir bedeutet, Jüdin zu sein und das Spirituelle zu suchen, was einen oft außerhalb der Grenzen des Judentums führt."

Rituale für innovative Familien

Im obigen Beispiel werden Form und Inhalt bestehender Rituale kreativ umgewandelt und neu gestaltet, und die Bedeutungen ritueller Handlungen neu interpretiert. Es gibt jedoch einige zentrale Lebenserfahrungen, für die unsere Gesellschaft so gut wie keine kulturell sanktionierten Riten bereitstellt; Frauen und Familien müssen selbst innovativ werden. Wenn diese Erfahrungen nicht gefeiert werden, hinterlassen sie bei den Frauen oft ein Gefühl der Enttäuschung, der Leere, der Schuld oder der Unzulänglichkeit. In manchen Fällen liegt das an einer kulturellen Ambivalenz oder an einer mangelnden Anerkennung in bezug auf das betreffende Ereignis oder den Übergang, zum Beispiel bei einer Scheidung oder Abtreibung; in anderen Fällen liegt es daran, daß das Ereignis relativ idiosynkratisch oder ungewöhnlich ist, beispielsweise bei einer Adoption, beim Eintritt in eine Institution oder beim Austritt, oder wenn man in den Krieg zieht bzw. aus dem Krieg heimkehrt.

In wieder anderen Fällen werden Verluste oder sonstige Auswirkungen nicht ausreichend anerkannt, oder es besteht der Wunsch, etwas zu vermeiden oder gar zu leugnen, wie das manchmal bei einer Fehl- oder Totgeburt geschieht oder bei manchen Frauen beim Einsetzen der Wechseljahre. In solchen Situationen kann die Familientherapeutin den Frauen und ihren Familien helfen, die Bedeutungen der Erfahrung und die Auswirkungen der Veränderungen zu untersuchen, den Symbolismus und andere für ein Ritual verfügbare Materialien der Familie oder der Kultur zu explorieren sowie das Ritual so zu gestalten, daß es zur Erfahrung und Kultur der Familie paßt.

Zudem setzen die meisten unserer nationalen Rituale ein Familiensetting und die traditionelle Form der Familie voraus; das Leben von Frauen in einem anderen Kontext ist sicherlich unterritualisiert, ihm fehlt der Reichtum und die Ausdruckskraft des Rituals. Ein Familientherapeut kann einer alleinstehenden Frau, einer Familie mit nur einem Elternteil, einem lesbischen Paar mit oder ohne Kindern dabei helfen, verlorengegangene Rituale wiederzubeleben und Familienrituale so umzugestalten, daß sie für ihre eigene Situation passen. Bei dieser Arbeit kann man auf die im Kulturgut und in der Familientradition vorhandenen Symbole und Handlungen zurückgreifen, diese müssen allerdings oft so wieder angeeignet und neu geschaffen werden, daß sie zu neuen Kontexten und geänderten Bedeutungen passen. Im folgenden Beispiel wird dieser Prozeß im Verlauf der Arbeit mit einer Familie verfolgt, in der sich die präsentierten Probleme und Subsysteme während der Behandlungszeit verändert hatten.

Kurzbeispiel – Julie und Donna (Abb. 4)

Ursprünglich waren David, seine neue Frau Jennifer und Davids 17jährige Tochter Julie in verschiedenen Konstellationen in Behandlung, und zwar primär wegen der Schwierigkeiten bei der Bildung einer Stieffamilie sowie wegen Julies Problemen mit dem „Absprung“, denn sie konnte sich weder für das Studium noch für einen Beruf entscheiden. David war ein prominenter Pädagoge und Mitglied einer reichen Familie in der kleinen Universitätsstadt, in der die Familie lebte. Viele dieser Fragen wurden im Verlauf der Therapie gelöst, als die Stieffamilie sich allmählich definierte, sich von der Vergangenheit löste, während sie gleichzeitig Teile davon in ihr Leben integrierte und Julie sich mit dem Verlust ihrer Mutter abfand, Jennifer akzeptierte und ihre eigenen Probleme deutlicher definierte.

Etwa zwei Jahre später bat die Familie erneut um Hilfe, und zwar diesmal, weil Julie der Familie mitgeteilt hatte, sie sei lesbisch. David brachte die Mitteilung seiner Tochter ziemlich aus dem Gleichgewicht, doch sowohl seine Frau als auch ihre Schwester baten eindringlich um Familiengespräche, bei denen die Auswirkungen der „Eröffnung" der Tochter auf die Familienbeziehungen angesprochen werden konnten. Einige Familiensitzungen wurden abgehalten, ein Prozeß, in dem die Therapeutin half, den Vater von Schuld freizusprechen, in dem etwas Trauerarbeit geleistet, aber auch neue Möglichkeiten entwickelt wurden, die in Davids zurückhaltender, aber liebevoller Akzeptanz der Wahl seiner Tochter gipfelten.

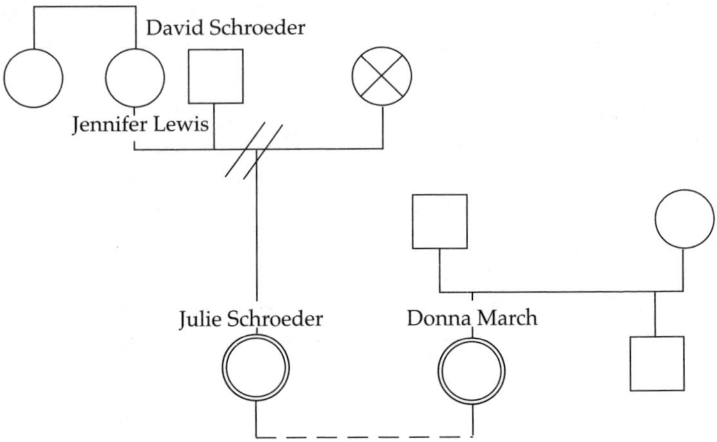

Abb. 4 *Julie und Donna*

Nach weiteren zwei Jahren bat die Familie nochmals um Hilfe. Dieses Mal suchte Julie die Therapeutin mit ihrer Geliebten / Partnerin Donna auf. Die beiden Frauen, die seit einigen Monaten zusammenlebten, hatten Konflikte in ihrer Beziehung, die viel mit Schwierigkeiten mit den Herkunftsfamilien sowie mit dem Mangel an einer öffentlichen Anerkennung ihrer Verbindung zu tun hatten. Donnas Eltern, denen sie auf ambivalente und negative Weise verbunden war, weigerten sich, Donnas lesbische Liebe oder ihre Beziehung zu Julie zur Kenntnis zu nehmen. Das bedeutete, daß sie Julies Familie besuchen konnten und von ihr akzeptiert wurden, aber Julie konnte Donnas Familie nicht besuchen, und sie kam auch nicht zu ihnen zu Besuch. Dadurch waren sie bei wichtigen Familienritualen wie Weihnachten und Thanksgiving oft voneinander getrennt. Donnas Familie hatte auch große Angst davor, daß andere mitbekommen könnten, daß ihre Tochter lesbisch ist, was zu weiteren Einschränkungen im sozialen

Leben der Frauen führte, denn Donna beteiligte sich nicht an gesellschaftlichen Ereignissen, bei denen man sie als Julies Partnerin hätte identifizieren können. Die von Natur aus gesellige Julie ärgerte sich über die fehlende Definition und die erzwungene Isolation ihrer Partnerschaft. Sie wollte eine Ehe, die von beiden Familien akzeptiert und bestätigt werden könnte und, sofern möglich, einen weiteren Kontext gesellschaftlicher und beruflicher Beziehungen.

Während der Arbeit mit dem Paar gab Donnas Familie ihre Zustimmung, mit ihr zu einer Sitzung zu kommen. In dieser Sitzung wurde deutlich, daß ihre Eltern, aus welchen Gründen auch immer, ihre Wahl nie akzeptieren würden. Ihr Vater kündigte an: „Ich sähe sie lieber tot", während die Mutter, die weniger bedroht schien, sich nicht dazu durchringen konnte, ihrem Mann zu widersprechen. Donna war sehr traurig über diese Intoleranz, konnte allerdings zum ersten Mal deutlich machen, daß sie ihre Identität selbst bestimmen und ihre eigenen Entscheidungen treffen müsse. Sie sei dabei, eine neue Familie zu gründen, und möchte die Verbindung zu ihren Eltern aufrechterhalten, wenn allerdings beides nicht möglich sei, würde sie sich für Julie entscheiden.

Während der nächsten Monate ging Donna mehr Risiken ein, denn sie erkannte, daß die gesellschaftliche Isolation ihre Überlebenschancen als Paar negativ beeinflussen würde. Donna und Julie entwickelten ihre eigenen Familienrituale, indem sie Traditionen aus beiden Familien, aber auch einen Freundeskreis integrierten. Sie nahmen auch an den Ritualen von Julies Familie teil, was für Donna sowohl angenehme als auch schwierige Zeiten bedeutete, da sie diese besonderen Zeiten mit ihrer eigenen Familie vermißte. In der Therapie arbeitete Donna weiterhin daran, ihr Selbstverständnis in bezug auf ihre Familie zu stärken, und leitete eine neue Art der Kommunikation mit verschiedenen Teilen der Familie ein, ein kontinuierlicher Prozeß, der, wie sie weiß, nur langsam vor sich geht und viel Geduld erfordert.

Ein Jahr nach dem Beginn der Arbeit mit dem Paar wurde die Therapeutin zu einer Hochzeitszeremonie eingeladen, die unter Donnas und Julies Regie stand und mit Hilfe von Julies Familie, der Therapeutin und dem Pfarrer geplant wurde. Die Zeremonie verwendete einige der Symbole und Worte des traditionellen Ritus, die für ihre besondere Situation umgewandelt wurden. Die Musik von Holly Near und andere Musikstücke von Frauen spielten eine zentrale Rolle. Die Hochzeitskleidung reflektierte jeweils den persönlichen Stil der beiden Frauen; Julie trug einen eleganten Hosenanzug aus gebrochen weißem Satin und Donna einen wunderschön entworfenen Kattunkaftan. Es war ein großes, freudiges Ereignis, an dem sämtliche von Julies Verwandten und Freunden der Familie sowie viele Leute aus dem wachsenden sozialen Umfeld des Paares teilnahmen. Aus Donnas Familie kamen ihr Bruder und zwei Cousinen, ein kleiner, aber bedeutender Anfang zur Heilung des Verwandtschaftsnetzes.

Heilende Rituale – Ein unterritualisiertes Ereignis

Eine andere Situation, vor der eine Familientherapeutin auf der Hut sein muß, ist der nicht vollständig bewältigte Übergang im Leben einer Frau. So wird beispielsweise vielleicht das Einsetzen der Pubertät ignoriert, eine Hochzeit womöglich übereilt und heimlich abgehalten, ein Verlust nicht ausreichend betrauert oder der Schritt eines jungen Menschen zur Selbständigkeit nicht ausreichend definiert oder gefeiert. Das kann bedeuten, daß eine Frau ihre Autonomie anzweifelt und sich als Person ambivalent oder unentschlossen fühlt. Zu einer solchen Situation kam es im folgenden Fall, in dem eine 57jährige Frau immer noch ihre Wut und ihre unkontrollierbare Traurigkeit über den Tod ihrer Großmutter ausdrückte, die gestorben war, als sie zehn Jahre alt war.

Kurzbeispiel – Ein schon seit langem fälliger Gedenkgottesdienst

In einer beruflichen Fortbildungsgruppe über Herkunftsfamilien weinte Barbara jedesmal, wenn sie von ihrer Großmutter sprach, und äußerte immer wieder ihren Zorn auf ihre Eltern, weil sie ihr nicht geholfen hatten, mit diesem Verlust fertigzuwerden. Barbara war in einem Sommerferienlager gewesen und wurde wegen Mumps überraschend nach Hause geschickt. Als sie ankam, war ihre Großmutter, die im selben Haus wohnte, nicht da, und ihre Sachen waren weg. Barbara erinnert sich daran, wie sie auf der Suche nach ihrer Großmutter durchs Haus wanderte und eine Erklärung verlangte, daß ihr jedoch ihre Eltern nichts erzählen wollten. Ein oder zwei Tage später hörte sie, wie ihr Vater am Telefon einem Freund der Familie vom Tod der Großmutter erzählte.

Diese jüdische Familie saß nicht *Schiwe* (Anm. d. Übers.: die sieben Trauertage, die man nach dem Tod eines Familienangehörigen auf einem Schemel sitzend – und ohne Schuhe – zubringt), beziehungsweise wenn, dann wurde Barbara nicht daran beteiligt, noch durfte sie dem Gottesdienst beiwohnen, und sie wußte nicht einmal, ob einer stattfand. Ihre Mutter verbrachte fast die ganze restliche Zeit ihres Lebens in einem psychiatrischen Krankenhaus und starb, als Barbara achtzehn war. Auch ihr Vater, den Barbara als kalt und verschlossen in Erinnerung hatte, starb in jungen Jahren, so daß Barbara wenig Gelegenheit gehabt hatte, ihre Probleme mit Hilfe ihrer Eltern zu lösen.

Barbaras Beziehung zu ihrer eigenen Tochter verlief schwierig, was für sie sehr bedrückend war. Da sie große Angst vor einer Trennung hatte, hatte sie es nicht geschafft, sich den Schwierigkeiten ihrer Ehe zu stellen. Dazu gehörte die Distanzierung ihres Mannes und seine verschiedenen, über Jahre dauernden Verhältnisse mit anderen Frauen. Beide hatten sich viele Jahre lang einer therapeutischen Einzelbehandlung unterzogen und zweimal einer Ehetherapie. Während Barbara meinte, sie sei als Folge ihrer eigenen Behandlung persönlich gewachsen, hatte sie nie den Eindruck gehabt, daß sich ihre Ehe verbessert hätte.

Barbara hatte zusammen mit ihrer einzigen Schwester konstruktiv an den Problemen mit ihrer Herkunftsfamilie gearbeitet und wieder Kontakt zu einer älteren Tante aufgenommen. Das stellte einen Anfang dar für die Rekonstruktion und Interpretation der Bedeutungen ihrer Familienerfahrungen für ihr eigenes Leben. Aus ihrer Arbeit in der Gruppe stammte der Vorschlag, Barbara solle eine Zeitlang über die Planung eines Gedenkgottesdienstes für ihre Großmutter nachdenken. Sie fand diese Idee sehr aufregend und begann mit Hilfe der Gruppe mit der Planung. Barbara suchte eine Synagoge aus, in der sich ihre Großmutter ihrer Meinung nach wohl gefühlt hätte, und in Begleitung der Familientherapeutin und einer Freundin traf sie sich mit dem Rabbi. Zuerst war der Rabbi verwirrt und skeptisch über den Sinn eines Gedenkgottesdienstes für eine vor fast 50 Jahren Gestorbene, doch nachdem Barbara gelegentlich mit Hilfe der Therapeutin ihr Ziel erklärte sowie die Bedeutung, die dieser Gottesdienst für sie hatte, unterstützte er die Idee und machte einige hilfreiche Vorschläge.

Dieser Gedenkgottesdienst wurde von Barbara und dem Rabbi sehr sorgfältig und wohlüberlegt geplant – welche Lesungen er enthalten sollte, welchen Beitrag der Rabbi leisten sollte, wen sie dazu einladen wollte und wie ihr eigener Beitrag zum Gottesdienst aussehen sollte. Die Gruppe, Barbaras Schwester und Tochter, ihr Ehemann und einige ihrer Freunde, beteiligte sich an diesem bewegenden Gedenkgottesdienst zu Ehren der Frau, die Barbara in ihrer Jugend als die einzige warmherzige und liebevolle Person erlebt hatte und mit der sie sich so sehr identifizierte. Barbara verlas einen sehr ergreifenden Brief an ihre Großmutter, in dem sie nicht nur ihre Zuwendung, ihre Enttäuschungen und ihre Verluste zum Ausdruck brachte, sondern auch ihrer Großmutter für die vielen Gaben dankte, die sie von ihr erhalten hatte, die Gaben der Weisheit und der Weiblichkeit.

Anschließend schien Barbara in der Gruppe weitaus weniger deprimiert, unternahm einige wichtige Veränderungen in ihren Interaktionen mit ihrer Tochter und entschloß sich, sich zumindest vorläufig von ihrem Mann zu trennen, da sie kürzlich entdeckt hatte, daß er schon wieder eine Affäre hatte.

Schlußfolgerung

Familientherapeuten haben gerade erst begonnen, den Reichtum und die Macht des Rituallebens und sein therapeutisches Veränderungspotential zu erforschen, insbesondere in bezug auf Fragen der Identität und der Beziehungen der Geschlechter. In diesem Kapitel wurde der Versuch unternommen, einige der weitverbreiteten Themen und Fragen aufzuarbeiten, die bei der Untersuchung der Beziehungen zwischen Frauen und Ritualen zu Tage treten. Sicherlich wirft die Fokussierung auf das Ritualleben der Frauen und die Frage, welchen persönlichen und gesellschaftlichen Preis Frauenrituale kosten, die Frage nach dem Ritualleben der Männer auf. Während die durch Männer kontrollierten öffentlichen Rituale häufig durch Macht und Prestige geschaffen werden, sind die Arbeitsrituale der Männer häufig von Erniedrigung und stumpfsinniger Plackerei begleitet. Zudem werden Männer oft von einer bedeutungsvollen Beteiligung an vielen wichtigen Ritualen des Familienlebens ausgeschlossen. Öffentliche und häusliche Rituale bringen eindeutig sowohl einen Gewinn als auch ihren Preis für beide Geschlechter mit sich.

Wir müssen nicht nur mehr über amerikanische nationale und Familienrituale lernen und wie man die schwierige Aufgabe der Interpretation beginnt, sondern auch das Ritualleben von Männern und Frauen in den größeren soziokulturellen und politischen Kontexten der Beziehungen der Geschlechter verstehen lernen. Als Familientherapeuten tragen wir die Verantwortung dafür, unsere Rolle im zeitgenössischen Ritualleben zu begreifen und zu überlegen, wie wir an der gesellschaftlichen Konstruktion von Geschlechterdefinitionen und -beziehungen beteiligt sein können.

11. Politische Traumata, Unterdrückung und Rituale

Cecilia Kohen

> „Die Streitkräfte antworteten auf die terroristischen Verbrechen mit einem ungleich größeren Terror als der von ihnen bekämpfte, denn sie besaßen die Macht und die Straflosigkeit eines absoluten Staates, als sie nach dem 24. März 1976 Tausende von Menschen entführten, folterten und ermordeten ... Wir sind davon überzeugt, daß die Militärdiktatur die größte und grausamste Tragödie unserer Geschichte verursacht hat ... denn der Kampf gegen die „Subversiven" war zu einer willkürlichen und allgemeinen Unterdrückung geworden."
>
> CONADEP (Untersuchungskommission für das Wiederauffinden verschwundener Personen), 1986

> „Die Mitglieder der ersten drei Militärjunten des sogenannten Prozesses für Nationale Reorganisation, die durch einen Staatsstreich am 24. März 1976 die Macht ergriffen, wurden in Argentinien vor Gericht gestellt und der schrecklichsten Menschenrechtsverletzungen angeklagt. Dieses Ereignis kann schon heute als historisch bedeutsam und ohne Beispiel in der Geschichte Lateinamerikas angesehen werden ... CONADEP, die Untersuchungskommission für das Wiederauffinden verschwundener Personen, untersuchte auch die Entführungen, die Inhaftierungen an geheimgehaltenen Orten, die Folterungen und Ermordungen argentinischer und fremder Staatsbürger ... In vielen Fällen bestand das einzige Verbrechen darin, daß diese Menschen nicht auf eigene Anschauungen und Gedanken verzichten wollten."
>
> Camarasa, Felice und Gonzalez, 1985

Dieses Kapitel diskutiert die Verwendung therapeutischer Rituale und das Entstehen neuer Rituale bei Familien, die einer extremen politischen Unterdrückung ausgesetzt sind. Wir illustrieren das Thema anhand einer Fallstudie über die Wiedervereinigung einer Familie und die Verwendung von Ritualen, die im Verlauf der Therapie entworfen wurden, um den Eltern die Wiedergewinnung ihrer durch Zwang entzogenen Elternfunktion zu ermöglichen. Die Rolle der Therapeutin und ihre eigene Einbeziehung in Rituale, die gemeinsam mit den Familien durchgeführt wurden, steht ebenfalls zur Diskussion.

Die Familie wird als soziale Einheit in einem bestimmten Kontext artikuliert und von diesem beeinflußt. Es liegt auf der Hand, daß sich stabile Umgebungen anders auf das Familienleben auswirken als instabile Umgebungen. In Argentinien haben die überaus instabilen Verhältnisse der Jahre von 1970-1984 die Organisation, die Werte und die Funktion des Familienlebens tiefgreifend verändert.

Einer dieser Bereiche war die turbulente und nicht vorhersehbare wirtschaftliche Entwicklung mit einer monatlichen Inflationsrate von 30 Prozent und mehr. Während das Land in eine wirtschaftliche Katastrophe taumelte, hatten die Familien unter dem wirtschaftlichen Auf und Ab sehr zu leiden.

Ein weiterer äußerst extremer und gefährlicher Bereich war die gesellschaftlich-politische Lage, die das Familienleben und die Familienrituale tiefgreifend beeinflußte. Familien wurden entweder über- oder unterritualisiert, sie hielten entweder bedeutungsleere Rituale aufrecht oder mußten sich aufgezwungenen Ritualen unterwerfen. Einige dieser Familien fragten später um Therapie nach. Viele dieser Familien hatten militante oder terroristische Mitglieder; manche waren Freidenker, und andere erlitten versehentlich oder „prophylaktisch" schwere Repressionen.

Der allgemeine Hintergrund

In Argentinien herrschte eine brutale und repressive Militärdiktatur, die die Bürger des Landes einem staatlichen Terror unterwarf. Vor dieser Zeit, von 1973 bis 1976, hatten ultralinke und rechte nationalistische Gruppen paramilitärische Kräfte und Todesschwadrone gebildet, die völlig unbehelligt operieren konnten.

In diesen Jahren „verschwanden" Tausende von Menschen. Sie waren „Chupados" (im argentinischen Slang hieß das „eingesaugt," aus politischen Gründen von paramilitärischen Kampfverbänden entführt), aus ihren Wohnungen oder von ihren Arbeitsplätzen weggezerrt oder auf der Straße entführt, manchmal am hellichten Tage. Von den meisten hörte man nie wieder etwas. Sie wurden Opfer des sogenannten „schmutzigen Krieges". Einige wenige hatten mehr Glück, sie wurden nach ein paar Jahren freigelassen, diejenigen, die noch mehr Glück hatten, nach ein paar Wochen.

Während sie in den verschiedenen Kanälen nach ihren Verwandten suchten, an offizielle Türen klopften, nur um auf ein bleiernes

Schweigen zu stoßen, waren die Familien dieser Menschen einem unerträglichen Leid ausgesetzt. Für die meisten war die Suche ergebnislos. Das Ritualleben all dieser zu Objekten schwerster Repressionen gewordenen Familien war systematisch zerstört worden. Das wirksame Funktionieren der Familie war nicht mehr gegeben. Normative Rituale verloren ihre Bedeutung, wurden zu leeren Ritualen oder konnten nicht aufgeführt werden, da wichtige Mitglieder fehlten, die entweder entführt waren, sich verstecken mußten oder im Exil lebten.

Das Entstehen neuer Rituale in Familien unter extremer politischer Unterdrückung

In Familien, die zu Opfern der extremen Repression des staatlichen Terrors geworden waren, tauchten neue Rituale auf. Während Argentiniens „schmutzigem Krieg" hatten diese Familien gewöhnlich den Verlust eines oder mehrerer Verwandter erlitten.

In vielen dieser Familien war eine „Vielleicht"-Konstruktion der Wirklichkeit zu beobachten, da Familienmitglieder sich so verhielten, als ob „die Verschwundenen wieder auftauchen werden". In einem Fall beließen die Eltern das Zimmer ihrer beiden Jungen genau, wie es war, und machten es jeden Tag auf eine ritualistische Art und Weise sauber. Für sie wurde sogar der Tisch gedeckt. Im Einklang mit den Ideen über strukturelle Invarianten betrachten dies Crescini und Droeven (1985) als eine mythische Invariante. Diese strukturelle Invariante wird begleitet von einem chronologischen Zeitstillstandsphänomen für die betroffenen Familien und der Kristallisation eines Musters möglicher Organisationsformen. Sie beziehen sich auf Morin (1984), der das Auftreten eines neuen Ereignisses in einem System beschreibt, das Katastrophen und Traumata erlebt hat.

In anderen Fällen gab es mythische Konstruktionen wie: „Er / sie lebt an einem anderen Ort", die mit anderen Worten besagten: „Die Verschwundenen sind nicht wirklich verschwunden und tot." Familien entwickeln rituelle Verhaltensweisen um diese Mythen, wie in dem von Crescini und Droeven (1986) zitierten Fall einer Großmutter und dreier Mädchen, die neun Jahre lang rituell wiederholten, daß ihre Mutter in eine 30 Meilen südlich von der Hauptstadt Buenos Aires gelegene Stadt gezogen und als Krankenschwester so sehr beschäftigt sei, daß sie keine Zeit habe, zurückzukehren. Sie gestanden sich ihr Verschwinden oder ihren Tod nicht ein, sondern sie sollte als lebend und wohlauf gelten. Entsprechend informierten sie auch die Schule, Krankenhäuser, Freunde und den Rest der Familie.

Diese ritualisierte verbale Kommunikation diente dem Zweck, den von ihnen konstruierten Mythos zu schützen und aufrechtzuerhalten. Der Vater, der inzwischen in Europa im Exil lebte und seit sechs Jahren mit einer anderen Frau zusammen war, trug noch immer den Ehering aus seiner früheren Ehe. Offensichtlich hatte auch er das Verschwinden / den Tod seiner ersten Frau nicht akzeptiert. Überdies fand seine neue Frau bei den Familienmitgliedern keine Anerkennung, auch dann nicht, als sie mit ihrem neuen Baby nach Argentinien zurückkehrten.

Die klinische Beobachtung zeigte auch, daß die Wirkung traumatischer Verluste durch Terrorismus für viele Familien so verheerend war, daß bestimmte frühere Paradigmen zerstört wurden. Neue Überzeugungen oder Metaregeln werden dadurch geboren, die sich dann verfestigen (Bateson 1981; Ritterman 1985). Als Beispiel wird der Fall eines Vaters geschildert, der nach dem Tod seines „im Einsatz gefallenen" Sohnes (dieser war Guerillakämpfer und hatte von seinen Vorgesetzten aus der Guerillabewegung den Befehl erhalten, den betreffenden Angriff nicht auszuführen, da er einem Selbstmord gleichkam), nicht mehr mit seiner erwachsenen Tochter sprach, da sie, anders als der Sohn, die „notwendigen Verhaltensregeln" nicht erfüllt hatte. Sie war eine linke Theoretikerin, keine Guerillakämpferin, und „hat nicht gelebt und ist auch nicht gestorben, wie man es sollte." Der Vater machte sich ein neues Paradigma zu eigen. Er idealisierte die Bedeutung und den Wert des Todes seines Sohnes und konstruierte für sich eine neue Lebenseinstellung. Diese verfestigte sich und bescherte ihm zwei Todesfälle: einen wirklichen, den seines Sohnes, und einen symbolischen, den seiner Tochter, die er verstoßen hatte. Alte Familienrituale wurden aufgegeben, die Tochter war bei Familienritualen nicht mehr anwesend, und ein neues Ritual entstand, das Trauern am Todestag des Sohnes.

Grundsätzliche Betrachtungen zur Therapie mit Familien, die Terror erlitten haben

Während der Diktatur waren Familien und Familienrituale vom sozialen Umfeld her systematischen, gewaltsamen Angriffen ausgesetzt. Deshalb hilft der Einsatz von Ritualen im Therapieprozeß den Familien, sich wieder affektive ritualisierte Verhaltensweisen anzueignen. Rituale stellen Modelle zur Verfügung, sanktionieren Übergänge und helfen, Gefühle auszudrücken. Manche Rituale bieten den Familienmitgliedern die Gelegenheit, über sich selbst gründlich zu reflektieren, bieten ihrem Leben eine Bedeutung und geben ihnen ein Zugehörigkeitsgefühl und ein Gefühl der Verbindlichkeit. Sie gestatten individuelle Freiheiten, während sie gleichzeitig den vertrauten Umgang und Bindungen bewahren. Da gesellschaftlicher Terrorismus und Repressionen in all diese Aspekte des menschlichen Lebens massiv eingreifen, haben Rituale in der Therapie eine beträchtliche Heilwirkung.

Heilungsrituale gestatten auch den Ausdruck tief verwurzelter Gefühle wie zum Beispiel Schmerz, Verzweiflung, Leid, „Verrücktheit". Da sich viele Familien nach einem „Verschwinden" verstecken oder fliehen mußten und das öffentliche Äußern dieser Gefühle lange Zeit mißbilligt und verboten war, waren die emotionalen Auswirkungen katastrophal. Dies betraf alle Familienmitglieder.

Rituale bei Unglücksfällen sind nach Wilson (1957) den Heilungsritualen ähnlich. Innerhalb der Übergangsrituale konstituieren sie eine eigene Gruppe, sind aber wohl weniger standardisiert als diese. Sie zielen insbesondere darauf ab, bestimmte Übergangsprobleme, Inhaftierung oder Verluste zu bewältigen, aber auch darauf, gestörte Beziehungen zu verändern, und sie bieten die Gelegenheit, Gefühle auszudrücken (van der Hart 1983). In Argentinien bestand das dringende Bedürfnis nach Heilung schwerer Schicksale.

Es gibt Familien, bei denen die Notwendigkeit besteht, alle Schritte eines speziellen Todesrituals (Entführung, Verschwinden, Folter, Tod und Begräbnis der Leiche) nachzuvollziehen und zu beklagen. Die Schwierigkeit liegt darin, daß der Körper der vermißten Person vielleicht nie wieder aufgetaucht ist, oder er / sie ist vielleicht niemals offiziell für tot erklärt worden, weshalb die Familie den Tod nicht akzeptieren kann. Es gibt keine Leiche zu betrauern, kein Grab, in das man den Toten legen könnte, kein Begräbnis, *nichts*. Diese Familien müssen in der Lage sein, „ihre Toten zu begraben", und sollten sie nicht länger „am Leben" erhalten oder in der Vorhölle. In diesen Fällen sollte ein eindeutiger Abschiedsritus in die Therapie integriert werden.

Im Verlauf der Therapie mit Menschen, die schweren politischen Repressionen ausgesetzt waren, tritt auch das Phänomen spontan durchgeführter Rituale auf, das heißt Rituale, die sich nicht der Therapeut ausgedacht hat, sondern die von den Klienten durchgeführt werden. Dies war bei einem Paar der Fall, das seine beiden Söhne in dem „schmutzigen Krieg" verloren hatte. Ursprünglich kamen sie aus einem anderen Bundesland. Jemand rief vor einer Sitzung für sie an, um mitzuteilen, daß sie den Termin nicht einhalten könnten. In der nächsten Sitzung erzählten sie, sie hätten sich plötzlich dazu entschlossen, in ihre Stadt zurückzufahren. Dort hätten sie ihr gemeinsames Leben von dem Tag, an dem sie sich zum ersten Mal trafen, über die Zeit ihres Kennenlernens und ihrer Verliebtheit, bis zu ihrer Ehe rekonstruiert und neu inszeniert. Sie besuchten die Orte, an denen sie damals gearbeitet und gelebt hatten. Sie durchlebten noch einmal die Geburt und das Aufwachsen eines jeden ihrer Söhne und den letzten Umzug nach Buenos Aires. Diese Reise bescherte ihnen schmerzliche Erinnerungen und tiefe Gefühle und führte sie auch bis zu dem Zeitpunkt, an dem ihre Söhne verschwanden, und zu der Periode, in der sie den Tod der Söhne akzeptierten. Sie stellten sich ihrem Schmerz, und wurden wesentlich gelassener.

Entwirft man therapeutische Rituale mit Familien, die zu Opfern politischer Unterdrückung geworden sind, darf man nicht von der falschen Auffassung ausgehen, daß nur der soziale Kontext von Gewalt geprägt war. Obgleich der staatliche Terror wahllos zuschlug, gab es viele Familienmitglieder, die sich selbst aktiv an politischer Gewalt beteiligten und davon überzeugt waren, durch die Praxis des bewaffneten Kampfes ihre Ziele erreichen zu können. Sollen therapeutische Rituale adäquat sein, müssen sie die Fragen von Gewalt und Terrorismus innerhalb der Familienstruktur berücksichtigen. Gerade weil Gewalt und passive Komplizenschaft zu einem so schrecklichen Thema in unserem Land geworden sind, ist es meiner Meinung nach eine vordringliche Aufgabe, sie unter die therapeutische Lupe zu nehmen.

Hier stellt sich dem Therapeuten auch die delikate Frage, welche Themen er anschneiden soll, ob bestimmte sensitive Fragen immer wieder zur Sprache gebracht werden sollen oder nicht und wie weit er dabei gehen soll. In der therapeutischen Praxis ist dies ein permanentes Problem und stellt sich verstärkt bei der Behandlung von Familien, die sich in extremen Situationen befinden. Soll ein bestimmtes Thema angeschnitten werden? Wie? In einem Familiensetting oder mit dem Paar allein? Was soll man beispielsweise mit

Großeltern tun, die sich seit dem Verschwinden von Mutter und Vater um die drei kleinen Enkelkinder kümmern und die sich über das Funktionieren in ihrer neuen Familiensituation beraten lassen wollen? Und was, wenn die Therapeutin entdeckt – wie es mir ergangen ist –, daß der Vater der Familie als aktiver Folterer eines paramilitärischen Verbandes tätig ist und seine Frau und Kinder dies „ignorieren"? Und was macht die Therapeutin, wenn sich die Familienmitglieder im Beratungszimmer des Krankenhauses über Peters Lernprobleme unterhalten, während sich in Vaters Tasche unter seinem Stuhl ein elektrisches Folterinstrument befindet? Die Weltanschauung des Therapeuten ist ständig präsent und läßt sich nicht ignorieren.

Auch stellt sich die Frage, wie detailliert die Informationen sein sollen, die die Kinder erhalten – insbesondere kleine Kinder – und wieviel sie in Form von Beschreibungen von Ereignissen und der Panik, von der Intensität der erlittenen Schmerzen und Erniedrigungen verkraften können. Das Timing ist ebenfalls ein wichtiger Faktor, und die Therapeutin muß die von der Familie geäußerten unterschiedlichen Wünsche hinsichtlich der Handhabung dieser Fragen ganz besonders berücksichtigen. Verschiedene Therapeuten haben bei verschiedenen Familien große Unterschiede festgestellt: Manche haben ihre Kinder angelogen, andere haben ihnen eine vereinfachte Wahrheit gesagt, und wieder andere sind einfach mit allem „herausgeplatzt".

Es gibt noch keine ausreichenden Statistiken, und womöglich wird es sie niemals geben, aber viele Helfer, die in psychosozialen Bereichen mit Familien arbeiten, die Opfer politischer Unterdrükkung sind, haben von verschiedenen übereinstimmenden Beobachtungen berichtet. Familien, die sich mit ihrer Wirklichkeit abgefunden haben und ihre wahre Situation akzeptieren, statt einer hoffnungsvollen Lüge nachzuhängen, kommen in ihrem Leben besser zurecht. Auch geht es jenen Familien psychologisch besser, die mit anderen, zum Beispiel Menschenrechtsorganisationen, Kontakt aufgenommen haben, als solchen Familien, die in Argentinien oder im Exil für sich bleiben. Konkret bedeutet dieses „psychologisch besser", daß weniger Symptome auftreten, daß Trauerprozesse stattfinden können und sich die Lebenszyklen ungehindert fortsetzen. Therapeutische Rituale können solche Entwicklungen kraftvoll vorantreiben.

Der politische Kontext

Dieser Fall handelt von den Schwierigkeiten, die die Eltern bei der Rückkehr zu ihren Kindern durchmachten, die ihre Elternrolle wieder übernehmen wollten, die sie nach einer Entführung während der Diktatur zwangsweise aufgeben mußten.

Als dieser Fall 1983 behandelt wurde, befand sich Argentinien im zehnten Jahr politischer Wirren, unter terroristischen Aktivitäten und einer äußerst repressiven Militärdiktatur. Es war jedoch der gesamten Bevölkerung klar, daß zum Jahresende allgemeine Wahlen stattfinden und eine demokratisch gewählte Regierung an die Macht kommen würde.

Der erste Anruf und die Zweifel der Therapeutin

Esther, die Mutter, rief in meinem Büro an und klang sehr erregt. Sie sagte, sie sei sehr niedergeschlagen und bat dringend um ein Interview. Sie sei sehr unglücklich, könne es so, wie sie sich im Moment fühle, nicht länger aushalten und fühle sich ihrer Situation nicht mehr gewachsen. Ich teilte ihr mit, daß ich die gesamte Familie sehen müßte, falls ich den Fall übernehmen würde. Sie sollten mich anrufen, wenn sie einverstanden seien, und ich würde mir in der Zwischenzeit überlegen, was ich für sie tun könnte. Von Beginn an war der Fall ungemein kompliziert. Ein Leben unter einem Terrorregime verlangt von jedem Therapeuten eine hohe Sensibilität für die Gefahren, die bestimmte Fälle darstellen können. Dazu gehört natürlich die ständige Überprüfung der politischen Ideen und Überzeugungen des Therapeuten. Die Bereitschaft, sich zur Verfügung zu stellen, war von Therapeut zu Therapeut sehr unterschiedlich. Manche Therapeuten akzeptierten keine Fälle mit politischem Hintergrund, da dies lebensgefährlich sein konnte.

Für mich war die Entscheidung, die Familie zu sehen, schwierig, da ich als ihre Therapeutin womöglich gefährdet war. Die von Anwälten, Ärzten, Psychotherapeuten, etc. für Freidenker oder linke Theoretiker geleistete Hilfe hat in zahllosen Fällen dazu geführt, daß die Betreffenden entführt, gefoltert und ermordet wurden. Die gesamte Familie väterlicherseits war jetzt angeklagt, die linksradikale Guerillabewegung finanziell unterstützt zu haben. Die Mutter und der Vater, sowie die Großväter beider Seiten waren entführt, gefoltert, jahrelang eingesperrt und dann freigelassen worden. Der Fall hatte in der Presse große Publizität erfahren, und ihr Name war stigmatisiert.

Ich mußte bei diesem Fall verschiedene Aspekte in Betracht ziehen. Auf der einen Seite waren sie freigekommen, und es gab ein laufendes Gerichtsverfahren, in dem über ihre Schuld oder Unschuld entschieden werden sollte. Aus der Legalisierung ihrer Existenz und ihrer offiziellen Anerkennung ergab sich eine „Sicherheitszone", in der mit der Familie gearbeitet werden konnte. Auf der anderen Seite konnte ich mich keiner Repression, Stigmatisierung oder blinder Furcht aussetzen. Während der Diktatur stand man ständig vor der Frage, wie sehr man sich selbst gefährden dürfe. Andererseits wiederum gibt es eine Grenze, bis zu der man es erträgt, wie eine Schnecke zu leben, ständig sich selbst beschützend im eigenen Haus. Auch fühlte ich mich in der Rolle eines „Richters" nicht wohl, der entschied: „Mit diesen Leuten arbeite ich nicht." All diese Faktoren führten zu dem Entschluß, den Fall zu übernehmen. Ich wußte, daß mich ein solcher Fall zwingen würde, im „geheimen" zu arbeiten, auf eine Weise, die sich von der allgemeinen professionellen Vertraulichkeit unterschied. Hier hatten beide, Therapeut und Klient, einen Vorteil von der Geheimhaltung.

Einige Bemerkungen zum Hintergrund der Familie

Die Familie bestand aus Gabriel, dem Vater, Esther, der Mutter, und den drei Kindern, dem sechzehnjährigen Roberto, dem dreizehnjährigen Jaime und der zehnjährigen Ana (siehe Abb. 1). Der Vater stammte aus einer sehr stark arbeitsorientierten jüdischen Familie, die im Finanzwesen tätig war. Die Mitglieder gingen sehr aggressiv miteinander um. Die ebenfalls jüdische Familie der Mutter hatte einen höheren Bildungsstand, und ihre Mitglieder gingen freundlicher miteinander um. Keine der Familien war religiös oder pflegte Traditionen.

1976 wurde der Vater und kurze Zeit darauf auch die Mutter von einer paramilitärischen Gruppe entführt. Eine Reihe schwerbewaffneter, maskierter Männer drang in die Wohnung ein. Sie schrien, schlugen um sich, stießen die Bewohner herum und zerstörten und stahlen so einiges. Das kleine Mädchen schlief, als das geschah, die Jungen dagegen wurden aufgeweckt. Auch die beiden Großväter wurden aus ihren jeweiligen Wohnungen entführt. Nachdem er die Entführung seines Vaters und dann die seiner Mutter miterlebt hatte, versuchte Jaime zweimal sich umzubringen, indem er sich in der Schule von einem Balkon des dritten Stockwerks stürzte. Nach dem zweiten Selbstmordversuch bat die Schule die Großmutter mütterlicherseits, das Kind von der Schule zu nehmen.

Nach diesen Ereignissen blieben die Kinder fünf Jahre lang in der Obhut der Großmutter. Nach zwei Jahren wurde der Großvater mütterlicherseits freigelassen und der Großvater väterlicherseits nach vier Jahren.

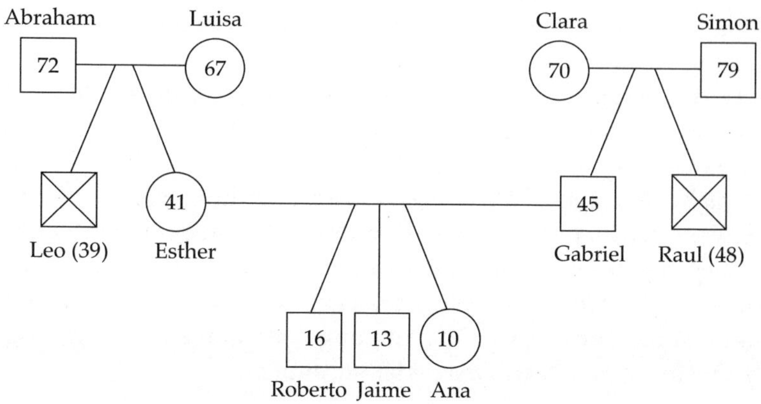

Abb. 1 *Politische Unterdrückung*

Nachdem Esther und Gabriel entführt wurden, wußte niemand, ob sie noch lebten und gefoltert wurden, oder ob sie schon umgebracht worden waren. Zwei Monate später fanden die Rechtsanwälte und die Familie heraus, daß sie in getrennten Gefängnissen untergebracht waren. Sie wurden oft verlegt und durften keine Besuche empfangen. Ihre Sicherheit war relativ garantiert, da sie offiziell als Gefangene anerkannt waren. Zirka zehn Monate nach ihrer Entführung durften die Kinder sie besuchen, aber immer nur einzeln und in Begleitung der Großmutter. Zuerst durften sie nur durch eine Glasscheibe mit ihnen sprechen und erst viel später den Raum selbst betreten, wo sie sich die Geschichten der Eltern über die verschiedenen Gefängnisse anhörten, in denen sie waren.

Gabriel und Esther waren in einer relativ guten körperlichen Verfassung. Sie waren zwar gefoltert worden, das war aber schon eine Weile her. Einmal sprach Esther zum Beispiel von „Ratten, die in den Zellen über uns liefen". Gabriel erzählte den Kindern solche

Dinge nicht. Als Ana einmal ihren Vater und auch ihren Großvater väterlicherseits besuchte, der zu der Zeit auch im Gefängnis war, mußte sie aufs Klo. Ihr Großvater nahm sie mit auf eine kleine Toilette im Innern des Gefängnisses. Sie mußten durch eine rückwärtige Tür des Besuchszimmers und einen „schrecklichen Korridor" entlang, wo sie die Gefangenen in ihren Zellen sah, hinter Gittern, die starrten, einfach starrten und „Hallo" zu ihr sagten. Obwohl das eigentlich verboten war, ließen sie die Wärter auf Bitten des Großvaters dorthin gehen. Ana sagte später, sie würde diese furchtbare Szene mit all den Männern hinter den Gitterstäben in der schrecklichen Gefängniskleidung, die ihr zuriefen, niemals vergessen.

In den letzten zwei Jahren ihrer Gefangenschaft durften sich Esther und Gabriel zensierte Briefe schreiben. Schließlich ließ man sie und einige Monate später auch ihn frei. „Und sie lebten wieder glücklich zusammen." Das mag ironisch oder unverständlich klingen, wenn wir es nicht in einen Kontext stellen, in dem die Wiedervereinigung dieser Familie eine Ausnahme darstellte. In der Mehrzahl der Fälle tauchten „weggebrachte" Menschen nie mehr auf. Dann war die vollständige Vereinigung der Familie nie mehr möglich. Die meisten kamen nie wieder zusammen.

Ein erster Blick auf die Familie

Die Familie kam eineinhalb Jahre nach der Freilassung der Eltern zur Beratung. Es war also einige Zeit vergangen, bevor die Familie psychologische Hilfe suchte. Sie hatten bis dahin schon einiges selbst erreicht und in ihrem Prozeß der „Wiedervereinigung" schon eine große Wegstrecke zurückgelegt. Aber irgendwie reichte das noch nicht.

Die Grenzen, die die Familie definierte, waren unklar. Sie selbst betrachteten die fünf Anwesenden als die Familie, aber jedesmal, wenn eine wirklich problematische Frage diskutiert wurde, erwähnten sie die Großeltern mütterlicherseits. Esther zeigte sich ängstlich und deprimiert; sie hielt viele Familiensituationen für außer Kontrolle geraten. Der weitaus distanziertere Gabriel sorgte sich um ihre Finanzen und ein wichtiges bevorstehendes Gerichtsverfahren. Beide machten sich Sorgen wegen „verschiedener Symptome", die die Kinder entwickelt hatten. Der ältere Junge, Roberto – ein parentifiziertes Kind –, war rebellisch und hatte schlechte Manieren, er erteilte Befehle und wollte nicht an der Sitzung teilnehmen. Jaime, der zweite

Junge, versuchte ständig, sich in den Mittelpunkt zu drängen. Er begann das Gespräch, wies auf die Probleme hin, unterbrach die anderen oder sprach für sie. Obwohl er eine seinem Alter entsprechende Klasse besuchte, waren seine Leistungen sehr schlecht. Er hatte schon immer Nachhilfestunden erhalten und hatte während der Grundschulzeit zumeist auf dem Bett gelegen, während der Nachhilfelehrer seine Hausaufgaben für ihn erledigte. Zur Zeit der Beratung hinkte er ernsthaft hinterher, und es bestand die Gefahr, daß er das Klassenziel nicht erreichen würde. Er hatte vor sechs oder sieben Jahren die Gewohnheit entwickelt, ständig an seiner Jacke herumzukauen. Bei jeder noch so kleinen Sache bat er um Hilfe. Körperlich war er in seiner Entwicklung zurück. Er war klein und sah aus wie ein Zehnjähriger. Das jüngste Kind, Ana, machte einen sehr süßen Eindruck, ihre Brüder aber meinten, sie sei „verwöhnt und weint wegen allem". In den vergangenen vier oder fünf Jahren war sie von erschreckenden Alpträumen geplagt worden.

Die Anpassungsfähigkeit der Familie war erschöpft, und sie schaffte es nicht mehr, selbst kleine Probleme zu lösen. Der kleinste Anlaß konnte sie aus dem Gleichgewicht bringen. Meine Hypothese war, daß es in der Zeit, als die Kinder bei ihrer Großmutter lebten, ein „parentifiziertes Kind" gegeben hatte, nämlich Roberto, ein zweites Kind, Jaime, den alle als identifizierten Patienten ansahen – beide hatten eine sehr enge Bindung zu ihrer Großmutter – und das Mädchen, Ana, die wohl die Funktion eines „Schoßkindes" oder „Nesthäkchens" erfüllte. Obwohl die Familie nun wieder zusammen war, blieb diese Struktur unverändert.

Die Verwendung von „Gefängnisgittern" in der Therapie

Zwei- oder dreimal hatte Esther erwähnt, daß sie sich im Gefängnis viel sicherer gefühlt habe und daß dort vieles für sie leichter gewesen sei. In diesem Sinne vermißte sie das Gefängnis, wo sie von anderen kontrolliert worden war, während „ich jetzt immer außer Kontrolle bin und mich unglücklich fühle, ich habe mich nicht unter Kontrolle." Als Therapeutin versuchte ich, die Gegenwart und den Druck der „Gefängnisgitter" um sie herum zu verstärken, um zu sehen, ob Esther und Gabriel darum kämpften, sie niederzureißen, denn Gabriel meinte nur, daß es „sehr schwierig ist", oder saß in stiller Ergebenheit einfach da. Wenn sie nicht wirklich frei sein wollten, war der Weg blockiert.

Die Metapher der „Gefängnisgitter“ erlaubte mir, mich therapeutisch zwischen den Extremen des Eingesperrtseins und der Freiheit zu bewegen. Diese Metapher erlaubte mir auch, den Bereich des Absurden zu berühren. Der Unterschied, den es macht, ob man sich hinter Gefängnisgittern befindet oder keine um sich hat, wurden folgendermaßen gedeutet:

- Im Gefängnis, hinter Gittern – „Aha! Sie befinden sich also immer noch hinter Gittern!“ oder „Wir können Sie schnell wieder hinter Gitter stecken!“ – angesprochen auf humorvolle Art und Weise.
- Außerhalb des Gefängnisses, ohne Gitter – „Das Schwierigste, wenn man nicht mehr hinter Gittern ist, besteht darin, daß man mehr Verantwortung und mehr Verpflichtungen hat. Vielleicht können Sie es schaffen wieder hineinzukommen, damit sie keine Verantwortung mehr tragen müssen.“

Wir arbeiteten mit Zukunftsphantasien: Wie lange müßten sie ihrer Meinung nach noch mit den Gefängnisgittern um sich herum leben? Beide dachten darüber nach, an welcher Stelle, bezogen auf ihren Körper, sie die Gitter spürten: um ihren Körper herum, gegen ihn, ohne Ellbogenfreiheit, waren es niedrige Gefängnisgitter, vielleicht vor ihren Beinen, so daß sie sich nicht bewegen konnten, oder überall, oder in ihrem Kopf, et cetera.

In einer Sitzung nahm Esther ein großes Kissen und bedeckte damit ihren Kopf. Sofort sagte Gabriel zu ihr: „Das Gefängnis lastet auf dir.“ Ich griff diese Metapher auf und gab ihnen eine ritualisierte Verschreibung, die sie zu Hause durchführen sollten. Jeden zweiten Tag sollten sie mit Kissen und Polstern eine kleine Höhle (ein Gefängnis) um sich bauen, und sie sollten jedes Mal schweigend fünf Minuten dort verbringen und über die Zeit im Gefängnis nachdenken. Sie sollten das gleichzeitig tun, aber ohne einander anzusehen, und zwar zwei Wochen lang. Dies hatte für beide eine außerordentlich schockierende Wirkung. Sie redeten zwar wenig darüber, bezeichneten es aber doch als eine unwahrscheinlich bewegende Erfahrung. Esther hatte bald genug davon, „im Gefängnis sein zu müssen“ und meinte: „Warum kann ich mich nicht für die Freiheit entscheiden?“ Gabriel war zweimal unter den Kissen in Tränen ausgebrochen. Sie hatten verschiedentlich miteinander geweint und miteinander geredet.

Nach dieser Sitzung wurde die Metapher des „Gefängnisses" nur noch selten benutzt, ihre Wirkung bildete jedoch einen Wendepunkt in der Therapie. Esther sagte: „Ich will diesen Schrecken jetzt hinter mir lassen." Dieser ritualisierte Gebrauch der „Gefängnisgitter" dauerte zwei Therapiesitzungen, an denen nur das Paar teilnahm.

Esther schien viel zerbrechlicher zu sein als Gabriel. Für sie war die Zeit im Gefängnis ein langer Zerstörungsprozeß, und sie hatte es zerstört verlassen. Dagegen war Gabriel vor allem wütend, und er hatte eine schützende Wand um sich errichtet gegen die Grausamkeiten der seiner Meinung nach antisemitischen Angriffe der Machtstruktur des Landes. Da sie völlig unschuldig waren, meinte er, sie wären einfach deshalb zu Unrecht geholt und stigmatisiert worden, weil sie Juden sind.

Ich arbeitete mit den positiven Aspekten, die diese beiden unterschiedlichen Haltungen in ihren gegenwärtigen Beziehungen hatten. Esther half Gabriel, mit seinen Gefühlen und seiner inneren Welt mehr in Berührung zu kommen. Ihre „Schwäche" half ihm, seine Stärke zu fühlen. Er mußte stark werden, aggressiver und ein Kämpfer sein gegen die feindliche Umwelt. Sie wiederum kam wieder „besser auf die Beine".

Rückschläge

Zwei Monate später geschah etwas, was das Paar an den Rand eines sehr ernsten Bruchs brachte. Gabriels Vater hatte einen Wutanfall und machte Esther gegenüber einige sehr beleidigende Bemerkungen über Esthers Vater. Die Folge davon war, daß sie sich weigerte, ihn zu Hause oder im Büro zu sehen. Gabriel entschuldigte sich für seinen Vater und meinte, er sei eben ein alter und gewalttätiger Mann.

Um die Dinge noch schlimmer zu machen, verkündete das Gericht in dieser Woche eine Vorabentscheidung gegen sie, wodurch ihr Fall wieder in der Öffentlichkeit diskutiert wurde. Die Rechtsanwälte beschlossen, Einspruch zu erheben. Diese Vorkommnisse brachten die Loyalität und die Gefühle der Familie aus dem Gleichgewicht. Jaime benahm sich schlechter, ging allen auf die Nerven, bat wegen jeder Kleinigkeit um Hilfe und konzentrierte sich nicht auf sein Lernen. Ana weinte ständig. Esther meinte, sie könne die Situation nicht länger ertragen. Gabriel entwickelte Symptome eines Magengeschwürs. Kurz, die Familie befand sich in einer akuten Notlage, wobei die Bewältigungsmechanismen eines jeden bis zur Grenze der Belastbarkeit beansprucht waren.

Diese Situation drohte sich in eine niederschmetternde Krise zu verwandeln, die das System zu völliger Desorganisation treiben konnte. Wie Reiss (1981) sagt, war diese Familie in Gefahr, in einen kritischen Prozeß hineinzugeraten, in der ihre eigene Wirklichkeit der eines größeren, mächtigeren sozialen (rechtlichen) Gemeinwesens unterworfen würde. In dieser Lage bestand die Gefahr, daß ihre grundlegenden Paradigmen, ihre Haltung gegenüber dem Leben erneut der stärkeren Struktur geopfert würde. Sowohl die Familie als auch ich glaubten, daß ihnen die Therapie helfen könnte, die drohende Krise zu überwinden.

Die Frage von Schuld und Dankbarkeit

In früheren Therapiesitzungen hatte Esther darauf bestanden, daß sie „ewig" in ihrer Eltern Schuld stehen würde, vor allem ihrer Mutter, „eine Schuld, die sich niemals im Leben zurückzahlen läßt", weil sich ihre Mutter während ihrer Haftzeit um die Kinder gekümmert habe. Gabriel war auch der Meinung, daß sie in der Schuld ihrer Eltern stünden, drückte es aber nicht so stark aus. Dieses Gefühl einer „ewigen Schuld" verstärkte die Bindung zwischen Mutter und Großmutter.

Mit diesem Thema von Schuld und Dankbarkeit arbeitete ich auf folgende Weise:

1. Aus einer humorvollen Perspektive und indem ich absurde und andere paradoxe Interventionen verwendete, vergrößerte ich das Bild von einer *großen-schweren-ungeheuren-grenzenlosen-ewigen* Schuld.
2. Danach begann ich beiläufig mit den Begriffen „Schuld" und „Dankbarkeit" zu spielen. Durch eine Schuld verschuldet man sich, und man muß sie zurückzahlen. Bei Dankbarkeit ist das anders. Und auch bei Liebe.

Mein Ziel war es, ihre Überzeugung ins Wanken zu bringen und sie für Interventionen flexibler und zugänglicher zu machen. Ich erbat die Zustimmung der Eltern, darüber und über andere Fragen mit den Großeltern zu reden. Als sie zustimmten, hielten wir mit der Familie und beiden Großelternpaaren eine besondere Sitzung ab, um das Thema mit all seinen tiefen emotionalen Aspekten sowie den unterschiedlichen Haltungen der Familienmitglieder zu diskutieren.

Während dieser Sitzung war Jaime deutlich mit seiner Mutter und seiner Großmutter mütterlicherseits verbündet und sagte das auch, wobei er die meiste Zeit zärtlich Großmutters Hand hielt, bis ich die Sitzordnung veränderte. Sie schnitten verschiedene Themen an, aber in der Hauptsache diskutierten und äußerten sie sich zu der Frage, ob Esther und Gabriel endlich die Führung der Familie übernehmen sollten. Alle vier Großeltern waren sich einig, daß die Eltern die Verantwortung für die Kinder übernehmen müßten. Das stand für sie völlig außer Frage.

Wir diskutierten dieses Thema im Verlauf von vier Sitzungen. Um die gewünschten Veränderungen zu beschleunigen, entwarf ich ein „Trennungsritual".

Eine Vorbereitungsphase: Das „Trennungsritual"

Das Ritual zielte darauf ab, die elterliche Autorität wieder zu etablieren und zu stärken. Auch sollten die Rollen der einzelnen Familienmitglieder neu verteilt werden. In diesem Bereich erwartete ich zumindest zwei größere Veränderungen: Roberto sollte seine „Elternrolle" und Jaime sein „schlechtes" Benehmen aufgeben und seine Lernfähigkeit steigern. Ich erwartete damals nicht, daß Anas Verhalten sich ändern würde. Mir war noch nicht klar, wie und wo die Alpträume in den Rest des Bildes paßten, und ich glaubte nicht, daß die Alpträume durch eine Veränderung dieses Familienmusters verschwinden würden. Man erwartete von ihr, daß sie sich wie eine hübsche Puppe verhielt, zuckersüß, und sie erfüllte die in sie gesetzten Erwartungen, indem sie immer lächelte. Das würde sich natürlich auch verändern müssen, war allerdings kein unmittelbares Ziel.

Das Ritual sollte auch helfen, den Zusammenhalt und das Intimleben des Paares zu verbessern. Nach den vielen Jahren im Gefängnis, in denen sie ein getrenntes Leben geführt hatten, fehlte ihnen als Paar die Harmonie. Schließlich hoffte ich, die Bindung der Großeltern mit den Kindern ins Gleichgewicht zu bringen und das Thema von Schuld, Dankbarkeit und Liebe umdeuten zu können.

In der nächsten Sitzung sprach ich von einer „Ehrung" oder „Dankfeier" für die Großeltern, oder vielleicht einem Essen, da sie sich jahrelang vorbildlich um die Kinder gekümmert hatten. Die Familie entschloß sich, sie zu einem besonderen Essen nach Hause einzuladen. Gabriel sollte es übernehmen, sie formal einzuladen, und ihnen sagen, daß es ihnen zu Ehren stattfinde und daß sie die speziellen Gäste sein sollten. Sie könnten sich alle gut anziehen, das

Haus mit Blumen schmücken und Photos davon machen. Ein schon vorhandenes Bild der Kernfamilie wollten sie mit einer Widmung versehen, rahmen lassen und den Großeltern als Geschenk überreichen. Nach diesem Essen sollte die Mutter die Großmutter mütterlicherseits einmal in der Woche in einer Sache um Rat fragen.

Ich war überrascht, als Esther in derselben Sitzung die Idee äußerte, mit Gabriel zu reden, um zu sehen, ob sie sich für ihre Mutter eine neue Tätigkeit einfallen lassen könnten. Ich interpretierte das als positiven Hinweis auf eine Veränderung.

Das Trennungsritual sollte als Kontextmarker für „innen/außen" und als Zeitmarker für „vorher/nachher" dienen. Ich erwartete die formale Anerkennung der Trennung der Großeltern von den Eltern und Kindern sowohl auf direktem (durch einen deutlichen Dank und eine Feier) als auch auf indirektem Wege (durch die Mitteilung, daß die frühere Situation klar beendet war).

Das Fest fand wie geplant statt. Gabriel hatte die Großeltern eingeladen und dabei deutliche Worte gesprochen. Esther war nervös, denn sie hatte Schwierigkeiten mit dem Essen. Sie äußerte Gabriel gegenüber Zweifel, ob sie imstande sei, ein solches Essen zuzubereiten. Deshalb befaßten sich beide mit dem, was sie zu servieren gedachten. Roberto hatte versucht, ihnen Anweisungen zu geben, aber die Eltern sagten ihm, sie wären in der Sache zuständig. Die Vorbereitung gestalteten sie lebendig, obwohl Jaime sie nervte und plagte, bevor die Großeltern kamen.

Während des Essens verhielt sich Jaime weiterhin schwierig, so daß ihn sein Vater hinausrufen mußte, wo er sich dann beruhigte. Gegen Ende des Essens fing die Großmutter an zu weinen und dann auch die Mutter. Die Mutter drückte es so aus: „Für uns alle ist *so* viel passiert!" Danach bat der Vater Roberto, den Großeltern die Photographien zu überreichen. Als Überraschung schenkte der Vater Champagner ein und sprach einen Toast aus „auf die Zukunft".

Einige positive Veränderungen

In der ersten Sitzung drei Wochen nach dem Trennungsritual berichteten mir die Mutter und der Vater, daß es in der Familie besser klappen würde. Als sie einmal ein Restaurant verließen, hatte Roberto, der älteste Sohn, seine Mutter recht heftig angerempelt, „weil sie nervös war", und sie überaus grob behandelte. Sie schrie ihn mitten auf der Straße an, aber Gabriel intervenierte, stoppte ihn entschlossen und wies ihn zurecht. Zum ersten Mal hatte der Vater die Dinge in die Hand genommen und Roberto zurechtgewiesen. Roberto reagierte gut darauf.

Auch waren die Eltern der Meinung, daß Jaime die Schule wechseln müsse, und sie suchten mit ihm gemeinsam eine andere Schule – ein weiterer Beweis ihrer neuen Position als Eltern, die in der Lage waren, ihre Autorität und Verantwortung zu zeigen.

Dennoch kümmerte sich Gabriel auch weiterhin nicht sehr viel um alltägliche Angelegenheiten. Esther mußte selbst sehen, wie sie damit zurechtkam. Gelegentlich bestand sie darauf, eine Frage mit Gabriel zu diskutieren. Obwohl sie einen sehr vollen Terminplan hatte, sah Esther ihre Mutter immer noch fast täglich. Sie hatte sie dreimal um Rat gefragt. Sie fühlte sich weiterhin überlastet und hatte häufig das Gefühl, die Dinge nicht unter Kontrolle zu haben.

Der Vater und die Mutter meinten auch weiterhin, daß sie viele Situationen der Familie nicht unter Kontrolle hätten. Sie wollten ihre eigene Beziehung verbessern und sich mit ihren Kindern besser verstehen. Sie hatten die Angelegenheit besprochen und hatten es satt, daß die Kinder im Haushalt keine Hilfe waren und sich statt dessen wegen jeder Kleinigkeit an sie wandten. Sie wollten auch nicht mehr, daß die Kinder jederzeit zu ihnen ins Schlafzimmer kommen konnten.

Ich war der Meinung, daß ein zweites Ritual, ein Übergangsritual, nötig war.

Das „Übergangsritual"

Das Planen der Zeremonie

Das Ritual bestand aus einer sehr speziellen Zeremonie, in der ein Dokument verwendet wurde, das die Position der Eltern in der Familie wiederherstellte. Die eigentliche Planung erforderte mehrere Schritte. Ich stellte Gabriel und Esther einem Rechtsanwalt vor, der alle meine Bitten erfüllte. Es mußte ein Außenstehender sein, der eine Distanz zum therapeutischen System hatte, jemand, der in eindeutiger Weise das größere soziale Umfeld repräsentierte. Ein Mann, weil ich eine Frau bin; ein Nichtjude, da sowohl die Familie als auch ich jüdisch sind.

Der Rechtsanwalt war hier wichtig, weil er Sekundärgruppen repräsentierte und ganz allgemein das Recht des Gemeinwesens symbolisierte. Als Autorität für die Zeremonie hatte ich nicht ihren eigenen Verteidiger ausgesucht, der sie vor Gericht verteidigte. Das lag wohl an meinen damaligen Beschränkungen oder Ängsten. In einem Land wahlloser gesellschaftlich-politischer Unterdrückung hätte es für mich gefährlich werden können, wenn man mich mit dieser Gruppe in Verbindung gebracht hätte. Ich nahm das Risiko auf mich, mit ihnen zu arbeiten, aber ich mußte bestimmte Grenzen beachten. Setzte ich mir zu enge Grenzen, würde ich mich selbst als Feigling ansehen. Als Teil meines persönlichen und professionellen Selbstbildes konnte ich es akzeptieren, Angst zu haben. Ein Feigling zu sein, konnte ich nicht akzeptieren. Andererseits wollte ich keine unnötigen lebensgefährlichen Risiken eingehen. Zudem war er kein Anwalt für Familienrecht, und hier brauchte ich einen.

Wir einigten uns, daß beide, Mutter und Vater, mit ihren Kindern anwesend sein und sich an dem Ritual beteiligen würden. Diese Zeremonie richtete sich vor allem an die Eltern als aktiv Handelnde, sie war allerdings so gestaltet, daß sie ihre Wirkung auch auf andere anwesende Familienmitglieder entfalten konnte.

Über einige Punkte hatte ich meine Zweifel. So war mir beispielsweise nicht klar, wie ich die Kinder ansprechen sollte. Ich entschied, mich an die Eltern zu wenden, ihre unterbrochene, generationsgemäße Rolle wiederherzustellen, und den Kindern keinen besonders aktiven Platz in der Zeremonie zuzuweisen. Die Kinder wurden nicht darum gebeten, das Dokument zu unterzeichnen. Gabriel und Esther diskutierten die Möglichkeit, jemanden einzuladen, sie entschieden sich jedoch dafür, nur mit ihren drei Kindern zusammenzusein, und zogen damit eine Grenze um die Kernfamilie. Das Verlesen des Dokumentes sollte Sache des Rechtsanwalts sein; die Einführung, das Aufstellen der Anwesenden und die Schlußworte sollten der Therapeutin obliegen.

Während wir in unserer täglichen Kommunikation per Du waren, entschieden wir uns angesichts der Ernsthaftigkeit des Ereignisses für eine formellere Anrede. Diese Veränderung ist bedeutsam, denn sie akzentuiert ganz deutlich die Wichtigkeit und Ernsthaftigkeit des Ereignisses. Wir legten zu Beginn fest, daß es in der nächsten Sitzung stattfinden sollte, und ich bestimmte den Termin einen Monat im voraus, da es ein ganz besonderer Tag werden sollte. Im Gegensatz zu unserem normalen Verfahren vereinbarten wir dieses Mal den nächsten Termin schon vor Beginn der Sitzung.

Das eigentliche Ritual

Am festgesetzten Termin trafen sich Gabriel, Esther, ihre Kinder, der Rechtsanwalt und ich. Die rituelle Zeremonie fand in einem formellen Raum statt. Der Rechtsanwalt und ich standen neben einem Pult, die Eltern standen davor, während die Kinder seitlich davon saßen. Der folgende Urkundentext wurde verlesen und unterzeichnet:

„In Anwesenheit von Dr. X., Rechtsanwalt, Experte für Familienrecht, und Cecilia Kohen, klinische Psychologin, Expertin für Familienentwicklung, und in Übereinstimmung mit den Gemeindeältesten, vertreten durch Recht und Gesetz dieses Landes, haben wir uns am 16. Juni 1983 in Buenos Aires versammelt, um den elterlichen Rechten und Pflichten von Gabriel und Esther unsere volle Anerkennung zu geben. Als Eltern der Kinder Roberto, sechzehn Jahre alt, Jaime, dreizehn Jahre alt, und Ana, zehn Jahre alt, haben sie ihre elterlichen Aufgaben mit all ihren Rechten und Pflichten, all ihrer Liebe und Autorität, all ihrer Hingabe und Entschlußkraft, ihrer Verantwortlichkeit und Freude, ihren Schwierigkeiten und Problemen, seit der Geburt eines jeden Kindes stets ausgeübt. Ausgenommen waren die Zeiten, in denen sie aus Gründen, die außerhalb ihrer Kontrolle und ihres freien Willens lagen, fünf Jahre lang durch Zwang daran gehindert wurden, diese Aufgaben auszuüben.

Hiermit erklären wir nunmehr feierlich, daß sie in Übereinstimmung mit argentinischem Recht als Oberhäupter ihrer Familie die volle Verantwortung tragen und daß dies in Anerkennung der Tatsache, daß Eltern für ihre Kinder das Beste tun, wenngleich sie dabei schwere Zeiten durchzustehen haben, in denen sie einander beistehen müssen, das einzig rechtmäßige und natürliche Ergebnis ist. Aus diesem Grund geben wir nun die drei Kinder in die alleinige Obhut der Mutter, Esther, und des Vaters, Gabriel, damit sie ihre Aufgaben als Eltern erfüllen können und sie ihre Kinder lieben und pflegen, anleiten und beraten, ihnen eine Hilfe sein, ihre Lebenserfahrung mit ihnen teilen, sie vor Gefahren schützen, sie lehren können, auf sich selbst aufzupassen, wenn sie älter werden, mit ihnen zusammen sind und Spaß haben, ihre Fehler gering halten, sie sich selbst sein lassen, ihnen erlauben, ihre eigenen Möglichkeiten zu entwickeln, ihnen in schweren Zeiten beistehen, im Leid trösten, ihr Ausufern einschränken und ihre Fehler korrigieren.

Wir fragen nun alle anwesenden Erwachsenen, ob sie diese Erklärung klar verstanden haben, und bitten Sie, diese Urkunde zu unterzeichnen, die diese Zeremonie beglaubigt."

Der Vater machte den Anfang, und alle vier Erwachsene, das Paar, der Rechtsanwalt und ich, unterzeichneten das Dokument.

Während er zuhörte, fing Jaime an, an seinen Kleidern herumzukauen, aber mitten in der Zeremonie hörte er plötzlich auf. Roberto saß seitlich auf seinem Stuhl und war am Anfang nicht sehr aufmerksam, aber später war er dann gespannt und schaute aufmerksam zu. Ana war sehr konzentriert und verfolgte die Zeremonie mit Verwunderung.

Gegen Ende der Zeremonie beglückwünschten der Anwalt und ich Gabriel und Esther. Sie umarmten sich, und dann umarmten sie ihre drei Kinder, während die anderen zuschauten. Schließlich verließen alle auf meinen Hinweis hin ohne weitere Kommentare das Zimmer.

Diskussion

Das Ritual sollte einen starken „Vorwärtsschub" bewirken, um die elterliche Funktion und deren Vollzug zur Geltung zu bringen. Es markierte einen Wendepunkt. Es sollte zu einer Verbesserung der Familienbeziehungen führen. Nach Van Gennep (1986) sollte ein Ritual eine Handlung sein, die aus mehr besteht, als lediglich bestimmte Schritte zu durchlaufen. Es sollte als Modell von etwas und für etwas fungieren.

Mit diesem Ritual hatten wir die meisten idiosynkratischen, situativen und kulturellen Faktoren abgedeckt. Auch wurden die Allianzen und Koalitionen, die Distanzen und Hierarchien innerhalb des Familiensystems neu ausgerichtet. Sowohl dieses Ritual als auch das frühere Trennungsritual waren als Parallele zum gegenwärtigen sozialen und politischen Kontext der Veränderung geplant: die Übergabe der Macht im Land an seine natürliche Führung. Es sollten bald allgemeine Wahlen im Land durchgeführt werden. Eine demokratisch gewählte Regierung – unser legales konstitutionelles politisches System – sollte unsere Republik leiten und lenken. Demnach wurde die Handlung der Therapeutin, die darauf gerichtet war, innerhalb des Bereiches des therapeutischen Systems einen Wandel herbeizuführen, auf einer breiteren Ebene isomorph verstärkt. Dem Ritual wurde durch den weiteren Kontext eine übergeordnete Bedeutung gegeben.

Die Zeremonie per se sollte folgende Elemente umfassen:

– eine besondere Zeit und einen besonderen Raum;
  einen politischen Rahmen;

- das Wiederbeleben alter Zeiten für die Familie;
- einen Bezug zur Abwesenheit der Eltern, der unterstreicht, daß die Nichterfüllung ihrer elterlichen Aufgaben nicht bedeutet, daß sie ihre Kinder nicht mehr lieben;
- die vollständige Übergabe der „Macht" an die Eltern;
- einen rechtlichen Aspekt, der die Rechte und Pflichten der Eltern neu bestätigt, insbesondere angesichts des ausstehenden Gerichtsverfahrens „des Landes" gegen das Paar und angesichts ihrer sozialen Stigmatisierung;
- Elemente, die auf die verbesserte Aufgabenerfüllung der Eltern verweisen;
- eine Bestätigung, daß die drei Kinder wirklich „verstanden" hatten.

Da sie in einen verworrenen und gewalttätigen sozialen Kontext verstrickt wurden, ohne die Spur von Legalität und ohne Respekt für den einzelnen, der in ihrer speziellen persönlichen Stigmatisierung gipfelte, war ein Ritual mit sozialer Symbolik für diese Familie besonders nützlich. Die Ernsthaftigkeit der kulturellen Zeremonie, die die gleiche Form hatte wie eine Hochzeitszeremonie, war insbesondere in Argentinien, wo es keine legale Scheidung gab und wo die Ehe ein unzertrennbares rechtliches Band implizierte, eine machtvolle symbolische Handlung. Das Band zwischen Eltern und Kindern wurde in dieser Zeremonie als ähnlich untrennbar dargestellt.

Das Ritual wurde in Übereinstimmung mit den Werten und Überzeugungen sowohl der Familie als auch der Großeltern entworfen. Mit dieser Zeremonie trugen wir dazu bei, das spezifische soziale System der Kernfamilie zu sanktionieren und sein Funktionieren zu verbessern (van der Hart 1983).

Das Ritual erwies sich auch für mich, die Therapeutin der Familie als heilsam, da es mich in die Lage versetzte, zum Wohlbefinden anderer beizutragen, was in den Jahren der politischen Unterdrükkung nur allzuoft verhindert worden war.

Die nächste Sitzung

Einen Monat später erschien die Familie zur nächsten Sitzung. Das Ritual hatte sich als ein wirksamer Katalysator für die Neuordnung der Hierarchie und der Affekte erwiesen. Bestimmte Gefühle waren ihnen eher zugänglich. Die Eltern meinten, alles sei viel friedlicher.

Die Mutter fragte die Großmutter immer noch wie geplant einmal pro Woche um Rat. Ich schlug vor, der Vater solle die Mutter daran erinnern, einmal pro Woche um Rat zu fragen und sich für die Fragen und Antworten zu interessieren. Robertos Stimmung hatte sich gebessert, und man hatte mehr Spaß mit ihm. Jaime war in der Schule besser geworden und auch in seinen sonstigen Aktivitäten. Er kaute zwar noch immer an seinen Kleidern herum, hörte aber viel mehr auf seine Mutter.

Alle zeigten sich sehr bewegt von der Zeremonie der letzten Sitzung. Während wir redeten, bemerkte ich, daß Ana herumzappelte und immer nervöser wurde, bis sie schließlich zu weinen anfing. Die Mutter versuchte sie zu trösten und brachte sie schließlich zum Reden. Unter Tränen sagte sie: „Was für mich wirklich am schlimmsten ist, das ist, daß wir manchmal Spaß hatten, während Mutter und Vater im Gefängnis saßen. Ich kann mich erinnern, daß ich beim Spielen mit meinen Freunden manchmal sogar glücklich war." Ihr Weinen drückte ein tiefes Leid und große Schuld aus. Während die Jungen in völliger Stille zuschauten, weinten auch die Mutter und der Vater, und ich weinte mit ihnen.

Die Verzweiflung des Mädchens übermannte alle im Zimmer und rührte an viele tiefe Emotionen, die wir in diesem leidenden Land alle fühlten. Ana war in den Armen ihrer Mutter, und der Vater sagte ihr fest und freundlich, daß es für ihn im Gefängnis ein Trost war zu wissen, daß die Kinder in guter Obhut waren und sich gut entwickelten. Er sagte, er und Mutter seien froh gewesen, daß Ana spielen und sich ablenken konnte. Esther streichelte das Mädchen und bestätigte die Worte Gabriels, während auch sie weinte, und zum ersten Mal in einer Sitzung hielt der Vater die Hand der Mutter.

Bei einer Familie, deren Mitglieder erklärt hatten, sie „wollten ihre Koffer nicht mehr öffnen", kam es also nach dem Ritual bei zu einer Neustrukturierung und zu einem neuen Umgang mit Emotionen.

Nachuntersuchung

Nach diesem Interview verschwanden Anas Alpträume. Auch bis zur Nachuntersuchung nach einem Jahr waren weitere Alpträume ausgeblieben. Jaimes Angewohnheit, seine Kleider anzuknabbern, wurde im Verlauf der Therapie auf paradoxe Weise behandelt. Es ließ nach, verschwand aber nicht vollständig.

Bald nach dieser Sitzung machten die Eltern einen Wochenendausflug zu zweit. Es war seit ihrer Freilassung aus dem Gefängnis das erste Mal, daß sie die Kinder allein ließen. Da sie als Familie in all den Jahren nicht oft zusammensein konnten, hatten sie das nachgeholt, indem sie in ihrer Freizeit alles gemeinsam unternahmen. Auch hier war eine Veränderung in Gang gekommen, denn Esther und Gabriel schufen sich nicht nur die Gelegenheit, Dinge allein zu unternehmen, sie hatten sich auch entschlossen, die Kinder in der Zeit ihrer Abwesenheit nicht in der alleinigen Pflege der Großeltern zu belassen. Mit diesem spontanen Schritt war eines meiner Ziele erreicht, nämlich den Zusammenhalt und die Intimität des Paares zu fördern.

Nach zwei weiteren monatlichen Sitzungen sagten sie, sie wollten mehr Dinge selbst entscheiden. Ich war überzeugt, daß diese Familie zur Beratung kommen würde, wenn sie ein schwerwiegendes Problem hätte.

Im Jahre 1985, fast zwei Jahre, nachdem die Therapie beendet worden war, wurden sie in ihrem Gerichtsverfahren von allen Anschuldigungen freigesprochen; alles, was von ihrem Besitz während der schrecklichen Leidenszeit nicht gestohlen worden war, wurde ihnen zurückgegeben. Dies war ein sehr positiver Faktor für ihre Entwicklung. Wenn auch sicherlich Wunden zurückgeblieben waren, erfüllten die Eltern im Laufe der Zeit ihre Aufgaben immer besser und bestimmten die Richtung, die das Leben ihrer Familie einschlug.

Die Therapeuten und ihre persönliche Beteiligung an Ritualen bei der Arbeit unter einer Situation extremer politischer Gewalt – Rituale für ein inneres Exil

Ein Therapeut, der in einem sehr repressiven politischen Kontext arbeitet, muß auf sein persönliches Überleben und andere ethische und funktionale Themen achten. Manche dieser Themen liegen klar auf der Hand, wie zum Beispiel: „Ist mein Leben in Gefahr, wenn ich mit diesen Leuten arbeite?“ Andere Punkte schleichen sich vielleicht eher unbeabsichtigt in den Interventionsstil des Therapeuten ein. Ich dachte, um ein kleines Beispiel anzuführen, *nachdem* das Übergangsritual zelebriert worden war, daß es vielleicht wichtig gewesen wäre, die Zeremonie im Büro des Anwalts abzuhalten, um die rechtlichen Aspekte zu betonen. Ich bin sicher, daß mir das vorher einfach deshalb nicht in den Sinn kam, weil ich zu große Angst hatte, mit der Familie „unterwegs“ zu sein, denn ich könnte ja von „anderen“ dabei gesehen werden, daß ich mit ihnen „etwas zu tun habe“, und dadurch möglicherweise zu einer Zielscheibe paramilitärischer Verbände werden. Ich möchte hervorheben, daß meine Furcht gegenwärtig war und sich in dem manifestierte, an das ich nicht dachte. Diese Art von Furcht unterdrückt das eigene Denken und verstümmelt die Kreativität.

Abgesehen von den bisher diskutierten therapeutischen Ritualen muß man auch die möglichen rituellen Anpassungen in Betracht ziehen, die der Therapeut manchmal unbeabsichtigt macht, um in Situationen persönlicher Gefahr zu überleben. Bestimmte schützende rituelle Verhaltensweisen wurden in der Arbeit mit politisch unterdrückten Familien übernommen, wie zum Beispiel sich beim Verlassen eines Hauses umzublicken, keine Aufzeichnungen von der Therapiesitzung zu machen, im Kalender keine Notizen festzuhalten und die Treffpunkte manchmal zu wechseln. Geheimhaltung war ein Muß, und diese Vorsichtsmaßregeln wurden zu einem „magischen", lebenserhaltenden Instrument für den Therapeuten. Ein anderes war des Verbrennen „kompromittierender" Bücher. All diese ritualisierten Verhaltensweisen bezeichneten den Übergang zu einem Status des „inneren Exils" in diesem Lande.

Beim Betrachten der therapeutischen Interviews fällt uns auf, daß die Therapeuten eine weitere ritualisierte Verhaltensform entwickelt hatten, indem sie über die traumatischen Ereignisse viel zu viele Fragen stellten, die weit über das hinausgingen, was man gemeinhin als notwendige und ausreichende Informationen ansieht. Neben einer gewissen krankhaften Neugier seitens des Therapeuten kann dies eine Beteiligung am Ritual einer bestimmten Familie darstellen, indem sowohl die Familie als auch der Therapeut in einer zeremoniellen Form die mit der erlittenen Unterdrückung in Beziehung stehenden Tatsachen und Ereignisse in extenso untersuchten und nachprüften.

Ein solches ritualisiertes Verhalten kann nicht als hilfreiches Modell oder Stimulanz angesehen werden, innerhalb der Familienstruktur eine positive Transformation zu bewirken. Im Gegenteil, es ritualisiert ein permanentes Trauma und kann zu einer Verschlimmerung und einem Erstarren in diesem Zustand führen. Dadurch kann sich der therapeutische Prozeß womöglich zu einem „Verfestigungsritual" entwickeln, das zu einem klaren Scheitern führt. Dies ist das genaue Gegenteil eines therapeutischen Prozesses, der sich als Durchgangsritual oder Übergangsritual versteht (Kobak u. Waters 1984).

Eine weitere Form ritualisierten Verhaltens des Therapeuten war dann gegeben, wenn er die therapeutische Behandlung von gefährdeten Personen, zum Beispiel politischen Aktivisten oder einfach Freidenkern, oder auch unschuldiger Opfer, die zufällig aufgegriffen oder durch andere Interessengruppen denunziert worden waren, sofort unterbrach. Da Freidenker tatsächlich verfolgt und auch Unschuldige zu Opfern wurden, war diese Haltung des Therapeuten, die zu einem Abbruch führte, Teil der Anpassung an eine allgemeine, extreme Unterdrückung. Wir haben Klienten behandelt, die mit Abbrüchen seitens des Therapeuten traumatische Erfahrungen gemacht hatten. Wir haben auch Patienten behandelt, die eines Morgens aufwachten, zu ihrer Therapiesitzung gingen und plötzlich entdeckten, daß ihr Therapeut entführt oder getötet worden war oder überstürzt das Land verlassen hatte.

Manche Therapeuten verließen das Land wegen der politischen Verstrickungen ihrer Patienten. Vielleicht waren sie, was in vielen Fällen vorkam, von extremistischen Gruppen angegriffen worden. Andere Therapeuten vertieften sich in Schweigerituale oder Vermeidungsrituale. Bedauerlicherweise vermieden viele Therapeuten systematisch jede Diskussion von Fragen, die sich auf politische Aspekte des Lebens bezogen. Manchmal geschah das völlig unbeabsichtigt. Dann wiederum war es die bewußte Entscheidung des Therapeuten, um einer Verwicklung zu entgehen. Der Terrorismus, schwere politische Repression und wahllose repressive Angriffe hatten gewaltige Auswirkungen auf die Person des Therapeuten und die Praxis der Therapie.

Wenn wir als menschliche Wesen und systemische Therapeuten in solche Rituale abgeglitten wären, hätten wir die Feigheit in unsere Herzen, Körper und unser Sein eindringen lassen. In der hier beschriebenen Arbeit habe ich auf meine Art versucht, die mit der politischen Unterdrückung einhergehenden negativen Rituale zu überwinden und mich mit meinen Klienten an positiven, lebensspendenden Ritualen zu beteiligen.

Literatur

Ackerman, N.J. (1980): The family with adolescents. In: E. Carter a. M. McGoldrick (eds.)The family life cycle: A framework for family therapy. New York (Gardner Press), 147-169.

Ahrons, C.R. (1979): The binuclear family: Two households, one Family. *Alternative Lifestyles* 2: 499-515.

Ahrons, C.R. a. M.S. Perlmutter (1982): The relationship between former spouses: A fundamental subsystem in the remarriage family. In: L. Messinger (ed.): Therapy with remarriage families. Rockville, MD (Aspen), 31-46.

Ahrons, C.R. a. R.H. Rodgers (1987): Divorced families: A multidisciplinary developmental view. New York (Norton).

Albert, S., T. Amgott, M. Krako a. H. Marcus (1979): Children's bedtime rituals as a prototype rite of safe passage. *The Journal of Psychological Anthropology 2 (1):* 85-105.

Anderson, T. (1987): The reflecting team: Dialogue and metadialogue in clinical work. *Family Process 26 (4)*: 415-428.

Andolfi, M. (1992): Familientherapie. Das systemische Modell und seine Anwendung. Frankfurt (Lambertus). 4. Auflage.

Arens, W. (1976): Professional football: An American symbol and ritual. In: W. Arens a. S.P. Montague (eds.): The American dimension: Cultural myths and social realities. Port Washington, NY (Alfred), 3-14.

Arlow, J.A. (1951): A psychoanalytic study of a religious initiation rite: Bar Mitzvah. In: R.S. Eissler, A. Freud, H. Hartmann a. E. Kris (eds.): Psychoanalytic study of the child: Vol. New York (International University Press), 364-374.

Bamberger, J. (1974): The myth of matriarchy: Why men rule in primitive society. In: M. Rosaldo a. L. Lamphere (eds.): Woman, culture and society. Stanford, CA (Stanford University Press).

Barr, D. (1988): Persönliche Kommunikation. Lamda Legal Defense. New York.

Barron, S.D. (15.1.1984): Reviving the rituals of the debutant. *New York Times Magazine*.

Bateson, G. (1981): Ökologie des Geistes. Frankfurt (Suhrkamp).

Bateson, M.C. (1987): Mit den Augen einer Tochter. Meine Erinnerung an Margaret Mead und Gregory Bateson. Hamburg (Rowohlt).

Bennett, L.A. a. K. McAvity (1985): Family Research: A case for interviewing couples. In: G. Handel (ed.) The psychosocial interior of the family. (3rd ed.). New York (Aldine Press).

Bennett, L.A., S.J. Wolin a. K. McAvity (1988): Family identity, ritual and myth: A cultural perspective on life cycle transitions. In: C. Falicov (ed.): Family transitions: Continuity and change over the life cycle. New York (Guilford Press).

Bennett, L.A., S.J. Wolin, D. Reiss a. M. Teitelbaum (1987): Couples at risk for transmission of alcoholism: Protective influences. *Family Process 26*: 11-129.

Berger, J. (1985): [Besprechung von E. Harris' *Holy Days*. Herkunft unbekannt.]

Bogdan, J.L. (1984): Family organization as an ecology of ideas: An alternative to the reification of family systems. *Family Process 23*: 375-388.

Bossard, J. a. E. Bol (1950): Ritual in family living. Philadelphia (University of Pennsylvania Press).

Bronstein, H (ed.) (1974): A Passover Haggadah: The New Union Haggadah (new ed.). New York (The Central Conference of American Rabbis).

Camarasa, J., R. Felice a. D. Gonzalez (1985): El juicio: Proceso al horror: De la recuperacion democratica a la sentencia. Buenos Aires (Sudamericana-Planeta).

Caplow, T., H. Bahr, B.A. Chadwick, R. Hill a. M. Holmes (1982): Family symbolism in festivals. In: Middletown families: Fifty years of change and continuity. Minneapolis (University of Minnesota Press).

Comstock, W.R. (1972): The study of religion and primitive religions. New York (Harper and Row).

CONADEP (1986): Nunca mas. Buenos Aires (Editorial Universitaria de Buenos Aires).

Cowles, R. (1985): Giving thanks for the music boxes. *The Washington Post E5* (28. Nov. 1985).

Crescini, S. a. J. Droeven (1985): La familia con miembros desaparecidos. Impacto de la violencia represiva en la familia. (Vortrag auf dem Familientherapiekongreß von Buenos Aires).

Culler, B. (1987): Change in the context of stability: The design of therapeutic rituals for families. University of Massachusetts, Amherst.

d'Aquili, E.G. a. C.D. Laughlin (1979): The neurobiology of myth and ritual. In: E.G. d'Aquili, C.D. Laughlin a. J. McManus (eds.) (1979): The spectrum of ritual: A biogenetic structural analysis. New York (Columbia University Press), 152-182.

Davis, J. (1984): Mazel tov: Ritual and discontinuous change in the normal family life cycle. (unpublished) University of Massachusetts, Amherst.

Davis, J. (1987): Mazel tov: A systems exploration of Bar Mitzvahas a multigenerational ritual of change and continuity. University of Massachusetts, Amherst.

Dell, P.F. (1982): Beyond homeostasis: Toward a concept of coherence. *Family Process 21 (1)*: 21-41.

de Shazer, S. (1989): Wege der erfolgreichen Kurztherapie. Stuttgart (Klett-Cotta).

Doty, W.G. (1986): Mythography: The study of myths and rituals. University, AL (The University of Alabama Press).

Douglas, M. (1966): Reinheit und Gefährdung. Eine Studie zu Vorstellungen von Verunreinigung und Tabu. Berlin (Reimer).
Douglas, M. (1987): Reinheit und Gefährdung. Eine Studie zuVorstellungen von Verunreinigung und Tabu. Frankfurt (Suhrkamp).
Durkheim, E. (1915): Die elementaren Formen des religiösen Lebens. Frankfurt Suhrkamp) Neuauflage 1980.
Einstein, E. (1982): The stepfamily. New York (MacMillan).
Elkind, D. (1981): The hurried child: Growing up too fast, too soon. Reading, MA (Addison-Wesley).
Fisch, R., J.H. Weakland u. L. Segal (1991): Strategien derVeränderung. Systemische Kurzzeittherapie. Stuttgart (Klett-Cotta).
Forssen, A. (1980): Childhood crisis as part of personal development. *Psychiatric Annals 10 (6)*: 38-43, 47.
Fraser, J. (1984): Process level integration: Corrective vision for a binocular view. *The Journal of Strategic and Systemic Therapies 3 (3)*: 43-57.
Fraser, J. (1989) Der goldene Zweig. Das Geheimnis von Glauben und Sitten der Völker. Hamburg (Rowohlt).
Freeman, Derek (1983): Liebe ohne Aggression. Margaret Meads Legende von der Friedfertigkeit der Naturvölker. München (Kindler).
Friedman, E.H. (1980): Systems and ceremonies: A family view of rites of passage. In: E.A. Carter a. M. McGoldrick, (eds.): The family life cycle. New York (Gardner Press), 429-460.
Friedman, E.H. (1981): Bar Mitzvah when parents are no longer partners. *Journal of Reform Judaism 28*: 53-66.
Friedman, E.H. (1985): Generation to generation: Family process in church and synagogue. New York (Guilford Press).
Furstenberg, F.F.Jr. a. G.B. Spanier (1984): Recycling the family. Beverly Hills, CA (Sage).
Garfiel, E. (1958): Service of the heart: A guide to the Jewish prayer book. New York (T. Yoseloff).
Gelcher, E. (1983): Mourning is a family affair. *Family Process 22:* 501-516.
Glenn, M. (1984): On diagnosis: A systemic approach. New York (Brunner & Mazel).
Golan, N. (1981): Passing through transitions: A guide for practitioners. New York (Free Press).
Goldner, V. (1985): Feminism and family therapy. *Family Process 24*: 31-47.
Goodman, E. (1987): Family defines itself by its Thanksgiving ritual. Springfield (Morning Union).
Goody, J.R. (1977): Against ritual. In: S.F. Moore a. B.G. Myerhoff (eds.): Secular ritual. Assen/Amsterdam (Van Gorcum).
Goodwin, D.W., F. Schulsinger, L. Hermansen, S.B. Guze a. G. Winokur (1973): Alcohol problems in adoptees raised apart from alcoholic biologic parents. *Archives of General Psychiatry 28*: 238-243.
Grimes, R. (1982): Beginnings in ritual studies. Lanham, MD (University Press of America).
Haley, J. (1976): Problem-solving therapy. San Francisco (Jossey-Bass).

Haley, J. (1978): Die Psychotherapie Milton H. Ericksons. München (Pfeifer). [Orig. (1973): Uncommon therapy. The psychiatric techniques of Milton H. Erickson, M.D. New York (W.W. Norton).]

Haley, J. (1987): Gemeinsamer Nenner Interaktion. Strategien der Psychotherapie. München (Pfeiffer).

Haley, J. (1989): Ordeal Therapy: Ungewöhnliche Wege der Verhaltensänderung. Hamburg (Isko-Press). [Orig. (1984): Unusual ways to change behavior. San Fransisco (Jossey-Bass).]

Hallowell, A.I. (1941): The social function of anxiety in a primitive society. *American Sociological Review 6*: 869 - 81. *Bobs-Merrill reprint series*, A-104.

Hare-Mustin, R. (1987): The problem of gender in family therapy theory. *Family Process 26*: 15-27.

Harris, L. (1985): Holy days: The world of a Hasidic family. NewYork (Summit Books).

Hartman, A. a. J. Laird (1987): Migration and family folklore. (Plenarvortrag bei der neunten Jahresversammlung des Amerikanischen Familientherapieverbandes, Chicago, IL., April 1987).

Hoffman, L. (1983): Grundlagen der Familientherapie: Konzepte für die Entwicklung von Systemen. Hamburg (Isko Press) 2. Auflage. [Orig. (1981): Foundations of family therapy: A conceptual framework for systems change. New York (Basic Books).]

Hollingshead, A.B. (1952): Marital status and wedding behavior: Marriage and *Family Living*: 308-311.

Hoorwitz, A.N. (1987): Hypnotic methods in nontypnotic therapies. New York (Irvington Publishers).

Imber-Black, E. (1985): Women, families and larger systems. In: M. Ault-Riche (ed.): Women and family therapy. Rockville, MD (Aspen Systems Publishers), 25-33.

Imber-Black, E. (1986a): Toward a resource model in systemic family therapy. In: M. Karpel (ed.) Family resources. New York. (Guilford Press).

Imber-Black, E. (1986b): Odysseys of a learner. In: D. Efron (ed.): Journeys: Expansions of strategic and systemic therapies. New York (Brunner & Mazel).

Imber-Black, E. (1988a): Idiosyncratic life cycle transitions and therapeutic rituals. In: B. Carter a. M. McGoldrick (eds.): The family life cycle: A framework for family therapy. New York (Gardner Press).

Imber-Black, E. (1988a): Celebrating the uncelebrated. *The Family Therapy Networker 12 (1)*: 60-66.

Imber-Black, E. (1990): Familien und größere Systeme. Heidelberg (Carl-Auer-Systeme).

Imber Coppersmith, E. (1982): From hyperactive to normal but naughty: A multisystem partnership in delabeling. *International Journal of Family Psychiatry 3 (2)*: 131-144.

Imber Coppersmith, E. (1984): A special „family" with handicapped members: One family therapist's learnings from the L'Arche community. In: E. Imber-Coppersmith (ed.): Families with a handicapped member. Rockville, MD (Aspen Systems Publishers) 150-159.

Imber Coppersmith, E. (1985): We've got a secret: A non-marital marital therapy. In: A. Gurman (ed.): Casebook of marital therapy. New York (Guilford Press).
Jilek, W.G. (1982): Indian Healing: Shamanic ceremonialism in the Pacific Northwest today. Washington (Hancock House Publishers).
Johnson, C.L. a. B.M. Barer (1985): Marital instability and the changing kinship networks. (Vorgetragen bei der Jahresversammlung der Gerontologie-Gesellschaft Amerikas, New Orleans, LA.)
Keeney, B.P. a. Morris, J. (1985): Family therapy practice and research: A dialogue. In: L.L. Andreozzi a. R.F. Levant (eds.): Integrating research and clinical practice. Rockville, MD (Aspen), 99-107.
Keesing, R. (1982): Introduction. In: G.H. Herdt (ed.): Rituals of manhood: Male initiation in Papua New Guinea. Berkeley, CA (University of California Press), 1-43.
Kimbali, S. (1960): „Introduction". Rites of passage, A. VanGennep. Chicago (University of Chicago Press). [Orig. (1909), London, England (Routledge & Gegan Paul)]
Kobak, R. a. D.B. Waters (1984): Family therapy as a rite of passage. *Family Process 23*: 89-100.
Kobak, R. a. D.B. Waters (1984): Family therapy as a rite ofpassage: Play's the thing. *Family Process 23 (1)*: 89-100.
Kottak, C. (1978): Anthropology: The exploration of human diversity. New York (Random House).
Laird, J. (1984): Sorcerers, shamans, and social workers: The use of ritual in social work practice. *Social Work 29*: 123-129.
Langness, L.L. (1974): Ritual power and male domination in the New Guinea highlands. *Ethos 2*: 189-212.
Levi-Strauss, C. (1981): Die elementaren Strukturen derVerwandtschaft. Frankfurt (Suhrkamp).
Madanes, C. (1981): Strategic family therapy. San Francisco (Jossey-Bass).
Madanes, C. (1989): Hinter dem Einwegspiegel. Hamburg (Isko Press). [Orig. (1984): Behind the one-way mirror: Advances in the practice of strategic therapy. San Francisco (Jossey-Bass).]
Madanes, C. (1986): Workshop on „Love and violence in family therapy". Nov. 1986. Boston, MA.
McGoldrick, M. a. E.A. Carter (1982): The family life cycle. In: F. Walsh (ed.): Normal family process. New York (Guilford Press), 167-195.
McGoldrick, M. a. M. Rohrbaugh (1987): Researching ethnic family stereotypes. *Family Process 26 (1)*: 89-98.
Morin, E. (1984): Persönliche Mitteilung.
Moore, S.F., a. B.G. Myerhoff (eds.) (1977): Secular ritual. Assen/Amsterdam (Van Gorcum).
Morgan, A. (1984): Stepparent wedding. Stepfamily Bulletin, Frühjahr.
Myerhoff, B.G. (1977): We don't wrap herring in a printed page: Fusion, fictions and continuity in secular ritual. In: S.F. Moore a. B.G. Myerhoff (eds.): Secular ritual. Assen/Amsterdam (Van Gorcum).

Myerhoff, B. (1983): Rites of passage. (Plenarvortrag, Nationalsymposium, Nationalverband der Sozialarbeiter. Washington, DC, Nov. 1983.)

O'Connor, J. (1983): Why can't I get hives: Brief strategic therapy with an obsessional child. *Family Process 22*: 201-209.

O'Connor, J. (1984): The resurrection of a magical reality: Treatment of functional migraine in a child. *Family Process 23*: 501-509.

O'Connor, J. a. A.N. Hoorwitz (1984): The bogeyman cometh: A strategic approach with difficult adolescents. *Family Process 23*: 237-249.

Ornstein, R. a. R.F. Thompson: Unser Gehirn: Das lebendige Labyrinth.

Ortner, S. (1974): Is female to male as nature is to culture? In: M. Rosaldo a. L. Lamphere (eds.): Woman, culture, and society. Stanford, CA (Stanford University Press), 67-87.

Paige, K. a. M. Paige (1981): The politics of reproductive ritual. Berkeley (University of California Press).

Papernow, P.L. (1984): The stepfamily cycle: An experimental model of stepfamily development. *Family Relations 33*: 355-363.

Papp, P. (1984): The creative leap: The links between clinical and artistic creativity. *The Family Therapy Networker 8 (5)*: 20-29.

Piaget, J. u. B. Inhelder (1986): Die Psychologie des Kindes. München (dtv).

Pirrotta, S. (1984): Milan revisited: A comparison of the two Milan models. *Journal of Strategic and Systemic Therapies 3 (4)* : 15.

Quinn, W., A. Newfield a. H. Protinsky (1985): Rites of passage in families with adolescents. *Family Process 24:* 101-111.

Radcliffe-Brown, A.R. (1952): Structure and function in primitive society: Essays and addresses. Glencoe, IL (Free Press).

Rappaport, R.A. (1971): Ritual sanctity and cybernetics. *American Anthropologist 73 (1)*: 59-76.

Reiss, D. (1981): The family's construction of reality. Cambridge MA (Harvard University Press).

Rich, A. (1986): Of woman born: Motherhood as experience and institution. 10th Anniversary Edition. New York (Norton).

Ritterman, M. (1985): Symptoms, social justice and personal freedom. *Journal of Strategic and Systemic Therapies 4 (2)*.

Roberts, J. (1984): Switching models: Family and team choice points and reactions as we moved from the Haley strategic model to the Milan model. *Journal of Strategic and Systemic Therapies 3 (4)*: 40-54.

Roberts, J. (1986): An evolving model: Links between the Milan approach and strategic models of familiy therapy. In: D. Efron (ed.): Journeys: Expansion of the strategic-systemic therapies. New York (Brunner & Mazel), 150-173.

Robitscher, J. (1980): The powers of psychiatry. Boston (Houghton Mifflin).

Rosaldo, M.A. (1974): Woman, culture, and society: A theoretical overview. In: M.A. Rosaldo and L. Lamphere (eds.): Woman, culture, and society. Stanford, CA (Stanford University Press), 17-42.

Rosten, L. (1970): The joys of Yiddish. New York (Pocket Books).

Roth, S. (1985): Psychotherapy with lesbian couples: Individual issues, female socialization, and the social context. *Journal of Marital and Family Therapy 11 (3)*: 273-286.

Rubin, G. (1975): The traffic in women: Notes on the „political economy." In: R. Reiter (ed.): Toward an anthropology of women. New York (Monthly Review Press), 157-210.
Sager, C., H.S. Brown, H. Crohn, T. Engel, E. Rodstein a. L. Walker (1983): Treating the remarried family. New York (Brunner & Mazel).
Scheff, T.J. (1979): Catharsis in healing, ritual, and drama. Berkeley / Los Angeles (University of California Press).
Schwartz, P. (1987): American couples: The intimate struggle for power. (Plenarvortrag bei der neunten Jahresversammlung des Amerikanischen Familientherapieverbandes, Chicago, IL.)
Schwartzman, J. (1982): Symptoms and rituals: Paradoxical modes and social organization. *Ethos 10 (1)*: 3-25.
Seltzer, W. a. M. Seltzer (1983): Material, myth and magic: A cultural approach to family therapy. *Family Process 22 (1)*: 3-14.
Selvini Palazzoli, M., (1982): Magersucht: Von der Behandlung einzelner zur Familientherapie. Stuttgart (Klett-Cotta).
Selvini Palazzoli, M. (1986): Towards a general model of family games. *Journal of Marital and Family Therapy 12 (4)*: 339-349.
Selvini Palazzoli, M. (1990): Die psychotischen Spiele in der Familie. Stuttgart (Klett-Cotta).
Selvini Palazzoli, M., L. Boscolo, G. Cecchin a. G. Prata (1992): Die Behandlung der Kinder durch die Kurzzeittherapie ihrer Eltern. In: M. Selvini (Hrsg): Revolutionen. Heidelberg (Carl-Auer-Systeme). [Orig. (1984): The treatment of children through brief therapy of their parents. *Family Process 13 (4)*: 429-442.]
Selvini Palazzoli, M., L. Boscolo, G. Cecchin a. G. Prata (1992): Die Behandlung der Kinder durch die Kurzzeittherapie ihrer Eltern. In: M. Selvini (Hrsg): Revolutionen. Heidelberg (Carl-Auer-Systeme). [Orig. (1977): Family rituals: A powerful tool in family therapy. *Family Process 16 (4)*: 445-454.]
Selvini Palazzoli, M., L. Boscolo, G. Cecchin a. G. Prata (1992): Die Behandlung der Kinder durch die Kurzzeittherapie ihrer Eltern. In: M. Selvini (Hrsg): Revolutionen. Heidelberg (Carl-Auer-Systeme). [Orig. (1979): Gerade und ungerade Tage. *Familiendynamik 4*: 138-174.]
Selvini Palazzoli, M., L. Boscolo, G. Cecchin a. G. Prata (1977): Paradoxon und Gegenparadoxon. Stuttgart (Klett).
Shaughnessy, J.D. (ed.) (1973): The roots of ritual. Grand Rapids, MI (William B. Eerdmans).
Slater, P. (1974): Earthwalk. New York (Bantam).
Sluzki, C. (1983): Process, structure and world view: Toward an integrated view of systemic models in family therapy. *Family Process 22 (4)*: 469-476.
Stevens, A. (1981): Attenuation of the mother-child bond and male initiation into adult life. *Journal of Adolescence 4:* 131-148.
* Tomm, K, (1984a): Der familientherapeutische Ansatz des Mailänder Teams: 1. Teil: Entwicklung, Theorie und Praxis im Überblick. *Partnerberatung 2/3*.
* Tomm, K. (1984b): Der familientherapeutische Ansatz des Mailänder Teams. 2. Teil: Sitzungsstruktur, Interviewmethodik und Interventionen. *Partnerberatung 4*: 145-165.

* Tomm, K. (1985): Circular interviewing: A multifaceted clinical tool. In: D. Campbell a. R. Draper (eds.): Applications of systemic family therapy: The Milan method. Orlando, FL (Grune a. Stratton), 33-45.

* Tomm, K. (1988): Das systemische Interview als Intervention. Teil 1: Strategisches Vorgehen als vierte Richtlinie für den Therapeuten. *System Familie 1*: 145-159.

* Tomm, K. (1989): Das systemische Interview als Intervention. Teil 3: Lineale, zirkuläre, strategische oder reflexive Fragen. *System Familie 2*: 21-40.

* Die gekennzeichneten Artikel sind in dem Band Tomm, K. (1993): Die Fragen des Beobachters. Heidelberg (Carl-Auer-Systeme).

Tuleja, T. (1987): Curious customs. New York (Harmony Press).

Turner, V. (1967): The forest of symbols: Aspects of Ndembu ritual. Ithaca, NY (Cornell University Press).

Turner, V. (1969): The ritual process. Chicago (Aldine Press).

Turner, V. (1974): Dramas, fields, and metaphors: Symbolic action in human society. Ithaca, NY (Cornell University Press).

Turner, V. (1975): Ritual as communication and potency: An Ndembu case study. In: C. Hill (ed.): Symbols and society: Essays on belief systems in action. *Southern Anthropological Society Proceedings 9*: 58-81.

Turner, V. W. (Oktober 1982): Are there universals of performance in myth, ritual, and drama? (Unveröffentlichter Vortrag, gehalten am Smith College, Northampton MA, Okt. 1982),.

Turner, V. (1989): Das Ritual. Struktur und Anti-Struktur. Frankfurt (,Campus' Br.)

University of California media extensionservice. Ein Film von Martyn Langdon Down. (1986): Some babies die.

van der Hart, O. (1983): Rituals in psychotherapy: Transition and continuity. New York (Irvington Publishers Inc.).

Van Gennep, A. (1960): Übergangsriten. Frankfurt (Campus / 1986).

Viaro, M. a. P. Leonardi (1986): The evolution of the interview technique: A comparison between former and present strategy. *Journal of Strategic and Systemic Therapies 5: (1 a. 2):* 14-30.

Visher, E.B. u. J.S. Visher (1987): Stiefeltern, Stiefkinder und ihre Familien. Probleme und Chancen. (Psychologie Verlags Union).

Walsh, F. (1983): The timing of symptoms and critical events in the family life cycle. In: H.A. Liddle (ed.): Clinical implications of the family life cycle. Rockville, MD (Aspen Systems Publications), 120-133.

Washburn, P. (1977): Becoming woman: The quest for wholeness in female experience. New York (Harper & Row).

Watzlawick, P., J. Weakland u. R. Fisch (1974): Lösungen – Zur Theorie und Praxis menschlichen Wandels. Bern (Huber).

Waxler, N.E. (1981): The social labeling perspective on illness and medical practice. In: L. Eisenberg a. A. Kleinman (ed.): The relevance of social science for medicine. Boston (D. Reidel Publishing Co) 283-306.

Weeks, G. u. L. L'Abate (1985): Paradoxe Psychotherapie. Theorie und Praxis in der Einzel-, Paar- und Familientherapie. Klinische Psychologie und Psychopathologie. Stuttgart (Enke).

Weigle, M. (1982): Spiders and spinsters: Women and mythology. Albuquerque, NM (University of New Mexico Press).
Westoff, L.A. (1978): The second time around: Remarriage in America. New York (Penguin Books).
Wilson, M. (1957): Rituals of kinship among the Nyakyusa. London: Oxford University Press).
Wolin, S.J., L.A. Bennett, D. Noonan a. M. Teitelbaum (1980): Disrupted family rituals: A factor in the intergenerational transmission of alcoholism. *Journal of Studies on Alcohol 41 (3)*: 199-214.
Wolin, S.J., a. L.A. Bennett (1984): Family rituals. *FamilyProcess 23 (3)*: 401-420.
Wood, B. a. M. Talmon (1983): Family boundaries in transition: A search for alternatives. *Family Process 22*: 347-357.
Zegans, S. a. L.S. Zegans (1979): Bar Mitzvah: A rite for a transitional age. *Psychoanalytic Review 66 (1)*: 115-132.

Kurzes Intro von Flo

Hallo,
das hier ist kein normales Pferdebuch – du hältst nämlich im Grunde *zwei Bücher* in der Hand. Auf den ersten Blick kommt das Ganze als coole Geschichte über mich (Flo) und Pepper, das tollste Pferd der Welt, daher. Darin versteckt sich aber auch noch ein echter Ratgeber mit vielen Tipps und Infos.

Ein Pferd für mich allein – das war seit der ersten Reitstunde mein Traum. Doch als mein Wunsch tatsächlich in Erfüllung gehen sollte, stellte ich fest: Verflixt verzwickt, ein Pferd zu kaufen und anständig zu betreuen. Zum Glück half mir Tapir, der *genialste* Pferdepfleger auf diesem Planeten. Und weil ich so extrem selbstlos bin, gebe ich seine Tipps gerne weiter. Du erkennst sie an den Mini-Symbolen neben dem Text:

Hier findest du alles, was man über Pferde, Pferdekauf, Pferdehaltung, Futter usw. wissen sollte. Die wichtigsten Tipps haben wir am Ende zu einem Quick Check (ab Seite 207) zusammengefasst.

markiert die Stellen, an denen du etwas über das typische Verhalten von Pferden erfährst. Über die Sprache der Pferde. Und über ihr Seelenleben.

Hier werden wichtige Begriffe erklärt.

Im Anhang (ab Seite 207) findest du außerdem eine Menge zusätzlicher Infos und Adressen.

Nun aber los!
Flo Ende

1.

Der Schock traf mich am letzten Tag vor den Sommerferien.

Als ich meinem Vater das Zeugnis mit der Bemerkung »versetzt nach Klasse acht« unter die Nase hielt und als Belohnung mein Traumpferd Pepper verlangte, sagte er: »Ich kaufe doch kein gebrauchtes Tier.«

Und dafür hatte ich nun gepaukt wie verrückt!

In unzähligen Fruststunden, während ich über den Sinn von Winkelsummen im Dreieck nachgrübelte, träumte ich von meiner Belohnung mit sechs Buchstaben: P-e-p-p-e-r, das tollste Schulpferd auf dem Habichthof.

Meine Eltern hatten mir versprochen: »Wenn du die siebte Klasse schaffst, schenken wir dir ein Pferd.« Ohne die gemeine Einschränkung: ». . . aber auf keinen Fall dein Lieblingsschulpferd.«

Seit diesem unseligen Zeugnismittwoch im Juli sind fast acht Monate vergangen. Inzwischen blühen bei uns im Garten die Osterglocken und ich habe immer noch kein Pferd.

Eine gefühlte Ewigkeit fahre ich nun schon mit meinen Eltern durch Schleswig-Holstein, um Verkaufspferde anzusehen. Mein misstrauischer Vater lässt sich einfach nicht für mein Traumpferd erwärmen. Meine Argumente für Pepper perlen an ihm ab wie Regen an struppigem Shettyfell. Er will partout kein Schulpferd – aus lauter Angst, dass er ein Exemplar kauft, »das fehlerhaft benutzt worden ist«. So ein Schwachsinn!

Schuld an Papas Argwohn ist sein Job. Prüfer bei einer Versicherung. Immer und überall wittert er Lügen, Bluff, Täuschungen, Ausreden, Betrügereien, kriminelle Absichten, Arglist, Mängel. Mein Vater würde sich noch nicht einmal

Socken kaufen, ohne vorher die Herstellerfirma zu überprüfen. Also kann man sich vorstellen, wie pingelig er erst ist, wenn es um den Kauf eines Pferdes geht.

Fast habe ich die Hoffnung aufgegeben, vor meiner Rente ein passendes Pferd zu finden. In knapp zwei Wochen werde ich vierzehn!!!

Heute steht am späten Nachmittag Besichtigung Nummer neun an. Eine schwarze Stute namens Venus.

Als ich von der Schule nach Hause komme, leuchtet mir vom Küchentisch eine fett umrahmte Anzeige in meiner Pferdezeitschrift entgegen. Papas roter Edding. Muss wichtig sein.

Ich pfeffere den Rucksack in die Ecke, hole mir einen Pudding aus dem Kühlschrank und greife mir das Blatt.

»FLORA! Bitte lesen!«, steht am Seitenrand. Und weiter: »Den Galopper habe ich heute früh in der Zeitung entdeckt! Heute Nachmittag Besichtigungstermin.«

Oh Papa!

Was da schwarz auf weiß als Verkaufspferd gedruckt steht, kann nur Bullshit sein, sonst hätte ich die Anzeige längst selber gefunden. Den Text muss ich gar nicht lesen, aber aus Neugier überfliege ich ihn trotzdem.

Englischer Vollblüter, Herz Tuan xx, 5 Jahre, braun, nach Abschied von der Rennbahn zu verkaufen. 4000 Euro VB.

»Super, Papa«, sage ich laut zu meinem Schokopudding und werfe das Blatt zurück auf den Tisch. »Du bist ja ein großer Pferdekenner.«

Ein fünfjähriges Galopprennpferd direkt von der Rennbahn!! Geht's noch? Genauso gut könnten meine Eltern mir einen Ferrari schenken und mich damit in den Stadtverkehr schicken.

Ein Rennpferd!

Warum kann ich nicht Pepper haben?

Meine Mutter steht plötzlich hinter mir und schält sich aus ihrem Trenchcoat.

»Wie findest du Papas Pferd?«

Im Rennfieber habe ich nicht auf die Haustür geachtet. Dabei kommt Mama jeden Tag um diese Zeit von ihrem Job bei der Sparkasse in Haverstedt.

Dass Mama und ich verwandt sind, kann keiner übersehen.

Beide haben wir braune Augen und honigbraune Haare. Heidehonigbernsteinbraun, nennt mein großer Bruder Daniel die Farbe, also mit blonden Lichtern drin. Meine Haare fallen glatt bis auf den Rücken. Mama dreht ihre zu einem Knoten. Flatterhaare wie meine sind Horror für meine Mutter – für eine Dreiundvierzigjährige wären offene Haare aber auch oberpeinlich. Jedenfalls würde ich ihr dann verbieten, zum Elternsprechtag zu gehen. Beide sind wir ziemlich schlank und exakt eins siebzig groß. Dani behauptet: »Sogar eure Beine sind gleich lang. Sensationell lange Jeans-Beine.«

Wer hat schon einen Bruder, der so etwas absolut SCHMEICHELHAFTES über einen sagt?

Ich drücke Mama einen Kuss auf die Wange.

»Richte deinem Mann aus, er hat sie nicht alle mit seinem Rennpferd!« . . . möchte ich sagen. Stattdessen murmele ich: »Bisschen schnell, so ein Rennpferd.«

»Aber Flo, der Verkäufer wird doch kein Pferd anbieten, das nicht ordentlich zu reiten ist.«

Träum weiter, Mama. Unser Reitlehrer hat mir Horrorgeschichten von gedopten Pferden erzählt. Da werden Durchgedrehte ruhig gespritzt und Kranke gesund. Wenn sie dann verkauft sind, geht das Drama im neuen Stall erst richtig los.

Selbstverständlich behalte ich das für mich, sonst schrecken meine Eltern in letzter Sekunde noch davor zurück, ihr Pferdeversprechen einzulösen.

Mama faltet ihren Mantel ordentlich über eine Stuhllehne und greift zum Wasserkocher.

»Ich mach uns schnell einen Tee, bevor du zum Stall fährst.«

Zwei Minuten später balanciert sie die dampfenden Becher ins Wohnzimmer. An dünnen Fäden baumeln Teebeutelanhänger.

Meine Mutter liebt die aufgedruckten schlauen Sprüche auf den Etiketten. Seit wir ein Pferd suchen, hat jedes Wort eine tiefere Bedeutung. Meistens kann ich Mamas Drang nicht entgehen, mir jedes Wort vorzulesen.

Heute ist keine Ausnahme. Feierlich hebt sie das Etikett an und verkündet:

»›Was du beginnst, beginne es klug und bedenke das Ende.‹«

»Wie kann es ein Ende geben, wenn es erst gar keinen Anfang gibt, Mama?« Ich puste in den heißen Tee. »Ich meine, mit Papas Galopper?«

»Angucken kannst du ihn doch«, sagt meine Mutter. »Dein Vater war so stolz darauf, selber ein Pferd gefunden zu haben. Musst ihm auch mal eine Freude machen.«

Bin ich neuerdings für das Seelenleben meiner Erzeuger zuständig? Dann kann ich aber auch mehr Taschengeld verlangen.

Nach dem Tee umarme ich Mama und rubble ihr mit der Nase über die Schläfe, weil sie diese Art von Kontakt für den ultimativen Tochterliebesbeweis hält.

»Ich drück dir die Daumen, Flöhchen.«

»Yo.«

Jetzt aber nichts wie weg.

Mein Fahrrad lehnt noch an der Treppe. Ich klemme meinen Putzkasten auf den Gepäckträger und schiebe das Rad eilig an der niedrigen Buchsbaumhecke entlang auf den Gehweg. Ich wohne gern hier am Fichtenkamp 6a. Mein Zuhause ist total normal, also richtig gemütlich. Zum Glück keine Nobelanlage wie die Wohnungen von Gloria Tanner und Melly Lanz aus dem Stall. Scheint nämlich so, als müsste man so eine First-Class-Herberge mit First-Class-Macken der Eltern bezahlen. Wie Melly, die sich mit einer First-Class-Furie als Mutter herumschlagen muss. Den Stress gönne ich ihr allerdings total, dieser verzogenen Tussi, denn Melly ist meine größte Konkurrenz um Peppers Liebe.

Unser weiß verputztes Reihenhaus sieht richtig einladend aus mit den hellen Fenstern, den Blumenkästen und der Riesenlinde an der Ecke. Mein Zimmer liegt im ersten Stock. Mit Balkon! Wenn ich aufwache, gucke ich direkt durch die hohe Glastür in den Garten. »Der schönste Raum im ganzen Haus«, sagt Dani, der bald achtzehn wird und eigentlich auch mehr Platz bräuchte – sprich ein Zimmer wie meins. Doch blöden Bruderneid hat er nicht nötig, schließlich baut er sein Zimmer unterm Dach gerade supergenial aus. Das war sein Weihnachtsgeschenk.

Und das Beste an unserem Haus am Fichtenkamp: Von hier aus bin ich in wenigen Minuten am Habichthof.

Wenn wir nicht so nahe am Stall wohnten, würde ich nie ein Pferd bekommen. In meiner Familie kann sich nämlich niemand für Pferde erwärmen. Mama nicht, Papa nicht und Dani genauso wenig. Der Impuls, der bei normalen Menschen freudiges Bauchkribbeln auslöst, wenn sie vier Hufe sehen, fehlt in unserer Familie total. Vielleicht bin ich ja nach der Geburt vertauscht worden?

Nach zehn Minuten Fahrt sause ich die Einfahrt zum Habichthof hoch.

Zum Hof gehört der weiße Stall mit vierzehn großen Fensterboxen. Links neben dem Stall liegt die Reithalle, außerdem gibt es vier Außenboxen für Privatpferde, wo auch Alpino steht, der Haflinger meiner Freundin Emily. Hinterm Stall erstreckt sich der Sandpaddock, von da geht es auf die Weide. Rechts vom Stall gibt es einen Weg, an dem eine rustikale Giebelscheune liegt, die sich unser Stallbesitzer Lennart »Habi« Habicht als Wohnung ausgebaut hat. Dort lebt er mit seinem kleinen Sohn Johnny. Habi ist alleinerziehender Vater.

Ich überquere den Parkplatz und zische direkt bis vor den Fahrradständer. Mit gekonntem Schwung werfe ich mein Rad in die letzte Lücke, den Rest hat die Nachmittagsreitgruppe bereits erobert.

Mit der Putzbox unterm Arm renne ich zum Eingang. Hoffentlich kann ich Pepper noch putzen, bevor der Reitunterricht beginnt. Heute muss ich ohnehin einen Zahn zulegen. In einer Stunde holt mein Vater mich ab.

Die Stalltür steht weit offen, weil heute der erste sonnige Märztag ist. Die lichtdurchflutete Stallgasse ist erfüllt vom Duft nach frischem Heu und dem gemütlichen Malmen unserer Pferde. Mittlerweile höre ich sogar heraus, wer wie kaut.

Jedes unserer vierzehn Schulpferde könnte ich blind in die richtige Box führen. Ganz vorn auf der rechte Seite, gleich hinter der Sattelkammer, steht Pepper. Daneben Flemming, dann Mounty, Collin, Siri, Piri und hinten, wo es auf den Hof geht, die Fjordpferde Oskar und Halvor. Links liegen die Boxen von Sandro, Bono, Dacapo, Vicky, Galvano und Chico. Bis auf die Fjordies alles Warmblüter: Holsteiner, Hannoveraner, Brandenburger, Westfalen, Oldenburger, Trakehner, Holländer, Tschechen.

In der Sattelkammer hinterm Eingang höre ich Kinder lachen. Sofort sinkt meine gute Laune. Bestimmt hat jemand Pepper kassiert und putzt ihn für den Unterricht. Mit Pech ist meine Erzfeindin Melly Lanz vor mir da und hat sich auf Pepper gestürzt, der dummerweise auch *ihr* Lieblingspferd ist.

Ich schiele in seine Box, die ich vom Anfang der Stallgasse aus sehen kann.

Pepper ist besetzt. Immerhin nicht von Melly, sondern von einer kleinen blonden Göre, die an meinem braunen Lieblingsschulpferd herumschrubbt.

Frustriert schnappe ich mir den Besen und beginne, die Stallgasse zu fegen.

Wenn ich Pech habe, kann ich Pepper nicht mal ein Leckerli geben, bevor Papa mich abholt. Die Verkaufspferde Nummer neun und Nummer zehn warten auf mich. Warum ist das so schwer, ein passendes Pferd zu finden? Wieso gibt mir das Richtige kein eindeutiges Zeichen? Es könnte mir beispielsweise zuzwinkern oder dreimal mit den Hufen scharren. Ist das zu viel verlangt?

Am Ausgang zum Hof kringelt sich ein Rest Heu unter meinem Besen. Ich beuge mich vor. Erkenne ich etwas aus der Lage des Heus? Ein Bild? Eine Zahl? Eine Botschaft? Die Halme liegen wie eine Drei. Drei kann heißen: Das dritte Verkaufspferd war das richtige. Oder: Noch drei Stunden, bis ich mein Traumpferd finde. Oder: Drei Monate. Oder: Drei Jahre. Oder: Drei Ewigkeiten. Drei kann auch bedeuten: Der richtige Verkaufsstall trägt die Hausnummer drei.

Der Habichthof liegt an der Wiesenfeldstraße Nr. 3 . . . Heißt das, ich bekomme meinen Schatz Pepper am Ende doch? Nein, ich habe die Hoffnung aufgegeben.

Seufzend fege ich das Heu mit der rätselhaften Drei über den Hof zum Misthaufen. Ein Frühlingswind weht die Halme hoch und wirbelt sie über den Hof. Bei den Außenboxen kichert jemand mit unterdrückter Lautstärke. Hab ich was verpasst? Schnell lehne ich den Besen an die Mauer und spähe um die Ecke der Stallmauer, wo unsere vier Privatpferde stehen.

Am Ende der schmalen Außenstallgasse stapeln sich Heu- und Strohballen.

Auf einem dieser hohen Strohballen steht Melly Lanz in ihrem kurzen Flatterröckchen und Gloria Tanner hockt mit dem Fotohandy in der Ecke. Die beiden Durchgeknallten. So nenne ich Melly und Gloria, die immer zusammen im Stall auftauchen – leider meistens zur gleichen Zeit wie ich –, was auch daran liegt, dass sie im selben Haus wohnen und darum meistens gemeinsam mit dem Rad zum Stall fahren.

Nicht meine Wellenlänge, die beiden, obwohl wir gleich alt sind. Melly ist mein natürlicher Feind, weil sie genauso auf Pepper steht wie ich. Wenn ich erst ein eigenes Pferd habe, wird sie sich voll auf meinen Liebling stürzen und ich kann nicht mal etwas dagegen tun. Die Vorstellung verursacht mir jetzt schon Magenschmerzen.

Melly zupft an ihrem Saum herum. Sie ist süchtig nach immer neuen Fotos von sich und nutzt jede Gelegenheit, wenn jemand mit einer Kamera in der Nähe ist.

Für mich ist es keine Frage, wen von uns beiden Pepper lieber mag. Ein anständiger Wallach *kann* einfach nicht auf Mädchen stehen, die wie ein verunglückter Weihnachtsengel herumlaufen, mit rotblonden Locken bis zur Taille und

Röckchen aus Spitze und Organza. Melly träumt vom Film und zählt jede Kalorie, damit sie bloß kein Gramm zunimmt. Es könnte ja jemand kommen und sie ansprechen: »Wir machen gerade ein Casting für verunglückte Weihnachtsengel.«

Darum trägt Melly ihre peinlichen Klamotten nicht nur in der Schule, sondern oft sogar im Stall. Mellys Mutter ist auch ganz scharf auf große Auftritte ihrer göttlichen Tochter, darum hat sie ihr sicherheitshalber einen filmtauglichen Namen verpasst. Melanie Scarlett. Das sagt ja wohl alles.

»Jetzt«, sagt Melly und springt mit angezogenen Beinen auf den Gang vor den Boxen. Dramatisch weht der kurze Taftrock hoch.

»Spitzenmäßig«, quietscht Gloria hinter ihrem Fotohandy. Gloria ist genauso durchgeknallt wie Melly, allerdings als Expertin für Computer- und Handyfragen im Stall unverzichtbar. Seit Gloria bei ihrer Einschulung vor acht Jahren den ersten Computer bekommen hat, ist sie ununterbrochen online. Zu Hause besitzt sie mehr Bluetoothgeräte als der Präsident der Vereinigten Staaten. Wenn man irgendwo im Stall einen Daumen auf der Handytastatur sieht, dann hängt garantiert der Arm von Gloria Tanner daran. Ihr Daumen sieht schon aus wie eine krumm gewachsene dicke Futtermöhre.

»Das gibt die schönste Arthrose«, bemerkt unser Stallchef Lennart Habicht gern, wenn er Gloria beim Simsen sieht.

»Überbelastung. Das ist ungefähr so, als würde ein Pferd ständig bei engen Wendungen Fesselgelenk und Huf überlasten. Mit achtzehn stehst du auf dem Gnadenhof, Gloria Tanner.« An Direktheit ist unser Stallbesitzer kaum zu übertreffen.

»Jetzt du«, sagt Melly.

Sorgfältig zerwühlt Gloria die schwarze Gelfrisur und tupft

mit den Fingerspitzen an ihrem dreifarbigen Lidschatten herum. Die hat sie auch nicht mehr alle, diese Gloria Tanner. Morgens um fünf stellt sie den Wecker, um bis sieben mit ihrem Make-up fertig zu sein. Weiß ich von anderen Stallmädchen. Jeden Monat erfindet Gloria ihr Aussehen neu und färbt ihr Haar um. Irgendwann fällt es ihr garantiert büschelweise aus, bei dieser Ladung Chemie. Jedenfalls trägt sie im Moment Schwarz. Im Februar war Aubergine dran. Im Januar Silber. Mit ihrem gruftigen März-Outfit sieht Gloria schon müllig genug aus, nun klettert sie auch noch freiwillig in die gerade geleerte Restmülltonne und streckt den Kopf unter dem Deckel hervor. Sie passt kaum rein. Gloria misst fast eins achtzig, damit überragt sie Melly um einen halben Kopf.

Melly fotografiert.

Ich schieße um die Ecke und ahme den genervten Tonfall von Herrn Habicht nach: »Geht's noch!« Ohne Fragezeichen.

Die beiden laufen knallrot an. Das spornt mich an, noch einen draufzusetzen.

»Lasst euch von Müller-Maring auf Dummkoller untersuchen.«

Dummkoller nennt man eine unheilbare Gehirnkrankheit bei Pferden. Müller-Maring ist unser Tierarzt.

Vor Wut tritt Melly gegen die Mülltonne. Klar, solche Babyfotos für die Internetseite produziert man gern im Verborgenen. Von einer künftigen Pferdebesitzerin lässt man sich schon gar nicht gern beobachten . . .

Finster starren die Durchgeknallten mich an.

»Warum bleibst du nicht gleich drin?«, frage ich Gloria. Provozierend sanft klappe ich mit dem Deckel auf ihrem schwarzen Schädel herum. »Das würde bei dir nicht mal die Müllabfuhr merken.«

Zugegeben, das war schon ganz schön gemein, aber wenn

mir so ein genialer Satz einfällt, muss er raus. Oder ich ersticke daran. Dafür gebe ich mir insgeheim zwei Minuspunkte auf meiner »Fiese-Flora-Skala«, die bis zehn reicht.

Wenn man Fiesheiten selber erkennt, sind sie praktisch nicht geschehen, finde ich. Außerdem können die Durchgeknallten sich wehren.

Mit hoch erhobenem Kopf ziehe ich eine verkeilte Schubkarre aus der Ecke und verschwinde in Richtung Paddock, um Pferdeäpfel aufzusammeln.

Eine knappe Stunde brauche ich dazu und dann muss ich auch schon los, denn mein Handy wiehert. SMS von Papa.

Ich warte auf dem Parkplatz. Komm raus. Papa.

Mit schlechtem Gewissen schleiche ich noch rasch zu Peppers Box. Das blonde Mädchen ist verschwunden. Gut.

Pepper hebt den Kopf über die halbe Tür und schnobert sachte über meinen Hals. Ein großes Vertrauen liegt in seinen Augen.

Mein Gewissen wird noch schlechter.

»Hallo du«, flüstere ich und kraule seine Nüstern. »Ich kann dich wahrscheinlich nicht mehr putzen, wenn ich ein eigenes Pferd habe. Was heißt wahrscheinlich . . . ganz sicher nicht. Findest du das schlimm?«

Pepper legt den Kopf schief. Sanft mustert er mich aus seinen blanken braunen Augen. Ich wünschte, er würde mir dadurch mitteilen: *Macht nichts, liebe Flora, dafür habe ich doch vollstes Verständnis.*

Das hätte ich gern. Dabei weiß ich genau, was Pepper wirklich meint: *Ach, du machst doch nur Witze! Nie im Leben würdest du dir ein anderes Pferd kaufen, wo du doch mich hast! Und nun erzähl mir nichts mehr vom Pferd, sondern rubbel mir endlich die Backen.*

Ich verstehe ihn haargenau. Auch wenn Herr Habicht über meine wörtlichen Pepperzitate schmunzelt.

Vorsichtig nehme ich Peppers großen Kopf und reibe seine Backen zwischen den Handflächen, bis sie glühen. Pepper schließt die Augen und dreht den Kopf genüsslich hin und her. Seine Unterlippe zittert vor Vergnügen.

Sofort geht es auch mir gut. Pepper wirkt auf mich wie ein großes braunes Glückshormon.

»Wenn ich nur eine einzige Wimper von Pepper sehe oder ein Schweifhaar«, habe ich meinen Eltern gesagt, »breitet sich rosa Wärme in meinem Körper aus.«

Rosa Wärme, so etwas geht nicht in die Köpfe von Mama und Papa. Meine knallnüchternen Eltern leben in einem Paralleluniversum, kennen nur Planwahn, Prüfwahn, Ordnungswahn. Echte Freaks. Rosa Wärme können sie sich so wenig vorstellen wie die Temperaturen auf dem Mars.

2.

Ich vermisse Pepper bereits, als ich den Stall verlasse und die Tür zum Parkplatz öffne.

So ist das immer. Wie soll ich je den Spagat schaffen zwischen ihm und meinem neuen Pferd? Ich wäre so gern total glücklich wegen meines ersten eigenen Pferdes, doch ich fühle mich nur halbe-halbe.

Papa drückt leicht auf die Hupe, damit ich unseren VW Passat finde. Dabei kann man einen schneeweißen Wagen wohl kaum übersehen.

»Weiß ist eine Sicherheitsfarbe«, sagt Mama.

Peinlich, sage ich.

Normale Eltern fahren schwarze oder silberne Autos.

Am liebsten möchte meine Mutter, dass ich einen Schimmel kaufe. Sicherheitsfarbe. Noch lieber hätte sie bestimmt ein Pferd in Signalrot mit schwarzem Muster, so wie die Verkehrsschilder für Schleudergefahr oder Gegenverkehr . . . aber das muss erst noch gezüchtet werden.

Papa legt sein Blackberry zur Seite, auf dem er E-Mails beantwortet hat wie immer in jeder freien Minute.

»Kannst stolz sein auf deinen alten Vater«, empfängt er mich triumphierend und schwenkt das Pferdeblatt mit der Anzeige. »Wenn das kein Schnäppchenpreis für ein Galopppferd ist. Superstammbaum.«

Bei seiner offensichtlichen Freude bringe ich es nicht fertig, meinen Vater in seiner Begeisterung zu stoppen, und weiche einer Antwort aus. Ich lasse mich auf den Beifahrersitz fallen und greife nach dem Gurt.

»Denkst du daran, dass Tapir mitkommt, Papa? Er wartet zu Hause.«

Mir ist es egal, was für einen Superstammbaum mein neues Pferd hat. Ich warte nur auf den zündenden Funken. Auf das Kribbeln im Bauch, das ich bei Pepper habe.

Papas Miene verdüstert sich, als er losfährt. Verstohlen mustere ich ihn, wie er schweigend Gas gibt. Warum zum Teufel wünscht er sich ein schickes Rennpferd für mich? Und kein normales, süßes Schulpferd? Wahrscheinlich deshalb, weil er es in jeder Lebenslage gern elegant mag (außer bei unserem Auto, da hat sich Mama mit ihrem Sicherheitstick durchgesetzt). Eleganz ist nicht mein Ding. Andererseits finde ich es gut, dass Papa nie in geschmacklosen Klamotten rumläuft wie andere Väter. Mit meinem Erzeuger kann ich mich sehen lassen, trotz seiner siebenundvierzig Jahre. Sportlich, fast eins neunzig wie Daniel. Braune Haare locker nach hinten. Seine coole randlose Brille stammt von einem ziemlich bekannten Designer. Im Moment kommt allerdings nicht viel von Papas selbstbewusster Eleganz rüber. Seine Kieferknochen malmen und er sieht aus wie ein Schakal, der um seine Beute betrogen wurde.

Logisch, Papa ist enttäuscht, dass ich nicht vor Begeisterung über seine Rennpferdentdeckung quietsche. Ohnehin geht seine Geduld bei meinen zeitaufwendigen Besichtigungen von Pferden allmählich gegen null. Nun hofft er auf fachmännische Unterstützung von Tapir, wie wir unseren genialen Pferdepfleger nennen.

Papa hält vor dem zweistöckigen Mietshaus am Fuchsredder 57, einem roten Backsteinkasten mit bröckelnden Fugen, bei dem der Lack von den Fensterrahmen blättert. Mir gefällt das schrottige Haus, aber natürlich sieht es nicht aus wie die artgerechte Unterkunft für einen Sohn aus einflussreicher Familie – wie Tapir einer ist.

Papa hupt kurz und legt den Kopf in den Nacken, um durch

die Windschutzscheibe Tapirs Fenster unterm Dach zu erspähen.

Zwei winzige Zimmer mit schrägen Wänden bewohnt Tapir dort oben. Das passt nicht, wenn man sein superteures Elternhaus in Hamburg dagegenhält, einen gestylten weißen Nobelschuppen mit hundert Metern knirschendem Kiesweg und Porsche Cayenne davor. Wir sind mal mit dem Rad hingefahren. Meistens stehen breitbeinige Muskelmänner vor Nansens Designerhaus. Tapirs Vater ist nämlich ein Kandidat für fliegende Farbbeutel, denn er hat unglaublich viel Geld gescheffelt. Manche Leute hassen ihn dafür. Tapirs Eltern gehören die Nansen-Werke im Hafen, wo sie Rohre für die ganze Welt herstellen.

Als Papa hupt, öffnet sich im zweiten Stock ein kleines Sprossenfenster und Tapirs schmaler Kopf erscheint. Er wirft seine langen Haare zurück und winkt.

»Ich komme runter.«

Papa lässt die Autoscheibe nach unten surren und hebt kurz die Hand. Mehr ist von ihm nicht zu erwarten, wenn es um Tapir geht. Bei Jonas Nansen, wie Tapir richtig heißt, ist Papa hin- und hergerissen. Er schwankt zwischen Bewunderung wegen des erfolgreichen Vaters und leiser Verachtung, weil Tapir in seinen Augen eine verkrachte Existenz ist.

»Ein Jurist, der Pferdemist wegmacht, ich begreife das einfach nicht«, mosert er lauthals, während er sein Blackberry bearbeitet. »Allein dieser lange Pferdeschwanz, furchtbar, damit kann er ja wohl nur Hamburger Hausbesetzer verteidigen. Und die autonome Szene.«

»Papa!«

»Stimmt doch, Flo. Das sind genau die Typen, die seinem Vater Farbbeutel an den Porsche werfen. Verrückt, dein Tapir lässt sich den Milliardenbetrieb seiner Familie durch die Lappen gehen. Hach, wenn ICH diese Chance gehabt hätte . . .«

Solche Kommentare verabscheue ich zutiefst. Schließlich hat Tapir es zu Hause schwer gehabt. Sein Vater hat ihn von klein auf darauf gedrillt, die Nansen-Werke zu übernehmen und ihn zum Jura-Studium gezwungen. Dabei wollte Tapir immer nur mit Tieren arbeiten. Als er endlich mit der Uni fertig war, rebellierte er, hängte eine Lehre als Tierpfleger an und verzichtete auf die Fettkohle von seinem Herrschervater. Das muss man erst mal bringen. Nun arbeitet Tapir morgens glücklich bei uns auf dem Habichthof und nachmittags unglücklich als Jurist. Weil er im Zoo Zebras, Wildesel und Flachlandtapire betreut hat, haben wir ihm den Spitznamen Tapir verpasst.

Stirnrunzelnd sehe ich ihm entgegen, als er mit seinen braunen Sheriffstiefeln auf unser Auto zustakst.

Ob Tapir mitkommt oder nicht: Den Besichtigungstermin heute können wir uns schenken. Ein Pferd direkt von der Rennbahn – so etwas kann auch nur einem Ahnungslosen wie meinem Vater einfallen!

Tapir steigt hinten ein.

»Hi zusammen.«

Papa knurrt: »Moin Herr Nansen«, und fährt los. Sein Blick nach einer Blitzmusterung des Mitfahrers spricht Bände. Tapir trägt sein Lieblingsteil, die staubfarbene Trägerhose der Goldwäscher von Arizona. So etwas würde mein Vater nicht mal zum Säubern eines Abwasserkanals anziehen.

Ich muss an das Inserat für den Viertausend-Euro-Vollblüter denken. Als könnte Papa meine Gedanken lesen, fängt er erneut mit dem Preis an.

»So ein Pferd für viertausend Euro oder noch weniger, das wäre doch was für dich, Flo.«

»Papa, ehrlich, ich kann kein Rennpferd reiten!«

Tapir schweigt auf dem Rücksitz, aber was er denkt, weiß ich auch ohne Blickkontakt, nämlich: Gut erkannt, Flo Rohde.

»Ach was, man kann alles lernen«, sagt Papa mit Nachdruck.

Ich glaube, insgeheim möchte mein Vater vor seinen Kollegen herumprahlen, dass seine Tochter mit einem Rennpferd durch die Landschaft heizt. Schrecklich, wenn Väter nichts von Pferden verstehen . . .

Sicher reizt ihn der Galopper auch wegen des Zusatzes »VB«. Das bedeutet nämlich Verhandlungsbasis und bei diesem Wort bekommt Papa jedes Mal glänzende Augen, weil er dann den Preis herunterhandeln kann.

Die Fahrt ist kürzer, als ich erwartet habe. Die letzten Kilometer Richtung Lübeck führen über eine schmale kaputte Asphaltstraße. Papa umkurvt die Schlaglöcher und schimpft auf die Regierung.

Als wir den kleinen Hof erreichen, entdecke ich sofort den lang gestreckten Auslauf, auf dem sechs schlanke braune Pferde dösen. Vollblüter können also auch ruhig stehen. Das ist mir neu.

Viertausend Euro sind natürlich viel Geld, aber wirklich nicht teuer für einen fünfjährigen Galopper. Aber ich habe Schiss vor Herz Tuan xx, obwohl ich mich sonst nicht so leicht einschüchtern lasse. Andererseits bin ich auch furchtbar neugierig, weil ich noch nie ein Rennpferd aus der Nähe gesehen habe. Schließlich siegt die Neugier über mein Bauchweh. Zumal mir noch die Worte von Herrn Habicht durch den Kopf schwirren:

»Vollblüter sind Superpferde, sehr menschenbezogen und anhänglich. Und ehrlich und sensibel. Aber frisch von der

Rennbahn kaum nachzureiten. Sie müssen regelrecht zum Reitpferd ausgebildet werden. Da muss man schon ein sehr erfahrener Reiter sein. Rennbahnpferde sind keine Anfängerpferde.«

Während Papa seinen Wagen vor der langen Boxenreihe abstellt, führt ein hagerer Mann einen der schlanken Braunen vom Paddock auf den Hof. Was für ein Pferd! Sehnig und lang schwebt er über das Pflaster. Kein Gramm Fett zu viel. Man sieht ihm den Hochleistungssportler an. Seine Augen registrieren alles.

Der Mann bindet den Braunen an einem Holzpfosten an.

Ist das der Galopper für mich?

Was heißt: für mich? Ich weiß ja jetzt schon, dass der Vollblüter auf keinen Fall im Hänger mit zum Habichthof fährt.

Habi sagt übrigens nur »Blüter«. Das klingt so etwas von fachmännisch, dass ich mir den Begriff sofort angeeignet habe.

Tapir guckt wieder so. Er weiß genau, dass der Blüter nichts für mich ist, aber um meinen Vater nicht zu reizen, hält er den Mund. Mir tut es leid, dass wir Herz Tuans Besitzer etwas vormachen.

Beim Aussteigen drücke ich meine gepolsterte Sicherheitsweste an mich, die ich extra mitgenommen habe, falls Papa mich im Sattel sehen will.

»Für dich?«, fragt der Besitzer Dirk Linde und schüttelt mir als Erste die Hand. »Superpferd, aber auf der Rennbahn zu langsam. Er blieb meistens im letzten Drittel.«

Zu langsam ist für mich immer noch zu schnell, denke ich, aber laut sage ich nur: »Ach was.«

»Was bedeutet eigentlich xx hinter dem Namen?«, will Papa wissen.

»Dass er ein Englischer Vollblüter ist«, sage ich wie aus der Pistole geschossen. »Arabische Vollblüter tragen hinter ihrem Namen ox.«

Dirk Linde lacht.

»Gut gelernt«, sagt er anerkennend. »Stimmt genau.«

Ich muss Papa gar nicht angucken, um zu wissen, was ihm ins Gesicht geschrieben steht: Das hättest du mir auch vorher sagen können, Fräuleinchen, dann hätte ich nicht wie ein Idiot fragen müssen.

Ich bin überrascht, wie ruhig Herz Tuan an seinem Pfosten steht und mich ansieht.

Etwas Faszinierendes geht von ihm aus. Aura nennt man die Ausstrahlung, die Tiere und Menschen unsichtbar umgibt. Ich muss zugeben, dass mein Herz bei seinem Anblick schneller schlägt. Übrigens zum ersten Mal bei einem Verkaufspferd.

Der schmale braune Blüter rührt sich nicht, guckt einfach nur, aber so intensiv, als hätte man Nacktscanner in seine Pupillen eingebaut, mit denen er mir direkt ins Herz schauen kann. Dem Blick kann ich nicht entrinnen. Ich habe das Gefühl, schon nach wenigen Sekunden weiß Herz Tuan alles über mich.

Gefallen würde er mir . . . aber dann drängt sich Peppers Gesicht vor den Kopf von Herz Tuan xx. Peppers verständnisloser Blick, wenn ich mit diesem Edeltier an seiner Box entlangstolziere.

Bye, bye, Schulpferd?

Pepper im Stich lassen – so viele Minuspunkte kann ich mir gar nicht geben auf meiner Fiese-Flora-Skala.

Es hat ja sowieso keinen Sinn mit einem Rennpferd. Ich traue mir ziemlich viel zu – manche behaupten: zu viel – aber ein Galopper ist definitiv fünf Level zu hoch für mich.

»Nun steig doch mal auf«, drängt Papa.

Wenn der wüsste, wie viel PS ein einzelnes Pferd haben kann.

Ich stülpe meine dicke Sicherheitsweste über und folge Herrn Linde in die Reithalle.

Schon das Aufsitzen ist eine Nummer für sich. Kaum habe ich mein Bein über die Kruppe geschwungen, marschiert das Pferd los. Mir ist extrem mulmig zumute. Vorsichtshalber reite ich nur Schritt auf meinem vierbeinigen Ferrari. Das heißt, ich *will* ihn nur Schritt gehen lassen. Doch er tänzelt die ganze Zeit unter mir, als hätten sie ihn mit hundert Liter Super Ultra vollgetankt. Mein Rennpferd kann es kaum erwarten loszustürmen. Das Wort »Tempolimit« ist ihm eindeutig unbekannt.

Nein, diesem temperamentvollen Herzbuben bin ich nicht gewachsen.

Während meine Reithose im glatten Sattel hin und her rutscht, denke ich sehnsüchtig an Pepper. Jetzt erkenne ich noch heftiger, was ich an ihm habe, an meinem gelassenen braunen Schatz. Es macht mich nervös, dass ich hier auf einem klaren Nicht-Kaufpferd sitze, während Melly meine Abwesenheit nutzt und mit Pepper herumschmust.

Ich muss runter!

Zum Glück bemerkt Herr Linde das und bedeutet Herz Tuan aufzumarschieren, was er eilig erledigt. Sein Besitzer greift nach den Zügeln.

»Nichts für ungut, junge Dame, für einen Blüter brauchst du wohl noch ein paar Jahre Erfahrung.«

Netterweise fügt er hinzu: »Herz Tuan ist aber auch als Reitpferd noch nicht zu Ende ausgebildet.«

Ich nicke schnell und mache, dass ich aus dem Sattel komme. Herr Linde übernimmt die Zügel und führt Herz Tuan neben mir her zurück zum Paddock. Ruhig hebt der Galopper den Kopf und sieht mich aus seinen klugen Augen von der Seite an. Was er wohl denkt?

3.

Die ganze Fahrt über ist Papa knurrig, weil aus seinem Galopper nichts geworden ist. Ich glaube, noch mauliger ist er deswegen, weil ich mal wieder recht hatte. In seiner Firma ist Papa nämlich der Bestimmer, aber bei uns zu Hause nicht.

Wir sind unterwegs zum zehnten Pferd. Die Stute namens Venus.

Auf halber Strecke wiehert mein Telefon. SMS von Emily.

Müller-Maring hat Alpino neues Mineralfutter verordnet. Fragst du Herrn Habicht, ob er Alpi jeden Tag etwas ins Futter gibt? BITTE!!! Hdl Emi.

Ich seufze. Gut, Emily ist meine Freundin, aber es nervt schon, dass ich mich andauernd um ihre Angelegenheiten kümmern muss. Seit ihr eigener Haflinger Alpino auf dem Habichthof steht, soll ich ständig Herrn Habicht wegen irgendetwas fragen, weil Emi selber zu schüchtern ist.

Ich simse zurück.

Geht klar. Bin unterwegs zur Pferdebesichtigung. Ciao Flo.

Emily ist eine scheue Maus, gefangen im Körper einer Vierzehnjährigen. Ich fühle mich für sie verantwortlich, seit wir in der Grundschule unseren Apfelsaft geteilt haben. Mit allen Problemen muss Emi allein fertig werden. Ihre Eltern sind leider unbrauchbar, auch wenn das krass klingt. Für Melly Lanz ist Emi leichte Beute, weil sie sich nicht wehrt. Melly wirft ihr Sachen an den Kopf wie: »Wenn du nicht mehr im Stall wärst, würde dich definitiv keiner vermissen.«

Ich könnte kotzen, wenn ich so etwas höre, darum springe ich für Emi ein. Mellys Benehmen grenzt schon an Mobbing, das kann ich nicht einfach so hinnehmen.

Nach einer halben Stunde lässt Papa den Wagen auf dem weitläufigen Hof der Reitanlage ausrollen. Von links und rechts kreuzen Pferde, die zu den drei Reithallen geritten werden. Immerhin hat mein Vater mittlerweile so viel Pferdeverstand, dass er Schrittgeschwindigkeit fährt.

Beim Aussteigen gucke ich in meinem Handynotizbuch nach, wo wir Venus finden.

»Der neue Stall beim Eingangstor. Außenbox mit Einzelpaddock. Zweite Box von vorn.«

Nur eins der vielen Gebäude kommt infrage. Wir steuern den kleinen Paddock an, auf dem eine schwarze Stute steht.

Tapir geht in den Stall, um nach der Namenstafel zu sehen. »Das da draußen ist die Venus«, ruft er durch die Stallgasse. »Hannoveraner Stute. Besitzer Norbert Bergmann.«

Ein wunderschönes Pferd.

Tapir bringt aus dem Stall ein Stück Papier mit und reicht es mir.

»Hing drinnen an der Box.«

Ich entfalte den Zettel und lese vor: »›Liebe Familie Rohde, ich warte im Casino neben der vorderen Reithalle. Norbert Bergmann.‹«

Obwohl Venus noch ihr plüschiges Winterfell hat, schimmert ihr Haarkleid unter der Stalllaterne wie Samt. Wieder klopft mein Herz rascher. Könnte sie das Pferd meiner Träume werden? Gepflegt sieht sie aus, sauber und elegant. Eine echte Dame auf vier Hufen.

Als ich langsam auf die Lady zugehe, hebt Venus den Kopf und versucht, über mich hinwegzusehen. Offenbar nehme ich ihr die Sicht. Ich drehe mich um. Was muss sie denn unbedingt sehen?

Mit sehnsuchtsvollem Blick schaut Venus einer jungen Reiterin nach, die gerade mit federnden Schritten den Hof

Richtung Parkplatz überquert. Als die Frau in blauen Reitsachen ins Auto einsteigt und abfährt, seufzt Venus auf und wendet mir ohne großes Interesse ihren schönen Kopf zu.

Prüfend gleitet ihr Blick über mich. Noch bevor ich den winzigsten Kontakt mit Venus aufnehmen kann, sagen ihre dunklen Augen: Vergiss es.

Ich bleibe einen Meter vor ihr stehen und wundere mich, dass ich nicht beleidigt bin.

Normalerweise kann ich es nicht gut vertragen, wenn ein Pferd mich ablehnt. Man kommt sich vor wie eine miese Ratte. Gedemütigt. Andererseits liebe ich Pferde gerade für ihre Ehrlichkeit. Warum sollen sie die ganze Menschheit mögen?

»So ein schickes Pferd«, sagt Papa.

Mein Instinkt sagt mir, dass die Stute sich als Reiter etwas anderes vorstellt als mich. Jemand wie diese Elfe, die soeben vorbeischwebte. Da hilft kein Drehen und Wenden. Venus hat sich eindeutig gegen mich entschieden. Mama nennt das: Die Chemie stimmt nicht. Das sind merkwürdige unsichtbare Wellen . . .

»Sie will mich nicht, Papa. Die Venus muss ich gar nicht erst satteln.«

Dass die Stute mir so direkt signalisiert, dass zwischen uns nichts läuft, macht mich irgendwie froh.

Papa nicht.

»Woher weißt du das?« Ärgerlich stampft er mit dem Fuß auf.

»Du hast ihn noch nicht einmal angefasst.«

»Sie!«

Irritiert zieht er die Brauen hoch.

»Wie bitte?«

»Sie. Stute. Weiblich.«

»Ach, hör auf. Lenk nicht ab. Woher willst du wissen, dass er – äh, sie – dich ablehnt?«

»Ich weiß es einfach. Bauchgefühl.«

Das ist zu viel für Papa.

»Wenn du allwissend bist«, schnaubt er und rudert mit den Armen, sodass Venus erschreckt den Kopf hochreißt, »dann kannst du sofort in meiner Firma anfangen. Solche Leute brauchen wir in der Versicherung. Oh, Ihr Haus ist abgebrannt? War es Brandstiftung? Ach, das wissen Sie nicht? Kein Problem, da fragen wir meine Tochter, die kann hellsehen.«

»PAPA!«

Frustriert hebt mein Vater die Schultern und wendet sich an Tapir.

»Was meinen Sie denn, Herr Nansen? Will meine Tochter mich veralbern?«

»Aber Herr Rohde«, sagt Tapir sanft. Dann erklärt er Papa, wie wichtig es ist, dass Menschen und Pferde sich voneinander angezogen fühlen.

»Man muss einen Draht zueinander haben. Es ist wie bei Freundschaften unter Menschen. Mancher liegt einem, mancher nicht. Wenn der Bauch NEIN schreit, dann lässt man besser die Finger von dem Pferd. Das wird nichts.«

Danke Tapir.

Doch so schnell gibt Papa nicht auf.

»Aber ich kann doch wohl verlangen, dass meine Tochter sich ein bisschen mehr Mühe gibt, ihn . . . sie . . . das Pferd kennenzulernen. Flora will ihn ja nicht mal probereiten. Ich kann doch nicht bis in alle Ewigkeit mit ihr herumfahren und nach Pferden suchen.«

Was mir auf Papas Einwände einfällt, behalte ich lieber für mich: Du bist leider eine absolute Null, was Pferde angeht.

Wieso willst du mir die Stute einreden, wenn ich sie nicht will? Und sie mich auch nicht?

Tapir mit seiner feinen humanistischen Bildung erklärt das viel geschickter.

»Ihr Verstand sagt ganz richtig, Herr Rohde, diese Stute sieht prächtig aus und ist ihr Geld wert. Und sie hat sicher ihre Qualitäten.«

Tapir übertrifft sich selber!

»Aber wenn Floras innere Stimme Nein sagt«, redet er weiter, »sollten Sie das akzeptieren. Auch wenn es ärgerlich ist, wenn man erneut einen Weg umsonst gemacht hat.«

»Hm.«

»In Ihrem Beruf werden Sie Bauchentscheidungen misstrauen. Bei Ihnen muss es zwangsläufig um knallhartes Rechnen gehen.«

Papa bewegt seinen Nacken, als fühle er sich unbehaglich. Er kneift die Augen zusammen. Von verkrachten Juristen mit Pferdeschwanz lässt er sich nicht gern etwas über seinen Beruf erzählen.

Tapir muss aufpassen, dass er den Bogen nicht überspannt. »Pferdekauf ist so etwas wie eine Partnersuche«, fährt Tapir munter fort. »Das Pferd muss zu Ihrer Tochter passen.«

»Partnersuche«, hechelt Papa. »Sonst noch was? Diese neumodische Seuche; jeder redet plötzlich vom Bauchgefühl. Das hat es früher nicht gegeben.«

Jetzt lacht Tapir lauthals.

»Doch, Herr Rohde. Wissen Sie, wie man Soldaten früher die Pferde zuteilte?«

»Sie werden es mir sicher gleich sagen.«

»Die Soldaten wurden auf die Koppel geschickt und jeder Mann wartete so lange, bis ein Pferd sich aus der Herde löste und auf ihn zuging. Das wurde dann sein Dienstpferd. Damals hat man den Pferden mehr Bauchgefühl zugetraut als den Reitern.«

»Stimmt das wirklich, Tapir?«, frage ich.

»Logisch.«

Papa ist beeindruckt. Venus offenbar auch, sie hat die ganze Zeit zugehört.

Mein Vater seufzt.

»Ich gehe kurz ins Casino und gebe dem Besitzer Bescheid, dass wir wieder fahren. Was sage ich bloß? Wissen Sie, Herr Bergmann, meine Tochter hat da so ein Bauchgefühl. Flo, du bringst mich in peinliche Situationen.«

Im Großen und Ganzen hat er aber wohl verstanden, was Tapir meint. Glücklich scheint er darüber nicht zu sein. Ich auch nicht, denn tief drinnen weiß ich, dass ich nie ein Pferd finden werde, das mir hundertprozentig gefällt. Eins, dem mein Herz wirklich gehört. Ganz, total, vollständig und bis in den letzten Winkel. Eins, das rosa Wärme verbreiten kann.

»Jedes Pferd vergleichst du sofort mit Pepper«, sagt Tapir, während er meinem Vater nachsieht. »Darum bist du im Kopf gar nicht frei für ein anderes Pferd. Hab ich recht oder hab ich recht?«

Ich nicke nur, weil mir plötzlich ohne jeden Grund die Tränen kommen.

Tapir hat mich durchschaut.

Eine Ecke meines Herzens ist für immer besetzt. Nie wird sich das ändern. Auch wenn das neue Pferd sich auf den Kopf stellt, Doppelsaltos schlägt oder Pirouetten dreht. Mittendrin in meinem Herzen gibt es eine fest verschlossene Geheimtür. Kein Zugang für fremde Pferde. Eine unüberwindliche Tür mit einer Schatzkammer dahinter. Besser gesagt: mit einer Schatzbox, denn dort wohnt ein brauner Wallach namens Pepper.

Ich huste meine Heiserkeit weg und stelle Tapir eine Gegenfrage.

»Wie ist das denn im Zoo? Hängt man da etwa nicht an seinen Pflegetieren?«

»Doch, klar. Ich hatte auch meine Lieblinge. Den kleinen Tomtom zum Beispiel, Flachlandtapir, den kenne ich seit der Geburt. Für ihn gehörte ich zum festen Bestandteil des Zoos. Der Kleine hatte witzige Eigenheiten.« Tapir lacht leise in sich hinein. »Der warf sich flach auf die Seite, wenn ich morgens kam, und wollte tüchtig gekrault werden.«

Während er redet, sucht Tapir auf seinem Handy nach alten Fotos und zeigt mir das Bild von einer grauen Walze mit kurzem Rüssel.

Ich beuge mich über die Aufnahme. Man muss schon einen reichlich schrägen Geschmack haben, um diesem glatten grauen Ding etwas abzugewinnen. Aber Tapir scheint das anders zu sehen, denn seine Augen glänzen wie die eines stolzen Vaters, als er weitererzählt.

»Als Tomtom das erste Mal zum Tierarzt musste, Impfungen und so, hat der Kleine mir das schwer übel genommen, weil ich ihn nicht davor bewahrt habe. Seine Mutter übrigens auch. Eine Woche brauchte ich, um Tomtom mit Weintrauben und Feigen wieder gnädig zu stimmen.«

»Vermisst du ihn nicht?«

»Klar«, sagt Tapir und dann dreht er sich abrupt um und ich frage nicht weiter, weil ich genau weiß, dass er jetzt an die geheime Ecke in seinem Herzen denkt, in der für immer ein kleiner Tapir wohnt.

Als mein Vater am anderen Ende des Hofes in der Casinotür auftaucht, drückt Tapir plötzlich meinen Arm und sagt: »Ich hab eine Idee, wie ich deinen Vater von Pepper überzeugen könnte. Misch dich besser nicht ein.«

Auf der Rückfahrt von Venus' Reitanlage knabbert Papa immer noch an der Absage herum, jedenfalls muffelt er vor sich hin.

Im Grunde ist das nichts Unnormales. Papa wirkt gewöhnlich ziemlich unnahbar. Eine unsichtbare Wand aus Tabellen und Listen und Plänen und Zahlen umgibt ihn. Das Problem ist, dass Papas komische Aura andere Menschen regelrecht zurückprallen lässt. Zum Glück weiß ich, dass er innen drin ganz anders ist. Man muss nur das ganze Zahlengedöns wegschleifen, dann kommt plötzlich ein süßer kleiner Papa zum Vorschein.

Obwohl es im Moment eher so aussieht, als könnte man eine Million Jahre an ihm herumschleifen und er bliebe trotzdem der alte ruppige Oliver Rohde.

Leider sagt Tapir auch nichts. Wartet er auf eine günstige Gelegenheit?

Nachdem wir eine gefühlte Ewigkeit schweigend vor uns hin gebrütet haben, schlägt mein Vater plötzlich mit beiden Handflächen auf das Lenkrad.

»Ich verstehe dich nicht, Flo. Bei Emily gab es doch nicht so ein Theater. Ruck, zuck stand ihr neuer Gaul im Stall.«

Gequält drehe ich mich zu Tapir um. Er guckt zurück, als ob ihn ein Weisheitszahn schmerzt. Unmerklich zwinkert er mir zu und beugt sich zu Papa vor.

»Das können Sie nicht vergleichen, Herr Rohde. Flo muss sich ja für ein wildfremdes Pferd entscheiden. Emily dagegen kannte ihren Haflinger Alpino schon jahrelang. Er stand doch auf dem Ponyhof, wo sie dreimal im Jahr Reiterferien machte. Emily war daher sehr vertraut mit Alpino. So ähnlich wie Ihre Tochter mit Pepper.«

Tapirs Pferdeschwanz fällt ihm über die Schulter und streift Papas Ohr. Papa zuckt zusammen. Sicher aus Angst, er könnte durch die Berührung in einen Pferdefreund verhext werden. Das Ohr reibt er bestimmt nachher mit Sagrotan ab.

»Schon gut«, murmelt er.

Schweigend fahren wir weiter. Papas Kieferknochen malmen, er kaut an einem Problem. Kurz vor dem Habichthof strafft er unvermittelt seinen Rücken und sucht im Rückspiegel Tapirs Gesicht.

»Was ist denn mit diesem Pepper, Herr Nansen?«

BITTE? Papa fängt von sich aus mit Pepper an?

Mein Herz macht einen gefährlich hohen Sprung. Auf einmal rast es wie verrückt. Der Pulsschlag dröhnt in meinen Ohren. Warum kommt plötzlich wieder Pepper ins Spiel? Die Geheimtür in meinem Herzen klappert so sehr, dass ich zu zittern beginne.

Insgeheim taste ich Papas Worte ab. *Was ist denn mit diesem Pepper, Herr Nansen?* Kann ich darin Zeichen für eine Kapitulation sehen? Weicht mein störrischer Vater von seinem trotzigen »Nein« ab?

Aus Papas Gesicht werde ich nicht schlau, er schaut stur geradeaus auf die Straße.

Was bedeutet seine Frage bloß? Und vor allem: Was kann Tapir aus dieser Chance machen?

»Pepper?«, sagt Tapir hinter mir. »Den verkauft Herr Habicht nie im Leben. Ist doch sein bestes Schulpferd.«

Sofort rast mein Herz nicht mehr. Im Gegenteil, es droht auszusetzen. Gleich bleibt es stehen. Furchtbar, die Worte so deutlich gesprochen zu hören. *Den verkauft Herr Habicht nie.*

Wieso sagt Tapir so etwas?

Zuversichtlich sieht er mich vom Rücksitz aus an.

Wollte Tapir mit dem Satz nur Papas Ehrgeiz wecken? Ich schöpfe Hoffnung.

Störrisch schiebt Papa sein Kinn vor. »Das wollen wir doch mal sehen.«

Tapirs Einwand war ein oberkluger Schachzug!

Vor einem halben Jahr hat Papa noch rumgetönt: »Ich kaufe doch kein gebrauchtes Schulpferd!«

Und nun will er sich in den Zweikampf mit Herrn Habicht stürzen?

Ich zucke mit der Nase, um Tapir zu bedeuten, dass ich begeistert bin.

Mein Supertapir, du kennst dich besser mit Jungs aus als ich. Wenn du da einen Stein ins Rollen bringst . . . den Pepperstein sozusagen . . . nie würde ich dir das vergessen, Tapir. Du hättest drei Wünsche bei mir frei. Was heißt drei – hundert!

4.

Nachdem wir Tapir am Fuchsredder abgesetzt haben, fährt mein Vater weiter zum Habichthof. In einer halben Stunde beginnt der Unterricht für die Antiken, wie wir die alten Reiter über dreißig nennen. Habi hat also noch etwas Zeit.

»Ich will jetzt Nägel mit Köpfen machen«, sagt Papa mit entschlossener Stimme, als wir vor der beleuchteten Reithalle einbiegen, wo er den letzten Parkplatz erwischt.

Mein Herz flattert. Ich wage kaum zu atmen. Monatelang sind wir kreuz und quer durch die Gegend gefahren und haben uns Verkaufspferde angesehen. Und plötzlich, von einer Sekunde auf die andere, reicht es Papa. Nun will er, dass sofort Schluss ist.

Eigentlich möchte ich sofort losrennen, als ich die Autotür hinter mir zuschlage. Stattdessen schleiche ich in Zeitlupe auf unseren Stall zu. Wie im Traum, wenn man nicht vorwärtskommt. In der nächsten halben Stunde entscheidet sich mein Schicksal. So sehr ich mich freue, aber Papas plötzlicher Entschluss ist mir fast ein bisschen unheimlich. Es ist alles so unwirklich.

Wie denkt er sich das mit Pepper?

Mein Vater benimmt sich, als würde er einen Einkaufszettel abhaken:

3 Brötchen

2 Melonen

1 Pferd

Als müsste er nur hingehen zu Herrn Habicht, auf Pepper zeigen und der Kauf wäre perfekt: »Packen Sie mir den braunen Holsteiner dort drüben bitte in Geschenkpapier ein.«

Es würde mich nicht wundern, wenn meine Unterlippe bis auf die Zahnreihe durchgekaut wäre, bis wir im Stall ankommen. Ständig muss ich auf der Lippe herumbeißen, so nervös bin ich. Hoffentlich benimmt Papa sich anständig – sonst kann ich Pepper vergessen. Zwischen meinem Vater und Lennart Habicht stimmt nämlich die Chemie nicht. Im Bruchteil einer Sekunde bricht zwischen den beiden das schönste Wortgefecht aus, wenn man nicht aufpasst. Das ist der Grund, warum ich meinen Vater nur in Notfällen mit in den Stall nehme.

Für meine fiese Meinung über Papa – wo er doch so nett ist, mir ein Pferd zu schenken – gebe ich mir zwei Punkte auf der »Fiese-Flora-Skala«.

Zwei Minuspunkte sind genug. Schließlich kaufen meine Eltern mir das Pferd nicht ohne Hintergedanken. Sie benutzen es als Lockmittel, um mich bei der Stange zu halten. Schulmäßig.

»Hoffentlich bleibt das Pferd für dich ein Ansporn, das Gymnasium weiter durchzuziehen«, kommt da auch schon von meinem Vater.

Na bitte!

Meine Eltern haben genaue Vorstellungen, was ich erreichen soll. Notfalls setzen sie dafür größere Preise aus – wie ein Pferd. Vielen anderen auf meiner Schule geht es ähnlich mit ihren Eltern. Außer Emily. Sie hat ihren Haflinger nur deshalb so schnell bekommen, weil ihre Eltern sich nicht um sie kümmern wollen.

Noch glaube ich nicht an ein Happy End.

Obwohl – die Fahrräder von Melly und Gloria sind nirgends zu entdecken. Das werte ich als gutes Omen.

Papa wuchtet die eiserne Stalltür auf.

»Weißt du eigentlich, wie lange ich nicht mehr mit deiner

Mutter im Konzert in Hamburg war?«, fragt er über die Schulter. »Oder mit Dani auf dem Autoübungsplatz? Dein Bruder steht kurz vor der Führerscheinprüfung. Das geht nicht so weiter, dass wir Woche für Woche unsere freien Tage vergeuden, um Pferde zu testen.«

»Ist aber doch spannend, andere Reitställe anzugucken, Papa.«

Mich nervt das Herumfahren nicht. Allerdings vermisse ich es auch nicht, mit Mama ins Konzert zu gehen. Oder mit Dani zum Autoüben.

Mit welchen Nebensächlichkeiten Leute sich aufhalten können. Ich habe ganz andere Befürchtungen. Wirklich tief gehende.

Mich befällt nämlich soeben die Sorge, dass Melly Lanz heute vielleicht mit dem Bus hier ist und nun doch in Peppers Box herumhängt. Wenn die mitkriegt, dass Pepper und ich ein Traumpaar werden, schleift sie sofort ihre furchtbare Mutter als Verstärkung herbei.

Die Lanz ist der Schrecken der Stallgasse. Obwohl sie gar nicht reitet, hängt sie ständig bei uns herum. Um jeden Preis muss sie ihren Willen haben, diese herrschsüchtige Kuh. Jede Wette, die Lanz-Bande setzt Habi unter Druck.

Ich sehe Frau Dr. Lanz schon vor mir, wie sie sich mit den Händen durch ihre blondierten Haare fährt und die Verzweifelte spielt . . .

»Sie dürfen Pepper nicht an diese Flora Rohde verkaufen, Herr Habicht. Sie wissen, wie sehr Melanie Scarlett an ihm hängt. Das Kind würde die Trennung nicht verkraften.«

Dabei könnte sie ihrer blöden Melly selber ein Pferd kaufen, wenn sie nicht ihr ganzes Geld für einen limonengrünen Jeep ausgegeben hätte. Die schweineteure Panzerkarre braucht sie als Schutz vor Katastrophen, sagt Dr. Lanz, weil die Welt schlecht ist. Wenn ich nicht definitiv wüsste, dass die Lanz Psychologin mit eigener Praxis ist, würde ich sie für die durchgedrehte Exfrau eines Geldsacks halten. Ist sie aber nicht. Ihr ausgefallener Jeep nennt sich in der Werbung *König des Berglandes* – das sagt ja wohl alles über die Lanz-Meise. Wo wir mitten in der platten norddeutschen Tiefebene wohnen und nicht im Hochland von Peru.

Jedenfalls steht fest, dass Frau Dr. Lanz jeden Trick kennt, um unserem Habi die Hölle heiß zu machen. Sie und Melly können auf Kommando losheulen. MIT TRÄNEN. So einen Auftritt musste der ganze Stall im letzten Juli miterleben. Da hat die Lanz-Gang so lange geweint, bis Melly beim Gruppenausritt meinen Pepper reiten durfte. Und ich guckte in die Röhre. Wir hätten zumindest eine Münze werfen können, das wäre gerechter gewesen.

Vorsichtig spähe ich in die Stallgasse. Aus einigen Boxen dringen Frauenstimmen. In den Boxen von Collin, Siri, Mounty und Flemming erkenne ich ein paar Antike. Und hinten bei den Fjordies Oskar und Halvor wird gelacht. In Peppers Box steht niemand. Auch keine Melly Lanz. Sehr gut.

Augenblicklich lässt das Rumoren in meinem Magen nach. Pepper hat also die nächste Stunde frei. Mein Wallach scheint das zu wissen, denn er beugt sich entspannt über sein frisches Stroh.

Als ich seine Tür öffne, hebt er den Kopf, grummelt erfreut und dreht sich in der Box um. Er nimmt den Hals herunter und begrüßt mich auf die süßeste Weise der Welt. Mit seinen weichen Nüstern schnobert er über meinen Arm.

Ach Pepper, dafür liebe ich dich! Für deine punktgenaue Vorstellung unserer Romeo-und-Julia-Geschichte . . . du weißt genau, wann es darauf ankommt.

Und jetzt *kommt* es darauf an.

So eine herzzerreißende Begrüßung muss Papa regelrecht umfegen. Dass dieses Pferd das einzig Wahre für seine Tochter ist, kann er wohl kaum übersehen. So eng, wie Pepper und ich miteinander sind! Zwischen uns passt kein Strohhalm.

Aber statt genau das auszusprechen, kommt nur von ihm: »Was ist denn an diesem Tier besser als an allen anderen Pferden?«

Frustriert lasse ich die Schultern fallen. Für ihn sieht ein Pferd aus wie das andere.

Von sämtlichen Pferden auf diesem Planeten hat Papa dieselbe Meinung: Vorne beißen sie, hinten treten sie und nach allen vier Seiten fallen sie steil ab.

»Ach Papa.«

Ich hake ihn unter und himmle ihn an. Sicherheitshalber, falls er sich die Sache wieder überlegt.

»Ich kenne Pepper so gut. Du weißt doch: rosa Wärme ...«

»Rosa Wärme! Meine Güte, Flo, du bist fast vierzehn!«

Ich kenne seine empfindliche Stelle und gebe zurück: »Hättest du lieber einen zweibeinigen Freund für mich?«

»Der Himmel bewahre!« Papa seufzt. »Also dann: Wenn es ein Schulpferd sein muss, in Gottes Namen.«

In der Mitte der Stallgasse beugt sich Lennart Habicht über einen Großballen und zieht das Netz vom Stroh herunter. Garantiert hat er Papa längst erkannt und hofft, dass er ihn nicht in ein Gespräch verwickelt.

Papa macht sich groß und steuert mit weit ausholenden Schritten auf Habi zu.

Ich gehe hinter meinem Vater. Was heißt gehen: Federleicht wie eine Ballerina auf Spitzenschuhen tanze ich über die Stallgasse. Alles in mir kribbelt und vibriert. Wunderbare rosa Wärme breitet sich in meinem Körper aus. Wenn ich nachher den Stall verlasse, heißt Pepper vielleicht schon Pepper Rohde.

Habi arbeitet stur vor sich hin und blickt erst hoch, als Papa unmittelbar vor ihm steht. Schweigend nimmt er die schwarze Baseballkappe ab und und fährt sich über den kahl rasierten Kopf.

Papa schiebt die Hände in die Hosentaschen.

»Sie wissen ja, dass wir ein Pferd für meine Tochter suchen.«

Herr Habicht setzt seine Kappe wieder auf und rückt sie langsam zurecht. Er mustert Papas dunklen Office-Anzug, der so gut in eine Stallgasse passt wie ein Mercedes auf eine Go-Kart-Bahn.

»Haben Sie das Traumpferd endlich gefunden?«

Es ist nicht Papas Art, lange um den heißen Brei herumzureden.

»Meine Tochter will Pepper. Das Schulpferd dort drüben.«

Er zeigt auf Peppers Box.

Ich nehme mir vor zu schweigen und presse die Lippen aufeinander. Die Chance ist zu groß, etwas Falsches zu sagen.

Lennart Habicht holt Luft.

»Sie sind aber mal direkt.«

»Das spart Zeit«, antwortet Papa.

Breitbeinig stehen sie sich gegenüber, beide stemmen die Hände in die Hüften, ihre Ellenbogen stehen weit vom Körper ab. Mit hochgereckten Köpfen mustern sie sich.

Ich platze fast vor Lachen.

Die beiden können einfach nicht normal miteinander reden. Neulich hat Mama mir unter vier Augen etwas anvertraut.

»Papa fühlt sich zwischen den Pferden unsicher und versucht, das durch große Auftritte zu vertuschen.« Sie findet das normal – wegen der männlichen Hormone. »Die stacheln jeden Mann an, sich vor anderen wichtig zu machen. Da muss man nachsichtig sein als Frau.«

Nett gemeint von Mama, mir Nachhilfeunterricht über Imponiergehabe zu geben. Aber darüber muss mir keiner etwas erzählen.

Imponierverhalten sehe ich schließlich täglich auf der Weide, wenn die männlichen Pferde sich groß machen und mit erhobenen Köpfen aufeinander zutraben. Wie sie einander mit angelegten Ohren umkreisen, um die günstigste Angriffsposition zu erlangen. Wie sie in die Knie gehen, um ihre Beine vor Bissen zu schützen. Wie sie dramatisch steigen. Und statt bissige Worte zu tauschen wie Menschen, versuchen Pferde, sich gegenseitig durch echte Bisse in Hals und Widerrist zu Boden zu zwingen. Erst wenn ein Pferd die Flucht ergreift, ist der Kampf um die Führung entschieden. Meistens passiert nicht viel bei diesen ruppigen Spielen. Gefährlich wird es nur, wenn beide Pferde fast gleichrangig sind und keiner aufgeben will.

So eine Situation scheint mir zwischen Papa und Habi zu herrschen. Jeder hat seine Stärken, nur steht Herr Habicht sozusagen auf der eigenen Weide. Heimvorteil für ihn. Habi senkt seine Stimme.

»Ist besser, wenn nicht der halbe Stall zuhört. Wenn es um Schulpferde geht, verbreiten sich schnell die wildesten Gerüchte. Stimmt's, Flo?«

»Absolut.«

Als er sich wieder an meinen Vater wendet, schleicht Emily hinter mir vorüber und schiebt mir ein Päckchen zu.

»Denkst du an das Mineralfutter für Habi?«, wispert sie ängstlich.

»An nichts anderes«, sage ich und klemme den Karton unter den Ellenbogen.

Ich sehe Emily nach, wie sie mit gesenktem Kopf über die Stallgasse zum Ausgang flitzt. Wenn ich mich nicht um Emi kümmere, geht sie ein.

Für meinen Botendienst gebe ich mir in Gedanken acht Punkte auf meiner »Feine-Flora-Skala«.

Irritiert unterbricht Habi das Geflüster. Ihm entgeht nichts. Ich reiche ihm das Mineralfutter.

»Alpino soll das Zeug sechs Wochen lang fressen, Herr Habicht. Würden Sie das bitte jeden Morgen ins Futter mischen?«

Abwesend nickt er und greift nach der Packung.

Dann sagt er zu meinem Vater: »Kommen Sie doch mit in mein Büro, Herr Rohde. Ich habe leider nicht endlos Zeit, in zwanzig Minuten beginnt der Unterricht.«

Einen Moment zögert Papa, dann klopft er mir auf die Schulter und sagt: »Warte hier, ist besser, wenn wir das unter Erwachsenen besprechen.«

Gerade will ich empört aufjaulen, da sind die beiden schon hinter der Feuerschutztür zum Büro verschwunden.

»Mist!«

Wütend bücke ich mich nach einem herumliegenden Hufkratzer und schleudere ihn gegen die Tür. Wie behandeln die mich? Ich muss draußen bleiben. Wie ein Hund vorm Supermarkt. Sitz, Flora. Fehlt nur noch, dass sie mir einen Trinknapf hinstellen.

Mit beiden Händen umklammere ich die Boxenstäbe und spreche mit Pepper.

»Was hecken die da drinnen nur aus?«

Mit einem Auge schielt mein Freund zu mir nach hinten, grunzt kurz als Zeichen, dass er mich zur Kenntnis nimmt, und mampft weiter.

Wieso stehe ich hier untätig herum, während nur zehn Pferdelängen weiter über meine Zukunft entschieden wird? Das Geheimgespräch hinter verschlossenen Türen lässt mir keine Ruhe. Ich muss hören, was sie sagen, um notfalls eingreifen zu können.

Ich laufe nach draußen und drücke mich an der Außenwand entlang bis unter das gekippte Bürofenster, wo ich mich auf die Knie fallen lasse. Die Erde fühlt sich kühl an. Ist ja erst März. Feuchtigkeit kriecht durch die Reithose. Hoffentlich bemerkt Papa nachher die dunklen Flecken nicht, sonst reimt er sich zusammen, dass ich gelauscht habe. Er kennt mich leider ziemlich gut. Ihn zu überlisten, ist Schwerarbeit. Mein Vater ist das Misstrauen in Person, ist ja schließlich sein Beruf. Wäre er nicht Revisor geworden, könnte er eine steile Karriere als Wachhund machen . . .

Weil ich drinnen nichts höre, hänge ich meinen Gedanken nach.

Meine Eltern sind manchmal schwierig. Ohnehin verlangt Papa ständig, dass ich mir überlege, warum ich etwas will. Aber seit der Sache mit dem versprochenen Pferd ist es noch schlimmer geworden. Bevor wir anfingen zu suchen, musste ich eine Liste anlegen: »Warum ich ein eigenes Pferd möchte.« Mit sechs guten Gründen. Das muss man sich mal vorstellen.

War natürlich kein Problem für mich.

Liste: »Warum ich ein eigenes Pferd möchte«
1. Weil ich reiterlich weiterkomme.
2. Weil ich diese demütigende Abhängigkeit nicht mehr ertrage.
3. Weil ich mir die Reitstunden besser einteilen kann, wenn wir in der Schule Nachmittagsunterricht haben.

4. Weil ein eigenes Pferd mein größter Wunsch ist, seit ich mit dem Reiten begonnen habe. Mein Interesse daran war nicht nach zwei Monaten vorbei wie bei meinen Tennis- und Klavierstunden.
5. Weil ein Pferd immer für mich da ist, wenn ich mich mit Freunden verkracht habe.
6. Weil ein Pferd Ruhe ausstrahlt und rosa Wärme verbreitet.

Ich bin sogar auf acht verteufelt gute Gründe gekommen:
Punkt 7: Um Melly Lanz und ihrer blöden Mutter das Maul zu stopfen.
Punkt 8: Um ein Lebewesen in der Nähe zu haben, das nicht unaufhörlich plant, prüft und Listen anlegen lässt wie meine Eltern.

Die letzten beiden Punkte habe ich gestrichen.

Als ich die Liste schrieb, fand ich es eigentlich sogar ganz witzig, über alles nachzudenken und gute Gründe zu finden. Natürlich gebe ich das nicht zu. Sonst bricht bei uns zu Hause ein Listenwahn aus und ich muss bald für jede Knopfbatterie eine schriftliche Begründung einreichen. Mit Eltern kann man nicht vorsichtig genug sein.

Endlich tut sich etwas im Büro. Es gluckert, als ob Kaffee oder Wasser eingegossen wird. Kurz darauf erhasche ich ein paar leise Brocken von Habi. Dann dringt nichts mehr nach draußen. Umkreisen die beiden sich gerade wie zwei Hengste vor dem Kampfspiel? Liegt einer bereits am Boden?

Aber dann . . .

»Sie wollen mir doch nicht erzählen, dass ein Schulpferd siebentausendfünfhundert Euro wert ist?«, bellt Papa.

Siebentausendfünfhundert Euro?

Das hätte ich nicht gedacht. Mehr als der Blüter. Mehr als

die elegante Venus. Obwohl mein Schatz natürlich jeden Preis der Welt wert ist – aber ob Papa das wohl auch so sieht? Nennt Herr Habicht diese Summe nur, um Papa zu verschrecken? Tapir meint ja, Habi will Pepper überhaupt nicht verkaufen.

Geizig ist Papa nicht – allerdings muss er immer das Gefühl haben, das Geschäft seines Lebens zu machen. Was ich mir alles von ihm anhören musste! Mama behauptet zwar, er wollte mich damit nur aufziehen, aber mal ehrlich – ich fand's nicht besonders witzig:

»Am liebsten hätte ich drei Pferde zum Preis von einem.«

Oder: »Gibt es keine Rotstiftaktion? Hengste mit kleinen Fehlern zum Mitnahmepreis?«

Oder: »Warum veranstalten die Holsteiner Züchter keinen Winterschlussverkauf?«

»Und überhaupt – was ist mit Ebay?«

Davon träumt mein Vater wahrscheinlich wirklich: Bei Ebay bis zur letzten Minute warten und dann blitzartig zuschlagen. Drei, zwei, eins . . . meins. Bloß, dass es keine Pferde bei Ebay gibt. Das ist glaube ich sein größter Kummer.

Weil keine Antwort von Herrn Habicht kommt, nehme ich an, dass er nach Papas Vorderfußwurzelgelenk schnappt. Um ihm zu imponieren.

Es geht weiter. Papas Stimme.

»Die Pferdezeitschriften stehen voll mit billigeren Pferden. Viertausend, fünftausend Euro. Massenhaft.«

Habi kontert: »Aber offenbar war für Ihre Tochter nicht das richtige dabei.«

»Was soll denn an diesem Pepper so teuer sein? Der ist schon neun, das ist nicht gerade jung. Die anderen Verkaufspferde waren erst vier oder fünf. Die halten viel länger.«

Ich greife mir an den Kopf.

»Oh Papa! BITTE! Rede nicht so einen Müll«, murmele ich unter meinem Bürofenster, aus dem Habis lang gezogener Seufzer dringt.

So klingt es, wenn sich ein müdes Pferd aufstöhnend ins Stroh fallen lässt. Und müde ist Habi bestimmt. Müde, den Leuten immer wieder dasselbe zu erzählen.

Ständig muss Herr Habicht wiederholen, dass gute Schulpferde nicht auf Bäumen wachsen. Dass ein Pferd wie Pepper alles erfüllt, was ein Lehrpferd so genial macht. Es mag Menschen, kommt mit vielen unterschiedlichen Reitern klar, ist gelassen, freundlich, gesund, greift andere Pferde auf der Weide nicht an, gibt brav die Hufe beim Schmied, lässt sich gut reiten, ist im Gelände eine Lebensversicherung, geht Dressur und kann ein bisschen springen. Nimmt falsche Hilfen der Anfänger nicht krumm. Und mit neun Jahren hat ein Pferd wie Pepper genau das richtige Alter als erstes Privatpferd einer jungen Reiterin.

»Wenn Pepper privat wird«, sagt Herr Habicht, »bleiben womöglich etliche Reitschüler weg und suchen sich einen neuen Stall. Aus Enttäuschung, weil sie ihren vierbeinigen Liebling nicht mehr reiten können.«

Papa: »Sie wollen sagen, dass Sie weniger verdienen, wenn dieser Pepper nicht mehr zur Verfügung steht?«

»Genau so ist es. Für einen wie Pepper findet man schwer Ersatz. Da muss ich viel durch die Gegend fahren und suchen. Im Grunde müsste ich zehntausend Euro für so ein gutes Pferd nehmen.«

Sie wechseln noch ein paar Sätze, aber die Verhandlung stockt irgendwie.

Keiner lenkt ein. Mein Herz wird bleischwer. Das klingt nicht gut.

An Habis Stelle würde ich Pepper auch nicht verkaufen, wenn ich ehrlich bin.

»Ich muss dann mal los«, sagt Herr Habicht, begleitet von polternden Stuhlbeinen. »Der Reitunterricht, Sie verstehen . . .«

Die beiden sind kein Stück weitergekommen.

Ich springe auf die Füße und sause durch die Grünanlagen zurück. Als ich die Stallgasse erreiche, geht gerade die Bürotür auf.

Es würde mich nicht wundern, wenn Papa und Habi nach ihrem Imponierkampf blutend heraustraten.

»Wo sind die Bisswunden?«, frage ich süffisant.

Verständnislos starren beide mich an. Nach ein paar Sekunden kapiert Habi meinen Spruch und grinst. Allerdings etwas schief.

Demonstrativ schnipst mein Vater ein paar Flusen von seinem Anzug.

»Wir gehen.«

Schnell versuche ich, noch einen letzten Blick von Pepper zu erhaschen, aber vor seiner Box haben sich zwei Antike aufgebaut. Mit lächerlicher Babystimme buhlen sie um seine Zuneigung: »Wo ist denn unser süßer Spatz?«

Widerlich.

Herr Habicht hebt stumm die Arme, was wohl so viel heißen soll wie: Bei so viel Sturheit kann ich auch nichts tun.

5.

Während wir nebeneinander über den unbeleuchteten Parkplatz gehen, poltert Papa los: »Ich denke nicht daran, für ein Schulpferd mehr zu zahlen als für ein Rennpferd wie Herz Tuan xx.«

Ich schweige beharrlich.

Als wir vor unserem Wagen stehen, öffnet Papa die Heckklappe.

»Pack dein Rad hinten rein. Wir können zusammen nach Hause fahren.«

Papa bietet mir seinen Wagen an? Für mein Fahrrad, an dem jede Menge Schmutzkrusten haften? Wo er andauernd panische Angst um seinen kostbaren Autolack hat? Klarer Fall, Papa will etwas gutmachen. Nämlich, dass er sich vor Herrn Habicht wie ein Hengstrivale aufgespielt hat.

»Lass mal, Papa. Die paar Meter bis zu uns.«

Die zehn Minuten bis zum Fichtenkamp brauche ich für mich allein, um meine rotierenden Gedanken zu sortieren.

Mein Vater grunzt etwas, als ich meine Putzbox auf den Gepäckträger klemme.

»See you at home«, sage ich und springe aufs Rad, um vor ihm vom Hof zu kommen.

Abendwind fährt durch meine Haare und streicht mir kühl über die Stirn. Abkühlung hat mein Kopf dringend nötig, denn unter meiner Schädelplatte tobt die Hölle.

Mein Vater überholt mich und blinkt mit der Lichthupe. Ich starre dem weiß leuchtenden Wagen hinterher.

Ich bin unglaublich nahe dran an meinem Traumpferd. Wie nutze ich nur Papas plötzliche Kehrtwendung hin zu Pepper?

Mir muss dringend etwas zu dem idiotischen Preisgehabe einfallen.

Ich könnte mein Pferdesparbuch plündern. Im Januar waren tausendachthundert Euro und sieben Cent drauf. Für mehr als zweieinhalb Pferdebeine reicht das nicht. Aber wenn ich Papa anbiete, mein eigenes Geld dazuzulegen, müsste er eigentlich weich werden und Pepper kaufen. Natürlich spekuliere ich darauf, dass Mama mich zurückhält.

»Das Kind hat nicht jahrelang jeden Euro gespart, damit wir ihr das ganze Geld für das versprochene Pferd wieder abknöpfen.«

Bei Papa bin ich da nicht sicher. Ich fürchte, er wird zugreifen und behaupten: »Aus erziehungstechnischen Gründen.«

Am besten bringe ich das Sparbuch erst einmal nicht zur Sprache. Das soll die Notreserve für mein Pferd bleiben. Allerdings kann es passieren, dass Papa ohne mein Geld die Lust an Pepper verliert. Dann bin ich selber schuld, wenn ich ihn nicht bekomme.

Ich biege in den Fichtenkamp ein und habe immer noch keine Idee.

Wenn das Gerücht im Stall die Runde macht, dass Herr Habicht Pepper möglicherweise verkauft, steht blitzschnell Mellys Mutter auf der Matte und will meinen Schatz für ihre Tochter haben. Meine Eltern behaupten zwar, eine Psychologin wie Mellys Mutter würde nicht reich mit ihrer Arbeit. Daran muss etwas sein, sonst hätte das Lanz-Duo sich Pepper längst unter den Nagel gerissen.

Aber mal angenommen, ein stinkreicher Scheich mit einer schweren Meise legt sich bei Dr. Dorothee Lanz auf die Couch. Was ist, wenn sie ihn von seiner Macke heilt? Der Saudi lässt glatt als Dank einen Sack Öldollar da. Schwups, ist mein Pepper weg.

Zu Hause drehe ich den Türschlüssel nahezu lautlos um. Unbemerkt ins Haus zu kommen, ist meine Spezialität. Manchmal fange ich dabei ein paar Sätze auf, die nicht für mich gedacht sind. Unsere Eingangsdiele mit dem hohen Fenster zum Vorgarten und dem Mauervorsprung neben der Tür ist geradezu ideal zum versteckten Lauschen. Die Diele ist ein quadratischer Raum mit Essecke, aus der eine Holztreppe nach oben führt. Neben den Stufen steht ein runder Tisch mit vier lederbezogenen Stühlen.

Im hellgrauen Office-Hemd sitzt Papa mit dem Rücken zu mir und gießt sich eine Tasse Tee ein.

»... bei der Stute stimmte die Chemie nicht«, informiert er gerade meine Mutter.

Und dann spricht er nach einem tiefen Seufzer die sensationellen Worte: »Läuft wohl doch auf dieses Schulpferd hinaus.«

Mein Herz tanzt.

Ist mein Vater zur Vernunft gekommen? Gibt es das, Sekundenheilung fürs Gehirn?

Mama dreht sich um. Sie hat mich gehört, springt auf und umarmt mich.

»Das ist ja toll, Flo.«

Sie drückt mich an sich, bis ich kaum noch Luft bekomme.

»Bei Pepper müssen wir uns wenigstens keine Sorgen machen, wenn du unterwegs bist.«

Mama freut sich mit mir. Erwähnt nicht einmal meine Jacke, die ich achtlos auf den Stuhl geworfen habe. Ist jetzt alles klar?

Zu früh gefreut, denn da nörgelt mein Vater schon wieder los: »Aber der Preis stimmt nicht. Siebentausendfünfhundert Euro will Habicht für das gebrauchte Tier haben. Der hat sie doch nicht alle.«

Meine Mutter wiegt den Kopf.

»Findest du das zu viel?«

Schon explodiert er wieder.

»Sieben fünf für ein gebrauchtes Pferd? Aber Julia! Dafür kann ich mir ja ein halbes Dutzend ultraflache LED-Fernseher mit eins zwanzig Bilddiagonale kaufen.«

Stimmt, bloß kann man auf sechs ultraflachen Fernsehern nicht reiten. Nicht mal bei ein Meter zwanzig Bilddiagonale.

Papa mit seinen unterirdischen Vergleichen.

Mit spitzen Fingern hebt er meine Jacke an und hängt sie auf den Kleiderständer.

Dann sucht er in unserem mustergültig aufgeräumten Flurschrank gegenüber der Treppe nach irgendetwas und kehrt mit einem Taschenrechner zurück.

»Zweitausendfünfhundert mehr als geplant, das will mir einfach nicht in den Kopf gehen.«

Was hat er vor?

Papas Finger huschen über die Zahlentasten.

Leicht gereizt erkundige ich mich: »Willst du den Preis pro Kilo ausrechnen? Nur zu, Pepper wiegt fünfhundert Kilo.«

Ich lege den Kopf in den Nacken und rechne selber.

»Pepper kostet fünfzehn Euro pro Kilo. Das ist doch geschenkt, wenn man bedenkt, wie teuer deine Rindersteaks sind.«

»Dass du als Tierfreundin solche makaberen Scherze machen kannst«, knurrt mein Vater. »Sag mir lieber, wie alt so ein Pferd wird, damit ich vernünftig planen kann.«

»Für deine Kosten-Nutzen-Rechnung? Du willst ausrechnen, wie viel eine Reitstunde kostet, wenn . . .«

»Das Alter!«

»Davon hast du doch nichts, Papa. Ich sage dir lieber, wie lange ich Pepper garantiert reiten kann. Zehn Jahre mindestens.«

Papa rührt so brutal in der Tasse, dass ich Angst um das Porzellan habe.

»Schreckliche Vorstellung«, stöhnt er, »so viel Geld zum Fenster hinauszuwerfen. Zwei fünf mehr als nötig.«

»Pepper ist jeden Cent wert«, protestiere ich.

Mama nickt mir zu. Sie steht auf meiner Seite. Seit sie bei ihrer Sparkasse undurchsichtige Geldanlagen verticken soll, leidet sie wie ein Hund. Das widerspricht nämlich ihrer Auffassung von einer guten Bankkauffrau. Ständig möchte sie woanders wiedergutmachen, was sie in ihrem Job gezwungenermaßen verbockt. Jetzt hat sie eine Chance. Herr Habicht braucht jeden Euro und Mama weiß das. Für die Pferde. Und für seinen kleinen Sohn Johnny, den seine Frau zurückgelassen hat, als sie vor Jahren mit einem anderen Kerl verschwunden ist.

»Flo hat sich dieses Schulpferd wieder und wieder gewünscht, Oliver. Ganz beharrlich. Das musst du zugeben.«

Papa behält sein aufsässiges Protestgesicht. Das Mienenspiel kenne ich von Pepper, wenn er bei Melly eine Hinterhandwendung machen soll, aber nicht will.

Trotzig kneift Papa die Augen zusammen.

»Mich schmerzt das zusätzliche Geld.«

Über die Tischplatte langt meine Mutter zur Kanne und greift nach den baumelnden Teebeuteletiketten. Über Kopf liest sie den aufgedruckten Text.

»Mal sehen, ob uns die Teebeutel weiterbringen.«

Ich springe aus dem Sessel. Wer weiß, was Papa aus den aufgedruckten Sprüchen heraushört! Er hat eine einmalige Gabe, alles in seinem Sinne zu verdrehen.

»Spinnt ihr jetzt alle? Ihr könnt doch nicht mein Leben von einem Teebeutelspruch abhängig machen.«

»Hör doch erst mal zu.«

Mama lächelt fein.

»Zwei Schillerzitate. Das erste ist für dich, Oliver: ›Kurz ist der Schmerz und ewig ist die Freude!‹ Verstehst du? *Und ewig ist die Freude!* Der andere passt für Flo: ›Was man nicht aufgibt, hat man nie verloren.‹«

Die Teebeutel sind auf meiner Seite.

»Siehst du, Papa.« Triumphierend proste ich ihm mit der Teetasse zu. »Sag endlich Ja.«

Statt zu antworten, beugt Papa sich über den Taschenrechner. Leise klacken die Tasten. Papa in seinem Element. Dann lehnt er sich zurück und wedelt mit dem flachen Plastikteil.

»Wenn du das teure Tier zehn Jahre reitest, kostet es umgerechnet zwei Euro und fünf Cent pro Tag. Bei fünftausend Euro Kaufpreis würde es aber nur einen Euro siebenunddreißig kosten. Ein Unterschied von achtundsechzig Cent. Tag für Tag.«

Es verschlägt mir jedes Mal die Sprache, zu welchen abstrusen Rechenleistungen Papa fähig ist. Wofür soll das gut sein? Wird er mich jeden Morgen mit der Nase auf die achtundsechzig Cent stoßen, falls es mit Pepper klappen sollte? Ich muss ihm den Wind aus den Segeln nehmen.

Ist jetzt der Zeitpunkt, mein Sparbuch anzubieten? Absolut. Gerade will ich die tausendachthundert Euro zur Sprache bringen, da kommt mir ein grandioser Geistesblitz.

»Gut, das sind knapp fünf Euro in der Woche. Dann verzichte ich halt zehn Jahre lang auf mein Taschengeld. Also auf den Teil, den ich für Süßes und Kino und so bekomme. Dann könnt ihr Pepper kaufen und macht sogar noch Gewinn dabei.«

Papa ist verblüfft, dass seine Tochter trotz der galaktischen Rechenschwäche solche Ergebnisse präsentiert. Er sucht nach einem Haken. Und findet ihn.

»Das würde bedeuten, dass du mit vierundzwanzig immer noch Taschengeld von uns bekommst«, kontert er. »Deine Idee ist ja im Ansatz witzig, aber du verkennst den Ernst der Lage.«

Höchste Zeit, einen weiteren Joker auf den Tisch zu werfen. Ich habe keine Wahl, alles muss raus. Auch gewagte Halbwahrheiten, um das Wort Flunkerei zu vermeiden. Ich bringe Mellys Mutter ins Spiel, Frau Dr. Lanz. Für meinen Vater ist sie ein rotes Tuch. Mit ihrem Namen muss ich nur ein wenig vor seiner Nase wedeln, um den Stier in meinem kleinen Papa zu wecken.

»Wenn wir uns nicht bald entscheiden, kauft Frau Lanz Pepper.«

Papas Auflachen klingt schrill und ungläubig.

»Frau Dr. Lanz soll ein Pferd kaufen? Wovon denn? Viel kann die nicht auf der hohen Kante haben. Seltsam genug, dass sie sich einen teuren Jeep leisten kann.«

Im Übrigen, ergänzt Papa süffisant, verstehe er sowieso nicht, wie jemand auch nur einen einzigen Euro damit verdienen kann, dass er anderen erzählt, dass sie einen Schatten haben. Sein Lieblingssatz über Psychologen.

Das bringt wiederum Mama auf die Palme.

»Oliver! Ich finde es nicht in Ordnung, dass du vor unserer Tochter eine ganze Berufsgruppe diffamierst. Psychologe ist ein anspruchsvoller Beruf.«

»Genau. Anspruchsvoll ist die Dame wirklich. Allein ihre gestylte Eigentumswohnung in diesem Protzkasten. Muss das sein, wenn man ein Kind hat? Melly wäre sicher weniger schwierig, wenn sie mal Auslauf hätte. Wir haben ja auch wegen der Kinder unser Reihenhaus mit Garten gekauft und keine Wohnung mit Marmorböden.«

Papa ist überzeugt, dass er immerzu alles richtig macht.

Wenn es mich nicht betrifft, lasse ich ihn bei dieser Meinung. Im Augenblick allerdings muss ich unbedingt seine Überzeugung aufweichen, dass Pepper überbezahlt ist. Sonst wird es nie etwas mit meinem Pferd.

Immerhin wirkt mein Vater aufgekratzt nach der kleinen, genussvollen Aufregung um Frau Lanz. Die Diskussion hat ihn munter gemacht. Seine Augen wirken viel wacher und fröhlicher als vorhin.

Irrtum! Unerbittlich fährt er fort: »Tatsache bleibt, dass wir für das Pferd auf einen Schlag siebentausendfünfhundert Euro statt fünftausend zahlen sollen.«

»Ach Papa, der Kaufpreis ist das Wenigste, sagt Herr Habicht. Teuer wird ein Pferd erst durch die ständigen Kosten, also Box, Schmied, Impfungen und . . .«

Kochend heißer Schreck durchzuckt mich.

Gratuliere, Flo, du erhältst den ersten Preis für das dümmste Argument seit Anbeginn der Welt.

Meine Eltern wechseln einen Blick. Misstrauisch beugt Papa sich vor.

»Wieso? Was kommt denn noch an Kosten dazu, von denen wir nichts wissen? Hattest du nicht eine Aufstellung darüber angelegt?«

Super, Flo, dümmer hätte es auch Melly Lanz nicht anstellen können.

Die Zunge möchte ich mir abbeißen.

Fast habe ich meinen Vater so weit und da knalle ich ihm die Sache mit den monatlichen Kosten vor den Kopf.

Am liebsten möchte ich mich selber anblaffen: Geht's noch!

Papa schiebt seine randlose Brille zurecht und knurrt: »Wenn die Ausgaben zu hoch werden, müssen wir die Sache mit dem eigenen Pferd überdenken. Hol die Kostenliste her.«

»Aber Papa, wir haben doch schon alles durchgekaut.«

»Hol sie her.«

Sollte ich jemals Kinder haben, werde ich sie nicht so peinlich behandeln.

Ich laufe die Treppe hinauf in mein Zimmer im ersten Stock.

Ein supergenialer Raum. Zwei Fenster. Und eine Balkontür extra. Alles ist bei mir knallrot. Rechts das Bett ist rot und der Schreibtisch am Fenster auch. Und mein Drehstuhl. Genauso wie mein Kleiderschrank, die beiden DVD-Türme, der Rollcontainer, auf dem mein Fernseher und meine Stereoanlage stehen, und das Bücherregal überm Bett. Der Clou ist ein kleines rotes Ledersofa mit zehntausend Kissen, das ich dramatisch schräg in die Ecke unter das linke Fenster gerückt habe. Mit einem feuerroten Laptoptisch davor, den ich in der Höhe verstellen kann, wenn ich Freunde zu Besuch habe. Ich werfe mich auf den Drehstuhl und ziehe die unterste Schreibtischschublade auf. Mit einer Hand richte ich die hohe Arbeitsleuchte auf den Inhalt. Der Lampenschirm ist natürlich auch rot. Beim Einrichten letztes Jahr meinte Papa: »Bei so viel Rot kriegst du noch einen Dachschaden.«

Pah! Rot ist Power, Papa!

Obwohl – vielleicht hat er sogar recht mit dem Dachschaden. Zumindest scheint meine Gehirnmasse im Moment geschädigt zu sein, sonst hätte ich vorhin kaum so einen Stuss geredet wie: »Teuer wird ein Pferd erst durch die ständigen Kosten.« Dümmer geht's echt nicht.

Geräuschvoll poltere ich oben herum. Die Tür habe ich offen gelassen, damit sie unten hören, wie eifrig Tochter Rohde sucht. Dabei liegen alle Unterlagen griffbereit in einer dicken Klarsichtmappe, auf der mit rotem Plakatschreiber »Mein Pferd« steht. Allerdings werde ich einige Minuten brauchen, um die Kosten zu drücken. Im Moment sind sie einfach zu hoch.

Während ich durch lautes Stöhnen, Fluchen und Tritte gegen den Schreibtisch umständliche Suchaktionen vortäusche, zupfe ich die Aufstellung »Ständige Kosten für mein Pferd« aus der Mappe.

Ständige Kosten für mein Pferd

1. Boxenmiete/Reithallennutzung im Monat: 320 Euro
2. Schmied: zwei Hufeisen vorne erneuern und Hufe ausschneiden 70 bis 90 Euro pro Besuch. Im Sommer alle fünf bis sechs Wochen nötig, im Winter alle sechs bis acht Wochen.
3. Schutzimpfungen: Tetanus alle zwei Jahre, Influenza (Grippe) und Herpes zweimal im Jahr, Tollwut einmal im Jahr. Insgesamt 120–150 Euro pro Jahr.
4. Wurmkuren, viermal im Jahr. Insgesamt 100–150 Euro pro Jahr.
5. Rücklagen für den Tierarzt: 50 Euro im Monat
6. Tierhalter-Haftpflichtversicherung: rund 150 Euro im Jahr
7. Sattel gebraucht: 1.000 Euro
8. Trense und Gebiss: neu etwa 250 Euro
9. Stallhalfter und Stricke: ungefähr 40 Euro

Papa hätte seine helle Freude an der sauberen Aufstellung. *Hätte.* Möglichkeitsform hoch zehn. Denn in ihrer Urfassung kann ich die Liste unmöglich mit nach unten nehmen.

Nicht mehr, nachdem mein Vater den ganzen Abend über hohe Kosten gestöhnt hat. Da muss noch was gedreht werden.

Ich werfe meinen Laptop an und öffne die Datei »Ständige Kosten für mein Pferd«.

An der Boxenmiete kann ich nichts ändern, dafür wollen meine Eltern einen Dauerauftrag bei der Sparkasse einrichten.

Nächster Punkt. Schmied.

Muss ebenfalls bleiben. Vielleicht kann ich behaupten, Pepper hätte gar keine Hufeisen . . . dann ist es billiger. Andererseits hat Papa keine Pferdeäpfel auf den Augen. Er braucht ja nur auf Peppers Hufe zu sehen. Bemerkt er die Eisen, fühlt er sich verschaukelt. Zu Recht. Nein, keine Kürzungen beim Schmied.

Impfungen.

Halt, da geht was. Wer hat etwas davon, jetzt schon auf Impfungen hinzuweisen, die erst kurz vor Weihnachten fällig werden? Wie die gegen Pferdegrippe? Dieses Frühjahr hat Herr Habicht sich noch darum gekümmert. Und Tetanus ist erst wieder in zwei Jahren dran, hat Habi gesagt. Super. Ich vernichte die gesamte Spalte. Hundertfünfzig Euro weniger.

Was ist mit Wurmkuren?

Ich sehe Tapir vor mir, wie er beschwörend die Augen rollt:

»An Wurmkuren darfst du nie sparen. Sind superwichtig. Würmer setzen Pferden ganz schwer zu. Die können ein Tier sogar umbringen, wenn sie massenhaft auftreten.«

Schon gut, Tapir. Der Posten bleibt. An meinem Schatz vergreift sich kein blasser Spulwurm. Auch kein Bandwurm, Blutwurm, Fadenwurm und schon gar keine fiese Larve der Dasselfliege.

Rücklagen für den Tierarzt: fünfzig Euro.

Kann auch weg. Pepper braucht keine Rücklagen. Sollte er krank werden, bezahlen meine Eltern sowieso. Also Löschtaste. Mein eigenes Sparbuch muss genügen . . . denn je teurer diese Liste wird, desto schlechter stehen meine Chancen auf Pepper.

Tierhalter-Haftpflichtversicherung: Die kostet ungefähr hundertfünfzig Euro im Jahr.

»Tierhalter-Haftplicht – an dieser Versicherung ist nicht zu rütteln«, hat Tapir gesagt.

Er hat mir noch viel mehr erzählt, bis mir fast der Kopf platzte und ich aufjaulte: »Mann, Tapir, ich will das alles nicht wissen, ich will doch nur ein Pferd.«

Da hat er mich streng angesehen und wie ein spießiger Erwachsener gesagt: »Du bist doch nicht etwa so ein Spaßgirl? Natürlich sollst du Freude an deinem Pferd haben, aber ein Tier zu besitzen, ist kein Jux für kurze Zeit. Der Habichthof ist kein Ponyhof wie in deinen Computerspielen. Du übernimmst echte Verantwortung.«

Er hat nicht mal gegrinst dabei.

Also habe ich mir auch noch den Rest angehört. Zum Beispiel, dass man Pferde, die man aus Privatvergnügen hält, »Luxustiere« nennt. Erst dachte ich, Tapir wollte mich veralbern, aber dann brachte er das Bürgerliche Gesetzbuch mit und da steht das Wort »Luxustier« schwarz auf weiß drin. Tatsache. Im Gegensatz zu Nutztieren, mit denen der Besitzer Geld verdienen muss – wie bei Schulpferden.

Wenn Papa Pepper kauft, wird mein Schatz sekundenschnell vom Nutztier zum Luxustier. Zack. Für Luxustiere gibt es sogar einen Paragrafen: § 833.

»Fakt ist«, hat Tapir gesagt, »man muss praktisch immer zahlen, wenn das Luxustier etwas anrichtet.«

»Auch wenn Pepper gar nicht schuld ist?«, habe ich gefragt. »Wenn ihn eine Wespe sticht und er springt vor Schreck auf Frau Lanz' Auto und zertrümmert es?«

»Ja, musst du zahlen.«

»Und wenn er ihre limonengrüne Karre mit einem Stück Gras verwechselt und mit den Zähnen drüberkratzt?«

»Auch dann«, schwor Tapir.

Er hatte noch andere Beispiele auf Lager.

»Angenommen, Pepper scheut, geht durch, läuft auf die Straße und verursacht einen Unfall. Dann können alle von dir Geld verlangen, die verletzt worden sind und deren Auto kaputt ist. Was das kostet . . . dein Pferd musst du dann verkaufen, dafür ist kein Geld mehr da.«

Danke, so genau wollte ich das gar nicht wissen.

»Dein Vater ist ja bei der Versicherung, der weiß das«, meinte Tapir. »Tierhalter-Haftpflicht ist Standard, damit du ruhig schlafen kannst.«

Diesen Punkt werde ich vor Papa gleich ganz groß herausstellen.

Unten auf dem Flur höre ich Schritte.

»Deine Unordnung, was Flora?«, ruft Papa die Treppe rauf. »Findest du mal wieder nichts?«

»Doch, ich komme gleich.«

Die letzten Punkte. Sattel, Zaumzeug und Halfter.

Warum muss die Ausrüstung überhaupt auf der Ausgabenliste stehen? Sind ja einmalige Käufe. Das findet sich, wenn Pepper erst meiner ist. Ohne Sattel und Trense kann ich schlecht reiten, das wird sogar Papa einsehen.

Jetzt sieht die Aufstellung extrem knapp aus. Zu knapp. Todsicher erinnert Papa sich, dass meine Kosten beim ersten Mal ein ganzes Blatt ausgefüllt haben.

Ich verlängere die Spalte »Boxenmiete« und beschreibe ausführlich, was der Pauschalpreis enthält: Ausmisten, Stroh, Heu, Kraftfutter, Salzleckstein, Abfuhrkosten für den Mist, Pferd morgens auf Weide oder Auslauf bringen, Hallenbenutzung.

Schnell ausdrucken. Mit der überarbeiteten Liste springe ich die Stufen hinab.

Man kann nicht sagen, dass ich mich bei der Aktion richtig wohlfühle. Meine innere Stimme redet mir ins Gewissen: Deine Eltern schenken dir ein Pferd und du manipulierst die Kostenaufstellung. Fies.

Ja, stimmt.

Ich gebe mir gedanklich einen Strafpunkt auf der »Fiese-Flora-Skala«. Doch bevor ich auf der untersten Treppenstufe ankomme, lösche ich den Strafpunkt wieder. Was ich mache, ist nicht fies, das ist sogar extrem freundlich.

Einen Kostenschock würden meine Eltern gar nicht verkraften.

6.

Wenn ich mit meinem Vater in einem Büro arbeiten müsste, würde ich wahnsinnig. Er stellt mehr Fragen als ein Kriminalkommissar beim Verhör eines Raubmörders.

Um Mitternacht schiebe ich endlich alle Unterlagen zurück in meine Pferdemappe. Ich bin fix und fertig. Ein Pferdekauf strengt mehr an als reiten bei vierzig Grad im Schatten.

Sie haben JA gesagt!

Ich bekomme Pepper.

Alles erscheint mir total unwirklich, wie in einem Film, den ich angucke. Irgendwie stehe ich neben mir, hundemüde, als ich die Gummibänder um die Ecken meiner Pferdemappe schlinge.

Gerührt reicht Mama mir die Hand.

»Dein erstes Pferd. Das ist ein besonderer Tag.«

Ein »besonderer Tag«? Das ist die Untertreibung des Jahrhunderts! Das ist eine RIESENRIESENSACHE mit Pepper und mir!

»Herzlichen Glückwunsch«, sagt Papa, verbunden mit einem kleinen schäbigen Erpressungszusatz. »Aber denk dran: Dafür musst du als Gegenleistung gute Zeugnisse nach Hause bringen. Wie besprochen. Morgen machen wir auf dem Habichthof den Kaufvertrag.«

Er steht auf, räumt die Gläser zusammen und trägt sie in die Küche. Aus der Diele ruft er noch: »Und dein Herr Habicht muss mir im Preis entgegenkommen. Ich zahle keinen Euro mehr als siebentausend.«

Typisch Papa. Immer stellt er Bedingungen. Hoffentlich hat Habi fünfhundert Euro auf seinen Wunschpreis draufgeschlagen, die er abziehen kann, sonst gibt es gleich wieder Zoff zwischen den beiden.

Irgendwie finde ich dieses Schachern um Geld unwürdig. Schließlich geht es um meinen besten Freund.

Ich greife noch einmal in meine pralle Mappe und ziehe einen vorgedruckten Pferdekaufvertrag hervor.

»Von Tapir. Er sagt, da steht alles drin, was man klären muss. Damit es hinterher keinen Ärger gibt.«

»Den Vertrag gehe ich mit Herrn Habicht Punkt für Punkt durch. Hat dein schlauer Tapir sonst noch was auf Lager?«

»Ja. Tapir sagt: ›Mündliche Vereinbarungen sind so haltbar wie ein alter Strohhalm.‹«

Papa grinst.

»Solche Texte sollten sie mal auf die Teebeutel drucken. Statt goldener Dichterworte. Und nun ab ins Bett, damit du genug Schlaf für den neuen Schultag bekommst.«

Das sagt sich so leicht.

Ruhelos tigere ich nach dem ereignisreichen Tag in meinem Zimmer auf und ab. Die plötzliche Wendung im Fall Pepper wühlt mich auf.

Leise schlüpfe ich aus der Tür und steige barfuß die Treppe zu Dani hoch. Lautlos drücke ich die Klinke herunter.

In Sweatshirt und Shorts sitzt mein Bruder am PC und fährt herum, als ich mich im Türrahmen zeige.

»Ist was, Kleine? Schon mal was von Anklopfen gehört?«

Er klickt den Bildschirm dunkel und guckt mich mit zusammengekniffenen Augen an. Dann grinst er breit.

»Du strahlst ja wie eine Leuchtreklame. Heißt das, wir haben einen neuen Rohde in der Familie?«

Ich reiße die Fäuste hoch.

»JAAA! Morgen macht Papa den Vertrag.«

Normalerweise falle ich meinem Bruder nicht um den Hals,

aber heute ist nichts normal und ich drücke Daniel wie verrückt, bis er fast vom Drehstuhl rutscht. Lachend schnappt er nach Luft und zieht an meinen Haaren.

»Congratulations. Wenn es mal eng wird mit der Schule, sag Bescheid.«

Gerührt nicke ich. Das liebe ich an meinem Bruder. Nie braucht er lange Erklärungen. Auch heute ahnt er sofort, wo es demnächst bei mir haken könnte.

»Super. See you.«

Zurück in meinem Zimmer bin ich noch hellwacher als vorher. Aufgedreht marschiere ich zwischen Fenster und Bett hin und her.

Das Schlimme ist, dass ich nicht auf der Stelle den halben Stall anrufen kann. Emily, Tessa und Kriss, Janne, Katharina, Lina, einfach allen will ich die ungeheure Neuigkeit erzählen. Am liebsten natürlich Melly und Gloria.

Nur damit ihr Bescheid wisst: Pepper gehört jetzt mir; nehmt also in Zukunft eure Finger von ihm – auf diesen Satz freue ich mich seit der Versetzung in die 8a, also seit gefühlten fünf Millionen Jahren.

Doch noch gehört Pepper mir nicht. Herr Habicht wäre stinkig, wenn ich etwas Halbgares verbreiten würde.

Aber Emily muss sein!

Schließlich haben unsere Eltern uns gleichzeitig ein Pferd versprochen und Emily leidet wie ein Hund, dass sie bisher die Einzige von uns mit eigenem Pferd ist. Und keinen hat, mit dem sie ausreiten kann.

Ich rufe sie an und spreche nur einen einzigen geheimnisvollen Satz ins Telefon.

»Sag, dass du dich freust.«

Ein ganz und gar unüblicher Emi-Schrei gellt durchs Telefon.

»Heißt das, du kriegst ihn?«

»Ja! Ja! Ja!«

»Genial. Dann können wir endlich zusammen ausreiten. Ab wann?«

»Ich hoffe morgen.«

Emi kichert.

»Melly wird sich vor Wut auf den Misthaufen werfen.«

»Hoffentlich zusammen mit ihrer bescheuerten Mutter.«

Für diesen gemeinen Wunsch gebe ich mir noch schnell zwei Punkte auf der »Fiese-Flora-Skala«.

Morgens um halb sieben wiehert mein Handy mich wach. Verschlafen blinzele ich auf das Display.

Emily.

Melde dich. Wichtig!!! Emi.

Wenn Emi so früh simst, kann es nur um den Stall gehen. Sofort bin ich hellwach und rufe sie zurück.

Emi klingt aufgeregt wie selten.

»Ich habe gerade eine Rundmail von Melly bekommen. Garantiert ein Versehen. Sonst mailt die mir nur, wenn sie für Habi Termine fürs Reiterfest machen soll. Wetten, sie hat den falschen Verteiler erwischt.«

Während wir telefonieren, starte ich meinen Laptop und checke die Mails.

Nur zwei Spams. Nichts von Melly. Hat sie mich etwa gezielt aus dem Verteiler gelöscht?

»Ich habe nichts.«

Emi lacht auf.

»Logisch. Es geht ja um Pepper. Melly wittert, dass du ihn haben sollst. Hoffentlich hetzt sie ihre Mutter nicht auf Herrn Habicht.«

»So ein Mist. Wer hat Melly etwas gesteckt?«

»Ich maile dir den Text rüber. Und drück dir ganz doll die Daumen für heute Abend. Tschau.«

Eine Minute später erscheint Mellys Rundmail auf meinem Bildschirm.

Von: melly@doktorlanz.de

Betreff: Alarmstufe ROT

Achtung, Achtung: Große Katastrophe! :-((
Gloria hat Telefon mitgehört. Flo soll Pepper kriegen.
Das muss verhindert werden!!! >_<
Vllt eine Idee? EILT!!! Meldet euch. Schnell!!! Sonst ist der Süße weg für immer. *heul*

Melly

Warum muss mein schönster Tag im Leben so gemein anfangen?

In der Schule bin ich zwar körperlich anwesend, aber meine Gedanken fliegen auf den Habichthof. Ich bin extrem besorgt, was Melly aushecken wird. Zum Glück bleibt ihr nicht viel Zeit, bis wir den Kaufvertrag unterschreiben.

Auf dem Pausenhof gehe ich ihr aus dem Weg und nach der letzten Stunde fahre ich von der Schule direkt in den Stall. Jetzt, wo mir die Durchgeknallten auf den Fersen sind, will ich Pepper keine Sekunde aus den Augen lassen. Melly und Gloria bringen es fertig und entführen ihn klammheimlich. Je eher mein Vater heute Abend den Kaufvertrag unterschreibt, desto besser. Sein blödes Meeting heute Nachmittag wird hoffentlich nicht ewig dauern.

Kribbelig vor Aufregung und Vorfreude betrete ich den Stall – und erlebe den Super-GAU. Vor Peppers Box lungert Mellys Mutter herum. Ihre blondierten, auf jugendlich getrimmten Fransenhaare erkenne ich noch, wenn ich im Koma liege. Bevor ich kehrtmachen kann, entdeckt sie mich und stöckelt mir durch die Stallgasse hinterher. Kurz vor dem Ausgang stellt sie mich.

»Was macht eigentlich die Suche nach deinem eigenen Pferd, Flora?«

Ihre Stimme klingt unerträglich weich. So muss der Wolf nach einer Großpackung Kreide gesprochen haben, bevor er die sieben Geißlein verschlang.

Mich verschlingt Frau Dr. Lanz nicht!

Jetzt weiß ich, was Melly im Schilde führt. Sie hat ihre Mutter aufgehetzt, den Kauf zu verhindern.

Deren hohe Absätze klappern über den Beton auf mich zu. Misstrauisch betrachte ich ihr unehrliches Zementlächeln. Jemand sollte ihr mal sagen, dass man spätestens seit den Achtzigern keinen hellblauen Lidschatten mehr benutzt.

»Ist das nicht schön, wenn man eine Beziehung zu einem neuen Pferd aufbauen kann, Flo?«

Hinter dem Wort »neues Pferd« steht ein ganz großes Fragezeichen. Flo – so hat sie mich noch nie genannt.

Ich muss vorsichtig sein, damit sie mir die Sache mit Pepper nicht vermasselt. In Wirklichkeit geht es unserer Chefpsychologin nicht um mich und schon gar nicht um meine Beziehung zu Pferden, sondern um ihren Engel Melly. Unter allen Umständen will die Lanz verhindern, dass ihre angebetete Tochter Pepper als Schulpferd verliert. Das steht ihr in Leuchtbuchstaben auf der Stirn geschrieben. Direkt über dem hellblauen Achtzigerjahre-Lidschatten.

Bevor ich eine Antwort parat habe, tritt Herr Habicht mit seinem Reitbuch aus dem Büro auf die Stallgasse. Als er Frau Dr. Lanz sieht, wendet er sich genauso blitzartig ab wie ich vorhin, aber er hat keine Chance.

»Herr Habicht, Herr Habicht, eine Minute bitte.«

Mit ihrer Stimme nagelt sie ihn fest. Ich weiß, wie Habi das hasst, wenn er nur rasch vom Stall zu seiner Wohnung laufen will, und gleich fällt ihn jemand an wie ein Kettenhund.

»Ja?«, fragt er kurz und sieht nicht mal von seinem Reitbuch auf. Unhöflich ist das. Aber manche Leute hält man nur auf diese Art auf Distanz.

Dr. Lanz plärrt ohne Umschweife: »Sie werden doch nicht etwa Pepper verkaufen? Ihr bestes Schulpferd!«

Sie führt sich auf wie ein kreischendes Baby, dem man den Schnuller klauen will.

»Wie kommen Sie darauf?«

»Ich weiß es aus zuverlässiger Quelle.«

Sie blufft. Lernt man das im Psychologiestudium? Bisher dachte ich, nur Pokerspieler bluffen.

Einen Moment lang wirkt Habi perplex. Er wirft mir einen ärgerlich-fragenden Blick zu, doch ich schüttele heftig den Kopf und zucke unschuldig die Schultern. Frau Lanz gestikuliert wild vor Habis Gesicht.

»Wo bleibt Ihre Verantwortung für die Reitschüler? Pepper ist ein Universaltalent.«

»Ich will Ihnen mal was sagen«, beginnt Herr Habicht und zieht die wild herumspringende Frau in die Sattelkammer, weil eine Gruppe Kinder durch den Eingang hereintröpfelt und sich im Stall verteilt.

Hastig drücke ich mich hinter die Eisentür. Ich ärgere mich grün und blau, dass die Lanz sich drinnen an die Sättel lehnen darf. Sie verwandelt meinen Lieblingsraum in die *Sattelkammer des Schreckens.* Übrigens ein toller Buchtitel. Warum schreibe ich es nicht? Natürlich mit einer Psychologin als Hauptperson. Gegen die Lanz sehen selbst Darth Vader oder Lord Voldemort aus wie freundliche Märchenonkel. Mit meinem Buch werde ich hundertpro reich, dann kaufe ich den Habichthof und eine Echthaarperücke für Habi. Als erstes kriegt Frau Dr. Lanz lebenslänglich HAUSVERBOT!!!

Von meinem Königsplatz hinter der Tür bekomme ich jedes Wort mit.

»Es führt kein Weg daran vorbei, dass man Schulpferde nach einigen Jahren im Einsatz verkauft«, höre ich Habi mit fester Stimme sagen. »Ehe sie sauer werden.«

»Sauer? Aber Pepper doch nicht. Der ist ein ausgesprochen freundliches Pferd. Darum müssen Sie ihn ja für den Schulbetrieb behalten.«

Jetzt redet Herr Habicht mit einem Unterton, als müsste er einem begriffsstutzigen Kind etwas erklären. Ich grinse von einem Ohr zu anderen. Das wird unserer Frau Doktor nicht behagen. Wo die ihren Doktortitel herhat, ist mir eh ein Rätsel. Im Lotto gewonnen vielleicht.

»Sauer, Frau Dr. Lanz«, fährt Herr Habicht fort, »heißt nicht, dass das Pferd ärgerlich wird. Sauer heißt bei Pferden: frustriert. Vergleichbar ist das mit Depressionen bei Menschen.«

Dr. Lanz räuspert sich verärgert.

»Ich bin als Kind auch geritten und kann mich nicht an sauere Pferde erinnern.«

Jetzt wird Habis Stimme ganz spitz, sogar eine Spur spöttisch.

»Man muss schon sensibel sein, um das zu registrieren.«

Eins zu null für Herrn Habicht.

Ohne auf Frau Lanz' aufgeregtes Prusten einzugehen, redet er weiter.

»Wenn Schulpferde tagaus, tagein dasselbe Programm abspulen müssen, halten sie das nicht aus. Wenn sie immer wieder verwirrende Hilfen bekommen, resignieren sie. Verlieren ihr Interesse an der Umwelt. Manche folgen einem nicht mehr aus der Box. Manche sträuben sich, wenn man sie in die Reithalle führen will. Das sind Anzeichen. Dann muss man sie verkaufen. Sobald sie in einer Hand sind, leben sie wieder auf. Das gönnt ihnen doch jeder . . . oder sind Sie anderer Meinung?«

Frau Lanz gibt keine Ruhe.

»Aber Pepper geht doch gut und ohne Probleme. Warum verkaufen Sie ausgerechnet dieses Pferd?«

»Noch geht er gut, ja«, sagt Herr Habicht. »Aber wie lange bleibt das so? Pepper ist jetzt fünf Jahre im Schulbetrieb und weil er so beliebt ist, ist er öfter im Unterricht dabei als andere. Oft mit Anfängern, die keine richtigen Hilfen geben können.«

Er seufzt.

»Eigentlich müsste ich jedes Pferd so lange im Schulbetrieb behalten, wie es leistungsfähig ist. Dann könnte ich mehr Geld verdienen. Aber ich will meine Pferde fair behandeln. Wenn eine passende Reiterin ein gutes Schulpferd kauft, freue ich mich mit. So ist das, Frau Dr. Lanz.«

Genau – und die passende Reiterin für Pepper bin ICH!!!

Endlich hat er ihr das Maul gestopft. Jedenfalls herrscht Stille.

Wie soll sie auf Habis anständige Einwände auch reagieren?

Bin ich sie jetzt los?

Mein Handy wiehert. Ich verdrücke mich aus meinem Versteck, bevor Herr Habicht hellhörig wird und laufe nach draußen.

SMS von Papa.

Hallo Flo. Muss den Vertrag auf morgen verschieben. Komme heute nicht aus der Firma weg. Tut mir leid. Papa.

Oh nein!

Vierundzwanzig Stunden mehr Zeit für die Lanz-Bande, mir meinen Pepper abspenstig zu machen.

Deprimiert informiere ich Habi über die Verschiebung.

»Schon okay«, sagt er. »Dein Vater wandert ja nicht aus. Du hast doch sicher vorhin gelauscht? Bei Frau Lanz?«

Ich fange an zu stottern.

»Na ja ... rein zufällig konnte ich ...«

Er übergeht mein Halbgeständnis und stößt einen Seufzer aus.

»Wenn ich mehr von solchen Kunden hätte, würde ich den Stall schließen und auswandern. Aber ich glaube, die gute Frau wird dich jetzt in Ruhe lassen.«

Schön wär's!

Kaum ist Herr Habicht in die Reithalle hinübergewechselt, um Unterricht zu geben, schlendert Melly mit ihrer Mutter die Stallgasse herauf. Als hätten die beiden hinterm Stall exakt so lange gewartet, bis Habi die Kurve kratzt.

Gerade bin ich dabei, frisches Stroh in Peppers Box zu streuen.

Bloß nicht hochsehen. Angestrengt fixiere ich die Einstreu und schaue nicht nach links und rechts. Vielleicht gehen sie weiter, wenn ich nicht hochgucke. Aber natürlich wollen sie zu mir. Ich bin heilfroh, dass Pepper zwei Stunden im Unterricht mitgeht, so gelangen sie jedenfalls nicht in seine Nähe.

»Hi Flo.«

Melly ist genauso dreist wie ihre Mutter. Sie will mir tatsächlich ein Gespräch aufdrängen.

Argwöhnisch starre ich sie durch einen Arm voll pieksender Halme an und bleibe stumm.

Mellys Mutter reißt sofort das Gespräch an sich.

»Also, so ein eigenes Pferd ist schon ein Risiko. Was man

da an Tierarztkosten hat, das ist ja gar nicht abzusehen. Da können Riesenbeträge zusammenkommen, die man kaum aufbringen kann. Schon mancher musste wegen hoher Arztrechnungen sein Pferd wieder verkaufen. Tja, und dann weiß man nie, ob es wieder in gute Hände kommt.«

»Definitiv«, mischt Melly sich ein. »Ist doch viel sicherer, man reitet ein Schulpferd. Dann muss man sich um nichts kümmern.«

Insgeheim erteile ich mir Befehle.

Rühr dich nicht, Flo. Tu ganz cool.

Ich stelle meine Augen auf unendlich und sehe durch Melly Lanz und ihre bescheuerte Mutter hindurch. Das beherrsche ich grandios.

Meine aufgezwungene Coolness brauche ich dringend, denn was Frau Dr. Lanz zum Besten gibt, geht mir echt an die Nieren.

Scheinheilig erzählt die Lanz von furchtbaren Fällen bei Ankaufsuntersuchungen, angeblich alle persönlich erlebt.

»Nur zu deinem Besten, Flo. Damit du abschätzen kannst, was auf dich zukommt, wenn du Pepper kaufst.«

Obwohl ich ihr kein Wort glaube, hinterlassen ihre Geschichten doch Spuren und machen mich nervös und ängstlich.

»Da schien ein Verkaufspferd ein begnadeter Springer zu sein, dabei hatte man es bis oben hin mit Schmerzmitteln vollgestopft. Hufrollenentzündung. Unheilbar. Der Wallach war total platt. Du kennst ja den Spruch: Ohne Huf kein Pferd.«

Ein Albtraum!

»Oder ein anderes Mal: Augenkrankheit, zunächst dachte man, ein bisschen entzündet, aber was war es: Die unheilbare periodische Augenentzündung!«

»Und gerade kürzlich so ein Fall. Kauft eine Freundin ein leicht lahmes Pferd. Und was war? Angerissene Sehne, praktisch nicht reitbar.«

Melly tänzelt in ihrem grünen Taftröckchen neben ihrer Mutter und verzieht dauernd bestätigend die Lippen, als hätte sie persönlich die Diagnose für alle diese Krankheiten gestellt.

Darf man als Psychologe Leute bewusst in Angst und Schrecken versetzen? Ich bin kurz davor, mit einem Protestschild vor ihre Praxis zu ziehen: BERUFSVERBOT FÜR DR. LANZ!

Auf jeden Fall hat die hinterhältige Kuh erreicht, dass ich nicht mehr klar denken kann. Offenbar bin ich blass wie ein Spulwurm, denn Frau Tauscher und Frau Vollmer – zwei von den Antiken –, die an meiner Box vorübergehen, gucken mich sehr merkwürdig an.

Sie bleiben stehen und fragen mich etwas, aber ich starre sie nur an, ich bin nicht in der Lage hinzuhören. Geschweige denn zu antworten.

Ich würde nicht mal mitkriegen, wenn unterm Habichthof plötzlich eine Antriebsrakete zünden und der Stall mit sämtlichen Pferden in den Weltraum abheben würde. Denn ich habe nur eins vor Augen: Hufkrankheiten, Herzkrankheiten, Hautkrankheiten, kaputte Lunge, kaputter Magen, kaputte Sehnen . . .

Als die Lanz-Bande endlich verschwindet, bin ich nahe dran, mich selbst in die Uniklinik einzuweisen.

Peppers Ankaufsuntersuchung geht mir nicht aus dem Kopf. Um versteckte Krankheiten vor dem Kauf aufzuspüren, lässt man vom Tierarzt einen Check machen. Was ist, wenn Tierarzt Müller-Maring bei Pepper etwas findet? Nach dieser Horrorpredigt von Frau Lanz habe ich Angst, dass mein

Traum in letzter Minute zerplatzen könnte wie eine Seifenblase am Stacheldrahtzaun.

Ich brauche dringend Tapirs Rat und hacke eine SMS ins Handy.

> Hilfe!!! Mellys Mutter behauptet, dass Pepper tausend Krankheiten haben kann. Bitte sag, dass das nicht stimmt. Was wäre das Schlimmste? LG Flo. Antworte schnell!!!

Gott sei Dank schreibt Tapir sofort zurück.

> Relax! Pepper war immer gesund, seit ich auf dem Habichthof arbeite. Wirklich schlimm wären Hufkrankheiten. Mit kaputten Beinen geht nichts. Pferde sind Lauftiere. Ohne Huf kein Pferd. Pepper hat vier gesunde Beine, soweit ich weiß. Bleib ganz cool! Tapir

Als ich im Dunkeln nach Hause fahre, bin ich erledigt. Ich konnte noch nicht mal kurz mit Pepper schmusen, obwohl er mir doch fast gehört. Ständig war er von Fans belegt.

Eins ist mir nach dem furchtbaren Gerede von Mellys Mutter klar geworden: Ich muss verhindern, dass Papa eine Ankaufsuntersuchung in Betracht zieht. Vielleicht weiß er gar nicht, dass man solche Checks bei Pferdekäufen macht. In mir glüht eine Minihoffnung, dass mein Vater nichts über Kaufuntersuchungen gegoogelt hat. Obwohl das für den Planungsfreak Oliver Rohde unnatürlich wäre.

Jedenfalls werde ich mein persönliches Unwort des Jahres »Ankaufsuntersuchung« nicht erwähnen.

Bis in den Schlaf verfolgen mich die gemeinen Worte von Familie Lanz. Ich träume von nichts anderem als von Hufkrankheiten.

Dabei finde ich mich merkwürdigerweise auf der Rennbahn in Baden-Baden wieder, die ich in meinem ganzen Leben noch nie betreten habe. Auf der Tribüne sitzen dicht an dicht Zuschauer mit Zylinder und riesigen Hüten und trinken Tee. Auf allen Teebeuteletiketten steht gedruckt: »Ohne Huf kein Pferd.« Und bei den Engländern: »No hoof, no horse.«

Krähend wie ein Hahn läuft Mellys Mutter durch die Reihen und verteilt Teetassen. Auf jeder einzelnen Tasse ist in eleganter Schreibschrift eingebrannt: »Ohne Huf kein Pferd.«

Mit Pepper muss ich zu einem Treffpunkt, über dem »Polizeiliche Hufkontrolle« und »Ohne Huf kein Pferd« geschrieben steht.

Um auf Nummer sicher zu gehen, lasse ich im Traum Peppers Hufeisen entfernen und kaufe stattdessen vier sündhaft teure Reitschuhe aus atmungsaktivem Gewebe mit dreilagiger Sohle und griffigem Profil, die ich an seinen Fesselgelenken festbinde. Mit den neuen Reitschuhen an den Beinen flitzt Pepper mir sofort mit wehender Mähne weg, drängelt sich in die Startbox und will beim Rennen mitlaufen.

Die Zuschauer finden das witzig und jubeln vor Begeisterung. Sie werfen ihre Teetassen weg und laufen die Treppen hinunter zu den Buden, um auf Pepper zu wetten. Es herrscht allgemeine Verwirrung und im Präsidium gibt es große Diskussionen. Schließlich wird Pepper als Rennpferd abgelehnt.

»Der Wallach Pepper führt hinter seinem Namen nicht die Bezeichnung xx. Die Eigentümerin Flora Rohde hätte besser den Vollblüter Herz Tuan xx gekauft. Außerdem weisen wir darauf hin, dass das Tragen von Reitschuhen mit dreilagiger Sohle und griffigem Profil als schwere Täuschung für den Tierarzt-Check angesehen wird. Wegen versuchten Betrugs wird die Besitzerin Flora Rohde verurteilt, das gesamte Geläuf umzupflügen und mittels Grassaat folgenden Schriftzug einzusäen: Ohne Huf kein Pferd.«

Wie gerädert wache ich auf, nachdem ich die ganze Nacht mit einem mittelalterlichen Handpflug die Rennbahn umgegraben habe. Jeder einzelne Knochen schmerzt.

Mit lahmen Gliedern krieche ich aus dem Bett und schlurfe ins Badezimmer. Meine vom Pflügen geschundenen Finger stellen die Dusche auf Killerstrahl, um die letzten Traumreste zu töten und in den Abfluss zu spülen. Ich wünsche Mellys Mutter auf den Mond. Was hat die Frau mich verrückt gemacht.

Eins weiß ich definitiv: Es darf keine Ankaufsuntersuchung geben.

7.

»Wir lassen auf jeden Fall eine Ankaufsuntersuchung machen«, verkündet Papa eine halbe Stunde später am Frühstückstisch.

Ein Schlag in den Magen hätte mich nicht schmerzhafter treffen können. Ich klammere mich so fest an die Tischplatte, dass meine Knöchel weiß hervortreten, und starre meinen Vater an.

»Um sicher zu sein, dass dein Pferd gesund ist. Schließlich will ich kein Mängelexemplar kaufen.«

Mein Mund ist zu trocken, um lange mit Papa zu diskutieren.

»Wer hat dir das eingeredet?«, krächze ich.

Ein Wunder, dass die Frage so ruhig über meine Lippen kommt und nicht als schriller Aufschrei.

Seit dem dummen Gerede von Mellys Mutter ist nichts mehr wie vorher. Plötzlich sehe ich überall Krankheiten und mögliche Gefahren.

Dabei müsste ich mir gar keine Sorgen um Peppers Gesundheit machen. Hat Tapir mir doch bestätigt! Aber ich bin nicht blöd, ich denke weiter ... nicht nur an Krankheiten. Es scheint mir höchst bedenklich, vor dem endgültigen Kauf Tierarzt Müller-Maring an Pepper heranzulassen. Denn selbst ein gesunder Pepper kann mir noch durch die Lappen gehen. Jawohl, das ist mir unter der Dusche eingefallen. Unser Tierarzt ist nämlich immer auf der Suche nach neuen wissenschaftlichen Erkenntnissen.

Was, wenn er in Pepper eine medizinische Sensation wittert? In meiner Ankaufsablehnungspanik male ich mir folgendes Szenario aus: Müller-Maring setzt bei Peppers Untersuchung plötzlich das Stethoskop ab und jubelt außer sich vor Freude: Er hat zwei Herzen! So ein Glücksfall! Davon habe ich nur während des Studiums gehört. Nie hat es so einen Fall in Europa gegeben! Und ausgerechnet ich entdecke dieses seltene Doppelherz. Vielleicht wird es nach mir benannt? Das Müller-Maringsche Doppelherz. Tut mir leid, Flora, aber dein Pferd muss sofort in die Tierärztliche Hochschule. Im Dienst der Wissenschaft.

Papa beißt von seinem Schinkenbrötchen ab.

»Man muss nur ›Pferdekauf‹ googeln, dann bekommt man hundertfünfundzwanzigtausend Ergebnisse.«

Das Internet ist die Pest, wenn man einen Vater hat, der wie meiner gestrickt ist. Angestachelt durch seine ewigen Vergleiche und Tests im Netz geht in unserer Familie nichts mehr normal ab.

»Ankaufsuntersuchung! So ein Quatsch! Das Geld kannst du sparen, Papa. Pepper ist gesund, sonst könnte Herr Habicht ihn wohl kaum als Schulpferd einsetzen.«

Papa wirft einen Blick auf die Uhr.

»Du meinst, der Wallach *scheint* gesund zu sein. Wer weiß, was er ausbrütet? Nein, eine Tierarztuntersuchung muss sein. Ich kaufe auch kein gebrauchtes Auto ohne Werkstattcheck. Weißt du übrigens, dass man bei Pferden zur Ankaufsuntersuchung auch TÜV sagt? Wie bei Autos?«

Natürlich weiß ich das, Papa, aber deine Vergleiche machen mich fertig. Kapierst du nicht, dass ein Pferd ein Freund fürs Leben ist und kein blödes Auto?

Papa wischt sich die Finger an der Serviette ab und beugt sich über den Tisch zu mir herüber.

»Und wenn dein Traumpferd eine versteckte Krankheit hat? Dann zahlen wir ewig nur Tierarztkosten und du kannst den Wallach vielleicht gar nicht reiten.«

Nie sagt er Pepper. Immer nur Wallach oder Pferd oder dein Tier. Das macht er bewusst. Wenn er Pepper sagte, würde Papa damit zugeben, dass mein Süßer zur Familie gehört und dieselben Rechte hat wie jeder von uns.

ICH WILL KEINE ANKAUFSUNTERSUCHUNG!

»Ist mir total egal, was Pepper hat, Papa. Damit würde ich mich abfinden! Ehrenwort.«

Papa lacht auf. Diese Art von Lachen hasse ich. Übersetzt heißt es: Komm du erst mal in mein Alter, dann weißt du, dass dein Vater alles zu deinem Besten regelt.

Wie eine überflüssige Futtermilbe komme ich mir vor, wenn Papa dieses Lachen einsetzt. Mein Vater ist ein Unmensch, wie er da vor mit sitzt und den Kopf schüttelt.

»Das Pferd wird auf Herz und Nieren untersucht. Hat Herr Habicht selbst vorgeschlagen. Schon damit es später nicht heißt, er hat dir ein krankes Pferd angedreht.«

Ich schieße hoch.

»Wann soll Herr Habicht das gesagt haben? Das wüsste ich aber.«

»Pass auf deinen Ton auf, Flora! Schon mal was von Dankbarkeit gehört? Es gibt nicht viele Eltern, die ihren Töchtern ein Pferd schenken.«

»Stimmt«, gebe ich kleinlaut zu und sacke auf meinen Stuhl zurück. »Ich hatte gerade eine Panikattacke, dass ich Pepper doch nicht kriege.«

Versöhnlich wuschelt mir mein Vater durchs Haar.

»Wird schon glattgehen, Flöhchen.«

Da schimmert wieder mein süßer kleiner Papa durch.

»Gestern Abend habe ich noch mit dem Reitstall telefoniert«, sagt er und greift nach seiner Anzugjacke. »Heute Abend kommt der Tierarzt.«

Am frühen Abend treffen wir uns alle im Stall. Herr Habicht, Tapir, mein Vater und ich. Eigentlich wollte Mama mich begleiten, aber Papa traut ihr nicht. Er ist der Ansicht, sie würde großzügig über kleine Mängel hinwegsehen, damit ich Pepper kriege. Um jeden Preis will er alles mitbekommen, was der Tierarzt sagt. Dafür ist er sogar früher aus dem Büro heimgekehrt.

Die Männer lasse ich draußen auf dem Hof zurück, weil sie vorhin schon wieder mit diesem idiotischen Imponierverhalten anfingen. Ich möchte sie nicht in der Nähe haben, während ich Pepper in der Stallgasse anbinde und putze. Das würde die himmlische Ruhe stören.

Weil ich meinen Vater wegen seines Wichtigtuerauftritts gerade peinlich finde, gebe ich mir einen Minuspunkt auf der »Fiese-Flora-Skala«. In der artfremden Umgebung bewegt sich Papa ja nur deshalb, weil er mir ein Pferd kaufen will. Darum müsste ich mir eigentlich zwei fiese Punkte geben, aber heute bin ich nachsichtig mit mir.

Aus den Boxen dringt zufriedenes Malmen. Ab und zu befördert ein Pferd mit dem Maul ein Heubündel in den Trog und zupft gemächlich Halme daraus hervor. Ein Bild des Friedens. Damit nicht ein Dutzend Reiter zugucken, hat Herr Habicht den Tierarzttermin vor die Abendreitstunden gelegt.

Dauernd dreht Pepper seinen Kopf zu mir nach hinten, während ich ihn voller Hingabe sauber bürste und leise mit ihm spreche.

»Ahnst du, dass heute ein besonderer Tag ist?«

Peppers weiche Nüstern sind wie ein Luxus-Wellnesswochenende für die Seele. Leise grummelnd beschnuppert er mich, streicht mit seiner Samtnase über meine Arme, mein Gesicht und zupft an meinen Haaren.

Ich bin total glücklich. Zumindest, solange ich nicht an Frau Lanz' Krankheitsdrohungen denke.

Es scheint Pepper nicht zu irritieren, dass ich unaufhörlich vor mich hin murmele: »Du bist gesund, du bist gesund, du bist gesund.«

Mit der Fußspitze ziehe ich den Wassereimer näher und gehe neben Peppers Beinen in die Hocke. Sorgfältig wasche ich jeden Huf und begutachte das Horn noch kritischer als sonst.

»Manche Hufkrankheit sieht man vorher nicht, erst der Tierarzt entdeckt sie«, hat Frau Lanz mir gestern genüsslich mitgeteilt.

Mit der Hand streiche ich über die gleichmäßige Glasurschicht der Hufe. Glatt und gut fühlt sie sich an. Keine Hornspalten, keine Risse.

»Und Flecken sind auch nicht drin«, gebe ich zufrieden nach oben zu Pepper durch, der mich neugierig beäugt. Er muss es zwar nicht wissen, aber ich teile es ihm trotzdem mit. »Rote oder dunkle Flecken sind nämlich ein schlechtes Zeichen, Pepper.«

Dahinter verbergen sich Einblutungen, hat Herr Habicht uns eingeschärft. Schlimm, wenn hinter dem Bluterguss eine Quetschung im Huf steckt oder gar eine schwere Krankheit wie Hufrehe.

Als ich den rechten Hinterhuf anhebe, entdecke ich am Tragrand eine winzige ausgebrochene Kante, die gestern noch nicht da war. Was so zwergenhaft klein ist, gilt nicht.

Ohne noch einmal hinzusehen, setze ich Peppers Fuß ab. Aber mein Kopf brütet weiter über dieses winzige Loch nach. Was, wenn dort bereits Keime eingedrungen sind? Fiese Monsterbakterien, die meinen Schatz von innen vergiften?

Ich zwinge mich zur Ruhe. An Peppers Hufen kann ich nichts Krankes entdecken und trotzdem rebelliert mein Magen. Dieser blöde Spruch »ohne Huf kein Pferd« steht wie ein stures Riesenross in meiner Fantasie herum und lässt wenig Platz für positive Gedanken.

Danke, Frau Lanz. Sehr freundlich, dass Sie mich mit Ihren Horrorstorys verrückt machen.

»Der Tierarzt fährt vor«, ruft Tapir auf einmal durch die Stallgasse und verschwindet gleich darauf wieder nach draußen.

Auf der Stelle beschleunigt sich mein Herzschlag.

»Nur noch diese kleine Untersuchung, dann gehören wir zusammen«, wispere ich Pepper zu, als ich ihn nach draußen führe. »Für immer und ewig.«

In der Tür zum Hof stockt mir der Atem. Am Paddock lungern die Durchgeknallten mit den Zwillingen herum. Über den Mädels thront Mellys Mutter! Wie eine große Glucke hockt Frau Dr. Lanz auf dem Zaunbalken und schart ihre Küken unter sich.

Das hat mir gerade noch gefehlt!

Unsere Chefpsychologin möchte wohl unverzüglich losjubeln, wenn Pepper nicht durch den TÜV kommt. Wie kann man so gemein sein!

Ich verabscheue die Lanz zutiefst dafür, dass sie ihre Sensationsgier nicht im Griff hat. Und dass sie mit ihren blöden Hühnern diesen feierlichen Moment entweiht. Wenn es nach ihr ginge, würde sie aus meiner Ankaufsuntersuchung ein Riesenevent machen. Public Viewing, Liveübertragung auf Großleinwand.

Nur Emily hätte ich hier ertragen, aber die hat den Anstand wegzubleiben. Am liebsten würde ich Frau Lanz rückwärts über den Zaun werfen.

Die zweite Schreckensnachricht braucht einen Moment länger, bis mein überlastetes Gehirn sie verarbeitet. Aus einem fremden roten Wagen steigt ein Unbekannter aus und nähert sich mit einer grauen Arzttasche. Das ist nicht unser vertrauter Tierarzt. Unseren Dr. Müller-Maring mit dem gutmütigen Bernhardinergesicht erkenne ich auf hundert Pferdelängen an seinem rotbraunen Haar, das beim Gehen wie Schlappohren flattert. Das ist auch nicht Müller-Marings Kollege, der ihn ab und zu vertritt – sondern ein Wildfremder.

Aufmerksam hebt Pepper den Kopf und mustert den Mann. Langsam und kritisch gleitet sein Blick über den Fremden. Ein Fluchttier kann es sich nicht leisten, etwas zu übersehen. Was, wenn der Zweibeiner etwas im Schilde führt? Wenn er plötzlich seine Tasche aufreißt, ein Jagdgewehr herausholt und auf ihn zielt?

Ich sehe Pepper genau an, was in seinem Kopf vorgeht. Selber hätte ich auch kein schlechtes Fluchttier abgegeben. Mir stehen ebenfalls sämtliche Haare zu Berge. Wegen des fremden Tierarztes.

Finster suche ich Papas Blick.

Fürchtet er, Müller-Maring würde hinter seinem Rücken mit Herrn Habicht krumme Geschäfte machen?

Denkt Papa vielleicht, Habi steckt unserem Tierarzt heimlich hundert Euro zu, damit er verschweigt, dass Pepper voll mit Cholera, Typhus, Schweinegrippe, Fadenwürmern und Tollwut steckt? Oder das Müller-Maringsche Doppelherz besitzt? Das ist lächerlich und peinlich. Wenn Müller-Maring sagt, ein Pferd ist gesund, dann ist es auch gesund.

Vor Scham erröte ich bis unter die Haarwurzeln.

»Hat mein Vater das so gewollt?«, frage ich Herrn Habicht im Vorbeigehen.

»Ja«, sagt Habi mit unbewegter Miene. »Aber es ist nicht selten bei Ankaufsuntersuchungen, dass ein fremder Tierarzt kommt.«

Mit den Handknöcheln klopft Habi auf Peppers Pferdepass, den er für den Tierarzt bereithält. Sein genervtes Pochen verrät, was er wirklich denkt: Des Menschen Wille ist sein Himmelreich.

Der Spruch stand vorhin auf meinem Teebeutel und trifft auf Papa hundertprozentig zu.

»Bergengrün«, stellt der lange Fremde sich vor und drückt allen die Hand, bevor er mich ansieht. »Du sollst das Pferd haben?«

Stimmlos grunze ich ein bisschen, mehr gibt mein Kehlkopf nicht her.

Tierarzt Bergengrün nickt und stellt seine Tasche ab.

»Dann mal los. Der Bursche guckt ja mit blanken Augen in die Welt.«

Sofort ändere ich meine Meinung über den Unbekannten. Was für ein genialer Tierarzt!

Tja, Papa, Pech gehabt, das ist nicht der Beißer, den du gesucht hast. Dieser Bergengrün sieht sofort, was für ein Schatz Pepper ist.

Durch die Armbeuge wirft der Tierarzt einen Blick auf die lungernden Zuschauer am Paddock, dann fragt er leise: »Gehören die auch zur Familie?«

»Nein, zum Teufel!«, gebe ich sofort zurück. »Ganz im Gegenteil.«

Schmunzelnd zwinkert er mir zu, dann ruft er der Gruppe freundlich, aber bestimmt zu:

»Lasst uns doch bitte allein. Die ärztliche Schweigepflicht gilt nämlich auch für Tierärzte.«

Was für ein sympathischer, intelligenter Mann!

Zögernd verkrümeln sich die fünf. Normalerweise hätte ich eine passende Bemerkung hinterhergebrüllt, etwas, das auf der »Fiese-Flora-Skala« mindestens sieben Punkte gebracht hätte. Aber mein aufgewühltes Innenleben lässt keine Nebengeschichten zu.

Die fünf verschwinden im Stall. Ich verwette einen Silageballen, dass sie nach anderen Spionagemöglichkeiten suchen. Und richtig: Während Dr. Bergengrün ein Klemmbrett mit einem Packen vorgedruckter Protokolle aus seiner Tasche zieht, bemerke ich, wie sich die Holztür im Dachgiebel leise bewegt. Im Sommer befördern wir durch die Luke Heu nach oben.

Durch die Ritzen blitzt Mellys weißes Prinzessinnenjäckchen. Demonstrativ starre ich hoch. Die sollen wissen, dass ich sie gesehen habe. Garantiert hängen alle fünf da oben zwischen den Heuballen und gucken gierig zu. Widerlich.

Obwohl ich es genauso machen würde.

Dr. Bergengrün zückt den Kuli und erkundigt sich nach Impfungen, Krankheiten, Operationen, Medikamenten, Hufbeschlag, Koliken und auffälligem Verhalten.

Sachlich und schnell antwortet Herr Habicht.

Aber dann fragt der Tierarzt doch tatsächlich: »Welche Art Futter geben Sie?«

Was soll die Frage? Will er damit etwa andeuten, Pepper sei nicht gut gefüttert? Bergengrüns Sympathievorschuss schmilzt . . .

»Herr Habicht füttert nur das Allerbeste«, gehe ich laut dazwischen, bevor Lennart Habicht nur ein Wort erwidern kann. »Ich weiß das, weil ich fast immer bei der Abendfütterung dabei bin.«

Habi ist wirklich oberpingelig. Schimmeliges Stroh hat bei ihm keine Chance. Und das Kraftfutter misst er sorgfältig ab, damit jedes Pferd die richtige Menge frisst. Nicht zu wenig, nicht zu viel.

Dr. Müller-Maring hätte sich nie erlaubt, solche dreisten

Fragen zu stellen. Weil er weiß, wie es auf dem Habichthof zugeht. Kampfbereit funkle ich den fremden Tierarzt an. Wie kann er einfach auf unseren Hof spazieren und Herrn Habicht unterstellen: Sie sehen nicht so aus, als ob Sie ein Pferd richtig füttern könnten.

Gut, dieser Bergengrün sagt es nicht so direkt, aber im Kern trifft es die Sache. Empörend.

Verwirrt sieht Papa in die Runde. Er begreift offenkundig nicht den Grund für meine Aufregung.

Ich suche nach Anzeichen, dass Habi genauso ausflippt wie ich. Treten seine Adern an den Schläfen hervor? Lange kann es doch nicht mehr dauern, bis er vor Wut platzt.

Habi merkt, wie ich nach Luft schnappe, und legt mir lächelnd eine Hand auf den Arm.

»Das ist normal, Flo. Er muss das fragen.«

Tapir nickt mir beruhigend zu. »Standard«, sagt er.

Lennart Habicht gibt Auskunft über das Futter.

»Kraftfutter-Pellets, Heu, Heulage, Stroh, bei Bedarf Mineralfutter, Salz, Möhren.«

»Einstreu?«, fragt Dr. Bergengrün.

»Späne und Stroh.«

Ich weiß zwar nicht, was das mit einer Ankaufsuntersuchung zu tun hat, aber da Habi nicht mosert, muss es seine Richtigkeit haben.

Der fremde Tierarzt Bergengrün redet wenig. Ab und zu murmelt er etwas, das wie »o weh« klingt und mich total nervös macht. Dazu kommt, dass er nach diesem unverständlichen Stöhnlaut jedes Mal etwas in seinen Untersuchungsbogen kritzelt. Aus den Augenwinkeln suche ich Habis Miene nach Ärger und stummer Verzweiflung ab. Aber das Gesicht des Chefs unter der schwarzen Baseballkappe wirkt unbeweglich und starr wie eine Hufraspel.

Papa spitzt die Ohren, um mögliche Feinheiten herauszuhören.

Dann fragt Dr. Bergengrün: »Wer will Pepper vortraben? Der Chef? Oder du, Flora?«

Beim Vortraben sieht der Tierarzt, ob alle vier Hufe und Beine belastbar sind. Ob das Pferd z. B. ein Bein schont und lahmt.

Glasklar habe ich meinen Huftraum wieder vor Augen. Nein. Pepper vortraben, das kann ich jetzt nicht. Da muss Herr Habicht ran. Stumm schaue ich ihn an und er nickt.

»Komm, Pepper.«

Mit meinem Braunen am Strick läuft der Chef die lange Einfahrt vor seinem Wohnhaus hinauf und herunter.

Ich starre auf die Pflastersteine. Den langen Weg hat Herr Habicht für ein Schweinegeld anlegen lassen. Damit er eine befestigte Strecke zum Vortraben hat, also zum Checken von Beinschäden.

Zwanghaft ziehe ich mit den Augen Fuge für Fuge zwischen den sechseckigen Steinen nach. Ich darf keine einzige Fuge verpassen beim Hinsehen, sonst entdeckt der Tierarzt etwas bei Pepper. So ein Blödsinn! Was bilde ich mir da nur krampfhaft ein? Trotzdem, ich klammere mich an die Fugen. Nichts anderes geht mir durch den Kopf als diese verdammten Pflastersteine. Mein Gehirn will nichts von Beinschäden wissen. Ich kann gar nicht hinsehen, ob Pepper klar geht.

Als Herr Habicht atemlos mit Pepper am Strick zurückkehrt, höre ich genau, was Dr. Bergengrün murmelt. »O. B.«

Warum redet der Tierarzt keinen Klartext?

Entweder: Pepper lahmt hinten rechts, wo der Tragrand ausgebrochen ist. Oder besser: Ich sehe nichts, die Beine sind gesund.

Warum sagt er nur »o. B.«? Was zum Teufel heißt das?

Plötzlich schießt mir die Lösung in den Kopf. O. B. kann nur eins bedeuten: ohne Bein.

Bewusst sagt Dr. Bergengrün nicht: ohne Huf. Um mich zu schonen. Um mich nicht mit der schrecklichen Diagnose zu überfallen.

Ohne Huf kein Pferd.

Ohne Bein auch nicht.

Meine Gedanken überschlagen sich. Kann Pepper nie geritten werden? Natürlich kauft Papa so ein Pferd nicht.

Pech. Durchgefallen beim TÜV, wird er achselzuckend sagen.

Eine Welle des Mitleids für Pepper überflutet mich. Ich gebe ihn nicht mehr her. Wenn er krank ist, schon gar nicht. Was soll denn aus ihm werden? Mit anfälligen Beinen kann Herr Habicht ihn auch nicht länger als Schulpferd einsetzen. Aber auf der Koppel könnte Pepper noch stehen. Jahrelang. Jahrzehnte. Ohne Reiter geht es auch Pferden mit kaputten Beinen oft gut. Das weiß ich genau.

Niemals wird mein Vater das einsehen. Ich kann ihn schon hören: Ich kaufe doch kein Pferd, das nur auf der Weide herumsteht und mein Geld wegfrisst.

Meine Knie zittern. Ich kann mich kaum noch auf den Beinen halten. Wie ein Flächenbrand breitet sich das Zittern in meinem ganzen Körper aus. Bis unter die Schädeldecke. Es würde mich nicht wundern, wenn ich im nächsten Moment tot umfiele.

Einen Ausweg, ich muss einen Ausweg finden, sofort, bevor ich in Schreikrämpfe ausbreche. Wenn ich mir nicht auf der Stelle eine bessere Zukunft für Pepper ausmale, drehe ich durch. Das Beste ist, ich entführe ihn. Bei Nacht und Nebel fliehen wir vom Habichthof. Nur Emily werde ich heimlich informieren.

Schon sehe ich mich auf dem Reitweg, Pepper läuft neben mir am Strick.

Als Erstes werfe ich mein Handy ins Unterholz, damit ich nicht geortet werden kann. Wir flüchten in den Wald, irren zwischen Wiesen umher, bis wir eine leer stehende Weidehütte entdecken, wo wir übernachten. Emily besorgt mir ein fremdes Handy, versorgt mich mit Essen und bringt mir Alpinos Mineralfutter für Pepper.

Mit Hubschraubern und Hundestaffeln suchen sie nach mir: Achtung, Achtung, hier spricht die Polizei. Vermisst wird die knapp vierzehnjährige Flora Rohde. Flora Rohde ist einen Meter siebzig groß, hat glatte honigbraune Haare und braune Augen. Sie ist mit ihrem Pferd Pepper unterwegs, einem Braunen, der aufgrund eines schweren Beinschadens vermutlich lahmt.

Heimlich melde ich mich über Handy bei einer Talkshow und erzähle meine traurige Geschichte im Fernsehen, um meine Eltern richtig unter Druck zu setzen. In einer Live-Schalte spreche ich direkt aus dem Wald in zehn Millionen Haushalte. Ich spüre förmlich, wie mir die Zuschauer an den Lippen hängen. Alles berichte ich haarklein. Dass mein geiziger Vater mir meinen geliebten Pepper nicht kaufen wollte und dass ich jetzt lieber Gras und Gänseblümchen von den Wiesen nage, anstatt nach Hause zu gehen.

Weinend sitzen meine Eltern mit Dani in unserem Reihenhaus am Fichtenkamp 6a vor dem Fernseher und machen sich die größten Vorwürfe. Von morgens bis abends verteilen sie eilig bedruckte Flugblätter: Flo komm zurück. Du darfst Pepper behalten. Wir pflügen unseren Garten um und legen eine Pferdekoppel an, damit du immer bei ihm sein kannst.

Natürlich glaube ich ihnen kein Wort. Zwei Wochen geht

das vielleicht gut, dann kramt mein Vater garantiert wieder seine Kosten-Nutzen-Rechnung hervor.

Einmal geht Papa auf seiner rastlosen Suche sehr nahe an meinem Unterstand vorüber. Die ganze Zeit hält er ein Schild hoch: VERZEIH MIR!!!

Darüber muss ich weinen, aber ich verharre trotzdem in meinem Versteck. Dani möchte ich am liebsten heimlich eine Botschaft schicken, damit er sich keine Sorgen macht. Aber meine Eltern sollen suchen, bis sie schwarz werden!

Und wenn sie mich finden, verweigere ich die Heimkehr. Ich kette mich an den nächsten Zaunpfosten. Da muss die Feuerwehr schon mit schwerem Katastrophengerät anrücken, um mich freizuschweißen.

Irgendwer legt mir schwer die Hand auf die Schulter. Ich schieße herum. Wer hat mich gefunden?

Hinter mir steht Papa.

Ich hocke nicht angekettet neben einem Zaunpfosten, sondern stehe aufrecht und steif auf dem Habichthof, eingerahmt von Pepper, Papa, Habi, Tapir und Tierarzt Bergengrün.

Erneut tippt Papa mich an und guckt sorgenvoll.

»Was ist los mit dir, Flo? Geht es dir nicht gut? Dr. Bergengrün ist fertig.«

Die Stunde der Wahrheit.

Los, spuckt es schon aus!

Doch keiner redet, alle Blicke ruhen nur erstaunt auf mir. Macht es ihnen Spaß, mich zu quälen? Warum sagt niemand, was Sache ist? Ich weiß es doch sowieso.

»Und das Bein?«, bringe ich schließlich heraus.

»Welches Bein?«, fragt Herr Habicht.

»Welches Bein?«, fragt mein Vater.

»Welches Bein?«, fragt Dr. Bergengrün.

Ich muss ein Schluchzen unterdrücken. Ob ich will oder nicht, mir kommen die Tränen.

»O. B. haben Sie gesagt.«

»Stimmt.«

Eine Sekunde noch und ich heule los, vor allen Männern. Und vor den Durchgeknallten auf dem Dachboden, die durch die Ritzen spähen und mir das babyhafte Heulen noch in fünfzig Jahren vorhalten werden.

Meine Stimme zittert, als ich rede.

»Ohne Bein kein Pferd.«

Verständnislos starren die vier Männer mich an. Pepper guckt verwirrt in die Runde.

»O. B. heißt doch ›ohne Bein‹«, flüstere ich.

»O. B. heißt ›ohne Befund‹, stellt Dr. Bergengrün amüsiert richtig. »Das sagt man, wenn man keine krankhafte Veränderung findet.«

Die Auskunft verschlägt mir die Sprache. Weil ich stumm bleibe, spricht Dr. Bergengrün weiter.

»Präzise heißt es: o. b. B. Ohne besonderen Befund.«

Es dauert einen Moment, bis meine Stimmbänder wieder etwas hergeben.

»Echt?«

»Echt!«

Er hält mir das Protokoll unter die Nase.

»Hier, sieh selbst. Wenn alles in Ordnung ist, hake ich alle diese Kästchen mit dem aufgedruckten Vermerk o. b. B. ab.«

Tatsächlich. Die Liste wimmelt von abgehakten Kästchen. Wie ein himmlisches Muster ziehen sie sich über die Seite. Häkchen, Häkchen, Häkchen.

Auf die anderen muss ich ziemlich lustig wirken, so durcheinander, wie ich bin, denn auf einmal lacht Habi laut los und Tapir lacht auch.

Nur ich lache nicht. Mein Sinn für Humor ist vorübergehend außer Betrieb.

»Was ist daran witzig?«, frage ich mit dünner Stimme.

Klar fällt mir ein Stein vom Herzen. Trotzdem, die Sache mit diesem o. B. hätte man mir *vorher* erklären müssen. Was, wenn mich vor Schreck der Schlag getroffen hätte? Dann hätten wir ein gesundes Pferd und eine tote Besitzerin. Auch unlustig.

»Sorry, Flo, aber das war für uns gerade ziemlich komisch.« Tapir stößt mir entschuldigend seinen Ellenbogen in die Seite. »Komm schon, gib zu, das war lustig.«

»Und warum lache ich nicht?«

Aber dann falle ich meinem Pepper um den Hals und lache doch.

Weil ich so glücklich bin, dass er gesund ist und dass Papa nicht mehr Nein sagen kann und dass ich mich nicht mitten im März an einen Zaunpfahl festketten muss.

8.

Ich kann nicht schlafen. Gibt es irgendjemanden im Universum, der schlafen kann, wenn er von menschlicher Biomasse zum PFERDEBESITZER aufsteigt?

Auf meinem Nachttisch liegt Peppers Pferdepass. Daneben die Eigentumsurkunde. Und die Stalltafel mit Peppers Namen, die mein Bruder schon heimlich gekauft hatte.

Gegen zwei krieche ich aus dem Bett und trete mit nackten Füßen hinaus auf meinen kleinen Balkon. Raues Holz kratzt unter den Fußsohlen. Die Nacht ist kühl und klar.

Knapp sieben Stunden ist es her, dass Dr. Bergengrün mir sein einwandfreies Ankaufsprotokoll unter die Nase gehalten hat. Ich umfasse das glatte Metallgeländer und atme tief ein. Es wird Frühling.

Ich habe ein Pferd.

Im Licht des Halbmonds leuchten Krokusse und Primeln wie gelbe Lampen. Erdiger Duft steigt vom Gartenboden zu mir herauf. Mir wird schummrig. Vom herben Geruch und von dieser ungeheuren neuen Wahrheit:

Ich habe Pepper.

Am Fichtenkamp verkriechen sich die dunklen Fenster in den weißen Hausfassaden. Über mir leuchtet der Himmel.

Kann ich das überhaupt: ein Pferd halten?

Über den Tannenspitzen zittern die Sterne.

Ich zittere auch. Vor Freude. Vor besorgter Angst. Vor Kälte. Aber ich will nicht wieder ins Zimmer. Ich *muss* auch nicht zurück, weil mich ein weiches Gefühl von innen wärmt. Rosa Pferdewärme. Ich schlage meine Arme um die Schultern und sehe in den Nachthimmel hinauf mit seinem strahlenden Glanz.

Bekommt jedes Pferd einen Stern, wenn es einen neuen Besitzer hat? Tapir behauptet das.

»Wir Tierpfleger«, sagt Tapir, »haben jedes Mal einen Glücksstern ausgesucht, wenn ein neues Tier im Zoo einzog. Oder wenn ein Junges auf die Welt kam.«

Der halbe Himmel hängt voll mit Sternen von Tapirs Tapiren, Tapirs Wildeseln und Tapirs Zebras.

Ich beschließe, seine Erzählung zu glauben, und suche den Himmel nach dem schönsten Stern für Pepper ab. Ich nehme einen extrem blitzenden, unternehmungslustig funkelnden Stern unten rechts am Großen Wagen. Das einzige Sternbild, das ich kenne. Silbern blinkt er auf meinen Planeten herab.

Ob sie da oben auch Pferde haben?

Bring uns Glück, Stern.

9.

Heute ist der fünfte Abend nach der Erschaffung der Welt. Also nach dem Kauf von Pepper.

Die letzten Tage habe ich wie im Paradies gelebt, zusammen mit Emi. Das ganze Wochenende waren wir praktisch unzertrennlich, sind ausgeritten und bis abends im Stall herumgehangen. Ein unglaubliches Gefühl.

Pepper hat schon kapiert, dass er privat ist. Wenn Reitschüler zum Unterricht in den Stall kommen, bleibt er dösend im Stroh liegen, früher ist er dann immer aufgesprungen. Dummerweise hat mich nun die Schule wieder.

In meinem Zimmer ist es dunkel, bis auf den kleinen Lichtkreis, der auf die Seite mit Chemievokabeln in mein Englischbuch fällt.

Aufmerksam horche ich in unseren Hausflur.

Schritte?

Ich spreize das Gummiband mit der Stirnlampe von meinen Ohren ab, um besser zu hören.

Wieso liegen meine Eltern um diese Zeit noch nicht im Bett? Mein Handy zeigt dreiundzwanzig Uhr zwölf. Besorgt starre ich auf meine Zimmertür. Hoffentlich bekommen sie keinen Wind davon, dass ich noch über den Hausaufgaben sitze.

Ich begutachte den schmalen Lichtkegel meiner Stirnlampe, die Dani mir aus dem Outdoorshop mitgebracht hat. Nach menschlichem Ermessen kann nichts durch die Türritze leuchten. Mit Dani habe ich erst gestern den Test gemacht. Wofür Brüder doch gut sind.

Sicherheitshalber stehe ich aber doch auf und stopfe drei Kissen gegen die Türkante.

Um die Zeit wollen meine Eltern mich schlafend in der Koje wissen. Aber was soll ich tun? Hausaufgaben erledigen sich eben nicht von selber.

Allein bis zwanzig Uhr war ich im Stall.

Ich reite jetzt nach dem offiziellen Unterricht, bei den Privaten, zwischen achtzehn und neunzehn Uhr. Habi lässt die Privaten immer für sich reiten.

Er sagt: »Wenn ein fremdes Pferd in die Schulpferdeabteilung kommt, entsteht sofort Unruhe. Das kann ich meinen Reitschülern nicht zumuten. Es gibt Gerenne und Gebeiße.«

Natürlich konnte ich das für mich nicht gelten lassen und habe ihm vorgehalten: »Aber Pepper gehört seit Jahren dazu, bei ihm werden die anderen Pferde doch nicht unruhig.«

»Schon richtig, Flo. Aber ich muss gerecht sein und alle Privatreiter gleich behandeln. Dich genauso wie Emily und die Erwachsenen. Sonst steigen mir bald alle aufs Dach. Versteht du das?«

Ja und nein.

Ich greife nach meiner Apfelsaftpackung und setze sie auf die Mitte des Englischbuchs, damit die Seite nicht dauernd verschlägt.

Zum dritten Mal nehme ich Anlauf für die Hausaufgaben. Chemische Elemente auf Englisch. Die kann ich nicht mal auf Deutsch. Warum drucken sie nichts Vernünftiges in unsere Schulbücher? Zum Beispiel, was Zügel auf Englisch heißt. Oder Stallhalfter. Sattel, Steigbügel, Vorderfußwurzelgelenk. Hornspalte, Anschoppungskolik, Fesselkopf. Oder Reitbeteiligung.

Nein, halt, nicht Reitbeteiligung . . . dieses Wort will ich auf Englisch nicht kennen. Das mag ich auch auf Deutsch nicht hören. Und an den Stall will ich auch nicht denken, sonst werde ich mit diesen abgedrehten Chemievokabeln nie fertig.

Zu spät. Schon galoppieren meine Gedanken wieder davon. Zum Habichthof . . .

Dass ich dort plötzlich im Rampenlicht stehe, bringt mich ziemlich durcheinander.

Gerade gehörte ich noch zu den normalen Reitschülern, plötzlich stehe ich im Spotlight. Alle Augen auf mich gerichtet. Auf mich, die Auserwählte, die Pepper bekommen hat, den Star des Stalls.

Unaufhörlich taxieren mich alle, flüstern hinter vorgehaltener Hand. Ich ahne, was sie sagen.

»Wird Flo jetzt zickig?«

»Schafft sie es allein mit Pepper?«

Genauso habe ich es früher auch gemacht, wenn ein neues Pferd ankam. Außer bei Emily.

Ich werfe mich über die Schreibtischplatte und versuche, durchs Fenster Peppers Glücksstern zu erspähen, um mich zu beruhigen. Ein Fehler! Denn schon driften meine Gedanken erneut ab, schweben zur Wiesenfeldstraße 3, wo Pepper bestimmt im Stroh liegt und schläft. *Mein* Pepper, darf ich jetzt sagen.

Träumst du von mir, Pepper?

Seufzend beuge ich mich über das Englischbuch und schimpfe mit mir.

»Reiß dich zusammen, Flo«, feuere ich mich an. »Frau Fischer kontrolliert morgen, also los.«

Kohlenstoff – carbon. Stickstoff – nitrogen. Sauerstoff – oxygen.

Dreiundzwanzig Uhr siebenundzwanzig. Wer kann um diese Zeit noch denken?

Ich war viel zu lange im Stall und das ist nun die Quittung dafür.

Problemlos hätte ich schon um halb acht zu Hause sein

können, aber ich konnte mich einfach nicht trennen. Pepper war so süß, hat immerzu geschnurzelt und mich praktisch mit seinem Charme festgehalten. Man müsste schon ein gefühlloses Monster sein, um sich da losreißen zu können.

»Das kommt hoffentlich nicht öfter vor, Madame«, sagte Papa mit hochgezogenen Augenbrauen, als ich in den Hausflur schlich. »Du musst dein Zeitkonto überpüfen. Ich dachte, das hatten wir alles abgesprochen?«

»Klar Papa, ist nur am Anfang so.«

Weg mit dem englischen Chemiemüll. Her mit dem Zeitkonto.

Ich schiebe die Vokabelsammlung nach hinten und wühle in der obersten Schublade. Vielleicht lässt sich wirklich etwas ändern?

Die Klarsichtmappe »Mein Pferd« fühlt sich dick und gut an. Wie ein Stimmungsaufheller, der direkt durch die Haut auf die Seele wirkt. Freundlicher, weicher, glatter als Bücher mit der Aufschrift: »Englisch. Wortschatzübungen Mittelstufe« oder »Grundlagen Organische Chemie«.

Ich ziehe das gesuchte Blatt hervor.

Die Liste »Zeitaufwand« habe ich letztes Jahr auf hartnäckiges Drängen von Tapir angelegt.

»Für ein Pferd braucht man viel Zeit, Flo. Schreib dir jede Kleinigkeit auf, sonst verschätzt du dich leicht.«

»Aber die Pferde stehen doch die meiste Zeit auf der Weide oder auf dem Paddock«, habe ich eingewandt, »und die Boxen werden auch gemacht. Da bleibt doch nicht mehr viel für einen Privatbesitzer – außer Reiten.«

Aber Tapir hat nicht aufgehört, mich wegen der Aufstellung zu nerven, bis ich dann eine geschrieben habe.

Ich muss nur einen Blick auf dieses Blatt Papier werfen und es geht mir exakt wie an Neujahr, als ich die Liste fertig hatte. Ich zucke vor Ensetzen zusammen. Denn der Zeitaufwand pro Tag lautet:

DREI STUNDEN UND ZWANZIG MINUTEN.

Plus Extrazeit für Tierarzt, Schmied, Pferdeäpfel absammeln, Sattel- und Zaumzeugpflege.

Ein Anflug von Panik erfasst mich und ich knalle die Liste umgedreht auf den Schreibtisch. Heftig sauge ich an meinem Apfelsaftstrohhalm.

Himmel, das schaffe ich nie neben der Schule.

Dummes Zeug. So etwas darf ich mir gar nicht erst einreden. Ich schaffe das, ich darf nur den Kopf nicht in den Sand stecken.

Mit spitzen Fingern drehe ich den Ausdruck wieder um und studiere die einzelnen Punkte.

Wie viel Zeit brauche ich für mein Pferd?

1. Fahrzeit mit dem Fahrrad: insgesamt 20 Minuten
2. Schmusen: 20 Minuten
3. Nachschmusen: 5 Minuten
4. Putzen und Hufe säubern: 20 Minuten
5. Reiten: 60 Minuten
6. Zweites Nachschmusen: 5 Minuten
7. Nach dem Reiten putzen, evtl. abspritzen, Hufe fetten: 15 Minuten
8. Pferdeäpfel und nasse Einstreu aus der Box nehmen, Tränke putzen, Stroh einschütten: 20 Minuten
9. Stallgasse fegen: 5 Minuten
10. Spazieren gehen, grasen gehen, frei laufen lassen in der Halle: 30 Minuten

Das Licht meiner Stirnlampe huscht über die Liste. Zum Teufel, warum habe ich so klein geschrieben? Die Wörter lassen sich kaum entziffern. Die große Schreibtischleuchte würde besseres Licht geben, aber ich traue mich nicht, den Strahler einzuschalten. Fehlte noch, dass meine Eltern etwas unter der Tür hervorblitzen sehen und triumphierend hereinstürmen: »Ha! Wussten wir es doch! Du bist überfordert mit Pferd und Schule. Sofort nimmst du eine Reitbeteiligung.«

Alles, nur das nicht.

Ratlos schwebt mein Kuli über der Zeitliste. Was kann ich bloß streichen?

Zwanzig Minuten Fahrzeit mit dem Rad. Zwanzig verschwendete Minuten. Nichts zu machen. Es sei denn, meine Eltern richten mir eine leere Pferdebox auf dem Habichthof ein, mit Schlafsack, Campingklo und Klappschreibtisch. Dann hätte ihre Tochter zwanzig Minuten gewonnen, um sich hirnrissige Englischvokabeln von chemischen Elementen einzubläuen.

Ich weiß nicht weiter.

Die Einzige im Stall, die Erfahrung mit einem eigenen Pferd hat, ist Emily. Mit zwei Fingern lange ich nach dem Handy und drücke Emis Kurzwahlnummer.

Nach dem ersten Ton ist sie schon dran.

»Flo?«

»Sorry, gut, dass du noch nicht schläfst.«

»Nö, Hausaufgaben.«

»Du auch? Ich dachte, ich bin die Einzige, die kurz vor Mitternacht noch paukt.«

Emily lacht kurz auf.

»Das glaubst du aber alleine. Irgendwie komme ich abends nie weg von Alpino.«

»Hab dich vorhin gar nicht gesehen.«

»War auch erst spät im Stall. Herr Habicht wollte schon abschließen.«

»Oha. Mein Vater meckert jetzt schon wegen Pepper. Nach fünf Tagen. Ich habe hier eine Liste mit dem täglichen Zeitaufwand. Können wir die kurz durchgehen? Vielleicht hast du noch eine Hammeridee.«

»Eine Liste? Wo gibt es so etwas?«

»Nirgends. Selbst gemacht. Tapir wollte das unbedingt.«

»Schieß los.«

Komisch, unsichtbar am Telefon ist Emily viel lockerer als lebendig gegenüber.

Mit dem Kuli umkringele ich die Punkte vier und sieben. »Geht beim Putzen was? Ich plane zwanzig Minuten vor dem Reiten und fünfzehn Minuten danach. Also insgesamt fünfunddreißig Minuten.«

»Mit oder ohne Fesselbeugen ausbürsten?«

»Sind mit drin.«

»Hufe?«

»Auch drin.«

»Puh. Kürzer geht kaum. Hufe dauern. Man muss sie ja jedes Mal genau ansehen. Hornwand, Kronrand, die Hufsohle, Strahl, Hufeisen.«

»Hm. Vielleicht beim Tränkebecken putzen? Machst du das jeden Tag? Aber ehrlich, Emi.«

»Zuerst ja, jetzt nicht mehr. Aber du musst wenigstens in die Tränke reingucken, ob keine Pferdeäpfel drin schwimmen. Und putzen, wenn es nötig ist.«

»Also nach Inaugenscheinnahme«, sage ich schlau.

»Hä?«

»Solche Worte benutzt mein Vater.«

»Inaugenscheinnahme. Cool.«

Ich kichere in mich hinein wegen des bescheuerten Wortes. Und wegen der gesparten Scheuerzeit.

Punkt Schmusen und Nachschmusen.

Dazu muss ich Emily gar nicht ausquetschen. Denn auf die Frage nach möglicher Zeitkürzung antworte ich mir selber, und zwar kurz und präzise: N-E-I-N.

Wofür habe ich endlich ein eigenes Pferd? Ich kann mich höchstens auf Peppers Tagesform einstellen. Wenn er in Schmuselaune ist, bleibe ich länger, ansonsten reiße ich mich zusammen und schmuse kürzer. Immerhin rund zehn Minuten Zeitersparnis. Ob ich das schaffe, ist eine andere Sache.

»Hast du Herrn Habicht an Alpinos Mineralfutter erinnert?«, will Emily wissen.

»Ja, Quälgeist. Ich weiß echt nicht, was daran so schlimm ist. Ich meine, dass du ihn selber fragst.«

»Mann, Flo . . .«

»Schon okay. Danke übrigens fürs Listenabhaken. See you.«

»Tschau.«

Mir gefällt es ehrlich gesagt nicht, Herrn Habicht immerzu an Emilys Sachen zu erinnern. Der denkt ja, ständig will Flora was von mir. Dabei geht höchstens die Hälfte der Fragen auf mein eigenes Konto. Großzügig gebe ich mir fünf Punkte auf meiner »Feine-Flora-Skala«. Weil ich mit Emilys Schüchternheit wohl bis zu meiner Rente leben muss, türme ich noch drei feine Punkte obendrauf.

Meine letzten Fragen simse ich um dreiundzwanzig Uhr fünfundfünfzig an Tapir.

> Hi Tapir, mein Vater meckert wegen langer Stallzeit. Frage: Wie lange muss Pepper neben einer Stunde Reiten bewegt werden? Minimum? LG Flo

Die Antwort kommt blitzartig. Wahrscheinlich zieht Tapir sich wieder bis zum Weckerklingeln Videos mit Außerirdischen rein.

Pferde sind Lauftiere! Die können sich gar nicht genug bewegen. Ohne Reiter, meine ich.

Seufzend überfliege ich Tapirs Text. Lauftiere . . . ja, toll. Das weiß ich auch. Bloß gibt es da eine gewisse Anstalt namens S-c-h-u-l-e, die mich davon abhält, mit meinem Pferd spazieren zu gehen. Ich brauche Stundenzahlen und so weiter. Eilig tippe ich die nächste Frage, bevor Tapir sein Handy aus der Hand legt.

Schon klar, Tapir. BITTE GENAUERE ANGABEN!
Flo.

Die nächste SMS trifft ein.

Im Winter haben alle Pferde auf dem Habichthof den halben Tag Paddock. Im Sommer ca. sechs Stunden Weide. Neben dem Reiten geht das so. Besser ist natürlich noch mehr zusätzliche Bewegung. Remember: Lauftier.

Aber was ist, wenn Paddock und Weide ausfallen? Meine Gedanken wandern – nein, sie schwimmen – zurück zum letzten Herbst. Extremer Dauerregen mit Sturm. Unser Paddock überschwemmt. Mit eingezogenen Köpfen drückten sich die Pferde an die Paddockwand und bewegten sich keinen Zentimeter. Das Lauftier in ihnen verweigerte den Dienst in der Schlammwüste. Der Boden war zu tief. Da hat Herr Habicht die Schulpferde morgens dreißig Minuten in der Reithalle laufen lassen. Zwanzig Minuten Schritt, dann etwas Trab und Galopp. Dreißig Minuten frei laufen lassen – mein Punkt zehn in der Zeitliste. Darum muss ich mich ja künftig selber kümmern, weil Pepper kein Schulpferd mehr ist.

Hi Tapir, letzte Frage. Genügt im allerallerallergrößten Notfall eine halbe Stunde frei laufen lassen in der Halle? Neben Reiten? Ich meine, bei Starkregen wie letzten Herbst?

Tapir simst zurück:

Mit der Frage machst du mich echt fertig. Vor der Antwort drücken sich selbst Fachleute. Natürlich sind dreißig Minuten freie Bewegung nicht genug. In der Natur bewegen sich Pferde mindestens zwölf Stunden im Schnitt. Das Notfall-Kurzprogramm in der Halle geht wirklich nur bei höherer Gewalt.

Ich will gerade antworten, als mein Handy schon wieder wiehert. Tapir ist noch nicht fertig.

Achte darauf, dass Pepper sich zumindest frei wälzen kann. Jedes Pferd will dieses Scheuer- und Kratz-Erlebnis einmal am Tag. Ultrawichtig: Lass deinen Schatz zusammen mit anderen Pferden laufen. Damit er spielen und sich mit seinen Kumpels beknabbern kann. Pferde brauchen es, dass ihre Sinnesreize befriedigt werden . . .

SINNESREIZE? Was meinst du, Tapir? ;-)

FLO! Was du wieder denkst. =) Ich meine Kontakt zu anderen Pferden, Licht und Luft. Überhaupt brauchen Pferde die Außenwelt, damit sie ihre Neugier befriedigen können. Auch bei Regen, Sturm, Schnee, wenn es nicht zu heftig kommt. Die Reithalle ist da viel zu eintönig. Die Schulpferde kommen ja zumindest noch mit Reitern ins Gelände. Mit Pepper darfst du wahrscheinlich abends nicht mehr allein ausreiten???

Stimmt auffällig X((. Was schlägst du vor?

Abends mit Pepper spazieren gehen, damit er Eindrücke aus der Natur mit in den Stall nimmt. Am besten zusammen mit Alpino zum Fellkraulen. Bei Familienstress vllt gerade mal einschränken. Und nun ab in die Falle. Tapir.

Ich lege das Handy auf den Nachttisch und packe das Blatt Papier sorgfältig auf den Boden meiner Klarsichtmappe.

Etwas besser sieht der Plan nun aus. Aber zweieinhalb Stunden für Peppers Versorgung bleiben das Mindeste – wenn ich ihn nicht laufen lassen muss. Obwohl Herr Habicht mir schon viel Arbeit abnimmt, wie ausmisten, füttern, auf die Weide bringen.

Eigentlich läuft es auf drei Stunden hinaus.

Diese Liste darf mein Vater niemals sehen, sonst finde ich Pepper in der nächsten Ausgabe des Pferdemagazins. Unter Verkäufe: Aus Zeitmangel gegen Höchstgebot abzugeben …

10.

Eigentlich bin ich zwei Floras.

Das ist mein erster Gedanke, als ich am nächsten Morgen aufwache und mit schweren Gliedern aus dem Bett rolle. Eine Flora, die sich wie verrückt über ihr eigenes Pferd freut, und eine, die nicht weiß, wie sie das alles schaffen soll.

Natürlich darf ich das niemandem sagen, schon gar nicht im Stall.

Mit der flachen Hand schlage ich den scheppernden uralten Wecker aus, der auf meinem Nachttisch tanzt.

Unsere liebe Frau Dr. Lanz braucht so eine Bemerkung nur aufzuschnappen, schon krallt sie mich und steckt mich in die Anstalt. Ihr Triumphgeheul tönt mir lauter in den Ohren als mein Wecker: Einweisung! Das Mädchen hält sich für zwei Floras! Gespaltene Persönlichkeit! Pepper muss zurück in den Schulbetrieb!

Beim Zähneputzen gehe ich alle meine Bekannten durch. Ob sich noch jemand für zwei hält? Zuerst fällt mir keiner ein, aber dann endlich – TAPIR! Der ist morgens im Stall Tapir und nachmittags im Büro Jonas Nansen. Deutlicher geht es nicht. Also kann ich genauso gut zwei sein. Ohne gleich in die Klapse gesteckt zu werden.

Allerdings bezweifle ich, dass ich jemals wieder normal auf meinem Schulstuhl sitzen und wie früher etwas vom Unterricht mitbekommen werde. Denn statt zuzuhören, grüble ich in der Englischstunde über meine Zeitplanung nach.

Entsprechend weggetreten muss mein Gesicht auf Frau Fischer gewirkt haben, denn nach dem Schlussgong schleift sie mich in eine Flurecke und fragt: »Sag mal Flora, hast du Probleme?«

»Nein, nein«, entgegne ich und schaue so ausdruckslos wie ein Tafelschwamm.

Dabei hätte ich gern etwas anderes geantwortet:

Probleme? Ich habe keine Probleme, Frau Fischer, sondern ein Pferd. Ich buchstabiere: P-f-e-r-d. Das, Frau Fischer, ist ein ausdauerndes Lauftier der Steppe. Verstehen Sie? Seine Beine sind nicht dafür gedacht, 23 Stunden am Tag in einer Box zu stehen. Sonst wird ein P-f-e-r-d nämlich krank, Frau Fischer. Doch statt abends mit meinem Pepper spazieren zu gehen, sitze ich bis Mitternacht über Ihren bescheuerten Chemie-Englischvokabeln. Mit einer Stirnlampe zum Lesen, damit meine Eltern nichts merken. Aber Probleme habe ich nicht, Frau Fischer. *Noch* nicht, muss ich sagen, denn ich fürchte, ich bekomme welche, weil der absolute Lieblingssatz meines Reitlehrers lautet: Hast du keine Probleme, kauf dir ein Pferd.

Aber diese Feinheiten über Pferde kann man jemandem wie Frau Fischer nicht vermitteln, deren einziges Haustier eine Computermaus ist.

Auf dem Weg von der Schule nach Hause trete ich wie verrückt in die Fahrradpedale. Obwohl ich mich so beeile, kommt erst um kurz vor drei unser kleines Reihenhaus in Sicht. Um vier beginnt der Unterricht für Reitschüler. Selbst wenn ich mich sekundenschnell auf den Habichthof beamen könnte – vor den Reitstunden schaffe ich es nicht, Pepper zu reiten.

Also muss ich schon wieder spät in den Stall. Wie gestern.

Frustriert werfe ich mein Rad in den Vorgarten und schlage auf die Klingel.

Heute darf ich also wieder bis Mitternacht pauken. Mit Stirnlampe.

»Sieht so eine stolze Pferdebesitzerin aus?«, fragt Mama verwundert, als sie die Tür öffnet.

Ich dränge mich an ihr vorbei in den Flur.

»Hä? Wie sehe ich denn aus?«

»Gereizt. Mit einem Anflug von unglücklich.«

Grunzend knalle ich meinen Schulrucksack auf die Treppe nach oben.

»Ach, die Fischer mit ihren blöden englischen Chemievokabeln nervt. Das war's schon.«

»Und du bist wirklich nicht überfordert mit allem?«

Forschend sucht Mama in meinem Gesicht nach einer eindeutigen Antwort. Sämtliche Mutterantennen fährt sie aus. Ein falsches Wort von mir und es heißt: Das Pferd ist schuld. Aber in meinem Pokerface wird sie nichts finden.

»Kann ich mein Essen mit raufnehmen?«, erkundige ich mich ganz zahm.

»Das gefällt mir nicht, dass jetzt alles so zwischen Tür und Angel abläuft«, sagt Mama zögernd. Aber sie macht den Weg in die Küche frei.

»Mmmh. Super, Mama. Crêpes mit Marmelade.«

Ich rolle mir zwei dünne Pfannkuchen zusammen, packe sie auf einen Teller und balanciere ihn aus der Küche.

»Muss bloß erst den richtigen Rhythmus finden«, beruhige ich meine Mutter und drücke ihr einen Kuss auf die Wange. Im Vorbeigehen hänge ich meinen Rucksack über die Schulter und sause die Stufen zu meinem Zimmer hinauf. »Entspann dich, Mama.«

Bevor ich mich mit den Crêpes aufs Bett werfe, hänge ich das unübersehbar große Schild »Störungen verboten!« an die Klinke. Mein Gedankenfluss verträgt jetzt keine Unterbrechungen.

Ich schiebe den Teller auf den Tisch, direkt unter das Regal mit meinen Pferdebüchern. Grimmig betrachte ich die ansehnliche Sammlung.

In meinen Kinderbüchern sah das Happy End immer anders aus. Das Lieblingspferd wurde gekauft und alle lebten glücklich und zufrieden bis ans Ende ihrer Tage. Zeitmangel? Das Wort existierte überhaupt nicht. Doch nun dämmert mir: Das wahre Reiterleben enthält auch einen Haufen komplizierter Probleme.

Jedenfalls ist mir das Happy End in meinen Büchern völlig falsch geschildert worden.

Was ich brauche, ist richtig guter Rat: Wie kann ich dreißig Stunden in einen Vierundzwanzigstundentag stopfen? Mit der Lösung wäre sogar unser oberschlauer Dr. Winkelmann überfordert. Bei solchen verzwickten Fragen kann nur Tapir helfen. Und ein großes Stück Crêpe, um meine Magennerven zu versöhnen.

Ich beiße ein Stück ab und schließe die Augen wie Pepper, wenn er eine Banane verdrückt.

Mein Handy meldet: 15.09 Uhr. Da müsste Tapir in seinem Büro sitzen. Hoffentlich guckt er nicht die ganze Zeit in das öde Bürgerliche Gesetzbuch, sondern auch mal auf sein Handy.

Ich lecke Erdbeermarmelade vom Daumen und simse eine kurze Mitteilung.

Hi Tapir, geheime Geheimfrage: Was hältst du von einer Reitbeteiligung? Ich meine grundsätzlich? Flo. Viiiel Schule, wenig Zeit.

Während ich den zweiten Pfannkuchen reinschiebe, vibriert mein Handy die Antwort ins Haus. Unser Supertapir! Stallfragen sind für ihn wichtiger als jeder Rechtsanwaltsfall.

Grundsätzlich kommt man selten ohne Reitbeteiligung aus. Hast du jemanden im Kopf? Tapir

Blitzschnell simse ich zurück:

Nö. I-wie nicht direkt. Vllt probiere ich einfach jemanden aus. Ich kann ja immer wechseln, wenn nix klappt. Flo

Jetzt dauert die Antwort einen Moment. Dafür kommt eine längere Predigt von Tapir.

Reitbeteiligung wechseln ist nicht problemlos. Überleg dir sehr gut, wen du nimmst. Wenn es schiefgeht mit der RB und ihr kriegt euch in die Haare, gibt es ständig gereizte Stimmung in der Stallgasse. Ihr seht euch ja jeden Tag. Tapir.

Seine Antwort passt mir überhaupt nicht. Klingt fast wie Mamas Lieblingsteebeutelspruch: »Was du beginnst, beginne es klug und bedenke das Ende«.

Der Satz stammt von einem berühmten Griechen namens Herodot und ist zweitausendfünfhundert Jahre alt, sagt Mama.

Ob dieser Herodot auch eine Reitbeteiligung hatte?

Tapir hätte mal lieber schreiben sollen: Nimm die oder nimm die.

Was ich brauche, sind Namen, Vorschläge, konkrete Tipps, keine altgriechischen Weisheiten.

Ein leises Gefühl von Panik sitzt mir im Nacken, als ich um halb fünf zum Habichthof fahre. Gerade mal die Hälfte meiner Hausaufgaben sind abgehakt. Wenn ich im Dunkeln zurückkomme, erwarten mich noch meine geliebten Englischvokabeln und vier langweilige Seiten aus dem Geschichtsbuch.

Hoffentlich hat dein Akku noch genug Saft, Stirnlampe!

Weg mit dem Gedankenmüll. Pepper wartet und wenn er mich sieht, darf kein einziger Stresskrümel in meinem Gehirn festsitzen.

Kaum setze ich die erste Stiefelspitze in den Stall, verfliegen meine Bauchschmerzen. Wie weggezaubert. Man müsste Pferde auf Krankenschein verordnen.

Als ich um die Ecke biege, steht mein schönes Pferd mit hoch erhobenem Kopf in der Box. Aufmerksam verfolgt Pepper jede meiner Bewegungen, und als ich näher komme, macht er drei Schritte zur Boxentür, als könnte er genau ausrechnen, wann ich dort eintreffe – und es stimmt haargenau.

Freudig brummelt er mir seine Begrüßung entgegen, als ich die Tür öffne.

Für diesen Glücksmoment lohnt sich jeder Schulstress!

Ich nehme Peppers Kopf in die Hände und reibe seine Backen. Mit halb geschlossenen Augen bewegt er den Kopf.

»Du alter Genießer«, flüstere ich ihm zu und ziehe vorsichtig an einem Ohr. »Du willst aber auch nicht in der kleinsten Ecke kuschelfrei bleiben.«

Pepper grunzt ein bisschen und genießt das Kraulen ausgiebig.

»Komm, wir gehen spazieren.«

Eilig verlässt er die Box, als ich den Führstrick schwenke. Die Geste kennt Pepper. Es geht nach draußen! Ohne zu zögern, schlägt er nach Verlassen der Box den Weg nach rechts ein – zum Hof, zum Reitweg, ins Grüne. Wie gut er mich kennt. Pepper weiß genau: Ohne ihn zu putzen, gehe ich nie in Richtung Halle zum Reiten.

Mit großen Schritten zieht er mich in Richtung Gelände, wo am Zaun zwischen Sandweg und Weide ein schmaler Grasrand wächst. Kaum sind wir am ersten Hälmchen angelangt, senkt Pepper den Kopf und zupft verzückt das junge Gras ab.

Vom Hof kommt jemand mit wehenden blonden Haaren auf mich zu. Ich kneife die Augen zusammen. Janne, mit der ich früher in einer Gruppe geritten habe. Früher, als ich noch kein Privatreiter war. Wie das klingt.

Vielleicht will Janne ja gar nicht zu mir? Wäre mir lieber. Ich möchte allein sein mit Pepper. Aber Janne schlendert eindeutig in meine Richtung und ich kann sie schlecht ignorieren, als sie vor mir stehen bleibt und eine Zeit lang durch die Lücke ihrer Vorderzähne pfeift. Diesen besonderen hohen Ton kriegt nur sie hin.

»Schönes Pferd«, sagt Janne schließlich.

»Hm. Kennst ihn ja.«

Pepper lässt sich nicht stören. Ohne Pause zupft er an den zarten Hälmchen.

Janne streckt die Hand aus und legt sie auf Peppers Widerrist. Stirnrunzelnd sehe ich mir diesen Übergriff an. Am liebsten würde ich sagen: Nimm die Finger von meinem Privatpferd.

Aber wie hört sich das an? Sofort würde es im Stall heißen: Seit Pepper Privatpferd ist, denkt Flo, sie ist was Besseres. Ich beiße mir auf die Zunge und dulde Jannes Hand auf *meinem* Pferd.

»Wollte nur sagen«, sagt sie und sieht sich dabei um, ob jemand zuhört, »falls du mal jemand zum Reiten für Pepper brauchst . . .«

Aha, daher weht der Wind. Janne denkt an eine Reitbeteiligung.

»Ist gut.«

Ich nicke und lasse offen, was ich mit Jannes Information anfangen will. Janne ist okay, geht in die 7c, reitet ganz anständig. Andererseits: ein Mädchen aus der Siebten, die jetzt schon weiß, dass sie später den Mathe-Leistungskurs nimmt???

Janne dreht sich um und macht sich unschlüssig auf den

Weg zurück zum Hof. Mit beiden Händen ordnet sie ihr Haar und pfeift wieder durch die Zahnlücke, als wäre das Leben unkompliziert und schön. Dabei merke ich ganz genau, dass sie gerade alles andere als glücklich ist. Plötzlich komme ich mir mies vor. Hätte jemand anders mir Pepper weggekauft, wäre ich auch verrückt auf eine Reitbeteiligung gewesen. Hätte ich nicht freundlicher sein können?

»Danke«, brülle ich ihr nach, um doch noch etwas Nettes zu sagen. Zu spät. Schon fällt die Stalltür hinter ihr zu.

Schuldbewusst gebe ich mir zwei miese Punkte auf meiner »Fiese-Flora-Skala«.

Nachdem Janne verschwunden ist, führe ich Pepper ein Stück weiter zum Wald, wo das Gras höher steht und dichter wächst.

Als wir endlich den besten Platz gefunden haben, tauchen auf dem Waldweg kaugummikauend die Zwillinge Tessy und Kriss auf. Eine von beiden – wer, erkenne ich natürlich nicht – hat Avatar an der Leine, ihren rauhaarigen Jack-Russell-Terrier. Entgegen ihrer Gewohnheit tragen die Zwillinge blaue Reithosen und Westen. Sonst erscheinen sie gern in Girlie-Klamotten wie Melly.

Ihr Terrier reißt an der Leine. Sicher wittert Avatar ein Kaninchen, er zerrt und jault in einem fort.

»Tessy«, sagt das Mädchen am Ende der Hundeleine und danach: »Nimmst du eine Reitbeteiligung auf Pepper?«

Die Zwillinge haben sich angewöhnt, zur Begrüßung erst mal ihren eigenen Vornamen zu nennen, damit wir nicht irre werden. Danach ist es ein bisschen wie beim Hütchenspielen: Man muss nur im Auge behalten, wer sich wohin bewegt.

»Äh«, sage ich lahm.

Auf Fragen nach einer Reitbeteiligung bin ich schlecht vorbereitet. Ich dachte, ich könnte mir in aller Ruhe selber eine aussuchen. Aber dass die Reiter zuerst *mich* nach einer RB fragen, überrumpelt mich.

Warum hat Emily mich nicht gewarnt? Die muss das doch auch erlebt haben, damals, als sie Alpino bekam.

Tapirs SMS schwirrt mir durch den Kopf: »Überleg dir sehr gut, wen du nimmst.«

Die Zwillinge sind nicht schlecht. Eine von ihnen müsste immer Zeit haben. Verträglich sind Kriss und Tessy auch. Nur weiß ich manchmal nicht, ob sie auf meiner Seite sind oder auf der von Melly und Gloria. Und ob sie sich von deren bescheuerten Ideen anstecken lassen.

Kriss verzieht das Gesicht.

»Was denn nun? Wir sind doch wohl der Knaller als Zwillinge.« Sie grinst. »Wo findest du eine Reitbeteiligung, die gleich zweimal einspringen kann?«

»Stimmt, aber ich weiß noch nicht«, sage ich wahrheitsgemäß. »Eigentlich möchte ich Pepper ziemlich gern erst mal allein haben, wo er so lange Schulpferd war. Aber ob ich das schaffe mit der Schule, keine Ahnung.«

Kriss schiebt ihren Kaugummi von einer Backe in die andere und nickt seufzend. Avatar zieht Tessy zu mir herüber, sie fliegt fast hin und die Leine wickelt sich um Peppers Beine.

»Vorsicht, dein Hund!«

Zum Glück reagiert Pepper völlig entspannt, zieht das Bein aus der Schlinge, und bevor er weiterfrisst, beschnuppert er im Vorbeigehen Avatars Ohren. Der Jack Russell fiept und legt sich neben Pepper ins kurze Gras. War er vorhin gar nicht hinter Kaninchen her? Wollte er zu Pepper? Zwischen den beiden stimmt die Chemie, das steht fest. War mir bisher nicht aufgefallen.

Tessy beeilt sich, die Leine zu lösen und den Karabinerhaken neu einzuklinken.

Ist die Hundeliebe ein Zeichen?, geht mir durch den Kopf. Kann ich die Zwillinge als RB ins Auge fassen?

Ich nehme es so.

»Vielleicht in den Ferien«, schlage ich vor. »Kann sein, dass meine Eltern mich zwingen, mit ihnen in Urlaub zu fahren. Dann brauche ich definitiv jemand.«

Tessy nickt zufrieden und wendet sich zum Gehen. »Geritzt. Wehe, du überlegst es dir anders.«

Kriss schließt sich ihr an. »Man sieht sich. Komm, Avatar.«

Der Terrier sträubt sich und lässt sich stocksteif nachziehen wie ein Holzspielzeug auf Rädern. Ich glaube, er wäre gern noch länger geblieben. Pepper brummelt ihm Grüße nach.

Schon halb sechs. Zeit zurückzugehen. Das kann ich ganz allein entscheiden!

An dieses prickelnde Gefühl der Macht muss ich mich erst gewöhnen. Eben gehörte Pepper noch allen, jetzt nur noch mir. MIR, MIR, MIR.

Gehe ich nicht erheblich aufrechter als sonst den Weg zum Stall hinauf? Womöglich sogar . . . auch hochmütiger?

»Hochmut kommt vor dem Fall«, lautet unser aktueller Teebeutelspruch.

Diese Weisheit steht schon in der Bibel, sagt Mama, und ich soll um jeden Preis vermeiden, wie eine arrogante Gans durch den Stall zu stolzieren. Denn, sagt Mama, man kann schnell stolpern und fallen. Und wenn man am Boden liegt, trampeln alle auf einem herum. Das meint sie als Bild. Meine Mutter glaubt nicht wirklich, dass Tapir und Habi mir in die Rippen treten – nicht mal Melly oder Gloria –, sondern dass man einen Pechvogel verspottet, falls er vorher hochmütig war.

Schon klar, Mama.

Allerdings weiß ich nicht, worüber *ich* stolpern und fallen sollte.

Pepper merkt sofort, dass ich mich bei dem Wort »stolpern« verspanne, denn er verzögert den Schritt und sieht mich von der Seite an.

Irgendwas nicht in Ordnung?, fragt sein prüfender Blick.

»Doch, alles okay.« Beruhigend tätschele ich seinen Hals. »Nur dass ich über Nacht von Level drei auf Level sechs hochgestiegen bin. Und keinen Schimmer habe, was ich dazwischen verpasst habe. Weißt du, was ich meine, Pepper?«

Scheint so, denn er trottet wieder mit entspannt hängender Unterlippe neben mir her.

Vor dem leeren Paddock binde ich ihn an den Anbindepfosten und gehe zum Stall, um Putzzeug zu holen.

Mit gespitzten Ohren sieht Pepper mir nach.

In der Sattelkammer leuchtet mir ein gelber Haftzettel von Peppers Sattel entgegen. Nachricht vom Chef. Das weiß ich, ohne näher hinzugucken. Gelbe Notizzettel sind das Höchste, was Lennart Habicht der modernen Kommunikation abgewinnen kann. Computer, Internet, Netzwerke, damit steht unser Chef auf Kriegsfuß. Habi kriegt schon zu viel, wenn Reitermütter ihm SMS schicken.

Er wünscht sich die Zeit der Rauchzeichen zurück, glaube ich. Und träumt von Lagerfeuern, an denen er mit seinem kleinen Sohn Johnny sitzt und aus blauen Emailletassen trinkt. Wie in Cowboyfilmen.

Ich zupfe den gelben Zettel ab. Was will der Chef mir mitteilen?

Hallo Flora. Leg dir einen Stallkalender für Pepper an, damit du den Überblick behältst. Trag folgende Termine ein: fällige Impfungen, Wurmkuren und Schmied. Eisen braucht Pepper alle 6–8 Wochen. Letzter Beschlag war am 2. März.

Süß von ihm.

Ich stecke den Zettel ein und durchquere mit meinem Putzkasten die Stallgasse Richtung Hof.

Gerade fange ich an, Pepper zu putzen, da schießt Emily um die Ecke.

»Reitest du um sechs?«, hechelt sie.

»Na klar, was denkst du denn?«

»Cool. Dann bin ich nicht allein mit den Durchgeknallten in der Halle.« Schon rennt Emily zur Stalltür. »Warte, ich hole Alpi zum Putzen nach draußen.«

Alpino geht mit ausgestrecktem Hals auf Pepper zu. Mit ihren Nasen nehmen sie Kontakt auf und reiben ihre Wangen aneinander.

Sie mögen sich. Zum Glück, denn im Sommer stehen sie künftig mit ein paar anderen Privatpferden auf einer eigenen Weide.

»Melly und Gloria dürfen nach dem Unterricht oft noch ein paar Minuten länger reiten, weil sie ja schon ein bisschen weiter sind als der Rest ihrer Abteilung, und dann machen sie immer blöde Bemerkungen, wenn Herr Habicht nicht zuhört.«

»Was sagen sie denn?«

Emi zählt auf: »Ein Haflinger ist doch das Allerletzte, da schleift man ja mit den Füßen über die Erde, wie kann man nur so ein Bauerntier reiten . . .«

»Die Mistbienen!«

»Wenn du dabei bist, trauen sie sich nicht.«

Ich seufze. Das grenzt schon an Mobbing und das kann ich nicht dulden. Ich bin und bleibe Emilys Beschützerin. Für solche Beschützerdienste müsste ich eigentlich Schutzgeld von ihr kassieren. Weil ich das nicht mache, gebe ich mir acht Punkte auf meiner »Feine-Flora-Skala«. Wenn ich tot bin, kriege ich hoffentlich eine fette Belohnung im Himmel.

Als Emily und ich unsere Pferde in die Halle führen, marschiert Habis Schulpferdeabteilung gerade auf. Beim Aufsitzen sehe ich Melly und Gloria auf Flemming und Collin auf den oberen Zirkel gehen, während die restlichen Reiter die Halle verlassen. Kaum ist Habi verschwunden, zieht Gloria ihr Handy hervor. Ihr Daumen fliegt über die Tasten, obwohl er samt Handy auf dem Zügel liegt. Das muss doch Collin im Maul stören!

Emi wirft mir einen furchtsamen Blick zu, als die Durchgeknallten an uns vorbeireiten, aber die sagen kein Wort zu ihr.

Klar, weil *ich* da bin!

Wahrscheinlich verleiht mir der Bundespräsident demnächst das Bundesverdienstkreuz für meinen Einsatz für Emily.

Gerade bin ich eine Runde geritten, als Gloria plötzlich antrabt. In meine Richtung! Als sie mit Schulpferd Collin neben mir ankommt, pariert sie mit dem Handy am Zügel durch zum Schritt.

Hä? Gloria reitet freiwillig in meine Nähe? Habe ich Halluzinationen? Oder hat sie ihre eigene Software nicht im Griff? Neben mir reiten, das hätte Gloria früher nur gemacht, wenn der restliche Hallenboden mit Stacheldraht bedeckt gewesen wäre.

Schon legt Gloria los. Kaum haben die ersten Worte ihre schwarz umrandeten Lippen verlassen, weiß ich, was Sache ist. Auch sie peilt eine Reitbeteiligung an.

»Unsere schönen Braunen sehen hammer nebeneinander aus.«

Unsere Braunen?

Sie meint wohl: *Dein* Brauner und das Schulpferd Collin ... Was erzählt Gloria plötzlich von schönen Pferden mit braunem Fell? Sonst schwärmt sie doch ständig von Rappen. Von Flemming beispielsweise, der viel besser zu Glorias schwarzem März-Outfit passen würde. Den Brandenburger Wallach reitet heute Melly.

Dass ich schweige, stört Gloria nicht. Unser Pseudogrufti plappert munter weiter.

»Sollen wir nicht am nächsten Reiterfest beim Paarreiten mitmachen? Du Pepper, ich Collin?«

Gloria bläst sich auf wie ein Auerhahn auf Brautschau. Und ich bin die Braut.

Pepper bewegt die Ohren nach hinten und verspannt sich. Er mag es nicht, wenn andere Pferde so dicht aufreiten, dass sie uns bequem in den Sattel beißen könnten. Ich drehe mich um.

Flemming ist uns mit Melly auf den Fersen. Vor Ärger stöhnt sie auf, weil sie Glorias Geschleime mit anhören muss.

Als Melly meinen Blick auffängt, verzieht sie das Gesicht zu einem gezwungenen Lächeln, das ihr voll misslingt. Sie gibt sich allergrößte Mühe, ihre nette Seite hervorzukehren. Wie vor ihr bereits Gloria, Janne und die Zwillinge.

Letzte Woche noch hätte ich bei diesem Grinsen einen passenden Spruch losgelassen, heute stimmt mich meine neue Königsposition nachsichtig. Mit Peppers Pferdepass in der Tasche muss ich keine Giftpfeile auf Melly abschießen.

In meiner milden Majestätenlaune gefalle ich mir spitzenmäßig.

Melly treibt Flemming voran und drängt ihr Pferd zwischen Pepper und Collin.

»Geht's noch!« Vom Eingang donnert Habis Stimme in die Halle. »Bleibt mit den Pferden auseinander. Ich will hier keine Schlägerei.«

Erschrocken nimmt Melly die Zügel an und holt Flemming zurück.

»Hoffentlich ist das Handy bald verschwunden«, bellt Lennart Habicht weiter.

Bevor er sich noch mehr aufregen kann, wird er von hinten angesprochen. Eine streitlustige Frauenstimme. Leider sieht man von meiner Position aus nicht, wer unseren Chef mit Beschlag belegt, obwohl ich mich so weit zur Seite beuge, dass ich fast aus Peppers Sattel rutsche. Doch als es innerhalb von wenigen Sekunden vor der Tür laut wird, ist mir alles klar.

»Meine Tochter hat Pepper bisher gut geritten. Ich finde, Sie könnten dafür sorgen, dass sie die Reitbeteiligung an ihm bekommt.«

Natürlich. Frau Dr. Lanz in ihrer Paraderolle als rächende Mutter.

Vor Entsetzen fällt Melly fast vom Pferd. Dunkelrot vor Scham linst sie zu mir herüber. Es kommt nicht oft vor, dass ich Melly bemitleide. Aber jetzt. Andererseits ist sie selbst schuld. Warum spannt sie auch ihre komische Mutter immer zu ihrem Vorteil ein? Dann muss die Frau ja irgendwann überzeugt sein, Melly und sie seien ein unschlagbares Team.

Was Herr Habicht und Frau Dr. Lanz sich weiter an den Kopf werfen, hören wir nicht, weil beide mit gedämpfter Lautstärke weiterreden.

Auf einmal schießt Mellys Mutter an die Bande und reißt die Holztür auf. Mit wehender Jacke stürmt sie durch die Späne auf uns zu.

Alarmiert bleiben unsere Pferde stehen. Ihre Ohren spielen. Peppers Rücken spannt sich unter meiner Reithose an. Sofort beginne ich zu summen, Tapirs Tipp für nervöse Pferde. Es hilft. Aber nur bei Pepper. Alpino sucht mit Emily im Sattel das Weite. An der kurzen Seite galoppiert er an und schwenkt drohend den Kopf in Frau Lanz' Richtung.

Pepper gibt einen kleinen aufmunternden Laut von sich. Für mich klingt der wie: *Richtig so, Alpi. Vertreib sie.*

Gebieterisch hebt unsere Chefpsychologin die Hände in Emilys Richtung.

»Halt mal an.«

Mit dem Erfolg, dass Alpi auf dem Huf kehrtmacht und quer durch die Halle fetzt. Sägespäne wirbeln hoch und hinterlassen einen grauen Staubschleier auf der Psychologin.

Hoffentlich buckelt Alpi Emily nicht runter. Bitte nicht vor diesem Publikum.

Mellys rotes Gesicht unter der Reitkappe wird noch eine Spur dunkler. Der totale Albtraum: Eine Mutter blamiert ihre Tochter bis auf die Knochen. Vor allen anderen.

»Mama, das kannst du nicht machen.«

Heulend sitzt Melly auf Flemming. Frau Lanz heult jetzt auch. Richtig laut.

Furchtbar. Ich fühle mich schuldig und unbehaglich.

»Frau Lanz! Das geht zu weit.«

Habi durchquert die Halle und bedeutet Mellys Mutter, ihm an die Bande zu folgen.

»Kommen Sie raus da.«

Als der Chef sich nähert, beruhigt Alpi sich und fällt in Schritttempo.

Mit äußerster Vorsicht tupft Frau Lanz ihre Wimpern mit dem Taschentuch ab. »Meine Tochter reitet seit vier Jahren bei Ihnen.«

Zwar entfernen die beiden sich bis an den Ausgang, aber Frau Dr. Lanz' aufgeregte Stimme dringt problemlos auch noch in den hintersten Winkel der Halle.

»Die ganze Zeit haben Sie gut an Melly verdient.«

»Bitte?«

»Da könnten Sie wohl etwas gefälliger sein. Und der Flora Rohde meine Tochter als Reitbeteiligung empfehlen.«

»Frau Lanz, das ist einzig und allein Floras Sache.«

»Es gibt noch andere Reitställe, Herr Habicht. Meine Tochter kann ebenso gut woanders reiten. Dann melde ich Melly eben bei Ihnen ab.«

Genervt hebt Herr Habicht beide Hände und faltet sie über seiner Baseballkappe.

»Meine Güte, dann wechseln Sie eben. Reisende soll man nicht aufhalten.«

Reisende soll man nicht aufhalten.

Ein klasse Teebeutelspruch. Muss ich mir für Mama merken. Und was er für eine Wirkung hat. Zumindest auf Melly, denn die hockt nun in Schockstarre auf Flemming. Stallwechsel? Dann würde sie Pepper ganz verlieren.

Mellys zuckende Schultern kann ich beim besten Willen nicht übersehen.

Meine Gedanken kreisen plötzlich um die Frage: Was, wenn es umgekehrt gekommen wäre? Mellys Mutter hätte Pepper gekauft und *ich* müsste zusehen?

Ungewolltes Mitleid mit Melly überschwemmt mich. Seit ich Pepper habe, sehe ich sie in einem milderen Licht. Wie alles. Melly tut mir leid. Trotz ihrer blöden Art. Kann man bei so einer Mutter überhaupt normal bleiben?

Ich drehe mich zu Melly um und irgendetwas lässt mich sagen: »Ich nehme wahrscheinlich gar keine Reitbeteiligung. Hat nichts mit dir zu tun.«

Durch einen dichten Tränenschleier blinzelt Melly mich dankbar an.

Da hämmert erneut die Stimme von Frau Dr. Lanz auf mein Trommelfell ein.

»Herr Habicht! Sie wissen genau, dass es in der Nähe keinen anderen Reitstall gibt.«

Der Chef zuckt hektisch die Schultern. Diese Bewegung kennen wir alle im Stall: Der Mann steht kurz vorm Explodieren. Er sieht sich in seiner meistgehassten Rolle – als Raubtierdompteur.

»In solchen Momenten«, hat er uns in einer schwachen Stunde gestanden, »möchte ich zur Longierpeitsche greifen und jeden auf ein Postament in eine Ecke dirigieren, wo er nichts mehr anrichten kann.«

Sicher ahnt Frau Lanz das nicht, sonst würde sie endlich aufhören zu jammern.

»Ich kann meine Tochter nicht zweimal in der Woche durch die halbe Stadt zur nächsten Reitanlage kutschieren.«

»Schicksal«, brummelt Stalldompteur Habi. Mit großen Schritten verlässt er die Halle, die die Psychologin in einen Raubtierkäfig verwandelt hat.

11.

Der Auftritt der aggressiven Löwin Dr. Lanz hat mir gereicht.

Als die Reitstunde vorüber ist, führe ich Pepper vor allen anderen in die Box, sattle schnell ab und verkrieche mich bei ihm. Während Melly, Gloria und Emily ihre Pferde putzen, drücke ich mich an die hölzerne Trennwand zur Nachbarbox. Sie müssten schon ihre Nasen über die Halbtür hängen, um mich zu entdecken.

Mich soll heute niemand mehr ansprechen, Pepper.

Mein großer Brauner findet das auch, denn während er mit den Lippen ein Bündel Stroh ergreift, stupst er mich mit der Stirn an.

Genau. Wir gehören zusammen.

Neben seinen Hufen kauere ich im frisch eingestreuten Stroh. Ich kann nicht widerstehen, eine Handvoll zu greifen und daran zu schnuppern. Wie gut das duftet. Mein T-Shirt ist feucht. Kühle kriecht über meinen Rücken. Ich müsste meine Jacke vom Haken in der Stallgasse holen, aber dann könnte ich mich genauso gut vor Peppers Box aufbauen und rufen: Hallo, hier bin ich. Will mich noch jemand auf eine Reitbeteiligung ansprechen?

Mein linker Fuß schläft ein. Aus meiner unbequemen Position heraus verlagere ich ächzend das Gewicht. Das ist doch krank: Ich hocke in einem Versteck, nur um meine Ruhe zu haben. Wozu habe ich ein eigenes Pferd, wenn ich mehr um Pepper kämpfen muss als zu Zeiten, als er noch Schulpferd war?

Am liebsten würde ich meinen Schlafsack von zu Hause holen und bei Pepper übernachten. Sobald ich »zu Hause«

denke, folgt unweigerlich als zweiter Gedanke: Hausaufgaben. Mein Mathebuch wartet.

»Ist Flo schon weg?«

Mellys fragende Stimme.

Automatisch drücke ich mich neben Pepper tiefer ins Stroh.

Bitte jetzt nicht äpfeln, Pepper.

Dann höre ich Gloria: »Sieht so aus. Komm, wir verschwinden, Habi hat heute schlechte Laune.«

Die Stalltür fällt ins Schloss.

Mit steifen Beinen richte ich mich auf. Wenn ich nicht ebenfalls schnellstens verschwinde, holt Papa die Polizei. Um mich zu suchen. Himmel, muss ich demnächst einen Punkt »Verstecken spielen« auf meine Zeitliste setzen?

»Bis morgen, mein Schatz.«

Ich drücke Pepper einen Kuss auf die Wange und will gerade gehen, da sitze ich bereits wieder in der Falle.

Auf der Stallgasse drücken sich zwei Antike herum. Annette Tauscher und Eva Vollmer, beide mollige Frauen um die vierzig. Reiten schon lange auf dem Habichthof, immer abends. Als ich Peppers Boxentür schließe, stürzen sie sofort auf mich zu.

»Wie nett, dich zu sehen, Flora«, sülzt Frau Tauscher. Was ist mit ihrer Stimme passiert? Sonst redet sie doch normal. »Meinen herzlichen Glückwunsch zu deinem prachtvollen neuen Pferd.«

»Von mir ebenfalls«, flötet Eva Vollmer. »So ein toller Bursche, dein Pepper. War immer mein Lieblingspferd.«

»Meins aber auch.«

Eifersüchtig mustern die Frauen sich gegenseitig. Schlagartig wird mir klar: Die sind ebenfalls hinter einer Reitbeteiligung her. Da hilft nur Flucht.

Ich drücke mich an ihnen vorbei zum Ausgang.

»Danke. Schönen Abend noch.«

»Warte doch mal.«

Annette Tauscher hält mich am Ärmel fest.

»Ich würde gern mit dir über Pepper sprechen.«

Eva Vollmer erwischt mich am anderen Ärmel.

»Da ist ja eine ganz neue Situation entstanden«, säuselt sie. »Du gehst doch aufs Gymnasium, da kannst du sicher nicht jeden Tag zum Reiten kommen.«

Diese weiche Stimme, als ob sie Kreide verschluckt hätte, genauso seltsam hat Mellys Mutter vor Peppers Kauf mit mir geredet. Rechts und links halten mich die Antiken fest. Hilfe! Schon wieder komme ich mir vor wie eins der sieben Geißlein, kurz bevor es verschlungen wird.

Pepper beugt sich ins Stroh hinab, als ich hilfesuchend in seine Box schaue. Lacht er etwa? Zumindest wirken seine hochgezogenen Lefzen so. Wahrscheinlich freut er sich diebisch, dass er kein Mensch ist.

Die Antiken reden und reden. Sie sind schrecklich nett zu mir, dabei haben sie mich die letzten vier Jahre kaum wahrgenommen. Ich wette, bis gestern wussten die nicht mal meinen Namen.

»Wir können doch du sagen«, schlägt Annette Tauscher aus heiterem Himmel vor. »So unter Reitern. Ich bin die Annette.«

»Und ich die Eva.«

Und dann reden sie weiter so geschwollen und erwachsen mit mir, als hätte sich mein Alter über Nacht umgedreht. Von knapp vierzehn auf einundvierzig. Die beiden sind ja nicht übel, aber Lichtjahre von mir entfernt. Ich kann doch nicht auf einmal Annette und Eva zu zwei Antiken sagen. Jede von ihnen ist alt genug, um meine Mutter zu sein. Danke, ich habe schon eine.

Mein Handy vibriert. Eine Gelegenheit, mich aus den Griffen zu befreien. Ich ziehe mein Handy hervor und sehe aufs Display. Mama.

Bist du noch im Stall?

Während die Antiken weiter auf mich einreden, simse ich zurück.

Schon unterwegs.

Jetzt reicht es.

»Meine Eltern machen sich Sorgen. Tut mir leid, ich muss wirklich los.«

Kann ich vielleicht irgendwann in Ruhe mit meinem Pepper schmusen? Und ihn einfach nur normal reiten? Oder muss ich mich ab sofort von allen zutexten lassen?

Völlig erschöpft mache ich mich durch die Dunkelheit auf den Weg nach Hause.

12.

Mama steht Ausschau haltend unter der erleuchteten Nummer 6a, als ich zehn Minuten später vor unserem Haus vom Rad springe.

»Wir haben uns Sorgen gemacht«, empfängt sie mich und streicht ihre glatten Haare noch glatter. »Du allein um diese Zeit unterwegs. Im Dunkeln. Das gefällt mir ganz und gar nicht.«

»Mama, es ist Frühling.«

»Dunkel ist dunkel.«

Reicht es nicht, dass mich im Stall alle nerven? Geht der Stress zu Hause weiter? Ach Pepper, das haben wir nicht verdient.

Ich atme tief ein, als ich das Rad in den Ständer vor den frisch gepflanzten Primeln ramme.

Nicht aufregen, Flora. Tritt keinen Streit los. Das kostet nur Zeit.

Papa schiebt seinen Kopf durch die Tür.

»Musst du etwa noch Hausaufgaben machen?«

»Nur noch Mathe.«

»So haben wir nicht gewettet, Flora.«

Oha. Papas Stimme kommt mit diesem markigen Klang rüber, der jedes Mal eine Grundsatzdiskussion verheißt. Da geht es auch schon los.

»Unsere Abmachung war folgende, Flora: Pferd ja, Schule vernachlässigen nein.«

Solche Abmachungen können sich nur Menschen ausdenken, die unter totalem Realitätsverlust leiden. Wie soll das gehen? Ein Pferd und trotzdem satt Zeit für Hausaufgaben?

Wer jeden Tag dreieinhalb Stunden im Stall verbringt,

muss die Schule zwangsläufig vernachlässigen. Das ist so sicher wie der Lehrsatz des Pythagoras.

»Ich vernachlässige die Schule nicht, Papa. Darf ich rein oder soll ich zwischen den Primeln übernachten?«

»Nicht in diesem Ton, Madame.«

Vorteil für Papa. Im Moment bin ich auf der schwachen Seite, da kommt es nicht gut, eine dicke Lippe zu riskieren.

Wortlos verschwinde ich durch die Diele über die Kellertreppe nach unten. In der Minigarderobe im Hobbykeller tausche ich im Zeitlupentempo meine Reitsachen gegen Jeans und Sweatshirt aus.

Sorgfältiger als sonst hänge ich meine Reithose auf, streiche die Weste glatt und platziere die Stiefel ausgerichtet nebeneinander auf das Abstellgitter. Ich setze darauf, dass meine Eltern keine Lust haben, in der Diele ewig auf mich zu warten. Mit Glück verziehen sie sich vom Esstisch auf die Fernsehcouch ins Wohnzimmer. Dann kann ich klammheimlich nach oben verschwinden. Von der Couch sehen sie mich nicht, wenn ich die Treppe zu meinem Zimmer hochsteige.

Auf Socken klettere ich die Kellertreppe geräuschlos hinauf und lausche in die Diele. Vorsichtig luge ich durch den Türspalt.

Unter dem wandhohen Flurfenster sitzen meine Eltern wie festgeklebt in unserer kleinen Essecke. Mist.

Papa redet sofort weiter, als er mich im Kelleraufgang sichtet. Als sei unser Gespräch nicht volle fünf Minuten unterbrochen gewesen.

»Thema Reitbeteiligung, Flora. Da müssen wir Nägel mit Köpfen machen.«

Ächzend lasse ich mich auf einen Lederstuhl fallen und stopfe mir zwei Radieschen vom Esstisch in den Mund.

»Ihr könnt euch nicht vorstellen, wie mich im Stall alle belagern. Pepper ist schwer beliebt, *jeder* will eine Reitbeteiligung. Sogar zwei Frauen haben mich heute angequatscht. So alt wie du, Mama.«

Mama richtet sich kerzengerade auf.

»Was soll das heißen, so alt wie ich?«, fragt sie pikiert.

Schon wieder ein Fettnäpfchen. Sobald die Sprache auf ihr Alter kommt, fühlt Mama sich angegriffen.

»Ach, Erwachsene eben.«

Ist doch total egal, ob jemand dreißig oder vierzig oder fünfzig ist – alt ist alt. Wo ist der Unterschied?

Wenn ich meinen Eltern nicht entgegenkomme, reagieren sie todsicher noch gereizter. Ich versuche es mit einem Kompromiss.

»Okay, lasst es mich ein paar Monate allein probieren. Bis zu den Sommerferien. Nach den Ferien suche ich mir definitiv eine RB. Versprochen.«

Papa schüttelt den Kopf.

»Und was ist, wenn du vorher ausfällst?«

»Ich falle nicht aus.«

»Du könntest Grippe kriegen«, wirft Mama ein. »Oder dir den Magen verderben. Salmonellen. Noroviren. Und was passiert, falls du dir den Fuß verstauchst? Oder dir das Wadenbein brichst wie Dani letzten Sommer? Dann muss schnell jemand einspringen.«

Hat sich schon mal jemand totgeplant? Meine Eltern können einfach nicht anders, sie denken alles in alle Richtungen durch.

»Mama! Warum soll ich mir plötzlich ein Bein brechen? Ich habe mir noch nie etwas gebrochen. Vierzehn Jahre nicht. Warum jetzt?«

Mama bleibt hartnäckig.

»Aber wenn? *Wir* können dein Pferd jedenfalls nicht durchamüsieren.«

Verstohlen sehe ich auf die Uhr. Fast neun. Zu meinem chronischen Zeitmangel gesellt sich nun auch noch diese überflüssige Familiendiskussion.

»Ich könnte mir auch Malaria einfangen«, sage ich unschuldig, »Gelbfieber. Ebola. Cholera. Tollwut. Oder die afrikanische Pferdepest.«

Mama übergeht meine Bemerkung.

»Nimm doch eine von den Frauen«, schlägt sie vor. »Volljährige eignen sich am besten als Reitbeteiligung. Schon wegen der Haftung. Wenn etwas passiert, erleichtert das die Sache. Sonst könnte das eine Katastrophe werden.«

»Wenn etwas mit Pepper passiert, ist das *immer* eine Katastrophe. Unter achtzehn oder über achtzehn.«

Mama seufzt genervt und wendet den Blick Richtung Decke.

»Du willst mich nicht verstehen«, sagt sie.

Ihren Augen sehe ich an, dass sie sich an unseren letzten sensationellen Teebeutelspruch erinnert. Von ihrem Liebling Schiller: »Mit der Dummheit kämpfen Götter selbst vergebens.«

Stimmt. Ich will sie nicht verstehen.

Natürlich weiß ich genau, was Mama meint. Denn diese unselige Idee mit einem Erwachsenen als Reitbeteiligung hat mir auch Tapir aufgetischt. Neulich kam wieder der Jurist in ihm durch.

»Falls tatsächlich beim Reiten etwas passiert«, sagte Tapir, »lassen sich die Folgen mit einem Erwachsenen als Reitbeteiligung direkt regeln. Zum Beispiel, wer den Tierarzt bezahlt, wenn das Pferd sich verletzt. Bei Jugendlichen als RB muss man jede Kleinigkeit mit den Eltern ausfechten.«

Ein Albtraum, wenn es um schwierige Mütter wie Frau Dr. Lanz geht.

Schon gut. Alles richtig. Trotzdem. Ich will keinen Erwachsenen als Reitbeteiligung. Alles in mir sträubt sich dagegen. Die alten Säcke möchte ich mir nicht auf Pepper vorstellen. Am Ende halten sie sich noch für erziehungsberechtigt und wollen mir Tipps geben.

Never ever.

»Morgen früh erwarten wir deine Entscheidung«, brummt mein Vater und Mama ergänzt: »Leg eine Liste der möglichen Reiter an. Um deine Gedanken zu ordnen. Mit Pro und Contra, Plus und Minus.« Da spricht die Bankfrau.

Papa steht auf und klopft auf den Tisch. »Und jetzt Schluss mit Pferden. Bevor ich zu wiehern anfange.«

Gut Papa, du willst es nicht anders. Dann schreibe ich Mathe eben morgen vor der ersten Stunde auf dem Klo ab. Das möchtest du doch, oder?

Ich nehme zwei Stufen auf einmal zu meinem Zimmer hinauf.

Beides schaffe ich nämlich nicht, oh großer Bestimmer. Die blöde RB-Liste für dich und das ganze Gedöns um den Schnittpunkt von Mittelsenkrechten im Dreieck für Dr. Winkelmann.

In meinem Zimmer stoße ich meine klemmende Tür zum Balkon auf und zerre den Drehstuhl über die Schwelle. Rappelnd schlagen fünf Rollen gegen die Metallschiene. Mit meiner kuscheligen Bettdecke und einem Block setze ich mich in die offene Tür, durch die ein kühler Abendhauch streicht. Ich packe die Decke enger um meine Schultern, während meine Augen den Himmel absuchen. Vielleicht sehe ich Peppers Stern und er inspiriert mich?

Plötzlich wird die Tür aufgerissen. Daniel.

»Bei dir hat es teuflisch gescheppert.« Er bleibt im Türrahmen stehen und mustert mich mit gerunzelter Stirn. »What happened, Schwester?«

»Hä?«

Mein Bruder zieht die Tür hinter sich zu und tippt sich auf den Kopf.

»Darf man fragen, ob du beim letzten Sturz vom Pferd gelitten hast? Hier oben?«

»Was soll die hohle Frage?«

»Im März draußen sitzen! Nachts! Dauert sicher nicht mehr lange, bis die Männer in den weißen Kitteln kommen . . .«

»Du hast ja keine Ahnung, was ein Pferd so alles mit sich bringt.«

Ich zeige hinter mich auf die Klarsichtmappe »Mein Pferd«, die auf dem Laptoptisch liegt, und wedele mit meinem Blatt Papier.

»Papa will unbedingt wissen, wer mich vertritt, falls ich krank werde. Ich lege gerade eine Liste an.«

»Wo ist das Problem? Nenn ihm doch eine von deinen Stalltanten.«

Stalltanten! Das sagt Dani immer, wenn er von den Jugendlichen auf Habichts Hof spricht. Kein Respekt. Für Daniel sind Pferde so weit weg wie für mich die Knüppelschaltung seines Fahrschulwagens.

»Leider hast du keine Ahnung. Wenn ich eine nehme, sind alle anderen sauer.«

Daniel streicht seine halblangen Haare hinter die Ohren und wirft sich auf mein rotes Sofa.

»Verstehe.«

»Außerdem, du kennst doch Mama und Papa.« Ächzend erhebe ich mit von meinem Drehstuhl, werfe die Bettdecke ins

Zimmer und hocke mich zu Dani auf die Sofalehne. »Die wollen sofort echte Verträge machen. Reitbeteiligungsverträge. Ich kann nicht einfach irgendwen nennen.«

»Böse Falle.«

Wenigstens einer in der Familie, der meine Zwangslage versteht.

»Genau deshalb sitze ich hier und lege Listen an. Und danach warten noch gigantische Probleme in meinem Mathebuch. Transversalen-Berechnung im Dreieck. Mittelsenkrechte und so ein Schrott. Hast ja schon vorausgesehen, dass es eng werden könnte.«

»Gib her.«

Daniel streckt die Hand aus.

»Was, das Mathebuch?

»Klar.«

»Machst du mir das etwa?«

»Ausnahmsweise.«

»Super. Was willst du dafür haben?«

Daniel grinst und breitet die Arme aus.

»Dein Zimmer für meinen Austauschschüler.«

Mortimer aus England kommt dieses Jahr. Danis Zimmer unterm Dach ist definitiv zu klein für beide.

»Geht in Ordnung. Hast du dir sowieso schon verdient. Wegen der Stirnlampe.«

Bevor er es sich überlegen kann, springe ich auf, krame das Mathebuch aus meinem Rucksack und zeige Dani, was wir aufhaben.

Nach einem kurzen Blick nickt er und klemmt das Buch unter den Arm.

»Kinderspiel. Ich leg's dir dann vor die Tür.«

Habe ich nicht einen sensationellen Bruder?

»Super, Dani. Du bist mein Held!«

»Musst es nachher nur noch abschreiben. Ist sicherer wegen der Schrift. Tschau.«

»Danke, Mann.«

Als Dani weg ist, fällt mir ein unglaublich kitschiger Teebeutelspruch ein: »Wenn du denkst, es geht nicht mehr, kommt von irgendwo ein Lichtlein her.«

Im Moment stimmt der Spruch hundertprozentig. Vielleicht gibt es noch ein zweites Licht für mich? Eine knallhelle Glühlampe, die auf eine optimale Reitbeteiligung leuchtet. Das weiß nur einer: Tapir.

Ich angle mein Handy aus dem Regal.

Hilfe, Tapir! Meine Eltern wollen mir eine RB aufdrängen . . . Weiß nicht, wen ich nehmen soll. Hast du eine Eingebung? Flo

Ungeduldig klopfe ich auf das Gehäuse. Wo bleibt die Antwort? Er kann mich doch jetzt nicht hängen lassen. Da fällt mir ein, dass Tapir heute Abend zum Italiener wollte.

Wie kann der Mann sich Pizza Funghi reinschieben, während ich hier schier verzweifle?

Mit meiner Bettdecke hocke ich mich wieder in die offene Tür. Muss ich wirklich alles allein machen? Seufzend greife ich zum Filzer und kritzle eine schwarze Tabelle auf meinen Karoblock.

Meine Einteilung für eine mögliche Reitbeteiligung lautet:

Name

Positivfaktor

Nervfaktor

Eifersuchtsfaktor

Obwohl sich bei meinem Stift die Filzhaare in sämtliche Richtungen sträuben, schreibe ich alle Mädchen auf, die halbwegs für meinen Pepper infrage kommen.

Emily (falls sie neben Alpino jemals Zeit hat)

Janne
Maxie
Katta
Leonie
Melly
Gloria
Tessy & Kriss

Weil jetzt schon fast alles egal ist, setze ich noch die Antiken darunter:

Eva Vollmer
Annette Tauscher

Eine Stunde später sitze ich immer noch über der verflixten Liste. Inzwischen habe ich mich mit meiner Bettdecke auf die Matratze gelümmelt. Der Himmel hängt voller Wolken. Peppers Stern am Großen Wagen ist nicht zu sehen, deshalb kann ich genauso gut ins Warme kriechen.

Ich glaube, ich habe das Anti-Reitbeteiligungs-Gen, das ARBG. Alles in mir sträubt sich gegen eine RB, es sei denn, ich könnte einen Sklaven finden, der alles haarscharf so macht, wie ich es sage.

Hoffnungslos studiere ich meinen Block. Die Positivspalte und die Nervigspalte stehen voller Notizen.

Was die Liebe zu Pepper angeht, musste ich Melly zähneknirschend neun Positivpunkte geben. Neun von zehn möglichen. Gleichzeitig stehen bei Melly unter »Eifersuchtsfaktor« zehn fette Punkte. Angenommen, Pepper begrüßt Melly mit lauterem Grummeln als mich ... oder er schnaubt bei ihr öfter. Dann platze ich!!!

Nehme ich Melly – natürlich ist allein der *Gedanke* daran absurd – habe ich die Superpsychologin gleich mit an der Hacke. Melly gibt es nur im Doppelpack mit ihrer krassen Mutter. Aber Melanie Scarlett Lanz reicht mir auch schon allein. Gestern wieder dieser peinliche Auftritt auf dem Pausenhof. Ständig hat sie es auf die Jungs aus der zehnten Klasse abgesehen. Nach der Pause erzählt sie uns unaufhörlich von ihren Traumtypen. Ich kenne die Jungs nicht mal einzeln. Nur im Rudel.

Wie ich es drehe und wende, von den Mädchen kommt keine infrage.

Nehme ich Janne, Katta, Maxie oder Leonie, habe ich in Melly und Gloria endgültig zwei Feindinnen. Genau dasselbe gilt, falls ich mich für die Zwillinge entscheide.

Das Problem kommt mir vor wie meine absolute Hass-Denksportaufgabe aus der dritten Klasse. Ein Bauer will mit Hund, Kohlkopf und Ziege an das andere Flussufer. In seinem Kahn kann er immer nur ein einziges Teil mitnehmen. Zwei müssen am Ufer bleiben. Lässt er den Hund bei der Ziege, wird sie gefressen. Bleibt die Ziege mit dem Kohlkopf allein, futtert sie den Kohl weg.

Meine Suche nach der Reitbeteiligung ist so unlösbar wie der fiese Fall mit der Ziege, dem Kohlkopf und dem Hund.

Für wen ich mich auch als RB entscheide, immer wird nur EINE im Stall happy sein und hundert andere sauer.

Ob Tapir endlich wieder da ist? Erwartungsvoll hacke ich auf mein Handy ein.

Tapir hilf!!!!!!!!!

Er ist da!

Komme gerade vom Italiener zurück. Immer noch kein RB-Ergebnis, Flo?

NEIN!

Hast du dir alle möglichen Namen aufgeschrieben?

Alle!

Nun lässt Tapir den abgeklärten Erwachsenen heraushängen.

Tatsache ist, dass du überhaupt keinen an deinen Schatz heranlassen willst. Außer Emily in Notfällen. Hab ich recht oder hab ich recht?

Ich simse zurück.

Ja! Ja! Ja! Hast recht. Aber ich brauche konkrete Vorschläge!

Tapir lässt nicht locker mit seiner ekligen Erwachsenen-Ermahnsucht.

Du suchst keine Reitbeteiligung, sondern einen SKLAVEN! Schmusen verboten. Pepper lieben verboten. Besser reiten als Flo verboten. Kette mit Eisenkugel am Bein erlaubt.

Was soll das denn jetzt? Ich dachte, er wäre auf meiner Seite. Und nun wühlt er in meiner schwärzesten Seelenecke. Klar suche ich einen Sklaven. So kommen wir nicht weiter. Ich simse ihm eine konkrete Frage.

Was hältst du von den Zwillingen? Die haben sich gegenseitig und sind nicht so scharf darauf, etwas Eigenes zu besitzen.

Natürlich sehe ich die Zwillinge nur als Notnagel. Die Sache müsste top secret bleiben im Stall. Kriss und Tessy dürften nicht darüber sprechen. Zumindest nicht bis zu ihrem ersten Auftritt. Sonst erwürgt Melly mich. Und wenn nicht sie, dann ihre hysterische Mutter.

Könnte klappen. Kopf hoch. Du schaffst das schon. Wir halten Kriegsrat im Stall! Tapir

Am nächsten Morgen scheint es so, als hätten meine Eltern die ganze Nacht nichts anderes getan, als sich gegenseitig anzufeuern: Wenn Flo die Treppe herunterkommt, sofort nach der RB fragen.

Papa fällt mich an, bevor ich mich überhaupt hingesetzt habe. Dabei kaut er sogar noch an seinem Vollkornbrot. Er nutzt Mamas Abwesenheit, sie zieht sich gerade oben fertig an.

»So, Flo, nun reden wir Klartext. Du hast dir hoffentlich über Nacht etwas Passables überlegt.«

Seufzend greife ich mir ein Brötchen. Daniel schlürft seinen Milchkaffee, zwinkert mir zu und verschanzt sich hinter seinem Übungsheft für die Fahrprüfung. Das geht in Ordnung, denn er hat mich mit der fiesen Mittelsenkrechten gerettet.

Bin gespannt auf Papas Gesicht, wenn ich ihm mitteile: Papa, ich habe das ARBG, das Anti-Reitbeteiligungs-Gen. Da kann man nichts machen.

Natürlich wird mein Vater sofort seinen Arzt oder Apotheker fragen, aber gegen ARBG helfen keine Pillen und keine kalten Umschläge. Dagegen kann nicht mal Dr. Müller-Maring etwas ausrichten. Mein Erzeuger müsste mich schon umzüchten lassen.

Ich weiß nicht, welche höhere Macht mein Sprachzentrum steuert, aber ohne dass ich es will, höre ich mich antworten: »Kein Problem, Papa. Wenn ich keine Zeit habe, können Kriss und Tessy reiten.«

Eigentlich wollte ich das gar nicht sagen, aber nun ist es heraus.

Im Grunde ist es egal, welchen Namen ich nenne, denn ich lasse sowieso keinen auf Pepper. Lieber sitze ich die ganze Nacht mit Danis Stirnlampe über meinen Hausaufgaben.

»Du hast dir also gleich zwei ausgesucht. Sehr gut.« Papa sieht überrascht aus. »Kriss und Tessy, die Namen sagen mir nichts. Sind die beiden neu im Stall?«

Ich schüttele den Kopf und bestreiche mein Brötchen extradick mit Nusscreme, um mich für die Nachtarbeit zu entschädigen.

»Tessy und Kriss Brinkmann. Wir nennen sie nur die Zwillinge.«

»Zwillinge?« Papa horcht auf. »Eineiige Zwillinge?«

Prompt tappe ich in die Falle.

»Und ob die eineiig sind! Nicht einmal Herr Habicht kann Kriss und Tessy unterscheiden.«

»Ha!« Papa schlägt mit der flachen Hand auf den Tisch. »Unmöglich! Eineiige Zwillinge. Da sind Nachweisprobleme schon vorprogrammiert.«

»Was meinst du mit Nachweisproblemen?«

»Man weiß nie, wer geritten hat. Wenn etwas passiert, kann jede es auf die andere schieben. Nie kann man klären, wer es war. Das mach mal einer Versicherung klar. Viel zu kompliziert.«

Seine Sorgen möchte ich haben.

Wenn Papa hört, dass Tessy und Kriss dreizehneinhalb sind und erst im Herbst vierzehn werden, erstickt er vor Schreck an seinem Vollkornbrot. Unter vierzehn bedeutet nämlich: Man ist nicht strafmündig. Wer unter vierzehn etwas verbrochen hat, kann nicht vor Gericht gestellt werden. Dieser Zustand zwischen Kind und Jugendlicher ist für Papa ein Albtraum. Er zählt schon die Tage bis zum 28. März, wenn *ich* endlich strafmündig werde. Dauernd treibt ihn die Angst um, dass ich Mist baue und er wegen Verletzung der Aufsichtspflicht verdonnert wird.

Mit meinen 13-jährigen Zwillingen habe ich einen sagenhaften Grund, die Reitbeteiligung hinauszuschieben.

In ihrem schicken Bankkostüm kommt Mama die Stufen herunter.

»Oliver!«, sagt sie kopfschüttelnd, als sie seine letzten Worte aufschnappt. »Nicht alle Leute sind auf Betrug aus. Du setzt mal wieder das Schlimmste voraus. Warum sollen die Mädchen uns etwas vormachen? Besser die Zwillinge als gar keine Reitbeteiligung.«

Klingt wie: Besser doppelter Beinbruch als einfache Gehirnerschütterung.

Wird man so als Erwachsener?

13.

Aber dann geschieht ein Wunder.

Am nächsten Morgen fällt unser Mathelehrer Dr. Winkelmann aus. Hexenschuss. Seine Mittelsenkrechte ist aus dem Lot, ha, ha. Für diese geniale Gedankenverbindung zu seinen geliebten Transversalen müsste »Winkel« mir eine Eins anschreiben. Danis Mondscheinrechnerei war total unnötig.

Während meine Klasse in der Freistunde zum Türken marschiert und bei Tarek Fladenbrot mit Tzatziki kauft, rase ich mit dem Rad zum Habichthof. Ausgesprochen praktisch, dass unsere Schule nur drei Straßen entfernt von Pepper liegt.

Mein Pferd wirkt deutlich überrascht, als ich zu so ungewohnter Stunde vor seiner Box auftauche.

»Was hältst du von Grasen?«, flüstere ich über die Tür.

Pepper ist sofort bereit, sein Heu liegen zu lassen und mit mir nach draußen zu gehen. Er tippelt hin und her, als ich den Führstrick ins Stallhalfter klicke, so eilig hat er es.

Auf dem Hof stoppt mich Tapirs Ruf.

»Hi Flo, gut dich zu sehen. Hab eine Idee für dich.«

Tapir steht auf dem Misthaufen und verteilt die nasse Einstreu. Mit einem Satz springt er vom Gipfel und stützt sich auf die Mistgabel. Wie immer trägt er seine derbe braune Goldgräberhose mit Hosenträgern und die Sicherheitsstiefel der amerikanischen Sheriffs.

»Freistunde?«

»Genau. Mathe fällt aus.«

»Hast du morgens sonst immer zur ersten Stunde?«

»Nö, zweimal muss ich erst zur dritten.«

Der Strick spannt sich, ungeduldig zieht Pepper daran. Er

will an sein Gras. Ich stecke ihm ein Leckerli zu, damit er beschäftigt ist.

»Geht gleich weiter, Süßer.«

Tapir grinst, wie immer, wenn wir unsere Pferde Süßer oder Mäuschen nennen.

»Warum teilst du dir deinen Stalldienst nicht auf? Komm morgens zum Reiten oder beschäftige Pepper, dann hast du abends nur noch die halbe Zeit im Stall zu tun. Das beruhigt deine Eltern. Kommst vielleicht fürs Erste um die Reitbeteiligung herum.«

Tapirs Erleuchtung ist Wunder Nummer zwei!!!

Sofort steigt meine Laune bombig an. Pepper hebt unternehmungslustig den Kopf, er spürt sofort, wenn sich meine Stimmung ändert.

Vor der Schule reiten. Das ist es! Warum fällt mir so etwas nicht selbst ein?

Bevor ich Tapir um den Hals fallen kann, kommt er schon mit dem nächsten guten Vorschlag.

»Du lagerst deine Reitsachen oben auf dem Dachboden im Spind. Kannst sie fix gegen die Schulsachen austauschen. Morgens ist hier wenig los, nur ein paar Einzelstunden.«

»Super, super, Tapir«, sage ich gerührt. »Was dir alles einfällt. Du bist der Allerbeste.«

Tapir lacht und kurvt wieder mit seiner Schubkarre über den Hof.

»Wenn du zurück bist, stelle ich die Pferde auf den Paddock.«

Auf dem Grasstreifen neben der Weide ist es restlos herrlich. Pepper frisst die ersten Frühlingshalme und ich lege mein Gesicht auf seinen Rücken und schmuse mich in seinem warmen Fell fest.

Aus halb geschlossenen Augen beobachte ich, wie er Halm

für Halm abzupft. In diesem Moment wünschte ich, ich selber wäre das junge Gras und Pepper würde *mich* ratzekahl auffressen. Vor lauter Liebe.

»Unser Geheimnis«, flüstere ich in Peppers Fell.

Eine absolut grandiose Viertelstunde später bin ich fit für Englisch. Mit Pepper im feuchten Gras, sein Schnurzeln und Prusten hören – niemand kann sich vorstellen, wie gut das tut. Niemand außer Emily. Frau Fischer soll mich ruhig in Englisch drannehmen. Sie wird sich über meine Coolness wundern.

»Ask some more questions, Misses Fischer.«

Die Freistunde auf dem Habichthof kommt mir vor wie eine Gutelaunekur. Summend gehe ich in die Sattelkammer, um den Führstrick aufzuhängen.

An Peppers Sattel prangt ein gelber Zettel mit der winzigen Krümelschrift des Chefs. Nachdem ihn seine Frau verlassen hatte, begann unser Habi, fitzelig zu schreiben, und rasierte sich eine Glatze. Mellys Mutter weiß natürlich wieder, warum.

»Das ist typisch, wenn man einen Schock verarbeiten muss und ein neues Leben beginnt. Dann ändert man oft Frisur und Schrift.«

Alles Quatsch. Habi muss so klein schreiben, weil seine Botschaften sonst kaum auf die winzigen Zettel passen. Normale Zettel sind im Stall nicht zu finden. Wenn jemand zehn Blöcke mitbringt, sind sie todsicher am nächsten Tag verschwunden. Der Habichthof ist eine Art Bermudadreieck, das jedes Schreibpapier auf geheimnisvolle Weise verschlingt. Deshalb trägt Habi immer Blöcke mit Haftetiketten bei sich, damit er uns jederzeit mit seinem aufgeklebten Fachwissen beglücken kann.

Ich zupfe den Zettel ab und lese.

Hallo Flora. Kannst du deinen Stalldienst nicht aufteilen? Reite doch morgens, falls du zur zweiten oder dritten Stunde in die Schule musst. Oder in Freistunden. Die Halle ist ab 7 Uhr frei. Gruß Habicht

»Wonderful! Great!«

Habis Info entlockt mir englische Freudenrufe. Wenn Frau Fischer mich jetzt hören könnte!

Unser Chef hat dieselbe Idee ausgebrütet wie Tapir. Wunder Nummer drei. Ich komme um das hochbrisante Thema Reitbeteiligung herum. Zumindest in den nächsten Wochen.

»Bist du noch da, Flo?«, ruft Tapir über die Stallgasse. »Oder jubeln auf dem Habichthof jetzt schon die Sättel?«

Grinsend stecke ich den Kopf aus der Sattelkammer.

»Der Chef schlägt mir auch vor, morgens zu reiten. Da kann ich mich doch wohl freuen.«

Tapir wedelt mit zwei DIN A4-Seiten. »Reitbeteiligungsvertrag« steht obendrauf.

»Lies dir den trotzdem mal durch. Dann weißt du für alle Fälle, was im Vertrag stehen sollte. Worüber du dich mit einer RB einigen musst.«

Entsetzt starre ich auf die klein bedruckten Seiten. Noch winziger hätte es auch Herr Habicht nicht schreiben können.

»Was? So viel? Ich will doch Pepper nicht verkaufen!«

Tapir lacht.

»Je mehr du vorher regelst, umso weniger Streit gibt es hinterher. Glaub einem alten Juristen.«

Mit schnellem Blick überfliege ich die Blätter und schon bei Punkt eins bin ich geschockt. Da steht unter anderem:

Die Teilnahme an Jagden, Pferdeleistungsschauen und anderen reitsportlichen Veranstaltungen (Turniere) bedarf der ausdrücklichen Zustimmung des Eigentümers.

Jagden? Mein Pepper auf einer JAGD?

Das fehlte noch. Auf diese Idee wäre ich bis vor einer Sekunde überhaupt nicht gekommen! Mein süßer, kleiner Pepper hetzt mit einer Reitbeteiligung über Stock und Stein, durch Ginstersträucher und Brombeeren?

Tapir hat recht: Solche Fragen muss man vereinbaren. Was heißt vereinbaren – da wird nichts vereinbart, das verbiete ich natürlich. Doch das ist längst nicht alles, was geregelt werden muss. Auch die Bezahlung, die steht in Punkt vier.

Die RB beteiligt sich mit . . . Prozent, also mit anteilig . . . Euro an den Unterhaltskosten für das Pferd.

Wieder etwas, das mir nicht schmeckt.

Für meinen Pepper will ich allein sorgen, ganz allein. Na ja, mit dem Geld meiner Eltern natürlich. Ich kann mir lebhaft vorstellen, wie meine Reitbeteiligung sich wichtig macht im Stall. Fast kann ich die Worte hören.

»Ich zahle schließlich anteilig für Peppers Stroh, Heu, Hafer und für seine Hufeisen. Da habe ich ja wohl ein Recht, das wieder abzuschmusen.«

Wie viel darf man als Gegenwert für zwei Hufeisen und zwei mal Hinterhufe beschneiden abschmusen? Das wäre mal eine sinnvolle Matheaufgabe, Herr Dr. Winkelmann.

Tapir stellt einen Plastikeimer unter den Wasserhahn und dreht ihn auf.

»Schreib auch in die Vereinbarung, wie lange sich die RB um Pepper kümmern soll, wenn er nicht geritten werden kann. Einen Monat ist üblich. Kann passieren, dass Pepper eine kleine Verletzung auskurieren muss und trotzdem bewegt werden soll. Über solche Dinge gibt's oft Streit.«

Meine Güte, ist das alles umständlich.

So zäh habe ich mir das nicht vorgestellt, sondern ganz einfach. Etwa so: Ich frage z. B. Janne: Willst du Pepper zweimal die Woche eine Stunde reiten? 60–80 Euro im Monat?, sie sagt: Klar, total gern, und die Sache ist vom Tisch.

Aber wenn ich auf meine Formulare blicke, ist so schnell nichts gegessen. Stöhnend lese ich weiter.

Die Nutzungszeiten werden in einem Plan festgehalten. Die Reitbeteiligung hat das Recht, das Pferd an folgenden Wochentagen zu reiten . . .

Nutzungszeiten, das klingt, als wollte ich die Spielzeiten für einen Tennisplatz vereinbaren. Und nicht eine Reitstunde auf dem Rücken meines besten Freundes.

Ich lasse die Blätter sinken. Nutzungszeiten.

»Höchstens montags«, murmele ich vor mich hin. Montags habe ich am längsten Schule, das wäre der richtige Tag für die RB.

Tapir lässt frisches Wasser in den Eimer laufen, in dem wir die Trensen auswaschen.

»Na«, sagt er. »Und?«

Ich zucke die Schultern.

»Weiß nicht. Was ist, wenn ich Lust habe, montags mit Pepper zu schmusen? Und wenn ich komme, trabt er gerade mit der RB durch die Halle? Dann stehe ich wie ein Idiot an der Bande und meine Reitbeteiligung ruft mir zu: ›Ätsch, ich habe heute die Nutzungszeit. Und meinen Schmuseanteil hole ich mir auch noch ab.‹«

Tapir muss lachen.

»Was dir immer einfällt. Sicher, ein bisschen teilen musst du Pepper schon, anders geht es nicht. Aber wenn es dir total gegen den Strich geht, kannst du jederzeit einen Rückzieher machen. Ihr seid ja nicht auf ewig zusammengekettet. Überleg trotzdem gründlich, wen du nimmst. Kündigen macht sich schlecht für die Stimmung im Stall, haben wir schon besprochen.«

Mit nassen Fingern tippt er auf Punkt sechs.

Diese Vereinbarung ist mit einer Frist von . . . Tagen zum Monatsende kündbar.

»Der Punkt ist das einzig Gute«, stelle ich fest. »Besten Dank, Tapir. Ich muss dann. Tschau.«

Tapir ruft mir nach:

»Sprich mit deinem Vater wegen der Versicherung für die Reitbeteiligung. Das Stichwort heißt Fremdreiterrisiko.«

FREMDREITERRISIKO! Geht's noch?

Energisch klopft Pepper mit dem Huf gegen die Holzwand, als ich die Seiten einstecke.

Mein Pferd schickt mir einen mahnenden Blick herüber. Als ich schnell noch einmal zu ihm hineinschlüpfe, tritt Pepper zufrieden grummelnd zur Seite

Na bitte, geht doch.

»Bald komme ich öfter morgens zum Reiten, Pepper. Danach kannst du zu deinen Kumpels auf den Paddock oder auf die Weide. Wir machen es uns richtig schön. Und das Fremdreiterrisiko soll der Teufel holen.«

Pepper versucht, ein Leckerli in meiner Schuljacke zu entdecken und reibt seine Nase vorsichtig über den Reißverschluss der Seitentasche.

»Abends gehen wir dann spazieren und ich mache deine Box. Wie findest du das, Peppermaus? Jetzt muss ich aber los. Englisch.«

Im Großen und Ganzen scheint Pepper mich verstanden zu haben, obwohl seine Augen sagen: *Ein Leckerli ersetzt tausend Worte.*

Eigentlich ein guter Teebeutelspruch.

14.

Ich zische auf den Pausenhof und werfe mein Fahrrad gegen eine Wand aus abgestellten Rädern. Es klingelt zur Englischstunde.

Gerade noch geschafft.

Ohne nach links und rechts zu sehen, renne ich zur Eingangstür, in der sich eine Schülergruppe verkeilt.

Durch meinen Kopf schwirren all diese verrückten Begriffe, die Tapir mir aufgetischt hat. Nutzungszeiten. Unterhaltskosten. Fremdreiterrisiko. Weiß Frau Fischer, was das auf Englisch heißt?

Plötzlich fühle ich eine Hand auf dem Rücken. Empört drehe ich mich um – und sehe direkt in ein Gewirr aus langen Locken mit dem grinsenden Gesicht von Melly Lanz darin. Auf ihrer Jacke glitzern die Pailletten.

Auch das noch.

Mit hochgezogenen Brauen mustert Melly mich und zupft Stroh von meiner Jacke.

»Warst du etwa im Stall?«

Demonstrativ hält sie die verräterischen Halme in die Höhe. »Lässt du neuerdings dein Pferd vom Pausenbrot abbeißen?«

»Phhh«, mache ich.

Bei den Wörtern »Stall« und »Pferde« dreht sich wie auf Kommando eine Horde Jungs um und mustert mich mit amüsierter Neugierde. Ich muss ein Dutzend abschätzige Blicke über mich ergehen lassen. Als hätte Melly mich gefragt: Hast du dein Pausenbrot mal wieder mit einer Kanalratte geteilt?

Fies von ihr, auf dem Schulhof die Wörter »Stall« und

»Pferd« zu gebrauchen. Jeder weiß, dass es für Jungs kaum ein größeres Hasswort gibt als »Pferdestall«. Ausgerechnet vor diesen ziemlich netten Jungs auf der Treppe muss sie das sagen, die blöde Kuh. Wahrscheinlich sind Vince und Ferdi auch irgendwo dabei, schließlich schwirrt sie ständig um die beiden herum.

Melly hat ihren Fehler wohl auch gerade bemerkt. Ihr panischer Blick signalisiert mir: Bitte sag nicht, dass ich auch zum Reiten gehe. Nicht vor diesen Jungs. Tut mir leid.

Typisch Melly. Einem billigen Witz nie abgeneigt. Für einen Moment im Rampenlicht vergisst sie alles, sogar, dass sie fast ein Eigentor schießt. Sie kann einfach nicht anders, als fiese Kommentare von sich zu geben. Wie unter Zwang muss Melly sich vor anderen wichtig machen. Sie sollte sich mal bei ihrer Mutter auf die Couch legen . . .

Ich werfe den Kopf in den Nacken und drängle mich wortlos durch. Melly kann heilfroh sein, dass ich nichts über ihre Pferdeliebe verrate.

Atemlos renne ich über den Flur zu meinem Klassenraum und lasse mich auf den Stuhl fallen.

Während ich im Rucksack nach meinem Englischbuch suche, schiebe ich Mellys Gesicht in meinen Gedanken beiseite und ersetze es durch Peppers braunen Kopf. Verträumt denke ich an die schöne Viertelstunde mit ihm. Heute Abend schmusen wir weiter.

Da taucht erneut Mellys bitteres Lächeln vor mir auf. Wie frustrierend muss es für sie sein, sich vorzustellen, wie ich mit Pepper die Freistunde genossen habe.

Auf einmal überkommt mich so ein großes Gefühl, das mich übergießt wie ein außerirdisches Leuchten. Ich möchte die ganze Welt beglücken. Einschließlich Melly. Weil ich den Hauptgewinn gezogen habe, ein eigenes Pferd. Was heißt

Pferd: den Traumprinzen auf vier Beinen. Pepper. Es drängt mich, die anderen an meinem Glück teilhaben zu lassen. Aber wie?

Zunächst fülle ich meine »Feine-Flora-Skala« mit zehn Punkten auf. Wegen meiner grundgütigen Gedanken.

Was genau kann ich für die Stallgemeinschaft tun? Zumindest für die Mädchen, mit denen ich jahrelang in einer Abteilung geritten bin?

Vielleicht eine Party für die Stallleute, um die gute Laune wiederherzustellen? Wenn ich schon keinen als Reitbeteiligung nehme. Nicht schlecht.

Wann?

Samstag ist gut. Samstag ist perfekt. Samstag ist mein Geburtstag. VIERZEHN!!!

Endlich strafmündig, Papa.

Zur Feier des Tages muss ich etwas Besonders bieten. Ich weiß auch schon was. Die Idee geistert schon ewig durch die grauen Zellen unter meiner Reitkappe: Ich werde einen Rap schreiben. Über den Stall und über Pepper.

An der Wandtafel müht Frau Fischer sich mit einem Stück abgebrochener Stummelkreide ab und schreibt die wichtigsten Zeiten im Passiv an.

The meal is served, was served, has been served . . .

Das kann dauern. Freie Bahn für meine Ideen.

Brennend vor Schreibwut schlage ich mein Englischheft auf.

Erst mal alle Reimmöglichkeiten aufschreiben. »Fremdreiterrisiko« muss hundertprozentig rein. Was für ein idiotisches Wort. Darauf reimt sich allerdings nichts. Außer »Dämmplattenpferdeklo«.

Also doch ohne das Risikowort. Neu beginnen. Einfacher. Viel kürzer. Wie Rappe und Kappe.

Geht doch. Nun ist der Reimmotor angeworfen. Ich kann gar nicht so schnell schreiben, wie mir Wörter einfallen, die sich reimen.

Plötzlich fällt ein Schatten über meine aufgekritzelten Geistesblitze. Zu spät deute ich das Zischen meiner Tischnachbarn richtig: Lehrer im Anmarsch.

Blitzschnell versuche ich, das Heft unter der Tischplatte verschwinden zu lassen, doch da senkt sich schon Frau Fischers hennarotes Haar vor meine Augen. Mit spitzen Fingern greift sie nach dem Heft und überfliegt die vollgeschriebene Seite mit meinen Reimversuchen.

Rappe, Kappe, Pappe, Mappe, Kaulquappe.

Stute, Rute, Pute, Schnute, Jute.

Piercing, Silberling, Unding.

Ohren, bohren, verloren, geschworen.

Fakt, Takt, backt, sackt.

Sauer, Power, Tower, Mauer, Bauer, Dauer, lauer, kauer.

Heu, freu, neu.

»Funny«, sagt sie und deutet auf die letzten Wörter. Heu, freu, neu.

»Say it in English.«

»Hay . . . being glad . . . new . . .«, stottere ich mit hochrotem Kopf. An meinen heißen Ohren könnte man eine Zigarette anzünden.

»In a complete sentence, please.«

Ich stolpere einen hirnrissigen Satz zusammen. Die Klasse kichert.

Frau Fischer lässt nicht locker.

»Use the passive.«

Himmel, wie soll ich aus meinen Heu-freu-neu-Brocken einen vollständigen Satz im Passiv formen? Für einen Rap gelten die Gesetze der Straße, nicht die Regeln von Universitäten. Leider kann ich das nicht so deutlich sagen. Die Fischer fällt vor Entsetzen auf den Rücken, wenn sie wittert, dass ich in ihrem heiligen Unterricht einen Stall-Rap verfasse.

Obwohl sie mich schweigend ansieht, höre ich im Geiste ihren Vorwurf in perfektem Oxford-Englisch: Oh my God, Flora! What a shame. You have to do some extra work.

Doch nichts davon. Stattdessen entdecke ich ein winziges amüsiertes Funkeln in ihren Augen. Im Weggehen flüstert Frau Fischer mir etwas zu.

»At school your horse brain should be locked.«

Sie kann ja richtig witzig sein.

»In der Schule sollte dein Pferdehirn verschlossen sein.«

Darauf muss man erst mal kommen als Lehrer.

Dankbar mache ich mich ganz klein auf meinem Stuhl und ziehe die Mundwinkel babyhaft lächelnd nach oben.

Diese Unterlegenheitsgebärde habe ich mir bei den Fohlen abgeguckt. Wenn sich ältere Pferde nähern, setzen sie als Schutzreaktion instinktiv das Babygesicht auf: *Tu mir nichts, ich bin ja noch so klein.* Das stoppt jedes angriffslustige Pferd.

Obwohl mir der Demutsblick im Menscheneinsatz zuwider ist, benutze ich ihn hin und wieder, denn er wirkt auch bei Lehrern. Frau Fischer lässt mich nun in Ruhe und knöpft sich die Jungs vor. Vielleicht hat sie auch einfach keine Lust, ihr Notizbuch herauszuholen und mir eine Fünf anzuschreiben.

Zehn Minuten nach der Unterbrechung mache ich mich in Gedanken wieder an meine Party.

Ein überschaubarer Kreis schwebt mir vor. Fünfzehn bis zwanzig Leute, die ich gut kenne.

Meine Finger fliegen über das Papier.

Emily, Janne, Tessy, Kriss, Leonie, Lina, Katharina, Mascha, Insa, Maxie, Rosa, Charlotte, Sophie.

Ich stocke. Muss ich auch Melly und Gloria? Wenn nicht, herrscht offener Krieg im Stall. Außerdem, sooo übel sind sie auch nicht. Und zur Not kann ich ihnen einfach aus dem Weg gehen, sind ja genug andere Leute da.

Also: Melly, Gloria ...

Rustikal soll es zugehen, am liebsten draußen mit den Pferden. Zumindest mit Pepper.

Wo?

Zu Hause muss ich gar nicht erst fragen. Meine Eltern mit ihrem Rasen! Sobald ich das Wort »Gartenbenutzung« auch nur denke, kriegt Mama hektische Flecken. Wenn ich dann noch vorschlage, Pepper in unseren Reihenhausgarten zu holen, verbringt Papa meinen Geburtstag in der Uniklinik. Mit einem Herzanfall.

Gedankenvoll lasse ich den Kuli kreisen und betrachte die baumelnden Frühlingskätzchen an den Birken vor unserem Klassenzimmer. »The trees have been coloured by spring«, sagt Frau Fischer.

Zu Hause feiern bringt mir keinen großen Spaß. Meine Eltern planen sich zu Tode. Als ich zwölf wurde, hat Mama fünf Rauchmelder im Haus angeschraubt und meine halbe Klasse war da und fand es peinlich. Nie wieder. Diesmal ohne Klasse, ausschließlich mit Reiterleuten.

Bei genauer Überlegung existiert für meine Party nur ein einziger ultimativer Festplatz: Der große Sandpaddock auf dem Habichthof. Und für die Fete gibt es nur einen einzigen ultimativen Zeitpunkt: Samstagabend. Nicht nur, weil mein Geburtstag ist, sondern weil Herr Habicht Samstagnachmittag nach Neumünster fährt. Zu einem Vortrag über das Holsteiner Pferd.

Obwohl Lennart Habicht kein Wort darüber verloren hat, weiß jeder im Stall von seiner geplanten Fahrt. Von Gloria. Unsere IT-Queen kann sich in Habis Telefon einklinken und mithören. Das darf aber niemand wissen, sonst haben wir den Datenschutz am Hals. Und Herr Habicht würde das wohl als Vertrauensbruch ansehen. Genauso wie die Benutzung seines Hofs für eine heimliche Party.

Aber darüber will ich auf keinen Fall nachdenken, denn sonst müsste ich mir zehn Punkte auf meiner »Fiese-Flora-Skala« geben.

Ich habe alles genau im Kopf.

Wir feiern zwei oder drei Stunden. Vielleicht bis neunzehn oder zwanzig Uhr, dann ist es jetzt im März sowieso dunkel. Bis Herr Habicht zurückkommt, ist alles längst wieder in Ordnung. Wir harken den Paddock, räumen Dosen, Flaschen und Kartons weg und nehmen den Müll mit. Rauchen darf natürlich keiner wegen der verräterischen Kippen. Aber das ist ja sowieso klar auf einem Reiterhof mit all dem Stroh und Heu.

Herr Habicht wird gar nicht merken, dass bei ihm gefeiert wurde.

Und der kleine Johnny kann auch nichts verraten, der bleibt solange bei seiner Tante, Habis Schwester. Die Infos hat Gloria ebenfalls aus Habis Telefon herausgekitzelt.

Ich beruhige mein Gewissen, indem ich mir entsprechende Fragen stelle, die ich gleich mit passenden Antworten versehe.

Existiert irgendwo ein schriftliches Verbot, den Paddock zu betreten? Nein. Wir laufen ja sonst auch auf dem Sand herum, wenn wir die Pferdeäpfel abharken.

Was macht das für einen Unterschied, ob wir eine Mistgabel in der Hand halten oder eine Flasche Cola?

Ist es nicht sogar extrem postiv für den Chef, wenn der Auslauf mal gründlich gesäubert und durchgeharkt wird? Genau genommen müsste Habi uns die Füße küssen für unseren selbstlosen Einsatz.

Ich finde tausend Gründe, mich selber zu beschwichtigen. Und um die ganze Sache als völlig normal hinzustellen. Man darf nicht zu viel zögern und zaudern.

Wie stand gestern auf Mamas Teebeuteletikett?

»Wer allzu viel bedenkt, wird wenig leisten.«

Gut erkannt, Meister Schiller.

Schiller will mich ermutigen. Bloß nicht zu viel bedenken. Ein Anstoß von unserem großen Dichter. So kann man das sehen. Nein, so *muss* man das sehen.

Also los. Sozusagen angestiftet von Friedrich Schiller. Meine Eltern müssten glücklich sein.

15.

»Krass.«

Emily betrachtet mich voller Bewunderung, während sie eine große Portion Heu von der Schubkarre hebt und unserem Oldenburger Fuchs Chico über die Boxentür wirft.

»Echt krass, Flo.«

Sie meint meinen Rap, von dem ich ihr gerade ein paar Brocken vorgeflüstert habe. Morgen kommt meine große Rap-Stunde auf der Paddock-Geburtstagsparty. Endlich ist Freitag und damit der Abend vor meiner Fete. Ich habe supertolle Karten am PC gestaltet und als Mailanhang verschickt.

Pepper hat den Namen gewechselt.
Er heißt jetzt PEPPER ROHDE.
Darum gebe ich eine Fete. Kommt zu Flos Stallparty, Samstag, 28. März, 18 Uhr auf dem Paddock.
Top secret!!! Absolute Verschwiegenheitspflicht!!!
Vor allem vor Tapir und Herrn Habicht. Das kann sich ja wohl jeder denken.

Ich bin total aufgedreht und will auf keinen Fall nach Hause. Mit gleichmäßigem Tuckern ackern weit draußen Traktoren. Die Bauern arbeiten noch mit Scheinwerfern auf dem Feld. Auch die Vögel liegen noch nicht in den Federn. Vom Fliederstrauch am Paddock dringt Finkenzwitschern in den Stall, dazu flötet eine späte Amsel. Schöner kann ein Geburtstagsvorabend nicht beginnen.

Emi und ich sind die Letzten im Stall, nur Herr Habicht läuft noch durch die Gegend. Weil morgen keine Schule ist, dürfen wir länger bleiben und beim Füttern der Schulpferde helfen. Abends mache ich das am allerliebsten, weil ich von

Tapir weiß, wie wichtig Raufutter nachts für unsere Pferde ist.

Tapir sagt: »Wenn Pferde über einen Zeitraum von mehr als sechs bis acht Stunden kein Heu oder Stroh oder Gras kauen können, bekommen sie Koliken oder sogar Magengeschwüre.«

Während ich im Geiste die Strophen meines Raps durchgehe, hebe ich den letzten Berg Heu von der Schubkarre und werfe ihn in die Box von Sandro, unserem Hannoveraner Schimmel. Mit hochgeschobenen Ärmeln, weil ich das Heugefühl auf der Haut so liebe. Die Halme kitzeln auf meinen Unterarmen.

Aus der Box gegenüber schielt Pepper zu mir hoch, ohne seine Nase aus dem Abendessen zu nehmen. Schon seit zehn Minuten liegt das duftende Heu vor seinen Hufen. In diesem Fall liegt es aber nicht dort, weil ich Pepper als meine Nummer eins zuerst gefüttert habe – sondern weil Pepper der Ranghöchste in der Herde ist.

Peppers Blick sagt: *Dein Glück, dass du mir zuerst was gegeben hast. Sonst hätte ich leider über die Tür springen müssen, um Sandro in den Hals zu beißen.*

»Weiß ich doch«, sage ich leise in seine Richtung. »Tapir sagt, das Leitpferd muss zuerst sein Futter haben, dann stimmt die Ordnung.«

Zufälligerweise deckt sich das haargenau mit meinen Wünschen . . .

Ich gehe zu Pepper hinüber, hole Schwung an seiner brusthohen Boxentür und hänge mich bäuchlings über die Kante.

»Morgen darfst du mit uns feiern, Pepper. Ich hab nämlich Geburtstag. Vierzehn. Mein Vater sagt, dann bin ich strafmündig und für alles verantwortlich. Für alles, also auch für dich. Wie findest du das?«

Pepper ahnt entweder nicht, was strafmündig heißt, oder es interessiert ihn nicht. Oder beides. Denn er wendet sich nicht eine Sekunde von seinem Abendessen ab. Als gäbe es kein Strafgesetzbuch und keine Verantwortung und kein Morgen, sondern nur diese einzige kostbare Minute, in der nichts anderes zählt als duftendes Heu.

Ich glaube, so ist es wirklich, denn auch Tapir behauptet: »Pferde kennen keine Zukunft und planen nicht. Sie wissen nicht, was das Wort ›morgen‹ bedeutet oder ›nächste Woche‹ oder ›in den Ferien.‹«

Ob man Pferde deswegen beneiden sollte?

Wenn ich meinem Pepper zusehe, wie zufrieden er vor sich hin mampft, denke ich: Ja. Mir ginge es auch schlagartig besser, wenn ich *nicht* wüsste, dass Dr. Winkelmann bereits fiese Aufgaben für die nächste Klassenarbeit austüftelt. Egal. Im Moment gibt es nur Pepper, sein Heu und mich. Wie gemütlich sein Kauen aussieht. Schon breitet sich wieder rosa Pferdewärme in mir aus.

»Hey, Flora! Träum nicht.«

Emi holt mich aus meiner rosa Pferdewelt zurück. Ihre Schubkarre ist auch leer, sie ist mit dem Füttern durch. »Ich will mehr von deinem Rap hören.«

Bevor ich loslegen kann, taucht am Ende der Stallgasse der Chef auf und ich halte lieber den Mund. Ich will unseren Stallbesitzer nicht misstrauisch machen. Wenn er mich rappen hört, überlegt er es sich am Ende noch mit Neumünster. Sein Spürsinn ist mindestens so zuverlässig wie der von Avatar.

Aus dem Augenwinkel verfolge ich, dass er nach der tropfenden Tränke von Halvor sieht, unserem Fjordpferd. Der wilde Kerl hat die Wasserleitung halb abgerissen. Nach kurzem Check verlässt Habi die Box und geht Richtung Ausgang.

»Falls was ist, Mädchen, ich bin auf dem Parkplatz«, ruft er uns zu. »Das gute Wetter muss man nutzen, ich will meinen Wagen saugen.«

»In Ordnung«, rufe ich zurück.

»Jetzt aber den ganzen Text«, sagt Emily und zieht mich nach draußen zu den Außenboxen.

Ich werfe mich in Pose, ziehe meine Kapuze auf und hole tief Luft.

»Dein Handy«, sagt Emily schnell, ehe ich anfangen kann. Ich fische es aus der Tasche und werfe es ihr zu. Dann lege ich los:

»Immer nur Menschenköpfe vor meinem Gesicht,
glaub mir, Alter, das pack ich nicht.
Einmal am Tag, da brauche ich:
Fell, Hufe, Schweif,
zwei Meter vierzig Kuschelzone,
in Farbe und live,
es geht nicht ohne.«

Alpinos blonde Mähne erscheint in der Boxentür. Irritiert sieht er zu mir herüber. Ich lasse mich davon nicht aus dem Konzept bringen und zwinkere Alpi beruhigend zu, während Emi meine Generalprobe filmt. Sie bedeutet mir mit der Hand: mehr Action. Soll sie haben. Ich probiere ein paar Moves aus, die ich in den alten Hip-Hop-Videos gesehen habe, die sich Dani immer auf YouTube reinzieht. Soll ja schließlich *real* wirken. Dabei muss ich mir zwar das Lachen verkneifen, aber ich glaube, es sieht gar nicht so schlecht aus.

»Hör ich das Schnauben in meinen Ohr'n,
rast mein Herz und ich bin schon verlor'n.

Klar kriegt mein Pepper einen Kuss
auf die Nüstern. Ein absolutes Muss.
Und mein Tag ist endlich perfekt,
wenn er mir übern Scheitel leckt.«

Emily reckt den Daumen hoch. Das spornt mich noch mehr an. Ich lehne mich lässig gegen Alpinos Boxentür und verschränke gangsterlike die Arme vor der Brust. Der Hafi macht den Hals lang und knabbert an meiner Jacke. Das gibt mir den Rest: Vor Lachen kann ich kaum weiter. Beim vorletzten Reim ist meine Stimme total heiser.

»Ich hab krass gute Laune,
denn ich hab ja meinen Braunen
und keinen schlappen Rappen
oder ein paar nasse Kaulquappen.«

Die Sache mit dem schlappen Rappen musste rein, um Melly und Gloria auf die Palme zu bringen, schließlich reiten sie den schwarzen Flemming häufig. Klar habe ich nichts gegen unseren Brandenburger Rappen. Mir ging es nur um eine Spitze gegen die Durchgeknallten. Übrigens habe ich Flemming als Wiedergutmachung eine Zwei-Kilo-Schale Möhren mitgebracht. Damit muss die Sache zwischen uns aus der Welt sein.

Ich stimme die letzten vier Zeilen an:

»Für meinen Pepper gäb' ich alles weg:
iPhone, iPod, iPad, iMac.
Join the riding school, ja, sei nicht doof:
Komm zu uns auf den Habichthof!«

Emily ist hin und weg. Ihr ewig blasses Gesicht schimmert rosa.

»Me-ga-gut.«

Sie reicht mir das Handy. »Stell das ins Internet, Flo. Du wirst berühmt, wetten? Ich weiß auch schon einen coolen Künstlernamen für dich: Reitrapper FR. FR, also Flora Rhode.«

Künstlername!

Noch eine Portion rosa Wärme für mich. Für dieses Lob hat Emily in den nächsten Wochen viele Hilfsaktionen gut.

»Meinst du wirklich, ich soll das ins Schülerportal stellen?«

»Nein, besser auf eine allgemeine Seite. Wenn dein Gymnasium Wind von Pepper bekommt, bist du unten durch. Auf unserer Schule sind die meisten ziemlich blöde, was Reitställe angeht.«

»Bei uns genauso.«

Weil ich mich meiner kleinen, schüchternen Emi plötzlich so verbunden fühle – denn außer ihr sagt niemand Künstlerin zu mir – teile ich mit ihr mein Geheimnis und berichte von Tapirs Sternen für Zootiere.

Vom Außenstall aus sieht man direkt in den Himmel. Ich strecke meinen Arm zu dem extrem funkelnden Punkt unten rechts am großen Wagen empor.

»Das ist Peppers Stern.«

»Wahnsinn.«

Andächtig betrachtet Emi den strahlenden Himmel. »Wissen die anderen das auch? Also die Zwillinge oder Janne zum Beispiel?«

»Keiner weiß das. Außer Tapir, aber der hat mich ja erst draufgebracht. Wehe, du erzählst das herum.«

Mir kommt es plötzlich vor, als könnte man mit vierzehn

keine Sterne mehr für Pferde aussuchen, ohne sich lächerlich zu machen.

»Ich schweige«, schwört Emi und hebt die rechte Hand.

Die Idee mit dem Himmel findet sie so gut, dass sie sich für Alpino auch einen Stern aussucht. Den vordersten an der Deichsel des Großen Wagens.

16.

Geburtstagsmorgen.

Weil Samstag ist und frei, versammelt sich die gesamte Familie am Esstisch. Sogar Dani ist schon um acht aufgestanden und guckt vom Frühstück zu mir hoch, als ich die Treppe herunterpoltere.

Möhrenfarbene Morgensonne mogelt sich durch den frischen Tulpenstrauß. Vierzehn Strafmündigkeitskerzen brennen auf meinem Geburtstagskuchen.

Der Geschenkecheck geht dieses Jahr schnell. Meine Eltern haben mir schließlich schon Pepper gekauft. Ich habe mir nichts als einen Sack mit Knabbergebäck für die Fete gewünscht, der auf einem leeren Stuhl steht. Über der Lehne hängen als Sonderüberraschung die obercoolen Jeans, die ich jedes Mal anprobiert habe, wenn ich mit Mama in dem kleinen Laden im Ort war. Sie hat es also begriffen! Ich drücke die Jeans an mein Gesicht.

»Noch so ein tolles Geschenk außer Pepper«, sage ich in die Hosenbeine. »Toll. Die ziehe ich heute Abend an!«

Dani überreicht mir einen Briefumschlag.

»Aber nicht laut vorlesen«, verlangt er.

Ich reiße den Umschlag auf und muss kichern. Zwei klasse Karikaturen von Dr. Winkelmann und Frau Fischer. Dani hatte die beiden früher auch in Mathe und Englisch. Unter den Zeichnungen steht:

»Zur Entlastung der Pferdebesitzerin gilt dieser Gutschein für

5 x Hausaufgaben in Mathe

5 x Hausaufgaben in Englisch.«

Ich falle meinem Bruder um den Hals.

»Mann, das kann ich gebrauchen.«

»Darf man wissen, was drinsteht?«, erkundigt sich mein Vater. »Hoffentlich nicht, dass dein Bruder die Hausaufgaben für dich erledigt.«

»Nein«, rufen Dani und ich wie aus einem Mund.

Morgen zeige ich Dani meinen Rap. Jetzt will ich das Thema nicht auf den Tisch bringen. Bestimmt müsste ich mir von Papa ewig lange Vorträge über sinnvolle Freizeitbeschäftigung anhören, nach dem Motto: »Als ich in deinem Alter war, hatte ich schon drei Nobelpreise . . .«

Wenn Daniel meinen Rap abnickt, stelle ich ihn wirklich ins Netz, schließlich kennt er sich da aus.

Ich puste die Kerzen aus. Nun aber ab in den Stall zu Pepper.

Die Tüten mit Chips, Crackern und Käsestangen verteile ich auf meinen Rucksack und eine Reisetasche, die ich in den Fahrradkorb stellen kann.

Meinen Eltern gegenüber habe ich gestern behauptet: »Wir feiern auf einem leeren Unkrautplatz im Gelände. Der gehört keinem.«

So eine öde Fläche existiert tatsächlich ganz in der Nähe vom Habichthof.

Sofort meldete sich mein Spielverderberpapa zu Wort:

»Gehört keinem, gibt's nicht. Wir leben hier nicht im Wilden Westen. Jeder Quadratmeter Land gehört irgendwem. Der Gemeinde, der Stadt, dem Landkreis oder der Bundesrepublik Deutschland.«

»Aber auf dem Platz ist nichts drauf, nur Brennnesseln und Disteln.«

»Dann hat ihn vielleicht der Naturschutzbund gekauft. Für Schmetterlinge.«

»Oh, PAPA!«

Auch Mama runzelte die Stirn.

»Hauptsache, ihr hinterlasst dort kein Chaos.«

»Nein, nein. Wir räumen alles wieder auf.«

Letzten Endes hatten meine Eltern dann doch nichts dagegen.

Mein ungutes Gefühl wegen der Flunkerei verdränge ich. Mit dem Duft der ausgeblasenen Kerzen in der Nase starte ich zur ersten Chips-Beförderungstour.

In der Tür drängt Mama mir eine blaue Rolle mit extradicken Müllsäcken auf.

»Dass ihr bloß kein Feuer macht. Und dass ihr alles blitzsauber hinterlasst«, sagt sie schon zum zehnten Mal. »Sonst kommen wir in Teufels Küche. Das ist Umweltverschmutzung und . . .«

» . . . wird mit Zuchthaus nicht unter zehn Millionen Jahren bestraft. Ja, Mama. Wir machen alles sauber. Außerdem keine Panik, ich bin ja jetzt strafmündig und gehe selber dafür in den Knast, wenn wir eine Colaflasche liegen lassen.«

»Mach keine Scherze, Flora.«

Papa greift zum Autoschlüssel.

»Lass mal sein mit dem Fahrrad, Flo. Zur Feier des Tages fahre ich dich zum Stall – mit all deinen Taschen.«

Hilfe! Das fehlte noch, dass Papa Herrn Habicht trifft und sein Misstrauen weckt. Ich will ja mit dem Knabberzeug gar nicht in den Stall, sondern den Vorrat bis zum Nachmittag bei Emily zwischenlagern. Ein Wunder, dass das überhaupt möglich ist. Emis Eltern mögen keinen Besuch. Die Ehlerts benehmen sich, als hätten sie irgendwo Leichen versteckt. Wenn ich bei Emily schlafe, dürfen wir nur in ihrem Zimmer bleiben, nicht mal in den Keller runter.

»Der Platz liegt doch im Gelände, Papa«, fällt mir zum Glück ein. »Mit dem Auto kommst du gar nicht in die Nähe.«

Ich drücke ihm einen Kuss auf die Wange.

»Wann muss ich heute Abend zurück sein? Quatsch, brauche ich nicht zu wissen, ich schlafe ja bei Emily.«

»Sieh zu, dass ihr um acht bei Ehlerts zu Hause seid.«

»Um acht!«, heule ich auf.

Mama schaltet sich ein. »Ihr könnt euch nicht im Dunkeln allein im Gelände herumtreiben.«

»Wollen wir auch nicht. Um sieben fahren wir zum Stall. Füttern«, sage ich schnell. Ein unbehagliches Schuldgefühl kriecht mir über den Rücken. Mein frisches Lebensjahr fange ich wirklich klasse an. Lauter Ausflüchte und Schwindeleien. »Bis neun? Bitte! Geburtstag ist nur einmal im Jahr.«

»Wenn ihr zum Stall fahrt – in Ordnung. Hast du dein Handy dabei?«

Ich ziehe es aus der Jacke und wackele damit vor Mamas Gesicht herum.

»Aufgeladen, Flo?«

»Voll bis oben hin.«

»Dann los. Und viel Spaß euch allen.«

Ich fahre vorsichtig mit einer Hand hinterm Sattel, die ich auf die Reisetasche drücke, damit sie nicht runterkippt und meine leckeren Chips in tausend Stücke zerbröseln. Emily wartet schon und stapelt meinen Proviant neben den Getränkekisten im Flur.

Den ganzen Tag verbringe ich gut gelaunt im Stall, nachmittags hole ich zu Hause die zweite Fuhre mit Knabbergebäck und Cola ab.

Bevor ich endgültig zum Feiern fahre, werfe ich meinen PC an und stelle meinen Handyfilm mit dem Rap in ein Portal, das wir alle im Stall benutzen.

Warum soll ich auf Danis Urteil warten? Schließlich bin ich mit vierzehn alt genug, um eigene Entscheidungen zu treffen! Plötzlich juckt es mich in den Fingern und ich schreibe dazu: »Heute Performance, weil Geburtstag. Reitrapper FR.«

Ohne Adresse natürlich, ich bin ja nicht blöd.

Endlich kommt die Entwarnungs-SMS von Emily.

Johnny ist von seiner Tante abgeholt worden. Der Chef fährt gerade vom Hof. Kannst kommen. Ich warte zu Hause. Emi

Vor ihrem Carport tippelt Emi schon ungeduldig hin und her, als ich mit dem Fahrrad angeflitzt komme.

»Steht alles im Kofferraum«, empfängt sie mich. »Auch die Colakisten. Mein Vater will sofort los.«

»Gut.«

Emis Vater ist und bleibt ein komischer Typ. Als er mit klimpernden Autoschüsseln die Treppe herunterkommt, murmelt er nur kurz: »Glückwunsch«, dann fährt er uns zum Stall.

Kann er nicht sagen: Liebe Flora, alles Gute zum Geburtstag. Wie alt bist du denn geworden? Hoffentlich habt ihr heute eine schöne Feier.

Stattdessen schweigt Herr Ehlert die ganze Zeit, während ich hinter ihm sitze und auf seine dramatisch gestylte Frisur gucken muss. Macht es den Mann nicht stutzig, dass wir alles zum Habichthof bringen und nicht direkt an den Ort der Fete? Herr Ehlert scheint sich nicht viel daraus zu machen, was wir in unserer Freizeit treiben, obwohl seine eigene Tochter dabei ist. Ich mag ihn nicht besonders, auch wegen seines albernen Dreitagebartes, für den er viel zu alt ist.

Mein Vater bewundert Emis Vater allerdings, weil er so viel Kohle gemacht hat und eine teure Villa besitzt mit zwei Meter hohem Eisenzaun davor. Hätte *ich* eine Million cash, würde ich keine blöde Villa bauen, sondern ein Schulpferde-

Seniorenheim, wo alte Pferde verwöhnt würden und auf riesigen Matratzen liegen könnten. Mit feinstem Weizenstroh. Für jedes Schulpferd würde ich einen Tropf aufhängen, mit einer gesunden Aufbauflüssigkeit drin, die direkt in die Pferdevenen tropfte. Eine Infusion von der Art, wie sie Flemming letztes Jahr wieder auf die Hufe gebracht hat, als er bei einer Kolik vor Schwäche zitterte.

Herr Ehlert parkt auf dem leeren Hof, lädt stumm die Colakisten aus und stapelt sie auf dem Parkplatz. Die einzige menschliche Regung, die er zeigt, ist seine Frage:

»Könnt ihr die Kisten zu zweit tragen?«

»Kein Problem, Papa«, sagt Emi. Er hebt die Hand, dann düst er ab. Wahrscheinlich wieder zum Leichenverstecken . . .

Wir packen eine Kiste links und rechts und tragen sie zum Stall.

»Echt schade«, sagt Emi und zerrt die schwere Eingangstür mit einer Hand auf, »dass Tapir nicht dabei ist.«

Treffer!

Damit berührt sie meinen wunden Punkt. Dass wir unseren Supertapir nicht in die Sache einweihen, ist wirklich eine Schande.

»Wir *können* ihm nichts sagen, Emi. Tapir müsste doch sofort Herrn Habicht informieren. Lass uns einfach nicht darüber reden, bitte.«

Gedanken an Tapir kann ich jetzt nicht gebrauchen.

Wir befördern die Kisten durch die Stallgasse über den Hof zum Paddock. Dutzende angebundene rote Luftballons wehen an der Einzäunung, alle mit Pferdegesichtern bemalt. Überrascht bleibe ich stehen.

»Süß! Wer von euch hat sich das ausgedacht?«

»Wirst es nicht glauben – Melly und Gloria.«

Als wir die erste Kiste durchs Gattertor tragen, springen meine Reiterfreundinnen hinter der Ecke hervor und brüllen im Chor: »Herzlichen Glückwunsch!«

Von allen Seiten hagelt es Küsse und Umarmungen. Sogar Melly traut sich an mich heran.

Avatar hüpft an mir hoch, als hätte er Sprungfedern unter den Pfoten. Wahrscheinlich duften meine neuen Jeans schon nach Pepper. Die Zwillinge überreichen mir ein braunes Pfefferkuchenpferd mit schwarzer Mähne.

»Weil du Pepper zum Fressen gern hast«, kichern sie gemeinsam.

Melly und Gloria schenken mir Glitzer-Mähnenspray. GLITZERSPRAY! Wird wohl im Spind verrotten. Höchstens beim Weihnachtsmärchen vielleicht. Pepper ist doch keine Barbiepuppe.

Von den anderen bekomme ich einen neuen Führstrick, ein Halfter und Huffett.

Alle sind richtig nett. Was für eine geniale Eingebung, meine Reiterkollegen einzuladen. Ich fühle mich wunderbar. Avatar sorgt für Stimmung, er kläfft und fiept in allen Tonlagen. Er ersetzt glatt eine ganze Band.

Die Anspannung der letzten Tage fällt von mir ab. Mein vierzehnter Geburtstag zeigt sich wolkenlos sonnig.

»Sollen wir unsere Pferde dazuholen?«, frage ich in die Runde. »Also – Emi und ich?«

Großes Gejohle ist die Antwort.

»Ja, ja, ja!«

»Aber sicher.«

»Super Idee.«

Wir rennen los und führen Pepper und Alpino zum Paddock. Mit steil aufgestellten Ohren passieren sie das Spalier aus wehenden Luftballons.

»Gut, dass wir schon an der Gelassenheitsprüfung arbeiten«, ruft Janne herüber, »sonst müssten wir alle Ballons abschneiden.«

In hohen Sprüngen setzt Avatar über den Hof und schießt zu mir und Pepper herüber. Abgelenkt neigt Pepper den Kopf und stupst den Terrier an. Der leckt ihm blitzschnell über die Nase, flitzt wieder los, hin und zurück, und bleibt schließlich schwanzwedelnd vor uns stehen. Seine Augen glänzen herausfordernd, als wollte er den Pferden bedeuten: Luftballons? Ungefährlich, Jungs. Mir nach.

Mit kurzen Schritten tippeln Pepper und Alpino an der roten Gefahr vorüber.

Prustend traben sie begleitet von Avatar ein Stück über den Paddock, kehren jedoch gleich wieder um, als wir mit unseren Chipstüten knistern. Neugierig stecken sie ihre Nasen zwischen die Tüten, zucken zurück, als die glatte Folie knistert, beugen sich erneut vor. Pepper versucht, eine Chipstüte aufzureißen, und als er scheitert, packt er sie mit den Zähnen und schüttelt sie wie einen jungen Hund.

Wir halten uns den Bauch vor Lachen.

»Guck mal, Avatar, genauso geht es dir, wenn du dich mit den Pferden anlegst«, sagt Kriss. Oder ist es Tessy?

Pepper und Alpi sind kein bisschen ängstlich, obwohl der Paddock von lachenden, lauten Mädchen wimmelt.

Die Pferde sind es gewohnt, dass wir um sie herumwuseln, wenn wir den Auslauf abharken und Pferdeäpfel sammeln.

Neugierig marschiert Pepper von einem zu anderen. Gibt es hier was zu holen? Darf man mal an den Chips lecken? Man darf. Ausnahmsweise.

Es ist wie im Paradies mitten zwischen den Pferden.

Großzügig dulde ich, dass Melly, Gloria und Janne mein Pferd kraulen.

Die Momente, in denen Pepper bei mir vorbeischlendert und scine Nase auf mein Haar drückt, machen jedem in der Runde sofort klar, wer hier Peppers wahrer Schatz ist . . . Ich quelle fast über vor rosa Wärme.

Nach zwanzig geleerten Chipstüten beschließe ich, dass es Zeit ist für meinen großen Auftritt.

»Jetzt kommt mein Rap«, rufe ich in die Runde.

Auf einen Schlag drehen sich alle zum mir um, sehen mich erwartungsvoll an und kreuzen die Arme vor der Brust. Plötzlich bin ich gar nicht mehr sicher, ob mein Song wirklich etwas taugt. Oder ob danach alle peinlich berührt schweigen, weil sie mir an meinem Geburtstag nicht sagen mögen, dass der Text totaler Schrott ist. Ich hätte es lassen sollen.

Dann fällt mein Blick auf Emi, die mit glühendem Gesicht in der Menge steht und mir aufgeregt zunickt. Also gut. Ich atme tief durch, baue mich am Gattertor auf und lege los.

»Immer nur Menschenköpfe vor meinem Gesicht,
glaub mir, Alter, das pack ich nicht.
Einmal am Tag, da brauche ich:
Fell, Hufe, Schweif . . .«

Nach den ersten Zeilen fluppt es nur so. Dann der Schluss.

». . . komm zu uns auf den Habichthof!«

Atemlos warte ich auf die Reaktion und schließe die Augen. Jetzt bloß keinen Stress! Nach einer grausam langen Sekunde beschallt stürmischer Applaus meine Ohren. Ich öffne meine zusammengekniffenen Lider einen Spalt.

»Voll cool«, ruft Janne.

Die Zwillinge wollen den Rap aus dem Internet runterladen und bei ihren Reiterhofferien vorführen.

Ich fange Mellys Blick auf. Und den von Gloria. Die Superzicken möchten etwas Weltbewegendes zu meinem Kunstwerk sagen, klar.

Spöttisch guckt Melly mich an und holt aus: »Pah, wenn das ein Rap sein soll . . .«

Dann Gloria: »Die Stelle mit dem schlappen Rappen ist wirklich galaktisch dämlich . . .«

Meine Rappen-Spitze hat also gesessen.

Insa geht dazwischen, sie hat einen super Instinkt dafür, wann eine Fete kippen könnte.

»Macht mal halblang«, sagt sie zu den beiden. »Möchte nicht hören, was ihr zustande gebracht hättet.«

Die anderen lachen und Melly knurrt mit roten Ohren: »Wieso, ich hab doch nichts gesagt.«

Jetzt geht die Party richtig los. Zwar verkriecht die Sonne sich gerade hinter das Stalldach, aber es ist noch warm und duftet nach Frühling.

17.

Gerade wuchten wir eine neue Getränkekiste auf die Mauer zum Hof, da schnorchelt Alpino auf einmal laut und spitzt die Ohren in voller Konzentration. Gleichzeitig stößt Pepper ein trompetenartiges Schnauben aus. Sein Schweif geht in Alarmstellung hoch. Mit angehobenem Kopf wittert er zur Straße hin.

Die lauten Lachsalven und das Stimmengewirr sind nicht zu überhören.

»Stellt euch nicht so mädchenhaft an, Jungs«, sage ich gut gelaunt und meine Gäste lachen. »Habt ihr noch nie Straßengeräusche gehört? Hallo ihr beiden Schisser, da oben laufen Menschen herum.«

In meinem Bauch springt das Sicherheits-Informationssystem an.

Pling, Sie haben eine Nachricht.

Sofort klicke ich auf logout. Von der Bauchnachricht will ich gar nichts wissen.

Dabei denke ich unterschwellig: Hast du sie noch alle, Flora Rohde? Guck dir Peppers Verhalten an. Weißt doch genau, dass Pferde eine Gefahr eher wittern als ein Mensch. Weshalb checkst du nicht, woher die Stimmen kommen? Und vor allem – *warum* sie sich nähern???

Aber die Warnung findet leider nicht den Weg von meinem Bauch ins Hirn. Meine Party ist gerade richtig in Gang. Diese super Stimmung lasse ich mir nicht durch hysterische Mamagedanken verderben.

Von einem Moment zum andern ziehen über dem Paddock düstere Abendwolken auf. Schnell hereinbrechende Dämmerung ist nicht ungewöhnlich Ende März. Mein Sicherheitssystem versucht, mir über die Bauchnerven mitzuteilen, dass die Wolken eine Warnung des Himmels sind. Aber muss ich mich von meinen inneren Organen herumkommandieren lassen?

Ich schnappe mir vier Colaflaschen und verteile sie an Gloria, Janne und die Zwillinge.

Und dann passiert es: An der Ecke des Stalls tauchen drei Fremde auf. Erst jetzt schrillt meine innere Alarmanlage so durchdringend, dass ich sie nicht überhören kann.

Unmittelbar darauf fällt eine Gruppe johlender Jugendlicher auf den ruhigen Habichthof ein.

Ich bin wie erstarrt. Alles Fremde, soweit ich das überblicke. Mit steifen Knochen dränge ich mich zwischen meine Geburtstagsgäste.

Einer nach dem anderen kommt unsere Zufahrt herunter. Wie unter Zwang zähle ich sie einzeln ab. Als könnte ich die Situation damit unter Kontrolle behalten.

Sieben, acht, neun ...

Nervös zähle ich weiter.

... dreizehn, vierzehn, fünfzehn ...

So langsam wird es schwer, den Überblick zu behalten. Zwanzig Jungs sind es mindestens, eher mehr. Und alle älter als wir.

Hilfe! Mama! Papa! Dani! Hoffentlich wache ich gleich auf.

Gloria schlägt die Hand vor den Mund.

»Das gibt's doch nicht.«

Mir wird gleichzeitig heiß und kalt. Meine Haare kleben feucht im Nacken. Von rechts und links krallen sich eisige Hände in meine Arme.

Jede von uns ahnt, was da flaschenschwenkend auf uns zurollt: Besucher, die unsere Fete für Randale nutzen wollen. Partycrasher.

Unzählige Male haben wir von solchen Partyüberfällen gehört. Dass es uns nun selbst trifft, noch dazu auf dem Habichthof . . . furchtbar.

Hundertprozentig wird hier alles aus dem Ruder laufen. Solche Überfälle laufen *immer* aus dem Ruder.

Tausend Gedanken wirbeln mir durch den Kopf. Pepper! Alpino! Der Paddock! Der Stall! Meine unerlaubte Geburtstagsfeier! Strafmündig! Randale! Zerstörung!

Teuer!

Teuer!

Teuer!

Die ersten Jungs stehen vor dem gesicherten Gattertor und zerren mit Gewalt am Verschlussbügel herum.

Ich sehe nur ihre Kapuzen, die sie tief ins Gesicht gezogen haben.

»Hey, lasst das sein. Ihr macht das Tor kaputt.«

Mehr bringe ich nicht hervor.

Lautes Grölen ist die Antwort. Mit Gewalt reißen sie zu viert an den Stahlrohren.

Todesmutig schießt Avatar auf die Bande zu und springt einen Meter hoch auf die Störenfriede zu. Einen Moment schreckt die erste Linie zurück, doch dann grölen sie um so lauter und versuchen, den aufgeladenen Terrier mit fuchtelnden Händen zu ärgern.

»Avatar, bei Fuß«, rufen die Zwillinge durcheinander. »Sofort hierher.«

Kläffend rennt Avatar hin und her, bis ein Zwilling ihn schließlich am Halsband erwischt und an die Leine nimmt.

Emily fängt an zu weinen und versteckt sich hinter meinem Rücken.

»Eins, zwei. Eins, zwei.«

Unter lauten Anfeuerungsrufen ruckeln die vier Anführer am Tor. Quietschend lösen sich Schrauben und Bolzen.

Die Jungs drücken das schiefe Tor auf und stürmen zu uns auf den Auslauf, alle anderen im Schlepptau.

Pepper und Alpino weichen zurück und stoßen lautes Angstschnauben aus.

»Hey, das sind original Gäule hier«, brüllt einer und schwenkt seine Wodkaflasche. »Kommt bei Fuß, wir wollen mit euch einen trinken.«

»Geh zu den Pferden«, raune ich Emi zu. »Wir versuchen, die Bande hier vorn in Schach zu halten.«

Sie schluchzt auf und läuft zu Pepper und Alpino, die sich hinter einem Stapel Bauholz an das Weidetor drücken.

Johlend drücken ein paar Jungs ihre glühenden Zigaretten in die Luftballons. Andere schlagen die Ballons zwischen den Händen zusammen, bis sie mit plötzlichem Knall in der Luft zerplatzen.

Pepper, die tun dir nichts, die sind nur blöd und laut. Bleib ganz ruhig.

Oder?

Hektisch blicke ich zwischen meinem aufgeregten Pferd und der Horde hin und her.

Unter den Kapuzen versuche ich, jemand zu erkennen, aber das sind alles Fremde. Soweit ich das überhaupt sehen kann. Fast nur Jungs.

»Wo bleibt die Performance?«, brüllt einer.

»Genau, wo ist hier der Reitrapper?«, ruft einer aus der Mitte.

Reitrapper?

Das Wort elektrisiert mich. Nie habe ich diesen Namen benutzt. Außer . . . im Internet. Aber dort habe ich keine Adresse genannt. Keinen echten Namen. Keinen Ort, keine Straße. Oder? Nein. Hundertprozentig nicht. Wie ein Laufband flitzt der Raptext durch meinen Kopf – und bleibt plötzlich hängen.

»Join the riding school, ja, sei nicht doof:
Komm zu uns auf den Habichthof!«

Komm zu uns auf den Habichthof.

Habichthof, Reitschule. Einmal gegoogelt und gewonnen.

Mir wird flau im Magen, ungefähr wie bei der vorletzten Mathearbeit, als mir auffiel, dass ich meinen Spickzettel mit abgegeben hatte.

ICH SELBER BIN DER AUSLÖSER FÜR DEN ÜBERFALL!

Wie blöd bin ich eigentlich?

Das muss ich jetzt sofort verdrängen. In diesem Moment hilft nur kühles Überlegen.

Dani muss kommen! Am besten mit ein paar Freunden. Und versuchen, die Eindringlinge zu verjagen.

Mit fahrigen Fingern suche ich seine Nummer im Handy. Wieso dauert das alles so lange? Bitte sei da, Dani. BITTE!

»Die gewählte Rufnummer ist zurzeit nicht erreichbar.«

Er hat das Handy ausgeschaltet. Ausgerechnet heute.

Bevor ich mich entscheiden kann, wen ich als zweite Feuerwehr anrufe, stürzen vier Jungs sich auf die Heuraufe und versuchen, sie zu zerlegen. Das erste silberne Element gibt nach, unter lautem Triumphgeschrei fliegen die restlichen Teile auf den Paddock. Peppers erschrecktes Schnauben erfüllt den Platz. Mir schnürt es das Herz zusammen. Ich kann jetzt niemand anrufen.

»Feigling, fass den E-Zaun an«, feuern die Leute sich gegenseitig an. Ein betrunkener Schlaks torkelt auf das Elektroband zu und reißt es ab. Schreiend schwingt er seinen Arm, als wäre er tödlich verletzt. Idiot. So schlimm kann das nicht gewesen sein, wir haben alle schon mal am Zaun einen gewischt gekriegt.

Auf keinen Fall darf die Horde in den Stall laufen und unsere Schulpferde verrückt machen.

Wohin mit Pepper und Alpino? Und Avatar?

Zwischen den angetrunkenen Idioten können sie nicht länger bleiben. Verstohlen gebe ich Emily am Weidegatter ein Zeichen.

»Gebt uns Deckung«, flüstere ich den Zwillingen zu. »Wir bringen die Pferde über die Weide in die Reithalle. Gebt den Hund her, der kommt auch mit.«

Vorsichtshalber nehme ich den aufgeregten Avatar auf den Arm und drücke mich neben den Zwillingen am Zaun entlang zu Emi. Der Holzstapel verdeckt uns halbwegs. Auf mein Nicken hin fasst Emily Alpino am Halfter, ich nehme Pepper und wir schlüpfen durch die zweite Gattertür, die Tessy und Kriss sofort hinter uns schließen.

Hastig führen wir unsere Pferde über die Weide um die Anlage herum. Brombeerranken reißen an meiner neuen Jeans. Avatar winselt und versucht, sich aus meinem Klammergriff zu winden. Endlich ist das Tor der Reithalle in Sicht. Zitternd öffne ich die Tür und lasse die Pferde und den Hund los.

Pepper und Alpino rennen sofort los, toben sich die Anspannung aus den Knochen, wälzen sich in den Sägespänen, springen wieder auf und galoppieren die nächste Runde.

Mit fliegenden Ohren saust der Jack Russell hinterher.

Endlich Ruhe vor der wüsten Bande da draußen. Mein Herzschlag beruhigt sich.

Am liebsten würde ich gar nicht mehr zum Paddock zurückgehen, sondern den Rest meines Geburtstags mit Pepper, Alpino, Emi und Avatar verbringen. Allerdings wäre das echt unfair. Schließlich war ich es, die alle Reiter eingeladen hat. Also muss ich die Sache durchstehen. Bis zum bitteren Ende.

Das neue Unwort des Jahres geistert durch meinen Kopf: Strafmündig.

Wieder hinaus in das Chaos. Ob ich Emi mit ihren verweinten Augen zumuten kann, mich in die Höhle des Löwen zu begleiten?

Da packt mich die kleine ängstliche Maus am Arm und sagt tapfer: »Ich komme mit.«

Wir gehen über die Weide zurück. Der Anblick auf dem Paddock kommt mir vor wie ein Science-Fiction-Film. Kapuzenmenschen, erstarrt in einem sandigen Wackelpudding. Flaschen, die in Zeitlupe geleert werden. Fuchtelnde Arme. Beine, die über Zaunpfosten hängen. Einzelteile der Raufe, silbern blinkend wie ein zerstörtes Raumschiff. Nur weiß ich hundertprozentig sicher, dass dieser irre Anblick kein Film ist, sondern Wirklichkeit.

Wie von fremden Kräften bewegt greift meine Hand in die Tasche, angelt das Handy hervor und drückt Tapirs Kurzwahlnummer.

Als Tapir sich meldet, bin ich sofort wieder die alte aufgeregte Flo.

»Tapir, Tapir, auf unserem Paddock sind lauter Fremde! Die saufen und randalieren. Zwanzig Leute Minimum.«

»Wie bitte? Wie ist das passiert?«

»Weiß ich auch nicht.«

»Ich höre den Krach ja bis hier! Was macht *ihr* überhaupt auf dem Paddock?«

»Ich wollte ein bisschen meinen Geburtstag feiern. Nur mit ein paar Stallmädchen, na ja . . . vielleicht sechzehn, siebzehn oder so.«

Tapir atmet schwer.

»Geht's noch?«

»Wir wollten nur zwei Stunden. Ehrlich, Tapir.«

»Und woher kommt die betrunkene Horde?«

»Keine Ahnung. Bitte, Tapir, komm schon! Hast du keinen Tipp für mich?«

»Ihr müsst verhindern, dass die Verrückten zu den Pferden gelangen. Schließ die Türen ab. Du hast doch einen eigenen Stallschlüssel?«

»Ja.«

»Ich komme sofort. Aber erst rufe ich noch die Polizei.«

Angstvoll kreische ich auf.

»Polizei? Das kannst du nicht machen, Tapir! Ich bin ab heute strafmündig!«

»Perfekt! Bin schon unterwegs.«

Mit einer Handbewegung rufe ich Mascha, Lina und Katharina herbei.

»Stellt euch als Wache vor den Außenstall. Lasst keinen durch. Ich schließe den Hauptstall ab.«

»Okay«, sagt Mascha.

Hintereinander drängeln wir uns durch die Masse. Janne geht vorneweg, sie ist die Unerschrockenste von uns. Ein paar Jungs rempeln und strecken den Ellenbogen aus, um uns zu stoppen. Einer hält mir die Wodkaflasche vors Gesicht.

»Trink mit, komm schon.«

Ich wehre seinen Arm ab und beeile mich, Anschluss an die anderen zu halten.

Endlich am Stall.

Drinnen schließe ich sofort hinter mir ab und renne durch die Stallgasse. Alarmiert heben alle Pferde ihre Köpfe und spannen die Muskeln an. In den Boxen verbreitet sich Unruhe. Man rennt nicht im Stall, Fluchttiere geraten schnell in Panik. Hilft nichts. Weiter. Lieber ein kurzer Schreck, als zu riskieren, dass eine Horde Betrunkener den Stall stürmt.

Mit zitternden Fingern sortiere ich meine Schlüssel am Karabinerhaken und schließe die zweite Eisentür am Eingang ab, dann zurück durch die Stallgasse. Als ich den Schlüssel auf dem Hof von außen abziehe, kann ich wieder ruhiger atmen. Ein erster Erfolg.

Ich befehle mir, klar zu denken.

Gesichter merken!

Im diffusen Abendlicht kann man schlecht etwas ausmachen, zumal die Bande so dicht beieinandersteht und fast alle Kapuzen tragen. Außerdem arbeitet mein Gehirn nicht so zuverlässig wie sonst.

Doch dann glaube ich, einige Gesichter zu erkennen. Vielleicht vom Pausenhof? Ja, von der Schule, sicher. Ich muss Melly fragen, die kennt mehr Jungs als ich. Gerade kämpfe ich mich zu ihr durch, da sehe ich eine lange, dünne Gestalt mit wehendem Pferdeschwanz den Weg entlang den Weiden hochkommen.

Tapir.

Dich schickt der Himmel!

Er wird die Sache in den Griff kriegen. Schon schlägt mein Puls ruhiger.

Ein schwerer Wagen röhrt mit lautem Hupen die Einfahrt zu uns herunter. Noch fährt er verdeckt hinter den Mauern des Stalls.

Polizei?

Eine paar Leute auf dem Paddock werden aufmerksam. Einer pfeift durchdringend und schreit: »Weg hier.«

Mein Herz überschlägt sich wieder. Die Polizei kommt. Wunderbar und furchtbar zugleich. Wie soll ich das morgen Herrn Habicht erklären?

Blitzartig verteilen die ungebetenen Gäste sich nach links und rechts, springen über Gräben und suchen das Weite.

Erregter Wortwechsel dringt von der Weide herauf, als einige Flüchtige Tapir in die Arme laufen. Er versucht, sie festzuhalten, doch es sind zu viele.

Gerade als ich denke, ich muss vor Aufregung alle Chips wieder rückwärts essen, kommt es noch schlimmer. Was da hupend um die Ecke biegt, ist nämlich kein blau-weißer Polizeiwagen.

»Oh-oh«, flüstert Melly, als die ersten Zentimeter der schwarzen Motorhaube zu erkennen sind.

Es ist der Geländewagen von Lennart Habicht, der auf den Hof rollt.

Gloria greift sich mit ihren pestfarben lackierten Fingernägeln in die Frisur.

»Shit, verdammter«, flucht sie.

18.

Keine von uns rührt sich, als Herr Habicht aus dem Auto springt.

Die Scheinwerfer lässt er voll aufgeblendet, um die Stätte der Verwüstung auszuleuchten. Mit wütenden Schritten überquert er den Hof. In wenigen Sekunden wird er vor mir stehen und Rechenschaft verlangen.

Kann er mir Pepper wieder wegnehmen?

Noch ein paar Meter. Sein Gesicht, eine einzige Gewitterwolke. Nein, schlimmer, ein unkontrollierbarer Tropensturm. Die tiefen Falten zwischen den Augen ziehen seine Brauen zusammen und verkünden Ärger hoch zehn.

Mein Magen rebelliert.

Ein Königreich für eine Spucktüte.

Der Teebeutelspruch des Tages.

Ohne mich eines Blickes zu würdigen, stapft der Chef finster an uns vorbei zum Paddock. Vorgebeugt begutachtet er den Sand. Beziehungsweise das, was von seinem gepflegten, sauberen Sandauslauf übrig geblieben ist. Der Paddock ist übersät von Flaschen, leeren Kartons, Chipstüten, Verschlüssen, Zigarettenschachteln, Kippen. Wir selbst hatten natürlich nur Plastikflaschen mitgebracht. Aber die Bande, die über den Habichthof fegte, hatte massenhaft Alkohol dabei. Wodka, Tequila, Kräuterschnaps, Sekt. Und natürlich Bier, Bier und noch mal Bier. Geraucht haben sie auch und ihre Kippen einfach in den Sand geworfen.

Ich fühle mich wie mit 40 Fieber. Krank und matt und schuldig. Nichts wünsche ich mir in diesem Moment sehnlicher als ein gebrülltes »Geht's noch!« aus dem Mund unseres Chefs. Aber das kommt nicht.

Die Situation geht weit über das hinaus, was man mit »Geht's noch« abtun könnte.

Endlich erreicht Tapir uns und wir nehmen ihn sofort in die Mangel.

»Warum ist der Chef so schnell zurückgekommen?«, frage ich leise.

Tapir deutet mit dem Kopf zur Straße.

»Nachbarn vom anderen Ende der Wiesenfeldstraße haben die johlende Horde auf dem Weg zum Habichthof beobachtet. Einer hatte Habis Handynummer und hat ihn im Auto erreicht. Natürlich hat der Chef die nächste Abfahrt genommen und ist gleich zurück.«

»Er war gar nicht in Neumünster?«

»Natürlich nicht, Schlauberger. Seine Laune wird grandios sein.«

Ich schrumpfe auf Haferkorngröße zusammen.

»Darauf kannst du Gift nehmen.«

Verstohlen sehe ich zum Himmel. Ich fahnde nach dem Großen Wagen, suche Peppers Stern, und obwohl es noch nicht ganz dunkel ist, entdecke ich ihn schnell. Er blinkt nicht wie sonst, steht nur ruhig und kühl und ungeheuer weit entfernt hoch oben. Der Stern geht auf Distanz zu mir.

»Hoffentlich habt ihr jemand erkannt«, sagt Tapir. »Wegen der Haftung.«

Er zeigt auf das schief hängende Gattertor und die silberfarbenen Einzelteile der Raufe, die anklagend im Scheinwerferkegel aufblitzen. Und auf den zerrissenen Elektrozaun.

»Na, Flora?«

Hilflos zucke ich die Schultern.

»Die hatten Kapuzen auf. Einige Gesichter habe ich bestimmt schon gesehen. Aber ein Name? Fällt mir zu keinem ein.«

Ich schiele zum Paddock, von dem ein unterdrückter Fluch zu hören ist.

Mit malmenden Backenknochen hebt Herr Habicht das schiefe Gattertor an, schlägt probeweise mit der Schuhspitze gegen Schrauben und Bolzen, zieht und richtet und lässt es dann mit einem ärgerlichen Seufzer fallen. Das Tor ist offenbar nicht zu retten.

Er verschränkt die Arme vor der Brust und starrt uns herausfordernd an. Zwanzig Reitermädels blicken stumm zu Boden. Ein falsches Wort und Habi geht senkrecht in die Luft wie eine Rakete.

»Jetzt will ich sofort hören, was hier passiert ist.«

Wie auf Kommando richten sich alle Augen auf mich. Danke, Leute, sehr freundlich.

Als ich den Mund aufmache, kommt nur gestotterter Schwachsinn heraus.

»Wir . . . wir wollten das nicht, Herr Habicht. Ich wollte nur meinen Geburtstag feiern mit ein paar Mädchen aus dem Stall.«

»Bist du von allen guten Geistern verlassen? Ohne mich zu fragen?«

»Ohne Fremde, echt. Kein Alkohol und keine Zigaretten. Nur Limo und Cola. Ganz anständig, wir hätten alles wieder weggeräumt, Herr Habicht. Bitte, Sie müssen mir glauben.«

»Gar nichts muss ich.«

»Tut mir leid.«

»Das hat ein Nachspiel. Später. Jetzt wird hier erst mal klar Schiff gemacht.«

»Aber es ist doch fast dunkel«, wagt Melly zu erwähnen.

Herr Habicht schnaubt.

»Fast dunkel? Zum Feiern und Randalieren fandet ihr es hell genug.«

Mit ein paar Schritten ist er an der halbhohen Mauer zum Paddock und drückt auf zwei Lichtschalter. Vier hoch angebrachte Leuchten flammen auf und tauchen den misshandelten Auslauf in unbarmherziges Licht.

Aus der Halle dringt Wiehern und Schnauben.

Herr Habicht horcht auf.

»Habt ihr Pferde in der Halle?«

»Pepper und Alpino. Die haben wir über die Weide in Sicherheit gebracht.«

Er nickt und wendet sich ab. »Ich stelle sie zurück in die Boxen. Ihr macht euch an die Arbeit. Den gesamten Müll vom Paddock absammeln. Aber peinlich genau.«

»Ich habe Müllsäcke«, beeile ich mich zu sagen. Als könnte ich mit blauen Abfallbeuteln etwas gutmachen.

Ich hole Mamas Rolle mit extradicken Abfallbeuteln aus meinem Rucksack und verteile sie.

Mit gebeugtem Rücken kriechen wir über den Paddock und werfen Flaschen und Kartons in die Säcke.

Tapir besorgt zwei feinzinkige Harken und reicht sie Melly und Gloria.

»Sand abharken, aber sorgfältig. Damit bringt ihr den Kleinkram an die Oberfläche, Verschlüsse oder Scherben.«

Herr Habicht erscheint in der Stalltür, er sieht weniger grimmig aus. Wahrscheinlich hat er festgestellt, dass die Pferde in Ordnung sind.

Er verschwindet in der alten Scheune, wo er sich eine Wohnung eingerichtet hat, und kehrt mit zwei runden Sieben zurück, groß wie Wagenräder. Wie riesige Kuchenformen sehen sie aus mit ihrem umlaufenden Rand und dem Boden aus Eisendrahtgewebe.

»Hier wird jeder Quadratmeter abgesiebt«, sagt er und knallt uns die Siebe vor die Füße. »Auf meinem Paddock bleibt keine Kippe und kein Kronkorken liegen, das ist euch hoffentlich klar.«

Wir müssen das Sieb zu zweit schütteln, weil es so groß ist und mit Sand verdammt schwer wird.

Emily und ich teilen uns ein Sieb, schippen Sand rein und schütteln es im Rhythmus hin und her. Sand rieselt durch die Maschen. Schmutz bleibt auf dem Drahtgeflecht liegen.

Wie Goldwäscher kommen wir uns vor, passend zu Tapirs Goldschürferhose aus Arizona. Nur, dass keine Goldnuggets in unserem Sieb liegen bleiben, sondern ab und zu ein Pferdeapfel und Zigarettenkippen. Das einzige Goldene, das wir finden, sind Kronkorken.

Tapir zeigt auf die Kronkorken und bemerkt: »Wenn Pepper sich einen davon in die Hufsohle tritt, dann gnade dir Gott. Und seid sorgfältig beim Zigarettenstummelsuchen.«

Er hebt einen braunen Filter auf und hält ihn hoch. »Die Kippen stecken voller Nikotin, Cadmium und noch anderen Giften. Ist ja wohl klar, dass jede einzelne Kippe gefunden werden muss, damit die Pferde die Dinger nicht erwischen und darauf herumkauen. Oder sie womöglich verschlucken.«

Jeder werkelt stumm vor sich hin und versucht, möglichst viel Abstand zwischen sich und Herrn Habicht zu bringen.

Mir bricht der Schweiß aus, wenn ich mir vorstelle, was das alles kostet. Ein neues Tor, eine neue Raufe, Elektroband und wer weiß, was sonst noch ersetzt werden muss.

Dabei war ich bis vor einer Stunde noch voller Freude und rosa Wärme wegen Pepper.

Ein blauer Golf biegt auf den Hof ein und hält vor Habichts Scheune. Habis Schwester steigt aus und hebt Johnny aus dem Kindersitz. Halb schlafend hängt der Sechsjährige im Schlafanzug in ihren Armen. Doch dann wacht er auf, und als er die merkwürdige Szene vor seinem Zuhause sieht, hüpft er auf den Boden und ist außer Rand und Band.

»Voll die Action«, schreit Johnny hellwach und rennt zu uns herüber.

Ich muss lachen. Für uns ist das die Pest . . . aber für einen Sechsjährigen natürlich ein Abenteuer.

Johnny will helfen und greift an den Rand unseres Siebes, aber das ist viel zu schwer für seine Kinderarme.

»Johnny, das ist zu kalt.«

Herr Habicht hängt seinem Sohn eine warme Pferdedecke um. Mit fliegenden Deckenzipfeln rennt Johnny ins Haus und kehrt unter Siegesgeheul mit seinem Sandkastenspielzeug zurück. Kleine rote Plastikförmchen, ein Strandsieb und eine Schaufel.

Konzentriert schippt er Sand in das Minisieb. Der blonde Strubbelkopf ist völlig vertieft in die Sucht-die-Kronkorken-Aktion. Johnny ist der Einzige, der lacht und alles aufregend und komisch findet.

»Johnny ist unsere Rettung«, flüstert Emily mir über das Drahtsieb zu. »Habi guckt schon viel milder, weil sein Kleiner solchen Spaß hat.«

In die Stille der Aufräumaktion richtet Tapir sich plötzlich auf. »Jetzt hab ich's«, sagt er. »Einer der Jungen . . . ist der Sohn von Staatsanwalt Weise. Er hat ihn mir mal vorgestellt, auf dem Gerichtsflur.« Tapir verzieht amüsiert das Gesicht. »Da wird sich Herr Weise aber freuen, wenn er für den Schaden zahlen soll. Geht der Knabe auf euer Gymnasium? Dann müsstet ihr ihn doch mal gesehen haben.«

Melly lässt die Harke fallen und läuft tomatenrot an.

»Ich kannte keinen«, sagt sie schnell, obwohl Tapir sie gar nicht direkt angesprochen hat. Sie hebt die Harke auf und arbeitet mit gebeugtem Kopf weiter.

Ich werde misstrauisch. Ihre überstürzte Antwort lässt mir keine Ruhe. Während ich einen Müllsack auf den Hof schleife, kommen meine grauen Zellen in Schwung und ordnen einige Jungs, die ich sonst in anderen Klamotten kenne. Und vor allem ohne Kapuzen.

Auf einmal sehe ich sie ganz klar auf dem Schulhof vor mir: die Jungs aus der 10 b, die Melly pausenlos anschmachtet.

Wer von denen ist der Sohn des Staatsanwalts? Egal, jedenfalls wird das bei ihm zu Hause ein Riesentheater geben.

Hoffnung glimmt auf. Wir haben einen, der den angerichteten Schaden zahlen muss. Zumindest einen Teil.

Und dann geschieht etwas, womit keine von uns gerechnet hat.

Nach einer Stunde erscheinen plötzlich zwei dünne Gestalten hinter Habis geparktem Pferdehänger.

Emily entdeckt sie zuerst und zeigt mit dem Kinn in die Richtung.

»Guck mal, die haben sich wohl in der Zeit geirrt.«

Ich drehe mich um und betrachte die hoch aufgeschossenen Jungs in dunklen Kapuzenjacken, die unter der Laterne ihre Köpfe zusammenstecken. Einer trägt eine graue Strickmütze bis über die Augen. Sie hantieren mit irgendetwas, das ich aus der Ferne nicht erkenne, dann sprühen auf einmal funkelnde Sternchen in der Luft und die beiden nähern sich mit zwei Bündeln hochgehaltener Wunderkerzen.

Wir unterbrechen unsere Arbeit und starren ihnen entgegen.

Sieh mal an, zwei Bekannte vom Schulhof.

»Sorry für vorhin«, murmelt der Mützenlose mit halblangem Haar und zieht seine Schultern hoch wie ein begossener Pudel. »Irgendwer hier hat heute Geburtstag.«

»Ich«, sage ich und bin baff.

»Hm, also . . . Glückwunsch.«

Lennart Habicht schießt um die Ecke und stemmt die Arme in die Seiten. Seine Zornesadern an den Schläfen schwellen an.

»Geht's noch?«, bellt er. »Wollt ihr auch noch meinen Stall abfackeln?«

Mit einem schroffen Handgriff nimmt er ihnen die Kerzen aus den Händen und tritt sie im Sand aus.

Schade, ich fand die Geste nett.

»Nie im Leben sind die freiwillig hier, die sind von ihren Eltern hergescheucht worden«, flüstert Tapir mir zu. »Der eine ist der Lausebengel von Dr. Weise. Sein Vater hat wohl Angst, dass sich die Nachricht im Ort ausbreitet wie ein Flächenbrand. Der sieht schon die Schlagzeilen: Sohn des Staatsanwaltes randaliert in Pferdestall.«

Ich halte es für wahrscheinlicher, dass sie meinetwegen hier sind, weil mein Rap sie so beeindruckt hat.

»Kommt mal mit.«

Habi packt beide an der Kapuze und führt sie mit sich auf den hinteren Teil des Paddock. Anständig von ihm, dass er sie nicht vor uns Mädchen zusammenfaltet.

Ich verwette meine Putzbox, dass die Jungs die umschwärmten Lieblinge von Melly sind, die sie vorhin nicht verpfeifen wollte.

Vince Weise und Ferdi Erding heißen sie, so viel verstehe ich, weil Herr Habicht sie zwingt, ihre Namen mehrmals laut zu wiederholen.

Danach schnappe ich noch Bruchstücke von Habis Aufzählung auf, beispielsweise: »Elektrobänder müssen erneuert werden«, »zehn Isolatoren fehlen«. Und dann: »Ihr könnt den Stall anstreichen und die Boxen mit dem Hochdruckreiniger säubern.«

Aha, statt Cash sollen die Randalierer arbeiten.

Habi bringt die beiden zurück, zeigt auf mich und sagt zu dem, der Vince heißt und der Sohn vom Staatsanwalt ist: »Kannst das Geburtstagskind unterstützen und die kleine Emi beim Sandsieben ablösen.«

»Hi«, murmelt Vince, als er das Sieb von Emi übernimmt.

Wir halten den Rand fest und gucken aneinander vorbei. So wie man es bei Hunden macht, um sie nicht zu reizen. Unauffällig mustere ich mein Gegenüber. Sieht nicht aus wie ein Komasäufer. Eher total nett. Groß, sportlich, halblanges braunes Haar, grüne Augen. Nein, braune. Oder doch grün? Cool, wie er sein Haar unablässig mit einer hochgezogenen Schulter hinter die Ohren streicht.

Ich bin froh, dass ich meine neuen, knackigen Designerjeans anhabe.

Wir lachen ein bisschen, weil wir wegen der peinlichen Situation verlegen sind und weil man erst einmal in Einklang kommen muss beim Siebschwenken.

Nach dem zweiten Sieb fragt Vince: »Stammt der Rap im Netz wirklich von dir?«

»Ja, warum?«

Auf dem Drahtgeflecht bleiben ein paar Steine zurück. Vince kippt sie auf den wachsenden Haufen am Zaun und kehrt mit einer neuen Ladung Sand zurück.

»Gar nicht schlecht für ein Reitermädchen. Ich dachte immer, ihr hättet nur Stroh im Kopf.«

Er wird rot dabei und wirft mir einen seltsamen Blick zu, während wir im Gleichklang das runde Sieb hin und her schütteln.

»Sonst noch was?«

Das sage ich so leicht dahin, dabei klopft mein Herz bis zum Hals, fast so heftig wie an dem Tag, an dem ich Pepper bekam.

Melly sammelt Kronkorken entlang des kaputten Elektrozauns und dabei tänzelt sie und lässt ihren kurzen Rock wippen. Plötzlich lacht sie hell auf und versucht, Vince' Aufmerksamkeit auf sich zu lenken.

Und dann bemerke ich etwas, das mich schwer verwirrt. Vince schaut zwar kurz zu Melly hinüber, aber mit einem unbeteiligten Blick, als wäre sie einer der Isolatoren am Elektrozaun.

Dann sieht Vince Weise erneut mich an, so komisch, irgendwie bewundernd.

»Ich kenne dich vom Schulhof«, sagt er ohne weitere Erklärung. Er findet mich gut, sagen seine grünen Augen mit den kandisbraunen Sprenkeln. Obwohl ich keinen kurzen Rock trage wie Melly und keine dramatisch lackierten Fingernägel wie Gloria. Unter seinem Blick werde ich rot und ich fühle mich keine Sekunde länger wie ein schuldiger Pestbolzen, sondern sensationell, weil ich ein eigenes Pferd besitze und einen Rap geschrieben habe und weil ich hier mit dem supersüßen Vince Weise aus der 10 b Sand siebe.

19.

Dass dieser Ferdi so praktisch veranlagt ist, hätte ich nicht gedacht. Geschickt repariert er mit Habi und Tapir das Gattertor, als hätte er nie etwas anderes getan. Vince räumt die noch brauchbaren Teile des Elektrozauns in eine Schubkarre.

Schließlich wischt Herr Habicht sich die ölverschmierten Hände an der Hose ab und knurrt: »Da habt ihr ja noch mal Glück gehabt. Ein paar Handgriffe noch, dann funktioniert das Tor wieder, schätze ich. Schwirrt ab, ihr Pfeifen. Aber wir sehen uns wieder und ihr arbeitet den Rest der Schulden ab, verstanden?«

Dann schiebt er die Jungs Richtung Ausgang, ohne dass ich noch einmal mit ihnen sprechen kann.

Vince hebt die Hand, als er loszieht, und guckt in meine Richtung, nicht in die von Melly. Eindeutig ...

Mein Herz macht einen Sprung. Ich werde Vince wiedersehen, *hier,* in meinem sicheren Revier, nicht bloß auf dem Schulhof.

In meinem Kopf tanzen seine Worte: »Gar nicht schlecht für ein Reitermädchen.«

Lächelnd binde ich die Müllsäcke zu.

Jetzt bin ich nicht mehr zwei Floras, sondern vier.

Privatflora.

Schulflora.

Pepperflora.

Vinceflora.

Vierfach gespalten, das dürfte selbst Frau Dr. Lanz überfordern.

Es wird kühl auf dem Habichthof. Eine nach der anderen verabschiedet sich. Mellys Mutter rauscht mit ihrem limonengrünen Panzerwagen heran, um ihre Prinzessin abzuholen.

»Na bitte, Herr Habicht«, blökt sie, als sie uns beim Müllsammeln entdeckt. »Die Mädels sind doch eine riesige Hilfe für Sie.«

Der Chef schnappt nach Luft und knurrt gereizt: »Was Sie alles wissen.«

Im Weggehen ruft die Lanz ihm zu: »Warum spielt denn Ihr kleiner Junge noch draußen im Sand? Der müsste längst im Bett liegen.«

Habi pumpt seinen Brustkorb auf wie einen Blasebalg. Ein Wunder, dass er nicht platzt.

Janne, Leonie und die Zwillinge gehen als Letzte.

Ich bin mit Emily allein. Von einer Minute zur anderen ist das hektische Gewusel vorbei.

»Ich seh mal nach Alpino.«

Emi verdrückt sich zu den Außenboxen und ich stehe allein auf dem Hof.

Die Ruhe macht mich nervös. Nichts lenkt mich jetzt mehr von dem Chaos ab, das ich angerichtet habe. Eine unbekannte Angst greift nach mir. Wie eine Riesenfaust legt sie sich um meinen Magen und mein schlechtes Gewissen weicht einer großen Furcht.

Bestimmt verpfeift Habi mich bei meinen Eltern. Was kann ich bloß tun, um ihn nachsichtiger zu stimmen? Ihm einfach aus den Augen gehen? Ob ich mich klammheimlich vom Hof machen soll? Wenn Habi mich nicht ständig sehen muss, verblasst sein Ärger vielleicht bis morgen. Hoffentlich.

Nein. Ich gehe nicht, ohne mich richtig zu entschuldigen. Aber ob das hilft? Sicher wird er in jedem Fall meinen Vater anrufen und ihn in allen Details über meinen Fehltritt informieren: Ihre Tochter verfügt leider nicht über die nötige Reife, um ein Pferd zu halten.

Ich schiele zum Gatter hinüber, wo der Chef unter einem Baustellenstrahler arbeitet. Sein lang gezogener Schatten fällt als groteskes Zerrbild über den Paddock.

Logisch wird Herr Habicht den Vorfall brühwarm meinen Eltern berichten. Um Papa zu beweisen, dass er seine Tochter nicht im Griff hat.

Zum Teufel, meine Eltern gehen an die Decke! Was hatten wir für endlose Diskussionen: Pferd ja, Pferd nein. Schon nach ein paar Tagen als Pferdebesitzer läuft bei mir alles schief. Und sie stehen als die miesesten Erzieher der Welt da. Wenn Papa ausrastet, kann es passieren, dass er Pepper wieder verkauft.

Eine eisige Hand greift nach meinem Herzen, genau an die Stelle, wo ich meine Geheimbox mit Pepper verwahre.

So wie ich meinen Vater kenne, verkauft er Pepper zurück an Herrn Habicht und lässt sich Euro für Euro wiedergeben. Und mein Pepper fällt an Melly Lanz.

Die größte anzunehmende Katastrophe.

Wie kann ein Tag so gewaltig umschlagen? Ich presse meine Hände gegen den Magen, um mein Bauchweh wegzudrücken. Meine prickelnde Freude über Pepper ist verflogen. So allein habe ich mich lange nicht gefühlt. Und so mies. Obwohl ich ein eigenes Pferd habe. Obwohl ich einen süßen Jungen mit kandisbraunen Sprenkeln in den Augen kennengelernt habe.

Wenn ich jetzt keine vertraute Stimme höre, raste ich aus.

Mit feuchten Fingern hole ich mein Handy hervor und versuche es noch einmal mit Danis Kurzwahl. Nach einigen endlosen Sekunden meldet mein Bruder sich.

»Flo?«

Ohrenbetäubender Lärm fegt mir aus dem Handy aufs Trommelfell.

»Wo steckst du, Dani?«

»Führerschein-Fete bei einem Kumpel. Alles klar bei dir?«

»Nein«, flüstere ich, »ich habe Mist gebaut.«

»Was«, schreit Dani zurück. »An deinem Geburtstag?«

Ich erzähle ihm die Geschichte von meiner Party. Und dass ich kurz vorm Durchdrehen bin.

Dani beruhigt mich.

»Komm runter, Flöhchen. Papa nimmt dir dein Pferd nicht weg. Kann höchstens passieren, dass der Stallbesitzer stinksauer ist und dich rauswirft. Schlimmstenfalls musst du dir also einen neuen Stall suchen.«

Die Bässe dröhnen in meinen Ohren. Ich verstehe nur jedes zweite Wort.

»Ich höre nichts mehr«, brüllt Dani. »Wir reden morgen. Relax, kleine Schwester.«

»Danke, Alter.«

Es war gut, Dani anzurufen. Ein echter Schwesternversteher.

Aber was meint er mit: einen neuen Stall suchen? Die nächste Reitanlage liegt weit entfernt, nur mit dem Bus zu erreichen. Jeden Tag eine Stunde mehr Fahrzeit. Neben der Schule schaffe ich das nie, nie, nie.

Dass eine kleine, verbotene Geburtstagsfeier solche Folgen hat! Ich komme mir auf einmal zwanzig Jahre älter vor.

Wenn ich an das ausstehende Gespräch mit dem Chef denke, verkrampfe ich mich vom Scheitel bis zu den Zehenspitzen. Jeder Muskel schmerzt.

Mit steifem Nacken schleiche ich in den Stall, um mich von Pepper aufmuntern zu lassen.

Er begrüßt mich erfreut wie immer und hält mir seinen Kopf zum Rubbeln hin.

»Ich habe einen gigantischen Fehler gemacht, Pepper. Vertrauensbruch würde Mama sagen. Weißt du, Habi vertraut mir sein bestes Schulpferd an, also dich, und ich bringe seinen Hof in Gefahr.«

Genüsslich schwenkt Pepper den Kopf, während ich seine Wangen reibe.

Hört er mir überhaupt zu?

»Wenn er mich nun rauswirft, Pepper? Wo sollen wir dann bleiben? Was meinst du, wie entschuldige ich mich am besten beim Chef?«

Mit geschlossenen Augen grunzt Pepper etwas. Hört sich an wie: *Bin ich der Pferdebesitzer oder du?*

Als große Hilfe würde ich das nicht gerade bezeichnen.

Schweren Herzens reiße ich mich von Pepper los und marschiere zurück auf den Hof.

Pepper wiehert mir durch die Stallgasse nach. Klingt wie: *Er wird dir schon nicht den Kopf abreißen.*

Scheint mir aber doch so, denn Habi kniet düster im Sand und zieht Schrauben am Tor nach.

»Ich möchte mich entschuldigen, Herr Habicht.«

Habi hantiert mit seinem Werkzeug und blickt nicht auf.

»Von dir hätte ich das am allerwenigsten erwartet, Flora«, sagt der Chef mit Nachdruck und schlägt unnötig heftig mit der Zange auf den Schraubenschlüssel ein. »Von dir nicht. Ich dachte, du hättest Respekt vor Pferden. Sie haben um diese Jahreszeit ja nur den Paddock zum Austoben und du zerstörst ihren kleinen Lebensraum mutwillig.«

Brutal, wie Herr Habicht die Sache auf den Punkt bringt.

Wenn ich er wäre, würde ich mich rauswerfen.

Von der Seite sehe ich nur sein Profil, die schmal gewordenen Lippen, die aussehen, als hätte Habis Vertrauen in die Menschheit einen Knacks erlitten.

»Aber Herr Habicht, wir konnten doch nicht ahnen, dass plötzlich diese Horde über Ihren Hof herfällt.«

Ärgerlich wirft der Chef die Zange in den Sand.

»Na hör mal, das weiß ja sogar ich, dass bei Partys unerwünschte Besucher auftauchen.«

Auf einmal sieht er gar nicht mehr aus wie mein vertrauter, netter Habi, sondern streng wie Dr. Winkelmann, wenn er vor der ganzen Klasse sagt: »Flora Rohde ist die einzige Schülerin der Welt, die noch nie von der Winkelsumme im Dreieck gehört hat.«

»Ich hoffe, der Vorfall ist dir eine Lehre. Und deinen Freundinnen. So etwas darf nie wieder vorkommen, sonst ist bei mir Ende im Gelände.«

»Kommt nie wieder vor. Ich schwöre.«

»Ich schwöre, ja, ja«, murmelt Herr Habicht und richtet sich auf. »Ich gucke mich jetzt genauer um, was zu Bruch gegangen ist. Für die Schäden müssen deine Eltern zahlen. Das ist dir hoffentlich klar.«

Hilfe! Er verpfeift mich!

»Bitte, Herr Habicht, können Sie meine Eltern nicht da rauslassen? Ich muss sowieso selber für alles haften.«

Meine Kehle ist so trocken, dass ich nur flüstern kann. »Seit heute bin ich vierzehn.«

Vor meinem geistigen Auge sehe ich, wie die Euros nur so von meinem gehüteten Sparkonto herunterstürzen.

»Oha«, sagt Herr Habicht und streicht über seine Glatze. »Dann drück dir mal selber die Daumen, dass nicht allzu viel repariert werden muss.«

Hoffnung glimmt auf. Komme ich mit einem blauen Auge davon? Wirft er mich nicht raus?

Er dreht sich noch einmal um und zeigt mit der Zange auf mich.

»Du mit deiner Pferdekenntnis, wie konnte dir das passieren? Das überrascht mich wirklich, Flora. Das muss bei mir erst mal sacken.«

»Mhm.«

»Sei froh, dass Tapir die beiden Jungs erkannt hat. Die müssen ihre Schulden bei mir abarbeiten.«

Ein winzig kleiner Anflug von einem Lächeln zeigt sich auf seinem Gesicht. »Na, auf den ersten Blick sieht es nicht so schrecklich teuer aus.«

»Reset?«, frage ich vorsichtig.

»Reset, Reset«, grummelt er. »Wenn das immer so einfach wäre. Stecker raus, Stecker rein und die Sache läuft wieder.« Er streicht sich erneut über die Glatze und seufzt. »Na, meinetwegen. Neustart. Das funktioniert aber nur einmal im Leben, das sage ich dir.«

»Mann, Herr Habicht . . . danke.«

Zutiefst erleichtert renne ich zu Pepper, um ihm von der neuesten Entwicklung zu berichten. So viel Glück nach einem selbst eingebrockten Fiasko – das hat nicht jeder. Ich bin ein Sonntagskind!

Pepper spitzt die Ohren, legt den Kopf schief und lauscht.

»Komm, wir gehen noch eine Runde spazieren.«

Weil heute so viel passiert ist wie sonst nicht in zwei Millionen Jahren, muss ich meinen Freund an meiner Seite haben.

Ich führe Pepper auf den nächtlichen Hof. An meiner Schulter spaziert er neben mir über die stille Anlage. Wie oft habe ich mir das früher gewünscht, Pepper einfach so herauszuholen und mit ihm loszugehen. Jetzt habe ich das Privileg als Privatbesitzer, aber so richtig kann ich mich gerade nicht darüber freuen. Schließlich hat Pepper durch meine Schuld eine gehörige Portion Angst ausgestanden.

»Ich habe ziemlich Mist gebaut, was?«

Pepper drückt seine weichen Nüstern in meine Halsbeuge. Er hat mir längst verziehen. Pferde sind nicht nachtragend. Peppers Herz ist riesengroß.

Der neue Führstrick liegt federleicht in meiner Hand. Nein, bleischwer. Gleichzeitig leicht und schwer.

»Leicht und schwer gleichzeitig – das geht nicht, Fräuleinchen«, würde Dr. Winkelmann sagen, bei dem wir auch Physik haben. Aber es geht *doch.* Der Winkel müsste mal ein eigenes Pferd haben, dann wüsste er das. Gegen die Millionen widersprüchlichen Gefühle in mir kommen seine lächerlichen Gesetze der Physik nicht an.

Gleichmäßig klappern die Hufe neben mir auf dem Hofpflaster, bevor wir auf den Trampelpfad schwenken.

Warm rieselt Peppers Atem über meinen Arm und ich muss lächeln, weil das so guttut.

Papas Standpauke steht mir allerdings noch bevor. Ob Vince auch Ärger mit seinem Vater bekommt? Anzunehmen, wo Dr. Weise doch am Gericht arbeitet.

Wird Vince mich am Montag auf dem Schulhof ansprechen? Ich muss an seine Augen mit den lustigen Sprenkeln denken, an diesen paradiesischen Moment, als mir sein Blick einen Schauer über den Rücken jagte. Alles hätte ich dafür gegeben, wenn die Zeit stehen geblieben wäre. Ein Spruch von Mamas Teebeutel fällt mir ein:

»Ein Augenblick, gelebt im Paradies, wird nicht zu teuer mit dem Tod gesühnt.«

Täusche ich mich oder verzieht Pepper die Mundwinkel zu einem Lächeln?

»Lachst du über mich – wegen Vince? Kannst du etwa Gedanken lesen?«

Pepper antwortet nicht, natürlich nicht, aber seine Maulwinkel bleiben amüsiert hochgezogen. Er zuckt mit den Nüstern und schnaubt.

Vielleicht können Pferde tatsächlich in Menschenköpfen lesen wie in einem Buch?

Ich betrachte Pepper ganz genau. Warum soll in seinem Großhirn nicht eine Ecke für das Lesen von Gedanken vorhanden sein?

Pferde haben einen langen Zeitvorsprung auf unserem Planeten. Ihre Entwicklungsgeschichte begann vor fast 60 Millionen Jahren, die der Menschen erst vor schlappen zwei Millionen. Was war in den 58 Millionen Jahren dazwischen alles möglich? Dass Pferde gelernt haben, Gedanken zu lesen?

Vielleicht entdecke ich als Erste das Pferde-Gedankenlesezentrum. Eine Riesensensation. Jede Zeitung druckt mein Bild. Ganzseitig und in Farbe. Vor Wut bricht Frau Lanz in unstillbare Schreikrämpfe aus und muss in die Klapse.

Natürlich benennt man den neu entdeckten Gehirnwinkel nach mir. Das Flora-Rohdesche-Pferdegedankenlesezentrum. Zum Teufel, das schlägt andere Wellen als das Müller-Maringsche Doppelherz.

Jäh wird mein Ausflug in die Wissenschaft unterbrochen.

»Flooora!«

Herr Habicht sucht mich. Ausgerechnet jetzt, wo ich so kurz davor war, zusammen mit Pepper in die Geschichtsbücher einzugehen.

»Ich schließe den Stall ab«, ruft der Chef vom Hoftor aus. »Kommst du hoch?«

»Bin unterwegs. Komm, Pepper.«

Der Sand schluckt die Hufgeräusche. Lautlos stapfen wir über den schmalen Pfad zum Stall hinauf. Dunkelblau wölbt sich die heraufziehende Nacht über uns. In hundert Glitzerfarben funkeln die Sterne.

Als ich neben zehn prall gefüllten Müllbeuteln verharre und zum Himmel hochsehe, bleibt Pepper ebenfalls sofort stehen. Nicht einen einzigen Blick verschwendet er an die Abfallsäcke, den sichtbaren Beweis für meine Schande. Dafür liebe ich ihn noch mehr. Pepper hebt den Kopf und folgt meinem Blick nach oben.

Sein Stern im Großen Wagen sprüht nun wieder Funken – wie Vince Weises Wunderkerzen.

Quick-Check Pferdekauf

Lies diese Listen durch oder fülle sie aus. Danach hast du eine grobe Ahnung, was da auf dich zukommt, wenn du ein Pferd besitzt.

Fünf Gründe, warum ich unbedingt ein Pferd will

1. ....

2. ....

3. ....

4. ....

5. ....

Was wäre, wenn . . .

Wirf einen total ehrlichen Blick in die Zukunft. Was ist, wenn du ein Pferd hast, und es tauchen Probleme auf? Kann dein vierbeiniger Freund sich auf dich verlassen, in guten und in schlechten Zeiten? Idealerweise beantwortest du alle Fragen mit: »Ja, ich will!«

1. Sicher hast du noch andere Hobbys, z. B. Tennis. Mit Pferd gerätst du in die ZEITFALLE. Der Tag müsste dreißig Stunden statt vierundzwanzig haben! Spielst du abends Tennis, kannst du nicht mit deinem Pferd grasen gehen. Dein Schatz müsste gelangweilt in der Box stehen. Würdest du deinem Pferd zuliebe den Tennisschläger an den Nagel hängen?
2. Es regnet in Strömen. Die Reithalle ist belegt, du kannst nicht rein. Lässt du dein Pferd ohne Bewegung im Stall stehen? Oder reitest du trotz des »Schietwetters« ins Gelände?
3. Dein Pferd hat sich verletzt. Die Tierarztkosten sind höher, als deine Eltern eingeplant haben. Bist du bereit, zur Not auch dein Sparbuch zu plündern?
4. Du kannst dein Pferd wegen Krankheit wochenlang nicht reiten. Gehst du trotzdem täglich in den Stall, putzt es, sorgst für Abwechslung, gehst mit ihm spazieren?
5. Würdest du auf eine tolle Ferienreise verzichten, wenn dein krankes Pferd dich zu Hause braucht?
6. Natürlich dauert es noch Jahre, doch irgendwann ist der letzte Tag für jedes Pferd gekommen. Bist du stark genug, deinem Freund in seiner letzten Stunde beizustehen?

Worauf kommt es mir beim Reiten an?

Bevor du auf Pferdesuche gehst, überleg dir genau, was für dich »reiten« bedeutet – damit du die richtige Rasse und dementsprechend das perfekte Pferd findest.

1. Ich will mit Freunden ins Gelände gehen, über Stoppelfelder galoppieren und Spaß mit meinem Pferd haben.
2. Gelände reizt mich nicht so wahnsinnig. Ich möchte schöne, klassische Dressur reiten.
3. Ich will Western reiten, mit einem echten Westernpferd.
4. Springen, springen, springen.
5. Auf Turniere gehen. Ich liebe Wettkämpfe aller Art.
6. Turniere? Gähn. Den Ehrgeiz hab ich nicht, ich sehe mein Pferd als Freizeitpartner.

Wo finde ich mein Traumpferd?

Wenn du eine bestimmte Rasse suchst, z. B. *Holsteiner, Hannoveraner, Oldenburger, Friesen, Haflinger, Islandpferde* usw., kannst du auf Gestüten nach deinem Traumpferd sehen. Oder du erkundigst dich bei Reitställen in deiner Nähe nach Verkaufspferden. Sag gleich, was du mit dem Pferd planst – also Dressur reiten, springen, nur ins Gelände gehen, Western reiten. Es wäre ja blödsinnig, ein supergutes Dressurpferd zu kaufen, wenn du gar keine Reithalle zum Trainieren hast und sowieso am liebsten durch die Wälder reitest. In dem Fall wären *Haflinger, Freiberger, Fjordpferde, Isländer* oder andere robuste Ponys viel besser. Suchst du ein Allroundpferd? Dann kannst du auch ein Schulpferd aus deiner Reitschule übernehmen. Dort kennst du dein Lieblingspferd ja schon lange und weißt genau, ob ihr zusammenpasst, ob es gesund ist oder anfällig für bestimmte Krankheiten.

Eine riesige Fundgrube sind Pferdezeitschriften. Die Seiten stehen voll mit Anzeigen von Verkaufspferden, oft mit interessanten Fotos. Lies die Anzeigen regelmäßig – macht Spaß, du erweiterst dein Wissen und merkst schnell, was dein Wunschpferd ungefähr kosten wird. Auch im Internet stehen massenhaft Verkaufsanzeigen. In Tageszeitungen deiner Stadt oder Gemeinde findest du Anzeigen von Privatpersonen, die ihr Pferd gern in die Nähe abgeben wollen. Oft haben die Inserenten zwingende Gründe für den Verkauf: Umzug, Scheidung, Arbeitslosigkeit, Krankheit.

Was kostet das alles?

Schreib dir die Preise für Box, Offenstall und Weide aus deiner Wohngegend auf und rechne alles mit den Kosten unten (ungefähre Anhaltspunkte) zusammen. Je näher der Stall an einer Großstadt liegt, desto teurer wird der Spaß.

1. Box oder Offenstall ...... € im Monat
2. Futter (nicht immer im Mietpreis drin) ...... € im Monat
3. Reithallenbenutzung (muss häufig extra bezahlt werden) ...... € im Monat
4. Herausbringen auf Weide oder Paddock ...... € im Monat
5. Schmied. Zwei Hufeisen vorn erneuern plus Hufe ausschneiden 70–100 € pro Beschlag. Alle fünf bis acht Wochen nötig.
6. Wurmkuren 100–150 € im Jahr
7. Impfungen (Tetanus, Influenza, Herpes, Tollwut) 120–150 € im Jahr
8. Tierhalter-Haftpflichtversicherung 120–180 € im Jahr
9. Rücklage für Tierarzt 50 € im Monat
10. Gebrauchter Sattel, Satteldecke, Steigbügel, Trense, Gebiss, Halfter, Stricke, Putzzeug ab ca. 1.300 € einmalig

Wie viel Zeit brauche ich?

. Fahrzeit zum/vom Stall .... Minuten

. Putzen, Hufpflege .... Minuten

. Reiten .... Stunden

. Ausmisten, fegen .... Minuten

. Trog/Tränke reinigen .... Minuten

. Sattel-/Lederpflege .... Minuten

. Paddock/Weide abäpfeln .... Minuten

. Grasen gehen .... Minuten

. Schmusen .... Stunden

. Nachschmusen .... Stunden ☺

Wen ertrage ich als Reitbeteiligung?

Name	Vorteile	Nachteile	Nervfaktor
1. Janne	wohnt nahe am Stall, reitet gut	kriegt bei schlechten Noten Stallverbot, fällt dann aus	stellt alles ins Schülerportal
2. Melinda	kann jedes aufgeregte Pferd beruhigen	hat Ausbildung begonnen, wenig Freizeit	nix
3.			
4.			

Infos und Adressen, die du gebrauchen kannst

Bestimmt willst du noch viel mehr über Pferde wissen. Wie man sie richtig hält, wie man sie gesund füttert, wie ein Pferdepass aussieht, welche Rassen es gibt, wie man reiterlich seine Pferdeträume verwirklicht – und natürlich jedes einzelne Wort darüber, wie man ein Pferd KAUFT!

Vieles dazu hast du schon in Floras Geschichte gefunden, aber logischerweise lässt sich dazu noch eine Menge mehr sagen.

Bei der Deutschen Reiterlichen Vereinigung (FN) gibt es jede Menge Broschüren und Merkblätter zu sämtlichen Themen rund ums Pferd. Im Internet findest du eine Mammutauswahl. Die meisten Infos kannst du kostenlos herunterladen oder bestellen. Einige kosten ein paar Euro, aber alles liegt im Taschengeldbereich.

Bestelladresse: Deutsche Reiterliche Vereinigung,
FN-Service, 48229 Warendorf, Tel.: 02581-6362-222
Fax: 02581-6362-333
E-Mail: fn@fn-dokr.de
Internet: www.pferd-aktuell.de
Sieh nach unter dem Stichwort: Merkblätter, Broschüren, Formulare. Das findest du:

- Pferdekaufvertrag
- Vertrag Reitbeteiligung
- Vertrag über das Bereiten eines Pferdes
- Pferde-Einstellungsvertrag (wie man Box oder Offenstall mietet)
- Haftung und Versicherung rund ums Pferd – mit Beispielen von Schadensfällen
- Anreiten und Ausbilden von jungen Pferden
- Wie wird ein Pferd zum Turnierpferd?
- Die deutschen Reitabzeichen
- Ethik (Moral) im Pferdesport
- Stallordnung: Etikette im Reitstall
- Pferd und Umwelt
- Unfallverhütung im Reitsport
- Infoblatt zum Equidenpass
- Wissen rund ums Pferd

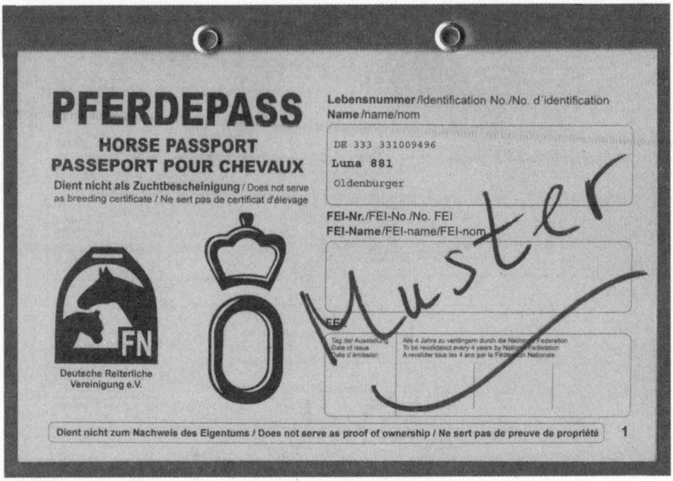

Dokumente und Grafiken: mit freundlicher Genehmigung der Deutschen Reiterlichen Vereinigung e. V. (FN), Warendorf.

Die großen Schönen

Wenn du dich in einem Reitstall umguckst, stehen dir wahrscheinlich am häufigsten Großpferde aus Deutschland gegenüber. Obwohl es weltweit über dreihundert registrierte Rassen gibt, reiten Pferdefreunde gern Vierbeiner aus den deutschen Zuchtgebieten. Mit ihren schwungvollen, raumgreifenden, elastischen Bewegungen sind die großen Schönen ideal für Dressur, Springen, Vielseitigkeit. Bei den Olympischen Spielen holen sie immer wieder Goldmedaillen.

Deutsches Reitpferd ist der Oberbegriff für alle Warmblutpferde, die in sechzehn Zuchtverbänden betreut werden, wo du viele Einzelheiten über deine Lieblingsrasse erfährst.

1. Pferdezuchtverband Baden-Württemberg e. V., www.pzv-bw.de
2. Landesverband Bayerischer Pferdezüchter e. V., www.bayerns-pferde.de
3. Pferdezuchtverband Berlin-Brandenburg e. V., www.brandenburger-pferd.de
4. Verband Hannoverscher Warmblutzüchter e. V., www.hannoveraner.com
5. Verband Hessischer Warmblutzüchter e. V., www.pferdezucht-hessen.de
6. Verband der Züchter des Holsteiner Pferdes e. V., www.holsteiner-verband.de
7. Verband der Pferdezüchter Mecklenburg-Vorpommern e. V., www.pferdezuchtverband-mv.de
8. Verband der Züchter des Oldenburger Pferdes e. V., www.oldenburger-pferde.com
9. Rheinisches Pferdestammbuch e. V., www.pferdezucht-rheinland.de

10. Pferdezuchtverband Rheinland-Pfalz-Saar e. V., www.pferdezucht-rps.de
11. Pferdezuchtverband Sachsen e. V., www.sachsenspferde.de und www.pferde-sachsen-thueringen.de
12. Pferdezuchtverband Sachsen-Anhalt e. V., www.pferde-sachsen-anhalt.de
13. Verband Thüringer Pferdezüchter e. V., www.pferde-sachsen-thueringen.de
14. Verband der Züchter des Ostpreußischen Warmblutpferdes Trakehner Abstammung e. V., www.trakehner-verband.de
15. Westfälisches Pferdestammbuch e. V., www.westfalenpferde.de
16. Zuchtverband für das Ostfriesische und Alt-Oldenburger Pferd e. V., www.ostfriesen-alt-oldenburger.de

Jeder Zuchtverband besitzt ein Markenzeichen. *Holsteiner* z. B. ein H mit Krönchen, *Hannoveraner* zwei Pferdeköpfe, *Brandenburger* einen Pfeil mit Schlange, *Trakehner* zwei Elchschaufeln. Für Ponys gibt es eigene Zeichen, beispielsweise Edelweiß und Eichenblatt. Manche Pferde und Ponys tragen ein Brandzeichen auf dem linken Oberschenkel. Eine Übersicht darüber findest du auf unserer Grafik.

BRANDZEICHEN IN DEUTSCHLAND

ZUCHTVERBAND	DEUTSCHE REITPFERDE	KALTLBUTRASSEN	PONY- UND KLEINPFERDERASSEN	WEITERE RASSEN
Pferdezuchtverband **Baden-Württemberg** e.V.		Schwarzwälder Süddt. Kaltblut, Freiberger	Haflinger	Alt-Württemberger
Landesverband **Bayerischer** Pferdezüchter e.V.	Gestütsbrand Schwaiganger	Süddt. Kaltblut, Freiberger Percheron Kaltblut	Haflinger	Rottaler Leutstettener
Pferdezuchtverband **Brandenburg-Anhalt** e.V.			Haflinger	Schweres Wblt.
Hannoveraner Verband e.V.	bis 2009			
Verband der Züchter des **Holsteiner** Pferdes e.V.				
Verband der Pferdezüchter **Mecklenburg-Vorpommern** e.V.			Haflinger	
Verband der Züchter des **Oldenburger** Pferdes e.V.				
Springpferdezucht-verband Oldenburg-International e.V.				
Rheinisches Pferdestammbuch e.V.			Haflinger Islandpferd	Quarter Horse Appaloosa
Pferdezuchtverband **Rheinland-Pfalz-Saar** e.V.		Pfalz-Ardenner Sonstiges Kaltblut	Haflinger Islandpferd	
Pferdezuchtverband **Sachsen-Thüringen** e.V.	ab 2007 Gest. Graditz		Haflinger	
Trakehner Verband e.V.				
Westfälisches Pferdestammbuch e.V.			Haflinger Islandpferd Shetland Pony	Westernpferd Paso
Zuchtverband für das **Ostfriesische** und **Alt-Oldenburger** Pferd e.V.				

ZUCHTVERBAND	DEUTSCHE REITPFERDE	KALTLBUTRASSEN	PONY- UND KLEINPFERDERASSEN	WEITERE RASSEN
Verband der Züchter und Freunde des **Arabischen** Pferdes e.V (VZAP)				OX Vollblut Araber, Anglo-Araber, Shagya Araber, Araber Rasse, Halbblut Araber
Zuchtverband für Sportpferde **Arabischer** Abstammung e.V. (ZSAA)				Shagya Araber, Anglo-Araber, Araber, Arabisches Partbred
Friesenpferde-Zuchtverband e.V.				
Stammbuch für **Kaltblutpferde** Niedersachsen e.V.				
Pferdestammbuch **Schleswig-Holstein/Hamburg** e.V.		V.S.P. Schleswiger Kaltblut		SH
Bayerischer Zuchtverband für **Kleinpferde** und Spezialrassen e.V.			Islandpferd, Huzule	Paso, Paso Fino, Lipizzaner, Pura Raza Espanol, Raza Espanol, Criollo, Cruzado, Achal Tekkiner, Tersker, Pinto, Orlow Traber, Friesenpferd
Verband der **Pony- und Kleinpferdezüchter Hannover** e.V.				
Verband der **Pony- und Pferdezüchter Hessen** e.V.				Pinto, Paso, Achal Tekkiner
Pferdestammbuch **Weser-Ems** e.V.				
Zuchtverband für **deutsche Pferde** e.V.	Gestütsbrand Altefeld			
Deutscher **Pinto** Zuchtverband e.V.				
Deutsche **Quarter Horse** Association e.V.	keine einheitlichen Brandzeichen			

Kann man Pferden jeden Wunschnamen geben?

Vorschriften für die Namenwahl gibt es nicht. Allerdings ist es üblich, dass Fohlennamen mit dem Anfangsbuchstaben des Vaters beginnen. Heißt der Deckhengst Laredo, sollte der Fohlenname mit einem L anfangen, z. B. Lakritz.

Es gibt auch Ausnahmen, hier einige Beispiele.

- Die *Holsteiner* Züchter machen es so: Hengstfohlen bekommen einen Namen mit dem Anfangsbuchstaben des Vaters. Heißt der Vater Pegasus, kann man dessen Hengstfohlen Pepper nennen. Bei weiblichen *Holsteiner* Fohlen richtet sich der Anfangsbuchstabe nach ihrem Geburtsjahr. Jedes Jahr wird ein anderer Buchstabe vergeben. Im Jahr 2011 beginnen alle Stutfohlen-Namen mit einem D, 2012 mit E, 2013 mit F, 2014 mit G, 2015 mit H und so weiter.

- Bei den *Oldenburger* Pferden werden nur Hengste nach ihren Vätern genannt (Vater z. B. Santos, Hengstfohlen Sascha). Stutennamen richten sich nach dem Anfangsbuchstaben der Mütter (Mutter z. B. Madame, Stutfohlen Maja).
- Eine dritte Möglichkeit wählen die *Trakehner*-Züchter: Alle Fohlen – egal, ob Hengst oder Stute – bekommen einen Namen, der mit dem Anfangsbuchstaben der Mutter beginnt.

Die kleinen Süßen

Ponys und Kleinpferde (höchstens 1,48 m Widerristhöhe) haben eine große Fangemeinde. Ganz oben auf der Hitliste steht das *Deutsche Reitpony*, sozusagen die Miniausgabe des *Deutschen Reitpferdes*. Es wird speziell als Reit- und Turnierpony für Kinder gezüchtet. Einen Riesen-Freundeskreis haben auch die vielseitigen, gutmütigen *Haflinger* mit ihren blonden Mähnen und dem sanften Blick. Ebenso *Isländer,* die außer Schritt, Trab und Galopp auch Tölt und Rennpass beherrschen. *Islandpferde* sind sanftmütig, genügsam und können das ganze Jahr im Freien gehalten werden. Dem Charme der kleinsten Pony-Vertreter – der *Shettys* – kann niemand widerstehen. *Shetlandponys* mit ihren fröhlichen Augen und ihrer unerschöpflichen Unternehmungslust liegen ganz vorn in der Beliebtheit. *Fjordpferde,* die falbfarbenen Norweger, gelten als verlässliche, ausgeglichene, gelassene Kameraden beim Ritt ins Gelände, sie können aber ebenso in der Reithalle punkten. Kennzeichen für *Fjordies:* schicke Stehmähne und unglaublich freundliche Augen.

Natürlich sind auch die bei uns weniger bekannten Rassen interessant.

Auf *Welsh-Ponys* (in vielen Größen) und *Connemaras* sammelt mancher junge Reiter seine ersten Turnierschleifen. *Lewitzer Schecken,* zunächst nur in den ostdeutschen Bundesländern bekannt, erobern jetzt überall in rasantem Tempo die Kinderherzen. Schon deshalb, weil die Ponys mit ihrem auffallenden schwarz-weißen oder braun-weißen Muster im Haarkleid so attraktiv aussehen. *New Forest Ponys* gehören zu den Größten der Kleinen. Sie erreichen oft das Höchstmaß für Ponys und Kleinpferde (1,48 cm). Die englischen Ponys gelten als sehr gelehrig, darum sieht man sie häufig auf Dressur-, Spring- und Vielseitigkeitsturnieren. Die deutlich niedrigeren *Dartmoor-Ponys* werden schon lange als erste Ponys für die englischen Königskinder eingesetzt. Der Grund: die robusten Ponys sehen elegant aus und sind gleichzeitig ganz besonders kinderfreundlich und gutartig.

In der Broschüre »Ponys und Kleinpferde in Deutschland« erfährst du mehr über alle diese kleinen Flitzer. Du kannst

das Heft mit zahlreichen ausführlichen Steckbriefen vieler Ponyrassen bei der Deutschen Reiterlichen Vereinigung FN bestellen. Adresse siehe Seite 213.

Geliebte Ausländer

Obwohl manche Pferderassen wie *Friesen, Fjordies* oder *Isländer* in Deutschland gezüchtet werden, stammen sie ursprünglich aus anderen Ländern. Mehr über diese Rassen erfahrt ihr unter den angegebenen Internetadressen.

Andalusier = Spanien, www.andalusierverein.de
Appaloosa = USA, www.aphcg.com
Arabisches Vollblut = Arabische Halbinsel, www.araberzuchtverband.de
Camarguepferde = Frankreich, www.vfzcd.de
Connemara-Ponys = Irland, www.connemara-pony-ig.de
Dartmoor-Ponys = England, www.dartmoor-ponys.de
Fjordpferd = Norwegen, www.igfjordpferd.de
Freiberger = Schweiz, www.freiberger-pferde.de